# 物权编一本通

程啸　编著

法律出版社
LAW PRESS·CHINA

图书在版编目(CIP)数据

民法典物权编一本通 / 程啸编著. -- 北京：法律出版社，2021
ISBN 978-7-5197-5733-5

Ⅰ. ①民… Ⅱ. ①程… Ⅲ. ①物权法-基本知识-中国 Ⅳ. ①D923.2

中国版本图书馆 CIP 数据核字(2021)第126097号

民法典物权编一本通
MINFADIAN WUQUANBIAN YIBENTONG

程 啸 编著

责任编辑 黄倩倩
装帧设计 臧晓飞

出版发行 法律出版社
编辑统筹 学术·对外出版分社
责任校对 周合芝 王 皓
责任印制 陶 松
经 销 新华书店

开本 A5
印张 20.125 字数 630千
版本 2021年7月第1版
印次 2021年7月第1次印刷
印刷 天津嘉恒印务有限公司

地址：北京市丰台区莲花池西里7号(100073)
网址：www.lawpress.com.cn
投稿邮箱：info@lawpress.com.cn
举报盗版邮箱：jbwq@lawpress.com.cn

销售电话：010-83938349
客服电话：010-83938350
咨询电话：010-63939796


书号：ISBN 978-7-5197-5733-5
定价：68.00元
凡购买本社图书，如有印装错误，我社负责退换。电话：010-83938349

# 编者简介

**程　啸**　男,法学博士,清华大学法学院副院长、教授、博士生导师,教育部长江学者青年学者,德国联邦总理奖学金获得者、洪堡学者;兼任最高人民法院执行特邀咨询专家、最高人民检察院民事行政诉讼监督案件专家委员会委员、云南省委法律顾问、中国婚姻法学研究会常务理事、中国消费者协会专家委员会专家、中国银行间市场交易商协会第三届法律专业委员会副主任委员、北京仲裁员会/北京国际仲裁中心仲裁员、北京市不动产法研究会副会长等。

2008年5月至2009年9月,荣获德国联邦总理奖学金,在奥斯纳布吕克大学欧洲法研究所进行学术研究。2012年6月至9月,获德国洪堡基金会的资助,在柏林自由大学法学院进行学术研究。

先后出版《侵权责任法》《担保物权研究》《不动产登记法研究》《保证合同研究》等个人著作十余部,在《中国社会科学》《中国法学》《法学研究》等权威核心期刊发表论文一百余篇,先后参与民法典、物权法、侵权责任法、不动产登记法、个人信息保护法等重大立法和司法解释的起草论证工作,并主持国家社科基金重大项目、国家社科基金重点项目、最高人民法院司法研究重大课题等国家和省部级课题多项。

# 前　言

二零二零年五月二十八日，第十三届全国人民代表大会第三次会议审议通过了《中华人民共和国民法典》（以下简称《民法典》），这是我国首部以“法典”命名的法律，也是我国民商事领域最重要、最基本的法律。我国的《民法典》共计七编、1260 条，各编依次为总则、物权、合同、人格权、婚姻家庭、继承、侵权责任，以及附则。

物权是自然人、法人等民事主体享有的一类重要财产权。我国《民法典》物权编调整的是因物的归属和利用产生的民事关系，属于最重要的民事基本制度。《民法典》物权编是在《物权法》《担保法》《土地管理法》《农村土地承包法》等法律以及相关司法解释的基础上编纂而成。物权编按照党中央提出的完善产权保护制度，健全归属清晰、权责明确、保护严格、流转顺畅的现代产权制度的要求，结合现实需要，进一步完善了物权编通则、所有权、用益物权、担保物权等物权法律制度，包括完善了业主的建筑物区分所有权制度；对土地承包经营权的相关规定作了完善，增加了土地经营权的规定；新增了“居住权”这一新型用益物权的规定；进一步完善了担保物权制度，为优化营商环境提供法治保障等。

我国《民法典》已于 2021 年 1 月 1 日起正式施行。在《民法典》施行前，为贯彻实施《民法典》，最高人民法院全面完成了司法解释的清理工作，并制定了与民法典配套的第一批共 7 件新的司法解释。其中清理的司法解释分为三类：一是与民法典规定一致的司法解释共 364

件，未作修改、继续适用；二是对标民法典，需要对名称和部分条款进行修改的共 11 件，经修改颁布后自 2021 年 1 月 1 日施行；三是决定废止的司法解释及相关规范性文件共 116 件，自明年 1 月 1 日失效。此外，最高人民法院还对 2011 年以来发布的 139 件指导性案例进行了全面清理，决定 2 件案例（第 9 号、第 20 号）不再参照适用。

为了在《民法典》施行后，满足广大法律实务工作者和研究者研究学习《民法典》物权编，掌握我国物权法律规范体系的需要，便于司法实践中准确地适用相关法律规范，笔者抽出专门时间，依据《民法典》第二编“物权”，全面归纳整理我国现行法律法规规章、司法解释中物权的相关规范以及经典案例，编成本书。希望本书能够对广大读者有所帮助，也衷心希望读者不吝赐教，以使本书不断完善。

**程　啸**

**2021 年 1 月 5 日于清华园**

# 目　录

## 第一分编　通　　则

## 第三分编　用益物权

## 第四分编　担 保 物 权

## 第五分编　占　　有

# 中华人民共和国民法典物权编

（2020 年 5 月 28 日第十三届全国人民代表大会第三次会议通过；自 2021 年 1 月 1 日起施行）

## 目　录

# 第一分编　通　　则

## 第一章　一般规定

**第二百零五条　【本编调整范围】**本编调整因物的归属和利用产生的民事关系。

**第二百零六条　【坚持基本经济制度】**国家坚持和完善公有制为主体、多种所有制经济共同发展,按劳分配为主体、多种分配方式并存,社会主义市场经济体制等社会主义基本经济制度。

国家巩固和发展公有制经济,鼓励、支持和引导非公有制经济的发展。

国家实行社会主义市场经济,保障一切市场主体的平等法律地位和发展权利。

**相关法律条文**

**《中华人民共和国宪法》(2018年3月11日修正)**

**第六条**　中华人民共和国的社会主义经济制度的基础是生产资料的社会主义公有制,即全民所有制和劳动群众集体所有制。社会主义公有制消灭人剥削人的制度,实行各尽所能、按劳分配的原则。

国家在社会主义初级阶段,坚持公有制为主体、多种所有制经济共同发展的基本经济制度,坚持按劳分配为主体、多种分配方式并存的分配制度。

**第七条**　国有经济,即社会主义全民所有制经济,是国民经济中的主导力量。国家保障国有经济的巩固和发展。

**第十一条**　在法律规定范围内的个体经济、私营经济等非公有制经济,是社会主义市场经济的重要组成部分。

国家保护个体经济、私营经济等非公有制经济的合法的权利和利益。国家鼓励、支持和引导非公有制经济的发展,并对非公有制经济依法实行监督和管理。

**第十五条** 国家实行社会主义市场经济。

国家加强经济立法，完善宏观调控。

国家依法禁止任何组织或者个人扰乱社会经济秩序。

**第二百零七条 【平等保护】**国家、集体、私人的物权和其他权利人的物权受法律平等保护，任何组织或者个人不得侵犯。

**一、相关法律条文**

**1.《中华人民共和国民法典》(2021年1月1日起施行)**

**第三条** 民事主体的人身权利、财产权利以及其他合法权益受法律保护，任何组织或者个人不得侵犯。

**第一百一十三条** 民事主体的财产权利受法律平等保护。

**第一百一十四条** 民事主体依法享有物权。

物权是权利人依法对特定的物享有直接支配和排他的权利，包括所有权、用益物权和担保物权。

**第一百一十五条** 物包括不动产和动产。法律规定权利作为物权客体的，依照其规定。

**2.《中华人民共和国土地管理法》(2019年8月26日修正)**

**第四条** 国家实行土地用途管制制度。

国家编制土地利用总体规划，规定土地用途，将土地分为农用地、建设用地和未利用地。严格限制农用地转为建设用地，控制建设用地总量，对耕地实行特殊保护。

前款所称农用地是指直接用于农业生产的土地，包括耕地、林地、草地、农田水利用地、养殖水面等；建设用地是指建造建筑物、构筑物的土地，包括城乡住宅和公共设施用地、工矿用地、交通水利设施用地、旅游用地、军事设施用地等；未利用地是指农用地和建设用地以外的土地。

使用土地的单位和个人必须严格按照土地利用总体规划确定的用途使用土地。

**3.《中华人民共和国城市房地产管理法》(2019年8月26日修正)**

**第二条** 在中华人民共和国城市规划区国有土地(以下简称国有土地)范围内取得房地产开发用地的土地使用权，从事房地产开发、房地产交易，实施房地产管理，应当遵守本法。

本法所称房屋，是指土地上的房屋等建筑物及构筑物。

本法所称房地产开发，是指在依据本法取得国有土地使用权的土地上进行基础设施、房屋建设的行为。

本法所称房地产交易，包括房地产转让、房地产抵押和房屋租赁。

**4.《中华人民共和国海域使用管理法》(2002 年 1 月 1 日起施行)**

**第二条** 本法所称海域，是指中华人民共和国内水、领海的水面、水体、海床和底土。

本法所称内水，是指中华人民共和国领海基线向陆地一侧至海岸线的海域。

在中华人民共和国内水、领海持续使用特定海域三个月以上的排他性用海活动，适用本法。

## 二、相关行政法规

**1.《不动产登记暂行条例》(2019 年 3 月 24 日修订)**

**第二条** 本条例所称不动产登记，是指不动产登记机构依法将不动产权利归属和其他法定事项记载于不动产登记簿的行为。

本条例所称不动产，是指土地、海域以及房屋、林木等定着物。

**2.《中华人民共和国森林法实施条例》(2018 年 3 月 19 日修订)**

**第二条** 森林资源，包括森林、林木、林地以及依托森林、林木、林地生存的野生动物、植物和微生物。

森林，包括乔木林和竹林。

林木，包括树木和竹子。

林地，包括郁闭度 0.2 以上的乔木林地以及竹林地、灌木林地、疏林地、采伐迹地、火烧迹地、未成林造林地、苗圃地和县级以上人民政府规划的宜林地。

## 三、相关文件规定

**1.《中共中央关于全面深化改革若干重大问题的决定》(2013 年 11 月 12 日中国共产党第十八届中央委员会第三次全体会议通过)**明确对各种所有制经济实行平等保护的原则：

(5)完善产权保护制度。产权是所有制的核心。健全归属清晰、权责明确、保护严格、流转顺畅的现代产权制度。公有制经济财产权不可侵犯，非公有制经济财产权同样不可侵犯。

国家保护各种所有制经济产权和合法利益，保证各种所有制经济依法平等使用生产要素、公开公平公正参与市场竞争、同等受到法律保护，依法监管各种所有制经济。

**2.《中共中央、国务院关于完善产权保护制度依法保护产权的意见》(2016年11月4日起施行)**就如何更好地保护产权以及在产权保护中实行平等保护的原则，作出了如下详细的规定：

**一、总体要求**

加强产权保护，根本之策是全面推进依法治国。要全面贯彻党的十八大和十八届三中、四中、五中、六中全会精神，深入学习贯彻习近平总书记系列重要讲话精神，按照党中央、国务院决策部署，紧紧围绕统筹推进"五位一体"总体布局和协调推进"四个全面"战略布局，牢固树立和贯彻落实新发展理念，着力推进供给侧结构性改革，进一步完善现代产权制度，推进产权保护法治化，在事关产权保护的立法、执法、司法、守法等各方面各环节体现法治理念。要坚持以下原则：

——坚持平等保护。健全以公平为核心原则的产权保护制度，毫不动摇巩固和发展公有制经济，毫不动摇鼓励、支持、引导非公有制经济发展，公有制经济财产权不可侵犯，非公有制经济财产权同样不可侵犯。

……

**3.《最高人民法院关于依法平等保护非公有制经济促进非公有制经济健康发展的意见》(法发〔2014〕27号)**

贯彻党的十八届四中全会精神，依法平等保护各种所有制经济共同发展。法律面前人人平等是我国宪法确立的基本原则。

非公有制经济与公有制经济一样，是社会主义市场经济的重要组成部分，都是我国经济社会发展的重要基础。党的十八届四中全会决定指出，平等是社会主义法律的基本属性。人民法院在依法保障公有制经济发展，不断增强国有经济活力、控制力和影响力的同时，要依法平等保护非公有制经济的合法权益，坚持各类市场主体的诉讼地位平等、法律适用平等、法律责任平等，为各种所有制经济提供平等司法保障。

## 四、相关裁判摘要

● **2016年第7期《中华人民共和国最高人民法院公报》**刊登的“**刘柯妤诉刘茂勇、周忠容共有房屋分割案**”判决认为，子女对父母赠与的房屋行使物权时将损害父母生活的，违反了公序良俗原则。相关裁判摘要如下：

本案讼争房屋系被申请人刘茂勇、周忠容及再审申请人刘柯妤按份共有。单从《中华人民共和国物权法》第九十七条之规定看，刘柯妤占份额90%，有权决定本案讼争房屋的处分，但本案中刘茂勇、周忠容与刘柯妤系父母子女关系，双方以居住为目的购房，从购房的相关证据看，大部分房款由刘茂勇、周忠容出资，刘茂勇、周忠容购房时将大部分财产份额登记在刘柯妤名下，超出刘柯妤出资部分，具有赠与性质，系父母疼爱子女的具体表现。“百善孝为先”一直是中国社会各阶层所尊崇的基本伦理道德。孝敬父母乃“天之经、地之义、人之行、德之本”，是中国传统伦理道德的基石，是千百年来中国社会维系家庭关系的重要道德准则，是中华民族优秀的传统美德。亲子之爱是人世间最真诚、最深厚、最持久的爱，为人子女，不仅应在物质上赡养父母，满足父母日常生活的物质需要，也应在精神上慰藉父母，善待父母，努力让父母安宁、愉快地生活。从刘柯妤陈述及提交的《承诺书》看，刘柯妤仍存有赡养父母之念，值得肯定和发扬。目前刘茂勇、周忠容与刘柯妤之间存在较深的误解与隔阂，双方生活习惯差距较大，刘茂勇、周忠容多年在本土生活，不愿去苏州与刘柯妤共同居住生活，刘茂勇、周忠容对居住地和居住方式的选择应予尊重，他人不应强求。刘柯妤虽然承诺财产份额转让后，可由刘茂勇、周忠容居住使用该房屋至去世时止，但双方目前缺乏基本的信任，刘茂勇、周忠容担心刘柯妤取得完全产权后变卖房屋而导致其无房居住，具有一定合理性。刘茂勇、周忠容承诺有生之年不转让处分享有的份额，去世之后其份额归刘柯妤所有，刘茂勇、周忠容持有的财产份额价值较小，单独转让的可能性不大，刘柯妤担心父母将其财产份额转让他人，无事实根据，且刘柯妤承诺该房由其父母继续居住，目前要求其父母转让财产份额并无实际意义，徒增其父母的担忧，不符合精神上慰藉父母的伦理道德要求，并导致父母与子女之间的亲情关系继续恶化。《中华人民共和国物权法》第七条明确规定：“物权的取得和行使，应当遵守法律，尊重社会公德，不得损害公共利益和他人合法权益。”综上,刘柯妤要求其父母转让财产份额的诉求与善良风俗、传统美德的要求不符,法院不予支持。

• **2016 年第 5 期《中华人民共和国最高人民法院公报》**刊登的“**中国建设银行股份有限公司广州荔湾支行与广东蓝粤能源发展有限公司等信用证开证纠纷案**”判决认为,动产让与担保违反物权法定原则,不发生物权效力。相关裁判摘要如下:

建行荔湾支行还称,其主张提单项下货物所有权的最终目的是以货物的处置价款优先清偿信用证垫款产生的债权,不足的差额部分再由蓝粤能源继续清偿。由此可见,其意在以蓝粤能源让与提单项下货物所有权的形式担保债权的实现。但是:其一,有关合同没有建行荔湾支行所称的“以其享有所有权的货物处置价款优先清偿信用证垫款,不足的差额部分再由蓝粤能源继续清偿”的具体明确约定,该主张缺乏合同依据;其二,即便有相应的合同约定,我国现行法律没有关于以让与动产所有权担保债权这一担保物权类型的规定,根据物权法关于物权法定原则的规定,不能产生物权效力,何来优先受偿? 在没有合同依据又没有法律依据的情况下,如果既认定建行荔湾支行对提单项下货物享有所有权,又认定蓝粤能源承担信用证项下全部款项的偿付义务,将导致双重受偿的后果。

• **2012 年第 6 期《中华人民共和国最高人民法院公报》**刊登的“**大连羽田钢管有限公司与大连保税区弘丰钢铁工贸有限公司、株式会社羽田钢管制造所、大连高新技术产业园区龙王塘街道办事处物权确认纠纷案**”判决纠正了一审法院对物权法定原则包括物权取得需要法律的规定的错误认识,具有重要意义。相关裁判摘要如下:

争议焦点在于羽田制造所作为境外法人受让涉案国有土地使用权是否违反我国法律法规的规定。根据《中华人民共和国土地管理法》、《中华人民共和国城市房地产管理法》、《中华人民共和国城镇国有土地使用权出让和转让暂行条例》等法律法规的规定,我国土地管理实行的是按用途管制而非按用地主体进行限制,原则上境内外法人均享有相同的待遇,均可依法取得国有土地使用权,进行土地开发利用。除另有特殊规定外,现行土地管理法律法规对境外法人在我国购买、取得国有土地使用权没有禁止性或者限制性规定。因此,羽田制造所受让涉案国有土地使用权并未违反我国现有法律法规的规定,是合法有效的。

本案中，羽田制造所签署合同受让涉案资产的事实发生在2002年，当时《中华人民共和国物权法》尚未实施，因此，二审判决适用《中华人民共和国物权法》认定羽田制造所不能受让我国国有土地使用权确有错误，况且物权法定原则是指物权的种类和内容法定，二审判决将该原则理解为物权的取得法定亦属错误，应予纠正。

**第二百零八条 【物权公示原则】**不动产物权的设立、变更、转让和消灭，应当依照法律规定登记。动产物权的设立和转让，应当依照法律规定交付。

**一、相关法律条文**

**1.《中华人民共和国土地管理法》(2019年8月26日修正)**

**第十二条** 土地的所有权和使用权的登记，依照有关不动产登记的法律、行政法规执行。

依法登记的土地的所有权和使用权受法律保护，任何单位和个人不得侵犯。

**2.《中华人民共和国城市房地产管理法》(2019年8月26日修正)**

**第六十条** 国家实行土地使用权和房屋所有权登记发证制度。

**第六十一条** 以出让或者划拨方式取得土地使用权，应当向县级以上地方人民政府土地管理部门申请登记，经县级以上地方人民政府土地管理部门核实，由同级人民政府颁发土地使用权证书。

在依法取得的房地产开发用地上建成房屋的，应当凭土地使用权证书向县级以上地方人民政府房产管理部门申请登记，由县级以上地方人民政府房产管理部门核实并颁发房屋所有权证书。

房地产转让或者变更时，应当向县级以上地方人民政府房产管理部门申请房产变更登记，并凭变更后的房屋所有权证书向同级人民政府土地管理部门申请土地使用权变更登记，经同级人民政府土地管理部门核实，由同级人民政府更换或者更改土地使用权证书。

法律另有规定的，依照有关法律的规定办理。

**第六十二条** 房地产抵押时，应当向县级以上地方人民政府规定的部门办理抵押登记。

因处分抵押房地产而取得土地使用权和房屋所有权的，应当依照本章规定办理过户登记。

**第六十三条**　经省、自治区、直辖市人民政府确定，县级以上地方人民政府由一个部门统一负责房产管理和土地管理工作的，可以制作、颁发统一的房地产权证书，依照本法第六十一条的规定，将房屋的所有权和该房屋占用范围内的土地使用权的确认和变更，分别载入房地产权证书。

**3.《中华人民共和国海域使用管理法》(2002年1月1日起施行)**

**第六条**　国家建立海域使用权登记制度，依法登记的海域使用权受法律保护。

国家建立海域使用统计制度，定期发布海域使用统计资料。

**4.《中华人民共和国草原法》(2021年4月29日修正)**

**第十一条**　依法确定给全民所有制单位、集体经济组织等使用的国家所有的草原，由县级以上人民政府登记，核发使用权证，确认草原使用权。

未确定使用权的国家所有的草原，由县级以上人民政府登记造册，并负责保护管理。

集体所有的草原，由县级人民政府登记，核发所有权证，确认草原所有权。

依法改变草原权属的，应当办理草原权属变更登记手续。

**第十二条**　依法登记的草原所有权和使用权受法律保护，任何单位或者个人不得侵犯。

**5.《中华人民共和国森林法》(2019年12月28日修订)**

**第十五条**　林地和林地上的森林、林木的所有权、使用权，由不动产登记机构统一登记造册，核发证书。国务院确定的国家重点林区（以下简称重点林区）的森林、林木和林地，由国务院自然资源主管部门负责登记。

森林、林木、林地的所有者和使用者的合法权益受法律保护，任何组织和个人不得侵犯。

森林、林木、林地的所有者和使用者应当依法保护和合理利用森林、林木、林地，不得非法改变林地用途和毁坏森林、林木、林地。

**二、相关裁判摘要**

● **2012年第4期《中华人民共和国最高人民法院公报》**刊登的**“青岛源宏祥纺织有限公司诉港润(聊城)印染有限公司取回权确认纠纷案”**判决认为,除了《物权法》明确规定的四种交付方式外,不存在其他的基于法律行为的动产物权变动的交付方式。相关裁判摘要如下:

涉案的七台设备属于动产,而动产的公示方法原则上是占有与交付。《中华人民共和国物权法》第六条规定:“动产物权的设立和转让,应当依照法律规定交付。”所谓交付是指转移占有,即将自己占有的物或所有权凭证转移其他人占有的行为。《中华人民共和国物权法》第二十三条规定:“动产物权的设立和转让,自交付时发生效力,但法律另有规定的除外。”可见,出于维护交易安全考虑,交付作为动产物权变动的法定方式,具有强制性。该法共规定了现实交付、简易交付、指示交付和占有改定四种交付方式。《中华人民共和国合同法》第一百三十三条规定:“标的物所有权自标的物交付时转移,但法律另有规定或当事人另有约定的除外。”该规定也是以交付作为动产物权变动的生效条件,其中的“法律另有规定和当事人另有约定”所涵盖的内容是现实交付之外的其他法律规定的拟制交付方式。此后实施的《中华人民共和国物权法》,进一步明确了当事人只能够在法律规定的四种交付方式中通过约定选择一种具体的交付方式。除此之外,不存在其他基于法律行为而发生的动产物权变动的方式。

# 第二章 物权的设立、变更、转让和消灭

## 第一节 不动产登记

**第二百零九条 【不动产物权变动原则上以登记为生效要件】**不动产物权的设立、变更、转让和消灭,经依法登记,发生效力;未经登记,不发生效力,但是法律另有规定的除外。

依法属于国家所有的自然资源,所有权可以不登记。

## 一、相关法律条文

**《中华人民共和国民法典》(2021年1月1日起施行)**

**第二百二十九条**　因人民法院、仲裁机构的法律文书或者人民政府的征收决定等,导致物权设立、变更、转让或者消灭的,自法律文书或者征收决定等生效时发生效力。

**第二百三十条**　因继承取得物权的,自继承开始时发生效力。

**第二百三十一条**　因合法建造、拆除房屋等事实行为设立或者消灭物权的,自事实行为成就时发生效力。

**第三百三十三条**　土地承包经营权自土地承包经营权合同生效时设立。

登记机构应当向土地承包经营权人发放土地承包经营权证、林权证等证书,并登记造册,确认土地承包经营权。

**第三百三十五条**　土地承包经营权互换、转让的,当事人可以向登记机构申请登记;未经登记,不得对抗善意第三人。

**第三百四十一条**　流转期限为五年以上的土地经营权,自流转合同生效时设立。当事人可以向登记机构申请土地经营权登记;未经登记,不得对抗善意第三人。

**第三百六十五条**　已经登记的宅基地使用权转让或者消灭的,应当及时办理变更登记或者注销登记。

**第三百七十四条**　地役权自地役权合同生效时设立。当事人要求登记的,可以向登记机构申请地役权登记;未经登记,不得对抗善意第三人。

## 二、相关行政法规

**《宗教事务条例》(2017年6月14日修订)**

**第五十一条**　宗教团体、宗教院校、宗教活动场所所有的房屋和使用的土地等不动产,应当依法向县级以上地方人民政府不动产登记机构申请不动产登记,领取不动产权证书;产权变更、转移的,应当及时办理变更、转移登记。

涉及宗教团体、宗教院校、宗教活动场所土地使用权变更或者转移时,不动产登记机构应当征求本级人民政府宗教事务部门的意见。

## 三、相关司法解释

**1.《最高人民法院关于人民法院办理执行异议和复议案件若干问题的规定》(法释〔2015〕10号)(2020年12月23日修正)**

**第二十五条** 对案外人的异议,人民法院应当按照下列标准判断其是否系权利人:

(一)已登记的不动产,按照不动产登记簿判断;未登记的建筑物、构筑物及其附属设施,按照土地使用权登记簿、建设工程规划许可、施工许可等相关证据判断;

(二)已登记的机动车、船舶、航空器等特定动产,按照相关管理部门的登记判断;未登记的特定动产和其他动产,按照实际占有情况判断;

(三)银行存款和存管在金融机构的有价证券,按照金融机构和登记结算机构登记的账户名称判断;有价证券由具备合法经营资质的托管机构名义持有的,按照该机构登记的实际出资人账户名称判断;

(四)股权按照工商行政管理机关的登记和企业信用信息公示系统公示的信息判断;

(五)其他财产和权利,有登记的,按照登记机构的登记判断;无登记的,按照合同等证明财产权属或者权利人的证据判断。

案外人依据另案生效法律文书提出排除执行异议,该法律文书认定的执行标的权利人与依照前款规定得出的判断不一致的,依照本规定第二十六条规定处理。

**第二十八条** 金钱债权执行中,买受人对登记在被执行人名下的不动产提出异议,符合下列情形且其权利能够排除执行的,人民法院应予支持:

(一)在人民法院查封之前已签订合法有效的书面买卖合同;

(二)在人民法院查封之前已合法占有该不动产;

(三)已支付全部价款,或者已按照合同约定支付部分价款且将剩余价款按照人民法院的要求交付执行;

(四)非因买受人自身原因未办理过户登记。

**第二十九条** 金钱债权执行中,买受人对登记在被执行的房地产开发企业名下的商品房提出异议,符合下列情形且其权利能够排除执行的,人民法院应予支持:

(一)在人民法院查封之前已签订合法有效的书面买卖合同;

（二）所购商品房系用于居住且买受人名下无其他用于居住的房屋；

（三）已支付的价款超过合同约定总价款的百分之五十。

**2.《最高人民法院关于人民法院民事执行中查封、扣押、冻结财产的规定》（法释〔2004〕15号）（2020年12月23日修正）**

**第十五条**　被执行人将其所有的需要办理过户登记的财产出卖给第三人，第三人已经支付部分或者全部价款并实际占有该财产，但尚未办理产权过户登记手续的，人民法院可以查封、扣押、冻结；第三人已经支付全部价款并实际占有，但未办理过户登记手续的，如果第三人对此没有过错，人民法院不得查封、扣押、冻结。

## 四、相关文件规定

**1.《中共中央关于全面深化改革若干重大问题的决定》（2013年11月12日中国共产党第十八届中央委员会第三次全体会议通过）**

（51）健全自然资源资产产权制度和用途管制制度。对水流、森林、山岭、草原、荒地、滩涂等自然生态空间进行统一确权登记，形成归属清晰、权责明确、监管有效的自然资源资产产权制度。建立空间规划体系，划定生产、生活、生态空间开发管制界限，落实用途管制。健全能源、水、土地节约集约使用制度。

健全国家自然资源资产管理体制，统一行使全民所有自然资源资产所有者职责。完善自然资源监管体制，统一行使所有国土空间用途管制职责。

**2.《自然资源部、财政部、生态环境部、水利部、国家林业和草原局关于印发〈自然资源统一确权登记暂行办法〉的通知》（自然资发〔2019〕116号）**

### 第一章　总　　则

**第一条**　为贯彻落实党中央、国务院关于生态文明建设决策部署，建立和实施自然资源统一确权登记制度，推进自然资源确权登记法治化，推动建立归属清晰、权责明确、保护严格、流转顺畅、监管有效的自然资源资产产权制度，实现山水林田湖草整体保护、系统修复、综合治理，根据有关法律规定，制定本办法。

**第二条**　国家实行自然资源统一确权登记制度。

自然资源确权登记坚持资源公有、物权法定和统一确权登记的原则。

**第三条** 对水流、森林、山岭、草原、荒地、滩涂、海域、无居民海岛以及探明储量的矿产资源等自然资源的所有权和所有自然生态空间统一进行确权登记,适用本办法。

**第四条** 通过开展自然资源统一确权登记,清晰界定全部国土空间各类自然资源资产的所有权主体,划清全民所有和集体所有之间的边界,划清全民所有、不同层级政府行使所有权的边界,划清不同集体所有者的边界,划清不同类型自然资源之间的边界。

**第五条** 自然资源统一确权登记以不动产登记为基础,依据《不动产登记暂行条例》的规定办理登记的不动产权利,不再重复登记。

自然资源确权登记涉及调整或限制已登记的不动产权利的,应当符合法律法规规定,依法及时记载于不动产登记簿,并书面通知权利人。

**第六条** 自然资源主管部门作为承担自然资源统一确权登记工作的机构(以下简称登记机构),按照分级和属地相结合的方式进行登记管辖。

国务院自然资源主管部门负责指导、监督全国自然资源统一确权登记工作,会同省级人民政府负责组织开展由中央政府直接行使所有权的国家公园、自然保护区、自然公园等各类自然保护地以及大江大河大湖和跨境河流、生态功能重要的湿地和草原、国务院确定的重点国有林区、中央政府直接行使所有权的海域、无居民海岛、石油天然气、贵重稀有矿产资源等自然资源和生态空间的统一确权登记工作。具体登记工作由国家登记机构负责办理。

各省负责组织开展本行政区域内由中央委托地方政府代理行使所有权的自然资源和生态空间的统一确权登记工作。具体登记工作由省级及省级以下登记机构负责办理。

市县应按照要求,做好本行政区域范围内自然资源统一确权登记工作。

跨行政区域的自然资源确权登记由共同的上一级登记机构直接办理或者指定登记机构办理。

**第七条** 自然资源统一确权登记工作经费应纳入各级政府预算,不得向当事人收取登记费等相关费用。

## 第二章 自然资源登记簿

**第八条** 自然资源登记簿的样式由国务院自然资源主管部门统一规定。

已按照《不动产登记暂行条例》办理登记的不动产权利，通过不动产单元号、权利主体实现自然资源登记簿与不动产登记簿的关联。

**第九条** 自然资源登记簿应当记载以下事项：

（一）自然资源的坐落、空间范围、面积、类型以及数量、质量等自然状况；

（二）自然资源所有权主体、所有权代表行使主体、所有权代理行使主体、行使方式及权利内容等权属状况；

（三）其他相关事项。

自然资源登记簿应当对地表、地上、地下空间范围内各类自然资源进行记载，并关联国土空间规划明确的用途、划定的生态保护红线等管制要求及其他特殊保护规定等信息。

**第十条** 全民所有自然资源所有权代表行使主体登记为国务院自然资源主管部门，所有权行使方式分为直接行使和代理行使。

中央委托相关部门、地方政府代理行使所有权的，所有权代理行使主体登记为相关部门、地方人民政府。

**第十一条** 自然资源登记簿附图内容包括自然资源空间范围界线、面积，所有权主体、所有权代表行使主体、所有权代理行使主体，以及已登记的不动产权利界线，不同类型自然资源的边界、面积等信息。

**第十二条** 自然资源登记簿由具体负责登记的各级登记机构进行管理，永久保存。

自然资源登记簿和附图应当采用电子介质，配备专门的自然资源登记电子存储设施，采取信息网络安全防护措施，保证电子数据安全，并定期进行异地备份。

## 第三章 自然资源登记单元

**第十三条** 自然资源统一确权登记以自然资源登记单元为基本单位。

自然资源登记单元应当由登记机构会同水利、林草、生态环境等部门在自然资源所有权范围的基础上，综合考虑不同自然资源种类和在生态、经济、国防等方面的重要程度以及相对完整的生态功能、集中连片等因素划定。

**第十四条** 国家批准的国家公园、自然保护区、自然公园等各类自然保护地应当优先作为独立登记单元划定。

登记单元划定以管理或保护审批范围界线为依据。同一区域内存在管理或保护审批范围界线交叉或重叠时，以最大的管理或保护范围界线划定登记单元。范围内存在集体所有自然资源的，应当一并划入登记单元，并在登记簿上对集体所有自然资源的主体、范围、面积等情况予以记载。

**第十五条** 水流可以单独划定自然资源登记单元。以水流作为独立自然资源登记单元的，依据全国国土调查成果和水资源专项调查成果，以河流、湖泊管理范围为基础，结合堤防、水域岸线划定登记单元。河流的干流、支流，可以分别划定登记单元。

湿地可以单独划定自然资源登记单元。以湿地作为独立自然资源登记单元的，依据全国国土调查成果和湿地专项调查成果，按照自然资源边界划定登记单元。在河流、湖泊、水库等水流范围内的，不再单独划分湿地登记单元。

**第十六条** 森林、草原、荒地登记单元原则上应当以土地所有权为基础，按照国家土地所有权权属界线封闭的空间划分登记单元，多个独立不相连的国家土地所有权权属界线封闭的空间，应分别划定登记单元。国务院确定的重点国有林区以国家批准的范围界线为依据单独划定自然资源登记单元。

在国家公园、自然保护区、自然公园等各类自然保护地登记单元内的森林、草原、荒地、水流、湿地等不再单独划定登记单元。

**第十七条** 海域可单独划定自然资源登记单元，范围为我国的内水和领海。以海域作为独立登记单元的，依据沿海县市行政管辖界线，自海岸线起至领海外部界线划定登记单元。无居民海岛按照“一岛一登”的原则，单独划定自然资源登记单元，进行整岛登记。

海域范围内的自然保护地、湿地、探明储量的矿产资源等，不再单独划定登记单元。

**第十八条** 探明储量的矿产资源，固体矿产以矿区，油气以油气田划分登记单元。若矿业权整合包含或跨越多个矿区的，以矿业权整合后的区域为一个登记单元。登记单元的边界，以现有的储量登记库及储量统计库导出的矿区范围，储量评审备案文件确定的矿产资源储量估算范围，以及国家出资探明矿产地清理结果认定的矿产地范围在空间上套合确定。登记单元内存在依法审批的探矿权、采矿权的，登记簿关联勘查、采矿许可证相关信息。

在国家公园、自然保护区、自然公园等各类自然保护地登记单元内的矿产资源不再单独划定登记单元，通过分层标注的方式在自然资源登记簿上记载探明储量矿产资源的范围、类型、储量等内容。

**第十九条**　自然资源登记单元具有唯一编码，编码规则由国家统一制定。

## 第四章　自然资源登记一般程序

**第二十条**　自然资源登记类型包括自然资源首次登记、变更登记、注销登记和更正登记。

首次登记是指在一定时间内对登记单元内全部国家所有的自然资源所有权进行的第一次登记。

变更登记是指因自然资源的类型、范围和权属边界等自然资源登记簿内容发生变化进行的登记。

注销登记是指因不可抗力等因素导致自然资源所有权灭失进行的登记。

更正登记是指登记机构对自然资源登记簿的错误记载事项进行更正的登记。

**第二十一条**　自然资源首次登记程序为通告、权籍调查、审核、公告、登簿。

**第二十二条**　自然资源首次登记应当由登记机构依职权启动。

登记机构会同水利、林草、生态环境等部门预划登记单元后，由自然资源所在地的县级以上地方人民政府向社会发布首次登记通告。通告的主要内容包括：

（一）自然资源登记单元的预划分；

（二）开展自然资源登记工作的时间；

（三）自然资源类型、范围；

（四）需要自然资源所有权代表行使主体、代理行使主体以及集体土地所有权人等相关主体配合的事项及其他需要通告的内容。

**第二十三条**　登记机构会同水利、林草、生态环境等部门，充分利用全国国土调查、自然资源专项调查等自然资源调查成果，获取自然资源登记单元内各类自然资源的坐落、空间范围、面积、类型、数量和质量等信息，划清自然资源类型边界。

**第二十四条** 登记机构会同水利、林草、生态环境等部门应充分利用全国国土调查、自然资源专项调查等自然资源调查成果，以及集体土地所有权确权登记发证、国有土地使用权确权登记发证等不动产登记成果，开展自然资源权籍调查，绘制自然资源权籍图和自然资源登记簿附图，划清全民所有和集体所有的边界以及不同集体所有者的边界；依据分级行使国家所有权体制改革成果，划清全民所有、不同层级政府行使所有权的边界。

自然资源登记单元的重要界址点应现场指界，必要时可设立明显界标。在国土调查、专项调查、权籍调查、土地勘测定界等工作中对重要界址点已经指界确认的，不需要重复指界。对涉及权属争议的，按有关法律法规规定处理。

**第二十五条** 登记机构依据自然资源权籍调查成果和相关审批文件，结合国土空间规划明确的用途、划定的生态保护红线等管制要求或政策性文件以及不动产登记结果资料等，会同相关部门对登记的内容进行审核。

**第二十六条** 自然资源登簿前应当由自然资源所在地市县配合具有登记管辖权的登记机构在政府门户网站及指定场所进行公告，涉及国家秘密的除外。公告期不少于15个工作日。公告期内，相关当事人对登记事项提出异议的，登记机构应当对提出的异议进行调查核实。

**第二十七条** 公告期满无异议或者异议不成立的，登记机构应当将登记事项记载于自然资源登记簿，可以向自然资源所有权代表行使主体或者代理行使主体颁发自然资源所有权证书。

**第二十八条** 登记单元内自然资源类型、面积等自然状况发生变化的，以全国国土调查和自然资源专项调查为依据，依职权开展变更登记。自然资源的登记单元边界、权属边界、权利主体和内容等自然资源登记簿主要内容发生变化的，自然资源所有权代表行使主体或者代理行使主体应当持相关资料及时嘱托登记机构办理变更登记或注销登记。

自然资源登记簿记载事项存在错误的，登记机构可以依照自然资源所有权代表行使主体或者代理行使主体的嘱托办理更正登记，也可以依职权办理更正登记。

## 第五章 自然资源登记信息管理与应用

**第二十九条** 自然资源登记资料包括：

（一）自然资源登记簿等登记结果；

（二）自然资源权籍调查成果、权属来源材料、相关公共管制要求、登记机构审核材料等登记原始资料。

自然资源登记资料由具体负责的登记机构管理。各级登记机构应当建立登记资料管理制度及信息安全保密制度，建设符合自然资源登记资料安全保护标准的登记资料存放场所。

**第三十条**　在国家不动产登记信息管理基础平台上，拓展开发全国统一的自然资源登记信息系统，实现自然资源确权登记信息的统一管理；各级登记机构应当建立标准统一的自然资源确权登记数据库，确保自然资源确权登记信息日常更新。

自然资源确权登记信息纳入不动产登记信息管理基础平台，实现自然资源确权登记信息与不动产登记信息有效衔接和融合。

自然资源确权登记信息应当及时汇交国家不动产登记信息管理基础平台，确保国家、省、市、县四级自然资源确权登记信息的实时共享。

**第三十一条**　自然资源确权登记结果应当向社会公开，但涉及国家秘密以及《不动产登记暂行条例》规定的不动产登记的相关内容除外。

**第三十二条**　自然资源确权登记信息与水利、林草、生态环境、财税等相关部门管理信息应当互通共享，服务自然资源资产的有效监管和保护。

### 第六章　附　　则

**第三十三条**　军用土地范围内的自然资源暂不纳入确权登记。

**第三十四条**　本办法由自然资源部负责解释，自印发之日起施行。

## 五、相关裁判摘要

● **2017年第3期《中华人民共和国最高人民法院公报》**刊登的“**付金华诉吕秋白、刘剑锋案外人执行异议之诉案**”判决认为，不动产物权变动原则上以登记完成为生效要件。夫妻双方签订的离婚协议中对不动产归属的约定并不直接发生物权变动的效果，一方仅可基于债权请求权向对方主张履行房屋产权变更登记的契约义务。相关裁判摘要如下：

本案系争房屋是原告付金华与第三人刘剑锋夫妻关系存续期间所

购买，根据婚姻法相关规定，系争房屋应属原告与第三人的夫妻共同财产。我国《物权法》第九条明确规定，“不动产物权的设立、变更、转让和消灭，经依法登记，发生法律效力；未经登记，不发生法律效力”。双方在离婚协议中约定上述房屋产权均归原告所有，这是第三人对自己在系争房屋产权中所拥有份额的处分，该处分行为未经产权变更登记并不直接发生物权变动的法律效果，也不具有对抗第三人的法律效力。因系争房屋的产权未发生变更登记，第三人刘剑锋仍为系争房屋的登记产权人，其在系争房屋中的产权份额尚未变动至原告名下，故在第三人对外尚存未履行债务的情况下，被告吕秋白作为第三人的债权人，要求对第三人名下的财产予以司法查封并申请强制执行符合法律规定。原告依据《离婚协议书》对系争房屋产权的约定要求确认系争房屋的所有权属其所有并要求解除对系争房屋的司法查封、停止对系争房屋执行的诉讼请求于法无据，法院不予支持。

●**2014 年第 12 期《中华人民共和国最高人民法院公报》**刊登的“**唐某诉李某某、唐某乙法定继承纠纷案**”判决认为，在夫妻婚内财产分割协议对夫妻共同所有房屋的权属进行了约定的情况下，不应适用《物权法》第 9 条的规定以产权登记作为认定该房屋权属的唯一依据，而应当优先适用《婚姻法》的有关规定。相关裁判摘要如下：

第二，本案应当优先适用物权法还是婚姻法的相关法律规定。

上诉人李某某、唐某乙认为，应适用婚姻法第十九条之规定，只要夫妻双方以书面形式对财产分割作出约定即发生法律效力，无需过户登记；被上诉人唐某主张，本案应适用物权法第九条之规定，不动产物权的权属变更未经登记不发生法律效力。法院认为，该问题首先要厘清物权法与婚姻法在调整婚姻家庭领域内财产关系时的衔接与适用问题，就本案而言，应以优先适用婚姻法的相关规定处理为宜。理由如下：

物权领域，法律主体因物而产生联系，物权法作为调整平等主体之间因物之归属和利用而产生的财产关系的基础性法律重点关注主体对物的关系，其立法旨在保护交易安全以促进资源的有效利用。而婚姻法作为身份法，旨在调整规制夫妻之间的人身关系和财产关系，其中财产关系则依附于人身关系而产生，仅限于异性之间或家庭成员之间因身份而产生的权利义务关系，不体现直接的经济目的，而是凸显亲属共同生活和家庭职能的要求。故婚姻法关于夫妻子女等特别人伦或财产关系的规定不是出于功利目的创设和存在，而是带有"公法"意味和社会保障、制度福利的色彩，将保护"弱者"和"利他"价值取向直接纳入权利义务关系的考量。

因此，婚姻家庭的团体性特点决定了婚姻法不可能完全以个人为本位，必须考虑夫妻共同体、家庭共同体的利益，与物权法突出个人本位主义有所不同。在调整夫妻财产关系领域，物权法应当保持谦抑性，对婚姻法的适用空间和规制功能予以尊重，尤其是夫妻之间关于具体财产制度的约定不宜由物权法过度调整，应当由婚姻法去规范评价。本案中，唐某甲与上诉人李某某所签协议关于财富中心房屋的分割，属于夫妻内部对财产的约定，不涉及家庭外部关系，应当优先和主要适用婚姻法的相关规定，物权法等调整一般主体之间财产关系的相关法律规定应作为补充。

第三，物权法上的不动产登记公示原则在夫妻财产领域中是否具有强制适用的效力。

上诉人李某某、唐某乙认为，婚内财产分割协议只涉及到财产在夫妻之间的归属问题，依双方约定即可确定，无须以公示作为物权变动要件；被上诉人唐某则主张财富中心房屋的产权人是唐某甲，即使唐某甲与李某某曾约定该房屋归李某某拥有，也因未办理产权变更登记而未发生物权变动效力，该房屋仍应纳入唐某甲的遗产范围。本院认为，唐某甲与李某某所签《分居协议书》已经确定财富中心房屋归李某某一人所有，虽仍登记在唐某甲名下，并不影响双方对上述房屋内部处分的效力。理由如下：

物权法以登记作为不动产物权变动的法定公示要件，赋予登记以公信力，旨在明晰物权归属，保护交易安全和交易秩序，提高交易效率。但实践中，由于法律的例外规定、错误登记的存在、法律行为的效力变动、当事人的真实意思保留以及对交易习惯的遵从等原因，存在大量欠缺登记外观形式，但依法、依情、依理应当给予法律保护的事实物权。物权法第二十八条至第三十条对于非基于法律行为所引起的物权变动亦进行了例示性规定，列举了无需公示即可直接发生物权变动的情形。当然，这种例示性规定并未穷尽非因法律行为而发生物权变动的所有情形，婚姻法及其司法解释规定的相关情形亦应包括在内。

在夫妻财产领域，存在大量夫妻婚后由一方签订买房合同，并将房屋产权登记在该方名下的情形,但实际上只要夫妻之间没有另行约定,双方对婚后所得的财产即享有共同所有权,这是基于婚姻法规定的法定财产制而非当事人之间的法律行为。因为结婚作为客观事实,已经具备了公示特征,无须另外再为公示。而夫妻之间的约定财产制,是夫妻双方通过书面形式,在平等、自愿、意思表示真实的前提下对婚后共有财产归属作出的明确约定。此种约定充分体现了夫妻真实意愿,系意思自治的结果,应当受到法律尊重和保护,故就法理而言,亦应纳入非依法律行为即可发生物权变动效力的范畴。因此,当夫妻婚后共同取得的不动产物权归属发生争议时,应当根据不动产物权变动的原因行为是否有效、有无涉及第三人利益等因素进行综合判断,不宜以产权登记作为确认不动产权属的唯一依据,只要有充分证据足以确定该不动产的权属状况,且不涉及第三人利益,就应当尊重夫妻之间的真实意思表示,按照双方达成的婚内财产分割协议履行,优先保护事实物权人。需要指出的是,此处的第三人主要是相对于婚姻家庭关系外部而言,如夫妻财产涉及向家庭以外的第三人处分物权,就应当适用物权法等调整一般主体之间财产关系的相关法律规定。而对于夫妻家庭关系内的财产问题,应当优先适用婚姻法的相关规定。

本案中,《分居协议书》约定:"财富中心房屋归李某某拥有,李某某可以任何方式处置这些房产,唐某甲不得阻挠和反对,并有义务协办相关事务。"该协议书系唐某甲与上诉人李某某基于夫妻关系作出的内部约定,是二人在平等自愿的前提下协商一致对家庭财产在彼此之间进行分配的结果,不涉及婚姻家庭以外的第三人利益,具有民事合同性质,对双方均具有约束力。财富中心房屋并未进入市场交易流转,其所有权归属的确定亦不涉及交易秩序与流转安全。故唐某虽在本案中对该约定的效力提出异议,但其作为唐某甲的子女并非《物权法》意义上的第三人。因此,虽然财富中心房屋登记在唐某甲名下,双方因房屋贷款之故没有办理产权过户登记手续,但物权法的不动产登记原则不应影响婚内财产、分割协议关于房屋权属约定的效力。且结合唐某甲与李某某已依据《分居协议书》各自占有、使用、管理相应房产之情形,应当将财富中心房屋认定为李某某的个人财产,而非唐某甲之遗产予以法定继承。一审法院根据物权登记主义原则确认财富中心房屋为唐某甲与李某某夫妻共同财产实属不妥,应予调整。

**第二百一十条　【不动产登记机构与统一登记】**不动产登记，由不动产所在地的登记机构办理。

国家对不动产实行统一登记制度。统一登记的范围、登记机构和登记办法，由法律、行政法规规定。

**一、相关行政法规**

**1.《优化营商环境条例》(2020年1月1日起施行)**

**第四十七条**　不动产登记机构应当按照国家有关规定，加强部门协作，实行不动产登记、交易和缴税一窗受理、并行办理，压缩办理时间，降低办理成本。在国家规定的不动产登记时限内，各地区应当确定并公开具体办理时间。

国家推动建立统一的动产和权利担保登记公示系统，逐步实现市场主体在一个平台上办理动产和权利担保登记。纳入统一登记公示系统的动产和权利范围另行规定。

**2.《不动产登记暂行条例》(2019年3月24日修订)**

**第一条**　为整合不动产登记职责，规范登记行为，方便群众申请登记，保护权利人合法权益，根据《中华人民共和国物权法》等法律，制定本条例。

**第二条**　本条例所称不动产登记，是指不动产登记机构依法将不动产权利归属和其他法定事项记载于不动产登记簿的行为。

本条例所称不动产，是指土地、海域以及房屋、林木等定着物。

**第三条**　不动产首次登记、变更登记、转移登记、注销登记、更正登记、异议登记、预告登记、查封登记等，适用本条例。

**第四条**　国家实行不动产统一登记制度。

不动产登记遵循严格管理、稳定连续、方便群众的原则。

不动产权利人已经依法享有的不动产权利，不因登记机构和登记程序的改变而受到影响。

**第五条**　下列不动产权利，依照本条例的规定办理登记：

（一）集体土地所有权；

（二）房屋等建筑物、构筑物所有权；

（三）森林、林木所有权；

（四）耕地、林地、草地等土地承包经营权；

(五)建设用地使用权;
(六)宅基地使用权;
(七)海域使用权;
(八)地役权;
(九)抵押权;
(十)法律规定需要登记的其他不动产权利。

**第六条** 国务院国土资源主管部门负责指导、监督全国不动产登记工作。

县级以上地方人民政府应当确定一个部门为本行政区域的不动产登记机构,负责不动产登记工作,并接受上级人民政府不动产登记主管部门的指导、监督。

**第七条** 不动产登记由不动产所在地的县级人民政府不动产登记机构办理;直辖市、设区的市人民政府可以确定本级不动产登记机构统一办理所属各区的不动产登记。

跨县级行政区域的不动产登记,由所跨县级行政区域的不动产登记机构分别办理。不能分别办理的,由所跨县级行政区域的不动产登记机构协商办理;协商不成的,由共同的上一级人民政府不动产登记主管部门指定办理。

国务院确定的重点国有林区的森林、林木和林地,国务院批准项目用海、用岛,中央国家机关使用的国有土地等不动产登记,由国务院国土资源主管部门会同有关部门规定。

## 二、相关部门规章

**《不动产登记暂行条例实施细则》(2019 年 7 月 16 日修正)**

**第一条** 为规范不动产登记行为,细化不动产统一登记制度,方便人民群众办理不动产登记,保护权利人合法权益,根据《不动产登记暂行条例》(以下简称《条例》),制定本实施细则。

**第二条** 不动产登记应当依照当事人的申请进行,但法律、行政法规以及本实施细则另有规定的除外。

房屋等建筑物、构筑物和森林、林木等定着物应当与其所依附的土地、海域一并登记,保持权利主体一致。

**第三条** 不动产登记机构依照《条例》第七条第二款的规定,协商办理或者接受指定办理跨县级行政区域不动产登记的,应当在登记完毕后将不动产登记簿记载的不动产权利人以及不动产坐落、界址、面积、用途、权利类型等登记结果告知不动产所跨区域的其他不动产登记机构。

**第四条**　国务院确定的重点国有林区的森林、林木和林地，由自然资源部受理并会同有关部门办理，依法向权利人核发不动产权属证书。

国务院批准的项目用海、用岛的登记，由自然资源部受理，依法向权利人核发不动产权属证书。

### 三、相关文件规定

**《自然资源部关于印发〈在京中央和国家机关不动产登记办法〉的通知》（自然资发〔2020〕87号）**

**第一条**　为规范在京中央和国家机关不动产登记，维护权利人合法权益，加强中央和国家机关国有资产管理，根据《中华人民共和国物权法》《不动产登记暂行条例》《不动产登记暂行条例实施细则》等法律法规和规章，制定本办法。

**第二条**　本办法所称在京中央和国家机关不动产是指：

（一）中央本级党的机关、人大机关、行政机关、政协机关、监察机关、审判机关、检察机关以及各民主党派、工商联、人民团体和参照公务员法管理的事业单位及所属单位使用的在北京市范围内的国有土地、房屋等不动产；

（二）机关事务分别属于中共中央直属机关事务管理局、国家机关事务管理局、全国人大常委会办公厅机关事务管理局、政协全国委员会办公厅机关事务管理局（上述机构以下简称各管理局）归口管理的中央各企事业单位及所属单位使用的在北京市范围内的国有土地、房屋等不动产，但中央企业及所属单位通过招拍挂等市场运作方式取得土地建设用于出售出租的房地产开发项目除外；

（三）按照国家有关规定应纳入在京中央和国家机关不动产进行管理的其他不动产。

**第三条**　在京中央和国家机关不动产登记适用本办法和《不动产登记暂行条例》《不动产登记暂行条例实施细则》《不动产登记资料查询暂行办法》等规定。

申请办理在京中央和国家机关不动产登记时，应当同时提交有关管理局出具的不动产登记申请审核意见书。

申请登记的不动产权属资料不齐全的,应当提交有关管理局确认盖章的不动产权属来源说明函;除涉及国家秘密外,办理登记时应当进行公告,公告期不少于30日。

在京中央和国家机关各单位使用的国有土地改变土地用途、使用性质或转移土地使用权的,申请办理变更登记、转移登记时,应当提交各管理局出具的载明同意改变土地用途、使用性质或转移权属的不动产登记申请审核意见书。

**第四条** 自然资源部委托北京市规划和自然资源委员会(以下简称市规划自然资源委)直接办理在京中央和国家机关不动产登记,保管、使用自然资源部制发的"自然资源部不动产登记专用章(1)",保存、管理在京中央和国家机关不动产登记资料,依法向权利人、利害关系人或有关国家机关提供可以查询、复制的登记资料。

市规划自然资源委依据各管理局对机关事务归口管理单位名录的年度更新和实时更新结果,为在京中央和国家机关各单位提供不动产登记服务。核发的不动产权证书或登记证明加盖"自然资源部不动产登记专用章(1)",作出的不予登记决定同时抄送有关管理局。

自然资源部对委托的不动产登记事务依法监督,有权对违反规定的登记行为予以纠正,必要时可以取消委托。

**第五条** 在京中央和国家机关各单位使用的国有土地发生权属争议的,由当事人协商解决,争议方均为中央和国家机关的,可以由有关管理局先行协调;协商不成的,可以由市规划自然资源委会同有关管理局调解;调解不成的,按照《土地权属争议调查处理办法》有关规定处理。土地权属争议处理的结果作为申请登记的不动产权属来源证明材料。

**第六条** 根据中共中央办公厅、国务院办公厅印发的《党政机关办公用房管理办法》有关规定,各管理局应当对在京中央和国家机关不动产中纳入权属统一登记的党政机关办公用房提供明细清单,市规划自然资源委按照"清单对账"方式经审核符合登记条件的,权属登记在有关管理局名下,并在不动产登记簿的附记栏注记使用单位。

党政机关办公用房的房屋所有权、土地使用权等不动产权利未经登记,或原产权单位撤销、重组更名的,可以由各管理局单方申请登记。各管理局应当就办公用房权属出具书面意见,并提供使用单位对办公用房范围予以认可的书面意见;原产权单位撤销或重组更名的,各管理局还应当提供机构改革文件、更名文件或机构编制部门的书面意见。

党政机关办公用房的土地使用权、房屋所有权均已登记的，产权单位应当配合申请转移登记。产权单位可以出具授权委托书，委托各管理局持相关申请材料一并申请登记。

**第七条**　在京中央和国家机关各单位原已取得的国有划拨土地，符合下列情形，且有关管理局出具载明同意继续保留划拨土地性质的不动产登记申请审核意见书的，办理登记时不再要求提供划拨确认相关材料：

（一）土地使用权人和土地用途未改变的；

（二）土地使用权人虽发生变化，但现使用权人仍为在京中央和国家机关，且土地用途仍为非经营性的；

（三）经各管理局批准，调整利用现有存量土地进行非经营性项目建设，且符合划拨用地政策的；

（四）其他按照国家规定可以保留划拨土地性质的。

**第八条**　在京中央和国家机关各单位使用的国有土地，属于《北京市实施〈土地管理法〉办法》1991 年 6 月 1 日施行前通过协议调整置换且未改变土地使用性质的，办理登记时以协议确认各方的土地使用权范围为准。

属于多家在京中央和国家机关共用同一宗土地，具备分宗条件且经各使用单位确认的，办理登记时可以按使用单位予以分宗。

属于同一宗土地存在多个用途，具备分宗条件的，办理登记时可以按用途予以分宗。

**第九条**　自然资源部指导市规划自然资源委会同各管理局建立在京中央和国家机关不动产登记申请审核意见和登记结果信息共享机制，以及研究解决不动产登记历史遗留问题和具体执行问题的工作机制。针对实际情况，可以制定本办法的实施细则。

**第十条**　本办法自印发之日起施行。

**第二百一十一条　【不动产登记的申请材料】**当事人申请登记，应当根据不同登记事项提供权属证明和不动产界址、面积等必要材料。

## 一、相关行政法规

**《不动产登记暂行条例》(2019年3月24日修订)**

**第十四条**　因买卖、设定抵押权等申请不动产登记的,应当由当事人双方共同申请。

属于下列情形之一的,可以由当事人单方申请:

(一)尚未登记的不动产首次申请登记的;

(二)继承、接受遗赠取得不动产权利的;

(三)人民法院、仲裁委员会生效的法律文书或者人民政府生效的决定等设立、变更、转让、消灭不动产权利的;

(四)权利人姓名、名称或者自然状况发生变化,申请变更登记的;

(五)不动产灭失或者权利人放弃不动产权利,申请注销登记的;

(六)申请更正登记或者异议登记的;

(七)法律、行政法规规定可以由当事人单方申请的其他情形。

**第十五条**　当事人或者其代理人应当向不动产登记机构申请不动产登记。

不动产登记机构将申请登记事项记载于不动产登记簿前,申请人可以撤回登记申请。

**第十六条**　申请人应当提交下列材料,并对申请材料的真实性负责:

(一)登记申请书;

(二)申请人、代理人身份证明材料、授权委托书;

(三)相关的不动产权属来源证明材料、登记原因证明文件、不动产权属证书;

(四)不动产界址、空间界限、面积等材料;

(五)与他人利害关系的说明材料;

(六)法律、行政法规以及本条例实施细则规定的其他材料。

不动产登记机构应当在办公场所和门户网站公开申请登记所需材料目录和示范文本等信息。

## 二、相关部门规章

**《不动产登记暂行条例实施细则》(2019年7月16日修正)**

**第九条**　申请不动产登记的,申请人应当填写登记申请书,并提交身份证明以及相关申请材料。

申请材料应当提供原件。因特殊情况不能提供原件的，可以提供复印件，复印件应当与原件保持一致。

**第十条**　处分共有不动产申请登记的，应当经占份额三分之二以上的按份共有人或者全体共同共有人共同申请，但共有人另有约定的除外。

按份共有人转让其享有的不动产份额，应当与受让人共同申请转移登记。

建筑区划内依法属于全体业主共有的不动产申请登记，依照本实施细则第三十六条的规定办理。

**第十一条**　无民事行为能力人、限制民事行为能力人申请不动产登记的，应当由其监护人代为申请。

监护人代为申请登记的，应当提供监护人与被监护人的身份证或者户口簿、有关监护关系等材料；因处分不动产而申请登记的，还应当提供为被监护人利益的书面保证。

父母之外的监护人处分未成年人不动产的，有关监护关系材料可以是人民法院指定监护的法律文书、经过公证的对被监护人享有监护权的材料或者其他材料。

**第十二条**　当事人可以委托他人代为申请不动产登记。

代理申请不动产登记的，代理人应当向不动产登记机构提供被代理人签字或者盖章的授权委托书。

自然人处分不动产，委托代理人申请登记的，应当与代理人共同到不动产登记机构现场签订授权委托书，但授权委托书经公证的除外。

境外申请人委托他人办理处分不动产登记的，其授权委托书应当按照国家有关规定办理认证或者公证。

**第十三条**　申请登记的事项记载于不动产登记簿前，全体申请人提出撤回登记申请的，登记机构应当将登记申请书以及相关材料退还申请人。

**第十四条**　因继承、受遗赠取得不动产，当事人申请登记的，应当提交死亡证明材料、遗嘱或者全部法定继承人关于不动产分配的协议以及与被继承人的亲属关系材料等，也可以提交经公证的材料或者生效的法律文书。

**第十九条**　当事人可以持人民法院、仲裁委员会的生效法律文书或者人民政府的生效决定单方申请不动产登记。

有下列情形之一的，不动产登记机构直接办理不动产登记：

（一）人民法院持生效法律文书和协助执行通知书要求不动产登记机构办理登记的；

（二）人民检察院、公安机关依据法律规定持协助查封通知书要求办理查封登记的；

（三）人民政府依法做出征收或者收回不动产权利决定生效后，要求不动产登记机构办理注销登记的；

（四）法律、行政法规规定的其他情形。

不动产登记机构认为登记事项存在异议的，应当依法向有关机关提出审查建议。

**第二百一十二条 【不动产登记机构的职责】**登记机构应当履行下列职责：

（一）查验申请人提供的权属证明和其他必要材料；

（二）就有关登记事项询问申请人；

（三）如实、及时登记有关事项；

（四）法律、行政法规规定的其他职责。

申请登记的不动产的有关情况需要进一步证明的，登记机构可以要求申请人补充材料，必要时可以实地查看。

**一、相关行政法规**

**《不动产登记暂行条例》（2019年3月24日修订）**

**第十七条** 不动产登记机构收到不动产登记申请材料，应当分别按照下列情况办理：

（一）属于登记职责范围，申请材料齐全、符合法定形式，或者申请人按照要求提交全部补正申请材料的，应当受理并书面告知申请人；

（二）申请材料存在可以当场更正的错误的，应当告知申请人当场更正，申请人当场更正后，应当受理并书面告知申请人；

（三）申请材料不齐全或者不符合法定形式的，应当当场书面告知申请人不予受理并一次性告知需要补正的全部内容；

（四）申请登记的不动产不属于本机构登记范围的，应当当场书面告知申请人不予受理并告知申请人向有登记权的机构申请。

不动产登记机构未当场书面告知申请人不予受理的，视为受理。

**第十八条**　不动产登记机构受理不动产登记申请的，应当按照下列要求进行查验：

（一）不动产界址、空间界限、面积等材料与申请登记的不动产状况是否一致；

（二）有关证明材料、文件与申请登记的内容是否一致；

（三）登记申请是否违反法律、行政法规规定。

**第十九条**　属于下列情形之一的，不动产登记机构可以对申请登记的不动产进行实地查看：

（一）房屋等建筑物、构筑物所有权首次登记；

（二）在建建筑物抵押权登记；

（三）因不动产灭失导致的注销登记；

（四）不动产登记机构认为需要实地查看的其他情形。

对可能存在权属争议，或者可能涉及他人利害关系的登记申请，不动产登记机构可以向申请人、利害关系人或者有关单位进行调查。

不动产登记机构进行实地查看或者调查时，申请人、被调查人应当予以配合。

**第二十条**　不动产登记机构应当自受理登记申请之日起 30 个工作日内办结不动产登记手续，法律另有规定的除外。

**第二十一条**　登记事项自记载于不动产登记簿时完成登记。

不动产登记机构完成登记，应当依法向申请人核发不动产权属证书或者登记证明。

**第二十二条**　登记申请有下列情形之一的，不动产登记机构应当不予登记，并书面告知申请人：

（一）违反法律、行政法规规定的；

（二）存在尚未解决的权属争议的；

（三）申请登记的不动产权利超过规定期限的；

（四）法律、行政法规规定不予登记的其他情形。

## 二、相关部门规章

**《不动产登记暂行条例实施细则》（2019 年 7 月 16 日修正）**

**第十五条**　不动产登记机构受理不动产登记申请后，还应当对下列内容进行查验：

（一）申请人、委托代理人身份证明材料以及授权委托书与申请主体是否一致；

（二）权属来源材料或者登记原因文件与申请登记的内容是否一致；

（三）不动产界址、空间界限、面积等权籍调查成果是否完备，权属是否清楚、界址是否清晰、面积是否准确；

（四）法律、行政法规规定的完税或者缴费凭证是否齐全。

**第十六条** 不动产登记机构进行实地查看，重点查看下列情况：

（一）房屋等建筑物、构筑物所有权首次登记，查看房屋坐落及其建造完成等情况；

（二）在建建筑物抵押权登记，查看抵押的在建建筑物坐落及其建造等情况；

（三）因不动产灭失导致的注销登记，查看不动产灭失等情况。

**第十七条** 有下列情形之一的，不动产登记机构应当在登记事项记载于登记簿前进行公告，但涉及国家秘密的除外：

（一）政府组织的集体土地所有权登记；

（二）宅基地使用权及房屋所有权，集体建设用地使用权及建筑物、构筑物所有权，土地承包经营权等不动产权利的首次登记；

（三）依职权更正登记；

（四）依职权注销登记；

（五）法律、行政法规规定的其他情形。

公告应当在不动产登记机构门户网站以及不动产所在地等指定场所进行，公告期不少于15个工作日。公告所需时间不计算在登记办理期限内。公告期满无异议或者异议不成立的，应当及时记载于不动产登记簿。

**第十八条** 不动产登记公告的主要内容包括：

（一）拟予登记的不动产权利人的姓名或者名称；

（二）拟予登记的不动产坐落、面积、用途、权利类型等；

（三）提出异议的期限、方式和受理机构；

（四）需要公告的其他事项。

**第二百一十三条 【不动产登记机构禁止从事的行为】**登记机构不得有下列行为：

（一）要求对不动产进行评估；

（二）以年检等名义进行重复登记；

（三）超出登记职责范围的其他行为。

**相关法律条文**

**《中华人民共和国资产评估法》（2016 年 12 月 1 日起施行）**

**第二条**　本法所称资产评估（以下简称评估），是指评估机构及其评估专业人员根据委托对不动产、动产、无形资产、企业价值、资产损失或者其他经济权益进行评定、估算，并出具评估报告的专业服务行为。

**第三条**　自然人、法人或者其他组织需要确定评估对象价值的，可以自愿委托评估机构评估。

涉及国有资产或者公共利益等事项，法律、行政法规规定需要评估的（以下简称法定评估），应当依法委托评估机构评估。

**第二十二条**　委托人有权自主选择符合本法规定的评估机构，任何组织或者个人不得非法限制或者干预。

评估事项涉及两个以上当事人的，由全体当事人协商委托评估机构。

委托开展法定评估业务，应当依法选择评估机构。

**第二百一十四条　【不动产物权变动的生效时间】**不动产物权的设立、变更、转让和消灭，依照法律规定应当登记的，自记载于不动产登记簿时发生效力。

**相关行政法规**

**1.《不动产登记暂行条例》（2019 年 3 月 24 日修订）**

**第二十一条**　登记事项自记载于不动产登记簿时完成登记。

不动产登记机构完成登记，应当依法向申请人核发不动产权属证书或者登记证明。

**2.《中华人民共和国土地管理法实施条例》（2014 年 7 月 29 日修订）**

**第六条**　依法改变土地所有权、使用权的，因依法转让地上建筑物、构筑物等附着物导致土地使用权转移的，必须向土地所在地的县级以上人民政府土地行政主管部门提出土地变更登记申请，由原土地登记机关依法进行土地所有权、使用权变更登记。土地所有权、使用权的变更,自变更登记之日起生效。

依法改变土地用途的,必须持批准文件,向土地所在地的县级以上人民政府土地行政主管部门提出土地变更登记申请,由原土地登记机关依法进行变更登记。

**第七条** 依照《土地管理法》的有关规定,收回用地单位的土地使用权的,由原土地登记机关注销土地登记。

土地使用权有偿使用合同约定的使用期限届满,土地使用者未申请续期或者虽申请续期未获批准的,由原土地登记机关注销土地登记。

**第二百一十五条 【合同效力与物权登记效力的区分】**当事人之间订立有关设立、变更、转让和消灭不动产物权的合同,除法律另有规定或者当事人另有约定外,自合同成立时生效;未办理物权登记的,不影响合同效力。

### 一、相关法律条文

**《中华人民共和国民法典》(2021 年 1 月 1 日起施行)**

**第五百零二条** 依法成立的合同,自成立时生效,但是法律另有规定或者当事人另有约定的除外。

依照法律、行政法规的规定,合同应当办理批准等手续的,依照其规定。未办理批准等手续影响合同生效的,不影响合同中履行报批等义务条款以及相关条款的效力。应当办理申请批准等手续的当事人未履行义务的,对方可以请求其承担违反该义务的责任。

依照法律、行政法规的规定,合同的变更、转让、解除等情形应当办理批准等手续的,适用前款规定。

### 二、相关司法解释

**《最高人民法院关于审理涉及国有土地使用权合同纠纷案件适用法律问题的解释》(法释〔2005〕5 号)(2020 年 12 月 23 日修正)**

**第八条** 土地使用权人作为转让方与受让方订立土地使用权转让合同后,当事人一方以双方之间未办理土地使用权变更登记手续为由,请求确认合同无效的,不予支持。

## 三、相关文件规定

**《最高人民法院关于当前形势下进一步做好房地产纠纷案件审判工作的指导意见》(法发〔2009〕42号)**

二、切实依法维护国有土地使用权转让市场。要正确理解城市房地产管理法等法律、行政法规关于土地使用权转让条件的规定,准确把握物权效力与合同效力的区分原则,尽可能维持合同效力,促进土地使用权的正常流转。

## 四、相关裁判摘要

● **2015年第1期《中华人民共和国最高人民法院公报》**刊登的"**成都讯捷通讯连锁有限公司与四川蜀都实业有限责任公司、四川友利投资控股股份有限公司房屋买卖合同纠纷案**"的最高人民法院(2013)民提字第90号民事判决书对负担行为与处分行为的区分进行了分析。相关裁判摘要如下:

根据《物权法》第十五条规定之精神,处分行为有别于负担行为,解除合同并非对物进行处分的方式,合同的解除与否不涉及物之所有权的变动,而只与当事人是否继续承担合同所约定的义务有关。本案中,蜀都实业公司确实仍然对该房屋享有所有权,但这并不意味着其可在不符合当事人约定或者法律规定的情形下随意解除双方之间的合同关系。在双方房屋买卖法律关系成立并生效后,蜀都实业公司虽系该房屋的所有权人,但其应当依约全面、实际履行其在房屋买卖法律关系项下的义务。二审判决认为在买卖标的物转移之前,所有人对自己的标的物享有占有、使用、收益、处分的权利,进而认定蜀都实业公司有权选择处分财产的方式解除合同,并判决迅捷公司将房屋腾退给蜀都实业公司,违背了《合同法》保障交易安全的基本原则,系对《物权法》的错误理解与适用,本院对此予以纠正。

● **2012年第11期《中华人民共和国最高人民法院公报》**刊登的"**丁福如与石磊房屋买卖合同纠纷案**"判决认为,虽然房屋被限制交易,无法办理转移登记,但不影响合同的效力。相关裁判摘要如下:

虽然涉讼房屋被行政机关限制交易,买卖合同的履行可能存在障碍,但根据我国《物权法》区分原则,转让不动产的合同,除法律另有规定或合同另有约定外,自合同成立时生效,未办理物权登记,不影响合同效力,因此,不能因涉讼房屋过户存在障碍就否认其买卖合同的有效性。原、被告就涉讼房屋签订的买卖合同，不具备我国《合同法》第52条规定的无效情形，应属有效。

● **2009年第4期《中华人民共和国最高人民法院公报》**刊登的“**重庆索特盐化股份有限公司与重庆新万基房地产开发有限公司土地使用权转让合同纠纷案**”判决对合同效力与物权登记效力的区分原则进行了论述。相关裁判摘要如下：

根据《物权法》第十五条的规定，当事人之间订立有关设立、变更、转让和消灭不动产物权的合同，除法律另有规定或者合同另有约定外，自合同成立时生效；未办理物权登记的，不影响合同效力。该规定确定了不动产物权变动的原因与结果相区分的原则。物权转让行为不能成就，并不必然导致物权转让的原因即债权合同无效。双方签订的《联合开发协议》及《补充协议》作为讼争土地使用权转让的原因行为，是一种债权形成行为，并非该块土地使用权转让的物权变动行为。相关法律关于未经通知抵押权人而导致物权转让行为无效的规定，其效力不应及于物权变动行为的原因行为。因为当事人可以在合同约定中完善物权转让的条件，使其转让行为符合法律规定。本案即属此种情形。

● **2008年第4期《中华人民共和国最高人民法院公报》**刊登的“**陆丰市陆丰典当行与陈卫平、陈淑铭、陆丰市康乐奶品有限公司清算小组、第三人张其心土地抵债合同纠纷案**”判决认为，行为人以取得土地的合法手续作为抵押向典当行借款的，不违反有关法律的禁止性规定，即使该土地抵押未办理登记，也不影响当事人之间的典当协议的效力。相关裁判摘要如下：

典当行持有中国人民银行颁发的金融机构法人许可证，其经营范围有为非国有中、小企业和个人办理质押贷款的业务，是经批准合法成立的金融机构。尽管陈卫平向典当行借款是以康奶公司取得土地的合法手续作为抵押，但不违反有关法律的禁止性规定。虽然该土地抵押未向有关部门办理抵押登记，但仅不发生对抗第三人的法律效力，并不为此影响典当行与陈卫平、陈淑铭所签典当协议合法有效。

● **2001年第4期《中华人民共和国最高人民法院公报》**刊登的“**于存库诉董成斌、董成珍房屋买卖纠纷案**”的判决认为，没有办理土地使用权的转移登记不影响房产买卖合同的效力。相关裁判摘要如下：

最高人民法院在《关于适用〈中华人民共和国合同法〉若干问题的解释（一）》第九条中规定：“依照合同法第四十四条第二款的规定，法律、行政法规规定合同应当办理批准手续，或者办理批准、登记等手续才生效，在一审法庭辩论终结前当事人仍未办理批准手续的，或者仍未办理批准、登记等手续的，人民法院应当认定该合同未生效；法律、行政法规规定合同应当办理登记手续，但未规定登记后生效的，当事人未办理登记手续不影响合同的效力，合同标的物所有权及其他物权不能转移。”参照这一规定，上诉人于存库在一审提起诉讼之前，早已分别办理了涉案房屋的产权证和土地使用权证，成为该房屋的合法产权人。于存库以合法产权人的身份与被上诉人董成斌、董成珍签订的房屋买卖协议，依法成立。根据“地随房走”的原则，于存库在出售自己的房产时，其以划拨方式取得的土地使用权，在依法补办相应手续后，也是可以转让的，故于存库的上诉理由不能成立，应予驳回。

**第二百一十六条　【不动产登记簿的推定效力与管理机构】**不动产登记簿是物权归属和内容的根据。

不动产登记簿由登记机构管理。

**一、相关行政法规**

**《不动产登记暂行条例》（2019 年 3 月 24 日修订）**

**第八条**　不动产以不动产单元为基本单位进行登记。不动产单元具有唯一编码。

不动产登记机构应当按照国务院国土资源主管部门的规定设立统一的不动产登记簿。

不动产登记簿应当记载以下事项：

（一）不动产的坐落、界址、空间界限、面积、用途等自然状况；

（二）不动产权利的主体、类型、内容、来源、期限、权利变化等权属状况；

（三）涉及不动产权利限制、提示的事项；

（四）其他相关事项。

**第九条**　不动产登记簿应当采用电子介质，暂不具备条件的，可以采用纸质介质。不动产登记机构应当明确不动产登记簿唯一、合法的介质形式。

不动产登记簿采用电子介质的，应当定期进行异地备份，并具有唯

一、确定的纸质转化形式。

**第十条** 不动产登记机构应当依法将各类登记事项准确、完整、清晰地记载于不动产登记簿。任何人不得损毁不动产登记簿，除依法予以更正外不得修改登记事项。

**第十一条** 不动产登记工作人员应当具备与不动产登记工作相适应的专业知识和业务能力。

不动产登记机构应当加强对不动产登记工作人员的管理和专业技术培训。

**第十二条** 不动产登记机构应当指定专人负责不动产登记簿的保管，并建立健全相应的安全责任制度。

采用纸质介质不动产登记簿的，应当配备必要的防盗、防火、防渍、防有害生物等安全保护设施。

采用电子介质不动产登记簿的，应当配备专门的存储设施，并采取信息网络安全防护措施。

**第十三条** 不动产登记簿由不动产登记机构永久保存。不动产登记簿损毁、灭失的，不动产登记机构应当依据原有登记资料予以重建。

行政区域变更或者不动产登记机构职能调整的，应当及时将不动产登记簿移交相应的不动产登记机构。

## 二、相关司法解释

**1.《最高人民法院关于适用〈中华人民共和国民法典〉物权编的解释(一)》(法释〔2020〕24号)**

**第二条** 当事人有证据证明不动产登记簿的记载与真实权利状态不符、其为该不动产物权的真实权利人，请求确认其享有物权的，应予支持。

**2.《最高人民法院关于适用〈中华人民共和国民法典〉有关担保制度的解释》(法释〔2020〕28号)**

**第四十七条** 不动产登记簿就抵押财产、被担保的债权范围等所作的记载与抵押合同约定不一致的，人民法院应当根据登记簿的记载确定抵押财产、被担保的债权范围等事项。

**3.《最高人民法院关于人民法院办理执行异议和复议案件若干问题的规定》(法释〔2015〕10号)(2020年12月23日修正)**

**第二十五条** 对案外人的异议，人民法院应当按照下列标准判断其是否系权利人：

（一）已登记的不动产，按照不动产登记簿判断；未登记的建筑物、构筑物及其附属设施，按照土地使用权登记簿、建设工程规划许可、施工许可等相关证据判断；

（二）已登记的机动车、船舶、航空器等特定动产，按照相关管理部门的登记判断；未登记的特定动产和其他动产，按照实际占有情况判断；

（三）银行存款和存管在金融机构的有价证券，按照金融机构和登记结算机构登记的账户名称判断；有价证券由具备合法经营资质的托管机构名义持有的，按照该机构登记的实际出资人账户名称判断；

（四）股权按照工商行政管理机关的登记和企业信用信息公示系统公示的信息判断；

（五）其他财产和权利，有登记的，按照登记机构的登记判断；无登记的，按照合同等证明财产权属或者权利人的证据判断。

案外人依据另案生效法律文书提出排除执行异议，该法律文书认定的执行标的权利人与依照前款规定得出的判断不一致的，依照本规定第二十六条规定处理。

**4.《最高人民法院关于人民法院民事执行中查封、扣押、冻结财产的规定》（法释〔2004〕15号）（2020年12月23日修正）**

**第二条**　人民法院可以查封、扣押、冻结被执行人占有的动产、登记在被执行人名下的不动产、特定动产及其他财产权。

未登记的建筑物和土地使用权，依据土地使用权的审批文件和其他相关证据确定权属。

对于第三人占有的动产或者登记在第三人名下的不动产、特定动产及其他财产权，第三人书面确认该财产属于被执行人的，人民法院可以查封、扣押、冻结。

**第七条**　查封不动产的，人民法院应当张贴封条或者公告，并可以提取保存有关财产权证照。

查封、扣押、冻结已登记的不动产、特定动产及其他财产权，应当通知有关登记机关办理登记手续。未办理登记手续的，不得对抗其他已经办理了登记手续的查封、扣押、冻结行为。

**第八条** 查封尚未进行权属登记的建筑物时，人民法院应当通知其管理人或者该建筑物的实际占有人，并在显著位置张贴公告。

**5.《最高人民法院关于审理房屋登记案件若干问题的规定》（法释〔2010〕15号）**

**第三条** 公民、法人或者其他组织对房屋登记行为不服提起行政诉讼的，不受下列情形的影响：

（一）房屋灭失；

（二）房屋登记行为已被登记机构改变；

（三）生效法律文书将房屋权属证书、房屋登记簿或者房屋登记证明作为定案证据采用。

**6.《最高人民法院关于审理涉及农村集体土地行政案件若干问题的规定》（法释〔2011〕20号）**

**第八条** 土地权属登记（包括土地权属证书）在生效裁判和仲裁裁决中作为定案证据，利害关系人对该登记行为提起诉讼的，人民法院应当依法受理。

## 三、相关部门规章

**《不动产登记暂行条例实施细则》（2019年7月16日修正）**

**第五条** 《条例》第八条规定的不动产单元，是指权属界线封闭且具有独立使用价值的空间。

没有房屋等建筑物、构筑物以及森林、林木定着物的，以土地、海域权属界线封闭的空间为不动产单元。

有房屋等建筑物、构筑物以及森林、林木定着物的，以该房屋等建筑物、构筑物以及森林、林木定着物与土地、海域权属界线封闭的空间为不动产单元。

前款所称房屋，包括独立成幢、权属界线封闭的空间，以及区分套、层、间等可以独立使用、权属界线封闭的空间。

**第六条** 不动产登记簿以宗地或者宗海为单位编成，一宗地或者一宗海范围内的全部不动产单元编入一个不动产登记簿。

**第七条**　不动产登记机构应当配备专门的不动产登记电子存储设施，采取信息网络安全防护措施，保证电子数据安全。

任何单位和个人不得擅自复制或者篡改不动产登记簿信息。

**第八条**　承担不动产登记审核、登簿的不动产登记工作人员应当熟悉相关法律法规，具备与其岗位相适应的不动产登记等方面的专业知识。

自然资源部会同有关部门组织开展对承担不动产登记审核、登簿的不动产登记工作人员的考核培训。

## 四、相关文件规定

**《最高人民法院、国土资源部、建设部关于依法规范人民法院执行和国土资源房地产管理部门协助执行若干问题的通知》（法发〔2004〕5号）**

二、人民法院对土地使用权、房屋实施查封或者进行实体处理前，应当向国土资源、房地产管理部门查询该土地、房屋的权属。

人民法院执行人员到国土资源、房地产管理部门查询土地、房屋权属情况时，应当出示本人工作证和执行公务证，并出具协助查询通知书。

人民法院执行人员到国土资源、房地产管理部门办理土地使用权或者房屋查封、预查封登记手续时，应当出示本人工作证和执行公务证，并出具查封、预查封裁定书和协助执行通知书。

三、对人民法院查封或者预查封的土地使用权、房屋，国土资源、房地产管理部门应当及时办理查封或者预查封登记。

国土资源、房地产管理部门在协助人民法院执行土地使用权、房屋时，不对生效法律文书和协助执行通知书进行实体审查。国土资源、房地产管理部门认为人民法院查封、预查封或者处理的土地、房屋权属错误的，可以向人民法院提出审查建议，但不应当停止办理协助执行事项。

四、人民法院在国土资源、房地产管理部门查询并复制或者抄录的书面材料，由土地、房屋权属的登记机构或者其所属的档案室（馆）加盖印章。无法查询或者查询无结果的，国土资源、房地产管理部门应当书面告知人民法院。

五、人民法院查封时，土地、房屋权属的确认以国土资源、房地产管理部门的登记或者出具的权属证明为准。权属证明与权属登记不一致的，以权属登记为准。

在执行人民法院确认土地、房屋权属的生效法律文书时，应当按照人民法院生效法律文书所确认的权利人办理土地、房屋权属变更、转移登记手续。

六、土地使用权和房屋所有权归属同一权利人的，人民法院应当同时查封；土地使用权和房屋所有权归属不一致的，查封被执行人名下的土地使用权或者房屋。

七、登记在案外人名下的土地使用权、房屋，登记名义人（案外人）书面认可该土地、房屋实际属于被执行人时，执行法院可以采取查封措施。

如果登记名义人否认该土地、房屋属于被执行人，而执行法院、申请执行人认为登记为虚假时，须经当事人另行提起诉讼或者通过其他程序，撤销该登记并登记在被执行人名下之后，才可以采取查封措施。

八、对被执行人因继承、判决或者强制执行取得，但尚未办理过户登记的土地使用权、房屋的查封，执行法院应当向国土资源、房地产管理部门提交被执行人取得财产所依据的继承证明、生效判决书或者执行裁定书及协助执行通知书，由国土资源、房地产管理部门办理过户登记手续后，办理查封登记。

九、对国土资源、房地产管理部门已经受理被执行人转让土地使用权、房屋的过户登记申请，尚未核准登记的，人民法院可以进行查封，已核准登记的，不得进行查封。

## 五、相关裁判摘要

● **2012年第11期《中华人民共和国最高人民法院公报》**刊登的**"丁福如与石磊房屋买卖合同纠纷案"**判决认为，不动产登记簿的记载具有权利的正确性推定效力。相关裁判摘要如下：

涉讼买卖合同对标的物坐落位置、建筑面积、房屋类型等的约定，与不动产登记簿记载的内容一致。该不动产登记簿记载的内容具有公示、公信效力，一方面表明被告为涉讼房屋的登记权利人，依法享有该房屋的所有权和土地使用权；另一方面表明涉讼房屋的登记信息具有权利的正确性推定效力，可推定登记的权利状态、范围与现实的客观状态相符，善意相对人因信赖该登记的正确性而与登记权利人签订合同，该合同的效力不因登记的错误或权利内容的状态而受影响。原、被告签订买卖合同时，虽然房屋现状已与登记信息不一致，但双方在合同中记载的仍是登记的房屋状况，且被告石磊未举证证明其于签订买卖合同时，已将涉讼房屋现状与登记信息不符的事实如实告知原告丁福如。因此，原告对于本案纠纷的发生无过错，应属善意信赖不动产登记信息的合同当事人，法律应当保护原告的此种信赖利益，此亦系强化不动产公示、公信效力的要求。

• **2007 年第 9 期《中华人民共和国最高人民法院公报》**刊登的“**青岛中南物业管理有限公司南京分公司诉徐献太、陆素侠物业管理合同纠纷案**”判决认为，作为不动产的庭院绿地，其使用权的归属须根据商品房买卖协议及物权登记的情况加以确定。相关裁判摘要如下：

被告徐献太、陆素侠主张常锦公司的售楼人员曾口头承诺买一楼送花园，并有证人证实常锦公司的售楼人员确实做出过上述口头承诺。根据现场勘查情况，徐献太、陆素侠所购麒麟锦城小区房屋的南阳台外的庭院绿地设有栅栏围档，常锦公司建设该房屋时在南阳台上预留了出入门。据此，徐献太、陆素侠一家可以进入该庭院绿地，而小区其他业主则不能进入，即从该庭院绿地的建造设计情况看，似乎该庭院绿地仅供徐献太、陆素侠一家使用。但是，根据上述事实，尚不能认定徐献太、陆素侠对所购麒麟锦城小区房屋南阳台外的庭院绿地享有独占使用权。该庭院绿地作为不动产，其使用权的归属不能仅仅依据现实占有、使用的情况进行判断，必须根据房屋买卖双方的协议内容及物权登记情况加以确定。

首先，即使常锦公司的售楼人员曾向被告徐献太、陆素侠口头承诺买一楼送花园，但在常锦公司与徐献太、陆素侠正式签订的商品房买卖契约中，并未对徐献太、陆素侠所购麒麟锦城小区房屋南阳台外的庭院绿地的使用权作出明确约定。常锦公司的售楼人员作出口头承诺在先，徐献太、陆素侠签订商品房买卖契约在后，且商品房买卖契约系书面合同，故房屋买卖双方关于该庭院绿地使用权归属问题的约定，应当依据常锦公司与徐献太、陆素侠正式签订的商品房买卖契约的内容加以确定，而根据该商品房买卖契约，不能认定徐献太、陆素侠在购买麒麟锦城小区房屋的同时取得了该房屋南阳台外庭院绿地的使用权。

其次，如果被告徐献太、陆素侠对其所购麒麟锦城小区房屋南阳台外的庭院绿地具有独占使用权，则该项事实应当在房屋所有权证、国有土地使用权证书中加以明确记载。鉴于徐献太、陆素侠尚未领取房屋所有权证及国有土地使用权证，不能以物权证书证明其对该庭院绿地享有独占使用权，因此，徐献太、陆素侠关于其对该庭院绿地享有独占使用权的主张，缺乏事实根据。

综上，根据本案事实，只能认定被告徐献太、陆素侠对其所购麒麟锦城小区房屋南阳台外的庭院绿地享有一般使用权，不能认定徐献太、陆素侠对该庭院绿地享有独占使用权。

**第二百一十七条 【不动产权属证书】**不动产权属证书是权利人享有该不动产物权的证明。不动产权属证书记载的事项，应当与不动产登记簿一致；记载不一致的，除有证据证明不动产登记簿确有错误外，以不动产登记簿为准。

**一、相关行政法规**

**《不动产登记暂行条例》（2019 年 3 月 24 日修订）**

**第二十一条** 登记事项自记载于不动产登记簿时完成登记。

不动产登记机构完成登记，应当依法向申请人核发不动产权属证书或者登记证明。

**二、相关司法解释**

**《最高人民法院关于审理房屋登记案件若干问题的规定》（法释〔2010〕15 号）**

**第一条** 公民、法人或者其他组织对房屋登记机构的房屋登记行为以及与查询、复制登记资料等事项相关的行政行为或者相应的不作为不服，提起行政诉讼的，人民法院应当依法受理。

**第二条** 房屋登记机构根据人民法院、仲裁委员会的法律文书或者有权机关的协助执行通知书以及人民政府的征收决定办理的房屋登记行为，公民、法人或者其他组织不服提起行政诉讼的，人民法院不予受理，但公民、法人或者其他组织认为登记与有关文书内容不一致的除外。

房屋登记机构作出未改变登记内容的换发、补发权属证书、登记证明或者更新登记簿的行为，公民、法人或者其他组织不服提起行政诉讼的，人民法院不予受理。

房屋登记机构在行政诉讼法施行前作出的房屋登记行为，公民、法人或者其他组织不服提起行政诉讼的，人民法院不予受理。

## 三、相关部门规章

**1.《不动产登记暂行条例实施细则》(2019 年 7 月 16 日修正)**

**第二十条** 不动产登记机构应当根据不动产登记簿，填写并核发不动产权属证书或者不动产登记证明。

除办理抵押权登记、地役权登记和预告登记、异议登记，向申请人核发不动产登记证明外，不动产登记机构应当依法向权利人核发不动产权属证书。

不动产权属证书和不动产登记证明，应当加盖不动产登记机构登记专用章。

不动产权属证书和不动产登记证明样式，由自然资源部统一规定。

**第二十一条** 申请共有不动产登记的，不动产登记机构向全体共有人合并发放一本不动产权属证书；共有人申请分别持证的，可以为共有人分别发放不动产权属证书。

共有不动产权属证书应当注明共有情况，并列明全体共有人。

**第二十二条** 不动产权属证书或者不动产登记证明污损、破损的，当事人可以向不动产登记机构申请换发。符合换发条件的，不动产登记机构应当予以换发，并收回原不动产权属证书或者不动产登记证明。

不动产权属证书或者不动产登记证明遗失、灭失，不动产权利人申请补发的，由不动产登记机构在其门户网站上刊发不动产权利人的遗失、灭失声明 15 个工作日后，予以补发。

不动产登记机构补发不动产权属证书或者不动产登记证明的，应当将补发不动产权属证书或者不动产登记证明的事项记载于不动产登记簿，并在不动产权属证书或者不动产登记证明上注明“补发”字样。

**第二十三条** 因不动产权利灭失等情形，不动产登记机构需要收回不动产权属证书或者不动产登记证明的，应当在不动产登记簿上将收回不动产权属证书或者不动产登记证明的事项予以注明；确实无法收回的，应当在不动产登记机构门户网站或者当地公开发行的报刊上公告作废。

**2.《最高人民法院、最高人民检察院、公安部等关于印发〈公安机关办理刑事案件适用查封、冻结措施有关规定〉的通知》(公通字〔2013〕30号)**

**第十条** 土地、房屋等涉案不动产的权属确认以国土资源、房地产管理等有关部门的不动产登记簿或者不动产权属证书为准。不动产权属证书与不动产登记簿不一致的,除有证据证明不动产登记簿确有错误外,以不动产登记簿为准。

## 四、相关裁判摘要

● **2014年第10期《中华人民共和国最高人民法院公报》**刊登的**"四川省聚丰房地产开发有限责任公司与达州广播电视大学合资、合作开发房地产合同纠纷案"**判决认为,不动产权利人的确定应当以不动产登记簿的记载而非不动产权属证书为准。相关裁判摘要如下:

根据《中华人民共和国物权法》(以下简称《物权法》)第十四条的规定,"不动产物权的设立、变更、转让和消灭,依照法律规定应当登记的,自记载于不动产登记簿时发生效力";第十七条规定,"不动产权属证书是权利人享有该不动产物权的证明。不动产权属证书记载的事项,应当与不动产登记簿一致;记载不一致的,除有证据证明不动产登记簿确有错误外,以不动产登记簿为准"。上述法律规定表明,不动产权利人的确定,应当以不动产登记簿的记载为依据。达州市人民政府虽然公告注销了作为涉案土地不动产物权证明的国有土地使用证,但并未注销土地登记,且至二审诉讼期间,涉案土地的土地登记档案中载明的权利人仍然是达州市广播电视大学。这一事实说明,达州市人民政府注销国有土地使用证的行为,并未改变涉案土地的权属状况。根据《中华人民共和国城镇国有土地使用权出让和转让暂行条例》第四十二条的规定,"国家对土地使用者依法取得的土地使用权不提前收回。在特殊情况下,根据社会公共利益的需要,国家可以依照法律程序提前收回,并根据土地使用者已使用的年限和开发、利用土地的实际情况给予相应的补偿"。《物权法》第四十二条、第四十四条也对为了公共利益以及因抢险、救灾等紧急需要,依照法律规定的权限和程序可以征收单位、个人的不动产作出规定。但迄今并无证据证明涉案土地已经被依法征收、征用的事实。综上,涉案土地使用权的权属并未发生变化,电大财校仍然是涉案土地使用权的权利人,《合作开发协议书》的履行不存在法律上的障碍,能够继续履行。

**第二百一十八条　【不动产登记资料的查询与复制】**权利人、利害关系人可以申请查询、复制不动产登记资料，登记机构应当提供。

**一、相关行政法规**

**《不动产登记暂行条例》(2019年3月24日修订)**

**第二十七条**　权利人、利害关系人可以依法查询、复制不动产登记资料，不动产登记机构应当提供。

有关国家机关可以依照法律、行政法规的规定查询、复制与调查处理事项有关的不动产登记资料。

**第二十八条**　查询不动产登记资料的单位、个人应当向不动产登记机构说明查询目的，不得将查询获得的不动产登记资料用于其他目的；未经权利人同意，不得泄露查询获得的不动产登记资料。

**二、相关部门规章**

**1.《不动产登记暂行条例实施细则》(2019年7月16日修正)**

**第九十四条**　不动产登记资料包括：

(一)不动产登记簿等不动产登记结果；

(二)不动产登记原始资料，包括不动产登记申请书、申请人身份材料、不动产权属来源、登记原因、不动产权籍调查成果等材料以及不动产登记机构审核材料。

不动产登记资料由不动产登记机构管理。不动产登记机构应当建立不动产登记资料管理制度以及信息安全保密制度，建设符合不动产登记资料安全保护标准的不动产登记资料存放场所。

不动产登记资料中属于归档范围的，按照相关法律、行政法规的规定进行归档管理，具体办法由自然资源部会同国家档案主管部门另行制定。

**第九十五条**　不动产登记机构应当加强不动产登记信息化建设，按照统一的不动产登记信息管理基础平台建设要求和技术标准，做好数据整合、系统建设和信息服务等工作，加强不动产登记信息产品开发和技术创新，提高不动产登记的社会综合效益。

各级不动产登记机构应当采取措施保障不动产登记信息安全。任何单位和个人不得泄露不动产登记信息。

**第九十六条**　不动产登记机构、不动产交易机构建立不动产登记信息与交易信息互联共享机制，确保不动产登记与交易有序衔接。

不动产交易机构应当将不动产交易信息及时提供给不动产登记机构。不动产登记机构完成登记后，应当将登记信息及时提供给不动产交易机构。

**第九十七条** 国家实行不动产登记资料依法查询制度。

权利人、利害关系人按照《条例》第二十七条规定依法查询、复制不动产登记资料的，应当到具体办理不动产登记的不动产登记机构申请。

权利人可以查询、复制其不动产登记资料。

因不动产交易、继承、诉讼等涉及的利害关系人可以查询、复制不动产自然状况、权利人及其不动产查封、抵押、预告登记、异议登记等状况。

人民法院、人民检察院、国家安全机关、监察机关等可以依法查询、复制与调查和处理事项有关的不动产登记资料。

其他有关国家机关执行公务依法查询、复制不动产登记资料的，依照本条规定办理。

涉及国家秘密的不动产登记资料的查询，按照保守国家秘密法的有关规定执行。

**第九十八条** 权利人、利害关系人申请查询、复制不动产登记资料应当提交下列材料：

（一）查询申请书；

（二）查询目的的说明；

（三）申请人的身份材料；

（四）利害关系人查询的，提交证实存在利害关系的材料。

权利人、利害关系人委托他人代为查询的，还应当提交代理人的身份证明材料、授权委托书。权利人查询其不动产登记资料无需提供查询目的的说明。

有关国家机关查询的，应当提供本单位出具的协助查询材料、工作人员的工作证。

**第九十九条** 有下列情形之一的，不动产登记机构不予查询，并书面告知理由：

（一）申请查询的不动产不属于不动产登记机构管辖范围的；

（二）查询人提交的申请材料不符合规定的；

（三）申请查询的主体或者查询事项不符合规定的；

（四）申请查询的目的不合法的；

（五）法律、行政法规规定的其他情形。

**第一百条**　对符合本实施细则规定的查询申请，不动产登记机构应当当场提供查询；因情况特殊，不能当场提供查询的，应当在5个工作日内提供查询。

**第一百零一条**　查询人查询不动产登记资料，应当在不动产登记机构设定的场所进行。

不动产登记原始资料不得带离设定的场所。

查询人在查询时应当保持不动产登记资料的完好，严禁遗失、拆散、调换、抽取、污损登记资料，也不得损坏查询设备。

**第一百零二条**　查询人可以查阅、抄录不动产登记资料。查询人要求复制不动产登记资料的，不动产登记机构应当提供复制。

查询人要求出具查询结果证明的，不动产登记机构应当出具查询结果证明。查询结果证明应注明查询目的及日期，并加盖不动产登记机构查询专用章。

**2.《不动产登记资料查询暂行办法》（2019年7月16日修正）**

**第一章　总　　则**

**第一条**　为了规范不动产登记资料查询活动，加强不动产登记资料管理、保护和利用，维护不动产交易安全，保护不动产权利人的合法权益，根据《中华人民共和国物权法》《不动产登记暂行条例》等法律法规，制定本办法。

**第二条**　本办法所称不动产登记资料，包括：

（一）不动产登记簿等不动产登记结果；

（二）不动产登记原始资料，包括不动产登记申请书、申请人身份材料、不动产权属来源、登记原因、不动产权籍调查成果等材料以及不动产登记机构审核材料。

不动产登记资料由不动产登记机构负责保存和管理。

**第三条**　县级以上人民政府不动产登记机构负责不动产登记资料查询管理工作。

**第四条**　不动产权利人、利害关系人可以依照本办法的规定，查询、复制不动产登记资料。

不动产权利人、利害关系人可以委托律师或者其他代理人查询、复制不动产登记资料。

**第五条** 不动产登记资料查询,遵循依法、便民、高效的原则。

**第六条** 不动产登记机构应当加强不动产登记信息化建设,以不动产登记信息管理基础平台为基础,通过运用互联网技术、设置自助查询终端、在相关场所设置登记信息查询端口等方式,为查询人提供便利。

## 第二章 一般规定

**第七条** 查询不动产登记资料,应当在不动产所在地的市、县人民政府不动产登记机构进行,但法律法规另有规定的除外。

查询人到非不动产所在地的不动产登记机构申请查询的,该机构应当告知其到相应的机构查询。

不动产登记机构应当提供必要的查询场地,并安排专门人员负责不动产登记资料的查询、复制和出具查询结果证明等工作。

申请查询不动产登记原始资料,应当优先调取数字化成果,确有需求和必要,可以调取纸质不动产登记原始资料。

**第八条** 不动产权利人、利害关系人申请查询不动产登记资料,应当提交查询申请书以及不动产权利人、利害关系人的身份证明材料。

查询申请书应当包括下列内容:

(一)查询主体;

(二)查询目的;

(三)查询内容;

(四)查询结果要求;

(五)提交的申请材料清单。

**第九条** 不动产权利人、利害关系人委托代理人代为申请查询不动产登记资料的,被委托人应当提交双方身份证明原件和授权委托书。

授权委托书中应当注明双方姓名或者名称、公民身份号码或者统一社会信用代码、委托事项、委托时限、法律义务、委托日期等内容,双方签字或者盖章。

代理人受委托查询、复制不动产登记资料的,其查询、复制范围由授权委托书确定。

**第十条**　符合查询条件，查询人需要出具不动产登记资料查询结果证明或者复制不动产登记资料的，不动产登记机构应当当场提供。因特殊原因不能当场提供的，应当在5个工作日内向查询人提供。

查询结果证明应当注明出具的时间，并加盖不动产登记机构查询专用章。

**第十一条**　有下列情形之一的，不动产登记机构不予查询，并出具不予查询告知书：

（一）查询人提交的申请材料不符合本办法规定的；

（二）申请查询的主体或者查询事项不符合本办法规定的；

（三）申请查询的目的不符合法律法规规定的；

（四）法律、行政法规规定的其他情形。

查询人对不动产登记机构出具的不予查询告知书不服的，可以依法申请行政复议或者提起行政诉讼。

**第十二条**　申请查询的不动产登记资料涉及国家秘密的，不动产登记机构应当按照保守国家秘密法等有关规定执行。

**第十三条**　不动产登记机构应当建立查询记录簿，做好查询记录工作，记录查询人、查询目的或者用途、查询时间以及复制不动产登记资料的种类、出具的查询结果证明情况等。

## 第三章　权利人查询

**第十四条**　不动产登记簿上记载的权利人可以查询本不动产登记结果和本不动产登记原始资料。

**第十五条**　不动产权利人可以申请以下列索引信息查询不动产登记资料，但法律法规另有规定的除外：

（一）权利人的姓名或者名称、公民身份号码或者统一社会信用代码等特定主体身份信息；

（二）不动产具体坐落位置信息；

（三）不动产权属证书号；

（四）不动产单元号。

**第十六条**　不动产登记机构可以设置自助查询终端，为不动产权利人提供不动产登记结果查询服务。

自助查询终端应当具备验证相关身份证明以及出具查询结果证明的功能。

**第十七条** 继承人、受遗赠人因继承和受遗赠取得不动产权利的，适用本章关于不动产权利人查询的规定。

前款规定的继承人、受遗赠人查询不动产登记资料的，除提交本办法第八条规定的材料外，还应当提交被继承人或者遗赠人死亡证明、遗嘱或者遗赠抚养协议等可以证明继承或者遗赠行为发生的材料。

**第十八条** 清算组、破产管理人、财产代管人、监护人等依法有权管理和处分不动产权利的主体，参照本章规定查询相关不动产权利人的不动产登记资料。

依照本条规定查询不动产登记资料的，除提交本办法第八条规定的材料，还应当提交依法有权处分该不动产的材料。

### 第四章 利害关系人查询

**第十九条** 符合下列条件的利害关系人可以申请查询有利害关系的不动产登记结果：

（一）因买卖、互换、赠与、租赁、抵押不动产构成利害关系的；

（二）因不动产存在民事纠纷且已经提起诉讼、仲裁而构成利害关系的；

（三）法律法规规定的其他情形。

**第二十条** 不动产的利害关系人申请查询不动产登记结果的，除提交本办法第八条规定的材料外，还应当提交下列利害关系证明材料：

（一）因买卖、互换、赠与、租赁、抵押不动产构成利害关系的，提交买卖合同、互换合同、赠与合同、租赁合同、抵押合同；

（二）因不动产存在相关民事纠纷且已经提起诉讼或者仲裁而构成利害关系的，提交受理案件通知书、仲裁受理通知书。

**第二十一条** 有买卖、租赁、抵押不动产意向，或者拟就不动产提起诉讼或者仲裁等，但不能提供本办法第二十条规定的利害关系证明材料的，可以提交本办法第八条规定材料，查询相关不动产登记簿记载的下列信息：

（一）不动产的自然状况；

（二）不动产是否存在共有情形；

（三）不动产是否存在抵押权登记、预告登记或者异议登记情形；

（四）不动产是否存在查封登记或者其他限制处分的情形。

**第二十二条** 受本办法第二十一条规定的当事人委托的律师，还可以申请查询相关不动产登记簿记载的下列信息：

（一）申请验证所提供的被查询不动产权利主体名称与登记簿的记载是否一致；

（二）不动产的共有形式；

（三）要求办理查封登记或者限制处分机关的名称。

**第二十三条** 律师受当事人委托申请查询不动产登记资料的，除提交本办法第八条、第九条规定的材料外，还应当提交律师证和律师事务所出具的证明材料。

律师持人民法院的调查令申请查询不动产登记资料的，除提交本办法第八条规定的材料外，还应当提交律师证、律师事务所出具的证明材料以及人民法院的调查令。

**第二十四条** 不动产的利害关系人可以申请以下列索引信息查询不动产登记资料：

（一）不动产具体坐落位置；

（二）不动产权属证书号；

（三）不动产单元号。

每份申请书只能申请查询一个不动产登记单元。

**第二十五条** 不动产利害关系人及其委托代理人，按照本办法申请查询的，应当承诺不将查询获得的不动产登记资料、登记信息用于其他目的，不泄露查询获得的不动产登记资料、登记信息，并承担由此产生的法律后果。

## 第五章 登记资料保护

**第二十六条** 查询人查询、复制不动产登记资料的，不得将不动产登记资料带离指定场所，不得拆散、调换、抽取、撕毁、污损不动产登记资料，也不得损坏查询设备。

查询人有前款行为的，不动产登记机构有权禁止该查询人继续查询不动产登记资料，并可以拒绝为其出具查询结果证明。

**第二十七条** 已有电子介质，且符合下列情形之一的纸质不动产登记原始资料可以销毁：

（一）抵押权登记、地役权登记已经注销且自注销之日起满五年的；

（二）查封登记、预告登记、异议登记已经注销且自注销之日起满五年的。

**第二十八条** 符合本办法第二十七条规定销毁条件的不动产登记资料应当在不动产登记机构指定的场所销毁。

不动产登记机构应当建立纸质不动产登记资料销毁清册，详细记录被销毁的纸质不动产登记资料的名称、数量、时间、地点，负责销毁以及监督销毁的人员应当在清册上签名。

## 第六章 罚 则

**第二十九条** 不动产登记机构及其工作人员违反本办法规定，有下列行为之一，对有关责任人员依法给予处分；涉嫌构成犯罪的，移送有关机关依法追究刑事责任：

（一）对符合查询、复制不动产登记资料条件的申请不予查询、复制，对不符合查询、复制不动产登记资料条件的申请予以查询、复制的；

（二）擅自查询、复制不动产登记资料或者出具查询结果证明的；

（三）泄露不动产登记资料、登记信息的；

（四）利用不动产登记资料进行不正当活动的；

（五）未履行对不动产登记资料的安全保护义务，导致不动产登记资料、登记信息毁损、灭失或者被他人篡改，造成严重后果的。

**第三十条** 查询人违反本办法规定，有下列行为之一，构成违反治安管理行为的，移送公安机关依法给予治安管理处罚；涉嫌构成犯罪的，移送有关机关依法追究刑事责任：

（一）采用提供虚假材料等欺骗手段申请查询、复制不动产登记资料的；

（二）泄露不动产登记资料、登记信息的；

（三）遗失、拆散、调换、抽取、污损、撕毁不动产登记资料的；

（四）擅自将不动产登记资料带离查询场所、损坏查询设备的；

（五）因扰乱查询、复制秩序导致不动产登记机构受损失的；

（六）滥用查询结果证明的。

## 第七章 附 则

**第三十一条** 有关国家机关查询复制不动产登记资料以及国家机关之间共享不动产登记信息的具体办法另行规定。

**第三十二条** 《不动产登记暂行条例》实施前已经形成的土地、房屋、森林、林木、海域等登记资料,属于不动产登记资料。不动产登记机构应当依照本办法的规定提供查询。

**第三十三条**　公民、法人或者其他组织依据《中华人民共和国政府信息公开条例》,以申请政府信息公开的方式申请查询不动产登记资料的,有关自然资源主管部门应当告知其按照本办法的规定申请不动产登记资料查询。

**第三十四条**　本办法自公布之日起施行。2002年12月4日国土资源部公布的《土地登记资料公开查询办法》(国土资源部令第14号)同时废止。

## 三、相关文件规定

**《国务院办公厅政府信息与政府公开办公室关于国土资源部办公厅〈关于不动产登记资料依申请公开问题的函〉的复函》(国办公开办函〔2016〕206号)**

国土资源部办公厅:

《关于不动产登记资料依申请公开问题的函》(国土资厅函〔2016〕363号)收悉,经研究,并征求国务院法制办公室、最高人民法院的意见,答复如下:

不动产登记资料查询,以及户籍信息查询、工商登记资料查询等,属于特定行政管理领域的业务查询事项,其法律依据、办理程序、法律后果等,与《政府信息公开条例》所调整的政府信息公开行为存在根本性差别。当事人依据《政府信息公开条例》申请这类业务查询的,告知其依据相应的法律法规规定办理。

**第二百一十九条　【利害关系人不得公开和非法使用登记资料】** 利害关系人不得公开、非法使用权利人的不动产登记资料。

## 一、相关行政法规

**《不动产登记暂行条例》(2019年3月24日修订)**

**第三十二条**　不动产登记机构、不动产登记信息共享单位及其工作人员,查询不动产登记资料的单位或者个人违反国家规定,泄露不动产登记资料、登记信息,或者利用不动产登记资料、登记信息进行不正当活动,给他人造成损害的,依法承担赔偿责任;对有关责任人员依法给予处分;有关责任人员构成犯罪的,依法追究刑事责任。

**二、相关部门规章**

**《不动产登记资料查询暂行办法》(2019年7月16日修正)**

**第二十五条** 不动产利害关系人及其委托代理人,按照本办法申请查询的,应当承诺不将查询获得的不动产登记资料、登记信息用于其他目的,不泄露查询获得的不动产登记资料、登记信息,并承担由此产生的法律后果。

**第二百二十条 【更正登记与异议登记】** 权利人、利害关系人认为不动产登记簿记载的事项错误的,可以申请更正登记。不动产登记簿记载的权利人书面同意更正或者有证据证明登记确有错误的,登记机构应当予以更正。

不动产登记簿记载的权利人不同意更正的,利害关系人可以申请异议登记。登记机构予以异议登记,申请人自异议登记之日起十五日内不提起诉讼的,异议登记失效。异议登记不当,造成权利人损害的,权利人可以向申请人请求损害赔偿。

**一、相关行政法规**

**《不动产登记暂行条例》(2019年3月24日修订)**

**第三条** 不动产首次登记、变更登记、转移登记、注销登记、更正登记、异议登记、预告登记、查封登记等,适用本条例。

**二、相关司法解释**

**1.《最高人民法院关于适用〈中华人民共和国民法典〉物权编的解释(一)》(法释〔2020〕24号)**

**第一条** 因不动产物权的归属,以及作为不动产物权登记基础的买卖、赠与、抵押等产生争议,当事人提起民事诉讼的,应当依法受理。当事人已经在行政诉讼中申请一并解决上述民事争议,且人民法院一并审理的除外。

**第二条** 当事人有证据证明不动产登记簿的记载与真实权利状态不符、其为该不动产物权的真实权利人,请求确认其享有物权的,应予支持。

**第三条**　异议登记因民法典第二百二十条第二款规定的事由失效后，当事人提起民事诉讼，请求确认物权归属的，应当依法受理。异议登记失效不影响人民法院对案件的实体审理。

**2.《最高人民法院关于审理房屋登记案件若干问题的规定》（法释〔2010〕15号）**

**第六条**　人民法院受理房屋登记行政案件后，应当通知没有起诉的下列利害关系人作为第三人参加行政诉讼：

（一）房屋登记簿上载明的权利人；

（二）被诉异议登记、更正登记、预告登记的权利人；

（三）人民法院能够确认的其他利害关系人。

## 三、相关部门规章

**《不动产登记暂行条例实施细则》（2019年7月16日修正）**

**第七十九条**　权利人、利害关系人认为不动产登记簿记载的事项有错误，可以申请更正登记。

权利人申请更正登记的，应当提交下列材料：

（一）不动产权属证书；

（二）证实登记确有错误的材料；

（三）其他必要材料。

利害关系人申请更正登记的，应当提交利害关系材料、证实不动产登记簿记载错误的材料以及其他必要材料。

**第八十条**　不动产权利人或者利害关系人申请更正登记，不动产登记机构认为不动产登记簿记载确有错误的，应当予以更正；但在错误登记之后已经办理了涉及不动产权利处分的登记、预告登记和查封登记的除外。

不动产权属证书或者不动产登记证明填制错误以及不动产登记机构在办理更正登记中，需要更正不动产权属证书或者不动产登记证明内容的，应当书面通知权利人换发，并把换发不动产权属证书或者不动产登记证明的事项记载于登记簿。

不动产登记簿记载无误的，不动产登记机构不予更正，并书面通知申请人。

**第八十一条**　不动产登记机构发现不动产登记簿记载的事项错误，应当通知当事人在30个工作日内办理更正登记。当事人逾期不办理的，不动产登记机构应当在公告15个工作日后，依法予以更正；但在错误登记之后已经办理了涉及不动产权利处分的登记、预告登记和查封登记的除外。

**第八十二条** 利害关系人认为不动产登记簿记载的事项错误，权利人不同意更正的，利害关系人可以申请异议登记。

利害关系人申请异议登记的，应当提交下列材料：

（一）证实对登记的不动产权利有利害关系的材料；

（二）证实不动产登记簿记载的事项错误的材料；

（三）其他必要材料。

**第八十三条** 不动产登记机构受理异议登记申请的，应当将异议事项记载于不动产登记簿，并向申请人出具异议登记证明。

异议登记申请人应当在异议登记之日起15日内，提交人民法院受理通知书、仲裁委员会受理通知书等提起诉讼、申请仲裁的材料；逾期不提交的，异议登记失效。

异议登记失效后，申请人就同一事项以同一理由再次申请异议登记的，不动产登记机构不予受理。

**第八十四条** 异议登记期间，不动产登记簿上记载的权利人以及第三人因处分权利申请登记的，不动产登记机构应当书面告知申请人该权利已经存在异议登记的有关事项。申请人申请继续办理的，应当予以办理，但申请人应当提供知悉异议登记存在并自担风险的书面承诺。

**第二百二十一条 【预告登记】**当事人签订买卖房屋的协议或者签订其他不动产物权的协议，为保障将来实现物权，按照约定可以向登记机构申请预告登记。预告登记后，未经预告登记的权利人同意，处分该不动产的，不发生物权效力。

预告登记后，债权消灭或者自能够进行不动产登记之日起九十日内未申请登记的，预告登记失效。

## 一、相关法律条文

**《中华人民共和国城市房地产管理法》（2019年8月26日修正）**

**第四十五条** 商品房预售，应当符合下列条件：

（一）已交付全部土地使用权出让金，取得土地使用权证书；

（二）持有建设工程规划许可证；

（三）按提供预售的商品房计算，投入开发建设的资金达到工程建设总投资的百分之二十五以上，并已经确定施工进度和竣工交付日期；

（四）向县级以上人民政府房产管理部门办理预售登记，取得商品房预售许可证明。

商品房预售人应当按照国家有关规定将预售合同报县级以上人民政府房产管理部门和土地管理部门登记备案。

商品房预售所得款项，必须用于有关的工程建设。

**第四十六条** 商品房预售的，商品房预购人将购买的未竣工的预售商品房再行转让的问题，由国务院规定。

## 二、相关司法解释

**1.《最高人民法院关于适用〈中华人民共和国民法典〉物权编的解释（一）》（法释〔2020〕24号）**

**第四条** 未经预告登记的权利人同意，转让不动产所有权等物权，或者设立建设用地使用权、居住权、地役权、抵押权等其他物权的，应当依照民法典第二百二十一条第一款的规定，认定其不发生物权效力。

**第五条** 预告登记的买卖不动产物权的协议被认定无效、被撤销，或者预告登记的权利人放弃债权的，应当认定为民法典第二百二十一条第二款所称的“债权消灭”。

**2.《最高人民法院关于适用〈中华人民共和国民法典〉有关担保制度的解释》（法释〔2020〕28号）**

**第五十二条** 当事人办理抵押预告登记后，预告登记权利人请求就抵押财产优先受偿，经审查存在尚未办理建筑物所有权首次登记、预告登记的财产与办理建筑物所有权首次登记时的财产不一致、抵押预告登记已经失效等情形，导致不具备办理抵押登记条件的，人民法院不予支持；经审查已经办理建筑物所有权首次登记，且不存在预告登记失效等情形的，人民法院应予支持，并应当认定抵押权自预告登记之日起设立。

当事人办理了抵押预告登记，抵押人破产，经审查抵押财产属于破产财产，预告登记权利人主张就抵押财产优先受偿的，人民法院应当在受理破产申请时抵押财产的价值范围内予以支持，但是在人民法院受理破产申请前一年内，债务人对没有财产担保的债务设立抵押预告登记的除外。

**3.《最高人民法院关于审理房屋登记案件若干问题的规定》（法释〔2010〕15号）**

**第六条** 人民法院受理房屋登记行政案件后，应当通知没有起诉的下列利害关系人作为第三人参加行政诉讼：

（一）房屋登记簿上载明的权利人；

（二）被诉异议登记、更正登记、预告登记的权利人；

（三）人民法院能够确认的其他利害关系人。

**4.《最高人民法院关于人民法院办理执行异议和复议案件若干问题的规定》（法释〔2015〕10号）（2020年12月23日修正）**

**第三十条** 金钱债权执行中，对被查封的办理了受让物权预告登记的不动产，受让人提出停止处分异议的，人民法院应予支持；符合物权登记条件，受让人提出排除执行异议的，应予支持。

**5.《最高人民法院关于审理商品房买卖合同纠纷案件适用法律若干问题的解释》（法释〔2003〕7号）（2020年12月23日修正）**

**第一条** 本解释所称的商品房买卖合同，是指房地产开发企业（以下统称为出卖人）将尚未建成或者已竣工的房屋向社会销售并转移房屋所有权于买受人，买受人支付价款的合同。

**第二条** 出卖人未取得商品房预售许可证明，与买受人订立的商品房预售合同，应当认定无效，但是在起诉前取得商品房预售许可证明的，可以认定有效。

**第六条** 当事人以商品房预售合同未按照法律、行政法规规定办理登记备案手续为由，请求确认合同无效的，不予支持。

当事人约定以办理登记备案手续为商品房预售合同生效条件的，从其约定，但当事人一方已经履行主要义务，对方接受的除外。

## 三、相关部门规章

**1.《不动产登记暂行条例实施细则》（2019年7月16日修正）**

**第八十五条** 有下列情形之一的，当事人可以按照约定申请不动产预告登记：

（一）商品房等不动产预售的；

（二）不动产买卖、抵押的；

（三）以预购商品房设定抵押权的；

（四）法律、行政法规规定的其他情形。

预告登记生效期间，未经预告登记的权利人书面同意，处分该不动产权利申请登记的，不动产登记机构应当不予办理。

预告登记后，债权未消灭且自能够进行相应的不动产登记之日起3个月内，当事人申请不动产登记的，不动产登记机构应当按照预告登记事项办理相应的登记。

**第八十六条** 申请预购商品房的预告登记，应当提交下列材料：

（一）已备案的商品房预售合同；

（二）当事人关于预告登记的约定；

（三）其他必要材料。

预售人和预购人订立商品房买卖合同后，预售人未按照约定与预购人申请预告登记，预购人可以单方申请预告登记。

预购人单方申请预购商品房预告登记，预售人与预购人在商品房预售合同中对预告登记附有条件和期限的，预购人应当提交相应材料。

申请预告登记的商品房已经办理在建建筑物抵押权首次登记的，当事人应当一并申请在建建筑物抵押权注销登记，并提交不动产权属转移材料、不动产登记证明。不动产登记机构应当先办理在建建筑物抵押权注销登记，再办理预告登记。

**第八十七条** 申请不动产转移预告登记的，当事人应当提交下列材料：

（一）不动产转让合同；

（二）转让方的不动产权属证书；

（三）当事人关于预告登记的约定；

（四）其他必要材料。

**第八十八条** 抵押不动产，申请预告登记的，当事人应当提交下列材料：

（一）抵押合同与主债权合同；

（二）不动产权属证书；

（三）当事人关于预告登记的约定；

（四）其他必要材料。

**第八十九条** 预告登记未到期，有下列情形之一的，当事人可以持

不动产登记证明、债权消灭或者权利人放弃预告登记的材料,以及法律、行政法规规定的其他必要材料申请注销预告登记:

(一)预告登记的权利人放弃预告登记的;

(二)债权消灭的;

(三)法律、行政法规规定的其他情形。

**2.《城市商品房预售管理办法》(2004年7月20日修正)**

**第二条** 本办法所称商品房预售是指房地产开发企业(以下简称开发企业)将正在建设中的房屋预先出售给承购人,由承购人支付定金或房价款的行为。

**第三条** 本办法适用于城市商品房预售的管理。

**第四条** 国务院建设行政主管部门归口管理全国城市商品房预售管理;

省、自治区建设行政主管部门归口管理本行政区域内城市商品房预售管理;

市、县人民政府建设行政主管部门或房地产行政主管部门(以下简称房地产管理部门)负责本行政区域内城市商品房预售管理。

**第五条** 商品房预售应当符合下列条件:

(一)已交付全部土地使用权出让金,取得土地使用权证书;

(二)持有建设工程规划许可证和施工许可证;

(三)按提供预售的商品房计算,投入开发建设的资金达到工程建设总投资的25%以上,并已经确定施工进度和竣工交付日期。

**第六条** 商品房预售实行许可制度。开发企业进行商品房预售,应当向房地产管理部门申请预售许可,取得《商品房预售许可证》。

未取得《商品房预售许可证》的,不得进行商品房预售。

**第七条** 开发企业申请预售许可,应当提交下列证件(复印件)及资料:

(一)商品房预售许可申请表;

(二)开发企业的《营业执照》和资质证书;

(三)土地使用权证、建设工程规划许可证、施工许可证;

(四)投入开发建设的资金占工程建设总投资的比例符合规定条件的证明;

(五)工程施工合同及关于施工进度的说明;

(六)商品房预售方案。预售方案应当说明预售商品房的位置、面积、竣工交付日期等内容,并应当附预售商品房分层平面图。

**第八条** 商品房预售许可依下列程序办理:

(一)受理。开发企业按本办法第七条的规定提交有关材料,材料齐全的,房地产管理部门应当当场出具受理通知书;材料不齐的,应当当场或者5日内一次性书面告知需要补充的材料。

(二)审核。房地产管理部门对开发企业提供的有关材料是否符合法定条件进行审核。

开发企业对所提交材料实质内容的真实性负责。

(三)许可。经审查,开发企业的申请符合法定条件的,房地产管理部门应当在受理之日起10日内,依法作出准予预售的行政许可书面决定,发送开发企业,并自作出决定之日起10日内向开发企业颁发、送达《商品房预售许可证》。

经审查,开发企业的申请不符合法定条件的,房地产管理部门应当在受理之日起10日内,依法作出不予许可的书面决定。书面决定应当说明理由,告知开发企业享有依法申请行政复议或者提起行政诉讼的权利,并送达开发企业。

商品房预售许可决定书、不予商品房预售许可决定书应当加盖房地产管理部门的行政许可专用印章,《商品房预售许可证》应当加盖房地产管理部门的印章。

(四)公示。房地产管理部门作出的准予商品房预售许可的决定,应当予以公开,公众有权查阅。

**第九条** 开发企业进行商品房预售,应当向承购人出示《商品房预售许可证》。售楼广告和说明书应当载明《商品房预售许可证》的批准文号。

**第十条** 商品房预售,开发企业应当与承购人签订商品房预售合同。开发企业应当自签约之日起30日内,向房地产管理部门和市、县人民政府土地管理部门办理商品房预售合同登记备案手续。

房地产管理部门应当积极应用网络信息技术,逐步推行商品房预售合同网上登记备案。

商品房预售合同登记备案手续可以委托代理人办理。委托代理人办理的,应当有书面委托书。

**第十一条** 开发企业预售商品房所得款项应当用于有关的工程建设。

商品房预售款监管的具体办法，由房地产管理部门制定。

**第十二条** 预售的商品房交付使用之日起90日内，承购人应当依法到房地产管理部门和市、县人民政府土地管理部门办理权属登记手续。开发企业应当予以协助，并提供必要的证明文件。

由于开发企业的原因，承购人未能在房屋交付使用之日起90日内取得房屋权属证书的，除开发企业和承购人有特殊约定外，开发企业应当承担违约责任。

**第十三条** 开发企业未取得《商品房预售许可证》预售商品房的，依照《城市房地产开发经营管理条例》第三十九条的规定处罚。

**第十四条** 开发企业不按规定使用商品房预售款项的，由房地产管理部门责令限期纠正，并可处以违法所得3倍以下但不超过3万元的罚款。

**第十五条** 开发企业隐瞒有关情况、提供虚假材料，或者采用欺骗、贿赂等不正当手段取得商品房预售许可的，由房地产管理部门责令停止预售，撤销商品房预售许可，并处3万元罚款。

**第十六条** 省、自治区建设行政主管部门、直辖市建设行政主管部门或房地产行政管理部门可以根据本办法制定实施细则。

## 四、相关裁判摘要

• **2018年第12期《中华人民共和国最高人民法院公报》**刊登的“**遵义市红花岗区长征镇沙坝村纪念街村民组诉遵义明顺房地产开发有限责任公司等商品房买卖合同纠纷案**”判决对预告登记与预售合同备案的效力问题进行了分析。相关裁判摘要如下：

本案中，原告纪念街村民组、第三人褚文镇、范越均未在行政机关申请对讼争门面进行预告登记，但褚文镇、范越已在遵义市房产市场管理处对其与被告遵义明顺公司签订的《商品房买卖合同》进行了预售登记备案，而纪念街村民组未申请备案。根据《中华人民共和国物权法》第二十条第一款关于“当事人签订买卖房屋或者其他不动产物权的协议，为保障将来实现物权，按照约定可以向登记机构申请预告登记。预告登记后，未经预告登记的权利人同意，处分该不动产的，不发生物权效力”之规定，对不动产进行预告登记方有准物权对抗效力，而合同备案只能表明买受人正在为最终取得物权做准备，故褚文镇、范越进行合同备案只能作为物权分配的参考因素。

• **2014年第9期《中华人民共和国最高人民法院公报》**刊登的“**中国光大银行股份有限公司上海青浦支行诉上海东鹤房地产有限公司、陈思绮保证合同纠纷案**”判决认为，抵押权预告登记的权利人并非抵押权人，不享有优先受偿权。相关裁判摘要如下：

系争房产上设定的抵押预告登记，与抵押权设立登记具有不同的法律性质和法律效力。根据《中华人民共和国物权法》等相关法律法规的规定，预告登记后，未经预告登记的权利人同意，处分该不动产的，不发生物权效力。预告登记后，债权消灭或者自能够进行不动产登记之日起三个月内未申请登记的，预告登记失效。即抵押权预告登记所登记的并非现实的抵押权，而是将来发生抵押权变动的请求权，该请求权具有排他效力。因此，上诉人光大银行作为系争房屋抵押权预告登记的权利人，在未办理房屋抵押权设立登记之前，其享有的是当抵押登记条件成就或约定期限届满对系争房屋办理抵押权登记的请求权，并可排他性地对抗他人针对系争房屋的处分，但并非对系争房屋享有现实抵押权，一审判决对光大银行有权行使抵押权的认定有误，应予纠正。

**第二百二十二条 【登记赔偿责任】**当事人提供虚假材料申请登记，造成他人损害的，应当承担赔偿责任。

因登记错误，造成他人损害的，登记机构应当承担赔偿责任。登记机构赔偿后，可以向造成登记错误的人追偿。

**一、相关行政法规**

**《不动产登记暂行条例》(2019年3月24日修订)**

**第二十九条** 不动产登记机构登记错误给他人造成损害，或者当事人提供虚假材料申请登记给他人造成损害的，依照《中华人民共和国物权法》的规定承担赔偿责任。

**第三十条** 不动产登记机构工作人员进行虚假登记，损毁、伪造不动产登记簿，擅自修改登记事项，或者有其他滥用职权、玩忽职守行为的，依法给予处分；给他人造成损害的，依法承担赔偿责任；构成犯罪的，依法追究刑事责任。

**第三十一条** 伪造、变造不动产权属证书、不动产登记证明，或者买卖、使用伪造、变造的不动产权属证书、不动产登记证明的，由不动产登记机构或者公安机关依法予以收缴;有违法所得的,没收违法所得;给他人造成损害的,依法承担赔偿责任;构成违反治安管理行为的,依法给予治安管理处罚;构成犯罪的,依法追究刑事责任。

## 二、相关司法解释

**1.《最高人民法院关于审理房屋登记案件若干问题的规定》(法释〔2010〕15号)**

**第七条** 房屋登记行政案件由房屋所在地人民法院管辖,但有下列情形之一的也可由被告所在地人民法院管辖:

(一)请求房屋登记机构履行房屋转移登记、查询、复制登记资料等职责的;

(二)对房屋登记机构收缴房产证行为提起行政诉讼的;

(三)对行政复议改变房屋登记行为提起行政诉讼的。

**第八条** 当事人以作为房屋登记行为基础的买卖、共有、赠与、抵押、婚姻、继承等民事法律关系无效或者应当撤销为由,对房屋登记行为提起行政诉讼的,人民法院应当告知当事人先行解决民事争议,民事争议处理期间不计算在行政诉讼起诉期限内;已经受理的,裁定中止诉讼。

**第九条** 被告对被诉房屋登记行为的合法性负举证责任。被告保管证据原件的,应当在法庭上出示。被告不保管原件的,应当提交与原件核对一致的复印件、复制件并作出说明。当事人对被告提交的上述证据提出异议的,应当提供相应的证据。

**第十条** 被诉房屋登记行为合法的,人民法院应当判决驳回原告的诉讼请求。

**第十一条** 被诉房屋登记行为涉及多个权利主体或者房屋可分,其中部分主体或者房屋的登记违法应予撤销的,可以判决部分撤销。

被诉房屋登记行为违法,但该行为已被登记机构改变的,判决确认被诉行为违法。

被诉房屋登记行为违法,但判决撤销将给公共利益造成重大损失或者房屋已为第三人善意取得的,判决确认被诉行为违法,不撤销登记行为。

**第十二条** 申请人提供虚假材料办理房屋登记,给原告造成损害,房屋登记机构未尽合理审慎职责的,应当根据其过错程度及其在损害发生中所起作用承担相应的赔偿责任。

**第十三条** 房屋登记机构工作人员与第三人恶意串通违法登记，侵犯原告合法权益的，房屋登记机构与第三人承担连带赔偿责任。

**第十四条** 最高人民法院以前所作的相关的司法解释，凡与本规定不一致的，以本规定为准。

农村集体土地上的房屋登记行政案件参照本规定。

**2.《最高人民法院关于适用〈中华人民共和国民法典〉有关担保制度的解释》(法释〔2020〕28号)**

**第四十八条** 当事人申请办理抵押登记手续时，因登记机构的过错致使其不能办理抵押登记，当事人请求登记机构承担赔偿责任的，人民法院依法予以支持。

## 三、相关裁判摘要

• **2004年第2期《中华人民共和国最高人民法院公报》**刊登的“**中国银行江西分行诉南昌市房管局违法办理抵押登记案**”(本案经最高人民法院审判委员会第1268次会议讨论决定)对于登记错误造成他人损害时，不动产登记机构是否具有过错以及如何承担赔偿责任的问题进行了分析。相关裁判摘要如下：

根据《中华人民共和国城市房地产管理法》和《中华人民共和国担保法》的有关规定，办理房地产抵押登记是抵押合同生效的前提条件。南昌市房管局作为负责办理房产抵押登记的行政主管部门，在办理房产抵押登记过程中，对当事人的申请应当以高度负责的态度认真履行必要的注意义务，对于抵押房产及其权属证书的真伪有条件加以核对与识别。然而，南昌市房管局在本案中违反职业规范，未尽必要的注意义务，为持有假房产证实施诈骗的天龙公司办理抵押登记手续，并明示信托公司可以办理贷款。信托公司基于对房产登记机关所办抵押登记行为的信赖，为天龙公司发放贷款，致使信托公司遭受了财产损失。虽然本案贷款人天龙公司是造成信托公司财产损失的直接责任人，但是南昌市房管局的违法行为客观上为天龙公司骗取贷款提供了条件，其违法出具他项权利证明的行为与信托公司财产损失之间存在法律上的利害关系和因果关系。根据《中华人民共和国国家赔偿法》第四条第(四)项、第七条第四款、第二十八条第(七)项和《最高人民法院关于审理行政赔偿案件若干问题的规定》第二十九条的规定，南昌市房管局对其违法办理抵押登记而酿成信托公司财产损失的后果，在天龙公司无法偿还贷款的情况下，应当承担相应的过失赔偿责任。一审判决认定南昌市房管局应当承担补充赔偿责任不当，应予纠正。南昌市房管局承担行政赔偿责任后，有权就其承担的数额向天龙公司行使追偿权。

**第二百二十三条 【登记收费】**不动产登记费按件收取，不得按照不动产的面积、体积或者价款的比例收取。

**相关文件规定**

**1.《财政部、国家发展改革委关于减免部分行政事业性收费有关政策的通知》（财税〔2019〕45号）**

按照国务院关于降费减负的决策部署，为进一步减轻社会负担、激发市场活力，现就减免部分行政事业性收费有关政策通知如下：

**一、减免不动产登记费**

（一）对下列情形免征不动产登记费：

1. 申请办理变更登记、更正登记的；

2. 申请办理森林、林木所有权及其占用的林地承包经营权或林地使用权，及相关抵押权、地役权不动产权利登记的；

3. 申请办理耕地、草地、水域、滩涂等土地承包经营权或国有农用地使用权，及相关抵押权、地役权不动产权利登记的。

（二）对申请办理车库、车位、储藏室不动产登记，单独核发不动产权属证书或登记证明的，不动产登记费由原非住宅类不动产登记每件550元，减按住宅类不动产登记每件80元收取。

**2.《国家发展改革委、财政部关于不动产登记收费标准等有关问题的通知》（发改价格规〔2016〕2559号）**

为保护不动产权利人合法权益，规范不动产登记收费行为，现就不动产登记收费标准及有关问题通知如下：

一、不动产登记收费标准。县级以上不动产登记机构依法办理不动产权利登记时，根据不同情形，收取不动产登记费。

（一）住宅类不动产登记收费标准。落实不动产统一登记制度，实行房屋所有权及其建设用地使用权一体登记。原有住房及其建设用地分别办理各类登记时收取的登记费，统一整合调整为不动产登记收费，即住宅所有权及其建设用地使用权一并登记，收取一次登记费。规划用途为住宅的房屋(以下简称住宅)及其建设用地使用权申请办理下列不动产登记事项,提供具体服务内容,据实收取不动产登记费,收费标准为每件80元。

1. 房地产开发企业等法人、其他组织、自然人合法建设的住宅,申请办理房屋所有权及其建设用地使用权首次登记;

2. 居民等自然人、法人、其他组织购买住宅,以及互换、赠与、继承、受遗赠等情形,住宅所有权及其建设用地使用权发生转移,申请办理不动产转移登记;

3. 住宅及其建设用地用途、面积、权利期限、来源等状况发生变化,以及共有性质发生变更等,申请办理不动产变更登记;

4. 当事人以住宅及其建设用地设定抵押,办理抵押权登记(包括抵押权首次登记、变更登记、转移登记);

5. 当事人按照约定在住宅及其建设用地上设定地役权,申请办理地役权登记(包括地役权首次登记、变更登记、转移登记)。

为推进保障性安居工程建设,减轻登记申请人负担,廉租住房、公共租赁住房、经济适用住房和棚户区改造安置住房所有权及其建设用地使用权办理不动产登记,登记收费标准为零。

(二)非住宅类不动产登记收费标准。办理下列非住宅类不动产权利的首次登记、转移登记、变更登记,收取不动产登记费,收费标准为每件550元。

1. 住宅以外的房屋等建筑物、构筑物所有权及其建设用地使用权或者海域使用权;

2. 无建筑物、构筑物的建设用地使用权;

3. 森林、林木所有权及其占用林地的承包经营权或者使用权;

4. 耕地、草地、水域、滩涂等土地承包经营权;

5. 地役权;

6. 抵押权。

不动产登记机构依法办理不动产查封登记、注销登记、预告登记和因不动产登记机构错误导致的更正登记,不得收取不动产登记费。

二、证书工本费标准。不动产登记机构按本通知第一条规定收取不动产登记费,核发一本不动产权属证书的不收取证书工本费。向一个以上不动产权利人核发权属证书的,每增加一本证书加收证书工本费10元。

不动产登记机构依法核发不动产登记证明，不得收取登记证明工本费。

三、收费优惠减免。对下列情形，执行优惠收费标准。

（一）按照本通知第一条规定的收费标准减半收取登记费，同时不收取第一本不动产权属证书的工本费：

1. 申请不动产更正登记、异议登记的；

2. 不动产权利人姓名、名称、身份证明类型或者身份证明号码发生变更申请变更登记的；

3. 同一权利人因分割、合并不动产申请变更登记的；

4. 国家法律、法规规定予以减半收取的。

（二）免收不动产登记费（含第一本不动产权属证书的工本费）：

1. 申请与房屋配套的车库、车位、储藏室等登记，不单独核发不动产权属证书的（申请单独发放权属证书的，按本通知第一条规定的收费标准收取登记费）；

2. 因行政区划调整导致不动产坐落的街道、门牌号或房屋名称变更而申请变更登记的；

3. 小微企业（含个体工商户）申请不动产登记的；

4. 农村集体经济组织成员以家庭承包或其他方式承包取得农用地的土地承包经营权申请登记的；

5. 农村集体经济组织成员以家庭承包或其他方式承包取得森林、林木所有权及其占用的林地承包经营权申请登记的；

6. 依法由农民集体使用的国有农用地从事种植业、林业、畜牧业、渔业等农业生产，申请土地承包经营权登记或国有农用地使用权登记的；

7. 因农村集体产权制度改革导致土地、房屋等确权变更而申请变更登记的；

8. 国家法律、法规规定予以免收的。

（三）只收取不动产权属证书工本费，每本证书10元：

1. 单独申请宅基地使用权登记的；

2. 申请宅基地使用权及地上房屋所有权登记的；

3. 夫妻间不动产权利人变更，申请登记的；

4. 因不动产权属证书丢失、损坏等原因申请补发、换发证书的。

四、不动产登记计费单位。不动产登记费按件收取，不得按照不动产的面积、体积或者价款的比例收取。申请人以一个不动产单元提出一项不动产权利的登记申请，并完成一个登记类型登记的为一件。申请人以同一宗土地上多个抵押物办理一笔贷款，申请办理抵押权登记的，按一件收费；非同宗土地上多个抵押物办理一笔贷款，申请办理抵押权登记的，按多件收费。

不动产单元，是指权属界线封闭且具有独立使用价值的空间。有房屋等建筑物、构筑物以及森林、林木定着物的，以该房屋等建筑物、构筑物以及森林、林木定着物与土地权属界线封闭的空间为不动产单元。房屋包括独立成幢、权属界线封闭的空间，以及区分套、层、间等可以独立使用、权属界线封闭的空间。没有房屋等建筑物、构筑物以及森林、林木定着物的，以土地权属界线封闭的空间为不动产单元。

五、登记费缴纳。不动产登记费由登记申请人缴纳。按规定需由当事各方共同申请不动产登记的，不动产登记费由登记为不动产权利人的一方缴纳；不动产抵押权登记，登记费由登记为抵押权人的一方缴纳；不动产为多个权利人共有（用）的，不动产登记费由共有（用）人共同缴纳，具体分摊份额由共有（用）人自行协商。

房地产开发企业不得把新建商品房办理首次登记的登记费，以及因提供测绘资料所产生的测绘费等其他费用转嫁给购房人承担；向购房人提供抵押贷款的商业银行，不得把办理抵押权登记的费用转嫁给购房人承担。

六、做好政策衔接。已实行不动产统一登记制度的地方，不动产登记机构按上述规定收费标准收取不动产登记费，原分部门制定的有关土地登记、房屋登记收费标准，土地承包经营权证、林权证工本费标准，以及各地制定的其他有关土地、房屋登记资料查询、复制、证明的收费标准一律废止。

尚未实行不动产统一登记制度的地区，土地登记费、房屋登记费、土地承包经营权证工本费、林权证工本费收费标准仍按原有相关规定执行，实行不动产统一登记制度后，即按本通知规定的收费标准执行。

七、规范不动产登记收费行为。除不动产权利首次登记，不动产界址、空间界限、面积等自然状况发生变化，以及不动产登记申请人要求重新测量外，不动产登记机构已有不动产测绘成果资料的，不得要求不动产登记申请人重复提供并收费。

不动产登记机构应认真执行收费公示制度，严格按本通知规定收费，不得擅自增加收费项目、扩大收费范围、提高收费标准或加收其他任何费用，并自觉接受价格、财政部门的监督检查。

本通知自印发之日起执行。其他与本通知不符的规定同时废止。

**3.《财政部、国家发展改革委关于不动产登记收费有关政策问题的通知》(财税〔2016〕79号)**

为规范不动产登记收费管理，保护不动产权利人合法权益，根据《物权法》、《不动产登记暂行条例》等规定，现将不动产登记收费有关政策问题通知如下：

一、国土资源部和县级及以上地方不动产登记机构(以下简称不动产登记机构)办理下列不动产权利的首次登记、变更登记、转移登记、更正登记、异议登记时，收取不动产登记费：

(一)房屋等建筑物、构筑物所有权及其建设用地使用权、宅基地使用权或海域使用权；

(二)无建筑物、构筑物的建设用地使用权或宅基地使用权；

(三)森林、林木所有权及其占用的林地承包经营权或国有林地的使用权；

(四)耕地、草地、水域、滩涂等土地承包经营权；

(五)地役权；

(六)抵押权。

上述不动产权利登记中，申请国务院确定的重点国有林区的森林、林木和林地，中央国家机关使用的国有土地及地上建筑物、构筑物等不动产登记，由国土资源部办理并收取不动产登记费；申请其他不动产登记，由县级及以上地方不动产登记机构办理并收取不动产登记费。

上述规定以外的不动产权利登记，以及因不动产登记机构错误导致的更正登记不收取不动产登记费。

二、不动产登记费由不动产登记申请人缴纳。按规定需由当事人各方共同申请不动产登记的，不动产登记费由登记为不动产权利人的一方缴纳；不动产为多个权利人共有(用)的，不动产登记费由共有(用)人共同缴纳，具体分摊份额由共有(用)人自行协商；不动产抵押权登记费由登记为抵押权人的一方缴纳。

三、不动产登记费按件定额收取。不动产登记申请人以一个不动产单元提出第一条所列一个不动产权利事项的登记申请，并完成一次登记的为一件。

不动产登记申请人以同一宗土地上多个抵押物办理一笔贷款申请

办理抵押权登记的，视为一件。

四、不动产登记费中包含一本不动产权属证书工本费。不动产登记机构依法向一个以上权利人核发不动产权属证书的，自第二本证书起收取工本费。

不动产登记机构依法核发不动产登记证明，不得收取登记证明工本费。

五、免收、减收不动产登记费

（一）对下列情形免收不动产登记费：

1. 农村集体经济组织成员以家庭承包或其他方式承包取得农用地的土地承包经营权申请登记的；

2. 农村集体经济组织成员以家庭承包或其他方式承包取得森林、林木所有权及其占用的林地承包经营权申请登记的；

3. 依法由农村集体经济组织使用的国有农用地从事种植业、林业、畜牧业、渔业等农业生产，申请土地承包经营权登记或国有农用地使用权登记的；

4. 因农村集体产权制度改革导致土地、房屋等确权变更而申请变更登记的；

5. 申请与房屋配套的车库、车位、储藏室等登记，不单独核发不动产权属证书或登记证明的；

6. 因行政区划调整导致不动产坐落的街道、门牌号或房屋名称变更而申请变更登记的；

7. 小微企业（含个体工商户）申请不动产登记的；

8. 国家法律、法规规定予以免收的其他情形。

（二）对下列情形只收取不动产权属证书工本费：

1. 单独申请宅基地使用权登记的；

2. 申请宅基地使用权及地上房屋所有权登记的；

3. 因将夫妻共有不动产的权利人变更为夫妻一方或双方而申请变更登记的；

4. 因不动产权属证书丢失、损坏等原因申请补发、换发证书的。

（三）对下列情形减半收取不动产登记费：

1. 经济适用房等保障性住房所有权及其占用的建设用地使用权申请登记的；

2. 因不动产权利人姓名或名称变更而申请变更登记的；

3. 同一权利人因分割、合并不动产而申请变更登记的；

4. 申请不动产更正登记、异议登记的；

5. 国家法律、法规规定予以减半征收的其他情形。

六、相关不动产登记申请人未按规定缴纳不动产登记费的，不予核发不动产权属证书或登记证明。

七、各地在完成不动产登记机构和职责整合、实施统一登记颁发新证书前，已依法核发的各类不动产权属证书和登记证明继续有效。不动产登记机构应当遵循“权利不变动、证书不更换”原则，不得强制要求不动产权利人换领新版不动产权属证书和登记证明。今后，在依法办理变更登记、转移登记等不动产权利登记时，逐步更换为新版不动产权属证书和登记证明。

在权利不变动、未产生新的登记类型的情况下，不动产权利人自愿申请换领新版不动产权属证书和登记证明的，不动产登记机构不得向相关不动产权利人收取相关费用。

八、不动产登记费的具体收费标准由国家发展改革委、财政部另行制定。

九、不动产登记机构按本通知规定收取不动产登记费后，原相关部门收取的土地登记费、房屋登记费、林权证工本费以及其他涉及不动产登记、查询、复制和证明的收费项目一律取消。

不动产登记过渡期内，尚未完成不动产登记机构和职责整合、实施统一登记颁发新证书的地方，相关不动产登记收费暂按原有关规定执行。

十、不动产登记机构应按隶属关系分别使用财政部或省级财政部门统一印制的票据。

十一、国土资源部收取的不动产登记费收入，应全额上缴中央国库，纳入中央财政预算管理，具体收缴办法按照国库集中收缴有关规定执行。县级及以上地方不动产登记机构收取的不动产登记费收入，应全额上缴地方国库，纳入地方财政预算管理，具体缴库办法按照省级财政部门有关规定执行。不动产登记机构开展不动产登记等相关工作所需经费，由同级财政预算统筹安排。

十二、不动产登记机构应严格按上述规定执行，不得擅自增加收费项目、扩大收费范围和提高收费标准，并自觉接受财政、价格、审计部门的监督检查。对违规多征、减免或缓征收费的，依照《财政违法行为处罚处分条例》和《违反行政事业性收费和罚没收入收支两条线管理规定行政处分暂行规定》等国家有关规定追究法律责任。

十三、本通知自发布之日起执行。此前有关规定与本通知不符的同时废止。

## 第二节 动 产 交 付

**第二百二十四条 【设立和转让动产物权的生效要件】**动产物权的设立和转让，自交付时发生效力，但是法律另有规定的除外。

### 一、相关法律条文

**《中华人民共和国民法典》(2021 年 1 月 1 日起施行)**

**第二百二十六条** 动产物权设立和转让前，权利人已经占有该动产的，物权自民事法律行为生效时发生效力。

**第二百二十七条** 动产物权设立和转让前，第三人占有该动产的，负有交付义务的人可以通过转让请求第三人返还原物的权利代替交付。

**第二百二十八条** 动产物权转让时，当事人又约定由出让人继续占有该动产的，物权自该约定生效时发生效力。

### 二、相关裁判摘要

• **2012 年第 4 期《中华人民共和国最高人民法院公报》**刊登的“**青岛源宏祥纺织有限公司诉港润(聊城)印染有限公司取回权确认纠纷案**”判决认为交付的类型应当依据法律的规定加以确定。相关裁判摘要如下：

涉案的七台设备属于动产，而动产的公示方法原则上是占有与交付。《中华人民共和国物权法》第六条规定：“动产物权的设立和转让，应当依照法律规定交付。”所谓交付是指转移占有，即将自己占有的物或所有权凭证转移其他人占有的行为。《中华人民共和国物权法》第二十三条规定：“动产物权的设立和转让，自交付时发生效力，但法律另有规定的除外。”可见，出于维护交易安全考虑，交付作为动产物权变动的法定方式，具有强制性。该法共规定了现实交付、简易交付、指示交付和占有改定四种交付方式。《中华人民共和国合同法》第一百三十三条规定："标的物所有权自标的物交付时转移，但法律另有规定或当事人另有约定的除外。"该规定也是以交付作为动产物权变动的生效条件，其中的"法律另有规定和当事人另有约定"所涵盖的内容是现实交付之外的其他法律规定的拟制交付方式。此后实施的《中华人民共和国物权法》，进一步明确了当事人只能够在法律规定的四种交付方式中通过约定选择一种具体的交付方式。除此之外，不存在其他基于法律行为而发生的动产物权变动的方式。

● **2009年第2期《中华人民共和国最高人民法院公报》**刊登的"**中国长城资产管理公司乌鲁木齐办事处与新疆华电工贸有限责任公司、新疆华电红雁池发电有限责任公司、新疆华电苇湖梁发电有限责任公司等借款合同纠纷案**"判决认为，应当以交付作为判断股东是否履行实物出资义务的标准。相关裁判摘要如下：

关于实物出资部分。在工贸公司设立过程中，红雁池发电公司、苇湖梁发电公司、哈密发电公司、喀什发电公司、昌吉热电公司作为出资的库房未办理所有权变更手续，属于出资不到位。后经工贸公司股东会同意，上述股东承诺将各自的储油罐、供油泵等相关设备置换房产作为实物重新出资。但至本案诉前，上述设备未实际交付工贸公司，仍由股东单位占有使用，工贸公司出具的实物交接手续未能反映本案真实情况。上述设备属于动产，根据《中华人民共和国物权法》第二十三条的规定，动产物权的设立和转让，自交付时发生效力。动产所有权的转移以实际交付为准。本案上述股东承诺出资的相关设备并未实际交付给工贸公司，应当认定上述股东未能实际履行实物出资承诺，相关出资没有实际到位。新疆宏昌有限责任会计师事务所出具的(2006)8－074号《验资报告》以及工贸公司补足出资的相关工商登记备案资料未能反映真实出资情况，本院不予采信。

**第二百二十五条 【特殊动产物权变动的登记对抗要件主义】**船舶、航空器和机动车等的物权的设立、变更、转让和消灭，未经登记，不得对抗善意第三人。

**一、相关法律条文**

**1.《中华人民共和国海商法》(1993年7月1日起施行)**

**第三条** 本法所称船舶，是指海船和其他海上移动式装置，但是用于军事的、政府公务的船舶和20总吨以下的小型船艇除外。

前款所称船舶，包括船舶属具。

**第九条**　船舶所有权的取得、转让和消灭，应当向船舶登记机关登记；未经登记的，不得对抗第三人。

船舶所有权的转让，应当签订书面合同。

**第十三条**　设定船舶抵押权，由抵押权人和抵押人共同向船舶登记机关办理抵押权登记；未经登记的，不得对抗第三人。

船舶抵押权登记，包括下列主要项目：

（一）船舶抵押权人和抵押人的姓名或者名称、地址；

（二）被抵押船舶的名称、国籍、船舶所有权证书的颁发机关和证书号码；

（三）所担保的债权数额、利息率、受偿期限。

船舶抵押权的登记状况，允许公众查询。

**2.《中华人民共和国民用航空法》（2021年4月29日修正）**

**第五条**　本法所称民用航空器，是指除用于执行军事、海关、警察飞行任务外的航空器。

**第十四条**　民用航空器所有权的取得、转让和消灭，应当向国务院民用航空主管部门登记；未经登记的，不得对抗第三人。

民用航空器所有权的转让，应当签订书面合同。

**第十六条**　设定民用航空器抵押权，由抵押权人和抵押人共同向国务院民用航空主管部门办理抵押权登记；未经登记的，不得对抗第三人。

**3.《中华人民共和国道路交通安全法》（2021年4月29日修正）**

**第八条**　国家对机动车实行登记制度。机动车经公安机关交通管理部门登记后，方可上道路行驶。尚未登记的机动车，需要临时上道路行驶的，应当取得临时通行牌证。

**第十二条**　有下列情形之一的，应当办理相应的登记：

（一）机动车所有权发生转移的；

（二）机动车登记内容变更的；

（三）机动车用作抵押的；

（四）机动车报废的。

**第十四条**　国家实行机动车强制报废制度，根据机动车的安全技术状况和不同用途，规定不同的报废标准。

应当报废的机动车必须及时办理注销登记。

达到报废标准的机动车不得上道路行驶。报废的大型客、货车及其他营运车辆应当在公安机关交通管理部门的监督下解体。

**第一百一十九条** 本法中下列用语的含义：

（一）“道路”，是指公路、城市道路和虽在单位管辖范围但允许社会机动车通行的地方，包括广场、公共停车场等用于公众通行的场所。

（二）“车辆”，是指机动车和非机动车。

（三）“机动车”，是指以动力装置驱动或者牵引，上道路行驶的供人员乘用或者用于运送物品以及进行工程专项作业的轮式车辆。

（四）“非机动车”，是指以人力或者畜力驱动，上道路行驶的交通工具，以及虽有动力装置驱动但设计最高时速、空车质量、外形尺寸符合有关国家标准的残疾人机动轮椅车、电动自行车等交通工具。

（五）“交通事故”，是指车辆在道路上因过错或者意外造成的人身伤亡或者财产损失的事件。

## 二、相关行政法规

**1.《中华人民共和国船舶登记条例》（2014 年 7 月 29 日修订）**

**第二条** 下列船舶应当依照本条例规定进行登记：

（一）在中华人民共和国境内有住所或者主要营业所的中国公民的船舶。

（二）依据中华人民共和国法律设立的主要营业所在中华人民共和国境内的企业法人的船舶。但是，在该法人的注册资本中有外商出资的，中方投资人的出资额不得低于50%。

（三）中华人民共和国政府公务船舶和事业法人的船舶。

（四）中华人民共和国港务监督机构认为应当登记的其他船舶。

军事船舶、渔业船舶和体育运动船艇的登记依照有关法规的规定办理。

**第三条** 船舶经依法登记，取得中华人民共和国国籍，方可悬挂中华人民共和国国旗航行；未经登记的，不得悬挂中华人民共和国国旗航行。

**第四条** 船舶不得具有双重国籍。凡在外国登记的船舶，未中止或者注销原登记国国籍的，不得取得中华人民共和国国籍。

**第五条** 船舶所有权的取得、转让和消灭，应当向船舶登记机关登记；未经登记的，不得对抗第三人。

船舶由二个以上的法人或者个人共有的，应当向船舶登记机关登记；未经登记的，不得对抗第三人。

**第六条**　船舶抵押权、光船租赁权的设定、转移和消灭，应当向船舶登记机关登记；未经登记的，不得对抗第三人。

**第五十六条**　本条例下列用语的含义是：

（一）“船舶”系指各类机动、非机动船舶以及其他水上移动装置，但是船舶上装备的救生艇筏和长度小于5米的艇筏除外。

（二）“渔业船舶”系指从事渔业生产的船舶以及属于水产系统为渔业生产服务的船舶。

（三）“公务船舶”系指用于政府行政管理目的的船舶。

**2.《中华人民共和国民用航空器权利登记条例》（1997年10月21日起施行）**

**第二条**　在中华人民共和国办理民用航空器权利登记，应当遵守本条例。

**第三条**　国务院民用航空主管部门主管民用航空器权利登记工作，设立民用航空器权利登记簿，统一记载民用航空器权利登记事项。

同一民用航空器的权利登记事项应当记载于同一权利登记簿中。

**第四条**　办理民用航空器所有权、占有权或者抵押权登记的，民用航空器权利人应当按照国务院民用航空主管部门的规定，分别填写民用航空器所有权、占有权或者抵押权登记申请书，并向国务院民用航空主管部门提交本条例第五条至第七条规定的相应文件。

办理民用航空器优先权登记的，民用航空器优先权的债权人应当自援救或者保管维护工作终了之日起3个月内，按照国务院民用航空主管部门的规定，填写民用航空器优先权登记申请书，并向国务院民用航空主管部门提交足以证明其合法身份的文件和有关债权证明。

**第十五条**　民用航空器权利登记事项发生变更时，民用航空器权利人应当持有关的民用航空器权利登记证书和变更证明文件，向国务院民用航空主管部门办理变更登记。

民用航空器抵押合同变更时，由抵押权人和抵押人共同向国务院民用航空主管部门办理变更登记。

**第十七条**　遇有下列情形之一时，民用航空器权利人应当持有关的民用航空器权利登记证书和证明文件，向国务院民用航空主管部门办理注销登记：

（一）民用航空器所有权转移；

（二）民用航空器灭失或者失踪；

（三）民用航空器租赁关系终止或者民用航空器占有人停止占有；

（四）民用航空器抵押权所担保的债权消灭；

（五）民用航空器优先权消灭；

（六）国务院民用航空主管部门规定的其他情形。

## 三、相关司法解释

**《最高人民法院关于适用〈中华人民共和国民法典〉物权编的解释（一）》（法释〔2020〕24号）**

**第六条** 转让人转移船舶、航空器和机动车等所有权，受让人已经支付合理价款并取得占有，虽未经登记，但转让人的债权人主张其为民法典第二百二十五条所称的"善意第三人"的，不予支持，法律另有规定的除外。

## 四、相关部门规章

**1.《中华人民共和国船舶登记办法》（2017年2月10日起施行）**

**第二条** 本办法所称船舶登记，是指船舶登记机关按照《中华人民共和国船舶登记条例》的规定，对船舶所有权、船舶国籍、船舶抵押权、光船租赁、船舶烟囱标志和公司旗进行登记的行为。

**第三条** 下列船舶的登记适用本办法：

（一）在中华人民共和国境内有住所或者主要营业所的中国公民所有或者光船租赁的船舶；

（二）依据中华人民共和国法律设立的主要营业所在中华人民共和国境内的企业法人所有或者光船租赁的船舶。但是，在该法人的注册资本中有外商出资的，中方投资人的出资额不得低于百分之五十；

（三）外商出资额超过百分之五十的中国企业法人仅供本企业内部生产使用，不从事水路运输经营的趸船、浮船坞；

（四）中华人民共和国政府公务船舶和事业法人、社团法人和其他组织所有或者光船租赁的船舶；

（五）在自由贸易试验区注册的企业法人所有或者光船租赁的船舶。

军事船舶、渔业船舶和体育运动船艇的登记依照有关法规的规定办理。

**第四条** 交通运输部海事局负责全国船舶登记管理工作。

各级海事管理机构依据职责具体开展辖区内的船舶登记工作，以下简称船舶登记机关。

**第五条**　船舶登记港为船籍港。各船舶登记机关进行登记的船籍港范围由交通运输部海事局统一确定并对外公布。

船舶登记港由船舶所有人依据其住所或者主要营业所所在地就近选择，但是不得选择两个或者两个以上的船舶登记港。

由企业法人依法成立的开展经营活动的分支机构经营的船舶，可以依据分支机构营业场所所在地就近选择船舶登记港。融资租赁的船舶，可以由租赁双方依其约定，在出租人或者承租人住所地或者主要营业所所在地就近选择船舶登记港。

光租外国籍船舶的，由船舶承租人依据其住所地或者主要营业所所在地就近选择船舶登记港，但是不得选择两个或者两个以上的船舶登记港。

**第七条**　船舶登记机关应当建立船舶登记簿。

船舶登记簿可以采用电子介质，也可以采用纸质介质。船舶登记簿采用电子介质的，应当定期进行异地备份，并具有唯一、确定的纸质转化形式。

船舶登记簿由船舶登记机关管理和永久保存。船舶登记簿损毁、灭失的，船舶登记机关应当依据原有登记资料予以重建。

**第七十五条**　长度小于5米的艇筏的登记可以参照本办法执行。

游艇登记另有规定的，从其规定。

**2.《中华人民共和国渔业船舶登记办法》(2019年4月25日修正)**

**第二条**　中华人民共和国公民、法人或非法人组织所有的渔业船舶，以及中华人民共和国公民、法人或非法人组织以光船条件从境外租进的渔业船舶，应当依照本办法进行登记。

**第三条**　农业部主管全国渔业船舶登记工作。中华人民共和国渔政局具体负责全国渔业船舶登记及其监督管理工作。

县级以上地方人民政府渔业行政主管部门主管本行政区域内的渔业船舶登记工作。县级以上地方人民政府渔业行政主管部门所属的渔港监督机关(以下称登记机关)依照规定权限负责本行政区域内的渔业船舶登记及其监督管理工作。

**第四条**　渔业船舶依照本办法进行登记，取得中华人民共和国国籍，方可悬挂中华人民共和国国旗航行。

**第六条** 渔业船舶所有人应当向户籍所在地或企业注册地的县级以上登记机关申请办理渔业船舶登记。

远洋渔业船舶登记由渔业船舶所有人向所在地省级登记机关申请办理。中央在京直属企业所属远洋渔业船舶登记由渔业船舶所有人向船舶所在地的省级登记机关申请办理。

渔业船舶登记的港口是渔业船舶的船籍港。每艘渔业船舶只能有一个船籍港。

省级登记机关应当根据本行政区域渔业船舶管理实际确定省级以下登记机关的登记权限和船籍港名称,并对外公告。

**第七条** 登记机关应当建立渔业船舶登记簿,并将渔业船舶登记的内容载入渔业船舶登记簿。

权利人和利害关系人有权依法查阅渔业船舶登记簿。

**第十四条** 渔业船舶所有权的取得、转让和消灭,应当依照本办法进行登记;未经登记的,不得对抗善意第三人。

**第二十四条** 渔业船舶抵押权的设定、转移和消灭,抵押权人和抵押人应当共同依照本办法进行登记;未经登记的,不得对抗善意第三人。

**第五十二条** 本办法所称渔业船舶,系指《中华人民共和国渔港水域交通安全管理条例》第四条规定的渔业船舶。

**3.《中华人民共和国民用航空器权利登记条例实施办法》(1999年11月1日起施行)**

**第二条** 中国民用航空总局民用航空器权利登记职能部门(以下称登记部门),负责办理民用航空器权利登记的具体事宜。

**第三条** 登记部门设立和保管民用航空器权利登记簿,统一记载民用航空器权利登记事项。

**第四条** 民用航空器权利人认为需要进行权利登记的,可申请办理民用航空器权利登记。

**4.《机动车登记规定》(2012年9月12日修正)**

**第二条** 本规定由公安机关交通管理部门负责实施。

省级公安机关交通管理部门负责本省(自治区、直辖市)机动车登记工作的指导、检查和监督。直辖市公安机关交通管理部门车辆管理所、设区的市或者相当于同级的公安机关交通管理部门车辆管理所负责办理本行政辖区内机动车登记业务。

县级公安机关交通管理部门车辆管理所可以办理本行政辖区内摩托车、三轮汽车、低速载货汽车登记业务。条件具备的，可以办理除进口机动车、危险化学品运输车、校车、中型以上载客汽车以外的其他机动车登记业务。具体业务范围和办理条件由省级公安机关交通管理部门确定。

警用车辆登记业务按照有关规定办理。

**第五条**　初次申领机动车号牌、行驶证的，机动车所有人应当向住所地的车辆管理所申请注册登记。

**第十条**　已注册登记的机动车有下列情形之一的，机动车所有人应当向登记地车辆管理所申请变更登记：

（一）改变车身颜色的；

（二）更换发动机的；

（三）更换车身或者车架的；

（四）因质量问题更换整车的；

（五）营运机动车改为非营运机动车或者非营运机动车改为营运机动车等使用性质改变的；

（六）机动车所有人的住所迁出或者迁入车辆管理所管辖区域的。

机动车所有人为两人以上，需要将登记的所有人姓名变更为其他所有人姓名的，可以向登记地车辆管理所申请变更登记。

属于本条第一款第（一）项、第（二）项和第（三）项规定的变更事项的，机动车所有人应当在变更后十日内向车辆管理所申请变更登记；属于本条第一款第（六）项规定的变更事项的，机动车所有人申请转出前，应当将涉及该车的道路交通安全违法行为和交通事故处理完毕。

**第十八条**　已注册登记的机动车所有权发生转移的，现机动车所有人应当自机动车交付之日起三十日内向登记地车辆管理所申请转移登记。

机动车所有人申请转移登记前，应当将涉及该车的道路交通安全违法行为和交通事故处理完毕。

**第二十二条**　机动车所有人将机动车作为抵押物抵押的，应当向登记地车辆管理所申请抵押登记；抵押权消灭的，应当向登记地车辆管理所申请解除抵押登记。

**第二十七条**　已达到国家强制报废标准的机动车，机动车所有人向机动车回收企业交售机动车时，应当填写申请表，提交机动车登记证书、号牌和行驶证。机动车回收企业应当确认机动车并解体，向机动车所有人出具《报废机动车回收证明》。报废的校车、大型客、货车及其他营运车辆应当在车辆管理所的监督下解体。

机动车回收企业应当在机动车解体后七日内将申请表、机动车登记证书、号牌、行驶证和《报废机动车回收证明》副本提交车辆管理所，申请注销登记。

车辆管理所应当自受理之日起一日内，审查提交的证明、凭证，收回机动车登记证书、号牌、行驶证，出具注销证明。

**第二十八条** 除本规定第二十七条规定的情形外，机动车有下列情形之一的，机动车所有人应当向登记地车辆管理所申请注销登记：

（一）机动车灭失的；

（二）机动车因故不在我国境内使用的；

（三）因质量问题退车的。

已注册登记的机动车有下列情形之一的，登记地车辆管理所应当办理注销登记：

（一）机动车登记被依法撤销的；

（二）达到国家强制报废标准的机动车被依法收缴并强制报废的。

属于本条第一款第（二）项和第（三）项规定情形之一的，机动车所有人申请注销登记前，应当将涉及该车的道路交通安全违法行为和交通事故处理完毕。

**第四十七条** 机动车所有人发现登记内容有错误的，应当及时要求车辆管理所更正。车辆管理所应当自受理之日起五日内予以确认。确属登记错误的，在机动车登记证书上更正相关内容，换发行驶证。需要改变机动车号牌号码的，应当收回号牌、行驶证，确定新的机动车号牌号码，重新核发号牌、行驶证和检验合格标志。

## 五、相关文件规定

**《最高人民法院研究室关于如何认定买卖合同中机动车财产所有权转移时间问题的复函》（法［研］〔2000〕121号）**

陕西省高级人民法院：

你院陕高法［2000］50号《关于如何认定机动车财产所有权转移时间的请示》收悉。经研究，答复如下：

关于如何认定买卖合同中机动车财产所有权转移时间问题，需进一步研究后才能作出规定，但请示中涉及的具体案件，应认定机动车所有权从机动车交付时起转移。

**第二百二十六条　【简易交付】**动产物权设立和转让前，权利人已经占有该动产的，物权自民事法律行为生效时发生效力。

**第二百二十七条　【指示交付】**动产物权设立和转让前，第三人占有该动产的，负有交付义务的人可以通过转让请求第三人返还原物的权利代替交付。

**相关裁判摘要**

• **2016年第5期《中华人民共和国最高人民法院公报》**刊登的“**中国建设银行股份有限公司广州荔湾支行与广东蓝粤能源发展有限公司等信用证开证纠纷案**”判决认为，交付提单能否构成指示交付从而发生物权变动效力及发生何种物权变动，取决于当事人的合同约定。相关裁判摘要如下：

基于不同的法律关系，提单持有人享有不同的权利。如果仅仅是基于委托保管提单的法律关系，提单持有人固然可凭单要求承运人交付货物，但如其主张对货物享有所有权或他物权，则显然不具有合法性和正当性；在基于货物买卖关系的情况下，交付提单，就是转让提单所表征的债权请求权及物权请求权，构成《中华人民共和国物权法》第二十六条所规定的指示交付，产生提单项下货物所有权转移的法律效果；在基于设立提单权利质押关系的情况下，交付提单，产生提单权利质押设立的法律效果。也就是说，虽然提单的交付可以与提单项下货物的交付一样产生提单项下货物物权变动的法律效果，但提单持有人是否就因受领提单的交付而取得物权以及取得何种类型的物权，均取决于其所依据的合同如何约定。其中的道理与动产交付一样，动产占有人受领动产的交付，究竟是享有所有权、动产质权，还是基于合同关系的占有，均取决于当事人之间的合同如何约定。

……

原二审判决根据《中华人民共和国海商法》第七十一条的规定，认为“提单的交付仅意味着提货请求权的转移，在未将提货请求权转移的事实通知实际占有人时，并不构成提单项下货物的交付”。但是，根据《中华人民共和国物权法》第二十六条的规定，指示交付并不以通知实际占有动产的第三人作为完成交付的必要条件。即便是提单仅具有债权凭证属性，参照《中华人民共和国合同法》第八十条第一款关于“债权人转让权利的，应当通知债务人，未经通知，该转让对债务人不发生效力”的规定，提单交付之时，即可发生债权请求权转让的效力，进而完成提单项下货物的指示交付。只是未经通知，其债权请求权的转让对提单项下货物实际占有人不能发生对抗效力而已，不能由此得出“不构成提单项下货物交付”的结论。何况，本案所涉提单系可以转让的指示提单，只有提单持有人凭单享有请求权是货物实际占有人即承运人所应预知的，亦无需通知。因此，原二审判决上述理由适用法律错误，应予纠正，但此项处理结果并无不当，应予维持。

- **2012年第1期《中华人民共和国最高人民法院公报》**刊登的“**肯考帝亚农产品贸易（上海）有限公司与广东富虹油品有限公司、第三人中国建设银行股份有限公司湛江市分行所有权确认纠纷案**”判决对于指示交付的构成要件进行了分析。相关裁判摘要如下：

根据前述分析，涉案提单并未由富虹公司转让给肯考帝亚公司，而是由富虹公司持有并换取了提货单，这从提货单上记载富虹公司为提货单位亦可以得到印证。故肯考帝亚公司关于其已通过取得提单合法占有涉案货物的主张缺乏事实依据。根据我国物权法第二十三条的规定，动产物权的设立和转让，自交付时发生效力。交付是否完成是动产所有权转移与否的标准。本案系争货物存放于湛江港，属于第三人占有情形，在本案不存在直接交付的情况下，只能采用指示交付的方式。因此，富虹公司是否完成了指示交付是认定争议货物所有权是否已经完成转移的关键。首先，肯考帝亚公司与富虹公司并没有证据证明提货单何时交付，肯考帝亚公司持有提货单向湛江港公司请求提取货物时，涉案大豆已经处于查封状态。其次，最高人民法院《关于适用〈中华人民共和国担保法〉若干问题的解释》第八十八条规定，出质人以间接占有的财产出质的，以质押合同书面通知占有人时视为移交。根据该条规定精神，本案提货单的交付，仅意味着富虹公司的提货请求权转移给了肯考帝亚公司，在富虹公司未将提货请求转移事实通知实际占有人时，提货单的交付并不构成我国物权法第二十六条所规定的指示交付。因此，富虹公司未完成向肯考帝亚公司交付涉案大豆的行为，涉案大豆的所有权未发生变动。肯考帝亚公司关于其为涉案大豆所有权人以及涉案大豆提存款归其所有的上诉请求缺乏事实和法律依据，本院不予支持。

**第二百二十八条　【占有改定】**动产物权转让时，当事人又约定由出让人继续占有该动产的，物权自该约定生效时发生效力。

**相关裁判摘要**

● **2012年第4期《中华人民共和国最高人民法院公报》**刊登的**"青岛源宏祥纺织有限公司诉港润（聊城）印染有限公司取回权确认纠纷案"**判决对于占有改定的构成要件进行了分析。相关裁判摘要如下：

所谓占有改定是指让与人与受让人达成动产物权变动协议后，依照当事人之间订立的合同，仍然继续占有该动产使受让人因此取得间接占有，代替现实交付。《中华人民共和国物权法》第二十七条规定："动产物权转让时，双方又约定由出让人继续占有该动产的，物权自该约定生效时发生效力。"从上述规定可以得出，占有改定构成要件表现为：（1）当事人之间达成动产物权变动协议。该协议是发生交付的基础；（2）除了达成物权变动协议，就该动产另外达成让与人继续占有使用该动产的协议。而本案中，虽然双方当事人签订的七台设备物权转让协议包含有所有权变动内容，但没有就被上诉人港润印染公司继续占有使用该七台设备另外达成协议。因此，港润印染公司与上诉人源宏祥纺织公司之间的协议不构成占有改定交付。

## 第三节　其 他 规 定

**第二百二十九条　【基于法律文书和征收决定的物权变动】**因人民法院、仲裁机构的法律文书或者人民政府的征收决定等，导致物权设立、变更、转让或者消灭的，自法律文书或者征收决定等生效时发生效力。

**一、相关司法解释**

**1.《最高人民法院关于适用〈中华人民共和国民法典〉物权编的解释（一）》（法释〔2020〕24号）**

**第七条**　人民法院、仲裁机构在分割共有不动产或者动产等案件中作出并依法生效的改变原有物权关系的判决书、裁决书、调解书，以及人民法院在执行程序中作出的拍卖成交裁定书、变卖成交裁定书、以物抵债裁定书，应当认定为民法典第二百二十九条所称导致物权设立、变更、转让或者消灭的人民法院、仲裁机构的法律文书。

**2.《最高人民法院关于人民法院网络司法拍卖若干问题的规定》(法释〔2016〕18号)**

**第二十二条** 网络司法拍卖成交的，由网络司法拍卖平台以买受人的真实身份自动生成确认书并公示。

拍卖财产所有权自拍卖成交裁定送达买受人时转移。

**3.《最高人民法院关于适用〈中华人民共和国民事诉讼法〉的解释》(法释〔2015〕5号)(2020年12月23日修正)**

**第四百九十三条** 拍卖成交或者依法定程序裁定以物抵债的，标的物所有权自拍卖成交裁定或者抵债裁定送达买受人或者接受抵债物的债权人时转移。

**4.《最高人民法院关于人民法院民事执行中拍卖、变卖财产的规定》(法释〔2004〕16号)(2020年12月23日修正)**

**第二十六条** 不动产、有登记的特定动产或者其他财产权拍卖成交或者抵债后，该不动产、动产的所有权、其他财产权自拍卖成交或者抵债裁定送达买受人或者承受人时起转移。

**二、相关文件规定**

**1.《最高人民法院印发〈关于执行案件移送破产审查若干问题的指导意见〉的通知》(法发〔2017〕2号)**

17. 执行法院收到受移送法院受理裁定时，已通过拍卖程序处置且成交裁定已送达买受人的拍卖财产，通过以物抵债偿还债务且抵债裁定已送达债权人的抵债财产，已完成转账、汇款、现金交付的执行款，因财产所有权已经发生变动，不属于被执行人的财产，不再移交。

**2.《最高人民法院、国土资源部、建设部关于依法规范人民法院执行和国土资源房地产管理部门协助执行若干问题的通知》(法发〔2004〕5号)**

二十七、人民法院制作的土地使用权、房屋所有权转移裁定送达权利受让人时即发生法律效力，人民法院应当明确告知权利受让人及时到国土资源、房地产管理部门申请土地、房屋权属变更、转移登记。

国土资源、房地产管理部门依据生效法律文书进行权属登记时，当事人的土地、房屋权利应当追溯到相关法律文书生效之时。

**第二百三十条　【因继承取得物权】**因继承取得物权的，自继承开始时发生效力。

**一、相关法律条文**

**《中华人民共和国民法典》（2021年1月1日起施行）**

**第一千一百二十一条**　继承从被继承人死亡时开始。

相互有继承关系的数人在同一事件中死亡，难以确定死亡时间的，推定没有其他继承人的人先死亡。都有其他继承人，辈份不同的，推定长辈先死亡；辈份相同的，推定同时死亡，相互不发生继承。

**第一千一百二十三条**　继承开始后，按照法定继承办理；有遗嘱的，按照遗嘱继承或者遗赠办理；有遗赠扶养协议的，按照协议办理。

**第一千一百二十四条**　继承开始后，继承人放弃继承的，应当在遗产处理前，以书面形式作出放弃继承的表示；没有表示的，视为接受继承。

受遗赠人应当在知道受遗赠后六十日内，作出接受或者放弃受遗赠的表示；到期没有表示的，视为放弃受遗赠。

**二、相关司法解释**

**《最高人民法院关于适用〈中华人民共和国民法典〉继承编的解释（一）》（法释〔2020〕23号）**

**第三十五条**　继承人放弃继承的意思表示，应当在继承开始后、遗产分割前作出。遗产分割后表示放弃的不再是继承权，而是所有权。

**第二百三十一条　【事实行为导致的物权变动】**因合法建造、拆除房屋等事实行为设立或者消灭物权的，自事实行为成就时发生效力。

**相关裁判摘要**

**2018年第8期《中华人民共和国最高人民法院公报》**刊登的“**陕西崇立实业发展有限公司与中国信达资产管理股份有限公司陕西省分公司、西安佳佳房地产综合开发有限责任公司案外人执行异议之诉案**”的

最高人民法院(2016)最高法民终763号民事判决书对合法建造取得房屋所有的条件进行了分析。相关裁判摘要如下:

第二,崇立公司能否基于合法建造取得案涉房屋所有权。本院认为,首先,《物权法》第一百四十二条规定,建设用地使用权人建造的建筑物、构筑物及其附属设施的所有权属于建设用地使用权人,但有相反证据证明的除外。即建设用地使用权人建造的建筑物、构筑物及其附属设施的所有权一般属于建设用地使用权人。就本案而言,建设用地使用权证载明的权利人为佳佳公司并非崇立公司。其次,虽然《物权法》第三十条规定,因合法建造、拆除房屋等事实行为设立或者消灭物权的,自事实行为成就时发生效力。但合法建造取得物权,应当包括两个前提条件,一是必须有合法的建房手续,完成特定审批,取得合法土地权利,符合规划要求;二是房屋应当建成。根据查明事实,案涉房屋的国有土地使用权证、建筑用地规划许可证、建筑工程规划许可证、施工许可证等记载的权利人均为佳佳公司。即在案涉房屋开发的立项、规划、建设过程中,佳佳公司是相关行政审批机关确定的建设方,崇立公司仅依据其与佳佳公司的联建协议,并不能直接认定其为《物权法》第三十条规定的合法建造人,并因事实行为而当然取得物权。结合《佳家时代广场B、C座项目联合开发合同书》约定内容分析,双方联建的佳家时代广场B、C座楼位及B座以北的地下车库项目,双方共同投资至本项目总价的25%—30%时,佳佳公司应无条件的将该项目转让,过户给崇立公司,由崇立公司独自建设、经营、销售,收益归崇立公司所有,转让过户的税费由崇立公司承担。即崇立公司、佳佳公司双方亦明知,双方合作开发,崇立公司仅能依据联建协议参与建成房屋分配,项目转让仍需履行相关审批手续。

**第二百三十二条 【连续登记原则】**处分依照本节规定享有的不动产物权,依照法律规定需要办理登记的,未经登记,不发生物权效力。

**一、相关法律条文**

**《中华人民共和国城市房地产管理法》(2019年8月26日修正)**

**第三十八条** 下列房地产,不得转让:

（一）以出让方式取得土地使用权的，不符合本法第三十九条规定的条件的；

（二）司法机关和行政机关依法裁定、决定查封或者以其他形式限制房地产权利的；

（三）依法收回土地使用权的；

（四）共有房地产，未经其他共有人书面同意的；

（五）权属有争议的；

（六）未依法登记领取权属证书的；

（七）法律、行政法规规定禁止转让的其他情形。

**第三十九条** 以出让方式取得土地使用权的，转让房地产时，应当符合下列条件：

（一）按照出让合同约定已经支付全部土地使用权出让金，并取得土地使用权证书；

（二）按照出让合同约定进行投资开发，属于房屋建设工程的，完成开发投资总额的百分之二十五以上，属于成片开发土地的，形成工业用地或者其他建设用地条件。

转让房地产时房屋已经建成的，还应当持有房屋所有权证书。

## 二、相关部门规章

**《不动产登记暂行条例实施细则》（2019 年 7 月 16 日修正）**

**第二十四条** 不动产首次登记，是指不动产权利第一次登记。

未办理不动产首次登记的，不得办理不动产其他类型登记，但法律、行政法规另有规定的除外。

## 三、相关文件规定

**《最高人民法院关于转发住房和城乡建设部〈关于无证房产依据协助执行文书办理产权登记有关问题的函〉的通知》（法〔2012〕151 号）**

一、各级人民法院在执行程序中，既要依法履行强制执行职责，又要尊重房屋登记机构依法享有的行政权力；既要保证执行工作的顺利开展，也要防止“违法建筑”等不符合法律、行政法规规定的房屋通过协助执行行为合法化。

二、执行程序中处置未办理初始登记的房屋时，具备初始登记条件的，执行法院处置后可以依法向房屋登记机构发出《协助执行通知书》；暂时不具备初始登记条件的，执行法院处置后可以向房屋登记机构发出《协助执行通知书》,并载明待房屋买受人或承受人完善相关手续具备初始登记条件后,由房屋登记机构按照《协助执行通知书》予以登记;不具备初始登记条件的,原则上进行"现状处置",即处置前披露房屋不具备初始登记条件的现状,买受人或承受人按照房屋的权利现状取得房屋,后续的产权登记事项由买受人或承受人自行负责。

三、执行法院向房屋登记机构发出《协助执行通知书》,房屋登记机构认为不具备初始登记条件并作出书面说明的,执行法院应在30日内依照法律和有关规定,参照行政规章,对其说明理由进行审查。理由成立的,撤销或变更《协助执行通知书》并书面通知房屋登记机构;理由不成立的,书面通知房屋登记机构限期按《协助执行通知书》办理。

**《住房和城乡建设部关于无证房产依据协助执行文书办理产权登记有关问题的函》(建法函〔2012〕102号)**

浙江省住房和城乡建设厅:

《关于无证房产可否依据协助执行文书直接办理产权登记的请示》(浙建房〔2011〕72号)收悉。经商最高人民法院,函复如下:

一、对已办理初始登记的房屋,房屋登记机构应当按照人民法院生效法律文书和协助执行通知书的要求予以办理。

二、对未办理初始登记的房屋,在完善相关手续后具备初始登记条件的,房屋登记机构应当按照人民法院生效法律文书和协助执行通知书予以登记;不具备初始登记条件的,房屋登记机构应当向人民法院书面说明情况,在人民法院按照法律和有关规定作出处理前,房屋登记机构暂停办理登记。

三、房屋登记机构依据人民法院协助执行通知书予以登记的,应当在房屋登记簿上记载基于人民法院生效的法律文书予以登记的事实。

## 第三章 物权的保护

**第二百三十三条 【物权受侵害的解决途径】** 物权受到侵害的,权利人可以通过和解、调解、仲裁、诉讼等途径解决。

## 一、相关法律条文

**1.《中华人民共和国土地管理法》(2019年8月26日修正)**

**第十四条** 土地所有权和使用权争议,由当事人协商解决;协商不成的,由人民政府处理。

单位之间的争议,由县级以上人民政府处理;个人之间、个人与单位之间的争议,由乡级人民政府或者县级以上人民政府处理。

当事人对有关人民政府的处理决定不服的,可以自接到处理决定通知之日起三十日内,向人民法院起诉。

在土地所有权和使用权争议解决前,任何一方不得改变土地利用现状。

**2.《中华人民共和国农村土地承包法》(2018年12月29日修正)**

**第五十五条** 因土地承包经营发生纠纷的,双方当事人可以通过协商解决,也可以请求村民委员会、乡(镇)人民政府等调解解决。

当事人不愿协商、调解或者协商、调解不成的,可以向农村土地承包仲裁机构申请仲裁,也可以直接向人民法院起诉。

**3.《中华人民共和国农村土地承包经营纠纷调解仲裁法》(2010年1月1日起施行)**

**第二条** 农村土地承包经营纠纷调解和仲裁,适用本法。

农村土地承包经营纠纷包括:

(一)因订立、履行、变更、解除和终止农村土地承包合同发生的纠纷;

(二)因农村土地承包经营权转包、出租、互换、转让、入股等流转发生的纠纷;

(三)因收回、调整承包地发生的纠纷;

(四)因确认农村土地承包经营权发生的纠纷;

(五)因侵害农村土地承包经营权发生的纠纷;

(六)法律、法规规定的其他农村土地承包经营纠纷。

因征收集体所有的土地及其补偿发生的纠纷,不属于农村土地承包仲裁委员会的受理范围,可以通过行政复议或者诉讼等方式解决。

**第三条** 发生农村土地承包经营纠纷的,当事人可以自行和解,也可以请求村民委员会、乡(镇)人民政府等调解。

**第四条** 当事人和解、调解不成或者不愿和解、调解的,可以向农村土地承包仲裁委员会申请仲裁,也可以直接向人民法院起诉。

**4.《中华人民共和国森林法》(2019年12月28日修订)**

**第二十二条** 单位之间发生的林木、林地所有权和使用权争议,由县级以上人民政府依法处理。

个人之间、个人与单位之间发生的林木所有权和林地使用权争议,由乡镇人民政府或者县级以上人民政府依法处理。

当事人对有关人民政府的处理决定不服的,可以自接到处理决定通知之日起三十日内,向人民法院起诉。

在林木、林地权属争议解决前,除因森林防火、林业有害生物防治、国家重大基础设施建设等需要外,当事人任何一方不得砍伐有争议的林木或者改变林地现状。

## 二、相关司法解释

**1.《最高人民法院关于审理涉及农村集体土地行政案件若干问题的规定》(法释〔2011〕20号)**

**第一条** 农村集体土地的权利人或者利害关系人(以下简称土地权利人)认为行政机关作出的涉及农村集体土地的行政行为侵犯其合法权益,提起诉讼的,属于人民法院行政诉讼的受案范围。

**第四条** 土地使用权人或者实际使用人对行政机关作出涉及其使用或实际使用的集体土地的行政行为不服的,可以以自己的名义提起诉讼。

**第五条** 土地权利人认为土地储备机构作出的行为侵犯其依法享有的农村集体土地所有权或使用权的,向人民法院提起诉讼的,应当以土地储备机构所隶属的土地管理部门为被告。

**第六条** 土地权利人认为乡级以上人民政府作出的土地确权决定侵犯其依法享有的农村集体土地所有权或者使用权,经复议后向人民法院提起诉讼的,人民法院应当依法受理。

法律、法规规定应当先申请行政复议的土地行政案件,复议机关作出不受理复议申请的决定或者以不符合受理条件为由驳回复议申请,复议申请人不服的,应当以复议机关为被告向人民法院提起诉讼。

**第七条** 土地权利人认为行政机关作出的行政处罚、行政强制措施等行政行为侵犯其依法享有的农村集体土地所有权或者使用权,直接向人民法院提起诉讼的,人民法院应当依法受理。

**2.《最高人民法院关于审理涉及农村土地承包经营纠纷调解仲裁案件适用法律若干问题的解释》(法释〔2014〕1号)(2020年12月23日修正)**

**第一条** 农村土地承包仲裁委员会根据农村土地承包经营纠纷调解仲裁法第十八条规定,以超过申请仲裁的时效期间为由驳回申请后,当事人就同一纠纷提起诉讼的,人民法院应予受理。

**第二条** 当事人在收到农村土地承包仲裁委员会作出的裁决书之日起三十日后或者签收农村土地承包仲裁委员会作出的调解书后,就同一纠纷向人民法院提起诉讼的,裁定不予受理;已经受理的,裁定驳回起诉。

**第三条** 当事人在收到农村土地承包仲裁委员会作出的裁决书之日起三十日内,向人民法院提起诉讼,请求撤销仲裁裁决的,人民法院应当告知当事人就原纠纷提起诉讼。

第二百三十四条 **【确认物权请求权】** 因物权的归属、内容发生争议的,利害关系人可以请求确认权利。

**一、相关司法解释**

**《最高人民法院关于适用〈中华人民共和国民法典〉物权编的解释(一)》(法释〔2020〕24号)**

**第二条** 当事人有证据证明不动产登记簿的记载与真实权利状态不符、其为该不动产物权的真实权利人,请求确认其享有物权的,应予支持。

**二、相关文件规定**

**《确定土地所有权和使用权的若干规定》(2010年12月3日修正)**

**第一条** 为了确定土地所有权和使用权,依法进行土地登记,根据有关的法律、法规和政策,制订本规定。

**第二条** 土地所有权和使用权由县级以上人民政府确定,土地管理部门具体承办。

土地权属争议,由土地管理部门提出处理意见,报人民政府下达处理决定或报人民政府批准后由土地管理部门下达处理决定。

### 三、相关裁判摘要

● **2012 年第 6 期《中华人民共和国最高人民法院公报》**刊登的“**大连羽田钢管有限公司与大连保税区弘丰钢铁工贸有限公司、株式会社羽田钢管制造所、大连高新技术产业园区龙王塘街办事处物权确认纠纷案**”的最高人民法院(2011)民提字第 29 号民事判决书认为,对于权利人提出的登记于他人名下的不动产物权归其所有的确权请求,法院不宜直接判决确认其权属,而应判决他人向权利人办理登记过户。相关裁判摘要如下:

大连羽田公司根据《转让合同》B 的约定,请求确认涉案国有土地使用权和地上建筑物等不动产及附属设施设备动产的所有权。根据已经查明的事实,龙王塘办事处在《转让合同》B 签署后,已经将涉案全部资产交付大连羽田公司。《中华人民共和国合同法》第一百三十三条规定:标的物的所有权自标的物交付时起转移,但法律另有规定或者当事人另有约定的除外。《转让合同》B 并未对涉案附属设施设备动产所有权的转移作出明确约定,因此,应当适用上述法律的规定,涉案附属设施设备动产的所有权自交付时起归属大连羽田公司。一审判决对涉案附属设施设备动产所有权的确认是正确的,应予维持。但不动产物权的变动除交付外,尚需办理登记手续,故大连羽田公司请求确认其享有涉案国有土地使用权和地上建筑物所有权,缺乏法律依据,本院不予支持。一审判决直接确认大连羽田公司享有涉案不动产物权有所不当。

**第二百三十五条 【返还原物请求权】**无权占有不动产或者动产的,权利人可以请求返还原物。

### 一、相关司法解释

**《最高人民法院关于适用〈中华人民共和国民法典〉物权编的解释(一)》(法释〔2020〕24 号)**

**第八条** 依据民法典第二百二十九条至第二百三十一条规定享有物权,但尚未完成动产交付或者不动产登记的权利人,依据民法典第二百三十五条至第二百三十八条的规定,请求保护其物权的,应予支持。

## 二、相关裁判摘要

● **2018年第2期《中华人民共和国最高人民法院公报》**刊登的“**河南省金博土地开发有限公司与刘玉荣及第三人河南元恒建设集团有限公司案外人执行异议之诉案**”判决就误划款项能否适用返还原物请求权进行了分析。相关裁判摘要如下：

刘玉荣主张货币属于一种特殊的种类物，其性质和职能决定货币的所有权不得与对货币的占有相分离，即货币“占有即所有”原则，且该原则并无例外，不适用《物权法》第三十四条、第二百四十五条规定，因此其认为金博公司只能根据不当得利之债的相关规定另案主张权益，二审判决在本案中排除适用上述原则，实质上适用《物权法》第三十四条规定处理本案属适用法律错误。该主张不能成立，理由如下：1. 虽然货币属特殊种类物，在一般情况下适用“占有即所有”原则，但本案中金博公司向元恒公司误转4244670.06元，系通过银行账户转账实现，并非以交付作为“物”的货币实现，元恒公司事实上并未从金博公司处获得与案涉4244670.06元相等价的货币；且如前所述，案涉款项因被榆林中院冻结账户并直接扣划至执行账户，元恒公司并未实际占有、控制或支配上述款项。因而，本案中并不存在刘玉荣所主张的作为“特殊种类物”的货币，且元恒公司亦并未占有案涉款项，故不具备适用“货币占有即所有原则”的基础条件，二审法院未适用该原则处理本案并无不当。2. 案外人执行异议之诉旨在保护案外人合法的实体权利，在已经查明案涉款项的实体权益属案外人金博公司的情况下，直接判决停止对案涉款项的执行以保护案外人的合法权益，该处理方式符合案外人执行异议之诉的立法目的，也有利于节省司法资源和当事人的诉讼成本；如仍要求案外人再通过另一个不当得利之诉寻求救济，除了增加当事人诉讼成本、浪费司法资源之外，并不能产生更为良好的法律效果和社会效果，亦不符合案外人执行异议之诉的立法初衷。因此，刘玉荣关于应由金博公司另案诉讼主张其权益的再审申请理由，本院不予支持。3. 二审判决仅依照《最高人民法院关于适用〈中华人民共和国民事诉讼法〉的解释》第三百一十二条的相关规定，判决不得执行案涉款项，并未引用《物权法》第三十四条之规定处理本案，刘玉荣再审申请称二审判决适用上述规定属适用法律错误，缺乏事实依据，本院不予支持。

● **2017 年第 1 期《中华人民共和国最高人民法院公报》**刊登的“**长三角商品交易所有限公司诉卢海云返还原物纠纷案**”判决认为，当事人合法占有动产的法律基础丧失后，属于无权占有，应当返还原物。相关裁判摘要如下：

双方劳动关系已经解除，被上诉人卢海云丧失合法占有苏 B×××××轿车的基础。作为上诉人长三角公司高管所享受的便利，卢海云合法占有苏 B×××××轿车是有时间限制和条件限制的，在双方劳动关系解除后，卢海云合法占有苏 B×××××轿车的条件已不存在，理应向长三角公司返还苏 B×××××轿车。

● **2015 年第 10 期《中华人民共和国最高人民法院公报》**刊登的“**连成贤诉臧树林排除妨害纠纷案**”判决否认了已经取得房屋所有权的买受人向房屋实际占有人行使返还原物的请求权。相关裁判摘要如下：

本案的争议焦点在于，当所有权与占有权能发生分离的情况下，买受人是否可以其为房屋所有权人基于返还原物请求权要求房屋内的实际占有人迁出。

第一，生效判决已确认案外人李榛以被告臧树林代理人身份与案外人谢伟忠就系争房屋所签订的买卖合同无效，即第一手的房屋买卖并非原始产权人臧树林之真实意思表示，该买卖合同对臧树林自始不发生法律效力，其从 2008 年 8 月起居住在系争房屋内，并占有、使用该房屋至今具有合法依据，故产权人连成贤在其从未从出售方谢伟忠处获得房屋实际控制权的情况下，径行要求实际占用人臧树林迁出，法院不予支持。

第二，在第二手的房屋买卖交易中，被上诉人连成贤与案外人谢伟忠签订了系争房屋的房地产买卖合同并支付了相应对价，该买卖合同已经生效判决确认为有效合同，故对连成贤与谢伟忠均具有法律约束力，双方均应依合同之约定履行相应义务。鉴于此，连成贤对系争房屋的权利应通过该房地产买卖合同的履行（包括房屋的权利交付以及实物交付）来实现。本案中，虽然连成贤已于 2012 年 4 月 5 日取得了系争房屋的房地产权证，完成了房屋的权利交付过程，但其自始未曾取得过系争房屋的占有、使用权。对此，连成贤应依据其与案外人谢伟忠签订的房地产买卖合同之约定基于债权请求权向合同相对方主张权利。

结合本案来看，由于第一手的买卖合同已被确认为无效，案外人谢伟忠自始至终没有合法取得过系争房屋而客观上无法向连成贤履行交付房屋的义务，故连成贤应向谢伟忠主张因无法交付房屋导致合同无法继续履行的违约责任。

• **1992 年第 4 期《中华人民共和国最高人民法院公报》**刊登的“**陈德俄诉陈德群侵害房屋所有权纠纷案**”判决认为，只要原物依然存在，所有权人就有权要求返还原物。相关裁判摘要如下：

陈德群与营业部签订的房屋买卖契约，侵害了陈德俄对讼争房屋的所有权，应属无效。对此无效民事行为，陈德群与营业部均有过错，比照《中华人民共和国民法通则》第六十一条第一款的规定，应当各自承担相应的责任。陈德群应当返还因买卖房屋而得到的 700 元。营业部应当返还陈德俄的房产。营业部虽对此房进行了修整，但第一进的原房和第二进的院墙仍在，增建了 3 间新房也在陈德俄原有的宅基范围之内，并未丧失返还原物的条件。营业部修房所花费用，扣除被其拆除原第一进东墙所需费用 689.20 元，其余 1578.08 元应由房屋所有人陈德俄予以补偿。营业部返还房产的义务和接受修房费用的权利，应由营业部被撤销后的权利义务承受人，本案第三人琼山县大致坡供销社承担和享有。

**第二百三十六条　【排除妨害与消除危险请求权】**妨害物权或者可能妨害物权的，权利人可以请求排除妨害或者消除危险。

**相关法律条文**

**《中华人民共和国民法典》（2021 年 1 月 1 日起施行）**

**第一千一百六十七条**　侵权行为危及他人人身、财产安全的，被侵权人有权请求侵权人承担停止侵害、排除妨碍、消除危险等侵权责任。

**第二百三十七条　【修理、重作、更换或恢复原状的请求权】**造成不动产或者动产毁损的，权利人可以依法请求修理、重作、更换或者恢复原状。

**第二百三十八条　【侵害物权的损害赔偿等民事责任】**侵害物权，造成权利人损害的，权利人可以依法请求损害赔偿，也可以依法请求承担其他民事责任。

**相关法律条文**

**《中华人民共和国民法典》(2021 年 1 月 1 日起施行)**

**第一百七十九条** 承担民事责任的方式主要有:

(一)停止侵害;

(二)排除妨碍;

(三)消除危险;

(四)返还财产;

(五)恢复原状;

(六)修理、重作、更换;

(七)继续履行;

(八)赔偿损失;

(九)支付违约金;

(十)消除影响、恢复名誉;

(十一)赔礼道歉。

法律规定惩罚性赔偿的,依照其规定。

本条规定的承担民事责任的方式,可以单独适用,也可以合并适用。

**第一千一百八十四条** 侵害他人财产的,财产损失按照损失发生时的市场价格或者其他合理方式计算。

**第二百三十九条 【物权保护方式的单独或合并适用】**本章规定的物权保护方式,可以单独适用,也可以根据权利被侵害的情形合并适用。

# 第二分编 所 有 权

## 第四章 一 般 规 定

**第二百四十条 【所有权的内容】**所有权人对自己的不动产或者动产,依法享有占有、使用、收益和处分的权利。

**第二百四十一条 【所有权人设立他物权】**所有权人有权在自己的不动产或者动产上设立用益物权和担保物权。用益物权人、担保物权人行使权利，不得损害所有权人的权益。

**第二百四十二条　【国家专有的不动产与动产】**法律规定专属于国家所有的不动产和动产，任何组织或者个人不能取得所有权。

**第二百四十三条　【不动产的征收与补偿】**为了公共利益的需要，依照法律规定的权限和程序可以征收集体所有的土地和组织、个人的房屋以及其他不动产。

征收集体所有的土地，应当依法及时足额支付土地补偿费、安置补助费以及农村村民住宅、其他地上附着物和青苗等的补偿费用，并安排被征地农民的社会保障费用，保障被征地农民的生活，维护被征地农民的合法权益。

征收组织、个人的房屋以及其他不动产，应当依法给予征收补偿，维护被征收人的合法权益；征收个人住宅的，还应当保障被征收人的居住条件。

任何组织或者个人不得贪污、挪用、私分、截留、拖欠征收补偿费等费用。

## 一、相关法律条文

**1.《中华人民共和国宪法》（2018年3月11日修正）**

**第十条**　城市的土地属于国家所有。

农村和城市郊区的土地，除由法律规定属于国家所有的以外，属于集体所有；宅基地和自留地、自留山，也属于集体所有。

国家为了公共利益的需要，可以依照法律规定对土地实行征收或者征用并给予补偿。

任何组织或者个人不得侵占、买卖或者以其他形式非法转让土地。土地的使用权可以依照法律的规定转让。

一切使用土地的组织和个人必须合理地利用土地。

**第十三条**　公民的合法的私有财产不受侵犯。

国家依照法律规定保护公民的私有财产权和继承权。

国家为了公共利益的需要，可以依照法律规定对公民的私有财产实行征收或者征用并给予补偿。

**2.《中华人民共和国立法法》（2015年3月15日修正）**

**第八条**　下列事项只能制定法律：

（一）国家主权的事项；

（二）各级人民代表大会、人民政府、人民法院和人民检察院的产生、组织和职权；

（三）民族区域自治制度、特别行政区制度、基层群众自治制度；

（四）犯罪和刑罚；

（五）对公民政治权利的剥夺、限制人身自由的强制措施和处罚；

（六）税种的设立、税率的确定和税收征收管理等税收基本制度；

（七）对非国有财产的征收、征用；

（八）民事基本制度；

（九）基本经济制度以及财政、海关、金融和外贸的基本制度；

（十）诉讼和仲裁制度；

（十一）必须由全国人民代表大会及其常务委员会制定法律的其他事项。

**3.《中华人民共和国民法典》（2021年1月1日起施行）**

**第一百一十七条** 为了公共利益的需要，依照法律规定的权限和程序征收、征用不动产或者动产的，应当给予公平、合理的补偿。

**4.《中华人民共和国土地管理法》（2019年8月26日修正）**

**第四十五条** 为了公共利益的需要，有下列情形之一，确需征收农民集体所有的土地的，可以依法实施征收：

（一）军事和外交需要用地的；

（二）由政府组织实施的能源、交通、水利、通信、邮政等基础设施建设需要用地的；

（三）由政府组织实施的科技、教育、文化、卫生、体育、生态环境和资源保护、防灾减灾、文物保护、社区综合服务、社会福利、市政公用、优抚安置、英烈保护等公共事业需要用地的；

（四）由政府组织实施的扶贫搬迁、保障性安居工程建设需要用地的；

（五）在土地利用总体规划确定的城镇建设用地范围内，经省级以上人民政府批准由县级以上地方人民政府组织实施的成片开发建设需要用地的；

（六）法律规定为公共利益需要可以征收农民集体所有的土地的其他情形。

前款规定的建设活动，应当符合国民经济和社会发展规划、土地利用总体规划、城乡规划和专项规划；第（四）项、第（五）项规定的建设活动，还应当纳入国民经济和社会发展年度计划；第（五）项规定的成片开发并应当符合国务院自然资源主管部门规定的标准。

**第四十六条**　征收下列土地的，由国务院批准：

（一）永久基本农田；

（二）永久基本农田以外的耕地超过三十五公顷的；

（三）其他土地超过七十公顷的。

征收前款规定以外的土地的，由省、自治区、直辖市人民政府批准。

征收农用地的，应当依照本法第四十四条的规定先行办理农用地转用审批。其中，经国务院批准农用地转用的，同时办理征地审批手续，不再另行办理征地审批；经省、自治区、直辖市人民政府在征地批准权限内批准农用地转用的，同时办理征地审批手续，不再另行办理征地审批，超过征地批准权限的，应当依照本条第一款的规定另行办理征地审批。

**第四十七条**　国家征收土地的，依照法定程序批准后，由县级以上地方人民政府予以公告并组织实施。

县级以上地方人民政府拟申请征收土地的，应当开展拟征收土地现状调查和社会稳定风险评估，并将征收范围、土地现状、征收目的、补偿标准、安置方式和社会保障等在拟征收土地所在的乡（镇）和村、村民小组范围内公告至少三十日，听取被征地的农村集体经济组织及其成员、村民委员会和其他利害关系人的意见。

多数被征地的农村集体经济组织成员认为征地补偿安置方案不符合法律、法规规定的，县级以上地方人民政府应当组织召开听证会，并根据法律、法规的规定和听证会情况修改方案。

拟征收土地的所有权人、使用权人应当在公告规定期限内，持不动产权属证明材料办理补偿登记。县级以上地方人民政府应当组织有关部门测算并落实有关费用，保证足额到位，与拟征收土地的所有权人、使用权人就补偿、安置等签订协议；个别确实难以达成协议的，应当在申请征收土地时如实说明。

相关前期工作完成后，县级以上地方人民政府方可申请征收土地。

**第四十八条**　征收土地应当给予公平、合理的补偿，保障被征地农民原有生活水平不降低、长远生计有保障。

征收土地应当依法及时足额支付土地补偿费、安置补助费以及农村村民住宅、其他地上附着物和青苗等的补偿费用，并安排被征地农民的社会保障费用。

征收农用地的土地补偿费、安置补助费标准由省、自治区、直辖市通过制定公布区片综合地价确定。制定区片综合地价应当综合考虑土地原用途、土地资源条件、土地产值、土地区位、土地供求关系、人口以及经济社会发展水平等因素，并至少每三年调整或者重新公布一次。

征收农用地以外的其他土地、地上附着物和青苗等的补偿标准，由省、自治区、直辖市制定。对其中的农村村民住宅，应当按照先补偿后搬迁、居住条件有改善的原则，尊重农村村民意愿，采取重新安排宅基地建房、提供安置房或者货币补偿等方式给予公平、合理的补偿，并对因征收造成的搬迁、临时安置等费用予以补偿，保障农村村民居住的权利和合法的住房财产权益。

县级以上地方人民政府应当将被征地农民纳入相应的养老等社会保障体系。被征地农民的社会保障费用主要用于符合条件的被征地农民的养老保险等社会保险缴费补贴。被征地农民社会保障费用的筹集、管理和使用办法，由省、自治区、直辖市制定。

**第四十九条**　被征地的农村集体经济组织应当将征收土地的补偿费用的收支状况向本集体经济组织的成员公布，接受监督。

禁止侵占、挪用被征收土地单位的征地补偿费用和其他有关费用。

**第五十条**　地方各级人民政府应当支持被征地的农村集体经济组织和农民从事开发经营，兴办企业。

**第五十一条**　大中型水利、水电工程建设征收土地的补偿费标准和移民安置办法，由国务院另行规定。

**5.《中华人民共和国城市房地产管理法》(2019年8月26日修正)**

**第六条**　为了公共利益的需要，国家可以征收国有土地上单位和个人的房屋，并依法给予拆迁补偿，维护被征收人的合法权益；征收个人住宅的，还应当保障被征收人的居住条件。具体办法由国务院规定。

**第九条**　城市规划区内的集体所有的土地，经依法征收转为国有土地后，该幅国有土地的使用权方可有偿出让，但法律另有规定的除外。

**6.《中华人民共和国草原法》(2021年4月29日修正)**

**第三十八条**　进行矿藏开采和工程建设，应当不占或者少占草原；

确需征收、征用或者使用草原的，必须经省级以上人民政府草原行政主管部门审核同意后，依照有关土地管理的法律、行政法规办理建设用地审批手续。

**第三十九条** 因建设征收、征用集体所有的草原的，应当依照《中华人民共和国土地管理法》的规定给予补偿；因建设使用国家所有的草原的，应当依照国务院有关规定对草原承包经营者给予补偿。

因建设征收、征用或者使用草原的，应当交纳草原植被恢复费。草原植被恢复费专款专用，由草原行政主管部门按照规定用于恢复草原植被，任何单位和个人不得截留、挪用。草原植被恢复费的征收、使用和管理办法，由国务院价格主管部门和国务院财政部门会同国务院草原行政主管部门制定。

**7.《中华人民共和国渔业法》(2013 年 12 月 28 日修正)**

**第十四条** 国家建设征收集体所有的水域、滩涂，按照《中华人民共和国土地管理法》有关征地的规定办理。

**8.《中华人民共和国归侨侨眷权益保护法》(2009 年 8 月 27 日修正)**

**第十三条** 国家依法保护归侨、侨眷在国内私有房屋的所有权。依法征收、征用、拆迁归侨、侨眷私有房屋的，建设单位应当按照国家有关规定给予合理补偿和妥善安置。

**9.《中华人民共和国国防法》(2020 年 12 月 26 日修订)**

**第五十一条** 国家根据动员需要，可以依法征收、征用组织和个人的设备设施、交通工具、场所和其他财产。

县级以上人民政府对被征收、征用者因征收、征用所造成的直接经济损失，按照国家有关规定给予公平、合理的补偿。

**10.《中华人民共和国军事设施保护法》(2021 年 6 月 10 日修订)**

**第十四条** 军事禁区、军事管理区范围的划定或者调整，需要征收、征用土地、房屋等不动产，压覆矿产资源，或者使用海域、空域等的，依照有关法律、法规的规定办理。

**11.《中华人民共和国邮政法》(2015 年 4 月 24 日修正)**

**第十二条** 征收邮政营业场所或者邮件处理场所的，城乡规划主管部门应当根据保障邮政普遍服务的要求，对邮政营业场所或者邮件处理场所的重新设置作出妥善安排；未作出妥善安排前，不得征收。

邮政营业场所或者邮件处理场所重新设置前，邮政企业应当采取措施，保证邮政普遍服务的正常进行。

**12.《中华人民共和国行政诉讼法》(2017年6月27日修正)**

**第十二条** 人民法院受理公民、法人或者其他组织提起的下列诉讼：

……

(十一)认为行政机关不依法履行、未按照约定履行或者违法变更、解除政府特许经营协议、土地房屋征收补偿协议等协议的；

……

**13.《中华人民共和国国家赔偿法》(2012年10月26日修正)**

**第四条** 行政机关及其工作人员在行使行政职权时有下列侵犯财产权情形之一的，受害人有取得赔偿的权利：

……

(三)违法征收、征用财产的；

……

## 二、相关行政法规

**《国有土地上房屋征收与补偿条例》(2011年1月21日起施行)**

### 第一章 总 则

**第一条** 为了规范国有土地上房屋征收与补偿活动，维护公共利益，保障被征收房屋所有权人的合法权益，制定本条例。

**第二条** 为了公共利益的需要，征收国有土地上单位、个人的房屋，应当对被征收房屋所有权人(以下称被征收人)给予公平补偿。

**第三条** 房屋征收与补偿应当遵循决策民主、程序正当、结果公开的原则。

**第四条** 市、县级人民政府负责本行政区域的房屋征收与补偿工作。

市、县级人民政府确定的房屋征收部门(以下称房屋征收部门)组织实施本行政区域的房屋征收与补偿工作。

市、县级人民政府有关部门应当依照本条例的规定和本级人民政府规定的职责分工，互相配合，保障房屋征收与补偿工作的顺利进行。

**第五条**　房屋征收部门可以委托房屋征收实施单位，承担房屋征收与补偿的具体工作。房屋征收实施单位不得以营利为目的。

房屋征收部门对房屋征收实施单位在委托范围内实施的房屋征收与补偿行为负责监督，并对其行为后果承担法律责任。

**第六条**　上级人民政府应当加强对下级人民政府房屋征收与补偿工作的监督。

国务院住房城乡建设主管部门和省、自治区、直辖市人民政府住房城乡建设主管部门应当会同同级财政、国土资源、发展改革等有关部门，加强对房屋征收与补偿实施工作的指导。

**第七条**　任何组织和个人对违反本条例规定的行为，都有权向有关人民政府、房屋征收部门和其他有关部门举报。接到举报的有关人民政府、房屋征收部门和其他有关部门对举报应当及时核实、处理。

监察机关应当加强对参与房屋征收与补偿工作的政府和有关部门或者单位及其工作人员的监察。

## 第二章　征收决定

**第八条**　为了保障国家安全、促进国民经济和社会发展等公共利益的需要，有下列情形之一，确需征收房屋的，由市、县级人民政府作出房屋征收决定：

（一）国防和外交的需要；

（二）由政府组织实施的能源、交通、水利等基础设施建设的需要；

（三）由政府组织实施的科技、教育、文化、卫生、体育、环境和资源保护、防灾减灾、文物保护、社会福利、市政公用等公共事业的需要；

（四）由政府组织实施的保障性安居工程建设的需要；

（五）由政府依照城乡规划法有关规定组织实施的对危房集中、基础设施落后等地段进行旧城区改建的需要；

（六）法律、行政法规规定的其他公共利益的需要。

**第九条**　依照本条例第八条规定，确需征收房屋的各项建设活动，应当符合国民经济和社会发展规划、土地利用总体规划、城乡规划和专项规划。保障性安居工程建设、旧城区改建，应当纳入市、县级国民经济和社会发展年度计划。

制定国民经济和社会发展规划、土地利用总体规划、城乡规划和专项规划，应当广泛征求社会公众意见，经过科学论证。

**第十条** 房屋征收部门拟定征收补偿方案,报市、县级人民政府。

市、县级人民政府应当组织有关部门对征收补偿方案进行论证并予以公布,征求公众意见。征求意见期限不得少于30日。

**第十一条** 市、县级人民政府应当将征求意见情况和根据公众意见修改的情况及时公布。

因旧城区改建需要征收房屋,多数被征收人认为征收补偿方案不符合本条例规定的,市、县级人民政府应当组织由被征收人和公众代表参加的听证会,并根据听证会情况修改方案。

**第十二条** 市、县级人民政府作出房屋征收决定前,应当按照有关规定进行社会稳定风险评估;房屋征收决定涉及被征收人数量较多的,应当经政府常务会议讨论决定。

作出房屋征收决定前,征收补偿费用应当足额到位、专户存储、专款专用。

**第十三条** 市、县级人民政府作出房屋征收决定后应当及时公告。公告应当载明征收补偿方案和行政复议、行政诉讼权利等事项。

市、县级人民政府及房屋征收部门应当做好房屋征收与补偿的宣传、解释工作。

房屋被依法征收的,国有土地使用权同时收回。

**第十四条** 被征收人对市、县级人民政府作出的房屋征收决定不服的,可以依法申请行政复议,也可以依法提起行政诉讼。

**第十五条** 房屋征收部门应当对房屋征收范围内房屋的权属、区位、用途、建筑面积等情况组织调查登记,被征收人应当予以配合。调查结果应当在房屋征收范围内向被征收人公布。

**第十六条** 房屋征收范围确定后,不得在房屋征收范围内实施新建、扩建、改建房屋和改变房屋用途等不当增加补偿费用的行为;违反规定实施的,不予补偿。

房屋征收部门应当将前款所列事项书面通知有关部门暂停办理相关手续。暂停办理相关手续的书面通知应当载明暂停期限。暂停期限最长不得超过1年。

## 第三章 补 偿

**第十七条** 作出房屋征收决定的市、县级人民政府对被征收人给予的补偿包括:

（一）被征收房屋价值的补偿；

（二）因征收房屋造成的搬迁、临时安置的补偿；

（三）因征收房屋造成的停产停业损失的补偿。

市、县级人民政府应当制定补助和奖励办法，对被征收人给予补助和奖励。

**第十八条** 征收个人住宅，被征收人符合住房保障条件的，作出房屋征收决定的市、县级人民政府应当优先给予住房保障。具体办法由省、自治区、直辖市制定。

**第十九条** 对被征收房屋价值的补偿，不得低于房屋征收决定公告之日被征收房屋类似房地产的市场价格。被征收房屋的价值，由具有相应资质的房地产价格评估机构按照房屋征收评估办法评估确定。

对评估确定的被征收房屋价值有异议的，可以向房地产价格评估机构申请复核评估。对复核结果有异议的，可以向房地产价格评估专家委员会申请鉴定。

房屋征收评估办法由国务院住房城乡建设主管部门制定，制定过程中，应当向社会公开征求意见。

**第二十条** 房地产价格评估机构由被征收人协商选定；协商不成的，通过多数决定、随机选定等方式确定，具体办法由省、自治区、直辖市制定。

房地产价格评估机构应当独立、客观、公正地开展房屋征收评估工作，任何单位和个人不得干预。

**第二十一条** 被征收人可以选择货币补偿，也可以选择房屋产权调换。

被征收人选择房屋产权调换的，市、县级人民政府应当提供用于产权调换的房屋，并与被征收人计算、结清被征收房屋价值与用于产权调换房屋价值的差价。

因旧城区改建征收个人住宅，被征收人选择在改建地段进行房屋产权调换的，作出房屋征收决定的市、县级人民政府应当提供改建地段或者就近地段的房屋。

**第二十二条** 因征收房屋造成搬迁的，房屋征收部门应当向被征收人支付搬迁费；选择房屋产权调换的，产权调换房屋交付前，房屋征收部门应当向被征收人支付临时安置费或者提供周转用房。

**第二十三条** 对因征收房屋造成停产停业损失的补偿，根据房屋被征收前的效益、停产停业期限等因素确定。具体办法由省、自治区、直辖市制定。

**第二十四条** 市、县级人民政府及其有关部门应当依法加强对建设活动的监督管理，对违反城乡规划进行建设的，依法予以处理。

市、县级人民政府作出房屋征收决定前，应当组织有关部门依法对征收范围内未经登记的建筑进行调查、认定和处理。对认定为合法建筑和未超过批准期限的临时建筑的，应当给予补偿；对认定为违法建筑和超过批准期限的临时建筑的，不予补偿。

**第二十五条** 房屋征收部门与被征收人依照本条例的规定，就补偿方式、补偿金额和支付期限、用于产权调换房屋的地点和面积、搬迁费、临时安置费或者周转用房、停产停业损失、搬迁期限、过渡方式和过渡期限等事项，订立补偿协议。

补偿协议订立后，一方当事人不履行补偿协议约定的义务的，另一方当事人可以依法提起诉讼。

**第二十六条** 房屋征收部门与被征收人在征收补偿方案确定的签约期限内达不成补偿协议，或者被征收房屋所有权人不明确的，由房屋征收部门报请作出房屋征收决定的市、县级人民政府依照本条例的规定，按照征收补偿方案作出补偿决定，并在房屋征收范围内予以公告。

补偿决定应当公平，包括本条例第二十五条第一款规定的有关补偿协议的事项。

被征收人对补偿决定不服的，可以依法申请行政复议，也可以依法提起行政诉讼。

**第二十七条** 实施房屋征收应当先补偿、后搬迁。

作出房屋征收决定的市、县级人民政府对被征收人给予补偿后，被征收人应当在补偿协议约定或者补偿决定确定的搬迁期限内完成搬迁。

任何单位和个人不得采取暴力、威胁或者违反规定中断供水、供热、供气、供电和道路通行等非法方式迫使被征收人搬迁。禁止建设单位参与搬迁活动。

**第二十八条** 被征收人在法定期限内不申请行政复议或者不提起行政诉讼，在补偿决定规定的期限内又不搬迁的，由作出房屋征收决定的市、县级人民政府依法申请人民法院强制执行。

强制执行申请书应当附具补偿金额和专户存储账号、产权调换房屋和周转用房的地点和面积等材料。

**第二十九条**　房屋征收部门应当依法建立房屋征收补偿档案，并将分户补偿情况在房屋征收范围内向被征收人公布。

审计机关应当加强对征收补偿费用管理和使用情况的监督，并公布审计结果。

## 第四章　法律责任

**第三十条**　市、县级人民政府及房屋征收部门的工作人员在房屋征收与补偿工作中不履行本条例规定的职责，或者滥用职权、玩忽职守、徇私舞弊的，由上级人民政府或者本级人民政府责令改正，通报批评；造成损失的，依法承担赔偿责任；对直接负责的主管人员和其他直接责任人员，依法给予处分；构成犯罪的，依法追究刑事责任。

**第三十一条**　采取暴力、威胁或者违反规定中断供水、供热、供气、供电和道路通行等非法方式迫使被征收人搬迁，造成损失的，依法承担赔偿责任；对直接负责的主管人员和其他直接责任人员，构成犯罪的，依法追究刑事责任；尚不构成犯罪的，依法给予处分；构成违反治安管理行为的，依法给予治安管理处罚。

**第三十二条**　采取暴力、威胁等方法阻碍依法进行的房屋征收与补偿工作，构成犯罪的，依法追究刑事责任；构成违反治安管理行为的，依法给予治安管理处罚。

**第三十三条**　贪污、挪用、私分、截留、拖欠征收补偿费用的，责令改正，追回有关款项，限期退还违法所得，对有关责任单位通报批评、给予警告；造成损失的，依法承担赔偿责任；对直接负责的主管人员和其他直接责任人员，构成犯罪的，依法追究刑事责任；尚不构成犯罪的，依法给予处分。

**第三十四条**　房地产价格评估机构或者房地产估价师出具虚假或者有重大差错的评估报告的，由发证机关责令限期改正，给予警告，对房地产价格评估机构并处5万元以上20万元以下罚款，对房地产估价师并处1万元以上3万元以下罚款，并记入信用档案；情节严重的，吊销资质证书、注册证书；造成损失的，依法承担赔偿责任；构成犯罪的，依法追究刑事责任。

### 第五章 附 则

**第三十五条** 本条例自公布之日起施行。2001 年 6 月 13 日国务院公布的《城市房屋拆迁管理条例》同时废止。本条例施行前已依法取得房屋拆迁许可证的项目，继续沿用原有的规定办理，但政府不得责成有关部门强制拆迁。

## 三、相关司法解释

**1.《最高人民法院关于办理申请人民法院强制执行国有土地上房屋征收补偿决定案件若干问题的规定》(法释〔2012〕4 号)**

为依法正确办理市、县级人民政府申请人民法院强制执行国有土地上房屋征收补偿决定(以下简称征收补偿决定)案件，维护公共利益，保障被征收房屋所有权人的合法权益，根据《中华人民共和国行政诉讼法》、《中华人民共和国行政强制法》、《国有土地上房屋征收与补偿条例》(以下简称《条例》)等有关法律、行政法规规定，结合审判实际，制定本规定。

**第一条** 申请人民法院强制执行征收补偿决定案件，由房屋所在地基层人民法院管辖，高级人民法院可以根据本地实际情况决定管辖法院。

**第二条** 申请机关向人民法院申请强制执行，除提供《条例》第二十八条规定的强制执行申请书及附具材料外，还应当提供下列材料：

(一)征收补偿决定及相关证据和所依据的规范性文件；

(二)征收补偿决定送达凭证、催告情况及房屋被征收人、直接利害关系人的意见；

(三)社会稳定风险评估材料；

(四)申请强制执行的房屋状况；

(五)被执行人的姓名或者名称、住址及与强制执行相关的财产状况等具体情况；

(六)法律、行政法规规定应当提交的其他材料。

强制执行申请书应当由申请机关负责人签名，加盖申请机关印章，并注明日期。

强制执行的申请应当自被执行人的法定起诉期限届满之日起三个月内提出；逾期申请的，除有正当理由外，人民法院不予受理。

**第三条** 人民法院认为强制执行的申请符合形式要件且材料齐全的，应当在接到申请后五日内立案受理，并通知申请机关；不符合形式要件或者材料不全的应当限期补正，并在最终补正的材料提供后五日内立案受理；不符合形式要件或者逾期无正当理由不补正材料的，裁定不予受理。

申请机关对不予受理的裁定有异议的，可以自收到裁定之日起十五日内向上一级人民法院申请复议，上一级人民法院应当自收到复议申请之日起十五日内作出裁定。

**第四条** 人民法院应当自立案之日起三十日内作出是否准予执行的裁定；有特殊情况需要延长审查期限的，由高级人民法院批准。

**第五条** 人民法院在审查期间，可以根据需要调取相关证据、询问当事人、组织听证或者进行现场调查。

**第六条** 征收补偿决定存在下列情形之一的，人民法院应当裁定不准予执行：

（一）明显缺乏事实根据；

（二）明显缺乏法律、法规依据；

（三）明显不符合公平补偿原则，严重损害被执行人合法权益，或者使被执行人基本生活、生产经营条件没有保障；

（四）明显违反行政目的，严重损害公共利益；

（五）严重违反法定程序或者正当程序；

（六）超越职权；

（七）法律、法规、规章等规定的其他不宜强制执行的情形。

人民法院裁定不准予执行的，应当说明理由，并在五日内将裁定送达申请机关。

**第七条** 申请机关对不准予执行的裁定有异议的，可以自收到裁定之日起十五日内向上一级人民法院申请复议，上一级人民法院应当自收到复议申请之日起三十日内作出裁定。

**第八条** 人民法院裁定准予执行的，应当在五日内将裁定送达申请机关和被执行人，并可以根据实际情况建议申请机关依法采取必要措施，保障征收与补偿活动顺利实施。

**第九条** 人民法院裁定准予执行的，一般由作出征收补偿决定的市、县级人民政府组织实施，也可以由人民法院执行。

**第十条** 《条例》施行前已依法取得房屋拆迁许可证的项目，人民法院裁定准予执行房屋拆迁裁决的，参照本规定第九条精神办理。

**第十一条** 最高人民法院以前所作的司法解释与本规定不一致的，按本规定执行。

**2.《最高人民法院关于审理涉及农村土地承包纠纷案件适用法律问题的解释》(法释〔2005〕6号)**

**第二十二条** 承包地被依法征收，承包方请求发包方给付已经收到的地上附着物和青苗的补偿费的，应予支持。

承包方已将土地承包经营权以转包、出租等方式流转给第三人的，除当事人另有约定外，青苗补偿费归实际投入人所有，地上附着物补偿费归附着物所有人所有。

**第二十三条** 承包地被依法征收，放弃统一安置的家庭承包方，请求发包方给付已经收到的安置补助费的，应予支持。

**第二十四条** 农村集体经济组织或者村民委员会、村民小组，可以依照法律规定的民主议定程序，决定在本集体经济组织内部分配已经收到的土地补偿费。征地补偿安置方案确定时已经具有本集体经济组织成员资格的人，请求支付相应份额的，应予支持。但已报全国人大常委会、国务院备案的地方性法规、自治条例和单行条例、地方政府规章对土地补偿费在农村集体经济组织内部的分配办法另有规定的除外。

**3.《最高人民法院关于审理涉及农村集体土地行政案件若干问题的规定》(法释〔2011〕20号)**

**第十条** 土地权利人对土地管理部门组织实施过程中确定的土地补偿有异议，直接向人民法院提起诉讼的，人民法院不予受理，但应当告知土地权利人先申请行政机关裁决。

**第十二条** 征收农村集体土地时涉及被征收土地上的房屋及其他不动产，土地权利人可以请求依照物权法第四十二条第二款的规定给予补偿的。

征收农村集体土地时未就被征收土地上的房屋及其他不动产进行安置补偿，补偿安置时房屋所在地已纳入城市规划区，土地权利人请求参照执行国有土地上房屋征收补偿标准的，人民法院一般应予支持，但应当扣除已经取得的土地补偿费。

**四、相关文件规定**

**《最高人民法院关于征收国有土地上房屋时是否应当对被征收人未经登记的空地和院落予以补偿的答复》(〔2012〕行他字第16号)**

山东省高级人民法院：

你院《关于征收国有土地上房屋时是否应当对被征收人未确权登记的空地和院落单独予以补偿的请示》收悉，经研究，答复如下：

对土地公有制之前，通过购买房屋方式使用私有的土地，土地转为国有后迄今仍继续使用的，未经确权登记，亦应确定现使用者的国有土地使用权。

国有土地上房屋征收补偿中，应将当事人合法享有国有土地使用权的院落、空地面积纳入评估范围，按照征收时的房地产市场价格，一并予以征收补偿。

**第二百四十四条　【保护耕地】**国家对耕地实行特殊保护，严格限制农用地转为建设用地，控制建设用地总量。不得违反法律规定的权限和程序征收集体所有的土地。

**相关法律条文**

**《中华人民共和国土地管理法》(2019年8月26日修正)**

**第三十条**　国家保护耕地，严格控制耕地转为非耕地。

国家实行占用耕地补偿制度。非农业建设经批准占用耕地的，按照"占多少，垦多少"的原则，由占用耕地的单位负责开垦与所占用耕地的数量和质量相当的耕地；没有条件开垦或者开垦的耕地不符合要求的，应当按照省、自治区、直辖市的规定缴纳耕地开垦费，专款用于开垦新的耕地。

省、自治区、直辖市人民政府应当制定开垦耕地计划，监督占用耕地的单位按照计划开垦耕地或者按照计划组织开垦耕地，并进行验收。

**第三十一条**　县级以上地方人民政府可以要求占用耕地的单位将所占用耕地耕作层的土壤用于新开垦耕地、劣质地或者其他耕地的土壤改良。

**第三十二条**　省、自治区、直辖市人民政府应当严格执行土地利用总体规划和土地利用年度计划，采取措施，确保本行政区域内耕地总量不减少、质量不降低。耕地总量减少的,由国务院责令在规定期限内组织开垦与所减少耕地的数量与质量相当的耕地;耕地质量降低的,由国务院责令在规定期限内组织整治。新开垦和整治的耕地由国务院自然资源主管部门会同农业农村主管部门验收。

个别省、直辖市确因土地后备资源匮乏,新增建设用地后,新开垦耕地的数量不足以补偿所占用耕地的数量的,必须报经国务院批准减免本行政区域内开垦耕地的数量,易地开垦数量和质量相当的耕地。

**第三十三条** 国家实行永久基本农田保护制度。下列耕地应当根据土地利用总体规划划为永久基本农田,实行严格保护:

(一)经国务院农业农村主管部门或者县级以上地方人民政府批准确定的粮、棉、油、糖等重要农产品生产基地内的耕地;

(二)有良好的水利与水土保持设施的耕地,正在实施改造计划以及可以改造的中、低产田和已建成的高标准农田;

(三)蔬菜生产基地;

(四)农业科研、教学试验田;

(五)国务院规定应当划为永久基本农田的其他耕地。

各省、自治区、直辖市划定的永久基本农田一般应当占本行政区域内耕地的百分之八十以上,具体比例由国务院根据各省、自治区、直辖市耕地实际情况规定。

**第三十四条** 永久基本农田划定以乡(镇)为单位进行,由县级人民政府自然资源主管部门会同同级农业农村主管部门组织实施。永久基本农田应当落实到地块,纳入国家永久基本农田数据库严格管理。

乡(镇)人民政府应当将永久基本农田的位置、范围向社会公告,并设立保护标志。

**第三十五条** 永久基本农田经依法划定后,任何单位和个人不得擅自占用或者改变其用途。国家能源、交通、水利、军事设施等重点建设项目选址确实难以避让永久基本农田,涉及农用地转用或者土地征收的,必须经国务院批准。

禁止通过擅自调整县级土地利用总体规划、乡(镇)土地利用总体规划等方式规避永久基本农田农用地转用或者土地征收的审批。

**第三十六条** 各级人民政府应当采取措施,引导因地制宜轮作休耕,改良土壤,提高地力,维护排灌工程设施,防止土地荒漠化、盐渍化、水土流失和土壤污染。

**第三十七条**　非农业建设必须节约使用土地,可以利用荒地的,不得占用耕地;可以利用劣地的,不得占用好地。

禁止占用耕地建窑、建坟或者擅自在耕地上建房、挖砂、采石、采矿、取土等。

禁止占用永久基本农田发展林果业和挖塘养鱼。

**第三十八条**　禁止任何单位和个人闲置、荒芜耕地。已经办理审批手续的非农业建设占用耕地,一年内不用而又可以耕种并收获的,应当由原耕种该幅耕地的集体或者个人恢复耕种,也可以由用地单位组织耕种;一年以上未动工建设的,应当按照省、自治区、直辖市的规定缴纳闲置费;连续二年未使用的,经原批准机关批准,由县级以上人民政府无偿收回用地单位的土地使用权;该幅土地原为农民集体所有的,应当交由原农村集体经济组织恢复耕种。

在城市规划区范围内,以出让方式取得土地使用权进行房地产开发的闲置土地,依照《中华人民共和国城市房地产管理法》的有关规定办理。

**第三十九条**　国家鼓励单位和个人按照土地利用总体规划,在保护和改善生态环境、防止水土流失和土地荒漠化的前提下,开发未利用的土地;适宜开发为农用地的,应当优先开发成农用地。

国家依法保护开发者的合法权益。

**第四十条**　开垦未利用的土地,必须经过科学论证和评估,在土地利用总体规划划定的可开垦的区域内,经依法批准后进行。禁止毁坏森林、草原开垦耕地,禁止围湖造田和侵占江河滩地。

根据土地利用总体规划,对破坏生态环境开垦、围垦的土地,有计划有步骤地退耕还林、还牧、还湖。

**第四十一条**　开发未确定使用权的国有荒山、荒地、荒滩从事种植业、林业、畜牧业、渔业生产的,经县级以上人民政府依法批准,可以确定给开发单位或者个人长期使用。

**第四十二条**　国家鼓励土地整理。县、乡(镇)人民政府应当组织农村集体经济组织,按照土地利用总体规划,对田、水、路、林、村综合整治,提高耕地质量,增加有效耕地面积,改善农业生产条件和生态环境。

地方各级人民政府应当采取措施,改造中、低产田,整治闲散地和废弃地。

**第四十三条** 因挖损、塌陷、压占等造成土地破坏，用地单位和个人应当按照国家有关规定负责复垦；没有条件复垦或者复垦不符合要求的，应当缴纳土地复垦费，专项用于土地复垦。复垦的土地应当优先用于农业。

**第二百四十五条 【不动产或动产的征用与补偿】** 因抢险救灾、疫情防控等紧急需要，依照法律规定的权限和程序可以征用组织、个人的不动产或者动产。被征用的不动产或者动产使用后，应当返还被征用人。组织、个人的不动产或者动产被征用或者征用后毁损、灭失的，应当给予补偿。

**相关法律条文**

**1.《中华人民共和国宪法》(2018年3月11日修正)**

**第十条** 城市的土地属于国家所有。

农村和城市郊区的土地，除由法律规定属于国家所有的以外，属于集体所有；宅基地和自留地、自留山，也属于集体所有。

国家为了公共利益的需要，可以依照法律规定对土地实行征收或者征用并给予补偿。

任何组织或者个人不得侵占、买卖或者以其他形式非法转让土地。土地的使用权可以依照法律的规定转让。

一切使用土地的组织和个人必须合理地利用土地。

**第十三条** 公民的合法的私有财产不受侵犯。

国家依照法律规定保护公民的私有财产权和继承权。

国家为了公共利益的需要，可以依照法律规定对公民的私有财产实行征收或者征用并给予补偿。

**2.《中华人民共和国立法法》(2015年3月15日修正)**

**第八条** 下列事项只能制定法律：

(一)国家主权的事项；

(二)各级人民代表大会、人民政府、人民法院和人民检察院的产生、组织和职权；

(三)民族区域自治制度、特别行政区制度、基层群众自治制度；

(四)犯罪和刑罚；

（五）对公民政治权利的剥夺、限制人身自由的强制措施和处罚；
（六）税种的设立、税率的确定和税收征收管理等税收基本制度；
（七）对非国有财产的征收、征用；
（八）民事基本制度；
（九）基本经济制度以及财政、海关、金融和外贸的基本制度；
（十）诉讼和仲裁制度；
（十一）必须由全国人民代表大会及其常务委员会制定法律的其他事项。

**3.《中华人民共和国民法典》（2021年1月1日起施行）**

**第一百一十七条** 为了公共利益的需要，依照法律规定的权限和程序征收、征用不动产或者动产的，应当给予公平、合理的补偿。

**4.《中华人民共和国反恐怖主义法》（2018年4月27日修正）**

**第七十八条** 公安机关、国家安全机关、中国人民解放军、中国人民武装警察部队因履行反恐怖主义职责的紧急需要，根据国家有关规定，可以征用单位和个人的财产。任务完成后应当及时归还或者恢复原状，并依照规定支付相应费用；造成损失的，应当补偿。

因开展反恐怖主义工作对有关单位和个人的合法权益造成损害的，应当依法给予赔偿、补偿。有关单位和个人有权依法请求赔偿、补偿。

**5.《中华人民共和国反间谍法》（2014年11月1日起施行）**

**第十一条** 国家安全机关的工作人员在依法执行紧急任务的情况下，经出示相应证件，可以优先乘坐公共交通工具，遇交通阻碍时，优先通行。

国家安全机关因反间谍工作需要，按照国家有关规定，可以优先使用或者依法征用机关、团体、企业事业组织和个人的交通工具、通信工具、场地和建筑物，必要时，可以设置相关工作场所和设备、设施，任务完成后应当及时归还或者恢复原状，并依照规定支付相应费用；造成损失的，应当补偿。

**6.《中华人民共和国国防法》（2020年12月26日修订）**

**第五十一条** 国家根据动员需要，可以依法征收、征用组织和个人的设备设施、交通工具、场所和其他财产。

县级以上人民政府对被征收、征用者因征收、征用所造成的直接经济损失,按照国家有关规定给予公平、合理的补偿。

**7.《中华人民共和国国防交通法》(2017年1月1日起施行)**

**第七条** 县级以上人民政府根据国防需要,可以依法征用民用运载工具、交通设施、交通物资等民用交通资源,有关组织和个人应当予以配合,履行相关义务。

民用交通资源征用的组织实施和补偿,依照有关法律、行政法规执行。

**8.《中华人民共和国国防动员法》(2010年7月1日起施行)**

**第五十四条** 国家决定实施国防动员后,储备物资无法及时满足动员需要的,县级以上人民政府可以依法对民用资源进行征用。

本法所称民用资源,是指组织和个人所有或者使用的用于社会生产、服务和生活的设施、设备、场所和其他物资。

**第五十五条** 任何组织和个人都有接受依法征用民用资源的义务。

需要使用民用资源的中国人民解放军现役部队和预备役部队、中国人民武装警察部队、民兵组织,应当提出征用需求,由县级以上地方人民政府统一组织征用。县级以上地方人民政府应当对被征用的民用资源予以登记,向被征用人出具凭证。

**第五十六条** 下列民用资源免予征用:

(一)个人和家庭生活必需的物品和居住场所;

(二)托儿所、幼儿园和孤儿院、养老院、残疾人康复机构、救助站等社会福利机构保障儿童、老人、残疾人和救助对象生活必需的物品和居住场所;

(三)法律、行政法规规定免予征用的其他民用资源。

**第五十七条** 被征用的民用资源根据军事要求需要进行改造的,由县级以上地方人民政府会同有关军事机关组织实施。

承担改造任务的单位应当按照使用单位提出的军事要求和改造方案进行改造,并保证按期交付使用。改造所需经费由国家负担。

**第五十八条** 被征用的民用资源使用完毕,县级以上地方人民政府应当及时组织返还;经过改造的,应当恢复原使用功能后返还;不能修复或者灭失的,以及因征用造成直接经济损失的,按照国家有关规定给予补偿。

**第五十九条**　中国人民解放军现役部队和预备役部队、中国人民武装警察部队、民兵组织进行军事演习、训练，需要征用民用资源或者采取临时性管制措施的，按照国务院、中央军事委员会的有关规定执行。

**9.《中华人民共和国军事设施保护法》(2021年6月10日修订)**

**第十四条**　军事禁区、军事管理区范围的划定或者调整，需要征收、征用土地、房屋等不动产，压覆矿产资源，或者使用海域、空域等的，依照有关法律、法规的规定办理。

**10.《中华人民共和国突发事件应对法》(2007年11月1日起施行)**

**第十二条**　有关人民政府及其部门为应对突发事件，可以征用单位和个人的财产。被征用的财产在使用完毕或者突发事件应急处置工作结束后，应当及时返还。财产被征用或者征用后毁损、灭失的，应当给予补偿。

**11.《中华人民共和国传染病防治法》(2013年6月29日修正)**

**第四十五条**　传染病暴发、流行时，根据传染病疫情控制的需要，国务院有权在全国范围或者跨省、自治区、直辖市范围内，县级以上地方人民政府有权在本行政区域内紧急调集人员或者调用储备物资，临时征用房屋、交通工具以及相关设施、设备。

紧急调集人员的，应当按照规定给予合理报酬。临时征用房屋、交通工具以及相关设施、设备的，应当依法给予补偿；能返还的，应当及时返还。

**12.《中华人民共和国草原法》(2021年4月29日修正)**

**第三十八条**　进行矿藏开采和工程建设，应当不占或者少占草原；确需征收、征用或者使用草原的，必须经省级以上人民政府草原行政主管部门审核同意后，依照有关土地管理的法律、行政法规办理建设用地审批手续。

**第三十九条**　因建设征收、征用集体所有的草原的，应当依照《中华人民共和国土地管理法》的规定给予补偿；因建设使用国家所有的草原的，应当依照国务院有关规定对草原承包经营者给予补偿。

因建设征收、征用或者使用草原的，应当交纳草原植被恢复费。草原植被恢复费专款专用，由草原行政主管部门按照规定用于恢复草原植被，任何单位和个人不得截留、挪用。草原植被恢复费的征收、使用和管理办法，由国务院价格主管部门和国务院财政部门会同国务院草原行政主管部门制定。

**13.《中华人民共和国归侨侨眷权益保护法》(2009 年 8 月 27 日修正)**

**第十三条** 国家依法保护归侨、侨眷在国内私有房屋的所有权。依法征收、征用、拆迁归侨、侨眷私有房屋的，建设单位应当按照国家有关规定给予合理补偿和妥善安置。

**14.《中华人民共和国国家赔偿法》(2012 年 10 月 26 日修正)**

**第四条** 行政机关及其工作人员在行使行政职权时有下列侵犯财产权情形之一的，受害人有取得赔偿的权利：

……

(三)违法征收、征用财产的；

……

## 第五章 国家所有权和集体所有权、私人所有权

**第二百四十六条 【国有财产的范围与所有权行使主体】**法律规定属于国家所有的财产，属于国家所有即全民所有。

国有财产由国务院代表国家行使所有权。法律另有规定的，依照其规定。

**相关法律条文**

**1.《中华人民共和国宪法》(2018 年 3 月 11 日修正)**

**第九条** 矿藏、水流、森林、山岭、草原、荒地、滩涂等自然资源，都属于国家所有，即全民所有；由法律规定属于集体所有的森林和山岭、草原、荒地、滩涂除外。

国家保障自然资源的合理利用，保护珍贵的动物和植物。禁止任何组织或者个人用任何手段侵占或者破坏自然资源。

**第十条** 城市的土地属于国家所有。

农村和城市郊区的土地，除由法律规定属于国家所有的以外，属于集体所有；宅基地和自留地、自留山，也属于集体所有。

国家为了公共利益的需要，可以依照法律规定对土地实行征收或者征用并给予补偿。

任何组织或者个人不得侵占、买卖或者以其他形式非法转让土地。土地的使用权可以依照法律的规定转让。

一切使用土地的组织和个人必须合理地利用土地。

**2.《中华人民共和国土地管理法》(2019 年 8 月 26 日修正)**

**第二条**　中华人民共和国实行土地的社会主义公有制，即全民所有制和劳动群众集体所有制。

全民所有，即国家所有土地的所有权由国务院代表国家行使。

任何单位和个人不得侵占、买卖或者以其他形式非法转让土地。土地使用权可以依法转让。

国家为了公共利益的需要，可以依法对土地实行征收或者征用并给予补偿。

国家依法实行国有土地有偿使用制度。但是，国家在法律规定的范围内划拨国有土地使用权的除外。

**3.《中华人民共和国矿产资源法》(2009 年 8 月 27 日修正)**

**第三条**　矿产资源属于国家所有，由国务院行使国家对矿产资源的所有权。地表或者地下的矿产资源的国家所有权，不因其所依附的土地的所有权或者使用权的不同而改变。

国家保障矿产资源的合理开发利用。禁止任何组织或者个人用任何手段侵占或者破坏矿产资源。各级人民政府必须加强矿产资源的保护工作。

勘查、开采矿产资源，必须依法分别申请、经批准取得探矿权、采矿权，并办理登记；但是，已经依法申请取得采矿权的矿山企业在划定的矿区范围内为本企业的生产而进行的勘查除外。国家保护探矿权和采矿权不受侵犯，保障矿区和勘查作业区的生产秩序、工作秩序不受影响和破坏。

从事矿产资源勘查和开采的，必须符合规定的资质条件。

**4.《中华人民共和国水法》(2016 年 7 月 2 日修正)**

**第三条**　水资源属于国家所有。水资源的所有权由国务院代表国家行使。农村集体经济组织的水塘和由农村集体经济组织修建管理的水库中的水，归各该农村集体经济组织使用。

**5.《中华人民共和国草原法》(2021 年 4 月 29 日修正)**

**第九条** 草原属于国家所有,由法律规定属于集体所有的除外。国家所有的草原,由国务院代表国家行使所有权。

任何单位或者个人不得侵占、买卖或者以其他形式非法转让草原。

**6.《中华人民共和国海域使用管理法》(2002 年 1 月 1 日起施行)**

**第三条** 海域属于国家所有,国务院代表国家行使海域所有权。任何单位或者个人不得侵占、买卖或者以其他形式非法转让海域。

单位和个人使用海域,必须依法取得海域使用权。

**7.《中华人民共和国企业国有资产法》(2009 年 5 月 1 日起施行)**

**第三条** 国有资产属于国家所有即全民所有。国务院代表国家行使国有资产所有权。

**第二百四十七条 【矿藏、水流、海域的国家所有权】** 矿藏、水流、海域属于国家所有。

**一、相关法律条文**

**1.《中华人民共和国宪法》(2018 年 3 月 11 日修正)**

**第九条** 矿藏、水流、森林、山岭、草原、荒地、滩涂等自然资源,都属于国家所有,即全民所有;由法律规定属于集体所有的森林和山岭、草原、荒地、滩涂除外。

国家保障自然资源的合理利用,保护珍贵的动物和植物。禁止任何组织或者个人用任何手段侵占或者破坏自然资源。

**2.《中华人民共和国矿产资源法》(2009 年 8 月 27 日修正)**

**第三条** 矿产资源属于国家所有,由国务院行使国家对矿产资源的所有权。地表或者地下的矿产资源的国家所有权,不因其所依附的土地的所有权或者使用权的不同而改变。

国家保障矿产资源的合理开发利用。禁止任何组织或者个人用任何手段侵占或者破坏矿产资源。各级人民政府必须加强矿产资源的保护工作。

勘查、开采矿产资源,必须依法分别申请、经批准取得探矿权、采矿权,并办理登记;但是,已经依法申请取得采矿权的矿山企业在划定的矿区范围内为本企业的生产而进行的勘查除外。国家保护探矿权和采矿权不受侵犯，保障矿区和勘查作业区的生产秩序、工作秩序不受影响和破坏。

从事矿产资源勘查和开采的，必须符合规定的资质条件。

**3.《中华人民共和国煤炭法》（2016年11月7日修正）**

**第三条** 煤炭资源属于国家所有。地表或者地下的煤炭资源的国家所有权，不因其依附的土地的所有权或者使用权的不同而改变。

**4.《中华人民共和国水法》（2016年7月2日修正）**

**第三条** 水资源属于国家所有。水资源的所有权由国务院代表国家行使。农村集体经济组织的水塘和由农村集体经济组织修建管理的水库中的水，归各该农村集体经济组织使用。

**5.《中华人民共和国海域使用管理法》（2002年1月1日起施行）**

**第三条** 海域属于国家所有，国务院代表国家行使海域所有权。任何单位或者个人不得侵占、买卖或者以其他形式非法转让海域。

单位和个人使用海域，必须依法取得海域使用权。

### 二、相关行政法规

**《中华人民共和国矿产资源法实施细则》（1994年3月26日起施行）**

**第三条** 矿产资源属于国家所有，地表或者地下的矿产资源的国家所有权，不因其所依附的土地的所有权或者使用权的不同而改变。

国务院代表国家行使矿产资源的所有权。国务院授权国务院地质矿产主管部门对全国矿产资源分配实施统一管理。

**第二百四十八条 【无居民海岛的国家所有权】**无居民海岛属于国家所有，国务院代表国家行使无居民海岛所有权。

### 相关法律条文

**《中华人民共和国海岛保护法》（2010年3月1日起施行）**

**第四条** 无居民海岛属于国家所有，国务院代表国家行使无居民海岛所有权。

**第二百四十九条 【土地的国家所有权】** 城市的土地,属于国家所有。法律规定属于国家所有的农村和城市郊区的土地,属于国家所有。

## 一、相关法律条文

**1.《中华人民共和国宪法》(2018年3月11日修正)**

**第十条** 城市的土地属于国家所有。

农村和城市郊区的土地,除由法律规定属于国家所有的以外,属于集体所有;宅基地和自留地、自留山,也属于集体所有。

国家为了公共利益的需要,可以依照法律规定对土地实行征收或者征用并给予补偿。

任何组织或者个人不得侵占、买卖或者以其他形式非法转让土地。土地的使用权可以依照法律的规定转让。

一切使用土地的组织和个人必须合理地利用土地。

**2.《中华人民共和国土地管理法》(2019年8月26日修正)**

**第二条** 中华人民共和国实行土地的社会主义公有制,即全民所有制和劳动群众集体所有制。

全民所有,即国家所有土地的所有权由国务院代表国家行使。

任何单位和个人不得侵占、买卖或者以其他形式非法转让土地。土地使用权可以依法转让。

国家为了公共利益的需要,可以依法对土地实行征收或者征用并给予补偿。

国家依法实行国有土地有偿使用制度。但是,国家在法律规定的范围内划拨国有土地使用权的除外。

**第九条** 城市市区的土地属于国家所有。

农村和城市郊区的土地,除由法律规定属于国家所有的以外,属于农民集体所有;宅基地和自留地、自留山,属于农民集体所有。

## 二、相关行政法规

**《中华人民共和国土地管理法实施条例》(2014年7月29日修订)**

**第二条** 下列土地属于全民所有即国家所有:

(一)城市市区的土地;

(二)农村和城市郊区中已经依法没收、征收、征购为国有的土地;

(三)国家依法征收的土地;

(四)依法不属于集体所有的林地、草地、荒地、滩涂及其他土地;

(五)农村集体经济组织全部成员转为城镇居民的,原属于其成员集体所有的土地;

(六)因国家组织移民、自然灾害等原因,农民成建制地集体迁移后不再使用的原属于迁移农民集体所有的土地。

## 三、相关文件规定

**《确定土地所有权和使用权的若干规定》(2010年12月3日修订)**

**第三条** 城市市区范围内的土地属于国家所有。

**第四条** 依据一九五〇年《中华人民共和国土地改革法》及有关规定,凡当时没有将土地所有权分配给农民的土地属于国家所有;实施一九六二年《农村人民公社工作条例修正草案》(以下简称《六十条》)未划入农民集体范围内的土地属于国家所有。

**第五条** 国家建设征用的土地,属于国家所有。

**第六条** 开发利用国有土地,开发利用者依法享有土地使用权,土地所有权仍属国家。

**第七条** 国有铁路线路、车站、货场用地以及依法留用的其他铁路用地属于国家所有。土改时已分配给农民所有的原铁路用地和新建铁路两侧未经征用的农民集体所有土地属于农民集体所有。

**第八条** 县级以上(含县级)公路线路用地属于国家所有。公路两侧保护用地和公路其他用地凡未经征用的农民集体所有的土地仍属于农民集体所有。

**第九条** 国有电力、通讯设施用地属于国家所有。但国有电力通讯杆塔占用农民集体所有的土地,未办理征用手续的,土地仍属于农民集体所有,对电力通讯经营单位可确定为他项权利。

**第十条** 军队接收的敌伪地产及解放后经人民政府批准征用、划拨的军事用地属于国家所有。

**第十一条** 河道堤防内的土地和堤防外的护堤地,无堤防河道历史最高洪水位或者设计洪水位以下的土地,除土改时已将所有权分配给农民,国家未征用,且迄今仍归农民集体使用的外,属于国家所有。

**第十二条** 县级以上(含县级)水利部门直接管理的水库、渠道等水利工程用地属于国家所有。水利工程管理和保护范围内未经征用的农民集体土地仍属于农民集体所有。

**第十三条** 国家建设对农民集体全部进行移民安置并调剂土地后，迁移农民集体原有土地转为国家所有。但移民后原集体仍继续使用的集体所有土地，国家未进行征用的，其所有权不变。

**第十四条** 因国家建设征用土地，农民集体建制被撤销或其人口全部转为非农业人口，其未经征用的土地，归国家所有。继续使用原有土地的原农民集体及其成员享有国有土地使用权。

**第十五条** 全民所有制单位和城镇集体所有制单位兼并农民集体企业的，办理有关手续后，被兼并的原农民集体企业使用的集体所有土地转为国家所有。乡（镇）企业依照国家建设征用土地的审批程序和补偿标准使用的非本乡（镇）村农民集体所有的土地，转为国家所有。

**第十六条** 一九六二年九月《六十条》公布以前，全民所有制单位，城市集体所有制单位和集体所有制的华侨农场使用的原农民集体所有的土地（含合作化之前的个人土地），迄今没有退给农民集体的，属于国家所有。

《六十条》公布时起至一九八二年五月《国家建设征用土地条例》公布时止，全民所有制单位、城市集体所有制单位使用的原农民集体所有的土地，有下列情形之一的，属于国家所有：

1. 签订过土地转移等有关协议的；
2. 经县级以上人民政府批准使用的；
3. 进行过一定补偿或安置劳动力的；
4. 接受农民集体馈赠的；
5. 已购买原集体所有的建筑物的；
6. 农民集体所有制企事业单位转为全民所有制或者城市集体所有制单位的。

一九八二年五月《国家建设征用土地条例》公布时起至一九八七年《土地管理法》开始施行时止，全民所有制单位、城市集体所有制单位违反规定使用的农民集体土地，依照有关规定进行了清查处理后仍由全民所有制单位、城市集体所有制单位使用的，确定为国家所有。

凡属上述情况以外未办理征地手续使用的农民集体土地，由县级以上地方人民政府根据具体情况，按当时规定补办征地手续，或退还农民集体。一九八七年《土地管理法》施行后违法占用的农民集体土地，必须依法处理后，再确定土地所有权。

**第十七条**　一九八六年三月中共中央、国务院《关于加强土地管理、制止乱占耕地的通知》发布之前，全民所有制单位、城市集体所有制单位租用农民集体所有的土地，按照有关规定处理后，能够恢复耕种的，退还农民集体耕种，所有权仍属于农民集体；已建成永久性建筑物的，由用地单位按租用时的规定，补办手续，土地归国家所有。凡已经按照有关规定处理了的，可按处理决定确定所有权和使用权。

**第十八条**　土地所有权有争议，不能依法证明争议土地属于农民集体所有的，属于国家所有。

**第二百五十条　【森林、山岭等自然资源的所有权】**森林、山岭、草原、荒地、滩涂等自然资源，属于国家所有，但是法律规定属于集体所有的除外。

**一、相关法律条文**

**1.《中华人民共和国宪法》(2018年3月11日修正)**

**第九条**　矿藏、水流、森林、山岭、草原、荒地、滩涂等自然资源，都属于国家所有，即全民所有；由法律规定属于集体所有的森林和山岭、草原、荒地、滩涂除外。

国家保障自然资源的合理利用，保护珍贵的动物和植物。禁止任何组织或者个人用任何手段侵占或者破坏自然资源。

**2.《中华人民共和国森林法》(2019年12月28日修订)**

**第十四条**　森林资源属于国家所有，由法律规定属于集体所有的除外。

国家所有的森林资源的所有权由国务院代表国家行使。国务院可以授权国务院自然资源主管部门统一履行国有森林资源所有者职责。

**3.《中华人民共和国草原法》(2021年4月29日修正)**

**第九条**　草原属于国家所有，由法律规定属于集体所有的除外。国家所有的草原，由国务院代表国家行使所有权。

任何单位或者个人不得侵占、买卖或者以其他形式非法转让草原。

**4.《中华人民共和国民族区域自治法》(2001年2月28日修正)**

**第二十七条**　民族自治地方的自治机关根据法律规定，确定本地方内草场和森林的所有权和使用权。

民族自治地方的自治机关保护、建设草原和森林，组织和鼓励植树种草。禁止任何组织或者个人利用任何手段破坏草原和森林。严禁在草原和森林毁草毁林开垦耕地。

**二、相关行政法规**

**《中华人民共和国森林法实施条例》（2018年3月19日修订）**

**第二条** 森林资源，包括森林、林木、林地以及依托森林、林木、林地生存的野生动物、植物和微生物。

森林，包括乔木林和竹林。

林木，包括树木和竹子。

林地，包括郁闭度0.2以上的乔木林地以及竹林地、灌木林地、疏林地、采伐迹地、火烧迹地、未成林造林地、苗圃地和县级以上人民政府规划的宜林地。

**第二百五十一条 【野生动植物资源的国家所有】**法律规定属于国家所有的野生动植物资源，属于国家所有。

**一、相关法律条文**

**1.《中华人民共和国野生动物保护法》（2018年10月26日修正）**

**第二条** 在中华人民共和国领域及管辖的其他海域，从事野生动物保护及相关活动，适用本法。

本法规定保护的野生动物，是指珍贵、濒危的陆生、水生野生动物和有重要生态、科学、社会价值的陆生野生动物。

本法规定的野生动物及其制品，是指野生动物的整体（含卵、蛋）、部分及其衍生物。

珍贵、濒危的水生野生动物以外的其他水生野生动物的保护，适用《中华人民共和国渔业法》等有关法律的规定。

**第三条** 野生动物资源属于国家所有。

国家保障依法从事野生动物科学研究、人工繁育等保护及相关活动的组织和个人的合法权益。

**2.《中华人民共和国渔业法》(2013 年 12 月 28 日修正)**

**第三十七条** 国家对白鳍豚等珍贵、濒危水生野生动物实行重点保护,防止其灭绝。禁止捕杀、伤害国家重点保护的水生野生动物。因科学研究、驯养繁殖、展览或者其他特殊情况,需要捕捞国家重点保护的水生野生动物的,依照《中华人民共和国野生动物保护法》的规定执行。

## 二、相关行政法规

**1.《中华人民共和国陆生野生动物保护实施条例》(2016 年 2 月 6 日修订)**

**第二条** 本条例所称陆生野生动物,是指依法受保护的珍贵、濒危、有益的和有重要经济、科学研究价值的陆生野生动物(以下简称野生动物);所称野生动物产品,是指陆生野生动物的任何部分及其衍生物。

**2.《中华人民共和国水生野生动物保护实施条例》(2016 年 2 月 6 日修订)**

**第二条** 本条例所称陆生野生动物,是指依法受保护的珍贵、濒危、有益的和有重要经济、科学研究价值的陆生野生动物(以下简称野生动物);所称野生动物产品,是指陆生野生动物的任何部分及其衍生物。

**3.《中华人民共和国野生植物保护条例》(2017 年 10 月 7 日修订)**

**第二条** 在中华人民共和国境内从事野生植物的保护、发展和利用活动,必须遵守本条例。

本条例所保护的野生植物,是指原生地天然生长的珍贵植物和原生地天然生长并具有重要经济、科学研究、文化价值的濒危、稀有植物。

药用野生植物和城市园林、自然保护区、风景名胜区内的野生植物的保护,同时适用有关法律、行政法规。

**4.《野生药材资源保护管理条例》(1987 年 12 月 1 日起施行)**

**第四条** 国家重点保护的野生药材物种分为三级:

一级:濒临灭绝状态的稀有珍贵野生药材物种(以下简称一级保护野生药材物种);

二级:分布区域缩小、资源处于衰竭状态的重要野生药材物种(以下简称二级保护野生药材物种);

三级:资源严重减少的主要常用野生药材物种(以下简称三级保护野生药材物种)。

**第二百五十二条　【无线电频谱资源的国家所有】**无线电频谱资源属于国家所有。

**相关行政法规**

**《中华人民共和国无线电管理条例》(2016年11月11日修订)**

**第三条**　无线电频谱资源属于国家所有。国家对无线电频谱资源实行统一规划、合理开发、有偿使用的原则。

**第二百五十三条　【文物的国家所有】**法律规定属于国家所有的文物,属于国家所有。

**一、相关法律条文**

**《中华人民共和国文物保护法》(2017年11月4日修正)**

**第五条**　中华人民共和国境内地下、内水和领海中遗存的一切文物,属于国家所有。

古文化遗址、古墓葬、石窟寺属于国家所有。国家指定保护的纪念建筑物、古建筑、石刻、壁画、近代现代代表性建筑等不可移动文物,除国家另有规定的以外,属于国家所有。

国有不可移动文物的所有权不因其所依附的土地所有权或者使用权的改变而改变。

下列可移动文物,属于国家所有:

(一)中国境内出土的文物,国家另有规定的除外;

(二)国有文物收藏单位以及其他国家机关、部队和国有企业、事业组织等收藏、保管的文物;

(三)国家征集、购买的文物;

(四)公民、法人和其他组织捐赠给国家的文物;

(五)法律规定属于国家所有的其他文物。

属于国家所有的可移动文物的所有权不因其保管、收藏单位的终止或者变更而改变。

国有文物所有权受法律保护,不容侵犯。

**二、相关行政法规**

**《中华人民共和国水下文物保护管理条例》(2011年1月8日修订)**

**第二条**　本条例所称水下文物,是指遗存于下列水域的具有历史、艺术和科学价值的人类文化遗产：

（一）遗存于中国内水、领海内的一切起源于中国的、起源国不明的和起源于外国的文物；

（二）遗存于中国领海以外依照中国法律由中国管辖的其他海域内的起源于中国的和起源国不明的文物；

（三）遗存于外国领海以外的其他管辖海域以及公海区域内的起源于中国的文物。

前款规定内容不包括1911年以后的与重大历史事件、革命运动以及著名人物无关的水下遗存。

**第三条** 本条例第二条第（一）、（二）项所规定的水下文物属于国家所有，国家对其行使管辖权；本条例第二条第（三）项所规定的水下文物，国家享有辨认器物物主的权利。

**第二百五十四条 【国防资产和基础设施的国家所有】** 国防资产属于国家所有。

铁路、公路、电力设施、电信设施和油气管道等基础设施，依照法律规定为国家所有的，属于国家所有。

**相关法律条文**

**1.《中华人民共和国国防法》（2020年12月26日修订）**

**第四十条** 国家为武装力量建设、国防科研生产和其他国防建设直接投入的资金、划拨使用的土地等资源，以及由此形成的用于国防目的的武器装备和设备设施、物资器材、技术成果等属于国防资产。

国防资产归国家所有。

**2.《中华人民共和国铁路法》（2015年4月24日修正）**

**第二条** 本法所称铁路，包括国家铁路、地方铁路、专用铁路和铁路专用线。

国家铁路是指由国务院铁路主管部门管理的铁路。

地方铁路是指由地方人民政府管理的铁路。

专用铁路是指由企业或者其他单位管理，专为本企业或者本单位内部提供运输服务的铁路。

铁路专用线是指由企业或者其他单位管理的与国家铁路或者其他铁路线路接轨的岔线。

**3.《中华人民共和国石油天然气管道保护法》(2010 年 10 月 1 日起施行)**

**第三条** 本法所称石油包括原油和成品油,所称天然气包括天然气、煤层气和煤制气。

本法所称管道包括管道及管道附属设施。

**第五十八条** 本法所称管道附属设施包括:

(一)管道的加压站、加热站、计量站、集油站、集气站、输油站、输气站、配气站、处理场、清管站、阀室、阀井、放空设施、油库、储气库、装卸栈桥、装卸场;

(二)管道的水工防护设施、防风设施、防雷设施、抗震设施、通信设施、安全监控设施、电力设施、管堤、管桥以及管道专用涵洞、隧道等穿跨越设施;

(三)管道的阴极保护站、阴极保护测试桩、阳极地床、杂散电流排流站等防腐设施;

(四)管道穿越铁路、公路的检漏装置;

(五)管道的其他附属设施。

**第二百五十五条 【国家机关的物权】** 国家机关对其直接支配的不动产和动产,享有占有、使用以及依照法律和国务院的有关规定处分的权利。

**相关法律条文**

**《中华人民共和国民法典》(2021 年 1 月 1 日起施行)**

**第九十六条** 本节规定的机关法人、农村集体经济组织法人、城镇农村的合作经济组织法人、基层群众性自治组织法人,为特别法人。

**第九十七条** 有独立经费的机关和承担行政职能的法定机构从成立之日起,具有机关法人资格,可以从事为履行职能所需要的民事活动。

**第九十八条** 机关法人被撤销的,法人终止,其民事权利和义务由继任的机关法人享有和承担;没有继任的机关法人的,由作出撤销决定的机关法人享有和承担。

**第二百五十六条 【国家举办的事业单位的物权】**国家举办的事业单位对其直接支配的不动产和动产，享有占有、使用以及依照法律和国务院的有关规定收益、处分的权利。

## 一、相关法律条文

**《中华人民共和国民法典》(2021年1月1日起施行)**

**第八十七条** 为公益目的或者其他非营利目的成立，不向出资人、设立人或者会员分配所取得利润的法人，为非营利法人。

非营利法人包括事业单位、社会团体、基金会、社会服务机构等。

**第八十八条** 具备法人条件，为适应经济社会发展需要，提供公益服务设立的事业单位，经依法登记成立，取得事业单位法人资格；依法不需要办理法人登记的，从成立之日起，具有事业单位法人资格。

**第八十九条** 事业单位法人设理事会的，除法律另有规定外，理事会为其决策机构。事业单位法人的法定代表人依照法律、行政法规或者法人章程的规定产生。

## 二、相关行政法规

**《事业单位登记管理暂行条例》(2004年6月27日修订)**

**第二条** 本条例所称事业单位，是指国家为了社会公益目的，由国家机关举办或者其他组织利用国有资产举办的，从事教育、科技、文化、卫生等活动的社会服务组织。

事业单位依法举办的营利性经营组织，必须实行独立核算，依照国家有关公司、企业等经营组织的法律、法规登记管理。

**第三条** 事业单位经县级以上各级人民政府及其有关主管部门(以下统称审批机关)批准成立后，应当依照本条例的规定登记或者备案。

事业单位应当具备法人条件。

**第六条** 申请事业单位法人登记，应当具备下列条件：

(一)经审批机关批准设立；

(二)有自己的名称、组织机构和场所；

(三)有与其业务活动相适应的从业人员；

(四)有与其业务活动相适应的经费来源；

(五)能够独立承担民事责任。

## 三、相关部门规章

**《事业单位国有资产管理暂行办法》(2019年3月29日修正)**

**第二条** 本办法适用于各级各类事业单位的国有资产管理活动。

**第三条** 本办法所称的事业单位国有资产,是指事业单位占有、使用的,依法确认为国家所有,能以货币计量的各种经济资源的总称,即事业单位的国有(公共)财产。

事业单位国有资产包括国家拨给事业单位的资产,事业单位按照国家规定运用国有资产组织收入形成的资产,以及接受捐赠和其他经法律确认为国家所有的资产,其表现形式为流动资产、固定资产、无形资产和对外投资等。

**第四条** 事业单位国有资产管理活动,应当坚持资产管理与预算管理相结合的原则,推行实物费用定额制度,促进事业资产整合与共享共用,实现资产管理和预算管理的紧密统一;应当坚持所有权和使用权相分离的原则;应当坚持资产管理与财务管理、实物管理与价值管理相结合的原则。

**第五条** 事业单位国有资产实行国家统一所有,政府分级监管,单位占有、使用的管理体制。

**第八条** 事业单位负责对本单位占有、使用的国有资产实施具体管理。其主要职责是:

(一)根据事业单位国有资产管理的有关规定,制定本单位国有资产管理的具体办法并组织实施;

(二)负责本单位资产购置、验收入库、维护保管等日常管理,负责本单位资产的账卡管理、清查登记、统计报告及日常监督检查工作;

(三)办理本单位国有资产配置、处置和对外投资、出租、出借和担保等事项的报批手续;

(四)负责本单位用于对外投资、出租、出借和担保的资产的保值增值,按照规定及时、足额缴纳国有资产收益;

(五)负责本单位存量资产的有效利用,参与大型仪器、设备等资产的共享、共用和公共研究平台建设工作;

(六)接受主管部门和同级财政部门的监督、指导并向其报告有关国有资产管理工作。

**第十九条** 事业单位国有资产的使用包括单位自用和对外投资、出租、出借、担保等方式。

**第二十四条** 事业单位国有资产处置，是指事业单位对其占有、使用的国有资产进行产权转让或者注销产权的行为。处置方式包括出售、出让、转让、对外捐赠、报废、报损以及货币性资产损失核销等。

**第二十五条** 除本办法第五十六条另有规定外，事业单位处置国有资产，应当严格履行审批手续，未经批准不得自行处置。

**第二十六条** 事业单位占有、使用的房屋建筑物、土地和车辆的处置，货币性资产损失的核销，以及单位价值或者批量价值在规定限额以上的资产的处置，经主管部门审核后报同级财政部门审批；规定限额以下的资产的处置报主管部门审批，主管部门将审批结果定期报同级财政部门备案。法律、行政法规和本办法第五十六条另有规定的，依照其规定。

**第二十八条** 事业单位国有资产处置应当遵循公开、公正、公平的原则。

事业单位出售、出让、转让、变卖资产数量较多或者价值较高的，应当通过拍卖等市场竞价方式公开处置。

**第二十九条** 除本办法第五十六条另有规定外，事业单位国有资产处置收入属于国家所有，应当按照政府非税收入管理的规定，实行“收支两条线”管理。

**第三十八条** 事业单位有下列情形之一的，应当对相关国有资产进行评估：

（一）整体或者部分改制为企业；

（二）以非货币性资产对外投资；

（三）合并、分立、清算；

（四）资产拍卖、转让、置换；

（五）整体或者部分资产租赁给非国有单位；

（六）确定涉讼资产价值；

（七）法律、行政法规规定的其他需要进行评估的事项。

**第三十九条** 事业单位有下列情形之一的，可以不进行资产评估：

（一）经批准事业单位整体或者部分资产无偿划转；

（二）行政、事业单位下属的事业单位之间的合并、资产划转、置换和转让；

（三）国家设立的研究开发机构、高等院校将其持有的科技成果转让、许可或者作价投资给国有全资企业的；

(四)发生其他不影响国有资产权益的特殊产权变动行为,报经同级财政部门确认可以不进行资产评估的。

**第五十七条** 社会团体和民办非企业单位中占有、使用国有资产的,参照本办法执行。参照公务员制度管理的事业单位和社会团体,依照国家关于行政单位国有资产管理的有关规定执行。

**第五十八条** 实行企业化管理并执行企业财务会计制度的事业单位,以及事业单位创办的具有法人资格的企业,由财政部门按照企业国有资产监督管理的有关规定实施监督管理。

**第五十九条** 地方财政部门制定的本地区和本级事业单位的国有资产管理规章制度,应当报上一级财政部门备案。

中央级事业单位的国有资产管理实施办法,由财政部会同有关部门根据本办法制定。

**第六十条** 境外事业单位国有资产管理办法由财政部另行制定。中国人民解放军、武装警察部队以及经国家批准的特定事业单位的国有资产管理办法,由解放军总后勤部、武装警察部队和有关主管部门会同财政部另行制定。

行业特点突出,需要制定行业事业单位国有资产管理办法的,由财政部会同有关主管部门根据本办法制定。

**第二百五十七条 【国家出资的企业的出资人代表制度】** 国家出资的企业,由国务院、地方人民政府依照法律、行政法规规定分别代表国家履行出资人职责,享有出资人权益。

## 一、相关法律条文

**1.《中华人民共和国公司法》(2018年10月26日修正)**

**第三条** 公司是企业法人,有独立的法人财产,享有法人财产权。公司以其全部财产对公司的债务承担责任。

有限责任公司的股东以其认缴的出资额为限对公司承担责任;股份有限公司的股东以其认购的股份为限对公司承担责任。

**第四条** 公司股东依法享有资产收益、参与重大决策和选择管理者等权利。

**第六十四条** 国有独资公司的设立和组织机构,适用本节规定;本节没有规定的，适用本章第一节、第二节的规定。

本法所称国有独资公司，是指国家单独出资、由国务院或者地方人民政府授权本级人民政府国有资产监督管理机构履行出资人职责的有限责任公司。

**第六十五条**　国有独资公司章程由国有资产监督管理机构制定，或者由董事会制订报国有资产监督管理机构批准。

**第六十六条**　国有独资公司不设股东会，由国有资产监督管理机构行使股东会职权。国有资产监督管理机构可以授权公司董事会行使股东会的部分职权，决定公司的重大事项，但公司的合并、分立、解散、增加或者减少注册资本和发行公司债券，必须由国有资产监督管理机构决定；其中，重要的国有独资公司合并、分立、解散、申请破产的，应当由国有资产监督管理机构审核后，报本级人民政府批准。

前款所称重要的国有独资公司，按照国务院的规定确定。

**第六十七条**　国有独资公司设董事会，依照本法第四十六条、第六十六条的规定行使职权。董事每届任期不得超过三年。董事会成员中应当有公司职工代表。

董事会成员由国有资产监督管理机构委派；但是，董事会成员中的职工代表由公司职工代表大会选举产生。

董事会设董事长一人，可以设副董事长。董事长、副董事长由国有资产监督管理机构从董事会成员中指定。

**第六十八条**　国有独资公司设经理，由董事会聘任或者解聘。经理依照本法第四十九条规定行使职权。

经国有资产监督管理机构同意，董事会成员可以兼任经理。

**第六十九条**　国有独资公司的董事长、副董事长、董事、高级管理人员，未经国有资产监督管理机构同意，不得在其他有限责任公司、股份有限公司或者其他经济组织兼职。

**第七十条**　国有独资公司监事会成员不得少于五人，其中职工代表的比例不得低于三分之一，具体比例由公司章程规定。

监事会成员由国有资产监督管理机构委派；但是，监事会成员中的职工代表由公司职工代表大会选举产生。监事会主席由国有资产监督管理机构从监事会成员中指定。

监事会行使本法第五十三条第（一）项至第（三）项规定的职权和国务院规定的其他职权。

**2.《中华人民共和国企业国有资产法》(2009年5月1日起施行)**

**第二条** 本法所称企业国有资产(以下称国有资产),是指国家对企业各种形式的出资所形成的权益。

**第三条** 国有资产属于国家所有即全民所有。国务院代表国家行使国有资产所有权。

**第四条** 国务院和地方人民政府依照法律、行政法规的规定,分别代表国家对国家出资企业履行出资人职责,享有出资人权益。

国务院确定的关系国民经济命脉和国家安全的大型国家出资企业,重要基础设施和重要自然资源等领域的国家出资企业,由国务院代表国家履行出资人职责。其他的国家出资企业,由地方人民政府代表国家履行出资人职责。

**第五条** 本法所称国家出资企业,是指国家出资的国有独资企业、国有独资公司,以及国有资本控股公司、国有资本参股公司。

**第六条** 国务院和地方人民政府应当按照政企分开、社会公共管理职能与国有资产出资人职能分开、不干预企业依法自主经营的原则,依法履行出资人职责。

**第十一条** 国务院国有资产监督管理机构和地方人民政府按照国务院的规定设立的国有资产监督管理机构,根据本级人民政府的授权,代表本级人民政府对国家出资企业履行出资人职责。

国务院和地方人民政府根据需要,可以授权其他部门、机构代表本级人民政府对国家出资企业履行出资人职责。

代表本级人民政府履行出资人职责的机构、部门,以下统称履行出资人职责的机构。

**第十二条** 履行出资人职责的机构代表本级人民政府对国家出资企业依法享有资产收益、参与重大决策和选择管理者等出资人权利。

履行出资人职责的机构依照法律、行政法规的规定,制定或者参与制定国家出资企业的章程。

履行出资人职责的机构对法律、行政法规和本级人民政府规定须经本级人民政府批准的履行出资人职责的重大事项,应当报请本级人民政府批准。

**第十三条** 履行出资人职责的机构委派的股东代表参加国有资本控股公司、国有资本参股公司召开的股东会会议、股东大会会议,应当按照委派机构的指示提出提案、发表意见、行使表决权,并将其履行职责的情况和结果及时报告委派机构。

**第十四条**　履行出资人职责的机构应当依照法律、行政法规以及企业章程履行出资人职责，保障出资人权益，防止国有资产损失。

履行出资人职责的机构应当维护企业作为市场主体依法享有的权利，除依法履行出资人职责外，不得干预企业经营活动。

**第十五条**　履行出资人职责的机构对本级人民政府负责，向本级人民政府报告履行出资人职责的情况，接受本级人民政府的监督和考核，对国有资产的保值增值负责。

履行出资人职责的机构应当按照国家有关规定，定期向本级人民政府报告有关国有资产总量、结构、变动、收益等汇总分析的情况。

**第二十二条**　履行出资人职责的机构依照法律、行政法规以及企业章程的规定，任免或者建议任免国家出资企业的下列人员：

（一）任免国有独资企业的经理、副经理、财务负责人和其他高级管理人员；

（二）任免国有独资公司的董事长、副董事长、董事、监事会主席和监事；

（三）向国有资本控股公司、国有资本参股公司的股东会、股东大会提出董事、监事人选。

国家出资企业中应当由职工代表出任的董事、监事，依照有关法律、行政法规的规定由职工民主选举产生。

**第二十四条**　履行出资人职责的机构对拟任命或者建议任命的董事、监事、高级管理人员的人选，应当按照规定的条件和程序进行考察。考察合格的，按照规定的权限和程序任命或者建议任命。

**第二十五条**　未经履行出资人职责的机构同意，国有独资企业、国有独资公司的董事、高级管理人员不得在其他企业兼职。未经股东会、股东大会同意，国有资本控股公司、国有资本参股公司的董事、高级管理人员不得在经营同类业务的其他企业兼职。

未经履行出资人职责的机构同意，国有独资公司的董事长不得兼任经理。未经股东会、股东大会同意，国有资本控股公司的董事长不得兼任经理。

董事、高级管理人员不得兼任监事。

**第二十六条**　国家出资企业的董事、监事、高级管理人员，应当遵守法律、行政法规以及企业章程，对企业负有忠实义务和勤勉义务，不得利用职权收受贿赂或者取得其他非法收入和不当利益，不得侵占、挪用企业资产，不得超越职权或者违反程序决定企业重大事项，不得有其他侵害国有资产出资人权益的行为。

**第二十七条** 国家建立国家出资企业管理者经营业绩考核制度。履行出资人职责的机构应当对其任命的企业管理者进行年度和任期考核，并依据考核结果决定对企业管理者的奖惩。

履行出资人职责的机构应当按照国家有关规定，确定其任命的国家出资企业管理者的薪酬标准。

**第三十条** 国家出资企业合并、分立、改制、上市，增加或者减少注册资本，发行债券，进行重大投资，为他人提供大额担保，转让重大财产，进行大额捐赠，分配利润，以及解散、申请破产等重大事项，应当遵守法律、行政法规以及企业章程的规定，不得损害出资人和债权人的权益。

**第三十一条** 国有独资企业、国有独资公司合并、分立，增加或者减少注册资本，发行债券，分配利润，以及解散、申请破产，由履行出资人职责的机构决定。

**第三十二条** 国有独资企业、国有独资公司有本法第三十条所列事项的，除依照本法第三十一条和有关法律、行政法规以及企业章程的规定，由履行出资人职责的机构决定的以外，国有独资企业由企业负责人集体讨论决定，国有独资公司由董事会决定。

**第三十三条** 国有资本控股公司、国有资本参股公司有本法第三十条所列事项的，依照法律、行政法规以及公司章程的规定，由公司股东会、股东大会或者董事会决定。由股东会、股东大会决定的，履行出资人职责的机构委派的股东代表应当依照本法第十三条的规定行使权利。

**第三十四条** 重要的国有独资企业、国有独资公司、国有资本控股公司的合并、分立、解散、申请破产以及法律、行政法规和本级人民政府规定应当由履行出资人职责的机构报经本级人民政府批准的重大事项，履行出资人职责的机构在作出决定或者向其委派参加国有资本控股公司股东会会议、股东大会会议的股东代表作出指示前，应当报请本级人民政府批准。

本法所称的重要的国有独资企业、国有独资公司和国有资本控股公司，按照国务院的规定确定。

**第三十八条** 国有独资企业、国有独资公司、国有资本控股公司对其所出资企业的重大事项参照本章规定履行出资人职责。具体办法由国务院规定。

## 二、相关行政法规

**《企业国有资产监督管理暂行条例》(2019年3月2日修订)**

**第三条** 本条例所称企业国有资产,是指国家对企业各种形式的投资和投资所形成的权益,以及依法认定为国家所有的其他权益。

**第四条** 企业国有资产属于国家所有。国家实行由国务院和地方人民政府分别代表国家履行出资人职责,享有所有者权益,权利、义务和责任相统一,管资产和管人、管事相结合的国有资产管理体制。

**第五条** 国务院代表国家对关系国民经济命脉和国家安全的大型国有及国有控股、国有参股企业,重要基础设施和重要自然资源等领域的国有及国有控股、国有参股企业,履行出资人职责。国务院履行出资人职责的企业,由国务院确定、公布。

省、自治区、直辖市人民政府和设区的市、自治州级人民政府分别代表国家对由国务院履行出资人职责以外的国有及国有控股、国有参股企业,履行出资人职责。其中,省、自治区、直辖市人民政府履行出资人职责的国有及国有控股、国有参股企业,由省、自治区、直辖市人民政府确定、公布,并报国务院国有资产监督管理机构备案;其他由设区的市、自治州级人民政府履行出资人职责的国有及国有控股、国有参股企业,由设区的市、自治州级人民政府确定、公布,并报省、自治区、直辖市人民政府国有资产监督管理机构备案。

国务院,省、自治区、直辖市人民政府,设区的市、自治州级人民政府履行出资人职责的企业,以下统称所出资企业。

**第六条** 国务院,省、自治区、直辖市人民政府,设区的市、自治州级人民政府,分别设立国有资产监督管理机构。国有资产监督管理机构根据授权,依法履行出资人职责,依法对企业国有资产进行监督管理。

企业国有资产较少的设区的市、自治州,经省、自治区、直辖市人民政府批准,可以不单独设立国有资产监督管理机构。

**第七条** 各级人民政府应当严格执行国有资产管理法律、法规,坚持政府的社会公共管理职能与国有资产出资人职能分开,坚持政企分开,实行所有权与经营权分离。

国有资产监督管理机构不行使政府的社会公共管理职能，政府其他机构、部门不履行企业国有资产出资人职责。

**第八条** 国有资产监督管理机构应当依照本条例和其他有关法律、行政法规的规定，建立健全内部监督制度，严格执行法律、行政法规。

**第九条** 发生战争、严重自然灾害或者其他重大、紧急情况时，国家可以依法统一调用、处置企业国有资产。

**第十条** 所出资企业及其投资设立的企业，享有有关法律、行政法规规定的企业经营自主权。

国有资产监督管理机构应当支持企业依法自主经营，除履行出资人职责以外，不得干预企业的生产经营活动。

**第十一条** 所出资企业应当努力提高经济效益，对其经营管理的企业国有资产承担保值增值责任。

所出资企业应当接受国有资产监督管理机构依法实施的监督管理，不得损害企业国有资产所有者和其他出资人的合法权益。

**第十二条** 国务院国有资产监督管理机构是代表国务院履行出资人职责、负责监督管理企业国有资产的直属特设机构。

省、自治区、直辖市人民政府国有资产监督管理机构，设区的市、自治州级人民政府国有资产监督管理机构是代表本级政府履行出资人职责、负责监督管理企业国有资产的直属特设机构。

上级政府国有资产监督管理机构依法对下级政府的国有资产监督管理工作进行指导和监督。

**第十三条** 国有资产监督管理机构的主要职责是：

（一）依照《中华人民共和国公司法》等法律、法规，对所出资企业履行出资人职责，维护所有者权益；

（二）指导推进国有及国有控股企业的改革和重组；

（三）依照规定向所出资企业委派监事；

（四）依照法定程序对所出资企业的企业负责人进行任免、考核，并根据考核结果对其进行奖惩；

（五）通过统计、稽核等方式对企业国有资产的保值增值情况进行监管；

（六）履行出资人的其他职责和承办本级政府交办的其他事项。

国务院国有资产监督管理机构除前款规定职责外，可以制定企业国有资产监督管理的规章、制度。

**第十四条**　国有资产监督管理机构的主要义务是：

（一）推进国有资产合理流动和优化配置，推动国有经济布局和结构的调整；

（二）保持和提高关系国民经济命脉和国家安全领域国有经济的控制力和竞争力，提高国有经济的整体素质；

（三）探索有效的企业国有资产经营体制和方式，加强企业国有资产监督管理工作，促进企业国有资产保值增值，防止企业国有资产流失；

（四）指导和促进国有及国有控股企业建立现代企业制度，完善法人治理结构，推进管理现代化；

（五）尊重、维护国有及国有控股企业经营自主权，依法维护企业合法权益，促进企业依法经营管理，增强企业竞争力；

（六）指导和协调解决国有及国有控股企业改革与发展中的困难和问题。

**第十五条**　国有资产监督管理机构应当向本级政府报告企业国有资产监督管理工作、国有资产保值增值状况和其他重大事项。

**第二百五十八条　【国有财产的保护】**国家所有的财产受法律保护，禁止任何组织或者个人侵占、哄抢、私分、截留、破坏。

**相关法律条文**

**《中华人民共和国宪法》（2018年3月11日修正）**

**第十二条**　社会主义的公共财产神圣不可侵犯。

国家保护社会主义的公共财产。禁止任何组织或者个人用任何手段侵占或者破坏国家的和集体的财产。

**第二百五十九条　【国有财产的监管管理】**履行国有财产管理、监督职责的机构及其工作人员，应当依法加强对国有财产的管理、监督，促进国有财产保值增值，防止国有财产损失；滥用职权，玩忽职守，造成国有财产损失的，应当依法承担法律责任。

违反国有财产管理规定，在企业改制、合并分立、关联交易等过程中，低价转让、合谋私分、擅自担保或者以其他方式造成国有财产损失的,应当依法承担法律责任。

**第二百六十条 【集体所有的物的范围】**集体所有的不动产和动产包括:

(一)法律规定属于集体所有的土地和森林、山岭、草原、荒地、滩涂;

(二)集体所有的建筑物、生产设施、农田水利设施;

(三)集体所有的教育、科学、文化、卫生、体育等设施;

(四)集体所有的其他不动产和动产。

**相关法律条文**

**1.《中华人民共和国宪法》(2018 年 3 月 11 日修正)**

**第九条** 矿藏、水流、森林、山岭、草原、荒地、滩涂等自然资源,都属于国家所有,即全民所有;由法律规定属于集体所有的森林和山岭、草原、荒地、滩涂除外。

国家保障自然资源的合理利用,保护珍贵的动物和植物。禁止任何组织或者个人用任何手段侵占或者破坏自然资源。

**第十条** 城市的土地属于国家所有。

农村和城市郊区的土地,除由法律规定属于国家所有的以外,属于集体所有;宅基地和自留地、自留山,也属于集体所有。

国家为了公共利益的需要,可以依照法律规定对土地实行征收或者征用并给予补偿。

任何组织或者个人不得侵占、买卖或者以其他形式非法转让土地。土地的使用权可以依照法律的规定转让。

一切使用土地的组织和个人必须合理地利用土地。

**2.《中华人民共和国土地管理法》(2019 年 8 月 26 日修正)**

**第九条** 城市市区的土地属于国家所有。

农村和城市郊区的土地,除由法律规定属于国家所有的以外,属于农民集体所有;宅基地和自留地、自留山,属于农民集体所有。

**第二百六十一条 【农民集体所有的物的归属及重大事项的决定】**农民集体所有的不动产和动产,属于本集体成员集体所有。

下列事项应当依照法定程序经本集体成员决定:

（一）土地承包方案以及将土地发包给本集体以外的组织或者个人承包；

（二）个别土地承包经营权人之间承包地的调整；

（三）土地补偿费等费用的使用、分配办法；

（四）集体出资的企业的所有权变动等事项；

（五）法律规定的其他事项。

**相关法律条文**

**1.《中华人民共和国农村土地承包法》（2018年12月29日修正）**

**第十九条**　土地承包应当遵循以下原则：

（一）按照规定统一组织承包时，本集体经济组织成员依法平等地行使承包土地的权利，也可以自愿放弃承包土地的权利；

（二）民主协商，公平合理；

（三）承包方案应当按照本法第十三条的规定，依法经本集体经济组织成员的村民会议三分之二以上成员或者三分之二以上村民代表的同意；

（四）承包程序合法。

**第二十条**　土地承包应当按照以下程序进行：

（一）本集体经济组织成员的村民会议选举产生承包工作小组；

（二）承包工作小组依照法律、法规的规定拟订并公布承包方案；

（三）依法召开本集体经济组织成员的村民会议，讨论通过承包方案；

（四）公开组织实施承包方案；

（五）签订承包合同。

**第二十八条**　承包期内，发包方不得调整承包地。

承包期内，因自然灾害严重毁损承包地等特殊情形对个别农户之间承包的耕地和草地需要适当调整的，必须经本集体经济组织成员的村民会议三分之二以上成员或者三分之二以上村民代表的同意，并报乡（镇）人民政府和县级人民政府农业农村、林业和草原等主管部门批准。承包合同中约定不得调整的，按照其约定。

**第五十二条**　发包方将农村土地发包给本集体经济组织以外的单位或者个人承包，应当事先经本集体经济组织成员的村民会议三分之二以上成员或者三分之二以上村民代表的同意，并报乡（镇）人民政府批准。

由本集体经济组织以外的单位或者个人承包的，应当对承包方的资信情况和经营能力进行审查后，再签订承包合同。

**2.《中华人民共和国村民委员会组织法》（2018年12月29日修正）**

**第二十四条** 涉及村民利益的下列事项，经村民会议讨论决定方可办理：

（一）本村享受误工补贴的人员及补贴标准；

（二）从村集体经济所得收益的使用；

（三）本村公益事业的兴办和筹资筹劳方案及建设承包方案；

（四）土地承包经营方案；

（五）村集体经济项目的立项、承包方案；

（六）宅基地的使用方案；

（七）征地补偿费的使用、分配方案；

（八）以借贷、租赁或者其他方式处分村集体财产；

（九）村民会议认为应当由村民会议讨论决定的涉及村民利益的其他事项。

村民会议可以授权村民代表会议讨论决定前款规定的事项。

法律对讨论决定村集体经济组织财产和成员权益的事项另有规定的，依照其规定。

**第二百六十二条　【不动产的集体所有权的行使】** 对于集体所有的土地和森林、山岭、草原、荒地、滩涂等，依照下列规定行使所有权：

（一）属于村农民集体所有的，由村集体经济组织或者村民委员会依法代表集体行使所有权；

（二）分别属于村内两个以上农民集体所有的，由村内各该集体经济组织或者村民小组依法代表集体行使所有权；

（三）属于乡镇农民集体所有的，由乡镇集体经济组织代表集体行使所有权。

## 一、相关法律条文

**1.《中华人民共和国土地管理法》(2019年8月26日修正)**

**第十条**　国有土地和农民集体所有的土地,可以依法确定给单位或者个人使用。使用土地的单位和个人,有保护、管理和合理利用土地的义务。

**第十一条**　农民集体所有的土地依法属于村农民集体所有的,由村集体经济组织或者村民委员会经营、管理;已经分别属于村内两个以上农村集体经济组织的农民集体所有的,由村内各该农村集体经济组织或者村民小组经营、管理;已经属于乡(镇)农民集体所有的,由乡(镇)农村集体经济组织经营、管理。

**2.《中华人民共和国村民委员会组织法》(2018年12月29日修正)**

**第二十一条**　村民会议由本村十八周岁以上的村民组成。

村民会议由村民委员会召集。有十分之一以上的村民或者三分之一以上的村民代表提议,应当召集村民会议。召集村民会议,应当提前十天通知村民。

**第二十二条**　召开村民会议,应当有本村十八周岁以上村民的过半数,或者本村三分之二以上的户的代表参加,村民会议所作决定应当经到会人员的过半数通过。法律对召开村民会议及作出决定另有规定的,依照其规定。

召开村民会议,根据需要可以邀请驻本村的企业、事业单位和群众组织派代表列席。

**第二十三条**　村民会议审议村民委员会的年度工作报告,评议村民委员会成员的工作;有权撤销或者变更村民委员会不适当的决定;有权撤销或者变更村民代表会议不适当的决定。

村民会议可以授权村民代表会议审议村民委员会的年度工作报告,评议村民委员会成员的工作,撤销或者变更村民委员会不适当的决定。

**第二十四条**　涉及村民利益的下列事项,经村民会议讨论决定方可办理:

(一)本村享受误工补贴的人员及补贴标准;

(二)从村集体经济所得收益的使用;

(三)本村公益事业的兴办和筹资筹劳方案及建设承包方案;

(四)土地承包经营方案;

(五)村集体经济项目的立项、承包方案;

(六)宅基地的使用方案;

(七)征地补偿费的使用、分配方案;

(八)以借贷、租赁或者其他方式处分村集体财产;

(九)村民会议认为应当由村民会议讨论决定的涉及村民利益的其他事项。

村民会议可以授权村民代表会议讨论决定前款规定的事项。

法律对讨论决定村集体经济组织财产和成员权益的事项另有规定的,依照其规定。

**第二十五条** 人数较多或者居住分散的村,可以设立村民代表会议,讨论决定村民会议授权的事项。村民代表会议由村民委员会成员和村民代表组成,村民代表应当占村民代表会议组成人员的五分之四以上,妇女村民代表应当占村民代表会议组成人员的三分之一以上。

村民代表由村民按每五户至十五户推选一人,或者由各村民小组推选若干人。村民代表的任期与村民委员会的任期相同。村民代表可以连选连任。

村民代表应当向其推选户或者村民小组负责,接受村民监督。

**第二十六条** 村民代表会议由村民委员会召集。村民代表会议每季度召开一次。有五分之一以上的村民代表提议,应当召集村民代表会议。

村民代表会议有三分之二以上的组成人员参加方可召开,所作决定应当经到会人员的过半数同意。

**第二十七条** 村民会议可以制定和修改村民自治章程、村规民约,并报乡、民族乡、镇的人民政府备案。

村民自治章程、村规民约以及村民会议或者村民代表会议的决定不得与宪法、法律、法规和国家的政策相抵触,不得有侵犯村民的人身权利、民主权利和合法财产权利的内容。

村民自治章程、村规民约以及村民会议或者村民代表会议的决定违反前款规定的,由乡、民族乡、镇的人民政府责令改正。

**第二十八条** 召开村民小组会议,应当有本村民小组十八周岁以上的村民三分之二以上,或者本村民小组三分之二以上的户的代表参加,所作决定应当经到会人员的过半数同意。

村民小组组长由村民小组会议推选。村民小组组长任期与村民委员会的任期相同，可以连选连任。

属于村民小组的集体所有的土地、企业和其他财产的经营管理以及公益事项的办理，由村民小组会议依照有关法律的规定讨论决定，所作决定及实施情况应当及时向本村民小组的村民公布。

**3.《中华人民共和国民法典》(2021年1月1日起施行)**

**第九十六条**　本节规定的机关法人、农村集体经济组织法人、城镇农村的合作经济组织法人、基层群众性自治组织法人，为特别法人。

**第九十九条**　农村集体经济组织依法取得法人资格。

法律、行政法规对农村集体经济组织有规定的，依照其规定。

**第一百条**　城镇农村的合作经济组织依法取得法人资格。

法律、行政法规对城镇农村的合作经济组织有规定的，依照其规定。

**第一百零一条**　居民委员会、村民委员会具有基层群众性自治组织法人资格，可以从事为履行职能所需要的民事活动。

未设立村集体经济组织的，村民委员会可以依法代行村集体经济组织的职能。

## 二、相关司法解释

**《最高人民法院关于审理涉及农村集体土地行政案件若干问题的规定》(法释〔2011〕20号)**

**第三条**　村民委员会或者农村集体经济组织对涉及农村集体土地的行政行为不起诉的，过半数的村民可以以集体经济组织名义提起诉讼。

农村集体经济组织成员全部转为城镇居民后，对涉及农村集体土地的行政行为不服的，过半数的原集体经济组织成员可以提起诉讼。

**第二百六十三条　【城镇集体财产权利】**城镇集体所有的不动产和动产，依照法律、行政法规的规定由本集体享有占有、使用、收益和处分的权利。

## 一、相关法律条文

**1.《中华人民共和国宪法》(2018年3月11日修正)**

**第八条** 农村集体经济组织实行家庭承包经营为基础、统分结合的双层经营体制。农村中的生产、供销、信用、消费等各种形式的合作经济,是社会主义劳动群众集体所有制经济。参加农村集体经济组织的劳动者,有权在法律规定的范围内经营自留地、自留山、家庭副业和饲养自留畜。

城镇中的手工业、工业、建筑业、运输业、商业、服务业等行业的各种形式的合作经济,都是社会主义劳动群众集体所有制经济。

国家保护城乡集体经济组织的合法的权利和利益,鼓励、指导和帮助集体经济的发展。

**2.《中华人民共和国民法典》(2021年1月1日起施行)**

**第九十六条** 本节规定的机关法人、农村集体经济组织法人、城镇农村的合作经济组织法人、基层群众性自治组织法人,为特别法人。

**第一百条** 城镇农村的合作经济组织依法取得法人资格。

法律、行政法规对城镇农村的合作经济组织有规定的,依照其规定。

**第一百零一条** 居民委员会、村民委员会具有基层群众性自治组织法人资格,可以从事为履行职能所需要的民事活动。

未设立村集体经济组织的,村民委员会可以依法代行村集体经济组织的职能。

## 二、相关行政法规

**《中华人民共和国城镇集体所有制企业条例》(2016年2月6日修订)**

**第四条** 城镇集体所有制企业(以下简称集体企业)是财产属于劳动群众集体所有、实行共同劳动、在分配方式上以按劳分配为主体的社会主义经济组织。

前款所称劳动群众集体所有,应当符合下列中任一项的规定:

(一)本集体企业的劳动群众集体所有;

(二)集体企业的联合经济组织范围内的劳动群众集体所有;

(三)投资主体为两个或者两个以上的集体企业,其中前(一)、(二)项劳动群众集体所有的财产应当占主导地位。本项所称主导地位，是指劳动群众集体所有的财产占企业全部财产的比例，一般情况下应不低于51%，特殊情况经过原审批部门批准，可以适当降低。

**第六条** 集体企业依法取得法人资格，以其全部财产独立承担民事责任。

集体企业的财产及其合法权益受国家法律保护，不受侵犯。

**第二十一条** 集体企业在国家法律、法规的规定范围内享有下列权利：

（一）对其全部财产享有占有、使用、收益和处分的权利，拒绝任何形式的平调；

（二）自主安排生产、经营、服务活动；

（三）除国家规定由物价部门和有关主管部门控制价格的以外，企业有权自行确定产品价格、劳务价格；

（四）企业有权依照国家规定与外商谈判并签订合同，提取和使用分成的外汇收入；

（五）依照国家信贷政策的规定向有关专业银行申请贷款；

（六）依照国家规定确定适合本企业情况的经济责任制形式、工资形式和奖金、分红办法；

（七）享受国家政策规定的各种优惠待遇；

（八）吸收职工和其他企业、事业单位、个人集资入股，与其他企业、事业单位联营，向其他企业、事业单位投资，持有其他企业的股份；

（九）按照国家规定决定本企业的机构设置、人员编制、劳动组织形式和用工办法，录用和辞退职工；

（十）奖惩职工。

## 三、相关部门规章

**《国家经贸委、财政部、国家税务总局关于印发〈城镇集体所有制企业、单位清产核资产权界定暂行办法〉的通知》（国经贸企〔1996〕895号）**

**第二条** 集体企业清产核资工作中的产权界定是指对集体企业的财产依法确认其所有权归属的法律行为。

**第三条** 所有在国家各级工商行政管理机关登记注册为集体所有制性质的各类城镇集体企业、单位，包括各类联合经济组织、劳动就业服务企业、有关事业单位，由集体企业改制为各类联营、国内合资、股份制的企业，以及以各种形式占用、代管集体资产的部门或企业、单位，在清产核资中须按照本暂行办法界定产权。

**第六条** 国家对集体企业的投资及其收益形成的所有者权益，其产权归国家所有。

**第七条** 集体企业联合经济组织、社区经济组织对集体企业的投资及其收益形成的所有者权益，其产权归该联合经济组织、社区经济组织范围内的劳动者集体所有。

**第八条** 各类企业、单位或法人、自然人对集体企业的投资及其收益形成的所有者权益，其产权归投资的企业、单位或法人、自然人所有。

**第九条** 职工个人在集体企业中的股金及其收益形成的所有者权益，其产权归职工个人所有；难以明确投资主体的，其产权暂归集体企业劳动者集体所有。

**第十条** 集体企业在开办时筹集的各类资金或从收益中提取的各种资金，除国家另有规定的外，凡事先与当事方（含法人、自然人）有约定的，按其约定确定产权归属；没有约定的，其产权原则上归集体企业劳动者集体所有；属于国有企业办集体企业的，本着扶持集体经济发展和维护各类投资者权益的原则，由双方按国家清产核资等有关规定协商解决。

**第十一条** 集体企业联合经济组织、社区经济组织按照国家有关规定收缴的用于集体企业的资金（如合作事业基金、统筹事业基金），其产权归该联合经济组织、社区经济组织范围内的劳动者集体所有。

**第十二条** 集体企业用公益金购建的集体福利设施，其产权归集体企业劳动者集体所有。

**第十三条** 集体企业接受资助和捐赠等形成的所有者权益，其产权原则上按资助、捐赠时的约定来确定归属；没有约定，其产权归集体企业劳动者集体所有。

**第十四条** 集体企业按照国家法律、法规等有关政策规定享受的优惠，包括以税还贷、税前还贷和各种减免税金所形成的所有者权益，1993年6月30日前形成的，其产权归劳动者集体所有；1993年7月1日后形成的，国家对其规定了专门用途的，从其规定；没有规定的，按集体企业各投资者所拥有财产（含劳动积累）的比例确定产权归属。

**第十五条** 政府和国有企业、事业单位为扶持集体经济发展或安置待业青年、国有企业富余人员及其他城镇人员就业而转让、拨给或投入集体企业的资产，凡明确是无偿转让或有偿转让但收取的转让费用（含实物）已达到其资产原有价值的，该资产及其收益形成的所有者权益，其产权归集体企业劳动者集体所有。

第十六条　集体企业以借贷（含担保贷款）租赁取得的资金、实物作为开办集体企业的投入，该投入及其收益形成的所有者权益，除债权方已承担连带责任且与债务方已签订协议按其协议执行外，其产权归集体企业劳动者集体所有。

**第二百六十四条　【集体财产状况的公开义务与成员的查阅复制权】**农村集体经济组织或者村民委员会、村民小组应当依照法律、行政法规以及章程、村规民约向本集体成员公布集体财产的状况。集体成员有权查阅、复制相关资料。

**一、相关法律条文**

**1.《中华人民共和国村民委员会组织法》（2018年12月29日修正）**

**第二十三条**　村民会议审议村民委员会的年度工作报告，评议村民委员会成员的工作；有权撤销或者变更村民委员会不适当的决定；有权撤销或者变更村民代表会议不适当的决定。

村民会议可以授权村民代表会议审议村民委员会的年度工作报告，评议村民委员会成员的工作，撤销或者变更村民委员会不适当的决定。

**第三十条**　村民委员会实行村务公开制度。

村民委员会应当及时公布下列事项，接受村民的监督：

（一）本法第二十三条、第二十四条规定的由村民会议、村民代表会议讨论决定的事项及其实施情况；

（二）国家计划生育政策的落实方案；

（三）政府拨付和接受社会捐赠的救灾救助、补贴补助等资金、物资的管理使用情况；

（四）村民委员会协助人民政府开展工作的情况；

（五）涉及本村村民利益，村民普遍关心的其他事项。

前款规定事项中，一般事项至少每季度公布一次；集体财务往来较多的，财务收支情况应当每月公布一次；涉及村民利益的重大事项应当随时公布。

村民委员会应当保证所公布事项的真实性，并接受村民的查询。

**第三十一条**　村民委员会不及时公布应当公布的事项或者公布的

事项不真实的，村民有权向乡、民族乡、镇的人民政府或者县级人民政府及其有关主管部门反映，有关人民政府或者主管部门应当负责调查核实，责令依法公布；经查证确有违法行为的，有关人员应当依法承担责任。

**2.《中华人民共和国土地管理法》(2019年8月26日修正)**

**第四十九条** 被征地的农村集体经济组织应当将征收土地的补偿费用的收支状况向本集体经济组织的成员公布，接受监督。

禁止侵占、挪用被征收土地单位的征地补偿费用和其他有关费用。

## 二、相关文件规定

**《中共中央办公厅、国务院办公厅关于健全和完善村务公开和民主管理制度的意见》(中办发〔2004〕17号)**

**二、进一步健全村务公开制度，保障农民群众的知情权**

(一)完善村务公开的内容。国家有关法律法规和政策明确要求公开的事项，如计划生育政策落实、救灾救济款物发放、宅基地使用、村集体经济所得收益使用、村干部报酬等，应继续坚持公开。要继续把财务公开作为村务公开的重点，所有收支必须逐项逐笔公布明细账目，让群众了解、监督村集体资产和财务收支情况。同时，要根据农村改革发展的新形势、新情况，及时丰富和拓展村务公开内容。当前，要将土地征用补偿及分配、农村机动地和“四荒地”发包、村集体债权债务、税费改革和农业税减免政策、村内“一事一议”筹资筹劳、新型农村合作医疗、种粮直接补贴、退耕还林还草款物兑现，以及国家其他补贴农民、资助村集体的政策落实情况，及时纳入村务公开的内容。农民群众要求公开的其他事项，也应公开。

(二)规范村务公开的形式、时间和基本程序。各地农村应坚持实际、实用、实效的原则，在便于群众观看的地方设立固定的村务公开栏，同时还可以通过广播、电视、网络、“明白纸”、民主听证会等其他有效形式公开。一般的村务事项至少每季度公开一次，涉及农民利益的重大问题以及群众关心的事项要及时公开。集体财务往来较多的村，财务收支情况应每月公布一次。要推进村务事项从办理结果的公开，向事前、事中、事后全过程公开延伸。要充分利用现代科学技术，不断创新村务公开的有效形式和手段。村务公开的基本程序是：村民委员会根据本村的实际情况，依照法规和政策的有关要求提出公开的具体方案；

村务公开监督小组对方案进行审查、补充、完善后，提交村党组织和村民委员会联席会议讨论确定；村民委员会通过村务公开栏等形式及时公布。

（三）设立村务公开监督小组。村务公开监督小组成员经村民会议或村民代表会议在村民代表中推选产生，负责监督村务公开制度的落实。村干部及其配偶、直系亲属不得担任村务公开监督小组成员。村务公开监督小组及其成员应当热爱集体，公道正派，有一定的议事能力，其中应有具备财会知识的成员。村务公开监督小组要依法履行职责，认真审查村务公开各项内容是否全面、真实，公开时间是否及时，公开形式是否科学，公开程序是否规范，并及时向村民会议或村民代表会议报告监督情况。对不履行职责的成员，村民会议或村民代表会议有权罢免其资格。

（四）听取和处理群众意见。群众对公布的内容有疑问的，可以口头或书面形式向村务公开监督小组投诉，村务公开监督小组对群众反映的问题应当及时进行调查，确有内容遗漏或者不真实的，应督促村民委员会重新公布；也可以直接向村党组织、村民委员会询问，村民委员会应在10日内予以解释和答复。村民委员会要对村务公开资料进行整理归档并妥善保管。

**第二百六十五条　【集体财产受保护】**集体所有的财产受法律保护，禁止任何组织或者个人侵占、哄抢、私分、破坏。

农村集体经济组织、村民委员会或者其负责人作出的决定侵害集体成员合法权益的，受侵害的集体成员可以请求人民法院予以撤销。

**相关法律条文**

**1.《中华人民共和国宪法》（2018年3月11日修正）**

**第十二条**　社会主义的公共财产神圣不可侵犯。

国家保护社会主义的公共财产。禁止任何组织或者个人用任何手段侵占或者破坏国家的和集体的财产。

**2.《中华人民共和国民法典》（2021年1月1日起施行）**

**第一百五十二条**　有下列情形之一的，撤销权消灭：

（一）当事人自知道或者应当知道撤销事由之日起一年内、重大误解的当事人自知道或者应当知道撤销事由之日起九十日内没有行使撤销权；

（二）当事人受胁迫，自胁迫行为终止之日起一年内没有行使撤销权；

（三）当事人知道撤销事由后明确表示或者以自己的行为表明放弃撤销权。

当事人自民事法律行为发生之日起五年内没有行使撤销权的，撤销权消灭。

**第二百六十六条 【私人所有权的客体范围】**私人对其合法的收入、房屋、生活用品、生产工具、原材料等不动产和动产享有所有权。

**第二百六十七条 【私人合法财产受保护】**私人的合法财产受法律保护，禁止任何组织或者个人侵占、哄抢、破坏。

**相关法律条文**

**《中华人民共和国宪法》（2018年3月11日修正）**

**第十三条** 公民的合法的私有财产不受侵犯。

国家依照法律规定保护公民的私有财产权和继承权。

国家为了公共利益的需要，可以依照法律规定对公民的私有财产实行征收或者征用并给予补偿。

**第二百六十八条 【出资的权利与出资人的权利】**国家、集体和私人依法可以出资设立有限责任公司、股份有限公司或者其他企业。国家、集体和私人所有的不动产或者动产投到企业的，由出资人按照约定或者出资比例享有资产收益、重大决策以及选择经营管理者等权利并履行义务。

**相关法律条文**

**1.《中华人民共和国民法典》（2021年1月1日起施行）**

**第一百二十五条** 民事主体依法享有股权和其他投资性权利。

**2.《中华人民共和国公司法》（2018年10月26日修正）**

**第四条** 公司股东依法享有资产收益、参与重大决策和选择管理者等权利。

> **第二十七条** 股东可以用货币出资,也可以用实物、知识产权、土地使用权等可以用货币估价并可以依法转让的非货币财产作价出资;但是,法律、行政法规规定不得作为出资的财产除外。
>
> 对作为出资的非货币财产应当评估作价,核实财产,不得高估或者低估作价。法律、行政法规对评估作价有规定的,从其规定。

**第二百六十九条 【营利法人的财产权】**营利法人对其不动产和动产依照法律、行政法规以及章程享有占有、使用、收益和处分的权利。

营利法人以外的法人,对其不动产和动产的权利,适用有关法律、行政法规以及章程的规定。

> **相关法律条文**
>
> **《中华人民共和国民法典》(2021 年 1 月 1 日起施行)**
>
> **第七十六条** 以取得利润并分配给股东等出资人为目的成立的法人,为营利法人。
>
> 营利法人包括有限责任公司、股份有限公司和其他企业法人等。

**第二百七十条 【社会团体法人和捐助法人的财产权】**社会团体法人、捐助法人依法所有的不动产和动产,受法律保护。

> **一、相关法律条文**
>
> **1.《中华人民共和国民法典》(2021 年 1 月 1 日起施行)**
>
> **第八十七条** 为公益目的或者其他非营利目的成立,不向出资人、设立人或者会员分配所取得利润的法人,为非营利法人。
>
> 非营利法人包括事业单位、社会团体、基金会、社会服务机构等。
>
> **第九十条** 具备法人条件,基于会员共同意愿,为公益目的或者会员共同利益等非营利目的设立的社会团体,经依法登记成立,取得社会团体法人资格;依法不需要办理法人登记的,从成立之日起,具有社会团体法人资格。
>
> **第九十一条** 设立社会团体法人应当依法制定法人章程。
>
> 社会团体法人应当设会员大会或者会员代表大会等权力机构。

社会团体法人应当设理事会等执行机构。理事长或者会长等负责人按照法人章程的规定担任法定代表人。

**第九十二条** 具备法人条件，为公益目的以捐助财产设立的基金会、社会服务机构等，经依法登记成立，取得捐助法人资格。

依法设立的宗教活动场所，具备法人条件的，可以申请法人登记，取得捐助法人资格。法律、行政法规对宗教活动场所有规定的，依照其规定。

**第九十三条** 设立捐助法人应当依法制定法人章程。

捐助法人应当设理事会、民主管理组织等决策机构，并设执行机构。理事长等负责人按照法人章程的规定担任法定代表人。

捐助法人应当设监事会等监督机构。

**第九十四条** 捐助人有权向捐助法人查询捐助财产的使用、管理情况，并提出意见和建议，捐助法人应当及时、如实答复。

捐助法人的决策机构、执行机构或者法定代表人作出决定的程序违反法律、行政法规、法人章程，或者决定内容违反法人章程的，捐助人等利害关系人或者主管机关可以请求人民法院撤销该决定。但是，捐助法人依据该决定与善意相对人形成的民事法律关系不受影响。

**第九十五条** 为公益目的成立的非营利法人终止时，不得向出资人、设立人或者会员分配剩余财产。剩余财产应当按照法人章程的规定或者权力机构的决议用于公益目的；无法按照法人章程的规定或者权力机构的决议处理的，由主管机关主持转给宗旨相同或者相近的法人，并向社会公告。

**2.《中华人民共和国慈善法》(2016 年 9 月 1 日起施行)**

**第八条** 本法所称慈善组织，是指依法成立、符合本法规定，以面向社会开展慈善活动为宗旨的非营利性组织。

慈善组织可以采取基金会、社会团体、社会服务机构等组织形式。

**第九条** 慈善组织应当符合下列条件：

(一)以开展慈善活动为宗旨；

(二)不以营利为目的；

(三)有自己的名称和住所；

(四)有组织章程；

(五)有必要的财产；

（六）有符合条件的组织机构和负责人；

（七）法律、行政法规规定的其他条件。

**第二十一条**　本法所称慈善募捐，是指慈善组织基于慈善宗旨募集财产的活动。

慈善募捐，包括面向社会公众的公开募捐和面向特定对象的定向募捐。

**第五十一条**　慈善组织的财产包括：

（一）发起人捐赠、资助的创始财产；

（二）募集的财产；

（三）其他合法财产。

**第五十二条**　慈善组织的财产应当根据章程和捐赠协议的规定全部用于慈善目的，不得在发起人、捐赠人以及慈善组织成员中分配。

任何组织和个人不得私分、挪用、截留或者侵占慈善财产。

**第五十三条**　慈善组织对募集的财产，应当登记造册，严格管理，专款专用。

捐赠人捐赠的实物不易储存、运输或者难以直接用于慈善目的的，慈善组织可以依法拍卖或者变卖，所得收入扣除必要费用后，应当全部用于慈善目的。

**第五十四条**　慈善组织为实现财产保值、增值进行投资的，应当遵循合法、安全、有效的原则，投资取得的收益应当全部用于慈善目的。慈善组织的重大投资方案应当经决策机构组成人员三分之二以上同意。政府资助的财产和捐赠协议约定不得投资的财产，不得用于投资。慈善组织的负责人和工作人员不得在慈善组织投资的企业兼职或者领取报酬。

前款规定事项的具体办法，由国务院民政部门制定。

**第五十五条**　慈善组织开展慈善活动，应当依照法律法规和章程的规定，按照募捐方案或者捐赠协议使用捐赠财产。慈善组织确需变更募捐方案规定的捐赠财产用途的，应当报民政部门备案；确需变更捐赠协议约定的捐赠财产用途的，应当征得捐赠人同意。

**第五十六条**　慈善组织应当合理设计慈善项目，优化实施流程，降低运行成本，提高慈善财产使用效益。

慈善组织应当建立项目管理制度，对项目实施情况进行跟踪监督。

**第五十七条**　慈善项目终止后捐赠财产有剩余的，按照募捐方案或者捐赠协议处理；募捐方案未规定或者捐赠协议未约定的，慈善组织应当将剩余财产用于目的相同或者相近的其他慈善项目，并向社会公开。

**第五十八条** 慈善组织确定慈善受益人，应当坚持公开、公平、公正的原则，不得指定慈善组织管理人员的利害关系人作为受益人。

**第五十九条** 慈善组织根据需要可以与受益人签订协议，明确双方权利义务，约定慈善财产的用途、数额和使用方式等内容。

受益人应当珍惜慈善资助，按照协议使用慈善财产。受益人未按照协议使用慈善财产或者有其他严重违反协议情形的，慈善组织有权要求其改正；受益人拒不改正的，慈善组织有权解除协议并要求受益人返还财产。

**第六十条** 慈善组织应当积极开展慈善活动，充分、高效运用慈善财产，并遵循管理费用最必要原则，厉行节约，减少不必要的开支。慈善组织中具有公开募捐资格的基金会开展慈善活动的年度支出，不得低于上一年总收入的百分之七十或者前三年收入平均数额的百分之七十；年度管理费用不得超过当年总支出的百分之十，特殊情况下，年度管理费用难以符合前述规定的，应当报告其登记的民政部门并向社会公开说明情况。

具有公开募捐资格的基金会以外的慈善组织开展慈善活动的年度支出和管理费用的标准，由国务院民政部门会同国务院财政、税务等部门依照前款规定的原则制定。

捐赠协议对单项捐赠财产的慈善活动支出和管理费用有约定的，按照其约定。

**3.《中华人民共和国民办教育促进法》(2018年12月29日修正)**

**第二条** 国家机构以外的社会组织或者个人，利用非国家财政性经费，面向社会举办学校及其他教育机构的活动，适用本法。本法未作规定的，依照教育法和其他有关教育法律执行。

**第三条** 民办教育事业属于公益性事业，是社会主义教育事业的组成部分。

国家对民办教育实行积极鼓励、大力支持、正确引导、依法管理的方针。

各级人民政府应当将民办教育事业纳入国民经济和社会发展规划。

**第三十六条**　民办学校对举办者投入民办学校的资产、国有资产、受赠的财产以及办学积累，享有法人财产权。

**第四十八条**　民办学校依照国家有关法律、法规，可以接受公民、法人或者其他组织的捐赠。

国家对向民办学校捐赠财产的公民、法人或者其他组织按照有关规定给予税收优惠，并予以表彰。

**第五十八条**　民办学校终止时，应当依法进行财务清算。

民办学校自己要求终止的，由民办学校组织清算；被审批机关依法撤销的，由审批机关组织清算；因资不抵债无法继续办学而被终止的，由人民法院组织清算。

**第五十九条**　对民办学校的财产按照下列顺序清偿：

（一）应退受教育者学费、杂费和其他费用；

（二）应发教职工的工资及应缴纳的社会保险费用；

（三）偿还其他债务。

非营利性民办学校清偿上述债务后的剩余财产继续用于其他非营利性学校办学；营利性民办学校清偿上述债务后的剩余财产，依照公司法的有关规定处理。

## 二、相关行政法规

**1.《社会团体登记管理条例》（2016年2月6日修订）**

**第二条**　本条例所称社会团体，是指中国公民自愿组成，为实现会员共同意愿，按照其章程开展活动的非营利性社会组织。

国家机关以外的组织可以作为单位会员加入社会团体。

**第二十六条**　社会团体的资产来源必须合法，任何单位和个人不得侵占、私分或者挪用社会团体的资产。

社会团体的经费，以及开展章程规定的活动按照国家有关规定所取得的合法收入，必须用于章程规定的业务活动，不得在会员中分配。

社会团体接受捐赠、资助，必须符合章程规定的宗旨和业务范围，必须根据与捐赠人、资助人约定的期限、方式和合法用途使用。社会团体应当向业务主管单位报告接受、使用捐赠、资助的有关情况，并应当将有关情况以适当方式向社会公布。

社会团体专职工作人员的工资和保险福利待遇，参照国家对事业单位的有关规定执行。

**2.《基金会管理条例》(2004年6月1日起施行)**

**第二条** 本条例所称基金会,是指利用自然人、法人或者其他组织捐赠的财产,以从事公益事业为目的,按照本条例的规定成立的非营利性法人。

**第三条** 基金会分为面向公众募捐的基金会(以下简称公募基金会)和不得面向公众募捐的基金会(以下简称非公募基金会)。公募基金会按照募捐的地域范围,分为全国性公募基金会和地方性公募基金会。

**第二十五条** 基金会组织募捐、接受捐赠,应当符合章程规定的宗旨和公益活动的业务范围。境外基金会代表机构不得在中国境内组织募捐、接受捐赠。

公募基金会组织募捐,应当向社会公布募得资金后拟开展的公益活动和资金的详细使用计划。

**第二十六条** 基金会及其捐赠人、受益人依照法律、行政法规的规定享受税收优惠。

**第二十七条** 基金会的财产及其他收入受法律保护,任何单位和个人不得私分、侵占、挪用。

基金会应当根据章程规定的宗旨和公益活动的业务范围使用其财产;捐赠协议明确了具体使用方式的捐赠,根据捐赠协议的约定使用。

接受捐赠的物资无法用于符合其宗旨的用途时,基金会可以依法拍卖或者变卖,所得收入用于捐赠目的。

**第二十八条** 基金会应当按照合法、安全、有效的原则实现基金的保值、增值。

**第二十九条** 公募基金会每年用于从事章程规定的公益事业支出,不得低于上一年总收入的70%;非公募基金会每年用于从事章程规定的公益事业支出,不得低于上一年基金余额的8%。

基金会工作人员工资福利和行政办公支出不得超过当年总支出的10%。

**第三十条** 基金会开展公益资助项目,应当向社会公布所开展的公益资助项目种类以及申请、评审程序。

**第三十一条** 基金会可以与受助人签订协议,约定资助方式、资助数额以及资金用途和使用方式。

基金会有权对资助的使用情况进行监督。受助人未按协议约定使用资助或者有其他违反协议情形的,基金会有权解除资助协议。

**第三十二条**　基金会应当执行国家统一的会计制度，依法进行会计核算、建立健全内部会计监督制度。

**第三十三条**　基金会注销后的剩余财产应当按照章程的规定用于公益目的；无法按照章程规定处理的，由登记管理机关组织捐赠给与该基金会性质、宗旨相同的社会公益组织，并向社会公告。

**3.《民办非企业单位登记管理暂行条例》(1998 年 10 月 25 日起施行)**

**第二条**　本条例所称民办非企业单位，是指企业事业单位、社会团体和其他社会力量以及公民个人利用非国有资产举办的，从事非营利性社会服务活动的社会组织。

**第二十一条**　民办非企业单位的资产来源必须合法，任何单位和个人不得侵占、私分或者挪用民办非企业单位的资产。

民办非企业单位开展章程规定的活动，按照国家有关规定取得的合法收入，必须用于章程规定的业务活动。

民办非企业单位接受捐赠、资助，必须符合章程规定的宗旨和业务范围，必须根据与捐赠人、资助人约定的期限、方式和合法用途使用。民办非企业单位应当向业务主管单位报告接受、使用捐赠、资助的有关情况，并应当将有关情况以适当方式向社会公布。

**4.《中华人民共和国民办教育促进法实施条例》(2018 年 12 月 29 日修正)**

**第二条**　国家机构以外的社会组织或者个人可以利用非国家财政性经费举办各级各类民办学校；但是，不得举办实施军事、警察、政治等特殊性质教育的民办学校。

民办教育促进法和本条例所称国家财政性经费，是指财政拨款、依法取得并应当上缴国库或者财政专户的财政性资金。

**第五条**　民办学校的举办者可以用资金、实物、土地使用权、知识产权以及其他财产作为办学出资。

国家的资助、向学生收取的费用和民办学校的借款、接受的捐赠财产，不属于民办学校举办者的出资。

**第六条**　公办学校参与举办民办学校，不得利用国家财政性经费，不得影响公办学校正常的教育教学活动，并应当经主管的教育行政部门或者劳动和社会保障行政部门按照国家规定的条件批准。公办学校参与举办的民办学校应当具有独立的法人资格，具有与公办学校相分离的校园和基本教育教学设施，实行独立的财务会计制度，独立招生，独立颁发学业证书。

参与举办民办学校的公办学校依法享有举办者权益，依法履行国有资产的管理义务，防止国有资产流失。

实施义务教育的公办学校不得转为民办学校。

**第七条** 举办者以国有资产参与举办民办学校的，应当根据国家有关国有资产监督管理的规定，聘请具有评估资格的中介机构依法进行评估，根据评估结果合理确定出资额，并报对该国有资产负有监管职责的机构备案。

**第八条** 民办学校的举办者应当按时、足额履行出资义务。民办学校存续期间，举办者不得抽逃出资，不得挪用办学经费。

民办学校的举办者不得向学生、学生家长筹集资金举办民办学校，不得向社会公开募集资金举办民办学校。

**第三十四条** 民办学校应当依照《中华人民共和国会计法》和国家统一的会计制度进行会计核算，编制财务会计报告。

**第三十五条** 民办学校对接受学历教育的受教育者收取费用的项目和标准，应当报价格主管部门批准并公示；对其他受教育者收取费用的项目和标准，应当报价格主管部门备案并公示。具体办法由国务院价格主管部门会同教育行政部门、劳动和社会保障行政部门制定。

**第三十六条** 民办学校资产中的国有资产的监督、管理，按照国家有关规定执行。

民办学校接受的捐赠财产的使用和管理，依照《中华人民共和国公益事业捐赠法》的有关规定执行。

**第三十七条** 在每个会计年度结束时，捐资举办的民办学校和出资人不要求取得合理回报的民办学校应当从年度净资产增加额中、出资人要求取得合理回报的民办学校应当从年度净收益中，按不低于年度净资产增加额或者净收益的25%的比例提取发展基金，用于学校的建设、维护和教学设备的添置、更新等。

**5.《宗教事务条例》（2017年6月14日修订）**

**第十九条** 宗教活动场所包括寺观教堂和其他固定宗教活动处所。

寺观教堂和其他固定宗教活动处所的区分标准由省、自治区、直辖市人民政府宗教事务部门制定，报国务院宗教事务部门备案。

**第二十条**　设立宗教活动场所，应当具备下列条件：

（一）设立宗旨不违背本条例第四条、第五条的规定；

（二）当地信教公民有经常进行集体宗教活动的需要；

（三）有拟主持宗教活动的宗教教职人员或者符合本宗教规定的其他人员；

（四）有必要的资金，资金来源渠道合法；

（五）布局合理，符合城乡规划要求，不妨碍周围单位和居民的正常生产、生活。

**第二十二条**　宗教活动场所经批准筹备并建设完工后，应当向所在地的县级人民政府宗教事务部门申请登记。县级人民政府宗教事务部门应当自收到申请之日起30日内对该宗教活动场所的管理组织、规章制度建设等情况进行审核，对符合条件的予以登记，发给《宗教活动场所登记证》。

**第二十三条**　宗教活动场所符合法人条件的，经所在地宗教团体同意，并报县级人民政府宗教事务部门审查同意后，可以到民政部门办理法人登记。

**第四十九条**　宗教团体、宗教院校、宗教活动场所对依法占有的属于国家、集体所有的财产，依照法律和国家有关规定管理和使用；对其他合法财产，依法享有所有权或者其他财产权利。

**第五十条**　宗教团体、宗教院校、宗教活动场所合法使用的土地，合法所有或者使用的房屋、构筑物、设施，以及其他合法财产、收益，受法律保护。

任何组织或者个人不得侵占、哄抢、私分、损毁或者非法查封、扣押、冻结、没收、处分宗教团体、宗教院校、宗教活动场所的合法财产，不得损毁宗教团体、宗教院校、宗教活动场所占有、使用的文物。

**第五十一条**　宗教团体、宗教院校、宗教活动场所所有的房屋和使用的土地等不动产，应当依法向县级以上地方人民政府不动产登记机构申请不动产登记，领取不动产权证书；产权变更、转移的，应当及时办理变更、转移登记。

涉及宗教团体、宗教院校、宗教活动场所土地使用权变更或者转移时，不动产登记机构应当征求本级人民政府宗教事务部门的意见。

**第五十二条**　宗教团体、宗教院校、宗教活动场所是非营利性组织，其财产和收入应当用于与其宗旨相符的活动以及公益慈善事业，不得用于分配。

**第五十三条**　任何组织或者个人捐资修建宗教活动场所，不享有该宗教活动场所的所有权、使用权，不得从该宗教活动场所获得经济收益。

禁止投资、承包经营宗教活动场所或者大型露天宗教造像，禁止以宗教名义进行商业宣传。

**第五十四条**　宗教活动场所用于宗教活动的房屋、构筑物及其附属的宗教教职人员生活用房不得转让、抵押或者作为实物投资。

**第五十五条**　为了公共利益需要，征收宗教团体、宗教院校或者宗教活动场所房屋的，应当按照国家房屋征收的有关规定执行。宗教团体、宗教院校或者宗教活动场所可以选择货币补偿，也可以选择房屋产权调换或者重建。

**第五十六条**　宗教团体、宗教院校、宗教活动场所、宗教教职人员可以依法兴办公益慈善事业。

任何组织或者个人不得利用公益慈善活动传教。

**第五十七条**　宗教团体、宗教院校、宗教活动场所可以按照国家有关规定接受境内外组织和个人的捐赠，用于与其宗旨相符的活动。

宗教团体、宗教院校、宗教活动场所不得接受境外组织和个人附带条件的捐赠，接受捐赠金额超过10万元的，应当报县级以上人民政府宗教事务部门审批。

宗教团体、宗教院校、宗教活动场所可以按照宗教习惯接受公民的捐赠，但不得强迫或者摊派。

**第五十八条**　宗教团体、宗教院校、宗教活动场所应当执行国家统一的财务、资产、会计制度，向所在地的县级以上人民政府宗教事务部门报告财务状况、收支情况和接受、使用捐赠情况，接受其监督管理，并以适当方式向信教公民公布。宗教事务部门应当与有关部门共享相关管理信息。

宗教团体、宗教院校、宗教活动场所应当按照国家有关财务、会计制度，建立健全会计核算、财务报告、财务公开等制度，建立健全财务管理机构，配备必要的财务会计人员，加强财务管理。

政府有关部门可以组织对宗教团体、宗教院校、宗教活动场所进行财务、资产检查和审计。

**第五十九条**　宗教团体、宗教院校、宗教活动场所应当依法办理税务登记。

宗教团体、宗教院校、宗教活动场所和宗教教职人员应当依法办理纳税申报，按照国家有关规定享受税收优惠。

税务部门应当依法对宗教团体、宗教院校、宗教活动场所和宗教教职人员实施税收管理。

**第六十条**　宗教团体、宗教院校、宗教活动场所注销或者终止的，应当进行财产清算，清算后的剩余财产应当用于与其宗旨相符的事业。

## 三、相关部门规章

**《慈善组织保值增值投资活动管理暂行办法》(2019年1月1日起施行)**

**第二条**　县级以上人民政府民政部门(以下简称民政部门)依法登记、认定的慈善组织进行投资活动，适用本办法。

**第三条**　慈善组织应当以面向社会开展慈善活动为宗旨，充分、高效运用慈善财产，在确保年度慈善活动支出符合法定要求和捐赠财产及时足额拨付的前提下，可以开展投资活动。

慈善组织开展投资活动应当遵循合法、安全、有效的原则，投资取得的收益应当全部用于慈善目的。

**第四条**　本办法所称投资活动，主要包括下列情形：

(一)直接购买银行、信托、证券、基金、期货、保险资产管理机构、金融资产投资公司等金融机构发行的资产管理产品；

(二)通过发起设立、并购、参股等方式直接进行股权投资；

(三)将财产委托给受金融监督管理部门监管的机构进行投资。

**第五条**　慈善组织可以用于投资的财产限于非限定性资产和在投资期间暂不需要拨付的限定性资产。

慈善组织接受的政府资助的财产和捐赠协议约定不得投资的财产，不得用于投资。

**第六条**　慈善组织在投资资产管理产品时，应当审慎选择，购买与本组织风险识别能力和风险承担能力相匹配的产品。

慈善组织直接进行股权投资的，被投资方的经营范围应当与慈善组织的宗旨和业务范围相关。

慈善组织开展委托投资的，应当选择中国境内有资质从事投资管理业务，且管理审慎、信誉较高的机构。

**第七条** 慈善组织不得进行下列投资活动：

（一）直接买卖股票；

（二）直接购买商品及金融衍生品类产品；

（三）投资人身保险产品；

（四）以投资名义向个人、企业提供借款；

（五）不符合国家产业政策的投资；

（六）可能使本组织承担无限责任的投资；

（七）违背本组织宗旨、可能损害信誉的投资；

（八）非法集资等国家法律法规禁止的其他活动。

**第八条** 慈善组织应当在财务和资产管理制度中规定以下内容：

（一）投资遵循的基本原则；

（二）投资决策程序和管理流程；

（三）决策机构、执行机构、监督机构在投资活动中的相关职责；

（四）投资负面清单；

（五）重大投资的标准；

（六）投资风险管控制度；

（七）投资活动中止、终止或者退出机制；

（八）违规投资责任追究制度。

**第九条** 慈善组织的财务和资产管理制度以及重大投资方案应当经决策机构组成人员三分之二以上同意。

**第十条** 慈善组织的发起人、主要捐赠人、负责人、理事、理事来源单位以及其他与慈善组织之间存在控制、共同控制或者重大影响关系的个人或者组织，当其利益与慈善组织投资行为关联时，不得利用关联关系损害慈善组织利益。

## 第六章 业主的建筑物区分所有权

**第二百七十一条 【建筑物区分所有权的内容】** 业主对建筑物内的住宅、经营性用房等专有部分享有所有权，对专有部分以外的共有部分享有共有和共同管理的权利。

## 一、相关行政法规

**《物业管理条例》(2018 年 3 月 19 日修订)**

**第六条**　房屋的所有权人为业主。

业主在物业管理活动中,享有下列权利:

(一)按照物业服务合同的约定,接受物业服务企业提供的服务;

(二)提议召开业主大会会议,并就物业管理的有关事项提出建议;

(三)提出制定和修改管理规约、业主大会议事规则的建议;

(四)参加业主大会会议,行使投票权;

(五)选举业主委员会成员,并享有被选举权;

(六)监督业主委员会的工作;

(七)监督物业服务企业履行物业服务合同;

(八)对物业共用部位、共用设施设备和相关场地使用情况享有知情权和监督权;

(九)监督物业共用部位、共用设施设备专项维修资金(以下简称专项维修资金)的管理和使用;

(十)法律、法规规定的其他权利。

## 二、相关司法解释

**《最高人民法院关于审理建筑物区分所有权纠纷案件具体应用法律若干问题的解释》(法释〔2009〕7 号)(2020 年 12 月 23 日修正)**

**第一条**　依法登记取得或者依据民法典第二百二十九条至第二百三十一条规定取得建筑物专有部分所有权的人,应当认定为民法典第二编第六章所称的业主。

基于与建设单位之间的商品房买卖民事法律行为,已经合法占有建筑物专有部分,但尚未依法办理所有权登记的人,可以认定为民法典第二编第六章所称的业主。

**第十六条**　建筑物区分所有权纠纷涉及专有部分的承租人、借用人等物业使用人的,参照本解释处理。

专有部分的承租人、借用人等物业使用人,根据法律、法规、管理规约、业主大会或者业主委员会依法作出的决定,以及其与业主的约定,享有相应权利,承担相应义务。

**第十七条**　本解释所称建设单位,包括包销期满,按照包销合同约定的包销价格购买尚未销售的物业后,以自己名义对外销售的包销人。

**第十八条** 人民法院审理建筑物区分所有权案件中，涉及有关物权归属争议的，应当以法律、行政法规为依据。

## 三、相关文件规定

**《住房和城乡建设部关于印发〈业主大会和业主委员会指导规则〉的通知》(建房〔2009〕274号)**

**第十三条** 依法登记取得或者根据物权法第二章第三节规定取得建筑物专有部分所有权的人，应当认定为业主。

基于房屋买卖等民事法律行为，已经合法占有建筑物专有部分，但尚未依法办理所有权登记的人，可以认定为业主。

业主的投票权数由专有部分面积和业主人数确定。

## 四、相关裁判摘要

● **2003年第6期《中华人民共和国最高人民法院公报》**刊登的“**顾然地诉巨星物业排除妨碍、赔偿损失纠纷案**”判决对何为业主的建筑物区分所有权进行了分析。相关裁判摘要如下：

任何一幢独立建筑物，均由基础、框架、承重等部分构成。尽管用隔板可以将一幢独立建筑物分割成不同的使用空间，以供不同的人分别独立使用，但构成该幢独立建筑物的基础、框架、承重墙体、隔板、顶盖、走道、阶梯、门窗、管线以及必要的活动场所等部位，却无法分割使用。整幢独立建筑物如果被分割为若干人所有，则每个人享有的是建筑物区分所有权，它不同于一物一权形态下的建筑物所有权。建筑物区分所有权虽然与建筑物所有权一样具备物权的一切特征，但由于建筑物的特性，决定了它是一种复合性权利，权利人既对其在建筑物中的专有部分享有占有、使用、收益和处分的全部所有权权能，又对整幢建筑物的共用部分享有共有权。同时也由于建筑物的特性，决定了权利人在行使其权利时要受到一定限制。这种限制是指，区分所有权人只能在建筑物设计允许的限度内合理使用自己专有部分的建筑物，区分所有权人使用自己专有部分的建筑物时，不得违反全体区分所有权人的共同利益，不得妨碍整幢建筑物的正常使用。

● **2001年第5期《中华人民共和国最高人民法院公报》**刊登的“**南京市鼓楼区房产经营公司、钟宝强等诉江苏盛名实业有限公司房屋侵权纠纷案**”判决对何为业主的建筑物区分所有权进行了分析。相关裁判摘要如下：

上诉人钟宝强等住户和原审原告房产公司因对不动产享有的所有权，与被上诉人盛名公司结成不动产的相邻各方。不动产相邻权是对不动产所有权的限制和延伸，是与不动产所有权有关的财产权利。没有不动产所有权，则谈不上不动产相邻权。因此要正确解决不动产相邻纠纷，就必须正确把握相邻各方的不动产所有权形态。

过去我国房屋所有权的形态是，一幢独立的房屋由一个人所有（即一物一权）。随着住房制度的改革，一幢独立的房屋由多人所有（即一物多权）的现象越来越普遍。房屋建设投资者建立的一幢独立房屋，必须具有基础、框架、承重墙体、隔板、顶盖、走道、阶梯、门窗、各种管线以及必要的活动场所等，才可能区分出供不同的人分别独立使用的一定空间。这两部分必须结合在一起，房屋才能独立存在。而只有该房屋独立存在，供人分别独立使用的一定空间才能发挥其功能。当一幢独立房屋具备了可供区分出独立使用一定空间的物质条件，房屋建设投资者将这些空间分别转让给不同的购买者，从而使这幢房屋为多人所有时，房屋的建筑特点决定了每个所有权人取得的是房屋区分所有权，这是与一物一权形态下的房屋所有权不完全相同的权利。在转让房屋区分所有权的合同中，虽然只载明转让可供区分使用的空间（以下简称专有部分），但这不意味着基础、框架、承重墙体、隔板、顶盖、走道、阶梯、门窗、各种管线以及必要的活动场所等部分（以下简称共用部分）没有转让。如果没有共用部分的转让，则专有部分不会成为可供转让的财产所有权客体。只是由于共用部分必然随专有部分一齐转让，所以无需在转让合同中对随同转让的共同部分一一登记。

房屋区分所有权首先是指全体区分所有权人对整幢独立房屋以及房屋内所有共同设施的共有权，其次是指每一个房屋区分所有权人对特定空间的专有权。房屋区分所有权中的共有权，是一种不可分割、只能随同专有权的转让而转让的权利。权利人有权按照共用部分的种类、性质、构造、用途正当使用共用部分，有权分享整幢房屋或者房屋的共用部分产生的收益，有权制止对整幢房屋或者房屋共用部分的任何侵害。权利人在享有权利的同时需尽的义务是：维持共用部分现状，不得请求分割；维护共用部分的正常使用状态，不得侵占、改动或破坏；负担合理分摊的维护共用部分正常使用所需的费用。在这种权利形态下，由于整幢房屋以及房屋内所有共用设施为全体区分所有权人共有，全体区分所有权人需要对整幢房屋享有权利、承担义务，他们在此之上可以形成团体的法律关系；由于房屋的特定部分为各区分所有权人专有，区分所有权人需要对其专有部分行使权利和承担义务，因此区分所有权人与其他人形成区域所有的法律关系；由于各个区分所有权人都对特定的空间享有相当于独立房屋所有权的权利，每个区分所有权人对与其相邻的其他不动产所有权人形成相邻法律关系。

**第二百七十二条 【业主对于专有部分的所有权】**业主对其建筑物专有部分享有占有、使用、收益和处分的权利。业主行使权利不得危及建筑物的安全，不得损害其他业主的合法权益。

**一、相关法律条文**

**《中华人民共和国民法典》(2021年1月1日起施行)**

**第二百四十条** 所有权人对自己的不动产或者动产，依法享有占有、使用、收益和处分的权利。

**第二百八十六条** 业主应当遵守法律、法规以及管理规约，相关行为应当符合节约资源、保护生态环境的要求。对于物业服务企业或者其他管理人执行政府依法实施的应急处置措施和其他管理措施，业主应当依法予以配合。

业主大会或者业主委员会，对任意弃置垃圾、排放污染物或者噪声、违反规定饲养动物、违章搭建、侵占通道、拒付物业费等损害他人合法权益的行为，有权依照法律、法规以及管理规约，请求行为人停止侵害、排除妨碍、消除危险、恢复原状、赔偿损失。

业主或者其他行为人拒不履行相关义务的，有关当事人可以向有关行政主管部门报告或者投诉，有关行政主管部门应当依法处理。

**第二百八十七条** 业主对建设单位、物业服务企业或者其他管理人以及其他业主侵害自己合法权益的行为，有权请求其承担民事责任。

**二、相关行政法规**

**《物业管理条例》(2018年3月19日修订)**

**第五十二条** 业主需要装饰装修房屋的，应当事先告知物业服务企业。

物业服务企业应当将房屋装饰装修中的禁止行为和注意事项告知业主。

**第五十五条**　物业存在安全隐患，危及公共利益及他人合法权益时，责任人应当及时维修养护，有关业主应当给予配合。

责任人不履行维修养护义务的，经业主大会同意，可以由物业服务企业维修养护，费用由责任人承担。

## 三、相关司法解释

**《最高人民法院关于审理建筑物区分所有权纠纷案件具体应用法律若干问题的解释》（法释〔2009〕7号）（2020年12月23日修正）**

**第二条**　建筑区划内符合下列条件的房屋，以及车位、摊位等特定空间，应当认定为民法典第二编第六章所称的专有部分：

（一）具有构造上的独立性，能够明确区分；

（二）具有利用上的独立性，可以排他使用；

（三）能够登记成为特定业主所有权的客体。

规划上专属于特定房屋，且建设单位销售时已经根据规划列入该特定房屋买卖合同中的露台等，应当认定为前款所称的专有部分的组成部分。

本条第一款所称房屋，包括整栋建筑物。

## 四、相关裁判摘要

• **2003年第6期《中华人民共和国最高人民法院公报》**刊登的“**顾然地诉巨星物业排除妨碍、赔偿损失纠纷案**”判决对何为业主行使专有权时不得损害其他业主合法权益的问题进行了分析。相关裁判摘要如下：

《中华人民共和国民法通则》第六条规定：“民事活动必须遵守法律，法律没有规定的，应当遵守国家政策。”第八十三条规定：“不动产的相邻各方，应当按照有利生产、方便生活、团结互助、公平合理的精神，正确处理截水、排水、通行、通风、采光等方面的相邻关系。给相邻方造成妨碍或者损失的，应当停止侵害，排除妨碍，赔偿损失。”原告顾然地是三和花园4号楼29E室的业主，对该室享有建筑物区分所有权。29E室内的墙板、楼板与该楼其他墙板、楼板一样，是使该楼能成为独立建筑物的不可分割部分，应属全体区分所有权人共有的财产。顾然地如果按照设计的用途和设计的荷载量使用29E室内的墙板、楼板,他人无权干涉,但如果超出设计允许的限度使用墙板、楼板,就应该征得其他区分所有权人的同意。29E室内虽然设计了三间浴室,但最大一间的使用面积也只有10.39平方米。顾然地的浴缸,上口面积达9.754平方米,根据日常生活经验,这个浴缸无法安装在顾然地的浴室内。若安装在室内其他部位,则势必改变房屋的设计布局和用途。况且该浴缸注满水后的重量,超出了每平方米最大280公斤的楼板设计荷载量。长期使用这个浴缸,不仅顾然地的安全不能保证,且势必危及相邻其他区分所有权人的安全。在此情况下,顾然地必须征得其他区分所有权人的同意,才能放置这个浴缸,否则既是对共有财产的侵犯,也是对相邻关系的损害。

**第二百七十三条 【业主对于共有部分的权利义务】** 业主对建筑物专有部分以外的共有部分,享有权利,承担义务;不得以放弃权利为由不履行义务。

业主转让建筑物内的住宅、经营性用房,其对共有部分享有的共有和共同管理的权利一并转让。

**一、相关行政法规**

**《物业管理条例》(2018年3月19日修订)**

**第六条** 房屋的所有权人为业主。

业主在物业管理活动中,享有下列权利:

(一)按照物业服务合同的约定,接受物业服务企业提供的服务;

(二)提议召开业主大会会议,并就物业管理的有关事项提出建议;

(三)提出制定和修改管理规约、业主大会议事规则的建议;

(四)参加业主大会会议,行使投票权;

(五)选举业主委员会成员,并享有被选举权;

(六)监督业主委员会的工作;

(七)监督物业服务企业履行物业服务合同;

(八)对物业共用部位、共用设施设备和相关场地使用情况享有知情权和监督权;

（九）监督物业共用部位、共用设施设备专项维修资金（以下简称专项维修资金）的管理和使用；

（十）法律、法规规定的其他权利。

**第七条**　业主在物业管理活动中，履行下列义务：

（一）遵守管理规约、业主大会议事规则；

（二）遵守物业管理区域内物业共用部位和共用设施设备的使用、公共秩序和环境卫生的维护等方面的规章制度；

（三）执行业主大会的决定和业主大会授权业主委员会作出的决定；

（四）按照国家有关规定交纳专项维修资金；

（五）按时交纳物业服务费用；

（六）法律、法规规定的其他义务。

**第二十七条**　业主依法享有的物业共用部位、共用设施设备的所有权或者使用权，建设单位不得擅自处分。

## 二、相关司法解释

**《最高人民法院关于审理建筑物区分所有权纠纷案件具体应用法律若干问题的解释》（法释〔2009〕7号）（2020年12月23日修正）**

**第四条**　业主基于对住宅、经营性用房等专有部分特定使用功能的合理需要，无偿利用屋顶以及与其专有部分相对应的外墙面等共有部分的，不应认定为侵权。但违反法律、法规、管理规约，损害他人合法权益的除外。

## 三、相关裁判摘要

• **2006年第11期《中华人民共和国最高人民法院公报》**刊登的“**郑州二建公司诉王良础公有住房出售协议违约纠纷案**”判决对于业主不得侵害共有部分的其他共有人的权利进行了分析。相关裁判摘要如下：

被上诉人郑州二建公司出售给上诉人王良础的11号房间，位于1号楼一层，是1号楼的组成部分，并非独立房屋。鉴于楼房的建筑特性，王良础对11号房间享有的所有权，并非独立、完整的所有权，而是建筑物区分所有权。建筑物区分所有权人，只是对整幢建筑物中属于其专用的部分享有包括占有、使用、收益和处分四项权能在内的完整所有权；而整幢建筑物中的共用部位，则由整幢建筑物的全部区分所有权人共有。11号房间的临街墙，是1号楼不可或缺的共用部位，不能由王良础专有。王良础未经许可在此墙上开挖门、窗，此举不仅侵犯1号楼中其他共有权人的共有权利，也因违反了《公有住房出售协议书》第六条的约定，而应当对郑州二建公司承担违约责任。

• **2001年第5期《中华人民共和国最高人民法院公报》**刊登的“**南京市鼓楼区房产经营公司、钟宝强等诉江苏盛名实业有限公司房屋侵权纠纷案**”判决对侵害业主共有权的行为进行了分析。相关裁判摘要如下：

坐落在南京市娄子巷164号、166号和166－2号的六层商住楼，是由上诉人钟宝强等住户、原审原告房产公司和被上诉人盛名公司区分所有。各区分所有权人既对各自的专有部分享有独立的所有权，又对整幢楼房及其共用部分享有共有权。专有部分，是指由建筑材料组成的四周上下均为封闭的建筑空间。除此以外房屋的其他部分（包括底层地板以下的掩埋工程），应属共用部分。对共用部分的任何改动，应以不违背共同利益为前提，并须经全体区分所有权人同意，否则即构成对其他权利人共有权的侵害。

被上诉人盛名公司虽然是在其专有部分增建夹层，但是其增建夹层的行为利用了属于共用部分的梁、柱和地板以下的掩埋工程，使梁、柱的负载加大，地梁裸露，是对共用部分的非正常使用，影响到全体区分所有权人的共同利益。盛名公司增建夹层的行为虽然得到行政机关的批准，但这只能说明行政机关从行政管理的角度看，不认为该行为能给社会造成危害，可以实施。由于增建夹层需要利用房屋的共用部分，而房屋共有部分的所有权由全体区分所有权人享有，不是由批准的行政机关享有，因此增建夹层的行为应否实施，必须由盛名公司征求全体区分所有权人的意见。盛名公司以是在自己的产权范围内对属自己所有的房屋进行装潢改造为由提出没有侵权的辩解，不能成立。无论上诉人钟宝强等住户的房屋是否损坏，无论该损坏是否与盛名公司有关，盛名公司在没有征得全体区分所有权人同意的情况下就利用共用部分给自己增建夹层，都侵害其他区分所有权人的共有权。故钟宝强等住户以盛名公司侵犯了产权人合法权益为由提出的上诉，应予支持。盛名公司应当拆除夹层，将下挖的部分恢复原状。原审判决对各方当事人的房屋所有权形态未作分析，就以相邻权的法律规定解决本案纠纷，是适用法律不当。原审判决盛名公司用高标号水泥砂浆粉刷底层共用部位大平台楼梯间的墙体裂缝，对地梁露筋部位做好保护层和疏通下水管道，是正确的；但以房产公司、钟宝强等住户的房屋损坏与盛名公司无关为由，判决不予支持房产公司、钟宝强等住户的诉讼请求，是错误的，应当改判。

**第二百七十四条 【全体业主共有的部分】** 建筑区划内的道路，属于业主共有，但是属于城镇公共道路的除外。建筑区划内的绿地，属于业主共有，但是属于城镇公共绿地或者明示属于个人的除外。建筑区划内的其他公共场所、公用设施和物业服务用房，属于业主共有。

**一、相关行政法规**

**《物业管理条例》(2018年3月19日修订)**

**第三十七条** 物业管理用房的所有权依法属于业主。未经业主大会同意，物业服务企业不得改变物业管理用房的用途。

**第三十八条** 物业服务合同终止时，物业服务企业应当将物业管理用房和本条例第二十九条第一款规定的资料交还给业主委员会。

物业服务合同终止时，业主大会选聘了新的物业服务企业的，物业服务企业之间应当做好交接工作。

**二、相关司法解释**

**《最高人民法院关于审理建筑物区分所有权纠纷案件具体应用法律若干问题的解释》(法释〔2009〕7号)(2020年12月23日修正)**

**第三条** 除法律、行政法规规定的共有部分外，建筑区划内的以下部分，也应当认定为民法典第二编第六章所称的共有部分：

(一)建筑物的基础、承重结构、外墙、屋顶等基本结构部分，通道、楼梯、大堂等公共通行部分，消防、公共照明等附属设施、设备，避难层、设备层或者设备间等结构部分；

(二)其他不属于业主专有部分，也不属于市政公用部分或者其他权利人所有的场所及设施等。

建筑区划内的土地，依法由业主共同享有建设用地使用权，但属于业主专有的整栋建筑物的规划占地或者城镇公共道路、绿地占地除外。

## 三、相关部门规章

**《不动产登记暂行条例实施细则》(2019 年 7 月 16 日修正)**

**第三十六条** 办理房屋所有权首次登记时,申请人应当将建筑区划内依法属于业主共有的道路、绿地、其他公共场所、公用设施和物业服务用房及其占用范围内的建设用地使用权一并申请登记为业主共有。业主转让房屋所有权的,其对共有部分享有的权利依法一并转让。

## 四、相关裁判摘要

• **2019 年第 12 期《中华人民共和国最高人民法院公报》**刊登的**"长城宽带网络服务有限公司江苏分公司诉中国铁通集团有限公司南京分公司恢复原状纠纷案"**判决指出,小区内的通信管道在小区交付后属于全体业主共有。通信运营公司与小区房地产开发公司签订的小区内通信管线等通信设施由通信运营公司享有专有使用权的条款,侵犯了业主的共有权,侵犯了业主选择电信服务的自由选择权,应属无效。相关裁判摘要如下:

铁通江苏分公司与经纬公司签订的《经纬房产南方花园 C 组电话协议书》约定协议合作期 20 年内南方花园小区 C 组团内通信管道由铁通江苏分公司专属使用,该条款限制其他电信运营公司接入南方花园小区 C 组团,破坏了公平竞争的市场环境,限制了小区业主自由选择电信服务的权利,损害了小区业主的利益,应属无效。故被告铁通南京分公司依据《经纬房产南方花园 C 组电话协议书》辩称其对南方花园小区 C 组团内户外管道以及楼内户线通道享有专有使用权的意见,法院不予采纳。根据《中华人民共和国物权法》之规定,建筑区划内的其他公共场所、公用设施和物业服务用房,属于业主共有。小区内配套的通信管道应属于公用设施的一种,是开发商建设小区楼盘时必须建设的满足建筑物专有部分功能需求的配套设施之一,开发商将房屋交付后,通信管道应该属于业主共有。南方花园小区 C 组团交付后,小区内的通信管道属南方花园小区 C 组团业主共有。仟泰公司为小区全体业主提供前期物业服务,服务包括物业共用部位的维修养护、物业共用设施设备的日常运行和维修养护以及经营管理属全体业主所有的物业,仟泰公司有权处分业主共有的通信管道,原告长城公司依据与仟泰公司签订的《社区宽带互联接入业务合作运营协议》有权在南方花园小区的通信管道内铺设缆线。铁通南京分公司在发现通信管道内有非属其公司的缆线后，未查明缆线所有权人自行采取剪断缆线并抽出部分缆线带走的行为侵害了长城公司的财产权，应当承担侵权责任。长城公司要求恢复原状，于法有据，法院予以支持。

• **2018年第11期《中华人民共和国最高人民法院公报》**刊登的**“宜兴市新街街道海德名园业主委员会诉宜兴市恒兴置业有限公司、南京紫竹物业管理股份有限公司宜兴分公司物权确认纠纷、财产损害赔偿纠纷案”**判决对于会所的归属进行了分析。相关裁判摘要如下：

《物权法》第七十条规定，业主对建筑物内的住宅、经营性用房等专有部分享有所有权，对专有部分以外的共有部分享有共有和共同管理的权利；该法第七十三条规定，建筑区划内的其他公共场所、公用设施和物业服务用房，属于业主共有。《最高人民法院〈关于审理建筑物区分所有权纠纷案件具体应用法律若干问题的解释〉》第三条规定，除法律、行政法规规定的共有部分外，建筑区划内的以下部分，也应当认定为《物权法》第六章所称的共有部分：（二）其他不属于业主专有部分，也不属于市政公用部分或者其他权利人所有的场所及设施等。本案中，案涉会所位于海德名园小区内，与476平方米的物业用房同属一套建筑的整体，根据建设工程规划许可证、物业移交接管协议备案证明存根、以及上诉人恒兴公司与原审被告紫竹物业公司签订的物业移交验收接管协议等书面证据所载明的内容来看，恒兴公司在移交物业时，是将会所与物业用房一并作为配套用房移交给紫竹物业公司，而且写明产权归全体业主所有。被上诉人海德名园业委会在本案中提供了上述证据，对其主张已经尽到初步举证义务。而恒兴公司辩称会所系其公司所有，作为海德名园小区的开发商，恒兴公司应当进一步提供充分证据予以证明。恒兴公司虽然提供了土地分割证、会所成本核算等证据，但根据一审法院向宜兴市国土资源局、宜兴市环科园规划办公室调查了解的情况，以及宜兴市物价局对海德名园商品房价格核定的相关材料，恒兴公司所举证据并不足以证明会所系其公司所有。根据物价局核定的价格，以及第16、17、19幢小区配套明细表中载明的“会所1300平方米”，可以表明恒兴公司已将会所的成本列入商品房价格中，因此没有必要再专门对会所的建设成本进行审价。综上，依据《物权法》及司法解释的规定，针对双方当事人的举证情况；应认定案涉会所属海德名园全体业主所有。

• **2014年第6期《中华人民共和国最高人民法院公报》**刊登的“**徐州西苑艺君花园(一期)业主委员会诉徐州中川房地产开发有限公司物业管理用房所有权确认纠纷案**”判决认为,物业管理用房的分割、转移、调整或重新配置,应当由业主共同或业主大会决定。相关裁判摘要如下:

2. 行政机关的定点规划对本案当事人产生拘束力。建筑物建造规划定点是对建筑物地域及其范围、公共设施面积及负担率等特定事项的确定。依照《中华人民共和国城市规划法》第三十二条的规定,在城市规划区内新建、扩建和改建建筑物、构筑物、道路、管线和其他工程设施,必须持有关批准文件向城市规划行政主管部门提出申请,由城市规划行政主管部门根据城市规划提出的规划设计要求,核发建设工程规划许可证件。建设单位或者个人在取得建设工程规划许可证件和其他有关批准文件后、方可申请办理开工手续。定点规划为建筑物施工前,行政机关对土地使用人的权利义务的确定,属于行政许可行为。如土地使用人在特定期间内未对建筑物定点规划提出异议,即对其产生拘束力。本案中,被告中川公司在行政机关核发建设工程规划许可证后,未对定点规划提出异议,故被告应当遵守定点规划确定的义务建造物业管理用房。被告辩称物业管理用房是针对规划图中共110500平方米的建筑面积设计的,而非本案原告艺君业委会所在的小区21403平方米设计,并没有向法院提供相应的证据,故其辩称不予支持。另被告又辩称,根据江苏省物业管理条例规定的无偿提供设计面积的3‰~4‰物业管理用房,被告至多向原告交付85.6平方米的物业用房即符合法律规定,目前提供的物业管理用房已经远远超过这个标准。因被告在申请建设工程规划许可,行政机关在其申请进行核准规划定点时,被告并未向行政机关提出异议,应当认定被告认可行政机关的定点规划,故其辩称不予支持。规划定点在建筑物竣工验收后,作为物业资料移送管理人,即成为管理规约的一部分,对业主、管理人等产生约束。

3. 被告中川公司重新调配物业用房的行为因违法而不具有效力。江苏省人民政府1998年9月4日发布施行的《江苏省城市住宅区物业管理办法》第三十八条规定:“住宅区开发建设单位应当按照有关规定建设物业管理用房,在住宅区整体移交时,一并移交给住宅区业主委员会。物业管理用房的产权属住宅区全体业主共有。”江苏省人大常委会制定、2001年3月1日起施行的《江苏省物业管理条例》第二十六条亦明确规定："新建物业在规划建设时，应当建设必要的物业管理配套设施，制定物业管理实施方案并报物业管理行政主管部门备案。建成后，物业管理行政主管部门应当进行物业管理配套设施验收。物业管理服务用房，其产权属该住宅区全体业主共有。"徐州市人民政府1999年3月31日公布实施的《徐州市城市住宅区物业管理暂行办法》第二十二条规定："开发建设单位应当按照规划要求，建设物业管理用房，并在住宅区整体移交时，将物业管理用房移交给住宅区业主委员会，尚未成立业主委员会的，移交给物业管理行政主管部门。物业管理用房产权属住宅区全体业主共有，由物业管理企业使用，任何单位和个人不得擅自转让物业管理用房或者改变物业管理用房的使用性质。"根据上述规定，2001年8月30日，徐州市建设局为原告该建设项目签发了徐建验证(27)号住宅竣工验收合格证书，原告随即通知业主上房后，该处物业管理用房依法应属西苑艺君花园(一期)全体业主共有。本案中被告在西苑艺君花园竣工验收交付后，既对西苑艺君花园物业管理用房无处分权，而其申请行政部门对物业管理用房变更，违反《中华人民共和国民法通则》第七十一条的规定，当属无效。

4. 本案诉争房产属性应当确认为物业管理用房。虽然徐州市规划局曾于2001年11月7日核准将原规划的物业管理用房大部分变更为营业房，并将7#楼西侧相同面积车库变更为物业管理用房，并予以核发建设工程许可证。但这种变更应当征得西苑艺君花园全体业主的同意，徐州市规划局未经业主同意即准予变更，实属滥用职权。因该变更规划行为被徐州市人民政府撤销，故应当恢复原状。从本案原规划定点图分析，规划的艺君花园小区的物业管理用房应为该小区8#楼东侧两层面积为168平方米的部分。被告中川公司辩称其已经提供4#、7#楼各两间车库作为物业管理用房，满足了西苑艺君花园全体业主的需求。因物业管理用房在于促使管理人对居住环境进行管理，满足全体业主对居住环境安全、健康、便利、舒适需求所必需的场所，其分割、转移、调整或重新配置，依照《中华人民共和国物权法》第七十六条第一款第七项规定，须经过业主大会决议。故被告再辩称其重新调配物业管理用房，采取用部分车库充当相当面积物业管理用房方式供原告使用，已经满足了原告实际需求，仅能认定是被告自认为而已，这种减损原告停车需求等其他利益需求而填补原告此种物业管理必须用房的利益，实为侵害原告利益而不当。因被告无证据支持其确已满足原告利益，故其此辩称不予支持。

**第二百七十五条 【车位与车库的归属】**建筑区划内，规划用于停放汽车的车位、车库的归属，由当事人通过出售、附赠或者出租等方式约定。

占用业主共有的道路或者其他场地用于停放汽车的车位，属于业主共有。

**相关司法解释**

**《最高人民法院关于审理建筑物区分所有权纠纷案件具体应用法律若干问题的解释》（法释〔2009〕7号）（2020年12月23日修正）**

**第六条** 建筑区划内在规划用于停放汽车的车位之外，占用业主共有道路或者其他场地增设的车位，应当认定为民法典第二百七十五条第二款所称的车位。

**第二百七十六条 【车位与车库应首先满足业主需要】**建筑区划内，规划用于停放汽车的车位、车库应当首先满足业主的需要。

**相关司法解释**

**《最高人民法院关于审理建筑物区分所有权纠纷案件具体应用法律若干问题的解释》（法释〔2009〕7号）（2020年12月23日修正）**

**第五条** 建设单位按照配置比例将车位、车库，以出售、附赠或者出租等方式处分给业主的，应当认定其行为符合民法典第二百七十六条有关"应当首先满足业主的需要"的规定。

前款所称配置比例是指规划确定的建筑区划内规划用于停放汽车的车位、车库与房屋套数的比例。

**第二百七十七条 【业主大会与业主委员会】**业主可以设立业主大会，选举业主委员会。业主大会、业主委员会成立的具体条件和程序，依照法律、法规的规定。

地方人民政府有关部门、居民委员会应当对设立业主大会和选举业主委员会给予指导和协助。

## 一、相关行政法规

**《物业管理条例》(2018 年 3 月 19 日修订)**

**第八条**　物业管理区域内全体业主组成业主大会。

业主大会应当代表和维护物业管理区域内全体业主在物业管理活动中的合法权益。

**第九条**　一个物业管理区域成立一个业主大会。

物业管理区域的划分应当考虑物业的共用设施设备、建筑物规模、社区建设等因素。具体办法由省、自治区、直辖市制定。

**第十条**　同一个物业管理区域内的业主,应当在物业所在地的区、县人民政府房地产行政主管部门或者街道办事处、乡镇人民政府的指导下成立业主大会,并选举产生业主委员会。但是,只有一个业主的,或者业主人数较少且经全体业主一致同意,决定不成立业主大会的,由业主共同履行业主大会、业主委员会职责。

**第十三条**　业主大会会议分为定期会议和临时会议。

业主大会定期会议应当按照业主大会议事规则的规定召开。经20%以上的业主提议,业主委员会应当组织召开业主大会临时会议。

**第十四条**　召开业主大会会议,应当于会议召开 15 日以前通知全体业主。

住宅小区的业主大会会议,应当同时告知相关的居民委员会。

业主委员会应当做好业主大会会议记录。

**第十五条**　业主委员会执行业主大会的决定事项,履行下列职责:

(一)召集业主大会会议,报告物业管理的实施情况;

(二)代表业主与业主大会选聘的物业服务企业签订物业服务合同;

(三)及时了解业主、物业使用人的意见和建议,监督和协助物业服务企业履行物业服务合同;

(四)监督管理规约的实施;

(五)业主大会赋予的其他职责。

**第十六条**　业主委员会应当自选举产生之日起 30 日内,向物业所在地的区、县人民政府房地产行政主管部门和街道办事处、乡镇人民政府备案。

业主委员会委员应当由热心公益事业、责任心强、具有一定组织能力的业主担任。

业主委员会主任、副主任在业主委员会成员中推选产生。

**第十八条** 业主大会议事规则应当就业主大会的议事方式、表决程序、业主委员会的组成和成员任期等事项作出约定。

**第十九条** 业主大会、业主委员会应当依法履行职责，不得作出与物业管理无关的决定，不得从事与物业管理无关的活动。

业主大会、业主委员会作出的决定违反法律、法规的，物业所在地的区、县人民政府房地产行政主管部门或者街道办事处、乡镇人民政府，应当责令限期改正或者撤销其决定，并通告全体业主。

**第二十条** 业主大会、业主委员会应当配合公安机关，与居民委员会相互协作，共同做好维护物业管理区域内的社会治安等相关工作。

在物业管理区域内，业主大会、业主委员会应当积极配合相关居民委员会依法履行自治管理职责，支持居民委员会开展工作，并接受其指导和监督。

住宅小区的业主大会、业主委员会作出的决定，应当告知相关的居民委员会，并认真听取居民委员会的建议。

## 二、相关文件规定

**《住房和城乡建设部关于印发〈业主大会和业主委员会指导规则〉的通知》(建房〔2009〕274号)**

### 第一章 总 则

**第一条** 为了规范业主大会和业主委员会的活动，维护业主的合法权益，根据《中华人民共和国物权法》、《物业管理条例》等法律法规的规定，制定本规则。

**第二条** 业主大会由物业管理区域内的全体业主组成，代表和维护物业管理区域内全体业主在物业管理活动中的合法权利，履行相应的义务。

**第三条** 业主委员会由业主大会依法选举产生，履行业主大会赋予的职责，执行业主大会决定的事项，接受业主的监督。

**第四条**　业主大会或者业主委员会的决定,对业主具有约束力。

业主大会和业主委员会应当依法履行职责,不得作出与物业管理无关的决定,不得从事与物业管理无关的活动。

**第五条**　业主大会和业主委员会,对业主损害他人合法权益和业主共同利益的行为,有权依照法律、法规以及管理规约,要求停止侵害、消除危险、排除妨害、赔偿损失。

**第六条**　物业所在地的区、县房地产行政主管部门和街道办事处、乡镇人民政府负责对设立业主大会和选举业主委员会给予指导和协助,负责对业主大会和业主委员会的日常活动进行指导和监督。

## 第二章　业 主 大 会

**第七条**　业主大会根据物业管理区域的划分成立,一个物业管理区域成立一个业主大会。

只有一个业主的,或者业主人数较少且经全体业主同意,不成立业主大会的,由业主共同履行业主大会、业主委员会职责。

**第八条**　物业管理区域内,已交付的专有部分面积超过建筑物总面积50%时,建设单位应当按照物业所在地的区、县房地产行政主管部门或者街道办事处、乡镇人民政府的要求,及时报送下列筹备首次业主大会会议所需的文件资料:

(一)物业管理区域证明;

(二)房屋及建筑物面积清册;

(三)业主名册;

(四)建筑规划总平面图;

(五)交付使用共用设施设备的证明;

(六)物业服务用房配置证明;

(七)其他有关的文件资料。

**第九条**　符合成立业主大会条件的,区、县房地产行政主管部门或者街道办事处、乡镇人民政府应当在收到业主提出筹备业主大会书面申请后60日内,负责组织、指导成立首次业主大会会议筹备组。

**第十条**　首次业主大会会议筹备组由业主代表、建设单位代表、街道办事处、乡镇人民政府代表和居民委员会代表组成。筹备组成员人数应为单数,其中业主代表人数不低于筹备组总人数的一半,筹备组组长由街道办事处、乡镇人民政府代表担任。

**第十一条** 筹备组中业主代表的产生,由街道办事处、乡镇人民政府或者居民委员会组织业主推荐。

筹备组应当将成员名单以书面形式在物业管理区域内公告。业主对筹备组成员有异议的,由街道办事处、乡镇人民政府协调解决。

建设单位和物业服务企业应当配合协助筹备组开展工作。

**第十二条** 筹备组应当做好以下筹备工作:

(一)确认并公示业主身份、业主人数以及所拥有的专有部分面积;

(二)确定首次业主大会会议召开的时间、地点、形式和内容;

(三)草拟管理规约、业主大会议事规则;

(四)依法确定首次业主大会会议表决规则;

(五)制定业主委员会委员候选人产生办法,确定业主委员会委员候选人名单;

(六)制定业主委员会选举办法;

(七)完成召开首次业主大会会议的其他准备工作。

前款内容应当在首次业主大会会议召开15日前以书面形式在物业管理区域内公告。业主对公告内容有异议的,筹备组应当记录并作出答复。

**第十三条** 依法登记取得或者根据物权法第二章第三节规定取得建筑物专有部分所有权的人,应当认定为业主。

基于房屋买卖等民事法律行为,已经合法占有建筑物专有部分,但尚未依法办理所有权登记的人,可以认定为业主。

业主的投票权数由专有部分面积和业主人数确定。

**第十四条** 业主委员会委员候选人由业主推荐或者自荐。筹备组应当核查参选人的资格,根据物业规模、物权份额、委员的代表性和广泛性等因素,确定业主委员会委员候选人名单。

**第十五条** 筹备组应当自组成之日起90日内完成筹备工作,组织召开首次业主大会会议。

业主大会自首次业主大会会议表决通过管理规约、业主大会议事规则,并选举产生业主委员会之日起成立。

**第十六条** 划分为一个物业管理区域的分期开发的建设项目,先期开发部分符合条件的,可以成立业主大会,选举产生业主委员会。首次业主大会会议应当根据分期开发的物业面积和进度等因素,在业主大会议事规则中明确增补业主委员会委员的办法。

**第十七条**　业主大会决定以下事项：
（一）制定和修改业主大会议事规则；
（二）制定和修改管理规约；
（三）选举业主委员会或者更换业主委员会委员；
（四）制定物业服务内容、标准以及物业服务收费方案；
（五）选聘和解聘物业服务企业；
（六）筹集和使用专项维修资金；
（七）改建、重建建筑物及其附属设施；
（八）改变共有部分的用途；
（九）利用共有部分进行经营以及所得收益的分配与使用；
（十）法律法规或者管理规约确定应由业主共同决定的事项。
**第十八条**　管理规约应当对下列主要事项作出规定：
（一）物业的使用、维护、管理；
（二）专项维修资金的筹集、管理和使用；
（三）物业共用部分的经营与收益分配；
（四）业主共同利益的维护；
（五）业主共同管理权的行使；
（六）业主应尽的义务；
（七）违反管理规约应当承担的责任。
**第十九条**　业主大会议事规则应当对下列主要事项作出规定：
（一）业主大会名称及相应的物业管理区域；
（二）业主委员会的职责；
（三）业主委员会议事规则；
（四）业主大会会议召开的形式、时间和议事方式；
（五）业主投票权数的确定方法；
（六）业主代表的产生方式；
（七）业主大会会议的表决程序；
（八）业主委员会委员的资格、人数和任期等；
（九）业主委员会换届程序、补选办法等；
（十）业主大会、业主委员会工作经费的筹集、使用和管理；
（十一）业主大会、业主委员会印章的使用和管理。
**第二十条**　业主拒付物业服务费，不缴存专项维修资金以及实施其他损害业主共同权益行为的，业主大会可以在管理规约和业主大会议事规则中对其共同管理权的行使予以限制。

**第二十一条** 业主大会会议分为定期会议和临时会议。

业主大会定期会议应当按照业主大会议事规则的规定由业主委员会组织召开。

有下列情况之一的,业主委员会应当及时组织召开业主大会临时会议:

(一)经专有部分占建筑物总面积20%以上且占总人数20%以上业主提议的;

(二)发生重大事故或者紧急事件需要及时处理的;

(三)业主大会议事规则或者管理规约规定的其他情况。

**第二十二条** 业主大会会议可以采用集体讨论的形式,也可以采用书面征求意见的形式;但应当有物业管理区域内专有部分占建筑物总面积过半数的业主且占总人数过半数的业主参加。

采用书面征求意见形式的,应当将征求意见书送交每一位业主;无法送达的,应当在物业管理区域内公告。凡需投票表决的,表决意见应由业主本人签名。

**第二十三条** 业主大会确定业主投票权数,可以按照下列方法认定专有部分面积和建筑物总面积:

(一)专有部分面积按照不动产登记簿记载的面积计算;尚未进行登记的,暂按测绘机构的实测面积计算;尚未进行实测的,暂按房屋买卖合同记载的面积计算;

(二)建筑物总面积,按照前项的统计总和计算。

**第二十四条** 业主大会确定业主投票权数,可以按照下列方法认定业主人数和总人数:

(一)业主人数,按照专有部分的数量计算,一个专有部分按一人计算。但建设单位尚未出售和虽已出售但尚未交付的部分,以及同一买受人拥有一个以上专有部分的,按一人计算;

(二)总人数,按照前项的统计总和计算。

**第二十五条** 业主大会应当在业主大会议事规则中约定车位、摊位等特定空间是否计入用于确定业主投票权数的专有部分面积。

一个专有部分有两个以上所有权人的,应当推选一人行使表决权,但共有人所代表的业主人数为一人。

业主为无民事行为能力人或者限制民事行为能力人的,由其法定监护人行使投票权。

**第二十六条**　业主因故不能参加业主大会会议的，可以书面委托代理人参加业主大会会议。

未参与表决的业主，其投票权数是否可以计入已表决的多数票，由管理规约或者业主大会议事规则规定。

**第二十七条**　物业管理区域内业主人数较多的，可以幢、单元、楼层为单位，推选一名业主代表参加业主大会会议，推选及表决办法应当在业主大会议事规则中规定。

**第二十八条**　业主可以书面委托的形式，约定由其推选的业主代表在一定期限内代其行使共同管理权，具体委托内容、期限、权限和程序由业主大会议事规则规定。

**第二十九条**　业主大会会议决定筹集和使用专项维修资金以及改造、重建建筑物及其附属设施的，应当经专有部分占建筑物总面积三分之二以上的业主且占总人数三分之二以上的业主同意；决定本规则第十七条规定的其他共有和共同管理权利事项的，应当经专有部分占建筑物总面积过半数且占总人数过半数的业主同意。

**第三十条**　业主大会会议应当由业主委员会作出书面记录并存档。

业主大会的决定应当以书面形式在物业管理区域内及时公告。

## 第三章　业主委员会

**第三十一条**　业主委员会由业主大会会议选举产生，由5至11人单数组成。业主委员会委员应当是物业管理区域内的业主，并符合下列条件：

（一）具有完全民事行为能力；

（二）遵守国家有关法律、法规；

（三）遵守业主大会议事规则、管理规约，模范履行业主义务；

（四）热心公益事业，责任心强，公正廉洁；

（五）具有一定的组织能力；

（六）具备必要的工作时间。

**第三十二条**　业主委员会委员实行任期制，每届任期不超过5年，可连选连任，业主委员会委员具有同等表决权。

业主委员会应当自选举之日起7日内召开首次会议，推选业主委员会主任和副主任。

**第三十三条** 业主委员会应当自选举产生之日起30日内,持下列文件向物业所在地的区、县房地产行政主管部门和街道办事处、乡镇人民政府办理备案手续:

(一)业主大会成立和业主委员会选举的情况;

(二)管理规约;

(三)业主大会议事规则;

(四)业主大会决定的其他重大事项。

**第三十四条** 业主委员会办理备案手续后,可持备案证明向公安机关申请刻制业主大会印章和业主委员会印章。

业主委员会任期内,备案内容发生变更的,业主委员会应当自变更之日起30日内将变更内容书面报告备案部门。

**第三十五条** 业主委员会履行以下职责:

(一)执行业主大会的决定和决议;

(二)召集业主大会会议,报告物业管理实施情况;

(三)与业主大会选聘的物业服务企业签订物业服务合同;

(四)及时了解业主、物业使用人的意见和建议,监督和协助物业服务企业履行物业服务合同;

(五)监督管理规约的实施;

(六)督促业主交纳物业服务费及其他相关费用;

(七)组织和监督专项维修资金的筹集和使用;

(八)调解业主之间因物业使用、维护和管理产生的纠纷;

(九)业主大会赋予的其他职责。

**第三十六条** 业主委员会应当向业主公布下列情况和资料:

(一)管理规约、业主大会议事规则;

(二)业主大会和业主委员会的决定;

(三)物业服务合同;

(四)专项维修资金的筹集、使用情况;

(五)物业共有部分的使用和收益情况;

(六)占用业主共有的道路或者其他场地用于停放汽车车位的处分情况;

(七)业主大会和业主委员会工作经费的收支情况;

(八)其他应当向业主公开的情况和资料。

**第三十七条**　业主委员会应当按照业主大会议事规则的规定及业主大会的决定召开会议。经三分之一以上业主委员会委员的提议，应当在7日内召开业主委员会会议。

**第三十八条**　业主委员会会议由主任召集和主持，主任因故不能履行职责，可以委托副主任召集。

业主委员会会议应有过半数的委员出席，作出的决定必须经全体委员半数以上同意。

业主委员会委员不能委托代理人参加会议。

**第三十九条**　业主委员会应当于会议召开7日前，在物业管理区域内公告业主委员会会议的内容和议程，听取业主的意见和建议。

业主委员会会议应当制作书面记录并存档，业主委员会会议作出的决定，应当有参会委员的签字确认，并自作出决定之日起3日内在物业管理区域内公告。

**第四十条**　业主委员会应当建立工作档案，工作档案包括以下主要内容：

（一）业主大会、业主委员会的会议记录；

（二）业主大会、业主委员会的决定；

（三）业主大会议事规则、管理规约和物业服务合同；

（四）业主委员会选举及备案资料；

（五）专项维修资金筹集及使用账目；

（六）业主及业主代表的名册；

（七）业主的意见和建议。

**第四十一条**　业主委员会应当建立印章管理规定，并指定专人保管印章。

使用业主大会印章，应当根据业主大会议事规则的规定或者业主大会会议的决定；使用业主委员会印章，应当根据业主委员会会议的决定。

**第四十二条**　业主大会、业主委员会工作经费由全体业主承担。工作经费可以由业主分摊，也可以从物业共有部分经营所得收益中列支。工作经费的收支情况，应当定期在物业管理区域内公告，接受业主监督。

工作经费筹集、管理和使用的具体办法由业主大会决定。

**第四十三条** 有下列情况之一的，业主委员会委员资格自行终止：

（一）因物业转让、灭失等原因不再是业主的；

（二）丧失民事行为能力的；

（三）依法被限制人身自由的；

（四）法律、法规以及管理规约规定的其他情形。

**第四十四条** 业主委员会委员有下列情况之一的，由业主委员会三分之一以上委员或者持有20%以上投票权数的业主提议，业主大会或者业主委员会根据业主大会的授权，可以决定是否终止其委员资格：

（一）以书面方式提出辞职请求的；

（二）不履行委员职责的；

（三）利用委员资格谋取私利的；

（四）拒不履行业主义务的；

（五）侵害他人合法权益的；

（六）因其他原因不宜担任业主委员会委员的。

**第四十五条** 业主委员会委员资格终止的，应当自终止之日起3日内将其保管的档案资料、印章及其他属于全体业主所有的财物移交业主委员会。

**第四十六条** 业主委员会任期内，委员出现空缺时，应当及时补足。业主委员会委员候补办法由业主大会决定或者在业主大会议事规则中规定。业主委员会委员人数不足总数的二分之一时，应当召开业主大会临时会议，重新选举业主委员会。

**第四十七条** 业主委员会任期届满前3个月，应当组织召开业主大会会议，进行换届选举，并报告物业所在地的区、县房地产行政主管部门和街道办事处、乡镇人民政府。

**第四十八条** 业主委员会应当自任期届满之日起10日内，将其保管的档案资料、印章及其他属于业主大会所有的财物移交新一届业主委员会。

## 第四章 指导和监督

**第四十九条** 物业所在地的区、县房地产行政主管部门和街道办事处、乡镇人民政府应当积极开展物业管理政策法规的宣传和教育活动，及时处理业主、业主委员会在物业管理活动中的投诉。

**第五十条**　已交付使用的专有部分面积超过建筑物总面积50%，建设单位未按要求报送筹备首次业主大会会议相关文件资料的，物业所在地的区、县房地产行政主管部门或者街道办事处、乡镇人民政府有权责令建设单位限期改正。

**第五十一条**　业主委员会未按业主大会议事规则的规定组织召开业主大会定期会议，或者发生应当召开业主大会临时会议的情况，业主委员会不履行组织召开会议职责的，物业所在地的区、县房地产行政主管部门或者街道办事处、乡镇人民政府可以责令业主委员会限期召开；逾期仍不召开的，可以由物业所在地的居民委员会在街道办事处、乡镇人民政府的指导和监督下组织召开。

**第五十二条**　按照业主大会议事规则的规定或者三分之一以上委员提议，应当召开业主委员会会议的，业主委员会主任、副主任无正当理由不召集业主委员会会议的，物业所在地的区、县房地产行政主管部门或者街道办事处、乡镇人民政府可以指定业主委员会其他委员召集业主委员会会议。

**第五十三条**　召开业主大会会议，物业所在地的区、县房地产行政主管部门和街道办事处、乡镇人民政府应当给予指导和协助。

**第五十四条**　召开业主委员会会议，应当告知相关的居民委员会，并听取居民委员会的建议。

在物业管理区域内，业主大会、业主委员会应当积极配合相关居民委员会依法履行自治管理职责，支持居民委员会开展工作，并接受其指导和监督。

**第五十五条**　违反业主大会议事规则或者未经业主大会会议和业主委员会会议的决定，擅自使用业主大会印章、业主委员会印章的，物业所在地的街道办事处、乡镇人民政府应当责令限期改正，并通告全体业主；造成经济损失或者不良影响的，应当依法追究责任人的法律责任。

**第五十六条**　业主委员会委员资格终止，拒不移交所保管的档案资料、印章及其他属于全体业主所有的财物的，其他业主委员会委员可以请求物业所在地的公安机关协助移交。

业主委员会任期届满后，拒不移交所保管的档案资料、印章及其他属于全体业主所有的财物的，新一届业主委员会可以请求物业所在地的公安机关协助移交。

**第五十七条** 业主委员会在规定时间内不组织换届选举的，物业所在地的区、县房地产行政主管部门或者街道办事处、乡镇人民政府应当责令其限期组织换届选举；逾期仍不组织的，可以由物业所在地的居民委员会在街道办事处、乡镇人民政府的指导和监督下，组织换届选举工作。

**第五十八条** 因客观原因未能选举产生业主委员会或者业主委员会委员人数不足总数的二分之一的，新一届业主委员会产生之前，可以由物业所在地的居民委员会在街道办事处、乡镇人民政府的指导和监督下，代行业主委员会的职责。

**第五十九条** 业主大会、业主委员会作出的决定违反法律法规的，物业所在地的区、县房地产行政主管部门和街道办事处、乡镇人民政府应当责令限期改正或者撤销其决定，并通告全体业主。

**第六十条** 业主不得擅自以业主大会或者业主委员会的名义从事活动。业主以业主大会或者业主委员会的名义，从事违反法律、法规的活动，构成犯罪的，依法追究刑事责任；尚不构成犯罪的，依法给予治安管理处罚。

**第六十一条** 物业管理区域内，可以召开物业管理联席会议。物业管理联席会议由街道办事处、乡镇人民政府负责召集，由区、县房地产行政主管部门、公安派出所、居民委员会、业主委员会和物业服务企业等方面的代表参加，共同协调解决物业管理中遇到的问题。

## 第五章 附 则

**第六十二条** 业主自行管理或者委托其他管理人管理物业，成立业主大会，选举业主委员会的，可参照执行本规则。

**第六十三条** 物业所在地的区、县房地产行政主管部门与街道办事处、乡镇人民政府在指导、监督业主大会和业主委员会工作中的具体职责分工，按各省、自治区、直辖市人民政府有关规定执行。

**第六十四条** 本规则自2010年1月1日起施行。《业主大会规程》（建住房[2003]131号）同时废止。

## 三、相关裁判摘要

• **2004年第5期《中华人民共和国最高人民法院公报》**刊登的"**中海雅园管委会诉海淀区房管局不履行法定职责案**"判决认为，由业主大会选举产生的物业管理委员会虽然不具备法人资格，但可以为行政诉讼的主体。相关裁判摘要如下：

《中华人民共和国行政诉讼法》第二条规定："公民、法人或者其他组织认为行政机关和行政机关工作人员的具体行政行为侵犯其合法权益，有权依照本法向人民法院提起诉讼。"根据本案发生时实施的建设部《城市新建住宅小区管理办法》、北京市人民政府《北京市居住小区物业管理办法》以及原北京市房屋土地管理局《关于开展居住小区物业管理委员会试点工作的通知》、《关于全面开展组建物业管理委员会工作的通知》、北京市国土资源和房屋管理局《关于物业管理委员会委员补选、改选、换届选举及变更事项的通知》、北京市人民政府办公厅《关于转发规范和加强本市居住区物业管理的若干意见》的规定，居住小区物业管理委员会是由居住小区内全体业主通过业主大会选举产生，代表本物业区域内全体业主的合法权益，负责对区域内物业实施管理的组织。物业管理委员会的成立及换届选举，均须报当地区县国土房管机关登记备案。物业管理委员会的主要职责包括选聘或解聘物业管理企业、与物业管理企业签订物业管理合同以及审议物业管理企业提出的物业管理服务收费标准、年度计划、财务预算和决算、监督物业管理企业的管理服务活动等，物业管理委员会的办公场所由物业管理企业提供，日常办公经费也暂由物业管理企业从其收入中支付。据此，可以认为，物业管理委员会的产生与改选均须经行政主管机关登记，有自己的组织章程和组织机构，有独立使用的办公场所，办公经费亦有相应保障，因而具有一定的民事行为能力，虽然不具备法人的资格，但如果物业管理委员会认为房管局处理其申请换届登记予以备案的具体行政行为，侵犯了该委员会的合法权益，有权依照行政诉讼法的规定向人民法院提起诉讼。因此，对于被告海淀区房管局提出原告中海雅园管委会不具有诉讼主体资格的主张，不予采纳。

根据上述行政规章的规定，房管行政机关负责指导物业管理委员会的组建和日常工作的监督，有权要求物业管理委员会纠正其作出的违反法规、规章及政策的决定。原告中海雅园管委会在组建时已经在行政管理机关办理了登记手续，任期届满后进行了换届选举。被告海淀区房管局如认为中海雅园管委会采取的换届选举方式不符合法规、规章的规定，可以要求中海雅园管委会予以纠正；在收到中海雅园管委会寄送的换届选举登记备案的书面申请后，如认为其提交的备案材料不符合规定,应当要求其补正;如不予备案,亦应书面通知并说明理由。海淀区房管局在长达一年的时间内,不依照职权对中海雅园管委会提出的换届选举登记备案申请给予任何书面答复,亦未依照规定尽其指导、监督的职责,构成违法。为此,中海雅园管委会请求确认海淀区房管局的上述行为违法,应予支持。

**第二百七十八条 【业主共同决定的事项】** 下列事项由业主共同决定:

(一)制定和修改业主大会议事规则;

(二)制定和修改管理规约;

(三)选举业主委员会或者更换业主委员会成员;

(四)选聘和解聘物业服务企业或者其他管理人;

(五)使用建筑物及其附属设施的维修资金;

(六)筹集建筑物及其附属设施的维修资金;

(七)改建、重建建筑物及其附属设施;

(八)改变共有部分的用途或者利用共有部分从事经营活动;

(九)有关共有和共同管理权利的其他重大事项。

业主共同决定事项,应当由专有部分面积占比三分之二以上的业主且人数占比三分之二以上的业主参与表决。决定前款第六项至第八项规定的事项,应当经参与表决专有部分面积四分之三以上的业主且参与表决人数四分之三以上的业主同意。决定前款其他事项,应当经参与表决专有部分面积过半数的业主且参与表决人数过半数的业主同意。

**一、相关行政法规**

**《物业管理条例》(2018年3月19日修订)**

**第十一条** 下列事项由业主共同决定:

(一)制定和修改业主大会议事规则;

(二)制定和修改管理规约;

(三)选举业主委员会或者更换业主委员会成员;

(四)选聘和解聘物业服务企业;

（五）筹集和使用专项维修资金；

（六）改建、重建建筑物及其附属设施；

（七）有关共有和共同管理权利的其他重大事项。

**第十二条**　业主大会会议可以采用集体讨论的形式，也可以采用书面征求意见的形式；但是，应当有物业管理区域内专有部分占建筑物总面积过半数的业主且占总人数过半数的业主参加。

业主可以委托代理人参加业主大会会议。

业主大会决定本条例第十一条第（五）项和第（六）项规定的事项，应当经专有部分占建筑物总面积2/3以上的业主且占总人数2/3以上的业主同意；决定本条例第十一条规定的其他事项，应当经专有部分占建筑物总面积过半数的业主且占总人数过半数的业主同意。

业主大会或者业主委员会的决定，对业主具有约束力。

业主大会或者业主委员会作出的决定侵害业主合法权益的，受侵害的业主可以请求人民法院予以撤销。

## 二、相关司法解释

**《最高人民法院关于审理建筑物区分所有权纠纷案件具体应用法律若干问题的解释》（法释〔2009〕7号）（2020年12月23日修正）**

**第七条**　处分共有部分，以及业主大会依法决定或者管理规约依法确定应由业主共同决定的事项，应当认定为民法典第二百七十八条第一款第（九）项规定的有关共有和共同管理权利的“其他重大事项”。

**第八条**　民法典第二百七十八条第二款和第二百八十三条规定的专有部分面积可以按照不动产登记簿记载的面积计算；尚未进行物权登记的，暂按测绘机构的实测面积计算；尚未进行实测的，暂按房屋买卖合同记载的面积计算。

**第九条**　民法典第二百七十八条第二款规定的业主人数可以按照专有部分的数量计算，一个专有部分按一人计算。但建设单位尚未出售和虽已出售但尚未交付的部分，以及同一买受人拥有一个以上专有部分的，按一人计算。

## 三、相关部门规章

### 《住宅专项维修资金管理办法》(2008年2月1日起施行)

#### 第一章 总 则

**第一条** 为了加强对住宅专项维修资金的管理,保障住宅共用部位、共用设施设备的维修和正常使用,维护住宅专项维修资金所有者的合法权益,根据《物权法》、《物业管理条例》等法律、行政法规,制定本办法。

**第二条** 商品住宅、售后公有住房住宅专项维修资金的交存、使用、管理和监督,适用本办法。

本办法所称住宅专项维修资金,是指专项用于住宅共用部位、共用设施设备保修期满后的维修和更新、改造的资金。

**第三条** 本办法所称住宅共用部位,是指根据法律、法规和房屋买卖合同,由单幢住宅内业主或者单幢住宅内业主及与之结构相连的非住宅业主共有的部位,一般包括:住宅的基础、承重墙体、柱、梁、楼板、屋顶以及户外的墙面、门厅、楼梯间、走廊通道等。

本办法所称共用设施设备,是指根据法律、法规和房屋买卖合同,由住宅业主或者住宅业主及有关非住宅业主共有的附属设施设备,一般包括电梯、天线、照明、消防设施、绿地、道路、路灯、沟渠、池、井、非经营性车场车库、公益性文体设施和共用设施设备使用的房屋等。

**第四条** 住宅专项维修资金管理实行专户存储、专款专用、所有权人决策、政府监督的原则。

**第五条** 国务院建设主管部门会同国务院财政部门负责全国住宅专项维修资金的指导和监督工作。

县级以上地方人民政府建设(房地产)主管部门会同同级财政部门负责本行政区域内住宅专项维修资金的指导和监督工作。

#### 第二章 交 存

**第六条** 下列物业的业主应当按照本办法的规定交存住宅专项维修资金:

(一)住宅,但一个业主所有且与其他物业不具有共用部位、共用设施设备的除外;

（二）住宅小区内的非住宅或者住宅小区外与单幢住宅结构相连的非住宅。

前款所列物业属于出售公有住房的，售房单位应当按照本办法的规定交存住宅专项维修资金。

**第七条**　商品住宅的业主、非住宅的业主按照所拥有物业的建筑面积交存住宅专项维修资金，每平方米建筑面积交存首期住宅专项维修资金的数额为当地住宅建筑安装工程每平方米造价的5%至8%。

直辖市、市、县人民政府建设（房地产）主管部门应当根据本地区情况，合理确定、公布每平方米建筑面积交存首期住宅专项维修资金的数额，并适时调整。

**第八条**　出售公有住房的，按照下列规定交存住宅专项维修资金：

（一）业主按照所拥有物业的建筑面积交存住宅专项维修资金，每平方米建筑面积交存首期住宅专项维修资金的数额为当地房改成本价的2%。

（二）售房单位按照多层住宅不低于售房款的20%、高层住宅不低于售房款的30%，从售房款中一次性提取住宅专项维修资金。

**第九条**　业主交存的住宅专项维修资金属于业主所有。

从公有住房售房款中提取的住宅专项维修资金属于公有住房售房单位所有。

**第十条**　业主大会成立前，商品住宅业主、非住宅业主交存的住宅专项维修资金，由物业所在地直辖市、市、县人民政府建设（房地产）主管部门代管。

直辖市、市、县人民政府建设（房地产）主管部门应当委托所在地一家商业银行，作为本行政区域内住宅专项维修资金的专户管理银行，并在专户管理银行开立住宅专项维修资金专户。

开立住宅专项维修资金专户，应当以物业管理区域为单位设账，按房屋户门号设分户账；未划定物业管理区域的，以幢为单位设账，按房屋户门号设分户账。

**第十一条**　业主大会成立前，已售公有住房住宅专项维修资金，由物业所在地直辖市、市、县人民政府财政部门或者建设（房地产）主管部门负责管理。

负责管理公有住房住宅专项维修资金的部门应当委托所在地一家商业银行，作为本行政区域内公有住房住宅专项维修资金的专户管理银行,并在专户管理银行开立公有住房住宅专项维修资金专户。

开立公有住房住宅专项维修资金专户,应当按照售房单位设账,按幢设分账;其中,业主交存的住宅专项维修资金,按房屋户门号设分户帐。

**第十二条** 商品住宅的业主应当在办理房屋入住手续前,将首期住宅专项维修资金存入住宅专项维修资金专户。

已售公有住房的业主应当在办理房屋入住手续前,将首期住宅专项维修资金存入公有住房住宅专项维修资金专户或者交由售房单位存入公有住房住宅专项维修资金专户。

公有住房售房单位应当在收到售房款之日起30日内,将提取的住宅专项维修资金存入公有住房住宅专项维修资金专户。

**第十三条** 未按本办法规定交存首期住宅专项维修资金的,开发建设单位或者公有住房售房单位不得将房屋交付购买人。

**第十四条** 专户管理银行、代收住宅专项维修资金的售房单位应当出具由财政部或者省、自治区、直辖市人民政府财政部门统一监制的住宅专项维修资金专用票据。

**第十五条** 业主大会成立后,应当按照下列规定划转业主交存的住宅专项维修资金:

(一)业主大会应当委托所在地一家商业银行作为本物业管理区域内住宅专项维修资金的专户管理银行,并在专户管理银行开立住宅专项维修资金专户。

开立住宅专项维修资金专户,应当以物业管理区域为单位设账,按房屋户门号设分户账。

(二)业主委员会应当通知所在地直辖市、市、县人民政府建设(房地产)主管部门;涉及已售公有住房的,应当通知负责管理公有住房住宅专项维修资金的部门。

(三)直辖市、市、县人民政府建设(房地产)主管部门或者负责管理公有住房住宅专项维修资金的部门应当在收到通知之日起30日内,通知专户管理银行将该物业管理区域内业主交存的住宅专项维修资金账面余额划转至业主大会开立的住宅专项维修资金账户,并将有关账目等移交业主委员会。

**第十六条** 住宅专项维修资金划转后的账目管理单位,由业主大会决定。业主大会应当建立住宅专项维修资金管理制度。

业主大会开立的住宅专项维修资金账户，应当接受所在地直辖市、市、县人民政府建设（房地产）主管部门的监督。

**第十七条**　业主分户账面住宅专项维修资金余额不足首期交存额30%的，应当及时续交。

成立业主大会的，续交方案由业主大会决定。

未成立业主大会的，续交的具体管理办法由直辖市、市、县人民政府建设（房地产）主管部门会同同级财政部门制定。

## 第三章　使　　用

**第十八条**　住宅专项维修资金应当专项用于住宅共用部位、共用设施设备保修期满后的维修和更新、改造，不得挪作他用。

**第十九条**　住宅专项维修资金的使用，应当遵循方便快捷、公开透明、受益人和负担人相一致的原则。

**第二十条**　住宅共用部位、共用设施设备的维修和更新、改造费用，按照下列规定分摊：

（一）商品住宅之间或者商品住宅与非住宅之间共用部位、共用设施设备的维修和更新、改造费用，由相关业主按照各自拥有物业建筑面积的比例分摊。

（二）售后公有住房之间共用部位、共用设施设备的维修和更新、改造费用，由相关业主和公有住房售房单位按照所交存住宅专项维修资金的比例分摊；其中，应由业主承担的，再由相关业主按照各自拥有物业建筑面积的比例分摊。

（三）售后公有住房与商品住宅或者非住宅之间共用部位、共用设施设备的维修和更新、改造费用，先按照建筑面积比例分摊到各相关物业。其中，售后公有住房应分摊的费用，再由相关业主和公有住房售房单位按照所交存住宅专项维修资金的比例分摊。

**第二十一条**　住宅共用部位、共用设施设备维修和更新、改造，涉及尚未售出的商品住宅、非住宅或者公有住房的，开发建设单位或者公有住房单位应当按照尚未售出商品住宅或者公有住房的建筑面积，分摊维修和更新、改造费用。

**第二十二条**　住宅专项维修资金划转业主大会管理前，需要使用住宅专项维修资金的，按照以下程序办理：

（一）物业服务企业根据维修和更新、改造项目提出使用建议；没有物业服务企业的，由相关业主提出使用建议；

（二）住宅专项维修资金列支范围内专有部分占建筑物总面积三分之二以上的业主且占总人数三分之二以上的业主讨论通过使用建议；

（三）物业服务企业或者相关业主组织实施使用方案；

（四）物业服务企业或者相关业主持有关材料，向所在地直辖市、市、县人民政府建设（房地产）主管部门申请列支；其中，动用公有住房住宅专项维修资金的，向负责管理公有住房住宅专项维修资金的部门申请列支；

（五）直辖市、市、县人民政府建设（房地产）主管部门或者负责管理公有住房住宅专项维修资金的部门审核同意后，向专户管理银行发出划转住宅专项维修资金的通知；

（六）专户管理银行将所需住宅专项维修资金划转至维修单位。

**第二十三条** 住宅专项维修资金划转业主大会管理后，需要使用住宅专项维修资金的，按照以下程序办理：

（一）物业服务企业提出使用方案，使用方案应当包括拟维修和更新、改造的项目、费用预算、列支范围、发生危及房屋安全等紧急情况以及其他需临时使用住宅专项维修资金的情况的处置办法等；

（二）业主大会依法通过使用方案；

（三）物业服务企业组织实施使用方案；

（四）物业服务企业持有关材料向业主委员会提出列支住宅专项维修资金；其中，动用公有住房住宅专项维修资金的，向负责管理公有住房住宅专项维修资金的部门申请列支；

（五）业主委员会依据使用方案审核同意，并报直辖市、市、县人民政府建设（房地产）主管部门备案；动用公有住房住宅专项维修资金的，经负责管理公有住房住宅专项维修资金的部门审核同意；直辖市、市、县人民政府建设（房地产）主管部门或者负责管理公有住房住宅专项维修资金的部门发现不符合有关法律、法规、规章和使用方案的，应当责令改正；

（六）业主委员会、负责管理公有住房住宅专项维修资金的部门向专户管理银行发出划转住宅专项维修资金的通知；

（七）专户管理银行将所需住宅专项维修资金划转至维修单位。

**第二十四条** 发生危及房屋安全等紧急情况，需要立即对住宅共用部位、共用设施设备进行维修和更新、改造的，按照以下规定列支住宅专项维修资金：

（一）住宅专项维修资金划转业主大会管理前，按照本办法第二十二条第四项、第五项、第六项的规定办理；

（二）住宅专项维修资金划转业主大会管理后，按照本办法第二十三条第四项、第五项、第六项和第七项的规定办理。

发生前款情况后，未按规定实施维修和更新、改造的，直辖市、市、县人民政府建设（房地产）主管部门可以组织代修，维修费用从相关业主住宅专项维修资金分户账中列支；其中，涉及已售公有住房的，还应当从公有住房住宅专项维修资金中列支。

**第二十五条**　下列费用不得从住宅专项维修资金中列支：

（一）依法应当由建设单位或者施工单位承担的住宅共用部位、共用设施设备维修、更新和改造费用；

（二）依法应当由相关单位承担的供水、供电、供气、供热、通讯、有线电视等管线和设施设备的维修、养护费用；

（三）应当由当事人承担的因人为损坏住宅共用部位、共用设施设备所需的修复费用；

（四）根据物业服务合同约定，应当由物业服务企业承担的住宅共用部位、共用设施设备的维修和养护费用。

**第二十六条**　在保证住宅专项维修资金正常使用的前提下，可以按照国家有关规定将住宅专项维修资金用于购买国债。

利用住宅专项维修资金购买国债，应当在银行间债券市场或者商业银行柜台市场购买一级市场新发行的国债，并持有到期。

利用业主交存的住宅专项维修资金购买国债的，应当经业主大会同意；未成立业主大会的，应当经专有部分占建筑物总面积三分之二以上的业主且占总人数三分之二以上业主同意。

利用从公有住房售房款中提取的住宅专项维修资金购买国债的，应当根据售房单位的财政隶属关系，报经同级财政部门同意。

禁止利用住宅专项维修资金从事国债回购、委托理财业务或者将购买的国债用于质押、抵押等担保行为。

**第二十七条**　下列资金应当转入住宅专项维修资金滚存使用：

（一）住宅专项维修资金的存储利息；

（二）利用住宅专项维修资金购买国债的增值收益；

（三）利用住宅共用部位、共用设施设备进行经营的，业主所得收益，但业主大会另有决定的除外；

（四）住宅共用设施设备报废后回收的残值。

## 第四章 监督管理

**第二十八条** 房屋所有权转让时，业主应当向受让人说明住宅专项维修资金交存和结余情况并出具有效证明，该房屋分户账中结余的住宅专项维修资金随房屋所有权同时过户。

受让人应当持住宅专项维修资金过户的协议、房屋权属证书、身份证等到专户管理银行办理分户账更名手续。

**第二十九条** 房屋灭失的，按照以下规定返还住宅专项维修资金：

（一）房屋分户账中结余的住宅专项维修资金返还业主；

（二）售房单位交存的住宅专项维修资金账面余额返还售房单位；售房单位不存在的，按照售房单位财务隶属关系，收缴同级国库。

**第三十条** 直辖市、市、县人民政府建设（房地产）主管部门，负责管理公有住房住宅专项维修资金的部门及业主委员会，应当每年至少一次与专户管理银行核对住宅专项维修资金账目，并向业主、公有住房售房单位公布下列情况：

（一）住宅专项维修资金交存、使用、增值收益和结存的总额；

（二）发生列支的项目、费用和分摊情况；

（三）业主、公有住房售房单位分户账中住宅专项维修资金交存、使用、增值收益和结存的金额；

（四）其他有关住宅专项维修资金使用和管理的情况。

业主、公有住房售房单位对公布的情况有异议的，可以要求复核。

**第三十一条** 专户管理银行应当每年至少一次向直辖市、市、县人民政府建设（房地产）主管部门，负责管理公有住房住宅专项维修资金的部门及业主委员会发送住宅专项维修资金对账单。

直辖市、市、县建设（房地产）主管部门，负责管理公有住房住宅专项维修资金的部门及业主委员会对资金账户变化情况有异议的，可以要求专户管理银行进行复核。

专户管理银行应当建立住宅专项维修资金查询制度，接受业主、公有住房售房单位对其分户账中住宅专项维修资金使用、增值收益和账面余额的查询。

**第三十二条** 住宅专项维修资金的管理和使用，应当依法接受审计部门的审计监督。

**第三十三条** 住宅专项维修资金的财务管理和会计核算应当执行

财政部有关规定。

财政部门应当加强对住宅专项维修资金收支财务管理和会计核算制度执行情况的监督。

**第三十四条**　住宅专项维修资金专用票据的购领、使用、保存、核销管理，应当按照财政部以及省、自治区、直辖市人民政府财政部门的有关规定执行，并接受财政部门的监督检查。

## 第五章　法律责任

**第三十五条**　公有住房售房单位有下列行为之一的，由县级以上地方人民政府财政部门会同同级建设（房地产）主管部门责令限期改正：

（一）未按本办法第八条、第十二条第三款规定交存住宅专项维修资金的；

（二）违反本办法第十三条规定将房屋交付买受人的；

（三）未按本办法第二十一条规定分摊维修、更新和改造费用的。

**第三十六条**　开发建设单位违反本办法第十三条规定将房屋交付买受人的，由县级以上地方人民政府建设（房地产）主管部门责令限期改正；逾期不改正的，处以3万元以下的罚款。

开发建设单位未按本办法第二十一条规定分摊维修、更新和改造费用的，由县级以上地方人民政府建设（房地产）主管部门责令限期改正；逾期不改正的，处以1万元以下的罚款。

**第三十七条**　违反本办法规定，挪用住宅专项维修资金的，由县级以上地方人民政府建设（房地产）主管部门追回挪用的住宅专项维修资金，没收违法所得，可以并处挪用金额2倍以下的罚款；构成犯罪的，依法追究直接负责的主管人员和其他直接责任人员的刑事责任。

物业服务企业挪用住宅专项维修资金，情节严重的，除按前款规定予以处罚外，还应由颁发资质证书的部门吊销资质证书。

直辖市、市、县人民政府建设（房地产）主管部门挪用住宅专项维修资金的，由上一级人民政府建设（房地产）主管部门追回挪用的住宅专项维修资金，对直接负责的主管人员和其他直接责任人员依法给予处分；构成犯罪的，依法追究刑事责任。

直辖市、市、县人民政府财政部门挪用住宅专项维修资金的，由上一级人民政府财政部门追回挪用的住宅专项维修资金，对直接负责的主管人员和其他直接责任人员依法给予处分；构成犯罪的，依法追究刑事责任。

**第三十八条** 直辖市、市、县人民政府建设(房地产)主管部门违反本办法第二十六条规定的,由上一级人民政府建设(房地产)主管部门责令限期改正,对直接负责的主管人员和其他直接责任人员依法给予处分;造成损失的,依法赔偿;构成犯罪的,依法追究刑事责任。

直辖市、市、县人民政府财政部门违反本办法第二十六条规定的,由上一级人民政府财政部门责令限期改正,对直接负责的主管人员和其他直接责任人员依法给予处分;造成损失的,依法赔偿;构成犯罪的,依法追究刑事责任。

业主大会违反本办法第二十六条规定的,由直辖市、市、县人民政府建设(房地产)主管部门责令改正。

**第三十九条** 对违反住宅专项维修资金专用票据管理规定的行为,按照《财政违法行为处罚处分条例》的有关规定追究法律责任。

**第四十条** 县级以上人民政府建设(房地产)主管部门、财政部门及其工作人员利用职务上的便利,收受他人财物或者其他好处,不依法履行监督管理职责,或者发现违法行为不予查处的,依法给予处分;构成犯罪的,依法追究刑事责任。

## 第六章 附 则

**第四十一条** 省、自治区、直辖市人民政府建设(房地产)主管部门会同同级财政部门可以依据本办法,制定实施细则。

**第四十二条** 本办法实施前,商品住宅、公有住房已经出售但未建立住宅专项维修资金的,应当补建。具体办法由省、自治区、直辖市人民政府建设(房地产)主管部门会同同级财政部门依据本办法制定。

**第四十三条** 本办法由国务院建设主管部门、财政部门共同解释。

**第四十四条** 本办法自2008年2月1日起施行,1998年12月16日建设部、财政部发布的《住宅共用部位共用设施设备维修基金管理办法》(建住房[1998]213号)同时废止。

## 四、相关文件规定

**《住房和城乡建设部关于印发〈业主大会和业主委员会指导规则〉的通知》(建房〔2009〕274号)**

**第十七条** 业主大会决定以下事项:

(一)制定和修改业主大会议事规则;

（二）制定和修改管理规约；

（三）选举业主委员会或者更换业主委员会委员；

（四）制定物业服务内容、标准以及物业服务收费方案；

（五）选聘和解聘物业服务企业；

（六）筹集和使用专项维修资金；

（七）改建、重建建筑物及其附属设施；

（八）改变共有部分的用途；

（九）利用共有部分进行经营以及所得收益的分配与使用；

（十）法律法规或者管理规约确定应由业主共同决定的事项。

**第二十三条**　业主大会确定业主投票权数，可以按照下列方法认定专有部分面积和建筑物总面积：

（一）专有部分面积按照不动产登记簿记载的面积计算；尚未进行登记的，暂按测绘机构的实测面积计算；尚未进行实测的，暂按房屋买卖合同记载的面积计算；

（二）建筑物总面积，按照前项的统计总和计算。

**第二十四条**　业主大会确定业主投票权数，可以按照下列方法认定业主人数和总人数：

（一）业主人数，按照专有部分的数量计算，一个专有部分按一人计算。但建设单位尚未出售和虽已出售但尚未交付的部分，以及同一买受人拥有一个以上专有部分的，按一人计算；

（二）总人数，按照前项的统计总和计算。

**第二十五条**　业主大会应当在业主大会议事规则中约定车位、摊位等特定空间是否计入用于确定业主投票权数的专有部分面积。

一个专有部分有两个以上所有权人的，应当推选一人行使表决权，但共有人所代表的业主人数为一人。

业主为无民事行为能力人或者限制民事行为能力人的，由其法定监护人行使投票权。

**第二十六条**　业主因故不能参加业主大会会议的，可以书面委托代理人参加业主大会会议。

未参与表决的业主，其投票权数是否可以计入已表决的多数票，由管理规约或者业主大会议事规则规定。

**第二十七条**　物业管理区域内业主人数较多的，可以幢、单元、楼层为单位，推选一名业主代表参加业主大会会议，推选及表决办法应当在业主大会议事规则中规定。

**第二十八条** 业主可以书面委托的形式，约定由其推选的业主代表在一定期限内代其行使共同管理权，具体委托内容、期限、权限和程序由业主大会议事规则规定。

**第二十九条** 业主大会会议决定筹集和使用专项维修资金以及改造、重建建筑物及其附属设施的，应当经专有部分占建筑物总面积三分之二以上的业主且占总人数三分之二以上的业主同意；决定本规则第十七条规定的其他共有和共同管理权利事项的，应当经专有部分占建筑物总面积过半数且占总人数过半数的业主同意。

## 五、相关裁判摘要

**2012年第12期《中华人民共和国最高人民法院公报》**刊登的“**高尔夫（南京）房地产有限公司诉吴咏梅供用热力合同纠纷案**”判决认为，供热水、供暖服务的对象为小区全体业主，相关设施系小区业主的公共设施，是否解除供热合同应由业主大会决定。相关裁判摘要如下：

原告高尔夫公司与被告吴咏梅签订的《预售合同》，是双方的真实意思表示，合法有效，受法律保护，双方均应按约履行。买卖契约中双方不仅对商品房买卖的具体条款进行了约定，还对供暖、供热水的时间和使用费用进行了约定，明确约定了由高尔夫公司履行供暖、供热水的义务，吴咏梅按照标准履行支付使用费的义务，故高尔夫公司与吴咏梅之间形成了供用热力的合同关系。对高尔夫公司要求确认双方热力代供关系已经解除的请求，因吴咏梅提交的停用暖气热水报告中仅要求停用热水及暖气，并未要求解除双方之间的供热合同，在审理中吴咏梅亦不同意解除双方之间的供热合同，且高尔夫公司提供的供热水、供暖服务的对象为高尔夫国际花园小区全体业主，相关设施系小区业主的公共设施，解除供热合同势必会影响到吴咏梅房屋的价值以及其他业主的合法权益，是否解除供热应由业主大会决定，故对高尔夫公司的该项请求本院不予支持。高尔夫公司主张的供热费用，因该费用中不仅包含了暖气、热水费用还包含了供暖设备的维护费用，吴咏梅虽申请停用暖气及热水，但是供暖设备的维护费用吴咏梅应当支付；结合吴咏梅亦认可高尔夫公司供热的成本已经高于收取的供热费用，且吴咏梅已经按照供暖期每月每平方米7元、非供暖期每月每平方米0.7元的标准，向高尔夫公司缴纳了2010年3月16日至12月31日的供热费用，应当视为双方已经对《预售合同》中约定的供热费用的标准进行了变更，本院酌定由吴咏梅按照其支付的2010年供热费用的缴费标准的60%向高尔夫公司支付供热费用，经计算为4777元，故对高尔夫公司主张的供热费用部分予以支持。

**第二百七十九条　【住宅改变为经营性用房】**业主不得违反法律、法规以及管理规约，将住宅改变为经营性用房。业主将住宅改变为经营性用房的，除遵守法律、法规以及管理规约外，应当经有利害关系的业主一致同意。

**一、相关司法解释**

**《最高人民法院关于审理建筑物区分所有权纠纷案件具体应用法律若干问题的解释》（法释〔2009〕7号）（2020年12月23日修正）**

**第十条**　业主将住宅改变为经营性用房，未依据民法典第二百七十九条的规定经有利害关系的业主一致同意，有利害关系的业主请求排除妨害、消除危险、恢复原状或者赔偿损失的，人民法院应予支持。

将住宅改变为经营性用房的业主以多数有利害关系的业主同意其行为进行抗辩的，人民法院不予支持。

**第十一条**　业主将住宅改变为经营性用房，本栋建筑物内的其他业主，应当认定为民法典第二百七十九条所称“有利害关系的业主”。建筑区划内，本栋建筑物之外的业主，主张与自己有利害关系的，应证明其房屋价值、生活质量受到或者可能受到不利影响。

**二、相关文件规定**

**《最高人民法院关于为自由贸易试验区建设提供司法保障的意见》（法发〔2016〕34号）**

正确处理在自贸试验区较为常见的“民宅商用”“一址多照”问题。正确理解和适用《中华人民共和国物权法》第七十七条规定的将住宅改变为经营性用房的限制条件，保障人民群众正常的生活秩序。对多个公司使用同一地址作为住所地登记的，在审理相关案件时要注意是否存在财产混同、人格混同等情况，依法维护债权人利益。

## 三、相关裁判摘要

● **2014年第11期《中华人民共和国最高人民法院公报》**刊登的**“张一诉郑中伟、中国联合网络通信有限公司武汉市分公司建筑物区分所有权纠纷案”**判决就如何认定将住宅改变为经营性用房进行了分析。相关裁判摘要如下：

本案二审的争议焦点是：一、被上诉人联通武汉分公司在讼争房屋内放置光纤传输机柜作为数据传输汇聚节点的行为是否属于将住宅改变为经营性用房；二、如果联通武汉分公司的上述行为属于将住宅改变为经营性用房，是否应当经过上诉人张一的同意。

湖北省武汉市中级人民法院二审认为：

一、关于第一个争议焦点。

被上诉人联通武汉分公司在讼争房屋内放置光纤传输机柜作为数据传输汇聚节点的行为，属于将住宅改变为经营性用房。理由如下：住宅是指专供个人、家庭日常生活居住使用的房屋。经营性用房是指用于商业、工业、旅游、办公等经营性活动的房屋。两者因用途不同而有本质区别。住宅的用途主要是生活居住，经营性用房的用途主要是经营性活动。本案中，联通武汉分公司租赁讼争房屋用于放置光纤传输机柜作为数据传输汇聚节点，以建设有线光纤传输宽带网络，解决“平安城市”视频监控录像传输、无线城市综合项目WLAN（无线宽带局域网）、周边居民小区宽带、固定电话等接入业务的汇聚、交换需求。从其用途可以看出，其租赁讼争房屋并不是为了生活居住，而是为了从事经营性活动，因此联通武汉分公司的上述行为属于将住宅改变为经营性用房。

二、关于第二个争议焦点。

被上诉人联通武汉分公司在讼争房屋内放置光纤传输机柜作为数据传输汇聚节点的行为，应当经过上诉人张一的同意。理由如下：首先，联通武汉分公司将住宅改变为经营性用房的行为应当经过有利害关系的业主同意。依照《中华人民共和国物权法》第七十七条“业主不得违反法律、法规以及管理规约，将住宅改变为经营性用房。业主将住宅改变为经营性用房的，除遵守法律、法规以及管理规约外，应当经有利害关系的业主同意”的规定，业主将住宅改变为经营性用房，其行为的合法性需要同时满足两个条件：1. 遵守法律、法规以及管理规约；

2.应当经有利害关系的业主同意。即使没有违反法律、法规以及管理规约,只要没有经过有利害关系的业主同意,将住宅改变为经营性用房的行为的合法性仍不具备。《中华人民共和国物权法》第七十七条的条款语义清楚、内涵明确,一审对该条款中的“业主将住宅改变为经营性用房”作限缩性解释不当,予以纠正。依照最高人民法院《关于审理建筑物区分所有权纠纷案件具体应用法律若干问题的解释》第十条第一款“业主将住宅改变为经营性用房,未按照物权法第七十七条的规定经有利害关系的业主同意,有利害关系的业主请求排除妨害、消除危险、恢复原状或者赔偿损失的,人民法院应予支持”和第十六条第一款“建筑物区分所有权纠纷涉及专有部分的承租人、借用人等物业使用人的,参照本解释处理”的规定,联通武汉分公司作为讼争房屋的承租人将住宅改变为经营性用房,应承担与业主相同的法定义务,故也应当经过有利害关系的业主同意。

其次,上诉人张一应认定为有利害关系的业主。依照最高人民法院《关于审理建筑物区分所有权纠纷案件具体应用法律若干问题的解释》第十一条“业主将住宅改变为经营性用房,本栋建筑物内的其他业主,应当认定为物权法第七十七条所称‘有利害关系的业主’。建筑区划内,本栋建筑物之外的业主,主张与自己有利害关系的,应证明其房屋价值、生活质量受到或者可能受到不利影响”的规定,上诉人张一作为本栋建筑物内的业主,无需举证证明其房屋价值、生活质量受到或者可能受到不利影响,即可认定为有利害关系的业主。

综上,被上诉人联通武汉分公司租赁被上诉人郑中伟的房屋用于放置光纤传输机柜作为数据传输汇聚节点的行为属于将住宅改变为经营性用房,该行为未经有利害关系的业主上诉人张一的同意,依照前述最高人民法院《关于审理建筑物区分所有权纠纷案件具体应用法律若干问题的解释》第十条第一款和第十六条第一款的规定,联通武汉分公司应承担相应责任。被上诉人郑中伟明知其嫂子刘保姣将讼争房屋出租给被上诉人联通武汉分公司用于建设通信机房,仍对该房屋租赁合同予以认可,其应与联通武汉分公司共同承担责任。故对于张一关于郑中伟、联通武汉分公司拆除位于武汉市武昌区中北路白玫瑰花苑×栋×单元A室房屋的光纤传输设备、恢复房屋住宅用途的上诉请求,予以支持。

**第二百八十条　【业主大会、业主委员会决定的效力】**业主大会或者业主委员会的决定，对业主具有法律约束力。

业主大会或者业主委员会作出的决定侵害业主合法权益的，受侵害的业主可以请求人民法院予以撤销。

## 一、相关行政法规

**《物业管理条例》（2018年3月19日修订）**

**第十二条**　业主大会会议可以采用集体讨论的形式，也可以采用书面征求意见的形式；但是，应当有物业管理区域内专有部分占建筑物总面积过半数的业主且占总人数过半数的业主参加。

业主可以委托代理人参加业主大会会议。

业主大会决定本条例第十一条第（五）项和第（六）项规定的事项，应当经专有部分占建筑物总面积2/3以上的业主且占总人数2/3以上的业主同意；决定本条例第十一条规定的其他事项，应当经专有部分占建筑物总面积过半数的业主且占总人数过半数的业主同意。

业主大会或者业主委员会的决定，对业主具有约束力。

业主大会或者业主委员会作出的决定侵害业主合法权益的，受侵害的业主可以请求人民法院予以撤销。

## 二、相关司法解释

**《最高人民法院关于审理建筑物区分所有权纠纷案件具体应用法律若干问题的解释》（法释〔2009〕7号）（2020年12月23日修正）**

**第十二条**　业主以业主大会或者业主委员会作出的决定侵害其合法权益或者违反了法律规定的程序为由，依据民法典第二百八十条第二款的规定请求人民法院撤销该决定的，应当在知道或者应当知道业主大会或者业主委员会作出决定之日起一年内行使。

## 三、相关文件规定

**《住房和城乡建设部关于印发〈业主大会和业主委员会指导规则〉的通知》（建房〔2009〕274号）**

**第四条**　业主大会或者业主委员会的决定，对业主具有约束力。

业主大会和业主委员会应当依法履行职责，不得作出与物业管理无关的决定，不得从事与物业管理无关的活动。

**第二百八十一条　【维修资金的归属、筹集与使用】**建筑物及其附属设施的维修资金，属于业主共有。经业主共同决定，可以用于电梯、屋顶、外墙、无障碍设施等共有部分的维修、更新和改造。建筑物及其附属设施的维修资金的筹集、使用情况应当定期公布。

紧急情况下需要维修建筑物及其附属设施的，业主大会或者业主委员会可以依法申请使用建筑物及其附属设施的维修资金。

### 一、相关行政法规

**《物业管理条例》(2018年3月19日修订)**

**第五十三条**　住宅物业、住宅小区内的非住宅物业或者与单幢住宅楼结构相连的非住宅物业的业主，应当按照国家有关规定交纳专项维修资金。

专项维修资金属于业主所有，专项用于物业保修期满后物业共用部位、共用设施设备的维修和更新、改造，不得挪作他用。

专项维修资金收取、使用、管理的办法由国务院建设行政主管部门会同国务院财政部门制定。

### 二、相关司法解释

**《最高人民法院关于审理建筑物区分所有权纠纷案件具体应用法律若干问题的解释》(法释〔2009〕7号)(2020年12月23日修正)**

**第十三条**　业主请求公布、查阅下列应当向业主公开的情况和资料的，人民法院应予支持：

(一)建筑物及其附属设施的维修资金的筹集、使用情况；

(二)管理规约、业主大会议事规则，以及业主大会或者业主委员会的决定及会议记录；

(三)物业服务合同、共有部分的使用和收益情况；

(四)建筑区划内规划用于停放汽车的车位、车库的处分情况；

(五)其他应当向业主公开的情况和资料。

### 三、相关部门规章

**《住宅专项维修资金管理办法》(2008年2月1日起施行)**

**第二条**　商品住宅、售后公有住房住宅专项维修资金的交存、使用、管理和监督，适用本办法。

本办法所称住宅专项维修资金，是指专项用于住宅共用部位、共用设施设备保修期满后的维修和更新、改造的资金。

**第三条** 本办法所称住宅共用部位，是指根据法律、法规和房屋买卖合同，由单幢住宅内业主或者单幢住宅内业主及与之结构相连的非住宅业主共有的部位，一般包括：住宅的基础、承重墙体、柱、梁、楼板、屋顶以及户外的墙面、门厅、楼梯间、走廊通道等。

本办法所称共用设施设备，是指根据法律、法规和房屋买卖合同，由住宅业主或者住宅业主及有关非住宅业主共有的附属设施设备，一般包括电梯、天线、照明、消防设施、绿地、道路、路灯、沟渠、池、井、非经营性车场车库、公益性文体设施和共用设施设备使用的房屋等。

**第四条** 住宅专项维修资金管理实行专户存储、专款专用、所有权人决策、政府监督的原则。

**第六条** 下列物业的业主应当按照本办法的规定交存住宅专项维修资金：

（一）住宅，但一个业主所有且与其他物业不具有共用部位、共用设施设备的除外；

（二）住宅小区内的非住宅或者住宅小区外与单幢住宅结构相连的非住宅。

前款所列物业属于出售公有住房的，售房单位应当按照本办法的规定交存住宅专项维修资金。

**第七条** 商品住宅的业主、非住宅的业主按照所拥有物业的建筑面积交存住宅专项维修资金，每平方米建筑面积交存首期住宅专项维修资金的数额为当地住宅建筑安装工程每平方米造价的5%至8%。

直辖市、市、县人民政府建设（房地产）主管部门应当根据本地区情况，合理确定、公布每平方米建筑面积交存首期住宅专项维修资金的数额，并适时调整。

**第八条** 出售公有住房的，按照下列规定交存住宅专项维修资金：

（一）业主按照所拥有物业的建筑面积交存住宅专项维修资金，每平方米建筑面积交存首期住宅专项维修资金的数额为当地房改成本价的2%。

（二）售房单位按照多层住宅不低于售房款的20%、高层住宅不低于售房款的30%，从售房款中一次性提取住宅专项维修资金。

**第九条** 业主交存的住宅专项维修资金属于业主所有。

从公有住房售房款中提取的住宅专项维修资金属于公有住房售房单位所有。

**第十条** 业主大会成立前，商品住宅业主、非住宅业主交存的住宅专项维修资金，由物业所在地直辖市、市、县人民政府建设(房地产)主管部门代管。

直辖市、市、县人民政府建设(房地产)主管部门应当委托所在地一家商业银行，作为本行政区域内住宅专项维修资金的专户管理银行，并在专户管理银行开立住宅专项维修资金专户。

开立住宅专项维修资金专户，应当以物业管理区域为单位设账，按房屋户门号设分户账；未划定物业管理区域的，以幢为单位设账，按房屋户门号设分户账。

**第十一条** 业主大会成立前，已售公有住房住宅专项维修资金，由物业所在地直辖市、市、县人民政府财政部门或者建设(房地产)主管部门负责管理。

负责管理公有住房住宅专项维修资金的部门应当委托所在地一家商业银行，作为本行政区域内公有住房住宅专项维修资金的专户管理银行，并在专户管理银行开立公有住房住宅专项维修资金专户。

开立公有住房住宅专项维修资金专户，应当按照售房单位设账，按幢设分账；其中，业主交存的住宅专项维修资金，按房屋户门号设分户帐。

**第十二条** 商品住宅的业主应当在办理房屋入住手续前，将首期住宅专项维修资金存入住宅专项维修资金专户。

已售公有住房的业主应当在办理房屋入住手续前，将首期住宅专项维修资金存入公有住房住宅专项维修资金专户或者交由售房单位存入公有住房住宅专项维修资金专户。

公有住房售房单位应当在收到售房款之日起30日内，将提取的住宅专项维修资金存入公有住房住宅专项维修资金专户。

**第十三条** 未按本办法规定交存首期住宅专项维修资金的，开发建设单位或者公有住房售房单位不得将房屋交付购买人。

**第十四条** 专户管理银行、代收住宅专项维修资金的售房单位应当出具由财政部或者省、自治区、直辖市人民政府财政部门统一监制的住宅专项维修资金专用票据。

**第十五条** 业主大会成立后，应当按照下列规定划转业主交存的住宅专项维修资金：

（一）业主大会应当委托所在地一家商业银行作为本物业管理区域内住宅专项维修资金的专户管理银行，并在专户管理银行开立住宅专项维修资金专户。

开立住宅专项维修资金专户，应当以物业管理区域为单位设账，按房屋户门号设分户账。

（二）业主委员会应当通知所在地直辖市、市、县人民政府建设（房地产）主管部门；涉及已售公有住房的，应当通知负责管理公有住房住宅专项维修资金的部门。

（三）直辖市、市、县人民政府建设（房地产）主管部门或者负责管理公有住房住宅专项维修资金的部门应当在收到通知之日起30日内，通知专户管理银行将该物业管理区域内业主交存的住宅专项维修资金账面余额划转至业主大会开立的住宅专项维修资金账户，并将有关账目等移交业主委员会。

**第十六条** 住宅专项维修资金划转后的账目管理单位，由业主大会决定。业主大会应当建立住宅专项维修资金管理制度。

业主大会开立的住宅专项维修资金账户，应当接受所在地直辖市、市、县人民政府建设（房地产）主管部门的监督。

**第十七条** 业主分户账面住宅专项维修资金余额不足首期交存额30%的，应当及时续交。

成立业主大会的，续交方案由业主大会决定。

未成立业主大会的，续交的具体管理办法由直辖市、市、县人民政府建设（房地产）主管部门会同同级财政部门制定。

**第十八条** 住宅专项维修资金应当专项用于住宅共用部位、共用设施设备保修期满后的维修和更新、改造，不得挪作他用。

**第十九条** 住宅专项维修资金的使用，应当遵循方便快捷、公开透明、受益人和负担人相一致的原则。

**第二十条** 住宅共用部位、共用设施设备的维修和更新、改造费用，按照下列规定分摊：

（一）商品住宅之间或者商品住宅与非住宅之间共用部位、共用设施设备的维修和更新、改造费用，由相关业主按照各自拥有物业建筑面积的比例分摊。

（二）售后公有住房之间共用部位、共用设施设备的维修和更新、改造费用，由相关业主和公有住房售房单位按照所交存住宅专项维修资金的比例分摊；其中，应由业主承担的，再由相关业主按照各自拥有物业建筑面积的比例分摊。

（三）售后公有住房与商品住宅或者非住宅之间共用部位、共用设施设备的维修和更新、改造费用，先按照建筑面积比例分摊到各相关物业。其中，售后公有住房应分摊的费用，再由相关业主和公有住房售房单位按照所交存住宅专项维修资金的比例分摊。

**第二十一条**　住宅共用部位、共用设施设备维修和更新、改造，涉及尚未售出的商品住宅、非住宅或者公有住房的，开发建设单位或者公有住房单位应当按照尚未售出商品住宅或者公有住房的建筑面积，分摊维修和更新、改造费用。

**第二十二条**　住宅专项维修资金划转业主大会管理前，需要使用住宅专项维修资金的，按照以下程序办理：

（一）物业服务企业根据维修和更新、改造项目提出使用建议；没有物业服务企业的，由相关业主提出使用建议；

（二）住宅专项维修资金列支范围内专有部分占建筑物总面积三分之二以上的业主且占总人数三分之二以上的业主讨论通过使用建议；

（三）物业服务企业或者相关业主组织实施使用方案；

（四）物业服务企业或者相关业主持有关材料，向所在地直辖市、市、县人民政府建设（房地产）主管部门申请列支；其中，动用公有住房住宅专项维修资金的，向负责管理公有住房住宅专项维修资金的部门申请列支；

（五）直辖市、市、县人民政府建设（房地产）主管部门或者负责管理公有住房住宅专项维修资金的部门审核同意后，向专户管理银行发出划转住宅专项维修资金的通知；

（六）专户管理银行将所需住宅专项维修资金划转至维修单位。

**第二十三条**　住宅专项维修资金划转业主大会管理后，需要使用住宅专项维修资金的，按照以下程序办理：

（一）物业服务企业提出使用方案，使用方案应当包括拟维修和更新、改造的项目、费用预算、列支范围、发生危及房屋安全等紧急情况以及其他需临时使用住宅专项维修资金的情况的处置办法等；

（二）业主大会依法通过使用方案；

（三）物业服务企业组织实施使用方案；

（四）物业服务企业持有关材料向业主委员会提出列支住宅专项维

修资金;其中,动用公有住房住宅专项维修资金的,向负责管理公有住房住宅专项维修资金的部门申请列支;

(五)业主委员会依据使用方案审核同意,并报直辖市、市、县人民政府建设(房地产)主管部门备案;动用公有住房住宅专项维修资金的,经负责管理公有住房住宅专项维修资金的部门审核同意;直辖市、市、县人民政府建设(房地产)主管部门或者负责管理公有住房住宅专项维修资金的部门发现不符合有关法律、法规、规章和使用方案的,应当责令改正;

(六)业主委员会、负责管理公有住房住宅专项维修资金的部门向专户管理银行发出划转住宅专项维修资金的通知;

(七)专户管理银行将所需住宅专项维修资金划转至维修单位。

**第二十四条** 发生危及房屋安全等紧急情况,需要立即对住宅共用部位、共用设施设备进行维修和更新、改造的,按照以下规定列支住宅专项维修资金:

(一)住宅专项维修资金划转业主大会管理前,按照本办法第二十二条第四项、第五项、第六项的规定办理;

(二)住宅专项维修资金划转业主大会管理后,按照本办法第二十三条第四项、第五项、第六项和第七项的规定办理。

发生前款情况后,未按规定实施维修和更新、改造的,直辖市、市、县人民政府建设(房地产)主管部门可以组织代修,维修费用从相关业主住宅专项维修资金分户账中列支;其中,涉及已售公有住房的,还应当从公有住房住宅专项维修资金中列支。

**第二十五条** 下列费用不得从住宅专项维修资金中列支:

(一)依法应当由建设单位或者施工单位承担的住宅共用部位、共用设施设备维修、更新和改造费用;

(二)依法应当由相关单位承担的供水、供电、供气、供热、通讯、有线电视等管线和设施设备的维修、养护费用;

(三)应当由当事人承担的因人为损坏住宅共用部位、共用设施设备所需的修复费用;

(四)根据物业服务合同约定,应当由物业服务企业承担的住宅共用部位、共用设施设备的维修和养护费用。

**第二十六条** 在保证住宅专项维修资金正常使用的前提下,可以按照国家有关规定将住宅专项维修资金用于购买国债。

利用住宅专项维修资金购买国债，应当在银行间债券市场或者商业银行柜台市场购买一级市场新发行的国债，并持有到期。

利用业主交存的住宅专项维修资金购买国债的，应当经业主大会同意；未成立业主大会的，应当经专有部分占建筑物总面积三分之二以上的业主且占总人数三分之二以上业主同意。

利用从公有住房售房款中提取的住宅专项维修资金购买国债的，应当根据售房单位的财政隶属关系，报经同级财政部门同意。

禁止利用住宅专项维修资金从事国债回购、委托理财业务或者将购买的国债用于质押、抵押等担保行为。

**第二十七条**　下列资金应当转入住宅专项维修资金滚存使用：

（一）住宅专项维修资金的存储利息；

（二）利用住宅专项维修资金购买国债的增值收益；

（三）利用住宅共用部位、共用设施设备进行经营的，业主所得收益，但业主大会另有决定的除外；

（四）住宅共用设施设备报废后回收的残值。

**第二十八条**　房屋所有权转让时，业主应当向受让人说明住宅专项维修资金交存和结余情况并出具有效证明，该房屋分户账中结余的住宅专项维修资金随房屋所有权同时过户。

受让人应当持住宅专项维修资金过户的协议、房屋权属证书、身份证等到专户管理银行办理分户账更名手续。

**第二十九条**　房屋灭失的，按照以下规定返还住宅专项维修资金：

（一）房屋分户账中结余的住宅专项维修资金返还业主；

（二）售房单位交存的住宅专项维修资金账面余额返还售房单位；售房单位不存在的，按照售房单位财务隶属关系，收缴同级国库。

**第三十条**　直辖市、市、县人民政府建设（房地产）主管部门，负责管理公有住房住宅专项维修资金的部门及业主委员会，应当每年至少一次与专户管理银行核对住宅专项维修资金账目，并向业主、公有住房售房单位公布下列情况：

（一）住宅专项维修资金交存、使用、增值收益和结存的总额；

（二）发生列支的项目、费用和分摊情况；

（三）业主、公有住房售房单位分户账中住宅专项维修资金交存、使用、增值收益和结存的金额；

（四）其他有关住宅专项维修资金使用和管理的情况。

业主、公有住房售房单位对公布的情况有异议的，可以要求复核。

## 四、相关裁判摘要

● **第65号指导案例“上海市虹口区久乐大厦小区业主大会诉上海环亚实业总公司业主共有权纠纷案”**（最高人民法院审判委员会讨论通过；2016年9月19日发布）认为，缴纳专项维修资金是业主为维护建筑物的长期安全使用而应承担的一项法定义务，业主拒绝缴纳专项维修资金并以诉讼时效提出抗辩的，人民法院不予支持。相关裁判摘要如下：

《中华人民共和国物权法》（以下简称《物权法》）第七十九条规定，“建筑物及其附属设施的维修资金，属于业主共有。经业主共同决定，可以用于电梯、水箱等共有部分的维修。”《物业管理条例》第五十四条第二款规定，“专项维修资金属于业主所有，专项用于物业保修期满后物业共用部位、共用设施设备的维修和更新、改造，不得挪作他用”。《住宅专项维修资金管理办法》（建设部、财政部令第165号）（以下简称《办法》）第二条第二款规定，“本办法所称住宅专项维修资金，是指专项用于住宅共用部位、共用设施设备保修期满后的维修和更新、改造的资金。”依据上述规定，维修资金性质上属于专项基金，系为特定目的，即为住宅共用部位、共用设施设备保修期满后的维修和更新、改造而专设的资金。它在购房款、税费、物业费之外，单独筹集、专户存储、单独核算。由其专用性所决定，专项维修资金的缴纳并非源于特别的交易或法律关系，而是为了准备应急性地维修、更新或改造区分所有建筑物的共有部分。由于共有部分的维护关乎全体业主的共同或公共利益，所以维修资金具有公共性、公益性。

《物业管理条例》第七条第四项规定，业主在物业管理活动中，应当履行按照国家有关规定交纳专项维修资金的义务。第五十四条第一款规定：“住宅物业、住宅小区内的非住宅物业或者与单幢住宅楼结构相连的非住宅物业的业主，应当按照国家有关规定交纳专项维修资金。”依据上述规定，缴纳专项维修资金是为特定范围的公共利益，即建筑物的全体业主共同利益而特别确立的一项法定义务，这种义务的产生与存在仅仅取决于义务人是否属于区分所有建筑物范围内的住宅或非住宅所有权人。因此，缴纳专项维修资金的义务是一种旨在维护共同或公共利益的法定义务，其只存在补缴问题，不存在因时间经过而可以不缴的问题。

业主大会要求补缴维修资金的权利，是业主大会代表全体业主行使维护小区共同或公共利益之职责的管理权。如果允许某些业主不缴纳维修资金而可享有以其他业主的维修资金维护共有部分而带来的利益，其他业主就有可能在维护共有部分上支付超出自己份额的金钱，这违背了公平原则，并将对建筑物的长期安全使用，对全体业主的共有或公共利益造成损害。

基于专项维修资金的性质和业主缴纳专项维修资金义务的性质，被告环亚公司作为久乐大厦的业主，不依法自觉缴纳专项维修资金，并以业主大会起诉追讨专项维修资金已超过诉讼时效进行抗辩，该抗辩理由不能成立。原告根据被告所有的物业面积，按照同期其他业主缴纳专项维修资金的计算标准算出的被告应缴纳的数额合理，据此判决被告应当按照原告诉请支付专项维修资金。

- **2015年第12期《中华人民共和国最高人民法院公报》**刊登的**“孙庆军诉南京市清江花苑小区业主委员会业主知情权纠纷案”**判决认为，业主有权了解公共维修资金的收集与使用情况。相关裁判摘要如下：

业主对小区公共事务和物业管理的相关事项享有知情权，可以向业委会、物业公司要求公布、查阅依法应当向业主公开，且确由业委会和物业公司掌握的情况和资料。原告孙庆军作为业主，可以向被告清江花苑业委会主张公布由被告掌握的情况和资料。根据最高人民法院《关于审理建筑物区分所有权纠纷案件具体应用法律若干问题的解释》第十三条之规定，业主有权请求公布、查阅以下资料：（一）建筑物及其附属设施的维修资金的筹集、使用情况；（二）管理规约、业主大会议事规则，以及业主大会或者业主委员会的决定及会议记录；（三）物业服务合同、共有部分的使用和收益情况；（四）建筑区划内规划用于停放汽车的车位、车库的处分情况；（五）其他应当向业主公开的情况和资料。因此被告认为原告主张的权利应通过业主大会予以集体行使的抗辩理由，没有法律依据，且有违经济、便利原则，不利于业主上述知情权利的行使与保护，因此不予支持。清江花苑业委会应保障业主对上述资料进行查阅的权利，并及时公布与业主利益相关的资料。

关于原告孙庆军请求公布清江花苑小区建筑物及附属设施的维修资金筹集使用情况的主张。建筑物及附属设施的维修资金属于业主共有，用于住宅共有部位、共用设施设备保修期满后的维修及更新，业主有权了解其使用情况。被告清江花苑业委会作为小区全体业主的代表对小区进行管理,对于维修资金的筹集及使用情况应当知晓,而且资金是否由其直接掌握不影响其对维修资金情况的公布。被告向法院提交的2013年清江花苑小区屋面、墙体防水工程等资金使用情况,仅为部分资金的使用情况,并非全部维修资金的筹集、使用情况。故对原告的该项诉请,予以支持。关于原告要求公布本届业主委员会所有决定、决议和会议记录的主张。业委会作出的决定、决议和会议记录与业主的权利紧密相关,应予公开,并提供业主查阅。在本案审理过程中,被告虽已提交了相关会议纪要等证据,但并未在小区向全体业主公布,故对原告的该项诉请,予以支持。关于原告要求公布本届业主委员会与物业公司之间的物业服务合同和共有部分的使用及收益情况的主张。被告在小区公告栏已经张贴与谐和公司、启成公司所签订的《物业服务合同》,原告亦可通过被告办公室查阅上述物业服务合同,因此对于原告该项主张,不予支持。小区共有部分使用和收益与业主的利益亦是密切相关,虽存在谐和公司未及时上缴公共收益等的问题,但是被告作为全体业主代表应及时追缴,保障业主的合法权利,并将目前的使用和收益情况及时公布。关于原告要求公布本小区停车费收支分配和车位处分情况的主张。小区共有停车位,即规划区外的车位,虽由物业公司代管,归属小区全体业主共有,业主对于小区共有部分停车费的收支分配及停车位处分情况享有知情权。被告应及时联系物业公司,及时公布上述信息。故对于原告的该项主张,予以支持。关于原告主张公布本届业主委员任期内的各年度财务收支账目、收支凭证的主张。小区财务收支与小区业主具体利益息息相关,业委会应予公布。被告虽在小区公告栏公布了2013年度及2014年度的收支一览表,项目较少且不尽详细,后被告虽在庭审中提供账目明细表及凭证,但并未履行公布的义务,因此支持原告的主张。

• **2011年第10期《中华人民共和国最高人民法院公报》**刊登的“**夏浩鹏等人诉上海市闸北区精文城市家园小区业主委员会业主知情权纠纷案**”判决认为,业主有权了解公共维修资金的使用情况。相关裁判摘要如下:

根据最高人民法院《关于审理建筑物区分所有权纠纷案件具体应用法律若干问题的解释》的规定,业主有权请求公布、查阅维修基金的使用情况、业委会的决定及会议记录、物业服务合同、共有部分的收益情况以及其他应当向业主公开的情况和资料。根据《上海市商品住宅维修基金管理办法》(以下简称《维修基金管理办法》)的规定,业委会应将物业管理区域内收取的停车费、广告费等经营性收益及时存入维修基金账户。业委会每月应与开户银行核对维修基金账目,并按每半年一次向业主公布以下情况:维修基金交纳、使用和结存的金额;发生物业维修、更新的项目和费用及按户分摊情况;业委会活动经费在维修基金中列支的项目和费用及按户分摊情况;维修基金使用和管理的其他有关情况。维修基金公示的目的在于能充分反映出资金的使用情况和业主分摊情况,以便于业主及时进行监督。基于以上规定,被告精文业委会虽已公布四次公共收益账目,但不完整,维修基金的结存及按户分摊情况亦未能在其中全面体现。原告夏浩鹏、杨建平、杨荣华、罗光亚、周修安认为已公布的维修基金、公共收益账目不符合规定的理由成立,被告应按照《维修基金管理办法》第十九条的规定重新公布维修基金账目,以提高维修基金的透明度。至于上述账目在何处公布的问题,法院认为在该小区的公告栏内张贴既能够起到公示的作用又较为便利,原告要求精文业委会将所有账目张贴于各个门牌号码前的要求,不具备合理性和必要性,亦有违经济原则,法院难以支持。

关于原告夏浩鹏、杨建平、杨荣华、罗光亚、周修安第四项诉讼请求,根据《维修基金管理办法》中有关核对账目的规定,业主对公布的维修基金账目情况有异议的,可以要求业委会和物业公司提供有关的费用清单、发票原件和按户分摊费用清单进行核对。本案中,原告对于被告已公布账目中的停车费、广告费及清洗玻璃、景观灯改造、业委会值班津贴(19023 元)的收支情况有异议,被告精文业委会有义务提供相应的发票、清单等以便原告进行查阅、核对及复印。如需精文物业协助的,被告应督促其予以配合。

关于原告夏浩鹏、杨建平、杨荣华、罗光亚、周修安第六项诉讼请求,鉴于原告上述权利的行使已足以保障原告对维修基金管理和使用的知情权,原告再行要求被告提供维修资金的会计账目缺乏法律依据,亦超出了业主知情权的合理范围,法院难以支持。

**第二百八十二条 【利用共有部分的收益的归属】**建设单位、物业服务企业或者其他管理人等利用业主的共有部分产生的收入,在扣除合理成本之后,属于业主共有。

## 一、相关行政法规

**《物业管理条例》(2018年3月19日修订)**

**第五十四条**　利用物业共用部位、共用设施设备进行经营的,应当在征得相关业主、业主大会、物业服务企业的同意后,按照规定办理有关手续。业主所得收益应当主要用于补充专项维修资金,也可以按照业主大会的决定使用。

## 二、相关司法解释

**《最高人民法院关于审理建筑物区分所有权纠纷案件具体应用法律若干问题的解释》(法释〔2009〕7号)(2020年12月23日修正)**

**第十四条**　建设单位、物业服务企业或者其他管理人等擅自占用、处分业主共有部分、改变其使用功能或者进行经营性活动,权利人请求排除妨害、恢复原状、确认处分行为无效或者赔偿损失的,人民法院应予支持。

属于前款所称擅自进行经营性活动的情形,权利人请求建设单位、物业服务企业或者其他管理人等将扣除合理成本之后的收益用于补充专项维修资金或者业主共同决定的其他用途的,人民法院应予支持。行为人对成本的支出及其合理性承担举证责任。

## 三、相关裁判摘要

● **2010年第5期《中华人民共和国最高人民法院公报》**刊登的“**无锡市春江花园业主委员会诉上海陆家嘴物业管理有限公司等物业管理纠纷案**”判决对于管理共有部分的收益应当归属业主共有的问题进行了分析。相关裁判摘要如下:

本案一审的争议焦点是:一、2008年7月17日双方移交协议是否已包含了所有结算事项,特别是是否包含2004年至2007年业主共有部分的共有部分收益;二、2004年至2007年业主共有部分收益的界定和分配问题;三、被告物业公司能否对部分业主结欠的物业管理费行使抵销权。

无锡市锡山区人民法院一审认为:

关于争议焦点一,移交协议所体现的内容。法院认为,2008年7月17日的移交协议系双方真实意思的表示,该协议对被告物业公司2008年度实施管理期间应当返还给原告业委会的款项以及在整个前期物业管理期间代管的业主押金等事项和交付时间均作出了详细的规定。根据该协议记载，物业公司应当返还业委会的款项为 2 327 931.87 元。但值得注意的是，该协议对2004 年至 2007 年间，物业公司、被告无锡分公司实施业主共有部分物业管理的收益没有具体记载，而该部分收益依据无锡分公司的财务报表数目相当巨大。物业公司、无锡分公司在本案审理中将该协议第十条“双方约定，在各自管理期限内的应由各自承担的收入、支出由各自承担”解释为：通过签订该条款，双方就移交内容作出了一揽子解决，已经不存有其他纠葛，即使还有纠纷，双方也应各自承受，而不应向对方主张。而业委会则认为，该条款仅表明就清单列明的移交内容不再存在纠葛，并不表明其已经放弃了共有部分收益的分配请求权。法院认为，双方的移交协议，明确移交的是2008 年1－6 月的共有部分收益，而协议第十条内容，也无法理解为业委会对2008 年前春江花园业主共有部分收益作出放弃的意思表示。故该协议应为一个不完全的移交协议，其没有将 2004 年至 2007 年共有部分收益纳入其中。且依据无锡分公司的报表记载，2004 年至 2007 年共有部分收益数目巨大，业委会作为代表全体业主行使权利的组织，其权限来自于业主大会的授权，在无全体业主授权的情形下，其不能以自己的意志对业主的重大权利作出放弃，即使作出放弃的意思表示，该行为也为无效民事行为。据此，法院认为，2004 年至 2007 年共有部分物业的收益，在上述移交协议中没有得到体现，该部分收益应当在物管企业和全体业主之间依法分配。

关于争议焦点二，2004 年至 2007 年业主共有部分收益的界定和分配问题。法院认为，本案中所谓共有部分的物业管理收益应为共有部分收入与成本支出的差额，双方在本案审理中已经达成一致，即 2004 年至 2007 年春江花园小区业主共有部分的收入和支出以被告无锡分公司的报表为准。该双方的民事行为不违反法律法规的禁止性规定，法院予以确认。经法院审查该部分报表，2005 年至 2007 年小区业主共有部分的总收入为 5 368 050.32 元，期间的总支出为 1 225 491.14 元，故总收益为 4 142 559.18 元。原告业委会主张的 2004 年的收益，因其提供的报表对该收益无法判断，双方对该年度共有部分的收益也无法统一，业委会作为主张权利方对此负有举证义务，应当对其举证不能承担不利后果。故因证据不足，法院对业委会主张的 2004 年度收益分配的诉讼请求不予支持。

关于收益的分配，法院认为，本案中争讼收益之产生，一方面得益于被告物业公司、无锡分公司的管理行为，另一方面也应注意到物管企业管理的物业属于全体业主共有。共有人对共有物享有收益权，这是一项法定权利。对该部分的收益分配，全体业主和物管企业可以通过合同约定进行分配，在没有约定的情形下，应当依法分配。本案中双方对该部分收益的分配没有合同根据，故应当按照法律规定进行分配。由于我国法律对此没有具体规定，故法院认为应当在不违反法律原则的前提下，公平合理分配共有部分物业的管理收益。物业管理有其特殊性，物管企业在实施物业管理期间其服务的对象为小区业主，而其对共有部分进行管理时业主并不给予报酬。如物管企业付出管理成本后不能获得经济回报，这对物管企业是不公平的。同时，小区共有部分作为小区全体业主的共有物，全体业主才是该物的所有权人，如果在收益分配上排除业主的权利，显而易见，这有悖法律原则。据此，在存有小区共有部分管理收益的情形下，该收益应主要归属于全体业主享有，同时物管企业付出了管理成本，也应享有合理的回报。综上，根据公平原则的要求，并参照《江苏省物业管理条例》第三十三条“经批准设置的经营性设施的收益，在扣除物业管理企业代办费用后，应当将收益的30%用于补贴物业管理公共服务费，收益的70%纳入维修基金，但合同另有约定的除外”的精神。同时考虑到原被告双方自行协商确定的2008年上半年共有部分收益的分配方案，即业主得七成，物管企业得三成。法院认为本案对共有部分收益分配的比例，确定为原告业委会得70%、物业公司得30%较为合理。据此，业委会代表春江花园全体业主对4 142 559.18元的收益享有其中的2 899 791.43元。值得注意的是，该部分款项，业委会不具有自行处置的权利，依据相关法律法规，该款应用作小区的维修基金，业委会作为执行机构，使用该款应按照业主的意志和法律的规定行使。关于物业公司提出的对上述收益应当首先弥补物管企业管理费用开支，多余部分还应满足物管企业8%的利润，余额再行分配的意见，因缺乏法律依据和双方合意，法院不予采纳。

关于争议焦点三，被告物业公司能否对部分业主结欠的物业管理费行使抵销权的问题。物业公司提出有部分业主尚结欠2008年6月30日以前的物业管理费131万元，并未提交充分证据予以证明，更重要的是，《中华人民共和国合同法》第九十九条规定：“当事人互负到期债务，该债务的标的物种类、品质相同的，任何一方可以将自己的债务与对方的债务抵销，但依照法律规定或者按照合同性质不得抵销的除外。”

根据该规定,要进行债务抵销,当事人之间应当互负债务,互享债权。本案中诉讼的双方当事人为原告业委会和物业公司、被告无锡分公司,而结欠物业管理费的为部分业主,为单个的主体。业委会系代表小区全体业主提起诉讼,虽然包括了该部分欠费业主,但两者有本质的区别。因此,双方债权债务主体不同,不符合法定抵销的规定,因此,对物业公司行使抵销权的主张不予支持。

**第二百八十三条　【建筑物及其附属设施的费用分摊、收益分配】** 建筑物及其附属设施的费用分摊、收益分配等事项,有约定的,按照约定;没有约定或者约定不明确的,按照业主专有部分面积所占比例确定。

**一、相关司法解释**

**《最高人民法院关于审理建筑物区分所有权纠纷案件具体应用法律若干问题的解释》(法释〔2009〕7号)(2020年12月23日修正)**

**第八条**　民法典第二百七十八条第二款和第二百八十三条规定的专有部分面积可以按照不动产登记簿记载的面积计算;尚未进行物权登记的,暂按测绘机构的实测面积计算;尚未进行实测的,暂按房屋买卖合同记载的面积计算。

**第九条**　民法典第二百七十八条第二款规定的业主人数可以按照专有部分的数量计算,一个专有部分按一人计算。但建设单位尚未出售和虽已出售但尚未交付的部分,以及同一买受人拥有一个以上专有部分的,按一人计算。

**二、相关部门规章**

**《住宅专项维修资金管理办法》(2008年2月1日起施行)**

**第二十条**　住宅共用部位、共用设施设备的维修和更新、改造费用,按照下列规定分摊:

(一)商品住宅之间或者商品住宅与非住宅之间共用部位、共用设施设备的维修和更新、改造费用,由相关业主按照各自拥有物业建筑面积的比例分摊。

(二)售后公有住房之间共用部位、共用设施设备的维修和更新、改造费用,由相关业主和公有住房售房单位按照所交存住宅专项维修资金的比例分摊;其中,应由业主承担的,再由相关业主按照各自拥有物业建筑面积的比例分摊。

(三)售后公有住房与商品住宅或者非住宅之间共用部位、共用设施设备的维修和更新、改造费用,先按照建筑面积比例分摊到各相关物业。其中,售后公有住房应分摊的费用,再由相关业主和公有住房售房单位按照所交存住宅专项维修资金的比例分摊。

**第二十一条** 住宅共用部位、共用设施设备维修和更新、改造,涉及尚未售出的商品住宅、非住宅或者公有住房的,开发建设单位或者公有住房单位应当按照尚未售出商品住宅或者公有住房的建筑面积,分摊维修和更新、改造费用。

**第二百八十四条 【物业管理】** 业主可以自行管理建筑物及其附属设施,也可以委托物业服务企业或者其他管理人管理。

对建设单位聘请的物业服务企业或者其他管理人,业主有权依法更换。

**相关行政法规**

**《物业管理条例》(2018年3月19日修订)**

**第二十一条** 在业主、业主大会选聘物业服务企业之前,建设单位选聘物业服务企业的,应当签订书面的前期物业服务合同。

**第二十二条** 建设单位应当在销售物业之前,制定临时管理规约,对有关物业的使用、维护、管理,业主的共同利益,业主应当履行的义务,违反临时管理规约应当承担的责任等事项依法作出约定。

建设单位制定的临时管理规约,不得侵害物业买受人的合法权益。

**第二十三条** 建设单位应当在物业销售前将临时管理规约向物业买受人明示,并予以说明。

物业买受人在与建设单位签订物业买卖合同时,应当对遵守临时管理规约予以书面承诺。

**第二十四条** 国家提倡建设单位按照房地产开发与物业管理相分离的原则,通过招投标的方式选聘物业服务企业。

住宅物业的建设单位，应当通过招投标的方式选聘物业服务企业；投标人少于3个或者住宅规模较小的，经物业所在地的区、县人民政府房地产行政主管部门批准，可以采用协议方式选聘物业服务企业。

**第二十五条** 建设单位与物业买受人签订的买卖合同应当包含前期物业服务合同约定的内容。

**第二十六条** 前期物业服务合同可以约定期限；但是，期限未满、业主委员会与物业服务企业签订的物业服务合同生效的，前期物业服务合同终止。

**第二十七条** 业主依法享有的物业共用部位、共用设施设备的所有权或者使用权，建设单位不得擅自处分。

**第二十八条** 物业服务企业承接物业时，应当对物业共用部位、共用设施设备进行查验。

**第二十九条** 在办理物业承接验收手续时，建设单位应当向物业服务企业移交下列资料：

（一）竣工总平面图，单体建筑、结构、设备竣工图，配套设施、地下管网工程竣工图等竣工验收资料；

（二）设施设备的安装、使用和维护保养等技术资料；

（三）物业质量保修文件和物业使用说明文件；

（四）物业管理所必需的其他资料。

物业服务企业应当在前期物业服务合同终止时将上述资料移交给业主委员会。

**第三十条** 建设单位应当按照规定在物业管理区域内配置必要的物业管理用房。

**第三十一条** 建设单位应当按照国家规定的保修期限和保修范围，承担物业的保修责任。

**第三十二条** 从事物业管理活动的企业应当具有独立的法人资格。

国务院建设行政主管部门应当会同有关部门建立守信联合激励和失信联合惩戒机制，加强行业诚信管理。

**第三十三条** 一个物业管理区域由一个物业服务企业实施物业管理。

**第三十四条** 业主委员会应当与业主大会选聘的物业服务企业订立书面的物业服务合同。

物业服务合同应当对物业管理事项、服务质量、服务费用、双方的权利义务、专项维修资金的管理与使用、物业管理用房、合同期限、违约责任等内容进行约定。

**第三十五条** 物业服务企业应当按照物业服务合同的约定，提供相应的服务。

物业服务企业未能履行物业服务合同的约定，导致业主人身、财产安全受到损害的，应当依法承担相应的法律责任。

**第三十六条** 物业服务企业承接物业时，应当与业主委员会办理物业验收手续。

业主委员会应当向物业服务企业移交本条例第二十九条第一款规定的资料。

**第三十七条** 物业管理用房的所有权依法属于业主。未经业主大会同意，物业服务企业不得改变物业管理用房的用途。

**第三十八条** 物业服务合同终止时，物业服务企业应当将物业管理用房和本条例第二十九条第一款规定的资料交还给业主委员会。

物业服务合同终止时，业主大会选聘了新的物业服务企业的，物业服务企业之间应当做好交接工作。

**第三十九条** 物业服务企业可以将物业管理区域内的专项服务业务委托给专业性服务企业，但不得将该区域内的全部物业管理一并委托给他人。

**第四十条** 物业服务收费应当遵循合理、公开以及费用与服务水平相适应的原则，区别不同物业的性质和特点，由业主和物业服务企业按照国务院价格主管部门会同国务院建设行政主管部门制定的物业服务收费办法，在物业服务合同中约定。

**第四十一条** 业主应当根据物业服务合同的约定交纳物业服务费用。业主与物业使用人约定由物业使用人交纳物业服务费用的，从其约定，业主负连带交纳责任。

已竣工但尚未出售或者尚未交给物业买受人的物业，物业服务费用由建设单位交纳。

**第四十二条** 县级以上人民政府价格主管部门会同同级房地产行政主管部门，应当加强对物业服务收费的监督。

**第四十三条** 物业服务企业可以根据业主的委托提供物业服务合同约定以外的服务项目，服务报酬由双方约定。

**第四十四条**　物业管理区域内，供水、供电、供气、供热、通信、有线电视等单位应当向最终用户收取有关费用。

物业服务企业接受委托代收前款费用的，不得向业主收取手续费等额外费用。

**第四十五条**　对物业管理区域内违反有关治安、环保、物业装饰装修和使用等方面法律、法规规定的行为，物业服务企业应当制止，并及时向有关行政管理部门报告。

有关行政管理部门在接到物业服务企业的报告后，应当依法对违法行为予以制止或者依法处理。

**第四十六条**　物业服务企业应当协助做好物业管理区域内的安全防范工作。发生安全事故时，物业服务企业在采取应急措施的同时，应当及时向有关行政管理部门报告，协助做好救助工作。

物业服务企业雇请保安人员的，应当遵守国家有关规定。保安人员在维护物业管理区域内的公共秩序时，应当履行职责，不得侵害公民的合法权益。

**第四十七条**　物业使用人在物业管理活动中的权利义务由业主和物业使用人约定，但不得违反法律、法规和管理规约的有关规定。

物业使用人违反本条例和管理规约的规定，有关业主应当承担连带责任。

**第四十八条**　县级以上地方人民政府房地产行政主管部门应当及时处理业主、业主委员会、物业使用人和物业服务企业在物业管理活动中的投诉。

**第二百八十五条　【物业服务企业或者其他管理人的义务】**物业服务企业或者其他管理人根据业主的委托，依照本法第三编有关物业服务合同的规定管理建筑区划内的建筑物及其附属设施，接受业主的监督，并及时答复业主对物业服务情况提出的询问。

物业服务企业或者其他管理人应当执行政府依法实施的应急处置措施和其他管理措施，积极配合开展相关工作。

## 一、相关法律条文

**《中华人民共和国民法典》(2021年1月1日起施行)**

**第九百三十七条**　物业服务合同是物业服务人在物业服务区域内,为业主提供建筑物及其附属设施的维修养护、环境卫生和相关秩序的管理维护等物业服务,业主支付物业费的合同。

物业服务人包括物业服务企业和其他管理人。

**第九百三十八条**　物业服务合同的内容一般包括服务事项、服务质量、服务费用的标准和收取办法、维修资金的使用、服务用房的管理和使用、服务期限、服务交接等条款。

物业服务人公开作出的有利于业主的服务承诺,为物业服务合同的组成部分。

物业服务合同应当采用书面形式。

**第九百三十九条**　建设单位依法与物业服务人订立的前期物业服务合同,以及业主委员会与业主大会依法选聘的物业服务人订立的物业服务合同,对业主具有法律约束力。

**第九百四十条**　建设单位依法与物业服务人订立的前期物业服务合同约定的服务期限届满前,业主委员会或者业主与新物业服务人订立的物业服务合同生效的,前期物业服务合同终止。

**第九百四十一条**　物业服务人将物业服务区域内的部分专项服务事项委托给专业性服务组织或者其他第三人的,应当就该部分专项服务事项向业主负责。

物业服务人不得将其应当提供的全部物业服务转委托给第三人,或者将全部物业服务支解后分别转委托给第三人。

**第九百四十二条**　物业服务人应当按照约定和物业的使用性质,妥善维修、养护、清洁、绿化和经营管理物业服务区域内的业主共有部分,维护物业服务区域内的基本秩序,采取合理措施保护业主的人身、财产安全。

对物业服务区域内违反有关治安、环保、消防等法律法规的行为,物业服务人应当及时采取合理措施制止、向有关行政主管部门报告并协助处理。

**第九百四十三条**　物业服务人应当定期将服务的事项、负责人员、质量要求、收费项目、收费标准、履行情况,以及维修资金使用情况、业主共有部分的经营与收益情况等以合理方式向业主公开并向业主大会、业主委员会报告。

**第九百四十四条** 业主应当按照约定向物业服务人支付物业费。物业服务人已经按照约定和有关规定提供服务的，业主不得以未接受或者无需接受相关物业服务为由拒绝支付物业费。

业主违反约定逾期不支付物业费的，物业服务人可以催告其在合理期限内支付；合理期限届满仍不支付的，物业服务人可以提起诉讼或者申请仲裁。

物业服务人不得采取停止供电、供水、供热、供燃气等方式催交物业费。

**第九百四十五条** 业主装饰装修房屋的，应当事先告知物业服务人，遵守物业服务人提示的合理注意事项，并配合其进行必要的现场检查。

业主转让、出租物业专有部分、设立居住权或者依法改变共有部分用途的，应当及时将相关情况告知物业服务人。

**第九百四十六条** 业主依照法定程序共同决定解聘物业服务人的，可以解除物业服务合同。决定解聘的，应当提前六十日书面通知物业服务人，但是合同对通知期限另有约定的除外。

依据前款规定解除合同造成物业服务人损失的，除不可归责于业主的事由外，业主应当赔偿损失。

**第九百四十七条** 物业服务期限届满前，业主依法共同决定续聘的，应当与原物业服务人在合同期限届满前续订物业服务合同。

物业服务期限届满前，物业服务人不同意续聘的，应当在合同期限届满前九十日书面通知业主或者业主委员会，但是合同对通知期限另有约定的除外。

**第九百四十八条** 物业服务期限届满后，业主没有依法作出续聘或者另聘物业服务人的决定，物业服务人继续提供物业服务的，原物业服务合同继续有效，但是服务期限为不定期。

当事人可以随时解除不定期物业服务合同，但是应当提前六十日书面通知对方。

**第九百四十九条** 物业服务合同终止的，原物业服务人应当在约定期限或者合理期限内退出物业服务区域，将物业服务用房、相关设施、物业服务所必需的相关资料等交还给业主委员会、决定自行管理的业主或者其指定的人，配合新物业服务人做好交接工作，并如实告知物业的使用和管理状况。

原物业服务人违反前款规定的，不得请求业主支付物业服务合同终止后的物业费；造成业主损失的，应当赔偿损失。

**第九百五十条** 物业服务合同终止后，在业主或者业主大会选聘的新物业服务人或者决定自行管理的业主接管之前，原物业服务人应当继续处理物业服务事项，并可以请求业主支付该期间的物业费。

## 二、相关行政法规

**《物业管理条例》(2018年3月19日修订)**

**第二十一条** 在业主、业主大会选聘物业服务企业之前，建设单位选聘物业服务企业的，应当签订书面的前期物业服务合同。

**第二十二条** 建设单位应当在销售物业之前，制定临时管理规约，对有关物业的使用、维护、管理，业主的共同利益，业主应当履行的义务，违反临时管理规约应当承担的责任等事项依法作出约定。

建设单位制定的临时管理规约，不得侵害物业买受人的合法权益。

**第二十三条** 建设单位应当在物业销售前将临时管理规约向物业买受人明示，并予以说明。

物业买受人在与建设单位签订物业买卖合同时，应当对遵守临时管理规约予以书面承诺。

**第二十四条** 国家提倡建设单位按照房地产开发与物业管理相分离的原则，通过招投标的方式选聘物业服务企业。

住宅物业的建设单位，应当通过招投标的方式选聘物业服务企业；投标人少于3个或者住宅规模较小的，经物业所在地的区、县人民政府房地产行政主管部门批准，可以采用协议方式选聘物业服务企业。

**第二十五条** 建设单位与物业买受人签订的买卖合同应当包含前期物业服务合同约定的内容。

**第二十六条** 前期物业服务合同可以约定期限；但是，期限未满、业主委员会与物业服务企业签订的物业服务合同生效的，前期物业服务合同终止。

**第二十七条** 业主依法享有的物业共用部位、共用设施设备的所有权或者使用权，建设单位不得擅自处分。

**第二十八条** 物业服务企业承接物业时，应当对物业共用部位、共用设施设备进行查验。

**第二十九条**　在办理物业承接验收手续时，建设单位应当向物业服务企业移交下列资料：

（一）竣工总平面图，单体建筑、结构、设备竣工图，配套设施、地下管网工程竣工图等竣工验收资料；

（二）设施设备的安装、使用和维护保养等技术资料；

（三）物业质量保修文件和物业使用说明文件；

（四）物业管理所必需的其他资料。

物业服务企业应当在前期物业服务合同终止时将上述资料移交给业主委员会。

**第三十条**　建设单位应当按照规定在物业管理区域内配置必要的物业管理用房。

**第三十一条**　建设单位应当按照国家规定的保修期限和保修范围，承担物业的保修责任。

**第三十二条**　从事物业管理活动的企业应当具有独立的法人资格。

国务院建设行政主管部门应当会同有关部门建立守信联合激励和失信联合惩戒机制，加强行业诚信管理。

**第三十三条**　一个物业管理区域由一个物业服务企业实施物业管理。

**第三十四条**　业主委员会应当与业主大会选聘的物业服务企业订立书面的物业服务合同。

物业服务合同应当对物业管理事项、服务质量、服务费用、双方的权利义务、专项维修资金的管理与使用、物业管理用房、合同期限、违约责任等内容进行约定。

**第三十五条**　物业服务企业应当按照物业服务合同的约定，提供相应的服务。

物业服务企业未能履行物业服务合同的约定，导致业主人身、财产安全受到损害的，应当依法承担相应的法律责任。

**第三十六条**　物业服务企业承接物业时，应当与业主委员会办理物业验收手续。

业主委员会应当向物业服务企业移交本条例第二十九条第一款规定的资料。

**第三十七条** 物业管理用房的所有权依法属于业主。未经业主大会同意,物业服务企业不得改变物业管理用房的用途。

**第三十八条** 物业服务合同终止时,物业服务企业应当将物业管理用房和本条例第二十九条第一款规定的资料交还给业主委员会。

物业服务合同终止时,业主大会选聘了新的物业服务企业的,物业服务企业之间应当做好交接工作。

**第三十九条** 物业服务企业可以将物业管理区域内的专项服务业务委托给专业性服务企业,但不得将该区域内的全部物业管理一并委托给他人。

**第四十条** 物业服务收费应当遵循合理、公开以及费用与服务水平相适应的原则,区别不同物业的性质和特点,由业主和物业服务企业按照国务院价格主管部门会同国务院建设行政主管部门制定的物业服务收费办法,在物业服务合同中约定。

**第四十一条** 业主应当根据物业服务合同的约定交纳物业服务费用。业主与物业使用人约定由物业使用人交纳物业服务费用的,从其约定,业主负连带交纳责任。

已竣工但尚未出售或者尚未交给物业买受人的物业,物业服务费用由建设单位交纳。

**第四十二条** 县级以上人民政府价格主管部门会同同级房地产行政主管部门,应当加强对物业服务收费的监督。

**第四十三条** 物业服务企业可以根据业主的委托提供物业服务合同约定以外的服务项目,服务报酬由双方约定。

**第四十四条** 物业管理区域内,供水、供电、供气、供热、通信、有线电视等单位应当向最终用户收取有关费用。

物业服务企业接受委托代收前款费用的,不得向业主收取手续费等额外费用。

**第四十五条** 对物业管理区域内违反有关治安、环保、物业装饰装修和使用等方面法律、法规规定的行为,物业服务企业应当制止,并及时向有关行政管理部门报告。

有关行政管理部门在接到物业服务企业的报告后,应当依法对违法行为予以制止或者依法处理。

**第四十六条** 物业服务企业应当协助做好物业管理区域内的安全防范工作。发生安全事故时,物业服务企业在采取应急措施的同时,应当及时向有关行政管理部门报告，协助做好救助工作。

物业服务企业雇请保安人员的，应当遵守国家有关规定。保安人员在维护物业管理区域内的公共秩序时，应当履行职责，不得侵害公民的合法权益。

**第四十七条**　物业使用人在物业管理活动中的权利义务由业主和物业使用人约定，但不得违反法律、法规和管理规约的有关规定。

物业使用人违反本条例和管理规约的规定，有关业主应当承担连带责任。

**第四十八条**　县级以上地方人民政府房地产行政主管部门应当及时处理业主、业主委员会、物业使用人和物业服务企业在物业管理活动中的投诉。

### 三、相关司法解释

**《最高人民法院关于审理物业服务纠纷案件具体应用法律若干问题的解释》(法释〔2009〕8号)(2020年12月23日修正)**

**第一条**　业主违反物业服务合同或者法律、法规、管理规约，实施妨碍物业服务与管理的行为，物业服务人请求业主承担停止侵害、排除妨碍、恢复原状等相应民事责任的，人民法院应予支持。

**第二条**　物业服务人违反物业服务合同约定或者法律、法规、部门规章规定，擅自扩大收费范围、提高收费标准或者重复收费，业主以违规收费为由提出抗辩的，人民法院应予支持。

业主请求物业服务人退还其已经收取的违规费用的，人民法院应予支持。

**第三条**　物业服务合同的权利义务终止后，业主请求物业服务人退还已经预收，但尚未提供物业服务期间的物业费的，人民法院应予支持。

**第四条**　因物业的承租人、借用人或者其他物业使用人实施违反物业服务合同，以及法律、法规或者管理规约的行为引起的物业服务纠纷，人民法院可以参照关于业主的规定处理。

**第二百八十六条　【业主的义务】**业主应当遵守法律、法规以及管理规约，相关行为应当符合节约资源、保护生态环境的要求。对于物业服务企业或者其他管理人执行政府依法实施的应急处置措施和其他管理措施，业主应当依法予以配合。

业主大会或者业主委员会，对任意弃置垃圾、排放污染物或者噪声、违反规定饲养动物、违章搭建、侵占通道、拒付物业费等损害他人合法权益的行为，有权依照法律、法规以及管理规约，请求行为人停止侵害、排除妨碍、消除危险、恢复原状、赔偿损失。

业主或者其他行为人拒不履行相关义务的，有关当事人可以向有关行政主管部门报告或者投诉，有关行政主管部门应当依法处理。

## 一、相关行政法规

**《物业管理条例》(2018 年 3 月 19 日修订)**

**第七条** 业主在物业管理活动中，履行下列义务：

(一)遵守管理规约、业主大会议事规则；

(二)遵守物业管理区域内物业共用部位和共用设施设备的使用、公共秩序和环境卫生的维护等方面的规章制度；

(三)执行业主大会的决定和业主大会授权业主委员会作出的决定；

(四)按照国家有关规定交纳专项维修资金；

(五)按时交纳物业服务费用；

(六)法律、法规规定的其他义务。

**第六十四条** 违反物业服务合同约定，业主逾期不交纳物业服务费用的，业主委员会应当督促其限期交纳；逾期仍不交纳的，物业服务企业可以向人民法院起诉。

## 二、相关司法解释

**《最高人民法院关于审理建筑物区分所有权纠纷案件具体应用法律若干问题的解释》(法释〔2009〕7 号)(2020 年 12 月 23 日修正)**

**第十五条** 业主或者其他行为人违反法律、法规、国家相关强制性标准、管理规约，或者违反业主大会、业主委员会依法作出的决定，实施下列行为的，可以认定为民法典第二百八十六条第二款所称的其他“损害他人合法权益的行为”：

(一)损害房屋承重结构，损害或者违章使用电力、燃气、消防设施，在建筑物内放置危险、放射性物品等危及建筑物安全或者妨碍建筑物正常使用；

（二）违反规定破坏、改变建筑物外墙面的形状、颜色等损害建筑物外观；

（三）违反规定进行房屋装饰装修；

（四）违章加建、改建，侵占、挖掘公共通道、道路、场地或者其他共有部分。

## 三、相关文件规定

**《住房和城乡建设部关于印发〈业主大会和业主委员会指导规则〉的通知》（建房〔2009〕274号）**

**第五条**　业主大会和业主委员会，对业主损害他人合法权益和业主共同利益的行为，有权依照法律、法规以及管理规约，要求停止侵害、消除危险、排除妨害、赔偿损失。

## 四、相关裁判摘要

• **2014年第6期《中华人民共和国最高人民法院公报》**刊登的“**徐州西苑艺君花园（一期）业主委员会诉徐州中川房地产开发有限公司物业管理用房所有权确认纠纷案**”判决对业主委员会的法律地位进行了分析。相关裁判摘要如下：

依照最高人民法院《关于适用中华人民共和国民事诉讼法若干问题的意见》第四十条的规定，民事诉讼法第四十九条规定的其他组织是指合法成立、有一定的组织机构和财产，但又不具备法人资格的组织。原告为对西苑艺君花园进行管理，依照《中华人民共和国物权法》第七十五条第一款的规定成立，具有一定目的、名称、组织机构与场所，管理相应财产，以特定代表人对外代表团体，是《中华人民共和国民事诉讼法》第四十九条第一款规定的“其他组织”。原告依据业主共同或业主大会决议，在授权范围内，以业主委员会名义，依照最高人民法院《关于审理建筑物区分所有权纠纷案件具体应用法律若干问题的解释》第十四条规定的物权请求权，向被告主张确认物业管理用房所有权，具备原告诉讼主体资格。

• **2007年第9期《中华人民共和国最高人民法院公报》**刊登的“**青岛中南物业管理有限公司南京分公司诉徐献太、陆素侠物业管理合同纠纷案**”判决对业主违反业主公约、物业管理规定关于小区绿地的管理规定，擅自破坏庭院绿地，损害小区其他业主的合法权益的行为进行了

分析。相关裁判摘要如下:

首先,鉴于不能认定被告徐献太、陆素侠对其所购麒麟锦城小区房屋南阳台外的庭院绿地享有独占使用权,徐献太、陆素侠关于他人无权干涉其改建该庭院绿地的抗辩主张不能成立。

其次,根据本案事实,原告中南物业南京公司在发现被告徐献太、陆素侠对所购麒麟锦城小区房屋南阳台外的庭院绿地实施改建后,分别于2005年11月1日、2006年3月21日向徐献太、陆素侠发出整改通知,要求徐献太、陆素侠停止对该庭院绿地的改建,恢复原状。徐献太两次签收了中南物业南京公司出具的整改通知单。庭审中,徐献太虽然主张其仅签收过一次中南物业南京公司出具的整改通知单,而且在签收时并未查阅整改通知单的具体内容,但未能举证加以证明,且其关于未查阅整改通知单的具体内容即予以签收的主张有悖常理,故不予支持。根据中南物业南京公司向徐献太、陆素侠两次送达整改通知,在徐献太、陆素侠拒不整改后即向法院起诉的行为,可以认定中南物业南京公司不同意徐献太、陆素侠改建庭院绿地的行为,徐献太、陆素侠系擅自改建庭院绿地,其关于中南物业南京公司明知其改造庭院绿地而未予阻止,应当视为同意改造的抗辩主张不能成立。

第三,被告徐献太、陆素侠签署的《中南麒麟锦城业主公约》及其与原告中南物业南京公司签订的《中南麒麟锦城物业管理服务协议》,系其真实意思表示,且不违反法律、行政法规的强制性规定,应认定为合法有效。故《中南麒麟锦城业主公约》、《中南麒麟锦城物业管理服务协议》均对徐献太、陆素侠具有约束力,二被告应当依据《中南麒麟锦城业主公约》、《中南麒麟锦城物业管理服务协议》履行相应义务。根据《中南麒麟锦城业主公约》、《中南麒麟锦城物业管理服务协议》的规定,徐献太、陆素侠不能破坏其所购麒麟锦城小区房屋南阳台外的庭院绿地,不能擅自对该庭院绿地进行改造。退一步讲,即使徐献太、陆素侠对于该庭院绿地具有独占使用权,鉴于该庭院绿地属于小区绿地的组成部分,根据物权的公益性原则,徐献太、陆素侠在使用该庭院绿地时亦应遵守《中南麒麟锦城业主公约》、《中南麒麟锦城物业管理服务协议》关于小区绿地的管理规定,不得擅自破坏该庭院绿地,损害小区其他业主的合法权益。因此,徐献太、陆素侠擅自改造该庭院绿地的行为已违反了《中南麒麟锦城业主公约》、《中南麒麟锦城物业管理服务协议》的规定,中南物业南京公司要求徐献太、陆素侠停止对该庭院绿地的改建，拆除水泥地、鱼池、花台，恢复该庭院绿地原状的诉讼请求，应予支持。

**第二百八十七条　【业主有权维护自身合法权益】**业主对建设单位、物业服务企业或者其他管理人以及其他业主侵害自己合法权益的行为，有权请求其承担民事责任。

## 第七章　相 邻 关 系

**第二百八十八条　【处理相邻关系的原则】**不动产的相邻权利人应当按照有利生产、方便生活、团结互助、公平合理的原则，正确处理相邻关系。

**第二百八十九条　【处理相邻关系的依据】**法律、法规对处理相邻关系有规定的，依照其规定；法律、法规没有规定的，可以按照当地习惯。

**一、相关法律条文**

**1.《中华人民共和国民法典》（2021年1月1日起施行）**

**第十条**　处理民事纠纷，应当依照法律；法律没有规定的，可以适用习惯，但是不得违背公序良俗。

**2.《中华人民共和国民用航空法》（2021年4月29日修正）**

**第五十八条**　禁止在依法划定的民用机场范围内和按照国家规定划定的机场净空保护区域内从事下列活动：

（一）修建可能在空中排放大量烟雾、粉尘、火焰、废气而影响飞行安全的建筑物或者设施；

（二）修建靶场、强烈爆炸物仓库等影响飞行安全的建筑物或者设施；

（三）修建不符合机场净空要求的建筑物或者设施；

（四）设置影响机场目视助航设施使用的灯光、标志或者物体；

（五）种植影响飞行安全或者影响机场助航设施使用的植物；

（六）饲养、放飞影响飞行安全的鸟类动物和其他物体；

（七）修建影响机场电磁环境的建筑物或者设施。

禁止在依法划定的民用机场范围内放养牲畜。

**第五十九条** 民用机场新建、扩建的公告发布前，在依法划定的民用机场范围内和按照国家规定划定的机场净空保护区域内存在的可能影响飞行安全的建筑物、构筑物、树木、灯光和其他障碍物体，应当在规定的期限内清除；对由此造成的损失，应当给予补偿或者依法采取其他补救措施。

**第六十条** 民用机场新建、扩建的公告发布后，任何单位和个人违反本法和有关行政法规的规定，在依法划定的民用机场范围内和按照国家规定划定的机场净空保护区域内修建、种植或者设置影响飞行安全的建筑物、构筑物、树木、灯光和其他障碍物体的，由机场所在地县级以上地方人民政府责令清除；由此造成的损失，由修建、种植或者设置该障碍物体的人承担。

**第六十一条** 在民用机场及其按照国家规定划定的净空保护区域以外，对可能影响飞行安全的高大建筑物或者设施，应当按照国家有关规定设置飞行障碍灯和标志，并使其保持正常状态。

**3.《中华人民共和国铁路法》（2015年4月24日修订）**

**第四十六条** 在铁路线路和铁路桥梁、涵洞两侧一定距离内，修建山塘、水库、堤坝，开挖河道、干渠，采石挖砂，打井取水，影响铁路路基稳定或者危害铁路桥梁、涵洞安全的，由县级以上地方人民政府责令停止建设或者采挖、打井等活动，限期恢复原状或者责令采取必要的安全防护措施。

在铁路线路上架设电力、通讯线路，埋置电缆、管道设施，穿凿通过铁路路基的地下坑道，必须经铁路运输企业同意，并采取安全防护措施。

在铁路弯道内侧、平交道口和人行过道附近，不得修建妨碍行车瞭望的建筑物和种植妨碍行车瞭望的树木。修建妨碍行车瞭望的建筑物的，由县级以上地方人民政府责令限期拆除。种植妨碍行车瞭望的树木的，由县级以上地方人民政府责令有关单位或者个人限期迁移或者修剪、砍伐。

违反前三款的规定，给铁路运输企业造成损失的单位或者个人，应当赔偿损失。

**4.《中华人民共和国建筑法》(2019年4月23日修正)**

**第三十九条**　建筑施工企业应当在施工现场采取维护安全、防范危险、预防火灾等措施;有条件的,应当对施工现场实行封闭管理。

施工现场对毗邻的建筑物、构筑物和特殊作业环境可能造成损害的,建筑施工企业应当采取安全防护措施。

**第四十条**　建设单位应当向建筑施工企业提供与施工现场相关的地下管线资料,建筑施工企业应当采取措施加以保护。

**第四十一条**　建筑施工企业应当遵守有关环境保护和安全生产的法律、法规的规定,采取控制和处理施工现场的各种粉尘、废气、废水、固体废物以及噪声、振动对环境的污染和危害的措施。

**5.《中华人民共和国石油天然气管道保护法》(2010年10月1日起施行)**

**第十四条**　管道建设使用土地,依照《中华人民共和国土地管理法》等法律、行政法规的规定执行。

依法建设的管道通过集体所有的土地或者他人取得使用权的国有土地,影响土地使用的,管道企业应当按照管道建设时土地的用途给予补偿。

**第二十六条**　管道企业依法取得使用权的土地,任何单位和个人不得侵占。

为合理利用土地,在保障管道安全的条件下,管道企业可以与有关单位、个人约定,同意有关单位、个人种植浅根农作物。但是,因管道巡护、检测、维修造成的农作物损失,除另有约定外,管道企业不予赔偿。

**第二十七条**　管道企业对管道进行巡护、检测、维修等作业,管道沿线的有关单位、个人应当给予必要的便利。

因管道巡护、检测、维修等作业给土地使用权人或者其他单位、个人造成损失的,管道企业应当依法给予赔偿。

**第四十四条**　管道建设工程与其他建设工程的相遇关系,依照法律的规定处理;法律没有规定的,由建设工程双方按照下列原则协商处理,并为对方提供必要的便利:

(一)后开工的建设工程服从先开工或者已建成的建设工程;

(二)同时开工的建设工程,后批准的建设工程服从先批准的建设工程。

依照前款规定，后开工或者后批准的建设工程，应当符合先开工、已建成或者先批准的建设工程的安全防护要求；需要先开工、已建成或者先批准的建设工程改建、搬迁或者增加防护设施的，后开工或者后批准的建设工程一方应当承担由此增加的费用。

管道建设工程与其他建设工程相遇的，建设工程双方应当协商确定施工作业方案并签订安全防护协议，指派专门人员现场监督、指导对方施工。

**第四十五条** 经依法批准的管道建设工程，需要通过正在建设的其他建设工程的，其他工程建设单位应当按照管道建设工程的需要，预留管道通道或者预建管道通过设施，管道企业应当承担由此增加的费用。

经依法批准的其他建设工程，需要通过正在建设的管道建设工程的，管道建设单位应当按照其他建设工程的需要，预留通道或者预建相关设施，其他工程建设单位应当承担由此增加的费用。

**第四十六条** 管道建设工程通过矿产资源开采区域的，管道企业应当与矿产资源开采企业协商确定管道的安全防护方案，需要矿产资源开采企业按照管道安全防护要求预建防护设施或者采取其他防护措施的，管道企业应当承担由此增加的费用。

矿产资源开采企业未按照约定预建防护设施或者采取其他防护措施，造成地面塌陷、裂缝、沉降等地质灾害，致使管道需要改建、搬迁或者采取其他防护措施的，矿产资源开采企业应当承担由此增加的费用。

**第四十七条** 铁路、公路等建设工程修建防洪、分流等水工防护设施，可能影响管道保护的，应当事先通知管道企业并注意保护下游已建成的管道水工防护设施。

建设工程修建防洪、分流等水工防护设施，使下游已建成的管道水工防护设施的功能受到影响，需要新建、改建、扩建管道水工防护设施的，工程建设单位应当承担由此增加的费用。

**第四十八条** 县级以上地方人民政府水行政主管部门制定防洪、泄洪方案应当兼顾管道的保护。

需要在管道通过的区域泄洪的，县级以上地方人民政府水行政主管部门应当在泄洪方案确定后，及时将泄洪量和泄洪时间通知本级人民政府主管管道保护工作的部门和管道企业或者向社会公告。主管管道保护工作的部门和管道企业应当对管道采取防洪保护措施。

**第四十九条** 管道与航道相遇，确需在航道中修建管道防护设施的，应当进行通航标准技术论证，并经航道主管部门批准。管道防护设施完工后，应经航道主管部门验收。

进行前款规定的施工作业，应当在批准的施工区域内设置航标，航标的设置和维护费用由管道企业承担。

**6.《中华人民共和国煤炭法》(2016年11月7日修正)**

**第二十六条** 煤炭生产应当依法在批准的开采范围内进行，不得超越批准的开采范围越界、越层开采。

采矿作业不得擅自开采保安煤柱，不得采用可能危及相邻煤矿生产安全的决水、爆破、贯通巷道等危险方法。

**第二十七条** 因开采煤炭压占土地或者造成地表土地塌陷、挖损，由采矿者负责进行复垦，恢复到可供利用的状态；造成他人损失的，应当依法给予补偿。

**7.《中华人民共和国航道法》(2016年7月2日修正)**

**第三十条** 航道上相邻拦河闸坝之间的航道通航水位衔接，应当符合国家规定的通航标准和技术要求。位于航道及其上游支流上的水工程，应当在设计、施工和调度运行中统筹考虑下游航道设计最低通航水位所需的下泄流量，但水文条件超出实际标准的除外。

保障下游航道通航所需的最小下泄流量以及满足航道通航条件允许的水位变化的确定，应当征求负责航道管理的部门的意见。

水工程需大幅度减流或者大流量泄水的，应当提前通报负责航道管理的部门和海事管理机构，给船舶避让留出合理的时间。

## 二、相关行政法规

**1.《铁路安全管理条例》(2014年1月1日起施行)**

**第三十条** 在铁路线路安全保护区内建造建筑物、构筑物等设施，取土、挖砂、挖沟、采空作业或者堆放、悬挂物品，应当征得铁路运输企业同意并签订安全协议，遵守保证铁路安全的国家标准、行业标准和施工安全规范，采取措施防止影响铁路运输安全。铁路运输企业应当派员对施工现场实行安全监督。

**第三十一条** 铁路线路安全保护区内既有的建筑物、构筑物危及铁路运输安全的，应当采取必要的安全防护措施；采取安全防护措施后仍不能保证安全的，依照有关法律的规定拆除。

拆除铁路线路安全保护区内的建筑物、构筑物，清理铁路线路安全保护区内的植物，或者对他人在铁路线路安全保护区内已依法取得的采矿权等合法权利予以限制，给他人造成损失的，应当依法给予补偿或者采取必要的补救措施。但是，拆除非法建设的建筑物、构筑物的除外。

**第三十二条** 在铁路线路安全保护区及其邻近区域建造或者设置的建筑物、构筑物、设备等，不得进入国家规定的铁路建筑限界。

**2.《民用机场管理条例》(2019年3月2日修订)**

**第四十八条** 在民用机场净空保护区域内设置22万伏以上(含22万伏)的高压输电塔的，应当按照国务院民用航空主管部门的有关规定设置障碍灯或者标志，保持其正常状态，并向民用机场所在地地区民用航空管理机构、空中交通管理部门和机场管理机构提供有关资料。

**第四十九条** 禁止在民用机场净空保护区域内从事下列活动：

(一)排放大量烟雾、粉尘、火焰、废气等影响飞行安全的物质；

(二)修建靶场、强烈爆炸物仓库等影响飞行安全的建筑物或者其他设施；

(三)设置影响民用机场目视助航设施使用或者飞行员视线的灯光、标志或者物体；

(四)种植影响飞行安全或者影响民用机场助航设施使用的植物；

(五)放飞影响飞行安全的鸟类，升放无人驾驶的自由气球、系留气球和其他升空物体；

(六)焚烧产生大量烟雾的农作物秸秆、垃圾等物质，或者燃放烟花、焰火；

(七)在民用机场围界外5米范围内，搭建建筑物、种植树木，或者从事挖掘、堆积物体等影响民用机场运营安全的活动；

(八)国务院民用航空主管部门规定的其他影响民用机场净空保护的行为。

**第五十条** 在民用机场净空保护区域外从事本条例第四十九条所列活动的，不得影响民用机场净空保护。

**第五十一条** 禁止在距离航路两侧边界各30公里以内的地带修建对空射击的靶场和其他可能影响飞行安全的设施。

## 三、相关部门规章

**《高速铁路安全防护管理办法》(2020年7月1日起施行)**

**第十三条** 禁止在高速铁路线路安全保护区内烧荒、放养牲畜。

禁止向高速铁路线路安全保护区排污、倾倒垃圾以及其他危害铁路安全的物质。

禁止擅自进入、毁坏、移动高速铁路安全防护设施。

在高速铁路线路安全保护区内建造建筑物、构筑物等设施,取土、挖砂、挖沟、采空作业或者堆放、悬挂物品,必须符合保证高速铁路安全的国家标准、行业标准,征得铁路运输企业同意并签订安全协议,遵守施工安全规范,采取措施防止影响铁路运输安全。铁路运输企业应当公布办理相关手续的部门以及相应的渠道,及时办理相关手续,并派员对施工现场实行安全监督。

**第十四条** 高速铁路与道路立体交叉设施及其附属安全设施竣工验收合格后,应当按照国家规定移交有关单位管理、维护。

上跨高速铁路的道路桥梁及其他建筑物、构筑物的管理部门或者经营企业应当建立定期检查及维护机制,定期检查道路桥梁及其他建筑物、构筑物,以及相关的安全防护设施、警示标志,加强风险研判,采取有效措施,防止道路桥梁构筑物、附着物等坠入高速铁路线路。

对可能影响高速铁路安全的检查、维护行为,应当提前与铁路运输企业沟通,共同制定安全保障措施。铁路运输企业应当提供便利条件。

**第十五条** 下穿高速铁路桥梁、涵洞的道路,其限高、限宽标志和限高防护架应当符合国家标准,由公路管理部门或者当地人民政府指定的部门、铁路运输企业等按照有关规定设置、维护。

下穿高速铁路桥梁、涵洞的道路进行改造时,施工单位要与铁路运输企业协商一致后实施,严格控制桥梁、涵洞下净高,并根据路面标高的变化及时调整限高防护架的设置。

**第十六条** 跨越、下穿或者并行高速铁路线路的油气、供气供热、供排水、电力等管线规划、设计、施工应当满足相关国家标准、行业标准及管理规定。施工前应当向铁路运输企业通报,与铁路运输企业协商一致后方可施工,必要时铁路运输企业可以派员进行安全防护。对跨越高速铁路的电力线路,应当采取可靠的防坠落措施。

跨越、下穿高速铁路的油气、供气供热、供排水等管线应当设置满足国家相关技术规范和标准要求的安全保护设施。下穿时，优先选择在铁路桥梁、预留管线涵洞、综合管廊等既有设施处穿越；特殊条件下，需穿越路基时，应当进行专项设计，满足路基沉降的限制指标。

并行高速铁路的油气、供气供热、供排水等管线敷设时，最小水平净距应当满足相关国家标准、行业标准和安全保护要求。

油气、供气供热、供排水、电力等管线的产权单位或者经营企业应当加强检查维护管理，确保状态良好。铁路运输企业应当积极配合。

**第十七条**　在高速铁路线路两侧建造、设立生产、加工、储存或者销售易燃、易爆或者放射性物品等危险物品的场所、仓库的，应当符合国家标准、行业标准规定的安全防护距离。

**第十八条**　在高速铁路线路两侧从事采矿、采石或者爆破作业的，应当遵守有关采矿和民用爆炸物品的法律法规，符合保障安全生产的国家标准、行业标准和铁路安全保护的相关要求。

在高速铁路线路路堤坡脚、路堑坡顶、铁路桥梁外侧起向外各1000米范围内，以及在铁路隧道上方中心线两侧各1000米范围内，确需从事露天采矿、采石或者爆破作业的，应当充分考虑高速铁路安全需求，依法进行安全评估、安全监理，与铁路运输企业协商一致，依照法律法规规定报经有关主管部门批准，并采取相应的安全防护措施。

矿产资源开采过程中，在矿井、水平、采区设计时，对高速铁路及其主要配套建筑物、构筑物应当划定保护矿柱。

新建高速铁路用地与探矿权人的矿产资源勘查范围、采矿权人的采矿采石影响范围发生重叠或者在尾矿库溃坝冲击范围的，或者新建高速铁路线路跨越上述范围的，铁路建设单位应当与有关权利主体协商一致，签订安全协议，共同制定安全保障措施，按照国家有关规定处理，确保矿山生产经营单位安全生产条件符合相关规定。

**第十九条**　禁止违反有关规定在高速铁路桥梁跨越处河道上下游的一定范围内采砂、淘金。县级以上地方人民政府水行政主管部门、自然资源主管部门应当按照各自职责划定并公告禁采区域、设置禁采标志，制止非法采砂、淘金行为。

禁止在高速铁路线路路堤坡脚、路堑坡顶或者铁路桥梁外侧起向外各200米范围内抽取地下水；200米范围外，高速铁路线路经过的区域属于地面沉降区域，抽取地下水危及高速铁路安全的，应当设置地下水禁止开采区或者限制开采区，具体范围由地区铁路监督管理局会同县级以上地方人民政府水行政主管部门提出方案，报省、自治区、直辖市人民政府批准并公告。

**第二十条**　在高速铁路附近从事排放粉尘、烟尘及腐蚀性气体的生产活动，应当严格执行国家规定的排放标准。

生态环境主管部门应当加大检查和管理力度，对相关违法行为依法进行处罚。

**第二十一条**　有关单位和个人在高速铁路邻近区域内施工、建造构筑物或者从事其他生产经营活动，应当遵守保证高速铁路安全的法律法规和相关标准，采取措施防止影响高速铁路运输安全。

**第二十二条**　在高速铁路线路及其邻近区域进行施工作业，应当符合工程建设安全管理规定，并执行铁路营业线施工安全管理规定。建设单位应当会同设计、施工单位与铁路运输企业共同制定安全施工方案，按照方案进行施工。施工完毕应当及时清理现场，不得影响高速铁路运营安全。

铁路运输企业应当向社会公布办理铁路营业线施工手续的部门以及相应的渠道，及时办理相关手续。

在高速铁路线路安全保护区内和纳入邻近营业线施工计划的施工，铁路运输企业应当按照国家规定派员对施工现场实行安全监督。

**第二十三条**　邻近高速铁路的杆塔应当按照国家标准、行业标准和铁路安全防护要求进行设计安装，杆塔产权单位应当建立定期检查维护制度，确保杆塔牢固稳定。

在高速铁路线路安全保护区内，禁止种植妨碍行车瞭望或者有倒伏危险可能影响线路、电力、牵引供电安全的树木等植物；对已种植的，应当依法限期迁移或者修剪、砍伐。

铁路运输企业发现高速铁路线路安全保护区内既有的林木存在可能危及高速铁路安全隐患的，应当告知其产权人或者管理人及时采取措施消除安全隐患。产权人或者管理人拒绝或者怠于处置的，铁路运输企业应当及时向铁路沿线林业主管部门报告，由林业主管部门协调产权人或者管理人采取措施消除安全隐患。

**第二十四条**　在高速铁路电力线路导线两侧各500米范围内，不得升放风筝、气球、孔明灯等飘浮物体，不得使用弓弩、弹弓、汽枪等攻击性器械从事可能危害高速铁路安全的行为。在高速铁路电力线路导线两侧升放无人机的，应当遵守国家有关规定。

对高速铁路线路两侧的塑料大棚、彩钢棚、广告牌、防尘网等轻质建筑物、构筑物，其所有权人或者实际控制人应当采取加固防护措施，并对塑料薄膜、锡箔纸、彩钢瓦、铁皮等建造、构造材料及时清理，防止大风天气条件下危害高速铁路安全。

**第二十五条** 铁路运输企业应当对高速铁路线路、防护设施、警示标志、安全环境等进行经常性巡查和维护；对巡查中发现的安全问题应当立即处理，不能立即处理的应当及时报告地区铁路监督管理局或者其他相关部门。巡查和处理情况应当记录留存。

**第二百九十条** **【用水、排水的相邻关系】**不动产权利人应当为相邻权利人用水、排水提供必要的便利。

对自然流水的利用，应当在不动产的相邻权利人之间合理分配。对自然流水的排放，应当尊重自然流向。

**相关法律条文**

**《中华人民共和国水法》(2016 年 7 月 2 日修正)**

**第二十八条** 任何单位和个人引水、截(蓄)水、排水，不得损害公共利益和他人的合法权益。

**第五十六条** 不同行政区域之间发生水事纠纷的，应当协商处理；协商不成的，由上一级人民政府裁决，有关各方必须遵照执行。在水事纠纷解决前，未经各方达成协议或者共同的上一级人民政府批准，在行政区域交界线两侧一定范围内，任何一方不得修建排水、阻水、取水和截(蓄)水工程，不得单方面改变水的现状。

**第五十七条** 单位之间、个人之间、单位与个人之间发生的水事纠纷，应当协商解决；当事人不愿协商或者协商不成的，可以申请县级以上地方人民政府或者其授权的部门调解，也可以直接向人民法院提起民事诉讼。县级以上地方人民政府或者其授权的部门调解不成的，当事人可以向人民法院提起民事诉讼。

在水事纠纷解决前，当事人不得单方面改变现状。

**第二百九十一条** **【通行的相邻关系】**不动产权利人对相邻权利人因通行等必须利用其土地的，应当提供必要的便利。

**相关裁判摘要**

● **2013年第3期《中华人民共和国最高人民法院公报》**刊登的“**屠福炎诉王义炎相邻通行权纠纷案**”判决认为，出卖人出卖不动产时，其基于相邻关系而在他人不动产上享有的通行等权利不应成为转让标的。买受人享有的通行权的权源基础并非买卖合同的约定而是相邻关系。相关裁判摘要如下：

在买卖合同中，买受人受让的客体只能是出让人享有完全处分权的标的物。如果出卖人对有关标的物不享有处分权，不仅出卖人无权出卖，而且买受人也不可能通过与无权处分人签订买卖合同而取得相应的权属。在本案中，原告屠福炎的父亲屠珠花生前于1966年向滕菊仙购买房屋时，受让的客体应当是双方当事人约定的四址分明的、出让人滕菊仙享有完全处分权的房屋所有权及相应土地使用权。滕菊仙对于该房屋及相应四址分明的土地使用权之外的其他土地，客观上是不享有宅基地使用权和集体建设用地使用权的。因此原告的父亲屠珠花，也不可能通过与滕菊仙签订的买卖合同，而取得滕菊仙享有处分权之外的其他土地的宅基地使用权或者集体建设用地使用权的。虽然屠珠花与滕菊仙在买卖合同中载明了房屋“出入行路有朝东厢见门，向南进入无阻，道地公用”，但是该约定只是屠珠花与滕菊仙之间的约定，对第三人没有约束力。作为该房屋的相关权利人，包括滕菊仙、屠珠花以及本案原告屠福炎，在一定条件下，可以向东、向南出行，并非是基于对向东、向南土地的宅基地使用权或者集体建设用地使用权，而是基于民事法律规范的基本原理之一——相邻关系。所谓相邻关系，是指两个或两个以上的相互毗邻的不动产所有人或使用人，在行使对自己不动产的占有、使用、收益、处分等权益时，客观上必须对相邻的不动产产生影响时，相邻的不动产权利人必须承担最低限度的“容忍”义务。具体到本案，由于滕菊仙出卖给屠珠花房屋时，该房屋的西面是一条水沟，该房屋的权利人向西无法出行，根据当时的情况只能向东、向南出行，因此其东邻的有关权利人就应当允许其向东出行。即使原告的父亲屠珠花与滕菊仙当时签订的买卖合同中没有载明“出入行路有朝东厢见门，向南进入无阻，道地公用”的约定条款，原告的父亲根据相邻关系之原理，不仅可以，而且只能向东、向南出行并使用公共道地，但是这并不意味着原告的父亲就取得了向东、向南出行所必须使用的土地的宅基地使用权或者集体建设用地使用权。原、被告双方于1991年2月24日签订的协议书中，虽然也涉及到了原告向东、向南出行的问题，但原告向东、向南出行的原因和基础与原告父亲生前享有向东、向南出行的原因和基础是一致的。因此，原告可以向东、向南出行，也不意味着原告就取得了向东、向南出行所必须使用的土地的宅基地使用权或者集体建设用地使用权。事实上，对于农村每一户宅基地使用权人，作为排他使用的空间只能是相关使用权证中确定的四址范围内的土地。对于该宅基地范围之外的出行路线，应当是遵从当地有关组织的道路规划和统一安排。有关的组织，根据当地的社会发展及客观现实，也有权适时作出相应的调整，相关的权利人也有义务遵守调整后的道路规划和出行安排。本案中，随着泗北村的发展变化，原告房屋西面的水沟现在已经填平，泗北村村民委员会也已经于1999年将原告的出行路线调整为向西、向南出行，原告宅基地的西南方向现在也已经安装了大门，出了该大门就是村里的街道。因此，原告现在从自己的西南方向大门出入，不仅符合村里的规划和安排，也有利于自己的使用和生活。从相邻关系的角度考虑，由于前所述及的原告现在已经拥有了方便的出行线路，因此原告现在从被告的宅基地内通过不仅不是必须的，而且对于原、被告双方的使用和生活都是不利的，也是不方便的。综上，原告的诉讼请求，没有法律依据，本院不予支持。

**第二百九十二条 【利用相邻不动产的相邻关系】**不动产权利人因建造、修缮建筑物以及铺设电线、电缆、水管、暖气和燃气管线等必须利用相邻土地、建筑物的，该土地、建筑物的权利人应当提供必要的便利。

**相关法律条文**

**《中华人民共和国石油天然气管道保护法》(2010年10月1日起施行)**

**第二十七条** 管道企业对管道进行巡护、检测、维修等作业，管道沿线的有关单位、个人应当给予必要的便利。

因管道巡护、检测、维修等作业给土地使用权人或者其他单位、个人造成损失的，管道企业应当依法给予赔偿。

**第四十四条** 管道建设工程与其他建设工程的相遇关系，依照法律的规定处理；法律没有规定的，由建设工程双方按照下列原则协商处理，并为对方提供必要的便利：

（一）后开工的建设工程服从先开工或者已建成的建设工程；

（二）同时开工的建设工程，后批准的建设工程服从先批准的建设工程。

依照前款规定，后开工或者后批准的建设工程，应当符合先开工、已建成或者先批准的建设工程的安全防护要求；需要先开工、已建成或者先批准的建设工程改建、搬迁或者增加防护设施的，后开工或者后批准的建设工程一方应当承担由此增加的费用。

管道建设工程与其他建设工程相遇的，建设工程双方应当协商确定施工作业方案并签订安全防护协议，指派专门人员现场监督、指导对方施工。

**第四十五条**　经依法批准的管道建设工程，需要通过正在建设的其他建设工程的，其他工程建设单位应当按照管道建设工程的需要，预留管道通道或者预建管道通过设施，管道企业应当承担由此增加的费用。

经依法批准的其他建设工程，需要通过正在建设的管道建设工程的，管道建设单位应当按照其他建设工程的需要，预留通道或者预建相关设施，其他工程建设单位应当承担由此增加的费用。

**第四十六条**　管道建设工程通过矿产资源开采区域的，管道企业应当与矿产资源开采企业协商确定管道的安全防护方案，需要矿产资源开采企业按照管道安全防护要求预建防护设施或者采取其他防护措施的，管道企业应当承担由此增加的费用。

矿产资源开采企业未按照约定预建防护设施或者采取其他防护措施，造成地面塌陷、裂缝、沉降等地质灾害，致使管道需要改建、搬迁或者采取其他防护措施的，矿产资源开采企业应当承担由此增加的费用。

**第二百九十三条　【通风、采光和日照的相邻关系】**建造建筑物，不得违反国家有关工程建设标准，不得妨碍相邻建筑物的通风、采光和日照。

**第二百九十四条　【不得排放有害物质的义务】**不动产权利人不得违反国家规定弃置固体废物，排放大气污染物、水污染物、土壤污染物、噪声、光辐射、电磁辐射等有害物质。

## 一、相关法律条文

**《中华人民共和国环境保护法》(2014 年 4 月 24 日修订)**

**第四十二条** 排放污染物的企业事业单位和其他生产经营者,应当采取措施,防治在生产建设或者其他活动中产生的废气、废水、废渣、医疗废物、粉尘、恶臭气体、放射性物质以及噪声、振动、光辐射、电磁辐射等对环境的污染和危害。

排放污染物的企业事业单位,应当建立环境保护责任制度,明确单位负责人和相关人员的责任。

重点排污单位应当按照国家有关规定和监测规范安装使用监测设备,保证监测设备正常运行,保存原始监测记录。

严禁通过暗管、渗井、渗坑、灌注或者篡改、伪造监测数据,或者不正常运行防治污染设施等逃避监管的方式违法排放污染物。

## 二、相关裁判摘要

● **第 128 号指导案例"李劲诉华润置地(重庆)有限公司环境污染责任纠纷案"**(最高人民法院审判委员会讨论通过;2019 年 12 月 26 日发布)对于光辐射污染的侵权责任进行了分析。相关裁判摘要如下:

保护环境是我国的基本国策,一切单位和个人都有保护环境的义务。《中华人民共和国民法总则》第九条规定:"民事主体从事民事活动,应当有利于节约资源、保护生态环境。"《中华人民共和国物权法》第九十条规定:"不动产权利人不得违反国家规定弃置固体废物,排放大气污染物、水污染物、噪声、光、电磁波辐射等有害物质。"《中华人民共和国环境保护法》第四十二条第一款规定:"排放污染物的企业事业单位和其他生产经营者,应当采取措施,防治在生产建设或者其他活动中产生的废气、废水、废渣、医疗废物、粉尘、恶臭气体、放射性物质以及噪声、振动、光辐射、电磁辐射等对环境的污染和危害。"本案系环境污染责任纠纷,根据《中华人民共和国侵权责任法》第六十五条规定:"因污染环境造成损害的,污染者应当承担侵权责任。"环境污染侵权责任属特殊侵权责任,其构成要件包括以下三个方面:一是污染者有污染环境的行为;二是被侵权人有损害事实;三是污染者污染环境的行为与被侵权人的损害之间有因果关系。

**一、关于被告是否有污染环境的行为**

被告华润置地(重庆)有限公司作为万象城购物中心的建设方和经

营管理方，其在正对原告住宅的购物中心外墙上设置LED显示屏播放广告、宣传资料等，产生的强光直射进入原告的住宅居室。根据原告提供的照片、视频资料等证据，以及组织双方当事人到现场查看的情况，可以认定被告使用LED显屏播放广告、宣传资料等所产生的强光已超出了一般公众普遍可容忍的范围，就大众的认知规律和切身感受而言，该强光会严重影响相邻人群的正常工作和学习，干扰周围居民正常生活和休息，已构成由强光引起的光污染。被告使用LED显示屏播放广告、宣传资料等造成光污染的行为已构成污染环境的行为。

二、关于被侵权人的损害事实

环境污染的损害事实主要包含了污染环境的行为致使当事人的财产、人身受到损害以及环境受到损害的事实。环境污染侵权的损害后果不同于一般侵权的损害后果，不仅包括症状明显并可计量的损害结果，还包括那些症状不明显或者暂时无症状且暂时无法用计量方法反映的损害结果。本案系光污染纠纷，光污染对人身的伤害具有潜在性和隐蔽性等特点，被侵权人往往在开始受害时显露不出明显的受损害症状，其所遭受的损害往往暂时无法用精确的计量方法来反映。但随着时间的推移，损害会逐渐显露。参考本案专家意见，光污染对人的影响除了能够感知的对视觉的影响外，太强的光辐射会造成人生物钟紊乱，短时间看不出影响，但长期会带来影响。本案中，被告使用LED显示屏播放广告、宣传资料等所产生的强光，已超出了一般人可容忍的程度，影响了相邻居住的原告等居民的正常生活和休息。根据日常生活经验法则，被告运行LED显示屏产生的光污染势必会给原告等人的身心健康造成损害，这也为公众普遍认可。综上，被告运行LED显示屏产生的光污染已致使原告居住的环境权益受损，并导致原告的身心健康受到损害。

三、被告是否应承担污染环境的侵权责任

《中华人民共和国侵权责任法》第六十六条规定："因污染环境发生纠纷，污染者应当就法律规定的不承担责任或者减轻责任的情形及其行为与损害之间不存在因果关系承担举证责任。"本案中，原告已举证证明被告有污染环境的行为及原告的损害事实。被告需对其在本案中存在法律规定的不承担责任或者减轻责任的情形，或被告污染行为与损害之间不存在因果关系承担举证责任。但被告并未提交证据对前述情形予以证实，对此被告应承担举证不能的不利后果，应承担污染环境的侵权责任。根据《最高人民法院关于审理环境侵权责任纠纷案件适用法律若干问题的解释》第十三条规定："人民法院应当根据被侵权人的诉讼请求以及具体案情，合理判定污染者承担停止侵害、排除妨碍、消除危险、恢复原状、赔礼道歉、赔偿损失等民事责任。"环境侵权的损害不同于一般的人身损害和财产损害，对侵权行为人承担的侵权责任有其独特的要求。由于环境侵权是通过环境这一媒介侵害到一定地区不特定的多数人的人身、财产权益，而且一旦出现可用计量方法反映的损害，其后果往往已无法弥补和消除。因此在环境侵权中，侵权行为人实施了污染环境的行为，即使还未出现可计量的损害后果，即应承担相应的侵权责任。本案中，从市民的投诉反映看，被告作为万象城购物中心的经营管理者，其在生产经营过程中，理应认识到使用LED显示屏播放广告、宣传资料等发出的强光会对居住在对面以及周围住宅小区的原告等人造成影响，并负有采取必要措施以减少对原告等人影响的义务。但被告仍然一直使用LED显示屏播放广告、宣传资料等，其产生的强光明显超出了一般人可容忍的程度，构成光污染，严重干扰了周边人群的正常生活，对原告等人的环境权益造成损害，进而损害了原告等人的身心健康。因此即使原告尚未出现明显症状，其生活受到光污染侵扰、环境权益受到损害也是客观存在的事实，故被告应承担停止侵害、排除妨碍等民事责任。

● **2005年第5期《中华人民共和国最高人民法院公报》**刊登的"**陆耀东诉永达公司环境污染损害赔偿纠纷案**"对光污染的侵权责任进行了分析。相关裁判摘要如下：

《中华人民共和国环境保护法》（以下简称环保法）第二条规定："本法所称环境，是指影响人类生存和发展的各种天然的和经过人工改造的自然因素的总体，包括大气、水、海洋、土地、矿藏、森林、草原、野生生物、自然遗迹、人文遗迹、自然保护区、风景名胜区、城市和乡村等。"第六条规定："一切单位和个人都有保护环境的义务，并有权对污染和破坏环境的单位和个人进行检举和控告。"环境既然是影响人类生存和发展的各种天然的和经过人工改造的自然因素的总体，路灯灯光当然被涵盖在其中。被告永达公司在自己的经营场所设置路灯，为自己的经营场所外部环境提供照明，本无过错。但由于永达公司的经营场所与周边居民小区距离甚近，中间无任何物件遮挡，永达公司路灯的外溢光、杂散光能射入周边居民的居室内，数量足以改变居室内人们夜间休息时通常习惯的暗光环境，且超出了一般公众普遍可忍受的范围。因此永达公司设置的路灯，其外溢光、杂散光确实达到了《城市环境装饰照明规范》所指的障害光程度，已构成由强光引起的光污染，遭受污染的居民有权进行控告。

被告永达公司辩称，涉案路灯用于其经营场所的正常环境照明，是经营所需的必要装置。经查，涉案路灯不属于车站、机场、公路等公共场所为公众提供服务而必须设置的照明、装饰用灯，只是永达公司为自己公司的经营便利而设置的路灯。永达公司完全有条件以其他形式为自己经营场所的外部环境提供照明，或者通过采取遮挡等必要的措施来避免自己设置的路灯侵害他人合法权益。永达公司的此项辩解理由，不能成为其侵权行为的合理免责事由，故不予采纳。

被告永达公司辩称，涉案灯光没有对原告陆耀东造成实际的损害结果。环境污染对人体健康造成的实际损害结果，不仅包括那些症状明显并可用计量方法反映的损害结果，还包括那些症状不明显且暂时无法用计量方法反映的损害结果。光污染对人体健康可能造成的损害，目前已为公众普遍认识。夜间，人们通常习惯于在暗光环境下休息。永达公司设置的路灯，其射入周边居民居室内的外溢光、杂散光，数量足以改变人们夜间休息时通常习惯的暗光环境，且超出一般公众普遍可忍受的范围，光污染程度较为明显。在此情况下，陆耀东诉称涉案灯光使其难以安睡，为此出现了失眠、烦躁不安等症状，这就是涉案灯光对陆耀东的实际损害。陆耀东诉称的这些实际损害，符合日常生活经验法则，根据最高人民法院《关于民事诉讼证据的若干规定》第九条的规定，陆耀东无需举证证明，应推定属实。永达公司否认光污染对陆耀东造成了实际损害，应当举证反驳。永达公司不能举出涉案灯光对陆耀东身体健康没有产生危害的证据，该辩解理由亦不予采纳。

《中华人民共和国民法通则》第一百二十四条规定："违反国家保护环境防止污染的规定，污染环境造成他人损害的，应当依法承担民事责任。"环保法第四十一条规定："造成环境污染危害的，有责任排除危害，并对直接受到损害的单位或者个人赔偿损失。"被告永达公司开启的涉案路灯灯光，已对原告陆耀东的正常居住环境和健康生活造成了损害，构成环境污染。永达公司不能举证证明该侵害行为具有合理的免责事由，故应承担排除危害的法律责任。永达公司已于诉讼期间实际停止了开启涉案路灯，并承诺今后不再使用，于法无悖，应予支持。因永达公司的侵权行为没有给陆耀东造成不良的社会影响，故对陆耀东关于永达公司公开赔礼道歉的诉讼请求，不予支持。尽管陆耀东只主张永达公司赔偿其损失1元，但因陆耀东不能举证证明光污染对其造成的实际损失数额，故对该项诉讼请求亦不予支持。

**第二百九十五条 【不得危及相邻不动产安全的义务】**不动产权利人挖掘土地、建造建筑物、铺设管线以及安装设备等，不得危及相邻不动产的安全。

**相关裁判摘要**

• **2003年第6期《中华人民共和国最高人民法院公报》**刊登的“**顾然地诉巨星物业排除妨碍、赔偿损失纠纷案**”判决认为，不动产所有权人在安装设备时不能危及相邻不动产权利人的安全。相关裁判摘要如下：

《中华人民共和国民法通则》第六条规定：“民事活动必须遵守法律，法律没有规定的，应当遵守国家政策。”第八十三条规定：“不动产的相邻各方，应当按照有利生产、方便生活、团结互助、公平合理的精神，正确处理截水、排水、通行、通风、采光等方面的相邻关系。给相邻方造成妨碍或者损失的，应当停止侵害，排除妨碍，赔偿损失。”原告顾然地是三和花园4号楼29E室的业主，对该室享有建筑物区分所有权。29E室内的墙板、楼板与该楼其他墙板、楼板一样，是使该楼能成为独立建筑物的不可分割部分，应属全体区分所有权人共有的财产。顾然地如果按照设计的用途和设计的荷载量使用29E室内的墙板、楼板，他人无权干涉，但如果超出设计允许的限度使用墙板、楼板，就应该征得其他区分所有权人的同意。29E室内虽然设计了三间浴室，但最大一间的使用面积也只有10.39平方米。顾然地的浴缸，上口面积达9.754平方米，根据日常生活经验，这个浴缸无法安装在顾然地的浴室内。若安装在室内其他部位，则势必改变房屋的设计布局和用途。况且该浴缸注满水后的重量，超出了每平方米最大280公斤的楼板设计荷载量。长期使用这个浴缸，不仅顾然地的安全不能保证，且势必危及相邻其他区分所有权人的安全。在此情况下，顾然地必须征得其他区分所有权人的同意，才能放置这个浴缸，否则既是对共有财产的侵犯，也是对相邻关系的损害。

• **1996年第3期《中华人民共和国最高人民法院公报》刊登的“新华日报社诉南京华厦实业有限公司相邻关系侵权损害赔偿纠纷案”**判决就相邻不动产权利人间一方因抽排地下水给他方造成损失的赔偿问题进行了分析。相关裁判摘要如下：

上诉人华厦公司在被上诉人新华日报社厂房相邻处修建华荣大厦，本应充分考虑相邻建筑物的安全，但该公司违反《中华人民共和国民法通则》关于处理相邻关系的原则，未作维护工程，即开始敞开式开挖，大量抽排地下水。当初期发现问题后虽采取了补救措施，亦未能完全阻止不均匀沉降，致使新华日报社印刷厂和设备基础地面发生沉降，厂房及胶印机严重受损，故其应对此负全部责任。关于上诉人所持上诉理由，本院审理期间，即根据上诉人的申请，委托了江苏省技术监督建设工程质量检验站（以下简称质检站）就华荣大厦施工中抽取地下水对新华日报社印刷车间厂房及进口胶印机基础有哪些影响等问题进行了鉴定。质检站鉴定认为：华荣大厦施工大量抽排地下水是造成新华日报社胶印车间下沉开裂和胶印机不能正常运行、遭受损伤的直接原因。鉴定针对上诉人提出的新华日报社厂房基础和设备基础的设计和使用均存在问题的主张作出了“该厂房基础和设备基础的结构型式对沉降反应敏感，对环境变化适应性差，但事故发生前三年来的使用尚没有发现问题，在华荣大厦基坑施工期间如不抽水不致突然发生这个事故”的结论。故原审法院认定事实清楚，适用法律正确，其上诉理由不能成立。

**第二百九十六条　【利用相邻不动产应避免造成损害】**不动产权利人因用水、排水、通行、铺设管线等利用相邻不动产的，应当尽量避免对相邻的不动产权利人造成损害。

## 第八章　共　　有

**第二百九十七条　【共有的概念与类型】**不动产或者动产可以由两个以上组织、个人共有。共有包括按份共有和共同共有。

**第二百九十八条 【按份共有的概念】**按份共有人对共有的不动产或者动产按照其份额享有所有权。

**第二百九十九条 【共同共有的概念】**共同共有人对共有的不动产或者动产共同享有所有权。

**一、相关法律条文**

**《中华人民共和国民法典》(2021年1月1日起施行)**

**第一千零六十二条** 夫妻在婚姻关系存续期间所得的下列财产,为夫妻的共同财产,归夫妻共同所有:

(一)工资、奖金、劳务报酬;

(二)生产、经营、投资的收益;

(三)知识产权的收益;

(四)继承或者受赠的财产,但是本法第一千零六十三条第三项规定的除外;

(五)其他应当归共同所有的财产。

夫妻对共同财产,有平等的处理权。

**第一千零六十五条** 男女双方可以约定婚姻关系存续期间所得的财产以及婚前财产归各自所有、共同所有或者部分各自所有、部分共同所有。约定应当采用书面形式。没有约定或者约定不明确的,适用本法第一千零六十二条、第一千零六十三条的规定。

夫妻对婚姻关系存续期间所得的财产以及婚前财产的约定,对双方具有法律约束力。

夫妻对婚姻关系存续期间所得的财产约定归各自所有,夫或者妻一方对外所负的债务,相对人知道该约定的,以夫或者妻一方的个人财产清偿。

**第一千一百五十三条** 夫妻共同所有的财产,除有约定的外,遗产分割时,应当先将共同所有的财产的一半分出为配偶所有,其余的为被继承人的遗产。

遗产在家庭共有财产之中的,遗产分割时,应当先分出他人的财产。

**二、相关司法解释**

**《最高人民法院关于适用〈中华人民共和国民法典〉婚姻家庭编的解释(一)》(法释〔2020〕22号)**

**第二十四条** 民法典第一千零六十二条第一款第三项规定的"知

识产权的收益”，是指婚姻关系存续期间，实际取得或者已经明确可以取得的财产性收益。

**第二十五条** 婚姻关系存续期间，下列财产属于民法典第一千零六十二条规定的“其他应当归共同所有的财产”：

（一）一方以个人财产投资取得的收益；

（二）男女双方实际取得或者应当取得的住房补贴、住房公积金；

（三）男女双方实际取得或者应当取得的基本养老金、破产安置补偿费。

**第二十六条** 夫妻一方个人财产在婚后产生的收益，除孳息和自然增值外，应认定为夫妻共同财产。

**第二十七条** 由一方婚前承租、婚后用共同财产购买的房屋，登记在一方名下的，应当认定为夫妻共同财产。

**第二十八条** 一方未经另一方同意出售夫妻共同所有的房屋，第三人善意购买、支付合理对价并已办理不动产登记，另一方主张追回该房屋的，人民法院不予支持。

夫妻一方擅自处分共同所有的房屋造成另一方损失，离婚时另一方请求赔偿损失的，人民法院应予支持。

**第二十九条** 当事人结婚前，父母为双方购置房屋出资的，该出资应当认定为对自己子女个人的赠与，但父母明确表示赠与双方的除外。

当事人结婚后，父母为双方购置房屋出资的，依照约定处理；没有约定或者约定不明确的，按照民法典第一千零六十二条第一款第四项规定的原则处理。

**第三十条** 军人的伤亡保险金、伤残补助金、医药生活补助费属于个人财产。

**第三十一条** 民法典第一千零六十三条规定为夫妻一方的个人财产，不因婚姻关系的延续而转化为夫妻共同财产。但当事人另有约定的除外。

## 三、相关文件规定

**1.《最高人民法院关于继承开始时继承人未表示放弃继承遗产又未分割的可按析产案件处理问题的批复》(〔1987〕民他字第12号)**

江苏省高级人民法院：

你院《关于费宝珍、费江诉周福祥析产一案的请示报告》收悉。

据你院报告称：费宝珍与费翼臣婚生三女一子，在无锡市有房产一处共241.2平方米。1942年长女费玉英与周福祥结婚后，夫妻住在费家，随费宝珍生活。次女费秀英、三女费惠英相继于1950年以前出嫁，住在丈夫家。1956年费翼臣、费宝珍及其子费江迁居安徽，无锡的房产由长女一家管理使用。1958年私房改造时，改造了78.9平方米，留自住房162.3平方米。1960年费翼臣病故，费宝珍、费江迁回无锡，与费玉英夫妇共同住在自留房内，分开生活。1962年费玉英病故。1985年12月，费宝珍、费江向法院起诉，称此房为费家财产，要求周福祥及其子女搬出。周福祥认为，其妻费玉英有继承父亲费翼臣的遗产的权利，并且已经占有、使用四十多年，不同意搬出。原审在调查过程中，费秀英、费惠英也表示应有她们的产权份额。

我们研究认为，双方当事人诉争的房屋，原为费宝珍与费翼臣的夫妻共有财产，1958年私房改造所留自住房，仍属于原产权人共有。费翼臣病故后，对属于费翼臣所有的那一份遗产，各继承人都没有表示过放弃继承，根据《继承法》第二十五条第一款的规定，应视为均已接受继承。诉争的房屋应属各继承人共同共有，他们之间为此发生之诉讼，可按析产案件处理，并参照财产来源、管理使用及实际需要等情况，进行具体分割。

**2.《最高人民法院关于产权从未变更过的祖遗房下掘获祖辈所埋的白银归谁所有问题的批复》(〔1986〕民他字第38号)**

云南省高级人民法院：

你院《关于唐绍清等人诉唐学周白银纠纷案请示报告》收悉。

被告唐学周于1985年3月15日翻建自有房屋时，在墙脚掘获刻有乾隆字样的白银二十九公斤四公两。该房系唐氏家族之祖遗产，历经数代均由唐姓家族人居住，从未变更过产权。族人皆知房下埋有白银，解放前曾两次掘获。因年代久远，白银究系唐姓家族中何人所埋不能证实。原告唐绍清等以此白银系高祖母遗产为由，起诉要求继承。被告唐学周辩称白银为其父临终前告知所埋，不同意原告唐绍清等继承。

根据以上事实，我们研究认为，被告唐学周在祖遗房下所掘获的白银，应认定唐姓家族人所埋，视为原、被告等人的共有财产，由共有人合理分割，不宜作遗产处理。

**第三百条　【共有物的管理】**共有人按照约定管理共有的不动产或者动产；没有约定或者约定不明确的，各共有人都有管理的权利和义务。

**第三百零一条　【共有物的处分、重大修缮及变更性质或者用途】**处分共有的不动产或者动产以及对共有的不动产或者动产作重大修缮、变更性质或者用途的，应当经占份额三分之二以上的按份共有人或者全体共同共有人同意，但是共有人之间另有约定的除外。

**一、相关司法解释**

**《最高人民法院关于适用〈中华人民共和国民法典〉婚姻家庭编的解释（一）》（法释〔2020〕22号）**

**第二十八条**　一方未经另一方同意出售夫妻共同所有的房屋，第三人善意购买、支付合理对价并已办理不动产登记，另一方主张追回该房屋的，人民法院不予支持。

夫妻一方擅自处分共同所有的房屋造成另一方损失，离婚时另一方请求赔偿损失的，人民法院应予支持。

**二、相关部门规章**

**1.《不动产登记暂行条例实施细则》（2019年7月16日修正）**

**第十条**　处分共有不动产申请登记的，应当经占份额三分之二以上的按份共有人或者全体共同共有人共同申请，但共有人另有约定的除外。

按份共有人转让其享有的不动产份额，应当与受让人共同申请转移登记。

建筑区划内依法属于全体业主共有的不动产申请登记，依照本实施细则第三十六条的规定办理。

**2.《中华人民共和国船舶登记办法》（2017年2月10日起施行）**

**第四十八条**　申请办理船舶抵押权登记，应当提交以下材料：

（一）船舶抵押合同及其主合同；

（二）船舶所有权登记证书或者船舶建造合同；

（三）共有船舶的，全体共同共有人或者三分之二以上份额或约定份额的按份共有人同意船舶抵押的证明文件；

（四）已办理光船租赁登记的船舶，承租人同意船舶抵押的证明文件。

申请办理建造中船舶抵押权登记，除提交上述第一至三项材料外，还应当提交抵押人出具的船舶未在其它登记机关办理过抵押权登记并且不存在法律、法规禁止船舶设置抵押权的声明。

## 三、相关裁判摘要

● **2004年第3号《中华人民共和国最高人民检察院公报》**刊登的**"重庆经纬典当行诉重庆红河物业发展有限责任公司、重庆市渝北区龙溪通用材料经营部、重庆春益房地产开发有限公司借款合同纠纷抗诉案"**判决认为，处分按份共有的财产应当经过全体共有人的同意。相关裁判摘要如下：

根据本案查明的事实，以及经营部与红河公司、春益公司三方订立的联建合同及分房协议的约定，经营部对"红河苑"商住楼享有按份共有的权利，红河公司与春益公司则对"红河苑"商住楼除经营部已明确分得的房屋之外的全部面积在未实现销售利润分配前，享有共同共有的权利。对按份共有的财产，非经所有权人同意，任何人均无权处置。对共同共有的财产，未经全体共有人同意，任一共有人不得对共有财产作出处置，包括在共有财产上设定抵押权。依照建设部于1997年5月9日发布的《城市房地产抵押管理办法》中对"以共有房地产抵押的，抵押人应当事先取得其他共有人的书面同意"的规定和最高人民法院关于适用《担保法》若干问题的解释中作出的"共同共有人以其共有财产设定抵押，未经其他共有人的同意，抵押无效"的规定，红河公司擅自将属于经营部的房产以及与春益公司共有的房产，在未经共有人同意的情况下，将房屋抵押给经纬典当行的抵押行为应属无效。虽然红河公司在办理的《重庆市商品房预售许可证》中由审核办证机关注明了"该项目预售面积为红河公司所有"的意见，但该批注意见与"红河苑"商住楼联建各方约定的权利义务的客观事实相悖，同时亦与该项目联建各方取得的土地权属登记的情况相矛盾，因此，该批注意见不能作为人民法院确认作为抵押物的"红河苑"商住楼的权属归红河公司所有的有效证据。综上，红河公司与经纬典当行签订的房地产抵押合同应依法确认为无效合同。经纬典当行在审查红河公司提交的预售许可证和土地证时，对两证明确载明的土地使用权的共有人和联建人的情况是明知的，但经纬典当行却并未要求红河公司出具土地共有人及联建各方同意的"红河苑"商住楼2至9层房屋用于抵押贷款的书面证明或授权书，亦未向项目联建其他方了解该商住楼的权属状况。因此，经纬典当行的行为具有重大过失，对造成抵押合同无效应承担过错责任。

**第三百零二条　【共有物的管理费用及其他负担】**共有人对共有物的管理费用以及其他负担，有约定的，按照其约定；没有约定或者约定不明确的，按份共有人按照其份额负担，共同共有人共同负担。

**第三百零三条　【共有物的分割】**共有人约定不得分割共有的不动产或者动产，以维持共有关系的，应当按照约定，但是共有人有重大理由需要分割的，可以请求分割；没有约定或者约定不明确的，按份共有人可以随时请求分割，共同共有人在共有的基础丧失或者有重大理由需要分割时可以请求分割。因分割造成其他共有人损害的，应当给予赔偿。

### 一、相关法律条文

**《中华人民共和国民法典》（2021年1月1日起施行）**

**第一千零六十六条**　婚姻关系存续期间，有下列情形之一的，夫妻一方可以向人民法院请求分割共同财产：

（一）一方有隐藏、转移、变卖、毁损、挥霍夫妻共同财产或者伪造夫妻共同债务等严重损害夫妻共同财产利益的行为；

（二）一方负有法定扶养义务的人患重大疾病需要医治，另一方不同意支付相关医疗费用。

### 二、相关司法解释

**1.《最高人民法院关于适用〈中华人民共和国民法典〉婚姻家庭编的解释（一）》（法释〔2020〕22号）**

**第三十八条**　婚姻关系存续期间，除民法典第一千零六十六条规定情形以外，夫妻一方请求分割共同财产的，人民法院不予支持。

**2.《最高人民法院关于适用〈中华人民共和国企业破产法〉若干问题的规定（二）》（法释〔2013〕22号）（2020年12月23日修正）**

**第四条**　债务人对按份享有所有权的共有财产的相关份额，或者共同享有所有权的共有财产的相应财产权利，以及依法分割共有财产所得部分，人民法院均应认定为债务人财产。

人民法院宣告债务人破产清算，属于共有财产分割的法定事由。人民法院裁定债务人重整或者和解的，共有财产的分割应当依据民法典第三百零三条的规定进行；基于重整或者和解的需要必须分割共有财产，管理人请求分割的，人民法院应予准许。

因分割共有财产导致其他共有人损害产生的债务，其他共有人请求作为共益债务清偿的，人民法院应予支持。

## 三、相关裁判摘要

● **2016年第7期《中华人民共和国最高人民法院公报》**刊登的“**刘柯妤诉刘茂勇、周忠容共有房屋分割案**”判决对于按份共有财产的分割与份额的转让应当符合公序良俗原则进行了分析。相关裁判摘要如下：

现有新证据证明，本案讼争房屋系被申请人刘茂勇、周忠容及再审申请人刘柯妤按份共有。单从《中华人民共和国物权法》第九十七条之规定看，刘柯妤占份额90%，有权决定本案讼争房屋的处分，但本案中刘茂勇、周忠容与刘柯妤系父母子女关系，双方以居住为目的购房，从购房的相关证据看，大部分房款由刘茂勇、周忠容出资，刘茂勇、周忠容购房时将大部分财产份额登记在刘柯妤名下，超出刘柯妤出资部分，具有赠与性质，系父母疼爱子女的具体表现。“百善孝为先”一直是中国社会各阶层所尊崇的基本伦理道德。孝敬父母乃“天之经、地之义、人之行、德之本”，是中国传统伦理道德的基石，是千百年来中国社会维系家庭关系的重要道德准则，是中华民族优秀的传统美德。亲子之爱是人世间最真诚、最深厚、最持久的爱，为人子女，不仅应在物质上赡养父母，满足父母日常生活的物质需要，也应在精神上慰藉父母，善待父母，努力让父母安宁、愉快地生活。从刘柯妤陈述及提交的《承诺书》看，刘柯妤仍存有赡养父母之念，值得肯定和发扬。目前刘茂勇、周忠容与刘柯妤之间存在较深的误解与隔阂，双方生活习惯差距较大，刘茂勇、周忠容多年在本土生活，不愿去苏州与刘柯妤共同居住生活，刘茂勇、周忠容对居住地和居住方式的选择应予尊重，他人不应强求。刘柯妤虽然承诺财产份额转让后，可由刘茂勇、周忠容居住使用该房屋至去世时止，但双方目前缺乏基本的信任，刘茂勇、周忠容担心刘柯妤取得完全产权后变卖房屋而导致其无房居住，具有一定合理性。刘茂勇、周忠容承诺有生之年不转让处分享有的份额，去世之后其份额归刘柯妤所有，刘茂勇、周忠容持有的财产份额价值较小，单独转让的可能性不大，刘柯妤担心父母将其财产份额转让他人，无事实根据，且刘柯妤承诺该房由其父母继续居住，目前要求其父母转让财产份额并无实际意义，徒增其父母的担忧，不符合精神上慰藉父母的伦理道德要求，并导致父母与子女之间的亲情关系继续恶化。《中华人民共和国物权法》第七条明确规定："物权的取得和行使，应当遵守法律，尊重社会公德，不得损害公共利益和他人合法权益。"综上，刘柯妤要求其父母转让财产份额的诉求与善良风俗、传统美德的要求不符，法院不予支持。本院二审判决认定为共同共有不当，导致适用法律有瑕疵，应予纠正，但判决结果正确，应予维持。

**第三百零四条　【分割方式】**共有人可以协商确定分割方式。达不成协议，共有的不动产或者动产可以分割且不会因分割减损价值的，应当对实物予以分割；难以分割或者因分割会减损价值的，应当对折价或者拍卖、变卖取得的价款予以分割。

共有人分割所得的不动产或者动产有瑕疵的，其他共有人应当分担损失。

**相关司法解释**

**1.《最高人民法院关于适用〈中华人民共和国民法典〉婚姻家庭编的解释（一）》（法释〔2020〕22号）**

**第七十条**　夫妻双方协议离婚后就财产分割问题反悔，请求撤销财产分割协议的，人民法院应当受理。

人民法院审理后，未发现订立财产分割协议时存在欺诈、胁迫等情形的，应当依法驳回当事人的诉讼请求。

**第七十六条**　双方对夫妻共同财产中的房屋价值及归属无法达成协议时，人民法院按以下情形分别处理：

（一）双方均主张房屋所有权并且同意竞价取得的，应当准许；

（二）一方主张房屋所有权的，由评估机构按市场价格对房屋作出评估，取得房屋所有权的一方应当给予另一方相应的补偿；

（三）双方均不主张房屋所有权的，根据当事人的申请拍卖、变卖房屋，就所得价款进行分割。

**第七十七条**　离婚时双方对尚未取得所有权或者尚未取得完全所

有权的房屋有争议且协商不成的，人民法院不宜判决房屋所有权的归属，应当根据实际情况判决由当事人使用。

当事人就前款规定的房屋取得完全所有权后，有争议的，可以另行向人民法院提起诉讼。

**第七十八条** 夫妻一方婚前签订不动产买卖合同，以个人财产支付首付款并在银行贷款，婚后用夫妻共同财产还贷，不动产登记于首付款支付方名下的，离婚时该不动产由双方协议处理。

依前款规定不能达成协议的，人民法院可以判决该不动产归登记一方，尚未归还的贷款为不动产登记一方的个人债务。双方婚后共同还贷支付的款项及其相对应财产增值部分，离婚时应根据民法典第一千零八十七条第一款规定的原则，由不动产登记一方对另一方进行补偿。

**第七十九条** 婚姻关系存续期间，双方用夫妻共同财产出资购买以一方父母名义参加房改的房屋，登记在一方父母名下，离婚时另一方主张按照夫妻共同财产对该房屋进行分割的，人民法院不予支持。购买该房屋时的出资，可以作为债权处理。

**第八十条** 离婚时夫妻一方尚未退休、不符合领取基本养老金条件，另一方请求按照夫妻共同财产分割基本养老金的，人民法院不予支持；婚后以夫妻共同财产缴纳基本养老保险费，离婚时一方主张将养老金账户中婚姻关系存续期间个人实际缴纳部分及利息作为夫妻共同财产分割的，人民法院应予支持。

**第八十一条** 婚姻关系存续期间，夫妻一方作为继承人依法可以继承的遗产，在继承人之间尚未实际分割，起诉离婚时另一方请求分割的，人民法院应当告知当事人在继承人之间实际分割遗产后另行起诉。

**第八十二条** 夫妻之间订立借款协议，以夫妻共同财产出借给一方从事个人经营活动或者用于其他个人事务的，应视为双方约定处分夫妻共同财产的行为，离婚时可以按照借款协议的约定处理。

**第八十三条** 离婚后，一方以尚有夫妻共同财产未处理为由向人民法院起诉请求分割的，经审查该财产确属离婚时未涉及的夫妻共同财产，人民法院应当依法予以分割。

**2.《最高人民法院关于人民法院民事执行中查封、扣押、冻结财产的规定》(法释〔2004〕15号)**

**第十二条** 对被执行人与其他人共有的财产，人民法院可以查封、扣押、冻结，并及时通知共有人。

共有人协议分割共有财产，并经债权人认可的，人民法院可以认定有效。查封、扣押、冻结的效力及于协议分割后被执行人享有份额内的财产；对其他共有人享有份额内的财产的查封、扣押、冻结，人民法院应当裁定予以解除。

共有人提起析产诉讼或者申请执行人代位提起析产诉讼的，人民法院应当准许。诉讼期间中止对该财产的执行。

**第三百零五条　【共有份额的转让】**按份共有人可以转让其享有的共有的不动产或者动产份额。其他共有人在同等条件下享有优先购买的权利。

**一、相关法律条文**

**《中华人民共和国合伙企业法》(2006年8月27日修订)**

**第二十二条**　除合伙协议另有约定外，合伙人向合伙人以外的人转让其在合伙企业中的全部或者部分财产份额时，须经其他合伙人一致同意。

合伙人之间转让在合伙企业中的全部或者部分财产份额时，应当通知其他合伙人。

**第二十三条**　合伙人向合伙人以外的人转让其在合伙企业中的财产份额的，在同等条件下，其他合伙人有优先购买权；但是，合伙协议另有约定的除外。

**第二十四条**　合伙人以外的人依法受让合伙人在合伙企业中的财产份额的，经修改合伙协议即成为合伙企业的合伙人，依照本法和修改后的合伙协议享有权利，履行义务。

**第二十五条**　合伙人以其在合伙企业中的财产份额出质的，须经其他合伙人一致同意；未经其他合伙人一致同意，其行为无效，由此给善意第三人造成损失的，由行为人依法承担赔偿责任。

**二、相关司法解释**

**《最高人民法院关于适用〈中华人民共和国民法典〉物权编的解释(一)》(法释〔2020〕24号)**

**第九条**　共有份额的权利主体因继承、遗赠等原因发生变化时，其他按份共有人主张优先购买的，不予支持，但按份共有人之间另有约定的除外。

**第十条** 民法典第三百零五条所称的“同等条件”，应当综合共有份额的转让价格、价款履行方式及期限等因素确定。

**第十一条** 优先购买权的行使期间，按份共有人之间有约定的，按照约定处理；没有约定或者约定不明的，按照下列情形确定：

（一）转让人向其他按份共有人发出的包含同等条件内容的通知中载明行使期间的，以该期间为准；

（二）通知中未载明行使期间，或者载明的期间短于通知送达之日起十五日的，为十五日；

（三）转让人未通知的，为其他按份共有人知道或者应当知道最终确定的同等条件之日起十五日；

（四）转让人未通知，且无法确定其他按份共有人知道或者应当知道最终确定的同等条件的，为共有份额权属转移之日起六个月。

**第十二条** 按份共有人向共有人之外的人转让其份额，其他按份共有人根据法律、司法解释规定，请求按照同等条件优先购买该共有份额的，应予支持。其他按份共有人的请求具有下列情形之一的，不予支持：

（一）未在本解释第十一条规定的期间内主张优先购买，或者虽主张优先购买，但提出减少转让价款、增加转让人负担等实质性变更要求；

（二）以其优先购买权受到侵害为由，仅请求撤销共有份额转让合同或者认定该合同无效。

**第十三条** 按份共有人之间转让共有份额，其他按份共有人主张依据民法典第三百零五条规定优先购买的，不予支持，但按份共有人之间另有约定的除外。

**第三百零六条 【按份共有人优先购买权的行使】** 按份共有人转让其享有的共有的不动产或者动产份额的，应当将转让条件及时通知其他共有人。其他共有人应当在合理期限内行使优先购买权。

两个以上其他共有人主张行使优先购买权的，协商确定各自的购买比例；协商不成的，按照转让时各自的共有份额比例行使优先购买权。

**第三百零七条　【因共有物所生的债权债务】**因共有的不动产或者动产产生的债权债务，在对外关系上，共有人享有连带债权、承担连带债务，但是法律另有规定或者第三人知道共有人不具有连带债权债务关系的除外；在共有人内部关系上，除共有人另有约定外，按份共有人按照份额享有债权、承担债务，共同共有人共同享有债权、承担债务。偿还债务超过自己应当承担份额的按份共有人，有权向其他共有人追偿。

**相关法律条文**

**1.《中华人民共和国个人独资企业法》(2000年1月1日起施行)**

**第十八条**　个人独资企业投资人在申请企业设立登记时明确以其家庭共有财产作为个人出资的，应当依法以家庭共有财产对企业债务承担无限责任。

**2.《中华人民共和国合伙企业法》(2006年8月27日修订)**

**第三十八条**　合伙企业对其债务，应先以其全部财产进行清偿。

**第三十九条**　合伙企业不能清偿到期债务的，合伙人承担无限连带责任。

**第四十条**　合伙人由于承担无限连带责任，清偿数额超过本法第三十三条第一款规定的其亏损分担比例的，有权向其他合伙人追偿。

**第三百零八条　【共有类型没有约定或约定不明时的处理】**共有人对共有的不动产或者动产没有约定为按份共有或者共同共有，或者约定不明确的，除共有人具有家庭关系等外，视为按份共有。

**第三百零九条　【按份共有人份额没有约定或约定不明时的处理】**按份共有人对共有的不动产或者动产享有的份额，没有约定或者约定不明确的，按照出资额确定；不能确定出资额的，视为等额享有。

**第三百一十条　【准共有】**两个以上组织、个人共同享有用益物权、担保物权的，参照适用本章的有关规定。

# 第九章 所有权取得的特别规定

**第三百一十一条 【善意取得的构成要件】**无处分权人将不动产或者动产转让给受让人的,所有权人有权追回;除法律另有规定外,符合下列情形的,受让人取得该不动产或者动产的所有权:

(一)受让人受让该不动产或者动产时是善意;

(二)以合理的价格转让;

(三)转让的不动产或者动产依照法律规定应当登记的已经登记,不需要登记的已经交付给受让人。

受让人依据前款规定取得不动产或者动产的所有权的,原所有权人有权向无处分权人请求损害赔偿。

当事人善意取得其他物权的,参照适用前两款规定。

## 一、相关司法解释

**1.《最高人民法院关于适用〈中华人民共和国民法典〉物权编的解释(一)》(法释〔2020〕24号)**

**第十四条** 受让人受让不动产或者动产时,不知道转让人无处分权,且无重大过失的,应当认定受让人为善意。

真实权利人主张受让人不构成善意的,应当承担举证证明责任。

**第十五条** 具有下列情形之一的,应当认定不动产受让人知道转让人无处分权:

(一)登记簿上存在有效的异议登记;

(二)预告登记有效期内,未经预告登记的权利人同意;

(三)登记簿上已经记载司法机关或者行政机关依法裁定、决定查封或者以其他形式限制不动产权利的有关事项;

(四)受让人知道登记簿上记载的权利主体错误;

(五)受让人知道他人已经依法享有不动产物权。

真实权利人有证据证明不动产受让人应当知道转让人无处分权的,应当认定受让人具有重大过失。

**第十六条** 受让人受让动产时,交易的对象、场所或者时机等不符合交易习惯的,应当认定受让人具有重大过失。

**第十七条**　民法典第三百一十一条第一款第一项所称的“受让人受让该不动产或者动产时”，是指依法完成不动产物权转移登记或者动产交付之时。

当事人以民法典第二百二十六条规定的方式交付动产的，转让动产民事法律行为生效时为动产交付之时；当事人以民法典第二百二十七条规定的方式交付动产的，转让人与受让人之间有关转让返还原物请求权的协议生效时为动产交付之时。

法律对不动产、动产物权的设立另有规定的，应当按照法律规定的时间认定权利人是否为善意。

**第十八条**　民法典第三百一十一条第一款第二项所称“合理的价格”，应当根据转让标的物的性质、数量以及付款方式等具体情况，参考转让时交易地市场价格以及交易习惯等因素综合认定。

**第十九条**　转让人将民法典第二百二十五条规定的船舶、航空器和机动车等交付给受让人的，应当认定符合民法典第三百一十一条第一款第三项规定的善意取得的条件。

**第二十条**　具有下列情形之一，受让人主张依据民法典第三百一十一条规定取得所有权的，不予支持：

（一）转让合同被认定无效；

（二）转让合同被撤销。

**2.《最高人民法院关于适用〈中华人民共和国民法典〉有关担保制度的解释》（法释〔2020〕28号）**

**第三十七条**　当事人以所有权、使用权不明或者有争议的财产抵押，经审查构成无权处分的，人民法院应当依照民法典第三百一十一条的规定处理。

当事人以依法被查封或者扣押的财产抵押，抵押权人请求行使抵押权，经审查查封或者扣押措施已经解除的，人民法院应予支持。抵押人以抵押权设立时财产被查封或者扣押为由主张抵押合同无效的，人民法院不予支持。

以依法被监管的财产抵押的，适用前款规定。

**3.《最高人民法院关于适用〈中华人民共和国民法典〉婚姻家庭编的解释（一）》（法释〔2020〕22号）**

**第二十八条**　一方未经另一方同意出售夫妻共同所有的房屋，第三人善意购买、支付合理对价并已办理不动产登记，另一方主张追回该房屋的，人民法院不予支持。

夫妻一方擅自处分共同所有的房屋造成另一方损失，离婚时另一方请求赔偿损失的，人民法院应予支持。

**4.《最高人民法院关于适用〈中华人民共和国企业破产法〉若干问题的规定（二）》（法释〔2013〕22号）（2020年12月23日修正）**

**第三十条** 债务人占有的他人财产被违法转让给第三人，依据民法典第三百一十一条的规定第三人已善意取得财产所有权，原权利人无法取回该财产的，人民法院应当按照以下规定处理：

（一）转让行为发生在破产申请受理前的，原权利人因财产损失形成的债权，作为普通破产债权清偿；

（二）转让行为发生在破产申请受理后的，因管理人或者相关人员执行职务导致原权利人损害产生的债务，作为共益债务清偿。

**第三十一条** 债务人占有的他人财产被违法转让给第三人，第三人已向债务人支付了转让价款，但依据民法典第三百一十一条的规定未取得财产所有权，原权利人依法追回转让财产的，对因第三人已支付对价而产生的债务，人民法院应当按照以下规定处理：

（一）转让行为发生在破产申请受理前的，作为普通破产债权清偿；

（二）转让行为发生在破产申请受理后的，作为共益债务清偿。

**5.《最高人民法院关于审理买卖合同纠纷案件适用法律问题的解释》（法释〔2012〕8号）（2020年12月23日修正）**

**第二十六条** 买受人已经支付标的物总价款的百分之七十五以上，出卖人主张取回标的物的，人民法院不予支持。

在民法典第六百四十二条第一款第三项情形下，第三人依据民法典第三百一十一条的规定已经善意取得标的物所有权或者其他物权，出卖人主张取回标的物的，人民法院不予支持。

**6.《最高人民法院关于适用〈中华人民共和国公司法〉若干问题的规定（三）》（法释〔2011〕3号）（2020年12月23日修正）**

**第七条** 出资人以不享有处分权的财产出资，当事人之间对于出资行为效力产生争议的，人民法院可以参照民法典第三百一十一条的规定予以认定。

以贪污、受贿、侵占、挪用等违法犯罪所得的货币出资后取得股权的,对违法犯罪行为予以追究、处罚时,应当采取拍卖或者变卖的方式处置其股权。

**第二十五条**　名义股东将登记于其名下的股权转让、质押或者以其他方式处分,实际出资人以其对于股权享有实际权利为由,请求认定处分股权行为无效的,人民法院可以参照民法典第三百一十一条的规定处理。

名义股东处分股权造成实际出资人损失,实际出资人请求名义股东承担赔偿责任的,人民法院应予支持。

**第二十七条**　股权转让后尚未向公司登记机关办理变更登记,原股东将仍登记于其名下的股权转让、质押或者以其他方式处分,受让股东以其对于股权享有实际权利为由,请求认定处分股权行为无效的,人民法院可以参照民法典第三百一十一条的规定处理。

原股东处分股权造成受让股东损失,受让股东请求原股东承担赔偿责任、对于未及时办理变更登记有过错的董事、高级管理人员或者实际控制人承担相应责任的,人民法院应予支持;受让股东对于未及时办理变更登记也有过错的,可以适当减轻上述董事、高级管理人员或者实际控制人的责任。

**7.《最高人民法院关于审理房屋登记案件若干问题的规定》(法释〔2010〕15号)**

**第十一条**　被诉房屋登记行为涉及多个权利主体或者房屋可分,其中部分主体或者房屋的登记违法应予撤销的,可以判决部分撤销。

被诉房屋登记行为违法,但该行为已被登记机构改变的,判决确认被诉行为违法。

被诉房屋登记行为违法,但判决撤销将给公共利益造成重大损失或者房屋已为第三人善意取得的,判决确认被诉行为违法,不撤销登记行为。

## 二、相关文件规定

**1.《最高人民法院关于审理房屋登记行政案件中发现涉嫌刑事犯罪问题应如何处理的答复》(〔2008〕行他字第15号)**

天津市高级人民法院:

你院《关于李宵诉天津市国土资源和房屋管理局房屋登记一案如何适用法律问题的请示报告》收悉。经研究答复如下:

人民法院在审理有关房屋登记行政案件中，发现涉嫌刑事犯罪问题的，不应将该案全案移送公安机关处理，而应区别不同情况分别处理：

一、第三人购买的房屋不属于善意取得，参照民法通则第五十八条和合同法第五十二条、第五十九条的规定，房屋买卖行为属于无效的行为，人民法院应当依法判决撤销被诉核发房屋产权证行为。

二、第三人购买的房屋属于善意取得，房屋管理机关未尽审慎审查职责的，依据物权法第一百零六条等有关法律的规定，第三人的合法权益应当予以保护，人民法院可以判决确认被诉具体行政行为违法。

三、如果不能确定第三人购买的房屋是否属于善意取得，应当中止案件审理，待有权机关作出有效确认后，再恢复审理。

**2.《最高人民法院关于中国农业银行大连市分行友好支行诉大连中大集团公司、第三人中国大连国际经济技术合作集团有限公司借款合同抵押担保纠纷一案请示的答复》(〔2003〕民二他字第26号)**

辽宁省高级人民法院：

你院(2002)辽民三初字第12号请示收悉。经研究，答复如下：

从你院请示材料看，依据大连市中级人民法院(1999)大民初字第160号民事调解书、大连市房地产管理局大房局管字(2000)16号文件以及大连市中级人民法院(2002)大行再字第21号行政判决书，中大大厦9－15层的产权确系中国大连国际经济技术合作集团有限公司(以下简称大连国际)所有，大连中大集团公司(以下简称中大集团)未经大连国际的同意将中大大厦整体抵押给债权人中国农业银行大连市分行友好支行(以下简称友好支行)的行为，属于无权处分行为，依照《中华人民共和国合同法》第五十一条的规定，抵押合同涉及无权处分部分无效。但鉴于中大大厦在抵押时的全部产权登记在中大集团名下，不动产登记具有权利推定效力，因此，如无证据证明友好支行在接受抵押时对中大大厦9－15层产权的真实状况为明知或应知的，友好支行可以善意取得对中大大厦9－15层的抵押权。你院应当在查明案件事实，尤其是债权人在接受抵押时是否属于善意的基础上，妥善处理该案。

**3.《最高人民法院行政审判庭关于审理行政案件时对善意取得适用法律问题的答复》(〔1999〕行他字第5号)**

广东省高级人民法院：

你院〔1998〕粤高法行终字第9号《关于潮州市金贸经济发展有限

公司诉饶平县公安局冻结、扣划银行存款上诉一案有关法律适用问题的请示报告》收悉，经研究答复如下：

最高人民法院1996年12月16日发布的《关于审理诈骗案件具体应用法律的若干问题的解释》适用于该解释生效后发生的案件或者正在审理的案件。关于潮州市金贸经济发展有限公司被扣划的存款是否为善意取得，请你院在查清事实的基础上依法确认。

**4.《最高人民法院关于人民法院查封的财产被转卖是否保护善意取得人利益问题的复函》(〔1999〕执他字第21号)**

河北省高级人民法院：

你院《关于被执行人转卖法院查封财产第三人善意取得是否应予保护的请示》收悉。经研究，答复如下：

人民法院依法查封的财产被转卖的，对买受人原则上不适用善意取得制度。但鉴于所请示的案件中，有关法院在执行本案时，对液化气铁路罐车的查封手续不够完备，因此在处理时对申请执行人和买受人的利益均应给予照顾，具体可对罐车或其变价款在申请执行人和买受人之间进行公平合理分配。

## 三、相关裁判摘要

• **2008年第2期《中华人民共和国最高人民法院公报》**刊登的“**刘志兵诉卢志成财产权属纠纷案**”判决对机动车这一特殊动产的善意取得的构成要件做了详细的分析。相关裁判摘要如下：

无处分权人将他人所有的财产转让给受让人，所有权人原则上有权追回。但为了保护交易安全，民法上设置了善意取得制度，即在前述情形下，受让人受让该财产构成善意取得的，则受让人可以依法取得该财产的所有权，原所有权人无权向受让人追回该财产。善意取得应当符合以下条件：受让人受让该不动产或者动产时是善意的；以合理的价格转让；转让的不动产或者动产依照法律规定应当登记的已经登记，不需要登记的已经交付给受让人。根据本案事实，可以认定被上诉人卢志成取得涉案浙DH3951号金杯面包车的行为不属于善意取得。

首先，被上诉人卢志成取得涉案浙DH3951号金杯面包车时不是基于善意。善意取得制度中的“善意”，主要是指受让人不知让与人无所有权或处分权的事实。这是善意取得人取得财产所有权或其他权利的法律前提。明知让与人无处分权而仍受让该财产与无权处分人违反所有权人意志转让财产的行为，都属于故意侵犯他人所有权的行为。《二手车流通管理办法》第六条规定：“二手车直接交易是指二手车所有人不通过经销企业、拍卖企业和经纪机构将车辆直接出售给买方的交易行为。二手车直接交易应当在二手车交易市场进行。”第十五条第一款规定：“二手车卖方应当拥有车辆的所有权或者处置权。二手车交易市场经营者和二手车经营主体应当确认卖方的身份证明，车辆的号牌、《机动车登记证书》、《机动车行驶证》，有效的机动车安全技术检验合格标志、车辆保险单、交纳税费凭证等。”第十六条规定：“出售、拍卖无所有权或者处置权车辆的，应承担相应的法律责任。”第十七条规定：“二手车卖方应当向买方提供车辆的使用、修理、事故、检验以及是否办理抵押登记、交纳税费、报废期等真实情况和信息。买方购买的车辆如因卖方隐瞒和欺诈不能办理转移登记，卖方应当无条件接受退车，并退还购车款等费用。”本案中，被上诉人没有按照《二手车流通管理办法》规定的方式进行二手车交易，且在车辆转让时已明知车辆行驶登记证所登记的车主并非让与人。在此情况下，被上诉人没有进一步查明涉案车辆的来源，甚至连让与人的身份情况也一概不知，即在明知让与人不具有涉案车辆处分权的情况下进行了交易，显然不属于善意取得。

其次，被上诉人卢志成没有充分证据证明其在受让涉案浙DH3951号金杯面包车时，付出了合理的价格。善意取得是为保护交易安全而设定的，以有偿取得为前提，而且还应支付合理的价格。分析这一点实际上也可以从另一方面印证受让人是否基于善意取得财产，因为财产转让一般是有相应条件的，没有转让价格或者转让价格明显低于实际价格，足以引起受让人对让与人是否有处分权的合理怀疑。本案中被上诉人虽提供了其与案外人陈小波签订的协议书，但因为该协议并非按照《二手车流通管理办法》规定的方式在二手车交易市场内签订，让与人也未出庭作证。在此情况下，被上诉人应当举出其他充分证据证明自己已经为涉案车辆交易支付了合理的价款。但被上诉人并未完成这一举证义务，故不能认定其在受让涉案车辆时支付了合理的价款。

第三，善意取得要求转让的财产依照法律规定应当登记的已经登记，不需要登记的已经交付给受让人。机动车虽然属于动产，但具有一定的特殊性，车主需办理机动车登记证、车辆行驶证，这些严格的管理措施使车辆不同于其他无需登记的动产，也利于受让人审核车辆转让时的合法正当性。本案被上诉人卢志成无法办理涉案车辆过户手续的事实，也说明他明知让与人未取得涉案车辆处分权，进一步说明被上诉人取得涉案车辆不属于善意取得。

**第三百一十二条 【遗失物的善意取得】**所有权人或者其他权利人有权追回遗失物。该遗失物通过转让被他人占有的，权利人有权向无处分权人请求损害赔偿，或者自知道或者应当知道受让人之日起二年内向受让人请求返还原物；但是，受让人通过拍卖或者向具有经营资格的经营者购得该遗失物的，权利人请求返还原物时应当支付受让人所付的费用。权利人向受让人支付所付费用后，有权向无处分权人追偿。

**一、相关司法解释**

**1.《最高人民法院关于刑事裁判涉财产部分执行的若干规定》(法释〔2014〕13号)**

**第十条** 对赃款赃物及其收益，人民法院应当一并追缴。

被执行人将赃款赃物投资或者置业，对因此形成的财产及其收益，人民法院应予追缴。

被执行人将赃款赃物与其他合法财产共同投资或者置业，对因此形成的财产中与赃款赃物对应的份额及其收益，人民法院应予追缴。

对于被害人的损失，应当按照刑事裁判认定的实际损失予以发还或者赔偿。

**第十一条** 被执行人将刑事裁判认定为赃款赃物的涉案财物用于清偿债务、转让或者设置其他权利负担，具有下列情形之一的，人民法院应予追缴：

（一）第三人明知是涉案财物而接受的；

（二）第三人无偿或者以明显低于市场的价格取得涉案财物的；

（三）第三人通过非法债务清偿或者违法犯罪活动取得涉案财物的；

（四）第三人通过其他恶意方式取得涉案财物的。

第三人善意取得涉案财物的，执行程序中不予追缴。作为原所有人的被害人对该涉案财物主张权利的，人民法院应当告知其通过诉讼程序处理。

**2.《最高人民法院、最高人民检察院关于办理诈骗刑事案件具体应用法律若干问题的解释》(法释〔2011〕7号)**

**第九条** 案发后查封、扣押、冻结在案的诈骗财物及其孳息,权属明确的,应当发还被害人;权属不明确的,可按被骗款物占查封、扣押、冻结在案的财物及其孳息总额的比例发还被害人,但已获退赔的应予扣除。

**第十条** 行为人已将诈骗财物用于清偿债务或者转让给他人,具有下列情形之一的,应当依法追缴:

(一)对方明知是诈骗财物而收取的;

(二)对方无偿取得诈骗财物的;

(三)对方以明显低于市场的价格取得诈骗财物的;

(四)对方取得诈骗财物系源于非法债务或者违法犯罪活动的。

他人善意取得诈骗财物的,不予追缴。

## 二、相关文件规定

**《最高人民法院、最高人民检察院、公安部关于办理电信网络诈骗等刑事案件适用法律若干问题的意见》(法发〔2016〕32号)**

**七、涉案财物的处理**

(一)公安机关侦办电信网络诈骗案件,应当随案移送涉案赃款赃物,并附清单。人民检察院提起公诉时,应一并移交受理案件的人民法院,同时就涉案赃款赃物的处理提出意见。

(二)涉案银行账户或者涉案第三方支付账户内的款项,对权属明确的被害人的合法财产,应当及时返还。确因客观原因无法查实全部被害人,但有证据证明该账户系用于电信网络诈骗犯罪,且被告人无法说明款项合法来源的,根据刑法第六十四条的规定,应认定为违法所得,予以追缴。

(三)被告人已将诈骗财物用于清偿债务或者转让给他人,具有下列情形之一的,应当依法追缴:

1. 对方明知是诈骗财物而收取的;

2. 对方无偿取得诈骗财物的;

3. 对方以明显低于市场的价格取得诈骗财物的;

4. 对方取得诈骗财物系源于非法债务或者违法犯罪活动的。

他人善意取得诈骗财物的,不予追缴。

## 三、相关裁判摘要

• **2014 年第 2 期《中华人民共和国最高人民法院公报》**刊登的“**马萍申请国家赔偿案**”的最高人民法院赔偿委员会(2012)法委赔字第 4 号国家赔偿决定书认为,公安机关依据刑事诉讼法的规定,对犯罪嫌疑人以票据诈骗犯罪所得赃款支付给本案赔偿请求人的高息部分予以追缴并返还被骗银行,其行为并无不当,且已被人民法院生效刑事判决予以确认,故不属于《中华人民共和国国家赔偿法》第 18 条第 1 项规定情形。赔偿请求人收取高息的行为具有违法性,不构成善意取得。相关决定内容摘要如下:

最高人民法院《关于审理诈骗案件具体应用法律的若干问题的解释》第十一条规定,“行为人将诈骗财物已用于归还个人欠款、贷款或者其他经济活动的,如果对方明知是诈骗财物而收取,属恶意取得,应当一律予以追缴;如确属善意取得,则不再追缴”。适用该条规定的一个重要前提是,行为人将诈骗财物用于归还个人欠款、贷款或者其他经济活动,即其用途应系合法的利益。在此前提下,才进一步审查接受财物方是否属于善意。如果接受财物方所获财物用途合法,且其不明知系诈骗财物而收取,应当认定为善意取得;如果所获财物用途系非法,纵然其不明知系诈骗财物而收取,亦应被追缴,而不适用上述解释关于善意取得之规定。

本案马萍受高息揽存的要约,将 5500 万元存入凯旋门分理处,其与银行之间形成了存款合同法律关系,本院(2006)刑提字第 1 号刑事判决对此亦予以确认。如其需要合法转贷给第三人或者委托理财,均须与银行签订相关委托贷款协议或者理财协议。本案事实表明,马萍并未与银行签订相关协议,故其在存款合同法律关系之外与银行或者第三人之间并不存在其他合法的法律关系。在此情形下,其收取张世莉等人支付的高息,没有法律依据。且马萍与张世莉等人之所以不选择直接借贷,而是将银行作为用资中介,就是具有利用银行进行资金借贷的意图,是一种规避双方风险,将风险转嫁银行的做法,此行为具有违法性。故马萍获取的高息并非应受法律保护之合法利益,不符合最高人民法院《关于审理诈骗案件具体应用法律的若干问题的解释》第十一条规定适用的前提条件,马萍即使能够证明其不明知该高息系诈骗所获赃款支付,亦不构成该司法解释规定的善意取得。因此,马萍提出其收取高息属善意取得不应予以追缴的理由不能成立。

**第三百一十三条 【动产善意取得后原权利消灭】**善意受让人取得动产后,该动产上的原有权利消灭。但是,善意受让人在受让时知道或者应当知道该权利的除外。

**第三百一十四条 【拾得人返还遗失物的义务】**拾得遗失物,应当返还权利人。拾得人应当及时通知权利人领取,或者送交公安等有关部门。

**一、相关行政法规**

**《危险化学品安全管理条例》(2013年12月7日修订)**

**第九十九条** 公众发现、捡拾的无主危险化学品,由公安机关接收。公安机关接收或者有关部门依法没收的危险化学品,需要进行无害化处理的,交由环境保护主管部门组织其认定的专业单位进行处理,或者交由有关危险化学品生产企业进行处理。处理所需费用由国家财政负担。

**二、相关文件规定**

**1.《铁路旅客运输规程》(铁运〔1997〕101号)**

**第五十六条** 客流量较大的车站应设失物招领处。失物招领处对旅客遗失物品应妥善保管,正确交付。遗失物品需通过铁路向失主所在站转送时,物品在5千克以内的免费转送;超过5千克时,到站按品类补收运费;但对第53条中1、2、3、4项物品及食品不办理转送。

**2.《交通运输部关于印发路政文明执法管理工作规范的通知》(交公路发〔2012〕171号)**

**第三十七条** 路政执法人员实施公路监督巡查时,应当根据下列情况分别作出处理:

……

(二)发现公路上有遗洒物并能够自行处理的,在不影响交通情况下,可先自行处理;不能自行处理的,及时通知有关责任单位处理;遗洒物为遗失物的,按照《中华人民共和国物权法》的规定执行;

……

**3.《交通部关于公布〈全国公路汽车、轮船旅客遗失物品处理办法〉的通知》(1961年8月7日;交运商〔61〕于字第173号)**

**第一条 适用范围**

凡在全国汽车、轮船客运站以及公路汽车、客货班轮内旅客遗失物品时,均按本办法的规定处理。

**第二条 拾得失物的处理**

在汽车、轮船客运站拾得的遗失物品,应即送交客运站站长或其所指定的客运人员。

在公路汽车、客货班轮内拾得的遗失物品,应送交行车人员、客运组长或其所指定的客运人员。如当时无人认领,应由上述人员将失物交与前方或最终到达的客运站。

**第三条 检查**

客运站在收到遗失物品后,必要时得会同公安人员检查其内容。如失物系加锁或封固者,除必须了解其内容外,一般不予开封检查。

**第四条 查找**

旅客遗失物品,在客运站得向该站客运人员;在车、船内得向行车人员或客运人员将遗失经过及物品名称、形状、地点等作口头或书面叙述,请求查找。

有关人员接到请求时,应负责查找,必要时得会同公安人员共同查找。如请求人要求用电话或电报向有关处所查询时,所需费用由请求人负担。如查获失物,经验明符合后,应凭失主收据,将原物发还;如未查获,应进行登记,候查获后,再通知失主领取。

**第五条 登记**

客运站应备置"旅客遗失物品处理记录簿"(附格式一)随时登记失物。对他站或车、船转来的遗失物品亦须同样登记。

**第六条 招领**

客运站收到旅客遗失物品后,除本办法第九条所规定的物品外,须及时在客运站内公告栏上将遗失物品的主要事项公布5日,必要时可以刊登当地日报招领。如明悉失主地址,应迅速通知失主本人前来领取。

**第七条 交还**

交还旅客遗失的物品时,须先由失主填具失物清单或口头说明物品的品名、数量、形状、包装情形、遗失地点及特征,经审查无误,确认其为失主所有时，始准由失主出据领取，并在“旅客遗失物品处理记录簿”内签名盖章。如系贵重物品或认为其填具的清单或口头说明有可疑时，得要求认领人持机关、企业、人民团体的证明信证实后，始予发还。

**第八条 保管**

每件遗失物品，须拴挂货签放在妥当处所保管。如系贵重物品，更须安全保管。如系鲜货及危险物品，保管困难时，可立即移交当地主管部门处理。

遗失物品在保管期间免费保管1个月，超过1个月认领时，应向失主收取下列费用：

1. 保管费：按逾期提取行李、包裹办法收取保管费；
2. 其他发生的费用。

如失主请求将遗失物品转送其所指定的地点，客运站可以酌情照办，并按托运行李、包裹费率收取运费及其他必需的费用。

**第九条 提交**

下列遗失物品拾得后，应由客运站站长立即填写“旅客遗失物品提交书”（附格式二）连同物品一并提交当地公安机关处理：

1. 政府法令禁止私有或携带的物品；
2. 认为与犯罪行为有关的遗留物品。

**第十条 逾期无人认领失物的办理**

凡旅客遗失的物品自招领后经过2个月仍无人认领即作为逾期无人认领，按下列规定处理：

1. 军用品、历史文物、违禁品，无偿移交当地主管机关；
2. 一般物品无偿移交当地公安部门。

**第三百一十五条 【有关部门对遗失物的处理】**有关部门收到遗失物，知道权利人的，应当及时通知其领取；不知道的，应当及时发布招领公告。

**第三百一十六条 【妥善保管遗失物的义务】**拾得人在遗失物送交有关部门前，有关部门在遗失物被领取前，应当妥善保管遗失物。因故意或者重大过失致使遗失物毁损、灭失的，应当承担民事责任。

**第三百一十七条 【权利人领取遗失物时的义务】**权利人领取遗失物时，应当向拾得人或者有关部门支付保管遗失物等支出的必要费用。

权利人悬赏寻找遗失物的，领取遗失物时应当按照承诺履行义务。

拾得人侵占遗失物的，无权请求保管遗失物等支出的费用，也无权请求权利人按照承诺履行义务。

**一、相关法律条文**

**《中华人民共和国民法典》（2021年1月1日起施行）**

**第四百九十九条** 悬赏人以公开方式声明对完成特定行为的人支付报酬的，完成该行为的人可以请求其支付。

**二、相关裁判摘要**

• **1995年第2期《中华人民共和国最高人民法院公报》**刊登的"**李珉诉朱晋华、李绍华悬赏广告酬金纠纷上诉案**"判决对悬赏广告进行了分析。相关裁判摘要如下：

悬赏广告，系广告人以广告的方法，对完成一定行为的人给付报酬的行为。只要行为人依法完成了所指定的行为，广告人即负有给付报酬的义务。朱晋华、李绍华先后在天津《今晚报》、《天津日报》上刊登的"寻包启示"，即为一种悬赏广告。李绍华还明确表示："一周内有知情送还者酬谢15000元"，系向社会不特定人的要约。上诉人李珉，即悬赏广告中的行为人，在广告规定的"一周内"完成了广告指定的送还公文包的行为，则是对广告人的有效承诺。从而，在李珉与朱晋华、李绍华之间形成了民事法律关系，即债权债务关系。依照《民法通则》第五十七条关于"民事法律行为从成立时起具有法律约束力。行为人非依法律规定或者取得对方同意，不得擅自变更或解除"的规定，朱晋华、李绍货负有广告中许诺的给付报酬义务。其辩称"寻包启示"许诺给付报酬不是真实意思表示，事后翻悔，拒绝给付李珉酬金15000元，有违《民法通则》第四条规定的诚实信用原则，是错误的。李珉的上诉理由成立，应予支持。一审判决不当，应予纠正。

**第三百一十八条 【无人认领的遗失物归国家】**遗失物自发布招领公告之日起一年内无人认领的，归国家所有。

## 一、相关法律条文

**1.《中华人民共和国民事诉讼法》(2017年6月27日修正)**

**第一百九十一条** 申请认定财产无主，由公民、法人或者其他组织向财产所在地基层人民法院提出。

申请书应当写明财产的种类、数量以及要求认定财产无主的根据。

**第一百九十二条** 人民法院受理申请后，经审查核实，应当发出财产认领公告。公告满一年无人认领的，判决认定财产无主，收归国家或者集体所有。

**第一百九十三条** 判决认定财产无主后，原财产所有人或者继承人出现，在民法通则规定的诉讼时效期间可以对财产提出请求，人民法院审查属实后，应当作出新判决，撤销原判决。

**2.《中华人民共和国海关法》(2021年4月29日修正)**

**第三十条** 进口货物的收货人自运输工具申报进境之日起超过三个月未向海关申报的，其进口货物由海关提取依法变卖处理，所得价款在扣除运输、装卸、储存等费用和税款后，尚有余款的，自货物依法变卖之日起一年内，经收货人申请，予以发还；其中属于国家对进口有限制性规定，应当提交许可证件而不能提供的，不予发还。逾期无人申请或者不予发还的，上缴国库。

确属误卸或者溢卸的进境货物，经海关审定，由原运输工具负责人或者货物的收发货人自该运输工具卸货之日起三个月内，办理退运或者进口手续；必要时，经海关批准，可以延期三个月。逾期未办手续的，由海关按前款规定处理。

前两款所列货物不宜长期保存的，海关可以根据实际情况提前处理。

收货人或者货物所有人声明放弃的进口货物，由海关提取依法变卖处理；所得价款在扣除运输、装卸、储存等费用后，上缴国库。

**第五十一条** 进出境物品所有人声明放弃的物品、在海关规定期限内未办理海关手续或者无人认领的物品，以及无法投递又无法退回的进境邮递物品，由海关依照本法第三十条的规定处理。

**3.《中华人民共和国邮政法》(2015年4月24日修正)**

**第三十三条** 邮政企业对无法投递的邮件，应当退回寄件人。

无法投递又无法退回的信件，自邮政企业确认无法退回之日起超过六个月无人认领的，由邮政企业在邮政管理部门的监督下销毁。无法投递又无法退回的其他邮件，按照国务院邮政管理部门的规定处理；其中无法投递又无法退回的进境国际邮递物品，由海关依照《中华人民共和国海关法》的规定处理。

## 二、相关部门规章

**《物资部仓库盘盈物资及无主货管理暂行办法》(1989年4月1日起施行)**

**第一条**　根据国务院批准的《仓储保管合同实施细则》，特制订本办法。

**第二条**　本办法所指盘盈物资为仓库盘点检查发现实物多于帐面的物资；无主货为非仓库之原因造成的不明货主物资。

**第三条**　仓库物资盘点检查办法，按中国物资储运总公司(1987)物运仓字第90号《帐、卡、物三相符率考核办法》办理。

**第四条**　无主货的确认。盘点检查中发现的不明货主物资，自发现之日起三个月内，仓库应采取必要措施寻找货主。三个月期满后确实找不到货主时方可确认为无主货。记入无主货帐。

**第五条**　货物入库验收时发生的盈亏不在本办法管理之列，仓库不得采取不正当手段，正磅差进。负磅差出，人为制造盘盈，否则，一经发现，必须严肃处理。仓库应建立抽查监督和相应的奖惩制度。

**第六条**　盘盈物资和无主货要单独存放，单独及时建帐、建卡，专人保管和保养。

**第七条**　盘盈物资入帐后即可处理；无主货从确认之日起，半年内要继续寻找货主，半年内未找到货主，又无人认领时，可做变卖处理。

**第八条**　盘盈物资处理和无主货变卖权属仓库主管部门。各主管部门要制订具体管理办法并报物资部备案。

**第九条**　处理盘盈物资和无主货，必须严格执行国家有关政策。规定，不得随意抬高价格。要尽量处理给有关归口管理的物资经销部门或生产建设急需部门。

**第十条**　处理盘盈物资的价款归仓库，列入“储运业务收入”项下的“其它收入”科目。

**第十一条**　处理盘盈物资和无主货的审批手续及全部单据凭证要妥善保管，不得丢失。

**第十二条** 无主货确认之日起半年之内,货主持可靠凭证认领时,仓库应将原物退还货主,照章收取物资仓储和进出库费用。超期认领者,仓库出具变卖证明,并支付扣除变卖费用和保管费用及其它有关费用后的变卖货款。

**第十三条** 无主货变卖款单独记帐后,一年内确无人认领的,按本规定第十条处理。

**第十四条** 盘盈物资和无主货管理与处理情况,仓库要按季如实向主管部门报送季报(表式一),直属储运公司每季要向中国物资储运总公司报送季报(表式二)及文字报告。再由中国物资储运总公司向部作综合报告。不如实上报,或拖延不报,要追究当事人及有关领导的责任。

**第十五条** 本办法与过去颁发的有关规定相抵触时,以本办法为准。

**第十六条** 本办法自一九八九年四月一日起施行。

**第三百一十九条 【拾得漂流物、发现埋藏物或者隐藏物】** 拾得漂流物、发现埋藏物或者隐藏物的,参照适用拾得遗失物的有关规定。法律另有规定的,依照其规定。

## 一、相关法律条文

**《中华人民共和国文物保护法》(2017年11月4日修正)**

**第五条** 中华人民共和国境内地下、内水和领海中遗存的一切文物,属于国家所有。

古文化遗址、古墓葬、石窟寺属于国家所有。国家指定保护的纪念建筑物、古建筑、石刻、壁画、近代现代代表性建筑等不可移动文物,除国家另有规定的以外,属于国家所有。

国有不可移动文物的所有权不因其所依附的土地所有权或者使用权的改变而改变。

下列可移动文物,属于国家所有:

(一)中国境内出土的文物,国家另有规定的除外;

(二)国有文物收藏单位以及其他国家机关、部队和国有企业、事业组织等收藏、保管的文物;

（三）国家征集、购买的文物；

（四）公民、法人和其他组织捐赠给国家的文物；

（五）法律规定属于国家所有的其他文物。

属于国家所有的可移动文物的所有权不因其保管、收藏单位的终止或者变更而改变。

国有文物所有权受法律保护，不容侵犯。

**第二十七条** 一切考古发掘工作，必须履行报批手续；从事考古发掘的单位，应当经国务院文物行政部门批准。

地下埋藏的文物，任何单位或者个人都不得私自发掘。

## 二、相关行政法规

**1.《中华人民共和国城镇国有土地使用权出让和转让暂行条例》（2020年11月29日修订）**

**第二条** 国家按照所有权与使用权分离的原则，实行城镇国有土地使用权出让、转让制度，但地下资源、埋藏物和市政公用设施除外。

前款所称城镇国有土地是指市、县城、建制镇、工矿区范围内属于全民所有的土地（以下简称土地）。

**2.《中华人民共和国金银管理条例》（2011年1月8日修订）**

**第十三条** 一切出土无主金银，均为国家所有，任何单位和个人不得熔化、销毁或占有。

单位和个人发现的出土无主金银，经当地文化行政管理部门鉴定，除有历史文物价值的按照《中华人民共和国文物保护法》的规定办理外，必须交给中国人民银行收兑，价款上缴国库。

## 三、相关裁判摘要

● **2013年第5期《中华人民共和国最高人民法院公报》**刊登的“**汪秉诚等六人诉淮安市博物馆返还祖宅的埋藏文物纠纷案**”判决认为，埋藏于公民祖宅内的文物，只要当事人能够证明属于祖产的埋藏物，其有权合法继承，在法律没有明确规定禁止私人拥有该文物的情况下，应判定该文物属于公民的私人财产。相关裁判摘要如下：

关于涉案古钱币是否为被上诉人祖父所有问题。被上诉人汪秉诚等六人在一、二审提供的证据，能够证明涉案古钱币为被上诉人祖父所有。首先，发掘出古钱币的地址应在被上诉人祖传房屋宅基地范围。

虽然当时房屋已拆迁，但根据现场照片，附近还有楼房存在，可作为确定地址的参照物。根据邻居庄强、颜永才证明，二人在发掘出古钱币后到过现场，发掘现场在被上诉人祖传宅基地范围。被上诉人二审提供的其祖父户籍登记，虽然不是迁入时的登记，但应是其祖父在世时根据其陈述所作登记，具有客观真实性。该证据能够证明被上诉人祖父早在1922年就迁居该地址，直到房屋被拆迁，汪家均有人居住该老宅。其次，在拆迁前，被上诉人就多次向拆迁办、居委会有关人员反映其祖父在宅基地下埋藏铜币。在没有发掘出古钱币之前就反映地下有埋藏物，明确是铜币，并最后得到验证，这种预知充分证明了发掘出的古钱币是由被上诉人祖父埋藏。对拆迁办、居委会所作证明的真实性，法院认为，拆迁办以及居委会是拆迁工作的直接参与者，作为政府领导下的一级组织和部门，在发掘出古钱币并因此产生纠纷后所作的证明，符合客观事实，可信度高。最后，被上诉人祖父在民国期间开槽坊，具备拥有本案所涉大量古钱币的背景条件。综上，一审认定涉案古钱币为被上诉人祖父埋藏有事实依据。

关于涉案古钱币归属问题。私人可以成为文物的所有权人。被上诉人汪秉诚等六人能够证明涉案古钱币属其祖父所有，且被上诉人对其祖父的财产依法亦享有继承的权利，故涉案文物为祖传文物，属有主物。

**第三百二十条 【从物随主物转让】** 主物转让的，从物随主物转让，但是当事人另有约定的除外。

### 一、相关法律条文

**《中华人民共和国民法典》（2021年1月1日起施行）**

**第六百三十一条** 因标的物的主物不符合约定而解除合同的，解除合同的效力及于从物。因标的物的从物不符合约定被解除的，解除的效力不及于主物。

### 二、相关司法解释

**1.《最高人民法院关于适用〈中华人民共和国民法典〉有关担保制度的解释》（法释〔2020〕28号）**

**第四十条** 从物产生于抵押权依法设立前，抵押权人主张抵押权的效力及于从物的,人民法院应予支持,但是当事人另有约定的除外。

从物产生于抵押权依法设立后,抵押权人主张抵押权的效力及于从物的,人民法院不予支持,但是在抵押权实现时可以一并处分。

**2.《最高人民法院关于人民法院民事执行中查封、扣押、冻结财产的规定》(法释〔2004〕15号)(2020年12月23日修正)**

**第二十条** 查封、扣押的效力及于查封、扣押物的从物和天然孳息。

**第三百二十一条 【孳息的归属】**天然孳息,由所有权人取得;既有所有权人又有用益物权人的,由用益物权人取得。当事人另有约定的,按照其约定。

法定孳息,当事人有约定的,按照约定取得;没有约定或者约定不明确的,按照交易习惯取得。

**一、相关法律条文**

**《中华人民共和国民法典》(2021年1月1日起施行)**

**第四百一十二条** 债务人不履行到期债务或者发生当事人约定的实现抵押权的情形,致使抵押财产被人民法院依法扣押的,自扣押之日起,抵押权人有权收取该抵押财产的天然孳息或者法定孳息,但是抵押权人未通知应当清偿法定孳息义务人的除外。

前款规定的孳息应当先充抵收取孳息的费用。

**第四百三十条** 质权人有权收取质押财产的孳息,但是合同另有约定的除外。

前款规定的孳息应当先充抵收取孳息的费用。

**第四百五十二条** 留置权人有权收取留置财产的孳息。

前款规定的孳息应当先充抵收取孳息的费用。

**第四百六十条** 不动产或者动产被占有人占有的,权利人可以请求返还原物及其孳息;但是,应当支付善意占有人因维护该不动产或者动产支出的必要费用。

**第五百七十三条** 标的物提存后,毁损、灭失的风险由债权人承担。提存期间,标的物的孳息归债权人所有。提存费用由债权人负担。

**第六百三十条** 标的物在交付之前产生的孳息，归出卖人所有；交付之后产生的孳息，归买受人所有。但是，当事人另有约定的除外。

**第九百条** 保管期限届满或者寄存人提前领取保管物的，保管人应当将原物及其孳息归还寄存人。

## 二、相关司法解释

**《最高人民法院关于人民法院民事执行中查封、扣押、冻结财产的规定》（法释〔2004〕15号）（2020年12月23日修正）**

**第二十条** 查封、扣押的效力及于查封、扣押物的从物和天然孳息。

## 三、相关部门规章

**《提存公证规则》（1995年6月2日起施行）**

**第二十二条** 提存物在提存期间所产生的孳息归提存受领人所有。提存人取回提存物的，孳息归提存人所有。

提存的存款单、有价证券、奖券需要领息、承兑、领奖的，公证处应当代为承兑或领取，所获得的本金和孳息在不改变用途的前提下，按不损害提存受领人利益的原则处理。无法按原用途使用的，应以货币形式存入提存账户。

定期存款到期的，原则上按原来期限将本金和利息一并转存。股息红利除用于支付有关的费用外，剩余部分应当存入提存专用账户。

提存的不动产或其他物品的收益，除用于维护费用外剩余部分应当存入提存账户。

## 四、相关裁判摘要

- **2006年第7期《中华人民共和国最高人民法院公报》**刊登的**“福州商贸大厦筹备处与福建佳盛投资发展有限公司借款纠纷案”**的最高人民法院（2005）民二终字第147号民事判决书认为，作为法定孳息的利息原则上随同主债权的转让而转让。相关裁判摘要如下：

银行利息是主债权的收益，属法定孳息，除法律有特别规定或当事人有特别约定外，取得孳息的权利随着主物所有权转移而同时转移。本案债权虽经两次转让，但合同当事人均未明确表示放弃债权转让之后的利息，故原审判决判令债务人筹备处偿还债权人佳盛公司自2000年6月21日起至给付之日止的利息并无不当，本院应予维持，但计息标准应按照中国人民银行同期逾期贷款利率分段计付。

**第三百二十二条** **【添附】** 因加工、附合、混合而产生的物的归属,有约定的,按照约定;没有约定或者约定不明确的,依照法律规定;法律没有规定的,按照充分发挥物的效用以及保护无过错当事人的原则确定。因一方当事人的过错或者确定物的归属造成另一方当事人损害的,应当给予赔偿或者补偿。

**一、相关司法解释**

**1.《最高人民法院关于审理城镇房屋租赁合同纠纷案件具体应用法律若干问题的解释》(法释〔2009〕11号)(2020年12月23日修正)**

**第六条** 承租人擅自变动房屋建筑主体和承重结构或者扩建,在出租人要求的合理期限内仍不予恢复原状,出租人请求解除合同并要求赔偿损失的,人民法院依照民法典第七百一十一条的规定处理。

**第七条** 承租人经出租人同意装饰装修,租赁合同无效时,未形成附合的装饰装修物,出租人同意利用的,可折价归出租人所有;不同意利用的,可由承租人拆除。因拆除造成房屋毁损的,承租人应当恢复原状。

已形成附合的装饰装修物,出租人同意利用的,可折价归出租人所有;不同意利用的,由双方各自按照导致合同无效的过错分担现值损失。

**第八条** 承租人经出租人同意装饰装修,租赁期间届满或者合同解除时,除当事人另有约定外,未形成附合的装饰装修物,可由承租人拆除。因拆除造成房屋毁损的,承租人应当恢复原状。

**第九条** 承租人经出租人同意装饰装修,合同解除时,双方对已形成附合的装饰装修物的处理没有约定的,人民法院按照下列情形分别处理:

(一)因出租人违约导致合同解除,承租人请求出租人赔偿剩余租赁期内装饰装修残值损失的,应予支持;

(二)因承租人违约导致合同解除,承租人请求出租人赔偿剩余租赁期内装饰装修残值损失的,不予支持。但出租人同意利用的,应在利用价值范围内予以适当补偿;

(三)因双方违约导致合同解除,剩余租赁期内的装饰装修残值损失,由双方根据各自的过错承担相应的责任;

（四）因不可归责于双方的事由导致合同解除的，剩余租赁期内的装饰装修残值损失，由双方按照公平原则分担。法律另有规定的，适用其规定。

**第十条** 承租人经出租人同意装饰装修，租赁期间届满时，承租人请求出租人补偿附合装饰装修费用的，不予支持。但当事人另有约定的除外。

**第十一条** 承租人未经出租人同意装饰装修或者扩建发生的费用，由承租人负担。出租人请求承租人恢复原状或者赔偿损失的，人民法院应予支持。

**第十二条** 承租人经出租人同意扩建，但双方对扩建费用的处理没有约定的，人民法院按照下列情形分别处理：

（一）办理合法建设手续的，扩建造价费用由出租人负担；

（二）未办理合法建设手续的，扩建造价费用由双方按照过错分担。

**2.《最高人民法院关于适用〈中华人民共和国民法典〉有关担保制度的解释》（法释〔2020〕28号）**

**第四十一条** 抵押权依法设立后，抵押财产被添附，添附物归第三人所有，抵押权人主张抵押权效力及于补偿金的，人民法院应予支持。

抵押权依法设立后，抵押财产被添附，抵押人对添附物享有所有权，抵押权人主张抵押权的效力及于添附物的，人民法院应予支持，但是添附导致抵押财产价值增加的，抵押权的效力不及于增加的价值部分。

抵押权依法设立后，抵押人与第三人因添附成为添附物的共有人，抵押权人主张抵押权的效力及于抵押人对共有物享有的份额的，人民法院应予支持。

本条所称添附，包括附合、混合与加工。

## 二、相关文件规定

**《最高人民法院关于印发〈全国法院民商事审判工作会议纪要〉的通知》（法〔2019〕254号）**

33.【财产返还与折价补偿】合同不成立、无效或者被撤销后，在确定财产返还时，要充分考虑财产增值或者贬值的因素。双务合同不成立、无效或者被撤销后，双方因该合同取得财产的，应当相互返还。应予返还的股权、房屋等财产相对于合同约定价款出现增值或者贬值的，人民法院要综合考虑市场因素、受让人的经营或者添附等行为与财产增值或者贬值之间的关联性，在当事人之间合理分配或者分担，避免一方因合同不成立、无效或者被撤销而获益。在标的物已经灭失、转售他人或者其他无法返还的情况下，当事人主张返还原物的，人民法院不予支持，但其主张折价补偿的，人民法院依法予以支持。折价时，应当以当事人交易时约定的价款为基础，同时考虑当事人在标的物灭失或者转售时的获益情况综合确定补偿标准。标的物灭失时当事人获得的保险金或者其他赔偿金，转售时取得的对价，均属于当事人因标的物而获得的利益。对获益高于或者低于价款的部分，也应当在当事人之间合理分配或者分担。

# 第三分编　用益物权

## 第十章　一般规定

**第三百二十三条　【用益物权的权利内容】**用益物权人对他人所有的不动产或者动产，依法享有占有、使用和收益的权利。

**第三百二十四条　【国家及集体的自然资源上可设立用益物权】**国家所有或者国家所有由集体使用以及法律规定属于集体所有的自然资源，组织、个人依法可以占有、使用和收益。

**第三百二十五条　【自然资源使用制度】**国家实行自然资源有偿使用制度，但是法律另有规定的除外。

**一、相关法律条文**

**1.《中华人民共和国土地管理法》(2019年8月26日修正)**

**第二条**　中华人民共和国实行土地的社会主义公有制，即全民所有制和劳动群众集体所有制。

全民所有，即国家所有土地的所有权由国务院代表国家行使。

任何单位和个人不得侵占、买卖或者以其他形式非法转让土地。

土地使用权可以依法转让。

国家为了公共利益的需要，可以依法对土地实行征收或者征用并给予补偿。

国家依法实行国有土地有偿使用制度。但是，国家在法律规定的范围内划拨国有土地使用权的除外。

**第十条** 国有土地和农民集体所有的土地，可以依法确定给单位或者个人使用。使用土地的单位和个人，有保护、管理和合理利用土地的义务。

**2.《中华人民共和国城市房地产管理法》（2019 年 8 月 26 日修正）**

**第三条** 国家依法实行国有土地有偿、有限期使用制度。但是，国家在本法规定的范围内划拨国有土地使用权的除外。

**3.《中华人民共和国矿产资源法》（2009 年 8 月 27 日修正）**

**第三条** 矿产资源属于国家所有，由国务院行使国家对矿产资源的所有权。地表或者地下的矿产资源的国家所有权，不因其所依附的土地的所有权或者使用权的不同而改变。

国家保障矿产资源的合理开发利用。禁止任何组织或者个人用任何手段侵占或者破坏矿产资源。各级人民政府必须加强矿产资源的保护工作。

勘查、开采矿产资源，必须依法分别申请、经批准取得探矿权、采矿权，并办理登记；但是，已经依法申请取得采矿权的矿山企业在划定的矿区范围内为本企业的生产而进行的勘查除外。国家保护探矿权和采矿权不受侵犯，保障矿区和勘查作业区的生产秩序、工作秩序不受影响和破坏。

从事矿产资源勘查和开采的，必须符合规定的资质条件。

**第五条** 国家实行探矿权、采矿权有偿取得的制度；但是，国家对探矿权、采矿权有偿取得的费用，可以根据不同情况规定予以减缴、免缴。具体办法和实施步骤由国务院规定。

开采矿产资源，必须按照国家有关规定缴纳资源税和资源补偿费。

**4.《中华人民共和国水法》（2016 年 7 月 2 日修正）**

**第三条** 水资源属于国家所有。水资源的所有权由国务院代表国家行使。农村集体经济组织的水塘和由农村集体经济组织修建管理的水库中的水，归各该农村集体经济组织使用。

**第七条** 国家对水资源依法实行取水许可制度和有偿使用制度。但是,农村集体经济组织及其成员使用本集体经济组织的水塘、水库中的水的除外。国务院水行政主管部门负责全国取水许可制度和水资源有偿使用制度的组织实施。

**5.《中华人民共和国草原法》(2021年4月29日修正)**

**第十条** 国家所有的草原,可以依法确定给全民所有制单位、集体经济组织等使用。

使用草原的单位,应当履行保护、建设和合理利用草原的义务。

**6.《中华人民共和国森林法》(2019年12月28日修订)**

**第十六条** 国家所有的林地和林地上的森林、林木可以依法确定给林业经营者使用。林业经营者依法取得的国有林地和林地上的森林、林木的使用权,经批准可以转让、出租、作价出资等。具体办法由国务院制定。

林业经营者应当履行保护、培育森林资源的义务,保证国有森林资源稳定增长,提高森林生态功能。

## 二、相关行政法规

**《中华人民共和国城镇国有土地使用权出让和转让暂行条例》(2020年11月29日修订)**

**第二条** 国家按照所有权与使用权分离的原则,实行城镇国有土地使用权出让、转让制度,但地下资源、埋藏物和市政公用设施除外。

前款所称城镇国有土地是指市、县城、建制镇、工矿区范围内属于全民所有的土地(以下简称土地)。

## 三、相关文件规定

**《国务院关于全民所有自然资源资产有偿使用制度改革的指导意见》(国发〔2016〕82号)**

(四)完善国有土地资源有偿使用制度。全面落实规划土地功能分区和保护利用的要求,优化土地利用布局,规范经营性土地有偿使用。对生态功能重要的国有土地,要坚持保护优先,其中依照法律规定和规划允许进行经营性开发利用的,应设立更加严格的审批条件和程序,并全面实行有偿使用,切实防止无偿或过度占用。完善国有建设用地有偿使用制度。扩大国有建设用地有偿使用范围,加快修订《划拨用地目录》。

完善国有建设用地使用权权能和有偿使用方式。鼓励可以使用划拨用地的公共服务项目有偿使用国有建设用地。事业单位等改制为企业的,允许实行国有企业改制土地资产处置政策。探索建立国有农用地有偿使用制度。明晰国有农用地使用权,明确国有农用地的使用方式、供应方式、范围、期限、条件和程序。对国有农场、林场(区)、牧场改革中涉及的国有农用地,参照国有企业改制土地资产处置相关规定,采取国有农用地使用权出让、租赁、作价出资(入股)、划拨、授权经营等方式处置。通过有偿方式取得的国有建设用地、农用地使用权,可以转让、出租、作价出资(入股)、担保等。

(五)完善水资源有偿使用制度。落实最严格水资源管理制度,严守水资源开发利用控制、用水效率控制、水功能区限制纳污三条红线,强化水资源节约利用与保护,加强水资源监控。维持江河的合理流量和湖泊、水库以及地下水体的合理水位,维护水体生态功能。健全水资源费征收制度,综合考虑当地水资源状况、经济发展水平、社会承受能力以及不同产业和行业取用水的差别特点,区分地表水和地下水,支持低消耗用水、鼓励回收利用水、限制超量取用水,合理调整水资源费征收标准,大幅提高地下水特别是水资源紧缺和超采地区的地下水水资源费征收标准,严格控制和合理利用地下水。严格水资源费征收管理,按照规定的征收范围、对象、标准和程序征收,确保应收尽收,任何单位和个人不得擅自减免、缓征或停征水资源费。推进水资源税改革试点。鼓励通过依法规范设立的水权交易平台开展水权交易,区域水权交易或者交易量较大的取水权交易应通过水权交易平台公开公平公正进行,充分发挥市场在水资源配置中的作用。

(六)完善矿产资源有偿使用制度。全面落实禁止和限制设立探矿权、采矿权的有关规定,强化矿产资源保护。改革完善矿产资源有偿使用制度,明确矿产资源国家所有者权益的具体实现形式,建立矿产资源国家权益金制度。完善矿业权有偿出让制度,在矿业权出让环节,取消探矿权价款、采矿权价款,征收矿业权出让收益。进一步扩大矿业权竞争性出让范围,除协议出让等特殊情形外,对所有矿业权一律以招标、拍卖、挂牌方式出让。严格限制矿业权协议出让,规范协议出让管理,严格协议出让的具体情形和范围。完善矿业权分级分类出让制度,合理划分各级国土资源部门的矿业权出让审批权限。完善矿业权有偿占用制度,在矿业权占有环节,将探矿权、采矿权使用费调整为矿业权占用费。合理确定探矿权占用费收取标准，建立累进动态调整机制，利用经济手段有效遏制“圈而不探”等行为。根据矿产品价格变动情况和经济发展需要，适时调整采矿权占用费标准。完善矿产资源税费制度，落实全面推进资源税改革的要求，提高矿产资源综合利用效率，促进资源合理开发利用和有效保护。

（七）建立国有森林资源有偿使用制度。严格执行森林资源保护政策，充分发挥森林资源在生态建设中的主体作用。国有天然林和公益林、国家公园、自然保护区、风景名胜区、森林公园、国家湿地公园、国家沙漠公园的国有林地和林木资源资产不得出让。对确需经营利用的森林资源资产，确定有偿使用的范围、期限、条件、程序和方式。对国有森林经营单位的国有林地使用权，原则上按照划拨用地方式管理。研究制定国有林区、林场改革涉及的国有林地使用权有偿使用的具体办法。推进国有林地使用权确权登记工作，切实维护国有林区、国有林场确权登记颁证成果的权威性和合法性。通过租赁、特许经营等方式积极发展森林旅游。本着尊重历史、照顾现实的原则，全面清理规范已经发生的国有森林资源流转行为。

（八）建立国有草原资源有偿使用制度。依法依规严格保护草原生态，健全基本草原保护制度，任何单位和个人不得擅自征用、占用基本草原或改变其用途，严控建设占用和非牧使用。全民所有制单位改制涉及的国有划拨草原使用权，按照国有农用地改革政策实行有偿使用。稳定和完善国有草原承包经营制度，规范国有草原承包经营权流转。对已确定给农村集体经济组织使用的国有草原，继续依照现有土地承包经营方式落实国有草原承包经营权。国有草原承包经营权向农村集体经济组织以外单位和个人流转的，应按有关规定实行有偿使用。加快推进国有草原确权登记颁证工作。

（九）完善海域海岛有偿使用制度。完善海域有偿使用制度。坚持生态优先，严格落实海洋国土空间的生态保护红线，提高用海生态门槛。严格实行围填海总量控制制度，确保大陆自然岸线保有率不低于35%。完善海域有偿使用分级、分类管理制度，适应经济社会发展多元化需求，完善海域使用权出让、转让、抵押、出租、作价出资（入股）等权能。坚持多种有偿出让方式并举，逐步提高经营性用海市场化出让比例，明确市场化出让范围、方式和程序，完善海域使用权出让价格评估制度和技术标准，将生态环境损害成本纳入价格形成机制。调整海域使用金征收标准，完善海域等级、海域使用金征收范围和方式，建立海域使用金征收标准动态调整机制。开展海域资源现状调查与评价，科学评估海域生态价值、资源价值和开发潜力。完善无居民海岛有偿使用制度。坚持科学规划、保护优先、合理开发、永续利用，严格生态保护措施，避免破坏海岛及其周边海域生态系统，严控无居民海岛自然岸线开发利用，禁止开发利用领海基点保护范围内海岛区域和海洋自然保护区核心区及缓冲区、海洋特别保护区的重点保护区和预留区以及具有特殊保护价值的无居民海岛。明确无居民海岛有偿使用的范围、条件、程序和权利体系，完善无居民海岛使用权出让制度，探索赋予无居民海岛使用权依法转让、出租等权能。研究制定无居民海岛使用权招标、拍卖、挂牌出让有关规定。鼓励地方结合实际推进旅游娱乐、工业等经营性用岛采取招标、拍卖、挂牌等市场化方式出让。建立完善无居民海岛使用权出让价格评估管理制度和技术标准，建立无居民海岛使用权出让最低价标准动态调整机制。

**第三百二十六条 【用益物权人的义务】**用益物权人行使权利，应当遵守法律有关保护和合理开发利用资源、保护生态环境的规定。所有权人不得干涉用益物权人行使权利。

**第三百二十七条 【征收、征用时对用益物权人的补偿】**因不动产或者动产被征收、征用致使用益物权消灭或者影响用益物权行使的，用益物权人有权依据本法第二百四十三条、第二百四十五条的规定获得相应补偿。

**相关法律条文**

**《中华人民共和国民法典》(2021年1月1日起施行)**

**第二百四十三条** 为了公共利益的需要，依照法律规定的权限和程序可以征收集体所有的土地和组织、个人的房屋以及其他不动产。

征收集体所有的土地，应当依法及时足额支付土地补偿费、安置补助费以及农村村民住宅、其他地上附着物和青苗等的补偿费用，并安排被征地农民的社会保障费用，保障被征地农民的生活，维护被征地农民的合法权益。

征收组织、个人的房屋以及其他不动产，应当依法给予征收补偿，维护被征收人的合法权益；征收个人住宅的，还应当保障被征收人的居住条件。

任何组织或者个人不得贪污、挪用、私分、截留、拖欠征收补偿费等费用。

**第二百四十五条**　因抢险救灾、疫情防控等紧急需要，依照法律规定的权限和程序可以征用组织、个人的不动产或者动产。被征用的不动产或者动产使用后，应当返还被征用人。组织、个人的不动产或者动产被征用或者征用后毁损、灭失的，应当给予补偿。

**第三百二十八条　【海域使用权】**依法取得的海域使用权受法律保护。

**一、相关法律条文**

**《中华人民共和国海域使用管理法》(2002 年 1 月 1 日起施行)**

**第二条**　本法所称海域，是指中华人民共和国内水、领海的水面、水体、海床和底土。

本法所称内水，是指中华人民共和国领海基线向陆地一侧至海岸线的海域。

在中华人民共和国内水、领海持续使用特定海域三个月以上的排他性用海活动，适用本法。

**第三条**　海域属于国家所有，国务院代表国家行使海域所有权。任何单位或者个人不得侵占、买卖或者以其他形式非法转让海域。

单位和个人使用海域，必须依法取得海域使用权。

**第六条**　国家建立海域使用权登记制度，依法登记的海域使用权受法律保护。

国家建立海域使用统计制度，定期发布海域使用统计资料。

**第二十三条**　海域使用权人依法使用海域并获得收益的权利受法律保护，任何单位和个人不得侵犯。

海域使用权人有依法保护和合理使用海域的义务；海域使用权人对不妨害其依法使用海域的非排他性用海活动，不得阻挠。

**第二十五条**　海域使用权最高期限，按照下列用途确定：

（一）养殖用海十五年；

（二）拆船用海二十年；

（三）旅游、娱乐用海二十五年；

（四）盐业、矿业用海三十年；

（五）公益事业用海四十年；

（六）港口、修造船厂等建设工程用海五十年。

**第二十七条** 因企业合并、分立或者与他人合资、合作经营，变更海域使用权人的，需经原批准用海的人民政府批准。

海域使用权可以依法转让。海域使用权转让的具体办法，由国务院规定。

海域使用权可以依法继承。

## 二、相关部门规章

**1.《海域使用权管理规定》（2007年1月1日起施行）**

**第二条** 海域使用权的申请审批、招标、拍卖、转让、出租和抵押，适用本规定。

**第三十七条** 海域使用权有出售、赠与、作价入股、交换等情形的，可以依法转让。

**第三十八条** 转让海域使用权应当具备下列条件：

（一）开发利用海域满一年；

（二）不改变海域用途；

（三）已缴清海域使用金；

（四）除海域使用金以外，实际投资已达计划投资总额百分之二十以上；

（五）原海域使用权人无违法用海行为，或违法用海行为已依法处理。

**第四十一条** 海域使用权出租的，承租人应当按照海域使用权证书确定的面积、年限和用途使用海域。

海域使用权出租、抵押时，其固定附属用海设施随之出租、抵押，固定附属用海设施出租、抵押时，其使用范围内的海域使用权随之出租、抵押。法律法规另有规定的，从其规定。

海域使用权取得时免缴或者减缴海域使用金的，补缴海域使用金后方可出租、抵押。

**第四十二条** 有下列情形之一的，海域使用权不得出租、抵押：

（一）权属不清或者权属有争议的；

（二）未按规定缴纳海域使用金、改变海域用途等违法用海的；

（三）油气及其他海洋矿产资源勘查开采的；

（四）海洋行政主管部门认为不能出租、抵押的。

**2.《不动产登记暂行条例实施细则》（2019年修正）**

**第五十四条** 依法取得海域使用权，可以单独申请海域使用权登记。

依法使用海域，在海域上建造建筑物、构筑物的，应当申请海域使用权及建筑物、构筑物所有权登记。

申请无居民海岛登记的，参照海域使用权登记有关规定办理。

**第五十五条** 申请海域使用权首次登记的，应当提交下列材料：

（一）项目用海批准文件或者海域使用权出让合同；

（二）宗海图以及界址点坐标；

（三）海域使用金缴纳或者减免凭证；

（四）其他必要材料。

**第五十六条** 有下列情形之一的，申请人应当持不动产权属证书、海域使用权变更的文件等材料，申请海域使用权变更登记：

（一）海域使用权人姓名或者名称改变的；

（二）海域坐落、名称发生变化的；

（三）改变海域使用位置、面积或者期限的；

（四）海域使用权续期的；

（五）共有性质变更的；

（六）法律、行政法规规定的其他情形。

**第五十七条** 有下列情形之一的，申请人可以申请海域使用权转移登记：

（一）因企业合并、分立或者与他人合资、合作经营、作价入股导致海域使用权转移的；

（二）依法转让、赠与、继承、受遗赠海域使用权的；

（三）因人民法院、仲裁委员会生效法律文书导致海域使用权转移的；

（四）法律、行政法规规定的其他情形。

**第五十八条**　申请海域使用权转移登记的，申请人应当提交下列材料：

（一）不动产权属证书；

（二）海域使用权转让合同、继承材料、生效法律文书等材料；

（三）转让批准取得的海域使用权，应当提交原批准用海的海洋行政主管部门批准转让的文件；

（四）依法需要补交海域使用金的，应当提交海域使用金缴纳的凭证；

（五）其他必要材料。

**第五十九条**　申请海域使用权注销登记的，申请人应当提交下列材料：

（一）原不动产权属证书；

（二）海域使用权消灭的材料；

（三）其他必要材料。

因围填海造地等导致海域灭失的，申请人应当在围填海造地等工程竣工后，依照本实施细则规定申请国有土地使用权登记，并办理海域使用权注销登记。

第三百二十九条　**【探矿权、采矿权、取水权、使用水域和滩涂从事养殖、捕捞权利】**依法取得的探矿权、采矿权、取水权和使用水域、滩涂从事养殖、捕捞的权利受法律保护。

## 一、相关法律条文

**1.《中华人民共和国矿产资源法》（2009年8月27日修正）**

**第三条**　矿产资源属于国家所有，由国务院行使国家对矿产资源的所有权。地表或者地下的矿产资源的国家所有权，不因其所依附的土地的所有权或者使用权的不同而改变。

国家保障矿产资源的合理开发利用。禁止任何组织或者个人用任何手段侵占或者破坏矿产资源。各级人民政府必须加强矿产资源的保护工作。

勘查、开采矿产资源，必须依法分别申请、经批准取得探矿权、采矿权，并办理登记；但是，已经依法申请取得采矿权的矿山企业在划定的矿区范围内为本企业的生产而进行的勘查除外。

国家保护探矿权和采矿权不受侵犯，保障矿区和勘查作业区的生产秩序、工作秩序不受影响和破坏。

从事矿产资源勘查和开采的，必须符合规定的资质条件。

**第六条**　除按下列规定可以转让外，探矿权、采矿权不得转让：

（一）探矿权人有权在划定的勘查作业区内进行规定的勘查作业，有权优先取得勘查作业区内矿产资源的采矿权。探矿权人在完成规定的最低勘查投入后，经依法批准，可以将探矿权转让他人。

（二）已取得采矿权的矿山企业，因企业合并、分立，与他人合资、合作经营，或者因企业资产出售以及有其他变更企业资产产权的情形而需要变更采矿权主体的，经依法批准可以将采矿权转让他人采矿。

前款规定的具体办法和实施步骤由国务院规定。

禁止将探矿权、采矿权倒卖牟利。

**2.《中华人民共和国渔业法》（2013年12月28日修正）**

**第十一条**　国家对水域利用进行统一规划，确定可以用于养殖业的水域和滩涂。单位和个人使用国家规划确定用于养殖业的全民所有的水域、滩涂的，使用者应当向县级以上地方人民政府渔业行政主管部门提出申请，由本级人民政府核发养殖证，许可其使用该水域、滩涂从事养殖生产。核发养殖证的具体办法由国务院规定。

集体所有的或者全民所有由农业集体经济组织使用的水域、滩涂，可以由个人或者集体承包，从事养殖生产。

**第二十三条**　国家对捕捞业实行捕捞许可证制度。

到中华人民共和国与有关国家缔结的协定确定的共同管理的渔区或者公海从事捕捞作业的捕捞许可证，由国务院渔业行政主管部门批准发放。海洋大型拖网、围网作业的捕捞许可证，由省、自治区、直辖市人民政府渔业行政主管部门批准发放。其他作业的捕捞许可证，由县级以上地方人民政府渔业行政主管部门批准发放；但是，批准发放海洋作业的捕捞许可证不得超过国家下达的船网工具控制指标，具体办法由省、自治区、直辖市人民政府规定。

捕捞许可证不得买卖、出租和以其他形式转让，不得涂改、伪造、变造。

到他国管辖海域从事捕捞作业的，应当经国务院渔业行政主管部门批准,并遵守中华人民共和国缔结的或者参加的有关条约、协定和有关国家的法律。

## 二、相关行政法规

**1.《中华人民共和国矿产资源法实施细则》(1994年3月26日起施行)**

**第五条** 国家对矿产资源的勘查、开采实行许可证制度。勘查矿产资源,必须依法申请登记,领取勘查许可证,取得探矿权;开采矿产资源,必须依法申请登记,领取采矿许可证,取得采矿权。

矿产资源勘查工作区范围和开采矿区范围,以经纬度划分的区块为基本单位。具体办法由国务院地质矿产主管部门制定。

**第六条** 《矿产资源法》及本细则中下列用语的含义:

探矿权,是指在依法取得的勘查许可证规定的范围内,勘查矿产资源的权利。取得勘查许可证的单位或者个人称为探矿权人。

采矿权,是指在依法取得的采矿许可证规定的范围内,开采矿产资源和获得所开采的矿产品的权利。取得采矿许可证的单位或者个人称为采矿权人。

国家规定实行保护性开采的特定矿种,是指国务院根据国民经济建设和高科技发展的需要,以及资源稀缺、贵重程度确定的,由国务院有关主管部门按照国家计划批准开采的矿种。

国家规划矿区,是指国家根据建设规划和矿产资源规划,为建设大、中型矿山划定的矿产资源分布区域。

对国民经济具有重要价值的矿区,是指国家根据国民经济发展需要划定的,尚未列入国家建设规划的,储量大、质量好、具有开发前景的矿产资源保护区域。

**2.《探矿权采矿权转让管理办法》(2014年7月29日修订)**

**第二条** 在中华人民共和国领域及管辖的其他海域转让依法取得的探矿权、采矿权的,必须遵守本办法。

**第三条** 除按照下列规定可以转让外,探矿权、采矿权不得转让:

(一)探矿权人有权在划定的勘查作业区内进行规定的勘查作业,有权优先取得勘查作业区内矿产资源的采矿权。探矿权人在完成规定的最低勘查投入后,经依法批准,可以将探矿权转让他人。

（二）已经取得采矿权的矿山企业，因企业合并、分立，与他人合资、合作经营，或者因企业资产出售以及有其他变更企业资产产权的情形，需要变更采矿权主体的，经依法批准，可以将采矿权转让他人采矿。

**第四条**　国务院地质矿产主管部门和省、自治区、直辖市人民政府地质矿产主管部门是探矿权、采矿权转让的审批管理机关。

国务院地质矿产主管部门负责由其审批发证的探矿权、采矿权转让的审批。

省、自治区、直辖市人民政府地质矿产主管部门负责本条第二款规定以外的探矿权、采矿权转让的审批。

**第五条**　转让探矿权，应当具备下列条件：

（一）自颁发勘查许可证之日起满2年，或者在勘查作业区内发现可供进一步勘查或者开采的矿产资源；

（二）完成规定的最低勘查投入；

（三）探矿权属无争议；

（四）按照国家有关规定已经缴纳探矿权使用费、探矿权价款；

（五）国务院地质矿产主管部门规定的其他条件。

**第六条**　转让采矿权，应当具备下列条件：

（一）矿山企业投入采矿生产满1年；

（二）采矿权属无争议；

（三）按照国家有关规定已经缴纳采矿权使用费、采矿权价款、矿产资源补偿费和资源税；

（四）国务院地质矿产主管部门规定的其他条件。

国有矿山企业在申请转让采矿权前，应当征得矿山企业主管部门的同意。

**第七条**　探矿权或者采矿权转让的受让人，应当符合《矿产资源勘查区块登记管理办法》或者《矿产资源开采登记管理办法》规定的有关探矿权申请人或者采矿权申请人的条件。

**第八条**　探矿权人或者采矿权人在申请转让探矿权或者采矿权时，应当向审批管理机关提交下列资料：

（一）转让申请书；

（二）转让人与受让人签订的转让合同；

（三）受让人资质条件的证明文件；

（四）转让人具备本办法第五条或者第六条规定的转让条件的证明；

（五）矿产资源勘查或者开采情况的报告；

（六）审批管理机关要求提交的其他有关资料。

国有矿山企业转让采矿权时，还应当提交有关主管部门同意转让采矿权的批准文件。

**第九条** 转让国家出资勘查所形成的探矿权、采矿权的，必须进行评估。

国家出资勘查形成的探矿权、采矿权价款，由具有矿业权评估资质的评估机构进行评估；评估报告报探矿权、采矿权登记管理机关备案。

**第十条** 申请转让探矿权、采矿权的，审批管理机关应当自收到转让申请之日起40日内，作出准予转让或者不准转让的决定，并通知转让人和受让人。

准予转让的，转让人和受让人应当自收到批准转让通知之日起60日内，到原发证机关办理变更登记手续；受让人按照国家规定缴纳有关费用后，领取勘查许可证或者采矿许可证，成为探矿权人或者采矿权人。

批准转让的，转让合同自批准之日起生效。

不准转让的，审批管理机关应当说明理由。

**第十一条** 审批管理机关批准转让探矿权、采矿权后，应当及时通知原发证机关。

**第十二条** 探矿权、采矿权转让后，探矿权人、采矿权人的权利、义务随之转移。

**第十三条** 探矿权、采矿权转让后，勘查许可证、采矿许可证的有效期限，为原勘查许可证、采矿许可证的有效期减去已经进行勘查、采矿的年限的剩余期限。

**3.《取水许可和水资源费征收管理条例》（2017年3月1日修订）**

**第二条** 本条例所称取水，是指利用取水工程或者设施直接从江河、湖泊或者地下取用水资源。

取用水资源的单位和个人，除本条例第四条规定的情形外，都应当申请领取取水许可证，并缴纳水资源费。

本条例所称取水工程或者设施，是指闸、坝、渠道、人工河道、虹吸管、水泵、水井以及水电站等。

**第三条**　县级以上人民政府水行政主管部门按照分级管理权限，负责取水许可制度的组织实施和监督管理。

国务院水行政主管部门在国家确定的重要江河、湖泊设立的流域管理机构（以下简称流域管理机构），依照本条例规定和国务院水行政主管部门授权，负责所管辖范围内取水许可制度的组织实施和监督管理。

县级以上人民政府水行政主管部门、财政部门和价格主管部门依照本条例规定和管理权限，负责水资源费的征收、管理和监督。

**第四条**　下列情形不需要申请领取取水许可证：

（一）农村集体经济组织及其成员使用本集体经济组织的水塘、水库中的水的；

（二）家庭生活和零星散养、圈养畜禽饮用等少量取水的；

（三）为保障矿井等地下工程施工安全和生产安全必须进行临时应急取（排）水的；

（四）为消除对公共安全或者公共利益的危害临时应急取水的；

（五）为农业抗旱和维护生态与环境必须临时应急取水的。

前款第（二）项规定的少量取水的限额，由省、自治区、直辖市人民政府规定；第（三）项、第（四）项规定的取水，应当及时报县级以上地方人民政府水行政主管部门或者流域管理机构备案；第（五）项规定的取水，应当经县级以上人民政府水行政主管部门或者流域管理机构同意。

**4.《中华人民共和国渔业法实施细则》（2020年11月29日修订）**

**第十条**　使用全民所有的水面、滩涂，从事养殖生产的全民所有制单位和集体所有制单位，应当向县级以上地方人民政府申请养殖使用证。

全民所有的水面、滩涂在一县行政区域内的，由该县人民政府核发养殖使用证；跨县的，由有关县协商核发养殖使用证，必要时由上级人民政府决定核发养殖使用证。

**第十五条**　国家对捕捞业，实行捕捞许可制度。

从事外海、远洋捕捞业的，由经营者提出申请，经省、自治区、直辖市人民政府渔业行政主管部门审核后，报国务院渔业行政主管部门批准。从事外海生产的渔船、必须按照批准的海域和渔期作业，不得擅自进入近海捕捞。

近海大型拖网、围网作业的捕捞许可证，由国务院渔业行政主管部门批准发放；近海其他作业的捕捞许可证，由省、自治区、直辖市人民政府渔业行政主管部门按照国家下达的船网工具控制指标批准发放。

内陆水域的捕捞许可证，由县级以上地方人民政府渔业行政主管部门批准发放。

捕捞许可证的格式，由国务院渔业行政主管部门制定。

**第十六条** 在中华人民共和国管辖水域，外商投资的渔业企业，未经国务院有关主管部门批准，不得从事近海捕捞业。

**第十七条** 有下列情形之一的，不得发放捕捞许可证：

（一）使用破坏渔业资源、被明令禁止使用的渔具或者捕捞方法的；

（二）未按国家规定办理批准手续，制造、更新改造、购置或者进口捕捞渔船的；

（三）未按国家规定领取渔业船舶证书、航行签证簿、职务船员证书、船舶户口簿、渔民证等证件的。

**第十八条** 娱乐性游钓和在尚未养殖、管理的滩涂手工采集零星水产品的，不必申请捕捞许可证，但应当加强管理，防止破坏渔业资源。具体管理办法由县级以上人民政府制定。

**第十九条** 因科学研究等特殊需要，在禁渔区、禁渔期捕捞，或者使用禁用的渔具、捕捞方法，或者捕捞重点保护的渔业资源品种，必须经省级以上人民政府渔业行政主管部门批准。

## 三、相关司法解释

**《最高人民法院关于审理矿业权纠纷案件适用法律若干问题的解释》（法释〔2017〕12号）**

为正确审理矿业权纠纷案件，依法保护当事人的合法权益，根据《中华人民共和国民法典》《中华人民共和国矿产资源法》《中华人民共和国环境保护法》等法律法规的规定，结合审判实践，制定本解释。

**第一条** 人民法院审理探矿权、采矿权等矿业权纠纷案件，应当依法保护矿业权流转，维护市场秩序和交易安全，保障矿产资源合理开发利用，促进资源节约与环境保护。

**第二条** 县级以上人民政府自然资源主管部门作为出让人与受让人签订的矿业权出让合同，除法律、行政法规另有规定的情形外，当事人请求确认自依法成立之日起生效的，人民法院应予支持。

**第三条**　受让人请求自矿产资源勘查许可证、采矿许可证载明的有效期起始日确认其探矿权、采矿权的，人民法院应予支持。

矿业权出让合同生效后、矿产资源勘查许可证或者采矿许可证颁发前，第三人越界或者以其他方式非法勘查开采，经出让人同意已实际占有勘查作业区或者矿区的受让人，请求第三人承担停止侵害、排除妨碍、赔偿损失等侵权责任的，人民法院应予支持。

**第四条**　出让人未按照出让合同的约定移交勘查作业区或者矿区、颁发矿产资源勘查许可证或者采矿许可证，受让人请求解除出让合同的，人民法院应予支持。

受让人勘查开采矿产资源未达到自然资源主管部门批准的矿山地质环境保护与土地复垦方案要求，在自然资源主管部门规定的期限内拒不改正，或者因违反法律法规被吊销矿产资源勘查许可证、采矿许可证，或者未按照出让合同的约定支付矿业权出让价款，出让人解除出让合同的，人民法院应予支持。

**第五条**　未取得矿产资源勘查许可证、采矿许可证，签订合同将矿产资源交由他人勘查开采的，人民法院应依法认定合同无效。

**第六条**　矿业权转让合同自依法成立之日起具有法律约束力。矿业权转让申请未经自然资源主管部门批准，受让人请求转让人办理矿业权变更登记手续的，人民法院不予支持。

当事人仅以矿业权转让申请未经自然资源主管部门批准为由请求确认转让合同无效的，人民法院不予支持。

**第七条**　矿业权转让合同依法成立后，在不具有法定无效情形下，受让人请求转让人履行报批义务或者转让人请求受让人履行协助报批义务的，人民法院应予支持，但法律上或者事实上不具备履行条件的除外。

人民法院可以依据案件事实和受让人的请求，判决受让人代为办理报批手续，转让人应当履行协助义务，并承担由此产生的费用。

**第八条**　矿业权转让合同依法成立后，转让人无正当理由拒不履行报批义务，受让人请求解除合同、返还已付转让款及利息，并由转让人承担违约责任的，人民法院应予支持。

**第九条**　矿业权转让合同约定受让人支付全部或者部分转让款后办理报批手续，转让人在办理报批手续前请求受让人先履行付款义务的，人民法院应予支持，但受让人有确切证据证明存在转让人将同一矿业权转让给第三人、矿业权人将被兼并重组等符合民法典第五百二十七条规定情形的除外。

**第十条** 自然资源主管部门不予批准矿业权转让申请致使矿业权转让合同被解除，受让人请求返还已付转让款及利息，采矿权人请求受让人返还获得的矿产品及收益，或者探矿权人请求受让人返还勘查资料和勘查中回收的矿产品及收益的，人民法院应予支持，但受让人可请求扣除相关的成本费用。

当事人一方对矿业权转让申请未获批准有过错的，应赔偿对方因此受到的损失；双方均有过错的，应当各自承担相应的责任。

**第十一条** 矿业权转让合同依法成立后、自然资源主管部门批准前，矿业权人又将矿业权转让给第三人并经自然资源主管部门批准、登记，受让人请求解除转让合同、返还已付转让款及利息，并由矿业权人承担违约责任的，人民法院应予支持。

**第十二条** 当事人请求确认矿业权租赁、承包合同自依法成立之日起生效的，人民法院应予支持。

矿业权租赁、承包合同约定矿业权人仅收取租金、承包费，放弃矿山管理，不履行安全生产、生态环境修复等法定义务，不承担相应法律责任的，人民法院应依法认定合同无效。

**第十三条** 矿业权人与他人合作进行矿产资源勘查开采所签订的合同，当事人请求确认自依法成立之日起生效的，人民法院应予支持。

合同中有关矿业权转让的条款适用本解释关于矿业权转让合同的规定。

**第十四条** 矿业权人为担保自己或者他人债务的履行，将矿业权抵押给债权人的，抵押合同自依法成立之日起生效，但法律、行政法规规定不得抵押的除外。

当事人仅以未经主管部门批准或者登记、备案为由请求确认抵押合同无效的，人民法院不予支持。

**第十五条** 当事人请求确认矿业权之抵押权自依法登记时设立的，人民法院应予支持。

颁发矿产资源勘查许可证或者采矿许可证的自然资源主管部门根据相关规定办理的矿业权抵押备案手续，视为前款规定的登记。

**第十六条** 债务人不履行到期债务或者发生当事人约定的实现抵押权的情形，抵押权人依据民事诉讼法第一百九十六条、第一百九十七条规定申请实现抵押权的，人民法院可以拍卖、变卖矿业权或者裁定以矿业权抵债，但矿业权竞买人、受让人应具备相应的资质条件。

**第十七条** 矿业权抵押期间因抵押人被兼并重组或者矿床被压覆等原因导致矿业权全部或者部分灭失，抵押权人请求就抵押人因此获得的保险金、赔偿金或者补偿金等款项优先受偿或者将该款项予以提存的，人民法院应予支持。

**第十八条** 当事人约定在自然保护区、风景名胜区、重点生态功能区、生态环境敏感区和脆弱区等区域内勘查开采矿产资源，违反法律、行政法规的强制性规定或者损害环境公共利益的，人民法院应依法认定合同无效。

**第十九条** 因越界勘查开采矿产资源引发的侵权责任纠纷，涉及自然资源主管部门批准的勘查开采范围重复或者界限不清的，人民法院应告知当事人先向自然资源主管部门申请解决。

**第二十条** 因他人越界勘查开采矿产资源，矿业权人请求侵权人承担停止侵害、排除妨碍、返还财产、赔偿损失等侵权责任的，人民法院应予支持，但探矿权人请求侵权人返还越界开采的矿产品及收益的除外。

**第二十一条** 勘查开采矿产资源造成环境污染，或者导致地质灾害、植被毁损等生态破坏，国家规定的机关或者法律规定的组织提起环境公益诉讼的，人民法院应依法予以受理。

国家规定的机关或者法律规定的组织为保护国家利益、环境公共利益提起诉讼的，不影响因同一勘查开采行为受到人身、财产损害的自然人、法人和非法人组织依据民事诉讼法第一百一十九条的规定提起诉讼。

**第二十二条** 人民法院在审理案件中，发现无证勘查开采，勘查资质、地质资料造假，或者勘查开采未履行生态环境修复义务等违法情形的，可以向有关行政主管部门提出司法建议，由其依法处理；涉嫌犯罪的，依法移送侦查机关处理。

**第二十三条** 本解释施行后，人民法院尚未审结的一审、二审案件适用本解释规定。本解释施行前已经作出生效裁判的案件，本解释施行后依法再审的，不适用本解释。

## 四、相关文件规定

**《矿业权出让转让管理暂行规定》(国土资发〔2000〕309号)**

**第二条** 在中华人民共和国领域及其管辖海域出让、转让矿业权适用本办法。

**第三条** 探矿权、采矿权为财产权，统称为矿业权，适用于不动产法律法规的调整原则。

依法取得矿业权的自然人、法人或其他经济组织称为矿业权人。

矿业权人依法对其矿业权享有占有、使用、收益和处分权。

**第四条** 矿业权的出让由县级以上人民政府地质矿产主管部门根据《矿产资源勘查区块登记管理办法》、《矿产资源开采登记管理办法》及省、自治区、直辖市人民代表大会常务委员会制定的管理办法规定的权限，采取批准申请、招标、拍卖等方式进行。

出让矿业权的范围可以是国家出资勘查并已经探明的矿产地、依法收归国有的矿产地和其他矿业权空白地。

**第六条** 矿业权人可以依照本办法的规定采取出售、作价出资、合作勘查或开采、上市等方式依法转让矿业权。

转让双方应按规定到原登记发证机关办理矿业权变更登记手续。但是受让方为外商投资矿山企业的，应到具有外商投资矿山企业发证权的登记管理机关办理变更登记手续。

矿业权人可以依照本办法的规定出租、抵押矿业权。

**第七条** 国务院地质矿产主管部门负责由其审批发证的矿业权转让的审批。省、自治区、直辖市人民政府地质矿产主管部门负责其他矿业权转让的审批。

**第十五条** 矿业权出让是指登记管理机关以批准申请、招标、拍卖等方式向矿业权申请人授予矿业权的行为。

**第三十六条** 矿业权转让是指矿业权人将矿业权转移的行为，包括出售、作价出资、合作、重组改制等。

矿业权的出租、抵押，按照矿业权转让的条件和程序进行管理，由原发证机关审查批准。

## 五、相关裁判摘要

● **2012 年第 3 期《中华人民共和国最高人民法院公报》**刊登的“**陈允斗与宽甸满族自治县虎山镇老边墙村民委员会采矿权转让合同纠纷案**”判决认为，租赁采矿权属于一种特殊的矿业权转让方式，采矿权转让合同属于批准后才生效的合同。虽然合同尚未生效，但其中约定的报批条款依然有效。相关裁判摘要如下：

采矿业属于特许行业，根据有关法律、行政法规的规定，取得涉案金矿的采矿权和租赁权都要经过辽宁省国土资源厅审批,其中任何一项权利未经批准,其采矿行为不受法律保护。1998 年 2 月 12 日国务院《探矿权采矿权转让管理办法》第十条第三款规定:“批准转让的,转让合同自批准之日起生效。”2000 年 11 月 1 日国土资源部《矿业权出让转让管理暂行规定》第三十六条第二款规定:“矿业权的出租、抵押,按照矿业权转让的条件和程序进行管理,由原发证机关审查批准。”据此,本院认定涉案租赁协议已合法成立,尚未生效,该协议条款对双方当事人没有约束力,也不产生违约责任。

涉案《老边墙金矿租赁告示》和《老边墙金矿租赁协议书》均属于合同的组成部分,后者是对前者的确认和补充。两者第四条均约定:“金矿所有手续由承包者自行办理,费用自负。”后者还约定:“如因有关手续办理不妥无法开采,租金不予返还。所造成的损失亦由乙方(即陈允斗)负担。”由此看出,协议约定的办理金矿所有手续的义务人是陈允斗,手续办理不全的责任亦由陈允斗承担。签约当时,陈允斗明知村委会尚未从原承包人手中收回采矿许可证,租赁该金矿会冒巨大商业风险,却执意投标并签订上述协议,是一种甘冒风险的行为。协议签订后,村委会积极办理采矿权租赁审批手续,当地县、市政府有关主管部门已审核同意,只因程绍武拒不交出原采矿许可证并起诉村委会而未获辽宁省国土资源厅批准。村委会对此尽了协助义务,没有过错。据此,村委会对采矿权租赁手续不全并不构成违约,不应承担违约责任。……

陈允斗主张村委会未办理全部采矿许可证并交付涉案金矿,使其不得不重开巷道,构成违约,应承担违约责任。村委会则主张涉案租赁协议无效,不产生违约责任。本院认为,涉案租赁协议签订后,由于多种原因导致协议没有全部履行,致使陈允斗无法正常开矿,确实遭受了经济损失。但由于该协议未生效,对双方当事人不具有约束力,陈允斗遭受的损失不能依据该协议的违约条款获得救济,故对于陈允斗主张的协议无法履行的责任在村委会,村委会应承担违约责任的主张,不予支持。出租采矿权以拥有合法采矿权为前提,鉴于目前村委会已不是涉案金矿的采矿权主体,丧失了履约条件和能力,依约办理相关审批手续,继续履行涉案租赁协议已不可能,对于陈允斗关于涉案租赁协议应继续履行的主张,本院不予支持。

陈允斗虽然因采矿遭受了经济损失,但其在明知租赁协议未生效的情况下，擅自开挖巷道，属于违法开采行为，该行为不受法律保护，后果自负。对其关于村委会因违约应赔偿其160万元的请求，因缺乏法律依据，本院不予支持。涉案租赁协议未生效，村委会据此取得的陈允斗交付的租金本应返还，但鉴于陈允斗在本案中对此未提出主张，本院不能直接判决返还，陈允斗可以另循法律途径解决。

综上，涉案采矿权租赁协议未生效，村委会不应承担违约责任。退一步讲，即使认定租赁协议有效，鉴于该协议均约定村委会免责，陈允斗对不能依约采矿经营产生的风险自担，村委会同样不应承担违约责任。鉴于村委会现已不是采矿权主体，涉案租赁协议已无法继续履行，陈允斗主张继续履行该协议的依据不足，对其诉求不予支持。

• **2012年第3期《中华人民共和国最高人民法院公报》**刊登的“**茅德贤、成县茨坝须弥山实业有限公司、甘肃有色地质勘查局106队、成县恒兴矿业有限公司与白银有色金属公司采矿权纠纷案**”的最高人民法院(2011)民二终字第22号民事判决书对侵害他人采矿权的行政责任与侵权责任的关系进行了分析。相关裁判摘要如下：

本案作为侵权损害赔偿纠纷，侵权事实客观存在，其与陇南市国土资源局就该事件作出行政处罚，属于民事与行政两个不同性质的法律关系，二者在认定事实、适用法律政策方面的依据均有所不同。《中华人民共和国行政处罚法》第七条第一款明确规定：“公民、法人或者其他组织因违法受到行政处罚，其违法行为对他人造成损害的，应当依法承担民事责任。”四方上诉人要求按照陇南市国土资源局作出的《矿产资源行政处罚决定书》确认本案民事责任，缺乏法律依据，本院不予支持。

## 第十一章 土地承包经营权

**第三百三十条 【农村集体经济组织的双层经营体制与土地承包经营制度】**农村集体经济组织实行家庭承包经营为基础、统分结合的双层经营体制。

农民集体所有和国家所有由农民集体使用的耕地、林地、草地以及其他用于农业的土地，依法实行土地承包经营制度。

## 一、相关法律条文

**1.《中华人民共和国宪法》(2018 年 3 月 11 日修正)**

**第八条** 农村集体经济组织实行家庭承包经营为基础、统分结合的双层经营体制。农村中的生产、供销、信用、消费等各种形式的合作经济,是社会主义劳动群众集体所有制经济。参加农村集体经济组织的劳动者,有权在法律规定的范围内经营自留地、自留山、家庭副业和饲养自留畜。

城镇中的手工业、工业、建筑业、运输业、商业、服务业等行业的各种形式的合作经济,都是社会主义劳动群众集体所有制经济。

国家保护城乡集体经济组织的合法的权利和利益,鼓励、指导和帮助集体经济的发展。

**2.《中华人民共和国农村土地承包法》(2018 年 12 月 29 日修正)**

**第二条** 本法所称农村土地,是指农民集体所有和国家所有依法由农民集体使用的耕地、林地、草地,以及其他依法用于农业的土地。

**第三条** 国家实行农村土地承包经营制度。

农村土地承包采取农村集体经济组织内部的家庭承包方式,不宜采取家庭承包方式的荒山、荒沟、荒丘、荒滩等农村土地,可以采取招标、拍卖、公开协商等方式承包。

**第四条** 农村土地承包后,土地的所有权性质不变。承包地不得买卖。

**第五条** 农村集体经济组织成员有权依法承包由本集体经济组织发包的农村土地。

任何组织和个人不得剥夺和非法限制农村集体经济组织成员承包土地的权利。

**第六条** 农村土地承包,妇女与男子享有平等的权利。承包中应当保护妇女的合法权益,任何组织和个人不得剥夺、侵害妇女应当享有的土地承包经营权。

**第七条** 农村土地承包应当坚持公开、公平、公正的原则,正确处理国家、集体、个人三者的利益关系。

**第八条** 国家保护集体土地所有者的合法权益,保护承包方的土地承包经营权,任何组织和个人不得侵犯。

**第九条** 承包方承包土地后,享有土地承包经营权,可以自己经营,也可以保留土地承包权,流转其承包地的土地经营权,由他人经营。

**第十条** 国家保护承包方依法、自愿、有偿流转土地经营权,保护土地经营权人的合法权益,任何组织和个人不得侵犯。

**第十一条** 农村土地承包经营应当遵守法律、法规,保护土地资源的合理开发和可持续利用。未经依法批准不得将承包地用于非农建设。

国家鼓励增加对土地的投入,培肥地力,提高农业生产能力。

**第十二条** 国务院农业农村、林业和草原主管部门分别依照国务院规定的职责负责全国农村土地承包经营及承包经营合同管理的指导。

县级以上地方人民政府农业农村、林业和草原等主管部门分别依照各自职责,负责本行政区域内农村土地承包经营及承包经营合同管理。

乡(镇)人民政府负责本行政区域内农村土地承包经营及承包经营合同管理。

**3.《中华人民共和国农业法》(2012 年 12 月 28 日修正)**

**第十条** 国家实行农村土地承包经营制度,依法保障农村土地承包关系的长期稳定,保护农民对承包土地的使用权。

农村土地承包经营的方式、期限、发包方和承包方的权利义务、土地承包经营权的保护和流转等,适用《中华人民共和国土地管理法》和《中华人民共和国农村土地承包法》。

农村集体经济组织应当在家庭承包经营的基础上,依法管理集体资产,为其成员提供生产、技术、信息等服务,组织合理开发、利用集体资源,壮大经济实力。

## 二、相关司法解释

**《最高人民法院关于国有土地开荒后用于农耕的土地使用权转让合同纠纷案件如何适用法律问题的批复》(法释〔2012〕14 号)(2020 年 12 月 23 日修正)**

甘肃省高级人民法院:

你院《关于对国有土地经营权转让如何适用法律的请示》(甘高法〔2010〕84 号)收悉。经研究,答复如下:

开荒后用于农耕而未交由农民集体使用的国有土地,不属于《中华人民共和国农村土地承包法》第二条规定的农村土地。此类土地使用权的转让,不适用《中华人民共和国农村土地承包法》的规定,应适用《中华人民共和国民法典》和《中华人民共和国土地管理法》等相关法律规定加以规范。

对于国有土地开荒后用于农耕的土地使用权转让合同，不违反法律、行政法规的强制性规定的，当事人仅以转让方未取得土地使用权证书为由请求确认合同无效的，人民法院依法不予支持；当事人根据合同约定主张对方当事人履行办理土地使用权证书义务的，人民法院依法应予支持。

**第三百三十一条　【土地承包经营权人享有的基本权利】**土地承包经营权人依法对其承包经营的耕地、林地、草地等享有占有、使用和收益的权利，有权从事种植业、林业、畜牧业等农业生产。

**一、相关法律条文**

**《中华人民共和国农村土地承包法》(2018 年 12 月 29 日修正)**

**第九条**　承包方承包土地后，享有土地承包经营权，可以自己经营，也可以保留土地承包权，流转其承包地的土地经营权，由他人经营。

**第十七条**　承包方享有下列权利：

(一)依法享有承包地使用、收益的权利，有权自主组织生产经营和处置产品；

(二)依法互换、转让土地承包经营权；

(三)依法流转土地经营权；

(四)承包地被依法征收、征用、占用的，有权依法获得相应的补偿；

(五)法律、行政法规规定的其他权利。

**二、相关司法解释**

**《最高人民法院关于审理涉及农村土地承包纠纷案件适用法律问题的解释》(法释〔2005〕6 号)(2020 年 12 月 23 日修正)**

**第八条**　承包方违反农村土地承包法第十八条规定，未经依法批准将承包地用于非农建设或者对承包地造成永久性损害，发包方请求承包方停止侵害、恢复原状或者赔偿损失的，应予支持。

**三、相关裁判摘要**

● **2009 年第 12 期《中华人民共和国最高人民法院公报》**刊登的**“李维祥诉李格梅继承权纠纷案”**判决指出，家庭承包方式的农村土地承包经营权属于农户家庭,而非某个家庭成员。因此,农村土地承包经营权不属于个人财产,不发生继承问题。除林地外的家庭承包,当承包农地的农户家庭中的一人或几人死亡,承包地仍由该农户的其他家庭成员继续承包经营。相关裁判摘要如下:

根据《中华人民共和国农村土地承包法》(以下简称农村土地承包法)第三条第二款的规定,农村土地承包采取农村集体经济组织内部的家庭承包方式,不宜采取家庭承包方式的荒山、荒沟、荒丘、荒滩等农村土地,可以采取招标、拍卖、公开协商等方式承包。因此,我国的农村土地承包经营权分为家庭承包和以其他方式承包两种类型。

以家庭承包方式实行农村土地承包经营,主要目的在于为农村集体经济组织的每一位成员提供基本的生活保障。根据农村土地承包法第十五条的规定,家庭承包方式的农村土地承包经营权,其承包方是本集体经济组织的农户,其本质特征是以本集体经济组织内部的农户家庭为单位实行农村土地承包经营。因此,这种形式的农村土地承包经营权只能属于农户家庭,而不可能属于某一个家庭成员。根据《中华人民共和国继承法》(以下简称继承法)第三条的规定,遗产是公民死亡时遗留的个人合法财产。农村土地承包经营权不属于个人财产,故不发生继承问题。

家庭承包中的林地承包和针对"四荒"地的以其他方式的承包,由于土地性质特殊,投资周期长,见效慢,收益期间长,为维护承包合同的长期稳定性,保护承包方的利益,维护社会稳定,根据农村土地承包法第三十一条第二款、第五十条的规定,林地承包的承包人死亡,其继承人可以在承包期内继续承包。以其他方式承包的承包人死亡,在承包期内,其继承人也可以继续承包。但是,继承人继续承包并不等同于继承法所规定的继承。而对于除林地外的家庭承包,法律未授予继承人可以继续承包的权利。当承包农地的农户家庭中的一人或几人死亡,承包经营仍然是以户为单位,承包地仍由该农户的其他家庭成员继续承包经营;当承包经营农户家庭的成员全部死亡,由于承包经营权的取得是以集体成员权为基础,该土地承包经营权归于消灭,农地应收归农村集体经济组织另行分配,不能由该农户家庭成员的继承人继续承包经营。否则,对集体经济组织其他成员的权益造成损害,对农地的社会保障功能产生消极影响。

**第三百三十二条　【承包期限】**耕地的承包期为三十年。草地的承包期为三十年至五十年。林地的承包期为三十年至七十年。

前款规定的承包期限届满,由土地承包经营权人依照农村土地承包的法律规定继续承包。

**一、相关法律条文**

**1.《中华人民共和国农村土地承包法》(2018年12月29日修正)**

**第二十一条**　耕地的承包期为三十年。草地的承包期为三十年至五十年。林地的承包期为三十年至七十年。

前款规定的耕地承包期届满后再延长三十年,草地、林地承包期届满后依照前款规定相应延长。

**2.《中华人民共和国土地管理法》(2019年8月26日修正)**

**第十三条**　农民集体所有和国家所有依法由农民集体使用的耕地、林地、草地,以及其他依法用于农业的土地,采取农村集体经济组织内部的家庭承包方式承包,不宜采取家庭承包方式的荒山、荒沟、荒丘、荒滩等,可以采取招标、拍卖、公开协商等方式承包,从事种植业、林业、畜牧业、渔业生产。家庭承包的耕地的承包期为三十年,草地的承包期为三十年至五十年,林地的承包期为三十年至七十年;耕地承包期届满后再延长三十年,草地、林地承包期届满后依法相应延长。

国家所有依法用于农业的土地可以由单位或者个人承包经营,从事种植业、林业、畜牧业、渔业生产。

发包方和承包方应当依法订立承包合同,约定双方的权利和义务。承包经营土地的单位和个人,有保护和按照承包合同约定的用途合理利用土地的义务。

**二、相关司法解释**

**《最高人民法院关于审理涉及农村土地承包纠纷案件适用法律问题的解释》(法释〔2005〕6号)(2020年12月23日修正)**

**第七条**　承包合同约定或者土地承包经营权证等证书记载的承包期限短于农村土地承包法规定的期限,承包方请求延长的,应予支持。

**三、相关文件规定**

**1.《中共中央、国务院关于保持土地承包关系稳定并长久不变的意见》(2019 年 11 月 26 日发布)**

**四、稳妥推进"长久不变"实施**

（一）稳定土地承包关系。第二轮土地承包到期后应坚持延包原则，不得将承包地打乱重分，确保绝大多数农户原有承包地继续保持稳定。对少数存在承包地因自然灾害毁损等特殊情形且群众普遍要求调地的村组，届时可按照大稳定、小调整的原则，由农民集体民主协商，经本集体经济组织成员的村民会议三分之二以上成员或者三分之二以上村民代表同意，并报乡（镇）政府和县级政府农业等行政主管部门批准，可在个别农户间作适当调整，但要依法依规从严掌握。

（二）第二轮土地承包到期后再延长三十年。土地承包期再延长三十年，使农村土地承包关系从第一轮承包开始保持稳定长达七十五年，是实行"长久不变"的重大举措。现有承包地在第二轮土地承包到期后由农户继续承包，承包期再延长三十年，以各地第二轮土地承包到期为起点计算。以承包地确权登记颁证为基础，已颁发的土地承包权利证书，在新的承包期继续有效且不变不换，证书记载的承包期限届时作统一变更。对个别调地的，在合同、登记簿和证书上作相应变更处理。

**2.《中共中央、国务院关于全面推进集体林权制度改革的意见》(中发〔2008〕10 号)**

**三、明确集体林权制度改革的主要任务**

……

林地的承包期为 70 年。承包期届满，可以按照国家有关规定继续承包。已经承包到户或流转的集体林地，符合法律规定、承包或流转合同规范的，要予以维护……

**第三百三十三条　【土地承包经营权的设立与登记】** 土地承包经营权自土地承包经营权合同生效时设立。

登记机构应当向土地承包经营权人发放土地承包经营权证、林权证等证书，并登记造册，确认土地承包经营权。

## 一、相关法律条文

**1.《中华人民共和国农村土地承包法》(2018年12月29日修正)**

**第二十二条**　发包方应当与承包方签订书面承包合同。

承包合同一般包括以下条款:

(一)发包方、承包方的名称,发包方负责人和承包方代表的姓名、住所;

(二)承包土地的名称、坐落、面积、质量等级;

(三)承包期限和起止日期;

(四)承包土地的用途;

(五)发包方和承包方的权利和义务;

(六)违约责任。

**第二十三条**　承包合同自成立之日起生效。承包方自承包合同生效时取得土地承包经营权。

**第二十四条**　国家对耕地、林地和草地等实行统一登记,登记机构应当向承包方颁发土地承包经营权证或者林权证等证书,并登记造册,确认土地承包经营权。

土地承包经营权证或者林权证等证书应当将具有土地承包经营权的全部家庭成员列入。

登记机构除按规定收取证书工本费外,不得收取其他费用。

**第二十五条**　承包合同生效后,发包方不得因承办人或者负责人的变动而变更或者解除,也不得因集体经济组织的分立或者合并而变更或者解除。

**第二十六条**　国家机关及其工作人员不得利用职权干涉农村土地承包或者变更、解除承包合同。

**2.《中华人民共和国森林法》(2019年12月28日修订)**

**第十五条**　林地和林地上的森林、林木的所有权、使用权,由不动产登记机构统一登记造册,核发证书。国务院确定的国家重点林区(以下简称重点林区)的森林、林木和林地,由国务院自然资源主管部门负责登记。

森林、林木、林地的所有者和使用者的合法权益受法律保护,任何组织和个人不得侵犯。

森林、林木、林地的所有者和使用者应当依法保护和合理利用森林、林木、林地,不得非法改变林地用途和毁坏森林、林木、林地。

**3.《中华人民共和国草原法》(2021 年 4 月 29 日修正)**

**第十条** 国家所有的草原,可以依法确定给全民所有制单位、集体经济组织等使用。

使用草原的单位,应当履行保护、建设和合理利用草原的义务。

**第十一条** 依法确定给全民所有制单位、集体经济组织等使用的国家所有的草原,由县级以上人民政府登记,核发使用权证,确认草原使用权。

未确定使用权的国家所有的草原,由县级以上人民政府登记造册,并负责保护管理。

集体所有的草原,由县级人民政府登记,核发所有权证,确认草原所有权。

依法改变草原权属的,应当办理草原权属变更登记手续。

**第十二条** 依法登记的草原所有权和使用权受法律保护,任何单位或者个人不得侵犯。

## 二、相关行政法规

**《不动产登记暂行条例》(2019 年 3 月 24 日修订)**

**第五条** 下列不动产权利,依照本条例的规定办理登记:

……

(四)耕地、林地、草地等土地承包经营权;

……

## 三、相关部门规章

**《中华人民共和国农村土地承包经营权证管理办法》(2004 年 1 月 1 日起施行)**

**第二条** 农村土地承包经营权证是农村土地承包合同生效后,国家依法确认承包方享有土地承包经营权的法律凭证。

农村土地承包经营权证只限承包方使用。

**第三条** 承包耕地、园地、荒山、荒沟、荒丘、荒滩等农村土地从事种植业生产活动,承包方依法取得农村土地承包经营权后,应颁发农村土地承包经营权证予以确认。

承包草原、水面、滩涂从事养殖业生产活动的,依照《中华人民共和国草原法》、《中华人民共和国渔业法》等有关规定确权发证。

**第四条**　实行家庭承包经营的承包方，由县级以上地方人民政府颁发农村土地承包经营权证。

实行其他方式承包经营的承包方，经依法登记，由县级以上地方人民政府颁发农村土地承包经营权证。

县级以上地方人民政府农业行政主管部门负责农村土地承包经营权证的备案、登记、发放等具体工作。

**第五条**　农村土地承包经营权证所载明的权利有效期限，应与依法签订的土地承包合同约定的承包期一致。

**第六条**　农村土地承包经营权证应包括以下内容：

（一）名称和编号；

（二）发证机关及日期；

（三）承包期限和起止日期；

（四）承包土地名称、坐落、面积、用途；

（五）农村土地承包经营权变动情况；

（六）其他应当注明的事项。

**第九条**　农村土地承包经营权证登记簿记载农村土地承包经营权的基本内容。农村土地承包经营权证、农村土地承包合同、农村土地承包经营权证登记簿记载的事项应一致。

**第十条**　农村土地承包经营权证登记簿、承包合同登记及其他登记材料，由县级以上地方农业行政主管部门管理。

农村土地承包方有权查阅、复制农村土地承包经营权证登记簿和其他登记材料。县级以上农业行政主管部门不得限制和阻挠。

**第十三条**　乡（镇）人民政府农村经营管理部门领取农村土地承包经营权证后，应在30个工作日内将农村土地承包经营权证发给承包方。发包方不得为承包方保存农村土地承包经营权证。

**第十四条**　承包期内，承包方采取转包、出租、入股方式流转土地承包经营权的，不须办理农村土地承包经营权证变更。

采取转让、互换方式流转土地承包经营权的，当事人可以要求办理农村土地承包经营权证变更登记。

因转让、互换以外的其他方式导致农村土地承包经营权分立、合并的，应当办理农村土地承包经营权证变更。

**第二十六条**　颁发农村土地承包经营权证，除工本费外，不得向承包方收取任何费用。

农村土地承包经营权证工本费的支出要严格执行国家有关财务管理的规定。

**第二十七条** 本办法实施以前颁发的农村土地承包经营权证，符合《农村土地承包法》有关规定，并已加盖县级以上地方人民政府印章的，继续有效。个别条款如承包期限、承包方承担义务等违反《农村土地承包法》规定的，该条款无效，是否换发新证，由承包方决定。

未加盖县级以上地方人民政府印章的，应按本《办法》规定重新颁发。重新颁发农村土地承包经营权证，土地承包期限应符合《农村土地承包法》的有关规定，不得借机调整土地。

**第三百三十四条 【土地承包经营权的互换、转让】** 土地承包经营权人依照法律规定，有权将土地承包经营权互换、转让。未经依法批准，不得将承包地用于非农建设。

**一、相关法律条文**

**1.《中华人民共和国农村土地承包法》(2018年12月29日修正)**

**第三十三条** 承包方之间为方便耕种或者各自需要，可以对属于同一集体经济组织的土地的土地承包经营权进行互换，并向发包方备案。

**第三十四条** 经发包方同意，承包方可以将全部或者部分的土地承包经营权转让给本集体经济组织的其他农户，由该农户同发包方确立新的承包关系，原承包方与发包方在该土地上的承包关系即行终止。

**2.《中华人民共和国草原法》(2021年4月29日修正)**

**第十五条** 草原承包经营权受法律保护，可以按照自愿、有偿的原则依法转让。

草原承包经营权转让的受让方必须具有从事畜牧业生产的能力，并应当履行保护、建设和按照承包合同约定的用途合理利用草原的义务。

草原承包经营权转让应当经发包方同意。承包方与受让方在转让合同中约定的转让期限，不得超过原承包合同剩余的期限。

**3.《中华人民共和国森林法》(2019年12月28日修正)**

**第十六条**　国家所有的林地和林地上的森林、林木可以依法确定给林业经营者使用。林业经营者依法取得的国有林地和林地上的森林、林木的使用权,经批准可以转让、出租、作价出资等。具体办法由国务院制定。

林业经营者应当履行保护、培育森林资源的义务,保证国有森林资源稳定增长,提高森林生态功能。

**第十七条**　集体所有和国家所有依法由农民集体使用的林地(以下简称集体林地)实行承包经营的,承包方享有林地承包经营权和承包林地上的林木所有权,合同另有约定的从其约定。承包方可以依法采取出租(转包)、入股、转让等方式流转林地经营权、林木所有权和使用权。

## 二、相关司法解释

**《最高人民法院关于审理涉及农村土地承包纠纷案件适用法律问题的解释》(法释〔2005〕6号)(2020年12月23日修正)**

**第十一条**　土地经营权流转中,本集体经济组织成员在流转价款、流转期限等主要内容相同的条件下主张优先权的,应予支持。但下列情形除外:

(一)在书面公示的合理期限内未提出优先权主张的;

(二)未经书面公示,在本集体经济组织以外的人开始使用承包地两个月内未提出优先权主张的。

**第十二条**　发包方胁迫承包方将土地经营权流转给第三人,承包方请求撤销其与第三人签订的流转合同的,应予支持。

发包方阻碍承包方依法流转土地经营权,承包方请求排除妨碍、赔偿损失的,应予支持。

**第十三条**　承包方未经发包方同意,转让其土地承包经营权的,转让合同无效。但发包方无法定理由不同意或者拖延表态的除外。

**第十四条**　承包方依法采取出租、入股或者其他方式流转土地经营权,发包方仅以该土地经营权流转合同未报其备案为由,请求确认合同无效的,不予支持。

**第十五条**　因承包方不收取流转价款或者向对方支付费用的约定产生纠纷,当事人协商变更无法达成一致,且继续履行又显失公平的,人民法院可以根据发生变更的客观情况,按照公平原则处理。

**第十六条** 当事人对出租地流转期限没有约定或者约定不明的,参照民法典第七百三十条规定处理。除当事人另有约定或者属于林地承包经营外,承包地交回的时间应当在农作物收获期结束后或者下一耕种期开始前。

对提高土地生产能力的投入,对方当事人请求承包方给予相应补偿的,应予支持。

**第十七条** 发包方或者其他组织、个人擅自截留、扣缴承包收益或者土地经营权流转收益,承包方请求返还的,应予支持。

发包方或者其他组织、个人主张抵销的,不予支持。

## 三、相关部门规章

**《农村土地经营权流转管理办法》(2021 年 3 月 1 日起实施)**

**第二条** 土地经营权流转应当坚持农村土地农民集体所有、农户家庭承包经营的基本制度,保持农村土地承包关系稳定并长久不变,遵循依法、自愿、有偿原则,任何组织和个人不得强迫或者阻碍承包方流转土地经营权。

**第三条** 土地经营权流转不得损害农村集体经济组织和利害关系人的合法权益,不得破坏农业综合生产能力和农业生态环境,不得改变承包土地的所有权性质及其农业用途,确保农地农用,优先用于粮食生产,制止耕地"非农化"、防止耕地"非粮化"。

**第四条** 土地经营权流转应当因地制宜、循序渐进,把握好流转、集中、规模经营的度,流转规模应当与城镇化进程和农村劳动力转移规模相适应,与农业科技进步和生产手段改进程度相适应,与农业社会化服务水平提高相适应,鼓励各地建立多种形式的土地经营权流转风险防范和保障机制。

**第六条** 承包方在承包期限内有权依法自主决定土地经营权是否流转,以及流转对象、方式、期限等。

**第七条** 土地经营权流转收益归承包方所有,任何组织和个人不得擅自截留、扣缴。

**第八条** 承包方自愿委托发包方、中介组织或者他人流转其土地经营权的,应当由承包方出具流转委托书。委托书应当载明委托的事项、权限和期限等，并由委托人和受托人签字或者盖章。

没有承包方的书面委托，任何组织和个人无权以任何方式决定流转承包方的土地经营权。

**第九条**　土地经营权流转的受让方应当为具有农业经营能力或者资质的组织和个人。在同等条件下，本集体经济组织成员享有优先权。

**第十条**　土地经营权流转的方式、期限、价款和具体条件，由流转双方平等协商确定。流转期限届满后，受让方享有以同等条件优先续约的权利。

**第十一条**　受让方应当依照有关法律法规保护土地，禁止改变土地的农业用途。禁止闲置、荒芜耕地，禁止占用耕地建窑、建坟或者擅自在耕地上建房、挖砂、采石、采矿、取土等。禁止占用永久基本农田发展林果业和挖塘养鱼。

**第十二条**　受让方将流转取得的土地经营权再流转以及向金融机构融资担保的，应当事先取得承包方书面同意，并向发包方备案。

**第十三条**　经承包方同意，受让方依法投资改良土壤，建设农业生产附属、配套设施，及农业生产中直接用于作物种植和畜禽水产养殖设施的，土地经营权流转合同到期或者未到期由承包方依法提前收回承包土地时，受让方有权获得合理补偿。具体补偿办法可在土地经营权流转合同中约定或者由双方协商确定。

**第十四条**　承包方可以采取出租（转包）、入股或者其他符合有关法律和国家政策规定的方式流转土地经营权。

出租（转包），是指承包方将部分或者全部土地经营权，租赁给他人从事农业生产经营。

入股，是指承包方将部分或者全部土地经营权作价出资，成为公司、合作经济组织等股东或者成员，并用于农业生产经营。

**第十五条**　承包方依法采取出租（转包）、入股或者其他方式将土地经营权部分或者全部流转的，承包方与发包方的承包关系不变，双方享有的权利和承担的义务不变。

**第十六条**　承包方自愿将土地经营权入股公司发展农业产业化经营的，可以采取优先股等方式降低承包方风险。公司解散时入股土地应当退回原承包方。

**第十七条**　承包方流转土地经营权，应当与受让方在协商一致的基础上签订书面流转合同，并向发包方备案。

承包方将土地交由他人代耕不超过一年的，可以不签订书面合同。

**第十八条** 承包方委托发包方、中介组织或者他人流转土地经营权的，流转合同应当由承包方或者其书面委托的受托人签订。

**第十九条** 土地经营权流转合同一般包括以下内容：

（一）双方当事人的姓名或者名称、住所、联系方式等；

（二）流转土地的名称、四至、面积、质量等级、土地类型、地块代码等；

（三）流转的期限和起止日期；

（四）流转方式；

（五）流转土地的用途；

（六）双方当事人的权利和义务；

（七）流转价款或者股份分红，以及支付方式和支付时间；

（八）合同到期后地上附着物及相关设施的处理；

（九）土地被依法征收、征用、占用时有关补偿费的归属；

（十）违约责任。

土地经营权流转合同示范文本由农业农村部制定。

**第二十条** 承包方不得单方解除土地经营权流转合同，但受让方有下列情形之一的除外：

（一）擅自改变土地的农业用途；

（二）弃耕抛荒连续两年以上；

（三）给土地造成严重损害或者严重破坏土地生态环境；

（四）其他严重违约行为。

有以上情形，承包方在合理期限内不解除土地经营权流转合同的，发包方有权要求终止土地经营权流转合同。

受让方对土地和土地生态环境造成的损害应当依法予以赔偿。

**第二十一条** 发包方对承包方流转土地经营权、受让方再流转土地经营权以及承包方、受让方利用土地经营权融资担保的，应当办理备案，并报告乡（镇）人民政府农村土地承包管理部门。

**第三十四条** 本办法所称农村土地，是指除林地、草地以外的，农民集体所有和国家所有依法由农民集体使用的耕地和其他用于农业的土地。

本办法所称农村土地经营权流转，是指在承包方与发包方承包关系保持不变的前提下，承包方依法在一定期限内将土地经营权部分或者全部交由他人自主开展农业生产经营的行为。

**第三十五条**　通过招标、拍卖和公开协商等方式承包荒山、荒沟、荒丘、荒滩等农村土地，经依法登记取得权属证书的，可以流转土地经营权，其流转管理参照本办法执行。

**第三百三十五条　【土地承包经营权互换、转让的登记】**土地承包经营权互换、转让的，当事人可以向登记机构申请登记；未经登记，不得对抗善意第三人。

**一、相关法律条文**

**《中华人民共和国农村土地承包法》（2018年12月29日修正）**

**第三十五条**　土地承包经营权互换、转让的，当事人可以向登记机构申请登记。未经登记，不得对抗善意第三人。

**二、相关部门规章**

**《不动产登记暂行条例实施细则》（2019年7月16日修正）**

**第四十七条**　承包农民集体所有的耕地、林地、草地、水域、滩涂以及荒山、荒沟、荒丘、荒滩等农用地，或者国家所有依法由农民集体使用的农用地从事种植业、林业、畜牧业、渔业等农业生产的，可以申请土地承包经营权登记；地上有森林、林木的，应当在申请土地承包经营权登记时一并申请登记。

**第四十八条**　依法以承包方式在土地上从事种植业或者养殖业生产活动的，可以申请土地承包经营权的首次登记。

以家庭承包方式取得的土地承包经营权的首次登记，由发包方持土地承包经营合同等材料申请。

以招标、拍卖、公开协商等方式承包农村土地的，由承包方持土地承包经营合同申请土地承包经营权首次登记。

**第四十九条**　已经登记的土地承包经营权有下列情形之一的，承包方应当持原不动产权属证书以及其他证实发生变更事实的材料，申请土地承包经营权变更登记：

（一）权利人的姓名或者名称等事项发生变化的；

（二）承包土地的坐落、名称、面积发生变化的；

（三）承包期限依法变更的；

（四）承包期限届满，土地承包经营权人按照国家有关规定继续承包的；

（五）退耕还林、退耕还湖、退耕还草导致土地用途改变的；

（六）森林、林木的种类等发生变化的；

（七）法律、行政法规规定的其他情形。

**第五十条** 已经登记的土地承包经营权发生下列情形之一的，当事人双方应当持互换协议、转让合同等材料，申请土地承包经营权的转移登记：

（一）互换；

（二）转让；

（三）因家庭关系、婚姻关系变化等原因导致土地承包经营权分割或者合并的；

（四）依法导致土地承包经营权转移的其他情形。

以家庭承包方式取得的土地承包经营权，采取转让方式流转的，还应当提供发包方同意的材料。

**第五十一条** 已经登记的土地承包经营权发生下列情形之一的，承包方应当持不动产权属证书、证实灭失的材料等，申请注销登记：

（一）承包经营的土地灭失的；

（二）承包经营的土地被依法转为建设用地的；

（三）承包经营权人丧失承包经营资格或者放弃承包经营权的；

（四）法律、行政法规规定的其他情形。

**第三百三十六条 【承包地可以调整的情形】**承包期内发包人不得调整承包地。

因自然灾害严重毁损承包地等特殊情形，需要适当调整承包的耕地和草地的，应当依照农村土地承包的法律规定办理。

## 一、相关法律条文

**1.《中华人民共和国农村土地承包法》（2018年12月29日修正）**

**第二十八条** 承包期内，发包方不得调整承包地。

承包期内，因自然灾害严重毁损承包地等特殊情形对个别农户之间承包的耕地和草地需要适当调整的，必须经本集体经济组织成员的村民会议三分之二以上成员或者三分之二以上村民代表的同意，并报乡（镇）人民政府和县级人民政府农业农村、林业和草原等主管部门批准。承包合同中约定不得调整的，按照其约定。

**第二十九条**　下列土地应当用于调整承包土地或者承包给新增人口：

（一）集体经济组织依法预留的机动地；

（二）通过依法开垦等方式增加的；

（三）发包方依法收回和承包方依法、自愿交回的。

**第三十条**　承包期内，承包方可以自愿将承包地交回发包方。承包方自愿交回承包地的，可以获得合理补偿，但是应当提前半年以书面形式通知发包方。承包方在承包期内交回承包地的，在承包期内不得再要求承包土地。

**2.《中华人民共和国草原法》（2021年4月29日修正）**

**第十三条**　集体所有的草原或者依法确定给集体经济组织使用的国家所有的草原，可以由本集体经济组织内的家庭或者联户承包经营。

在草原承包经营期内，不得对承包经营者使用的草原进行调整；个别确需适当调整的，必须经本集体经济组织成员的村（牧）民会议三分之二以上成员或者三分之二以上村（牧）民代表的同意，并报乡（镇）人民政府和县级人民政府草原行政主管部门批准。

集体所有的草原或者依法确定给集体经济组织使用的国家所有的草原由本集体经济组织以外的单位或者个人承包经营的，必须经本集体经济组织成员的村（牧）民会议三分之二以上成员或者三分之二以上村（牧）民代表的同意，并报乡（镇）人民政府批准。

## 二、相关司法解释

**《最高人民法院关于审理涉及农村土地承包纠纷案件适用法律问题的解释》（法释〔2005〕6号）（2020年12月23日修正）**

**第五条**　承包合同中有关收回、调整承包地的约定违反农村土地承包法第二十七条、第二十八条、第三十一条规定的，应当认定该约定无效。

**第六条**　因发包方违法收回、调整承包地，或者因发包方收回承包方弃耕、撂荒的承包地产生的纠纷，按照下列情形，分别处理：

（一）发包方未将承包地另行发包，承包方请求返还承包地的，应予支持；

（二）发包方已将承包地另行发包给第三人，承包方以发包方和第三人为共同被告，请求确认其所签订的承包合同无效、返还承包地并赔偿损失的，应予支持。但属于承包方弃耕、撂荒情形的，对其赔偿损失的诉讼请求，不予支持。

前款第（二）项所称的第三人，请求受益方补偿其在承包地上的合理投入的，应予支持。

**第三百三十七条 【不得收回承包地】** 承包期内发包人不得收回承包地。法律另有规定的，依照其规定。

**一、相关法律条文**

**《中华人民共和国农村土地承包法》（2018年12月29日修正）**

**第二十七条** 承包期内，发包方不得收回承包地。

国家保护进城农户的土地承包经营权。不得以退出土地承包经营权作为农户进城落户的条件。

承包期内，承包农户进城落户的，引导支持其按照自愿有偿原则依法在本集体经济组织内转让土地承包经营权或者将承包地交回发包方，也可以鼓励其流转土地经营权。

承包期内，承包方交回承包地或者发包方依法收回承包地时，承包方对其在承包地上投入而提高土地生产能力的，有权获得相应的补偿。

**第三十一条** 承包期内，妇女结婚，在新居住地未取得承包地的，发包方不得收回其原承包地；妇女离婚或者丧偶，仍在原居住地生活或者不在原居住地生活但在新居住地未取得承包地的，发包方不得收回其原承包地。

**第五十七条** 发包方有下列行为之一的，应当承担停止侵害、排除妨碍、消除危险、返还财产、恢复原状、赔偿损失等民事责任：

（一）干涉承包方依法享有的生产经营自主权；

（二）违反本法规定收回、调整承包地；

（三）强迫或者阻碍承包方进行土地承包经营权的互换、转让或者土地经营权流转；

（四）假借少数服从多数强迫承包方放弃或者变更土地承包经营权；

（五）以划分"口粮田"和"责任田"等为由收回承包地搞招标承包；

（六）将承包地收回抵顶欠款；

（七）剥夺、侵害妇女依法享有的土地承包经营权；

（八）其他侵害土地承包经营权的行为。

## 二、相关司法解释

**《最高人民法院关于审理涉及农村土地承包纠纷案件适用法律问题的解释》（法释〔2005〕6号）（2020年12月23日修正）**

**第五条**　承包合同中有关收回、调整承包地的约定违反农村土地承包法第二十七条、第二十八条、第三十一条规定的，应当认定该约定无效。

**第六条**　因发包方违法收回、调整承包地，或者因发包方收回承包方弃耕、撂荒的承包地产生的纠纷，按照下列情形，分别处理：

（一）发包方未将承包地另行发包，承包方请求返还承包地的，应予支持；

（二）发包方已将承包地另行发包给第三人，承包方以发包方和第三人为共同被告，请求确认其所签订的承包合同无效、返还承包地并赔偿损失的，应予支持。但属于承包方弃耕、撂荒情形的，对其赔偿损失的诉讼请求，不予支持。

前款第（二）项所称的第三人，请求受益方补偿其在承包地上的合理投入的，应予支持。

**第三百三十八条　【承包地的征收补偿】**承包地被征收的，土地承包经营权人有权依据本法第二百四十三条的规定获得相应补偿。

## 一、相关法律条文

**1.《中华人民共和国民法典》（2021年1月1日起施行）**

**第二百四十三条**　为了公共利益的需要，依照法律规定的权限和程序可以征收集体所有的土地和组织、个人的房屋以及其他不动产。

征收集体所有的土地，应当依法及时足额支付土地补偿费、安置补助费以及农村村民住宅、其他地上附着物和青苗等的补偿费用，并安排被征地农民的社会保障费用，保障被征地农民的生活，维护被征地农民的合法权益。

征收组织、个人的房屋以及其他不动产，应当依法给予征收补偿，维护被征收人的合法权益；征收个人住宅的，还应当保障被征收人的居住条件。

任何组织或者个人不得贪污、挪用、私分、截留、拖欠征收补偿费等费用。

**2.《中华人民共和国土地管理法》(2019年8月26日修正)**

**第四十八条** 征收土地应当给予公平、合理的补偿，保障被征地农民原有生活水平不降低、长远生计有保障。

征收土地应当依法及时足额支付土地补偿费、安置补助费以及农村村民住宅、其他地上附着物和青苗等的补偿费用，并安排被征地农民的社会保障费用。

征收农用地的土地补偿费、安置补助费标准由省、自治区、直辖市通过制定公布区片综合地价确定。制定区片综合地价应当综合考虑土地原用途、土地资源条件、土地产值、土地区位、土地供求关系、人口以及经济社会发展水平等因素，并至少每三年调整或者重新公布一次。

征收农用地以外的其他土地、地上附着物和青苗等的补偿标准，由省、自治区、直辖市制定。对其中的农村村民住宅，应当按照先补偿后搬迁、居住条件有改善的原则，尊重农村村民意愿，采取重新安排宅基地建房、提供安置房或者货币补偿等方式给予公平、合理的补偿，并对因征收造成的搬迁、临时安置等费用予以补偿，保障农村村民居住的权利和合法的住房财产权益。

县级以上地方人民政府应当将被征地农民纳入相应的养老等社会保障体系。被征地农民的社会保障费用主要用于符合条件的被征地农民的养老保险等社会保险缴费补贴。被征地农民社会保障费用的筹集、管理和使用办法，由省、自治区、直辖市制定。

**第四十九条** 被征地的农村集体经济组织应当将征收土地的补偿费用的收支状况向本集体经济组织的成员公布，接受监督。

禁止侵占、挪用被征收土地单位的征地补偿费用和其他有关费用。

**3.《中华人民共和国农村土地承包法》(2018年12月29日修正)**

**第十七条** 承包方享有下列权利：

(一)依法享有承包地使用、收益的权利，有权自主组织生产经营和处置产品；

（二）依法互换、转让土地承包经营权；

（三）依法流转土地经营权；

（四）承包地被依法征收、征用、占用的，有权依法获得相应的补偿；

（五）法律、行政法规规定的其他权利。

**4.《中华人民共和国草原法》（2021年4月29日修正）**

**第三十九条** 因建设征收、征用集体所有的草原的，应当依照《中华人民共和国土地管理法》的规定给予补偿；因建设使用国家所有的草原的，应当依照国务院有关规定对草原承包经营者给予补偿。

因建设征收、征用或者使用草原的，应当交纳草原植被恢复费。草原植被恢复费专款专用，由草原行政主管部门按照规定用于恢复草原植被，任何单位和个人不得截留、挪用。草原植被恢复费的征收、使用和管理办法，由国务院价格主管部门和国务院财政部门会同国务院草原行政主管部门制定。

## 二、相关司法解释

**《最高人民法院关于审理涉及农村土地承包纠纷案件适用法律问题的解释》（法释〔2005〕6号）（2020年12月23日修正）**

**第二十条** 承包地被依法征收，承包方请求发包方给付已经收到的地上附着物和青苗的补偿费的，应予支持。

承包方已将土地经营权以出租、入股或者其他方式流转给第三人的，除当事人另有约定外，青苗补偿费归实际投入人所有，地上附着物补偿费归附着物所有人所有。

**第二十一条** 承包地被依法征收，放弃统一安置的家庭承包方，请求发包方给付已经收到的安置补助费的，应予支持。

**第二十二条** 农村集体经济组织或者村民委员会、村民小组，可以依照法律规定的民主议定程序，决定在本集体经济组织内部分配已经收到的土地补偿费。征地补偿安置方案确定时已经具有本集体经济组织成员资格的人，请求支付相应份额的，应予支持。但已报全国人大常委会、国务院备案的地方性法规、自治条例和单行条例、地方政府规章对土地补偿费在农村集体经济组织内部的分配办法另有规定的除外。

## 三、相关裁判摘要

- **2005年第10期《中华人民共和国最高人民法院公报》**刊登的

**“陈清棕诉亭洋村一组、亭洋村村委会征地补偿款分配纠纷案”**判决认为，依照《土地管理法》第14条和《土地承包法》第26条的规定，承包土地的农民到小城镇落户后，其土地承包经营权可以保留或者依法流转；该土地如果被征用，承包土地的农民有权获得征地补偿款。相关裁判摘要如下：

《中华人民共和国土地管理法》（以下简称土地管理法）第十四条第一款规定：“农民集体所有的土地由本集体经济组织的成员承包经营，从事种植业、林业、畜牧业、渔业生产。土地承包经营期限为三十年。发包方和承包方应当订立承包合同，约定双方的权利和义务。承包经营土地的农民有保护和按照承包合同约定的用途合理利用土地的义务。农民的土地承包经营权受法律保护。”第二款规定：“在土地承包经营期限内，对个别承包经营者之间承包的土地进行适当调整的，必须经村民会议三分之二以上成员或者三分之二以上村民代表的同意，并报乡（镇）人民政府和县级人民政府农业行政主管部门批准。”土地承包法第二十六条第一款规定：“承包期内，发包方不得收回承包地。”第二款规定：“承包期内，承包方全家迁入小城镇落户的，应当按照承包方的意愿，保留其土地承包经营权或者允许其依法进行土地承包经营权流转。”第三款规定：“承包期内，承包方全家迁入设区的市，转为非农业户口的，应当将承包的耕地和草地交回发包方。承包方不交回的，发包方可以收回承包的耕地和草地。”农民到城市落户，是社会发展趋势，然而适合小城镇特点的社会保障制度，还在积极探索和建立中。目前农民进入小城镇后，无论户口类别是否改变，都还不能确保享受到基本生活保障。土地承包法之所以规定“承包方全家迁入小城镇落户的，应当按照承包方的意愿，保留其土地承包经营权或者允许其依法进行土地承包经营权流转”，主要是考虑土地是农民的基本生活保障，在农民进入小城镇后的基本生活保障尚未落实时，如果收回他们的承包地，可能使他们面临生活困难。

2002年1月21日以前，上诉人陈清棕及其家人居住在亭洋村，是被上诉人亭洋村村委会和亭洋村一组的村民。《土地承包经营权证》证明，陈清棕一家在亭洋村一组承包了土地，承包期至2028年12月31日。陈清棕签字同意的《新乡村征地表决书》，不仅可以证明陈清棕承包的部分土地在此次征地范围内，还可以证明在该土地被征用前，亭洋村村委会和亭洋村一组承认陈清棕对这部分土地享有承包经营权。在承包期内，陈清棕一家的土地承包经营权，依法应当受到保护。2002年1月22日至7月24日期间，陈清棕一家的户口虽然迁离亭洋村并转为非农业户，但其不是迁往设区的市，而是小城镇。在此期间，陈清棕一家在亭洋村承包的土地，应当按照其意愿保留土地承包经营权，或者允许其依法进行土地承包经营权的流转。亭洋村村委会和亭洋村一组没有证据证明陈清棕承包的旱地已经在征用前被调整给其他村民，即使能证明此事属实，这种做法也由于不符合土地管理法第十四条第二款和土地承包法第二十六条第一、第二款的规定，不能受到法律保护。因此，陈清棕诉请比照其他村民的标准获得征地补偿款（每亩1.5万元×1.16亩=17400元），符合法律规定，应当支持。

**第三百三十九条 【土地经营权的流转】**土地承包经营权人可以自主决定依法采取出租、入股或者其他方式向他人流转土地经营权。

**一、相关法律条文**

**《中华人民共和国农村土地承包法》(2018年12月29日修正)**

**第三十六条** 承包方可以自主决定依法采取出租（转包）、入股或者其他方式向他人流转土地经营权，并向发包方备案。

**第三十八条** 土地经营权流转应当遵循以下原则：

（一）依法、自愿、有偿，任何组织和个人不得强迫或者阻碍土地经营权流转；

（二）不得改变土地所有权的性质和土地的农业用途，不得破坏农业综合生产能力和农业生态环境；

（三）流转期限不得超过承包期的剩余期限；

（四）受让方须有农业经营能力或者资质；

（五）在同等条件下，本集体经济组织成员享有优先权。

**第三十九条** 土地经营权流转的价款，应当由当事人双方协商确定。流转的收益归承包方所有，任何组织和个人不得擅自截留、扣缴。

**第四十条** 土地经营权流转，当事人双方应当签订书面流转合同。

土地经营权流转合同一般包括以下条款：

（一）双方当事人的姓名、住所；

（二）流转土地的名称、坐落、面积、质量等级；

（三）流转期限和起止日期；

（四）流转土地的用途；

（五）双方当事人的权利和义务；

（六）流转价款及支付方式；

（七）土地被依法征收、征用、占用时有关补偿费的归属；

（八）违约责任。

承包方将土地交由他人代耕不超过一年的，可以不签订书面合同。

**第四十一条** 土地经营权流转期限为五年以上的，当事人可以向登记机构申请土地经营权登记。未经登记，不得对抗善意第三人。

**第四十二条** 承包方不得单方解除土地经营权流转合同，但受让方有下列情形之一的除外：

（一）擅自改变土地的农业用途；

（二）弃耕抛荒连续两年以上；

（三）给土地造成严重损害或者严重破坏土地生态环境；

（四）其他严重违约行为。

**第四十四条** 承包方流转土地经营权的，其与发包方的承包关系不变。

**第四十五条** 县级以上地方人民政府应当建立工商企业等社会资本通过流转取得土地经营权的资格审查、项目审核和风险防范制度。

工商企业等社会资本通过流转取得土地经营权的，本集体经济组织可以收取适量管理费用。

具体办法由国务院农业农村、林业和草原主管部门规定。

## 二、相关文件规定

**1.《中共中央、国务院关于抓好“三农”领域重点工作确保如期实现全面小康的意见》（2020年1月2日起施行）**

完善农村基本经营制度，开展第二轮土地承包到期后再延长30年试点，在试点基础上研究制定延包的具体办法。鼓励发展多种形式适度规模经营，健全面向小农户的农业社会化服务体系。

**2.《中共中央、国务院关于建立健全城乡融合发展体制机制和政策体系的意见》（2019年4月15日起施行）**

（六）改革完善农村承包地制度。保持农村土地承包关系稳定并长久不变，落实第二轮土地承包到期后再延长30年政策。加快完成农村承包地确权登记颁证。完善农村承包地“三权分置”制度，在依法保护集体所有权和农户承包权前提下，平等保护并进一步放活土地经营权。健全土地流转规范管理制度，强化规模经营管理服务，允许土地经营权入股从事农业产业化经营。

**3.《中共中央、国务院关于坚持农业农村优先发展做好“三农”工作的若干意见》(2019年1月3日起施行)**

保持农村土地承包关系稳定并长久不变，研究出台配套政策，指导各地明确第二轮土地承包到期后延包的具体办法，确保政策衔接平稳过渡。完善落实集体所有权、稳定农户承包权、放活土地经营权的法律法规和政策体系。在基本完成承包地确权登记颁证工作基础上，开展“回头看”，做好收尾工作，妥善化解遗留问题，将土地承包经营权证书发放至农户手中。健全土地流转规范管理制度，发展多种形式农业适度规模经营，允许承包土地的经营权担保融资。总结好农村土地制度三项改革试点经验，巩固改革成果。坚持农村土地集体所有、不搞私有化，坚持农地农用、防止非农化，坚持保障农民土地权益、不得以退出承包地和宅基地作为农民进城落户条件，进一步深化农村土地制度改革。

**4.《中共中央、国务院关于实施乡村振兴战略的意见》(2018年1月2日起施行)**

(一)巩固和完善农村基本经营制度。落实农村土地承包关系稳定并长久不变政策，衔接落实好第二轮土地承包到期后再延长30年的政策，让农民吃上长效“定心丸”。全面完成土地承包经营权确权登记颁证工作，实现承包土地信息联通共享。完善农村承包地“三权分置”制度，在依法保护集体土地所有权和农户承包权前提下，平等保护土地经营权。农村承包土地经营权可以依法向金融机构融资担保、入股从事农业产业化经营。实施新型农业经营主体培育工程，培育发展家庭农场、合作社、龙头企业、社会化服务组织和农业产业化联合体，发展多种形式适度规模经营。

**5.《中共中央办公厅　国务院办公厅印发〈关于完善农村土地所有权承包权经营权分置办法的意见〉》(2016年11月3日起施行)**

为进一步健全农村土地产权制度，推动新型工业化、信息化、城镇化、农业现代化同步发展，现就完善农村土地所有权、承包权、经营权分置(以下简称“三权分置”)办法提出以下意见。

**一、重要意义**

改革开放之初，在农村实行家庭联产承包责任制，将土地所有权和承包经营权分设，所有权归集体，承包经营权归农户，极大地调动了亿万农民积极性，有效解决了温饱问题，农村改革取得重大成果。现阶段深化农村土地制度改革，顺应农民保留土地承包权、流转土地经营权的意愿，将土地承包经营权分为承包权和经营权，实行所有权、承包权、经营权（以下简称"三权"）分置并行，着力推进农业现代化，是继家庭联产承包责任制后农村改革又一重大制度创新。"三权分置"是农村基本经营制度的自我完善，符合生产关系适应生产力发展的客观规律，展现了农村基本经营制度的持久活力，有利于明晰土地产权关系，更好地维护农民集体、承包农户、经营主体的权益；有利于促进土地资源合理利用，构建新型农业经营体系，发展多种形式适度规模经营，提高土地产出率、劳动生产率和资源利用率，推动现代农业发展。各地区各有关部门要充分认识"三权分置"的重要意义，妥善处理"三权"的相互关系，正确运用"三权分置"理论指导改革实践，不断探索和丰富"三权分置"的具体实现形式。

**二、总体要求**

（一）指导思想。全面贯彻党的十八大和十八届三中、四中、五中全会精神，深入学习贯彻习近平总书记系列重要讲话精神，紧紧围绕统筹推进"五位一体"总体布局和协调推进"四个全面"战略布局，牢固树立新发展理念，认真落实党中央、国务院决策部署，围绕正确处理农民和土地关系这一改革主线，科学界定"三权"内涵、权利边界及相互关系，逐步建立规范高效的"三权"运行机制，不断健全归属清晰、权能完整、流转顺畅、保护严格的农村土地产权制度，优化土地资源配置，培育新型经营主体，促进适度规模经营发展，进一步巩固和完善农村基本经营制度，为发展现代农业、增加农民收入、建设社会主义新农村提供坚实保障。

（二）基本原则

——尊重农民意愿。坚持农民主体地位，维护农民合法权益，把选择权交给农民，发挥其主动性和创造性，加强示范引导，不搞强迫命令、不搞一刀切。

——守住政策底线。坚持和完善农村基本经营制度，坚持农村土地集体所有，坚持家庭经营基础性地位，坚持稳定土地承包关系，不能把农村土地集体所有制改垮了，不能把耕地改少了，不能把粮食生产能力改弱了，不能把农民利益损害了。

——坚持循序渐进。充分认识农村土地制度改革的长期性和复杂性，保持足够历史耐心，审慎稳妥推进改革，由点及面开展，不操之过急，逐步将实践经验上升为制度安排。

——坚持因地制宜。充分考虑各地资源禀赋和经济社会发展差异，鼓励进行符合实际的实践探索和制度创新，总结形成适合不同地区的“三权分置”具体路径和办法。

**三、逐步形成“三权分置”格局**

完善“三权分置”办法，不断探索农村土地集体所有制的有效实现形式，落实集体所有权，稳定农户承包权，放活土地经营权，充分发挥“三权”的各自功能和整体效用，形成层次分明、结构合理、平等保护的格局。

（一）始终坚持农村土地集体所有权的根本地位。农村土地农民集体所有，是农村基本经营制度的根本，必须得到充分体现和保障，不能虚置。土地集体所有权人对集体土地依法享有占有、使用、收益和处分的权利。农民集体是土地集体所有权的权利主体，在完善“三权分置”办法过程中，要充分维护农民集体对承包地发包、调整、监督、收回等各项权能，发挥土地集体所有的优势和作用。农民集体有权依法发包集体土地，任何组织和个人不得非法干预；有权因自然灾害严重毁损等特殊情形依法调整承包地；有权对承包农户和经营主体使用承包地进行监督，并采取措施防止和纠正长期抛荒、毁损土地、非法改变土地用途等行为。承包农户转让土地承包权的，应在本集体经济组织内进行，并经农民集体同意；流转土地经营权的，须向农民集体书面备案。集体土地被征收的，农民集体有权就征地补偿安置方案等提出意见并依法获得补偿。通过建立健全集体经济组织民主议事机制，切实保障集体成员的知情权、决策权、监督权，确保农民集体有效行使集体土地所有权，防止少数人私相授受、谋取私利。

（二）严格保护农户承包权。农户享有土地承包权是农村基本经营制度的基础，要稳定现有土地承包关系并保持长久不变。土地承包权人对承包土地依法享有占有、使用和收益的权利。农村集体土地由作为本集体经济组织成员的农民家庭承包，不论经营权如何流转，集体土地承包权都属于农民家庭。任何组织和个人都不能取代农民家庭的土地承包地位，都不能非法剥夺和限制农户的土地承包权。在完善“三权分置”办法过程中，要充分维护承包农户使用、流转、抵押、退出承包地等各项权能。承包农户有权占有、使用承包地，依法依规建设必要的农业生产、附属、配套设施，自主组织生产经营和处置产品并获得收益；有权通过转让、互换、出租（转包）、入股或其他方式流转承包地并获得收益，任何组织和个人不得强迫或限制其流转土地；有权依法依规就承包土地经营权设定抵押、自愿有偿退出承包地，具备条件的可以因保护承包地获得相关补贴。承包土地被征收的，承包农户有权依法获得相应补偿，符合条件的有权获得社会保障费用等。不得违法调整农户承包地，不得以退出土地承包权作为农民进城落户的条件。

（三）加快放活土地经营权。赋予经营主体更有保障的土地经营权，是完善农村基本经营制度的关键。土地经营权人对流转土地依法享有在一定期限内占有、耕作并取得相应收益的权利。在依法保护集体所有权和农户承包权的前提下，平等保护经营主体依流转合同取得的土地经营权，保障其有稳定的经营预期。在完善“三权分置”办法过程中，要依法维护经营主体从事农业生产所需的各项权利，使土地资源得到更有效合理的利用。经营主体有权使用流转土地自主从事农业生产经营并获得相应收益，经承包农户同意，可依法依规改良土壤、提升地力，建设农业生产、附属、配套设施，并依照流转合同约定获得合理补偿；有权在流转合同到期后按照同等条件优先续租承包土地。经营主体再流转土地经营权或依法依规设定抵押，须经承包农户或其委托代理人书面同意，并向农民集体书面备案。流转土地被征收的，地上附着物及青苗补偿费应按照流转合同约定确定其归属。承包农户流转出土地经营权的，不应妨碍经营主体行使合法权利。加强对土地经营权的保护，引导土地经营权流向种田能手和新型经营主体。支持新型经营主体提升地力、改善农业生产条件、依法依规开展土地经营权抵押融资。鼓励采用土地股份合作、土地托管、代耕代种等多种经营方式，探索更多放活土地经营权的有效途径。

（四）逐步完善“三权”关系。农村土地集体所有权是土地承包权的前提，农户享有承包经营权是集体所有的具体实现形式，在土地流转中，农户承包经营权派生出土地经营权。支持在实践中积极探索农民集体依法依规行使集体所有权、监督承包农户和经营主体规范利用土地等的具体方式。鼓励在理论上深入研究农民集体和承包农户在承包土地上、承包农户和经营主体在土地流转中的权利边界及相互权利关系等问题。通过实践探索和理论创新，逐步完善“三权”关系，为实施“三权分置”提供有力支撑。

**6.《中共中央办公厅、国务院办公厅印发的〈深化农村改革综合性实施方案〉》(2015年8月31日起施行)**

1.深化农村土地制度改革。坚守土地公有性质不改变、耕地红线不突破、农民利益不受损“三条底线”，防止犯颠覆性错误。深化农村土地制度改革的基本方向是：落实集体所有权，稳定农户承包权，放活土地经营权。落实集体所有权，就是落实“农民集体所有的不动产和动产，属于本集体成员集体所有”的法律规定，明确界定农民的集体成员权，明晰集体土地产权归属，实现集体产权主体清晰。稳定农户承包权，就是要依法公正地将集体土地的承包经营权落实到本集体组织的每个农户。放活土地经营权，就是允许承包农户将土地经营权依法自愿配置给有经营意愿和经营能力的主体，发展多种形式的适度规模经营。

**7.《中共中央办公厅、国务院办公厅关于引导农村土地经营权有序流转发展农业适度规模经营的意见》(2014年11月20日起施行)**

(五)鼓励创新土地流转形式。鼓励承包农户依法采取转包、出租、互换、转让及入股等方式流转承包地。鼓励有条件的地方制定扶持政策，引导农户长期流转承包地并促进其转移就业。鼓励农民在自愿前提下采取互换并地方式解决承包地细碎化问题。在同等条件下，本集体经济组织成员享有土地流转优先权。以转让方式流转承包地的，原则上应在本集体经济组织成员之间进行，且需经发包方同意。以其他形式流转的，应当依法报发包方备案。抓紧研究探索集体所有权、农户承包权、土地经营权在土地流转中的相互权利关系和具体实现形式。按照全国统一安排，稳步推进土地经营权抵押、担保试点，研究制定统一规范的实施办法，探索建立抵押资产处置机制。

**8.《中共中央、国务院关于全面深化农村改革加快推进农业现代化的若干意见》(中发〔2014〕1号)**

17.完善农村土地承包政策。稳定农村土地承包关系并保持长久不变，在坚持和完善最严格的耕地保护制度前提下，赋予农民对承包地占有、使用、收益、流转及承包经营权抵押、担保权能。在落实农村土地集体所有权的基础上，稳定农户承包权、放活土地经营权，允许承包土地的经营权向金融机构抵押融资。有关部门要抓紧研究提出规范的实施办法，建立配套的抵押资产处置机制，推动修订相关法律法规。切实加强组织领导，抓紧抓实农村土地承包经营权确权登记颁证工作，充分依靠农民群众自主协商解决工作中遇到的矛盾和问题，可以确权确地，也可以确权确股不确地，确权登记颁证工作经费纳入地方财政预算，中央财政给予补助。稳定和完善草原承包经营制度，2015 年基本完成草原确权承包和基本草原划定工作。切实维护妇女的土地承包权益。加强农村经营管理体系建设。深化农村综合改革，完善集体林权制度改革，健全国有林区经营管理体制，继续推进国有农场办社会职能改革。

**第三百四十条 【土地经营权人享有的基本权利】** 土地经营权人有权在合同约定的期限内占有农村土地，自主开展农业生产经营并取得收益。

**相关法律条文**

**《中华人民共和国农村土地承包法》(2018 年 12 月 29 日修正)**

**第三十七条** 土地经营权人有权在合同约定的期限内占有农村土地，自主开展农业生产经营并取得收益。

**第四十三条** 经承包方同意，受让方可以依法投资改良土壤，建设农业生产附属、配套设施，并按照合同约定对其投资部分获得合理补偿。

**第四十六条** 经承包方书面同意，并向本集体经济组织备案，受让方可以再流转土地经营权。

**第四十七条** 承包方可以用承包地的土地经营权向金融机构融资担保，并向发包方备案。受让方通过流转取得的土地经营权，经承包方书面同意并向发包方备案，可以向金融机构融资担保。

担保物权自融资担保合同生效时设立。当事人可以向登记机构申请登记；未经登记，不得对抗善意第三人。

实现担保物权时，担保物权人有权就土地经营权优先受偿。

土地经营权融资担保办法由国务院有关部门规定。

**第三百四十一条　【土地经营权设立与登记】** 流转期限为五年以上的土地经营权，自流转合同生效时设立。当事人可以向登记机构申请土地经营权登记；未经登记，不得对抗善意第三人。

> **相关法律条文**
>
> **《中华人民共和国农村土地承包法》（2018年12月29日修正）**
>
> **第四十一条**　土地经营权流转期限为五年以上的，当事人可以向登记机构申请土地经营权登记。未经登记，不得对抗善意第三人。
>
> **第五十六条**　任何组织和个人侵害土地承包经营权、土地经营权的，应当承担民事责任。

**第三百四十二条　【以其他方式承包取得的土地经营权流转】** 通过招标、拍卖、公开协商等方式承包农村土地，经依法登记取得权属证书的，可以依法采取出租、入股、抵押或者其他方式流转土地经营权。

> **相关法律条文**
>
> **《中华人民共和国农村土地承包法》（2018年12月29日修正）**
>
> **第四十八条**　不宜采取家庭承包方式的荒山、荒沟、荒丘、荒滩等农村土地，通过招标、拍卖、公开协商等方式承包的，适用本章规定。
>
> **第四十九条**　以其他方式承包农村土地的，应当签订承包合同，承包方取得土地经营权。当事人的权利和义务、承包期限等，由双方协商确定。以招标、拍卖方式承包的，承包费通过公开竞标、竞价确定；以公开协商等方式承包的，承包费由双方议定。
>
> **第五十条**　荒山、荒沟、荒丘、荒滩等可以直接通过招标、拍卖、公开协商等方式实行承包经营，也可以将土地经营权折股分给本集体经济组织成员后，再实行承包经营或者股份合作经营。
>
> 承包荒山、荒沟、荒丘、荒滩的，应当遵守有关法律、行政法规的规定，防止水土流失，保护生态环境。
>
> **第五十一条**　以其他方式承包农村土地，在同等条件下，本集体经济组织成员有权优先承包。
>
> **第五十二条**　发包方将农村土地发包给本集体经济组织以外的单位或者个人承包，应当事先经本集体经济组织成员的村民会议三分之

二以上成员或者三分之二以上村民代表的同意，并报乡(镇)人民政府批准。

由本集体经济组织以外的单位或者个人承包的，应当对承包方的资信情况和经营能力进行审查后，再签订承包合同。

**第五十三条** 通过招标、拍卖、公开协商等方式承包农村土地，经依法登记取得权属证书的，可以依法采取出租、入股、抵押或者其他方式流转土地经营权。

**第五十四条** 依照本章规定通过招标、拍卖、公开协商等方式取得土地经营权的，该承包人死亡，其应得的承包收益，依照继承法的规定继承；在承包期内，其继承人可以继续承包。

**第三百四十三条 【国有农用地实行承包经营的法律适用】** 国家所有的农用地实行承包经营的，参照适用本编的有关规定。

**一、相关法律条文**

**1.《中华人民共和国土地管理法》(2019年8月26日修正)**

**第十三条** 农民集体所有和国家所有依法由农民集体使用的耕地、林地、草地，以及其他依法用于农业的土地，采取农村集体经济组织内部的家庭承包方式承包，不宜采取家庭承包方式的荒山、荒沟、荒丘、荒滩等，可以采取招标、拍卖、公开协商等方式承包，从事种植业、林业、畜牧业、渔业生产。家庭承包的耕地的承包期为三十年，草地的承包期为三十年至五十年，林地的承包期为三十年至七十年；耕地承包期届满后再延长三十年，草地、林地承包期届满后依法相应延长。

国家所有依法用于农业的土地可以由单位或者个人承包经营，从事种植业、林业、畜牧业、渔业生产。

发包方和承包方应当依法订立承包合同，约定双方的权利和义务。承包经营土地的单位和个人，有保护和按照承包合同约定的用途合理利用土地的义务。

**2.《中华人民共和国草原法》(2021年4月29日修正)**

**第十条** 国家所有的草原，可以依法确定给全民所有制单位、集体经济组织等使用。

使用草原的单位，应当履行保护、建设和合理利用草原的义务。

**二、相关部门规章**

**《不动产登记暂行条例实施细则》(2019 年 7 月 16 日修正)**

**第五十二条**　以承包经营以外的合法方式使用国有农用地的国有农场、草场,以及使用国家所有的水域、滩涂等农用地进行农业生产,申请国有农用地的使用权登记的,参照本实施细则有关规定办理。

国有农场、草场申请国有未利用地登记的,依照前款规定办理。

**第五十三条**　国有林地使用权登记,应当提交有批准权的人民政府或者主管部门的批准文件,地上森林、林木一并登记。

# 第十二章　建设用地使用权

**第三百四十四条　【建设用地使用权人的权利】**建设用地使用权人依法对国家所有的土地享有占有、使用和收益的权利,有权利用该土地建造建筑物、构筑物及其附属设施。

**一、相关法律条文**

**《中华人民共和国土地管理法》(2019 年 8 月 26 日修正)**

**第四条**　国家实行土地用途管制制度。

国家编制土地利用总体规划,规定土地用途,将土地分为农用地、建设用地和未利用地。严格限制农用地转为建设用地,控制建设用地总量,对耕地实行特殊保护。

前款所称农用地是指直接用于农业生产的土地,包括耕地、林地、草地、农田水利用地、养殖水面等;建设用地是指建造建筑物、构筑物的土地,包括城乡住宅和公共设施用地、工矿用地、交通水利设施用地、旅游用地、军事设施用地等;未利用地是指农用地和建设用地以外的土地。

使用土地的单位和个人必须严格按照土地利用总体规划确定的用途使用土地。

**二、相关行政法规**

**《中华人民共和国城镇国有土地使用权出让和转让暂行条例》(2020年11月29日修订)**

**第二条** 国家按照所有权与使用权分离的原则，实行城镇国有土地使用权出让、转让制度，但地下资源、埋藏物和市政公用设施除外。

前款所称城镇国有土地是指市、县城、建制镇、工矿区范围内属于全民所有的土地(以下简称土地)。

**第三条** 中华人民共和国境内外的公司、企业、其他组织和个人，除法律另有规定者外，均可依照本条例的规定取得土地使用权，进行土地开发、利用、经营。

**第三百四十五条 【建设用地使用权的分层设立】**建设用地使用权可以在土地的地表、地上或者地下分别设立。

**一、相关法律条文**

**《中华人民共和国城乡规划法》(2015年4月24日修正)**

**第三十三条** 城市地下空间的开发和利用，应当与经济和技术发展水平相适应，遵循统筹安排、综合开发、合理利用的原则，充分考虑防灾减灾、人民防空和通信等需要，并符合城市规划，履行规划审批手续。

**二、相关部门规章**

**1.《节约集约利用土地规定》(2019年7月16日修正)**

**第十三条** 鼓励建设项目用地优化设计、分层布局，鼓励充分利用地上、地下空间。

建设用地使用权在地上、地下分层设立的，其取得方式和使用年期参照在地表设立的建设用地使用权的相关规定。

出让分层设立的建设用地使用权，应当根据当地基准地价和不动产实际交易情况，评估确定分层出让的建设用地最低价标准。

**2.《城市地下空间开发利用管理规定》(2011年1月26日修正)**

**第二条** 编制城市地下空间规划，对城市规划区范围内的地下空间进行开发利用，必须遵守本规定。

本规定所称的城市地下空间，是指城市规划区内地表以下的空间。

**第三条** 城市地下空间的开发利用应贯彻统一规划、综合开发、合理利用、依法管理的原则，坚持社会效益、经济效益和环境效益相结合，考虑防灾和人民防空等需要。

**第十条** 城市地下空间的工程建设必须符合城市地下空间规划，服从规划管理。

**第十一条** 附着地面建筑进行地下工程建设，应随地面建筑一并向城市规划行政主管部门申请办理选址意见书、建设用地规划许可证、建设工程规划许可证。

**第十二条** 独立开发的地下交通、商业、仓储、能源、通讯、管线、人防工程等设施，应持有关批准文件、技术资料，依据《城市规划法》的有关规定，向城市规划行政主管部门申请办理选址意见书、建设用地规划许可证、建设工程规划许可证。

**第十三条** 建设单位或者个人在取得建设工程规划许可证和其他有关批准文件后，方可向建设行政主管部门申请办理建设工程施工许可证。

**第二十四条** 城市地下工程由开发利用的建设单位或者使用单位进行管理，并接受建设行政主管部门的监督检查。

**第二十五条** 地下工程应本着“谁投资、谁所有、谁受益、谁维护”的原则，允许建设单位对其投资开发建设的地下工程自营或者依法进行转让、租赁。

## 三、相关文件规定

**《国务院关于促进节约集约用地的通知》(国发〔2008〕3号)**

(八)鼓励开发利用地上地下空间。对现有工业用地，在符合规划、不改变用途的前提下，提高土地利用率和增加容积率的，不再增收土地价款；对新增工业用地，要进一步提高工业用地控制指标，厂房建筑面积高于容积率控制指标的部分，不再增收土地价款。财政、税务部门要严格落实和完善鼓励节约集约用地的税收政策。国土资源部要会同有关部门，依照《中华人民共和国物权法》的有关规定，抓紧研究制订土地空间权利设定和登记的具体办法。

**第三百四十六条 【设立建设用地使用权应符合的要求】**设立建设用地使用权，应当符合节约资源、保护生态环境的要求，遵守法律、行政法规关于土地用途的规定，不得损害已经设立的用益物权。

**相关法律条文**

**1.《中华人民共和国民法典》(2021 年 1 月 1 日起施行)**

**第八条** 民事主体从事民事活动，不得违反法律，不得违背公序良俗。

**第九条** 民事主体从事民事活动，应当有利于节约资源、保护生态环境。

**2.《中华人民共和国土地管理法》(2019 年 8 月 26 日修正)**

**第四条** 国家实行土地用途管制制度。

国家编制土地利用总体规划，规定土地用途，将土地分为农用地、建设用地和未利用地。严格限制农用地转为建设用地，控制建设用地总量，对耕地实行特殊保护。

前款所称农用地是指直接用于农业生产的土地，包括耕地、林地、草地、农田水利用地、养殖水面等；建设用地是指建造建筑物、构筑物的土地，包括城乡住宅和公共设施用地、工矿用地、交通水利设施用地、旅游用地、军事设施用地等；未利用地是指农用地和建设用地以外的土地。

使用土地的单位和个人必须严格按照土地利用总体规划确定的用途使用土地。

**第三百四十七条 【建设用地使用权的设立方式】**设立建设用地使用权，可以采取出让或者划拨等方式。

工业、商业、旅游、娱乐和商品住宅等经营性用地以及同一土地有两个以上意向用地者的，应当采取招标、拍卖等公开竞价的方式出让。

严格限制以划拨方式设立建设用地使用权。

**一、相关法律条文**

**1.《中华人民共和国土地管理法》(2019 年 8 月 26 日修正)**

**第五十三条** 经批准的建设项目需要使用国有建设用地的，建设单位应当持法律、行政法规规定的有关文件，向有批准权的县级以上人民政府自然资源主管部门提出建设用地申请，经自然资源主管部门审查，报本级人民政府批准。

**第五十四条** 建设单位使用国有土地,应当以出让等有偿使用方式取得;但是,下列建设用地,经县级以上人民政府依法批准,可以以划拨方式取得:

(一)国家机关用地和军事用地;

(二)城市基础设施用地和公益事业用地;

(三)国家重点扶持的能源、交通、水利等基础设施用地;

(四)法律、行政法规规定的其他用地。

**第五十五条** 以出让等有偿使用方式取得国有土地使用权的建设单位,按照国务院规定的标准和办法,缴纳土地使用权出让金等土地有偿使用费和其他费用后,方可使用土地。

自本法施行之日起,新增建设用地的土地有偿使用费,百分之三十上缴中央财政,百分之七十留给有关地方人民政府。具体使用管理办法由国务院财政部门会同有关部门制定,并报国务院批准。

**第五十六条** 建设单位使用国有土地的,应当按照土地使用权出让等有偿使用合同的约定或者土地使用权划拨批准文件的规定使用土地;确需改变该幅土地建设用途的,应当经有关人民政府自然资源主管部门同意,报原批准用地的人民政府批准。其中,在城市规划区内改变土地用途的,在报批前,应当先经有关城市规划行政主管部门同意。

**第五十七条** 建设项目施工和地质勘查需要临时使用国有土地或者农民集体所有的土地的,由县级以上人民政府自然资源主管部门批准。其中,在城市规划区内的临时用地,在报批前,应当先经有关城市规划行政主管部门同意。土地使用者应当根据土地权属,与有关自然资源主管部门或者农村集体经济组织、村民委员会签订临时使用土地合同,并按照合同的约定支付临时使用土地补偿费。

临时使用土地的使用者应当按照临时使用土地合同约定的用途使用土地,并不得修建永久性建筑物。

临时使用土地期限一般不超过二年。

**2.《中华人民共和国城市房地产管理法》(2019年8月26日修正)**

**第八条** 土地使用权出让,是指国家将国有土地使用权(以下简称土地使用权)在一定年限内出让给土地使用者,由土地使用者向国家支付土地使用权出让金的行为。

**第九条** 城市规划区内的集体所有的土地,经依法征收转为国有土地后，该幅国有土地的使用权方可有偿出让，但法律另有规定的除外。

**第十条** 土地使用权出让，必须符合土地利用总体规划、城市规划和年度建设用地计划。

**第十一条** 县级以上地方人民政府出让土地使用权用于房地产开发的，须根据省级以上人民政府下达的控制指标拟订年度出让土地使用权总面积方案，按照国务院规定，报国务院或者省级人民政府批准。

**第十二条** 土地使用权出让，由市、县人民政府有计划、有步骤地进行。出让的每幅地块、用途、年限和其他条件，由市、县人民政府土地管理部门会同城市规划、建设、房产管理部门共同拟定方案，按照国务院规定，报经有批准权的人民政府批准后，由市、县人民政府土地管理部门实施。

直辖市的县人民政府及其有关部门行使前款规定的权限，由直辖市人民政府规定。

**第十三条** 土地使用权出让，可以采取拍卖、招标或者双方协议的方式。

商业、旅游、娱乐和豪华住宅用地，有条件的，必须采取拍卖、招标方式；没有条件，不能采取拍卖、招标方式的，可以采取双方协议的方式。

采取双方协议方式出让土地使用权的出让金不得低于按国家规定所确定的最低价。

**第十四条** 土地使用权出让最高年限由国务院规定。

**第二十三条** 土地使用权划拨，是指县级以上人民政府依法批准，在土地使用者缴纳补偿、安置等费用后将该幅土地交付其使用，或者将土地使用权无偿交付给土地使用者使用的行为。

依照本法规定以划拨方式取得土地使用权的，除法律、行政法规另有规定外，没有使用期限的限制。

**第二十四条** 下列建设用地的土地使用权，确属必需的，可以由县级以上人民政府依法批准划拨：

（一）国家机关用地和军事用地；

（二）城市基础设施用地和公益事业用地；

（三）国家重点扶持的能源、交通、水利等项目用地；

（四）法律、行政法规规定的其他用地。

## 二、相关行政法规

**《中华人民共和国城镇国有土地使用权出让和转让暂行条例》(2020年11月29日修订)**

**第八条** 土地使用权出让是指国家以土地所有者的身份将土地使用权在一定年限内让与土地使用者，并由土地使用者向国家支付土地使用权出让金的行为。

土地使用权出让应当签订出让合同。

**第十二条** 土地使用权出让最高年限按下列用途确定：

(一)居住用地七十年；

(二)工业用地五十年；

(三)教育、科技、文化、卫生、体育用地五十年；

(四)商业、旅游、娱乐用地四十年；

(五)综合或者其他用地五十年。

**第十三条** 土地使用权出让可以采取下列方式：

(一)协议；

(二)招标；

(三)拍卖。

依照前款规定方式出让土地使用权的具体程序和步骤，由省、自治区、直辖市人民政府规定。

## 三、相关部门规章

**1.《招标拍卖挂牌出让国有建设用地使用权规定》(2007年9月21日修订)**

**第一条** 为规范国有建设用地使用权出让行为，优化土地资源配置，建立公开、公平、公正的土地使用制度，根据《中华人民共和国物权法》、《中华人民共和国土地管理法》、《中华人民共和国城市房地产管理法》和《中华人民共和国土地管理法实施条例》，制定本规定。

**第二条** 在中华人民共和国境内以招标、拍卖或者挂牌出让方式在土地的地表、地上或者地下设立国有建设用地使用权的，适用本规定。

本规定所称招标出让国有建设用地使用权，是指市、县人民政府国土资源行政主管部门(以下简称出让人)发布招标公告，邀请特定或者不特定的自然人、法人和其他组织参加国有建设用地使用权投标，根据投标结果确定国有建设用地使用权人的行为。

本规定所称拍卖出让国有建设用地使用权,是指出让人发布拍卖公告,由竞买人在指定时间、地点进行公开竞价,根据出价结果确定国有建设用地使用权人的行为。

本规定所称挂牌出让国有建设用地使用权,是指出让人发布挂牌公告,按公告规定的期限将拟出让宗地的交易条件在指定的土地交易场所挂牌公布,接受竞买人的报价申请并更新挂牌价格,根据挂牌期限截止时的出价结果或者现场竞价结果确定国有建设用地使用权人的行为。

**第三条** 招标、拍卖或者挂牌出让国有建设用地使用权,应当遵循公开、公平、公正和诚信的原则。

**第四条** 工业、商业、旅游、娱乐和商品住宅等经营性用地以及同一宗地有两个以上意向用地者的,应当以招标、拍卖或者挂牌方式出让。

前款规定的工业用地包括仓储用地,但不包括采矿用地。

**第五条** 国有建设用地使用权招标、拍卖或者挂牌出让活动,应当有计划地进行。

市、县人民政府国土资源行政主管部门根据经济社会发展计划、产业政策、土地利用总体规划、土地利用年度计划、城市规划和土地市场状况,编制国有建设用地使用权出让年度计划,报经同级人民政府批准后,及时向社会公开发布。

**第六条** 市、县人民政府国土资源行政主管部门应当按照出让年度计划,会同城市规划等有关部门共同拟订拟招标拍卖挂牌出让地块的出让方案,报经市、县人民政府批准后,由市、县人民政府国土资源行政主管部门组织实施。

前款规定的出让方案应当包括出让地块的空间范围、用途、年限、出让方式、时间和其他条件等。

**第七条** 出让人应当根据招标拍卖挂牌出让地块的情况,编制招标拍卖挂牌出让文件。

招标拍卖挂牌出让文件应当包括出让公告、投标或者竞买须知、土地使用条件、标书或者竞买申请书、报价单、中标通知书或者成交确认书、国有建设用地使用权出让合同文本。

**第八条** 出让人应当至少在投标、拍卖或者挂牌开始日前20日,在土地有形市场或者指定的场所、媒介发布招标、拍卖或者挂牌公告，公布招标拍卖挂牌出让宗地的基本情况和招标拍卖挂牌的时间、地点。

**第九条**　招标拍卖挂牌公告应当包括下列内容：

（一）出让人的名称和地址；

（二）出让宗地的面积、界址、空间范围、现状、使用年期、用途、规划指标要求；

（三）投标人、竞买人的资格要求以及申请取得投标、竞买资格的办法；

（四）索取招标拍卖挂牌出让文件的时间、地点和方式；

（五）招标拍卖挂牌时间、地点、投标挂牌期限、投标和竞价方式等；

（六）确定中标人、竞得人的标准和方法；

（七）投标、竞买保证金；

（八）其他需要公告的事项。

**第十条**　市、县人民政府国土资源行政主管部门应当根据土地估价结果和政府产业政策综合确定标底或者底价。标底或者底价不得低于国家规定的最低价标准。

确定招标标底，拍卖和挂牌的起叫价、起始价、底价，投标、竞买保证金，应当实行集体决策。

招标标底和拍卖挂牌的底价，在招标开标前和拍卖挂牌出让活动结束之前应当保密。

**第十一条**　中华人民共和国境内外的自然人、法人和其他组织，除法律、法规另有规定外，均可申请参加国有建设用地使用权招标拍卖挂牌出让活动。

出让人在招标拍卖挂牌出让公告中不得设定影响公平、公正竞争的限制条件。挂牌出让的，出让公告中规定的申请截止时间，应当为挂牌出让结束日前2天。对符合招标拍卖挂牌公告规定条件的申请人，出让人应当通知其参加招标拍卖挂牌活动。

**第十二条**　市、县人民政府国土资源行政主管部门应当为投标人、竞买人查询拟出让土地的有关情况提供便利。

**第十三条**　投标、开标依照下列程序进行：

（一）投标人在投标截止时间前将标书投入标箱。招标公告允许邮寄标书的，投标人可以邮寄，但出让人在投标截止时间前收到的方为有效。

标书投入标箱后,不可撤回。投标人应当对标书和有关书面承诺承担责任。

(二)出让人按照招标公告规定的时间、地点开标,邀请所有投标人参加。由投标人或者其推选的代表检查标箱的密封情况,当众开启标箱,点算标书。投标人少于三人的,出让人应当终止招标活动。投标人不少于三人的,应当逐一宣布投标人名称、投标价格和投标文件的主要内容。

(三)评标小组进行评标。评标小组由出让人代表、有关专家组成,成员人数为五人以上的单数。

评标小组可以要求投标人对投标文件作出必要的澄清或者说明,但是澄清或者说明不得超出投标文件的范围或者改变投标文件的实质性内容。

评标小组应当按照招标文件确定的评标标准和方法,对投标文件进行评审。

(四)招标人根据评标结果,确定中标人。

按照价高者得的原则确定中标人的,可以不成立评标小组,由招标主持人根据开标结果,确定中标人。

**第十四条** 对能够最大限度地满足招标文件中规定的各项综合评价标准,或者能够满足招标文件的实质性要求且价格最高的投标人,应当确定为中标人。

**第十五条** 拍卖会依照下列程序进行:

(一)主持人点算竞买人;

(二)主持人介绍拍卖宗地的面积、界址、空间范围、现状、用途、使用年期、规划指标要求、开工和竣工时间以及其他有关事项;

(三)主持人宣布起叫价和增价规则及增价幅度。没有底价的,应当明确提示;

(四)主持人报出起叫价;

(五)竞买人举牌应价或者报价;

(六)主持人确认该应价或者报价后继续竞价;

(七)主持人连续三次宣布同一应价或者报价而没有再应价或者报价的,主持人落槌表示拍卖成交;

(八)主持人宣布最高应价或者报价者为竞得人。

**第十六条** 竞买人的最高应价或者报价未达到底价时,主持人应当终止拍卖。

拍卖主持人在拍卖中可以根据竞买人竞价情况调整拍卖增价幅度。

**第十七条**　挂牌依照以下程序进行：

（一）在挂牌公告规定的挂牌起始日，出让人将挂牌宗地的面积、界址、空间范围、现状、用途、使用年期、规划指标要求、开工时间和竣工时间、起始价、增价规则及增价幅度等，在挂牌公告规定的土地交易场所挂牌公布；

（二）符合条件的竞买人填写报价单报价；

（三）挂牌主持人确认该报价后，更新显示挂牌价格；

（四）挂牌主持人在挂牌公告规定的挂牌截止时间确定竞得人。

**第十八条**　挂牌时间不得少于10日。挂牌期间可根据竞买人竞价情况调整增价幅度。

**第十九条**　挂牌截止应当由挂牌主持人主持确定。挂牌期限届满，挂牌主持人现场宣布最高报价及其报价者，并询问竞买人是否愿意继续竞价。有竞买人表示愿意继续竞价的，挂牌出让转入现场竞价，通过现场竞价确定竞得人。挂牌主持人连续三次报出最高挂牌价格，没有竞买人表示愿意继续竞价的，按照下列规定确定是否成交：

（一）在挂牌期限内只有一个竞买人报价，且报价不低于底价，并符合其他条件的，挂牌成交；

（二）在挂牌期限内有两个或者两个以上的竞买人报价的，出价最高者为竞得人；报价相同的，先提交报价单者为竞得人，但报价低于底价者除外；

（三）在挂牌期限内无应价者或者竞买人的报价均低于底价或者均不符合其他条件的，挂牌不成交。

**第二十条**　以招标、拍卖或者挂牌方式确定中标人、竞得人后，中标人、竞得人支付的投标、竞买保证金，转作受让地块的定金。出让人应当向中标人发出中标通知书或者与竞得人签订成交确认书。

中标通知书或者成交确认书应当包括出让人和中标人或者竞得人的名称，出让标的，成交时间、地点、价款以及签订国有建设用地使用权出让合同的时间、地点等内容。

中标通知书或者成交确认书对出让人和中标人或者竞得人具有法律效力。出让人改变竞得结果，或者中标人、竞得人放弃中标宗地、竞得宗地的,应当依法承担责任。

**第二十一条** 中标人、竞得人应当按照中标通知书或者成交确认书约定的时间,与出让人签订国有建设用地使用权出让合同。中标人、竞得人支付的投标、竞买保证金抵作土地出让价款;其他投标人、竞买人支付的投标、竞买保证金,出让人必须在招标拍卖挂牌活动结束后5个工作日内予以退还,不计利息。

**第二十二条** 招标拍卖挂牌活动结束后,出让人应在10个工作日内将招标拍卖挂牌出让结果在土地有形市场或者指定的场所、媒介公布。

出让人公布出让结果,不得向受让人收取费用。

**第二十三条** 受让人依照国有建设用地使用权出让合同的约定付清全部土地出让价款后,方可申请办理土地登记,领取国有建设用地使用权证书。

未按出让合同约定缴清全部土地出让价款的,不得发放国有建设用地使用权证书,也不得按出让价款缴纳比例分割发放国有建设用地使用权证书。

**第二十四条** 应当以招标拍卖挂牌方式出让国有建设用地使用权而擅自采用协议方式出让的,对直接负责的主管人员和其他直接责任人员依法给予处分;构成犯罪的,依法追究刑事责任。

**第二十五条** 中标人、竞得人有下列行为之一的,中标、竞得结果无效;造成损失的,应当依法承担赔偿责任:

(一)提供虚假文件隐瞒事实的;

(二)采取行贿、恶意串通等非法手段中标或者竞得的。

**第二十六条** 国土资源行政主管部门的工作人员在招标拍卖挂牌出让活动中玩忽职守、滥用职权、徇私舞弊的,依法给予处分;构成犯罪的,依法追究刑事责任。

**第二十七条** 以招标拍卖挂牌方式租赁国有建设用地使用权的,参照本规定执行。

**第二十八条** 本规定自2007年11月1日起施行。

**2.《协议出让国有土地使用权规定》(2003年8月1日起施行)**

**第一条** 为加强国有土地资产管理,优化土地资源配置,规范协议出让国有土地使用权行为,根据《中华人民共和国城市房地产管理法》、《中华人民共和国土地管理法》和《中华人民共和国土地管理法实施条例》,制定本规定。

**第二条** 在中华人民共和国境内以协议方式出让国有土地使用权的，适用本规定。

本规定所称协议出让国有土地使用权，是指国家以协议方式将国有土地使用权在一定年限内出让给土地使用者，由土地使用者向国家支付土地使用权出让金的行为。

**第三条** 出让国有土地使用权，除依照法律、法规和规章的规定应当采用招标、拍卖或者挂牌方式外，方可采取协议方式。

**第四条** 协议出让国有土地使用权，应当遵循公开、公平、公正和诚实信用的原则。

以协议方式出让国有土地使用权的出让金不得低于按国家规定所确定的最低价。

**第五条** 协议出让最低价不得低于新增建设用地的土地有偿使用费、征地（拆迁）补偿费用以及按照国家规定应当缴纳的有关税费之和；有基准地价的地区，协议出让最低价不得低于出让地块所在级别基准地价的70%。

低于最低价时国有土地使用权不得出让。

**第六条** 省、自治区、直辖市人民政府国土资源行政主管部门应当依据本规定第五条的规定拟定协议出让最低价，报同级人民政府批准后公布，由市、县人民政府国土资源行政主管部门实施。

**第七条** 市、县人民政府国土资源行政主管部门应当根据经济社会发展计划、国家产业政策、土地利用总体规划、土地利用年度计划、城市规划和土地市场状况，编制国有土地使用权出让计划，报同级人民政府批准后组织实施。

国有土地使用权出让计划经批准后，市、县人民政府国土资源行政主管部门应当在土地有形市场等指定场所，或者通过报纸、互联网等媒介向社会公布。

因特殊原因，需要对国有土地使用权出让计划进行调整的，应当报原批准机关批准，并按照前款规定及时向社会公布。

国有土地使用权出让计划应当包括年度土地供应总量、不同用途土地供应面积、地段以及供地时间等内容。

**第八条** 国有土地使用权出让计划公布后，需要使用土地的单位和个人可以根据国有土地使用权出让计划，在市、县人民政府国土资源行政主管部门公布的时限内，向市、县人民政府国土资源行政主管部门提出意向用地申请。

市、县人民政府国土资源行政主管部门公布计划接受申请的时间不得少于30日。

**第九条** 在公布的地段上，同一地块只有一个意向用地者的，市、县人民政府国土资源行政主管部门方可按照本规定采取协议方式出让；但商业、旅游、娱乐和商品住宅等经营性用地除外。

同一地块有两个或者两个以上意向用地者的，市、县人民政府国土资源行政主管部门应当按照《招标拍卖挂牌出让国有土地使用权规定》，采取招标、拍卖或者挂牌方式出让。

**第十条** 对符合协议出让条件的，市、县人民政府国土资源行政主管部门会同城市规划等有关部门，依据国有土地使用权出让计划、城市规划和意向用地者申请的用地项目类型、规模等，制定协议出让土地方案。

协议出让土地方案应当包括拟出让地块的具体位置、界址、用途、面积、年限、土地使用条件、规划设计条件、供地时间等。

**第十一条** 市、县人民政府国土资源行政主管部门应当根据国家产业政策和拟出让地块的情况，按照《城镇土地估价规程》的规定，对拟出让地块的土地价格进行评估，经市、县人民政府国土资源行政主管部门集体决策，合理确定协议出让底价。

协议出让底价不得低于协议出让最低价。

协议出让底价确定后应当保密，任何单位和个人不得泄露。

**第十二条** 协议出让土地方案和底价经有批准权的人民政府批准后，市、县人民政府国土资源行政主管部门应当与意向用地者就土地出让价格等进行充分协商，协商一致且议定的出让价格不低于出让底价的，方可达成协议。

**第十三条** 市、县人民政府国土资源行政主管部门应当根据协议结果，与意向用地者签订《国有土地使用权出让合同》。

**第十四条** 《国有土地使用权出让合同》签订后7日内，市、县人民政府国土资源行政主管部门应当将协议出让结果在土地有形市场等指定场所，或者通过报纸、互联网等媒介向社会公布，接受社会监督。

公布协议出让结果的时间不得少于15日。

**第十五条** 土地使用者按照《国有土地使用权出让合同》的约定，付清土地使用权出让金、依法办理土地登记手续后，取得国有土地使用权。

**第十六条** 以协议出让方式取得国有土地使用权的土地使用者，需要将土地使用权出让合同约定的土地用途改变为商业、旅游、娱乐和商品住宅等经营性用途的，应当取得出让方和市、县人民政府城市规划部门的同意，签订土地使用权出让合同变更协议或者重新签订土地使用权出让合同，按变更后的土地用途，以变更时的土地市场价格补交相应的土地使用权出让金，并依法办理土地使用权变更登记手续。

**第十七条** 违反本规定，有下列行为之一的，对直接负责的主管人员和其他直接责任人员依法给予行政处分：

（一）不按照规定公布国有土地使用权出让计划或者协议出让结果的；

（二）确定出让底价时未经集体决策的；

（三）泄露出让底价的；

（四）低于协议出让最低价出让国有土地使用权的；

（五）减免国有土地使用权出让金的。

违反前款有关规定，情节严重构成犯罪的，依法追究刑事责任。

**第十八条** 国土资源行政主管部门工作人员在协议出让国有土地使用权活动中玩忽职守、滥用职权、徇私舞弊的，依法给予行政处分；构成犯罪的，依法追究刑事责任。

**第十九条** 采用协议方式租赁国有土地使用权的，参照本规定执行。

**3.《划拨用地目录》（2001年10月22日起施行）**

一、根据《中华人民共和国土地管理法》和《中华人民共和国城市房地产管理法》的规定，制定本目录。

二、符合本目录的建设用地项目，由建设单位提出申请，经有批准权的人民政府批准，可以划拨方式提供土地使用权。

三、对国家重点扶持的能源、交通、水利等基础设施用地项目，可以以划拨方式提供土地使用权。对以营利为目的，非国家重点扶持的能源、交通、水利等基础设施用地项目，应当以有偿方式提供土地使用权。

四、以划拨方式取得的土地使用权，因企业改制、土地使用权转让或者改变土地用途等不再符合本目录的，应当实行有偿使用。

五、本目录施行后，法律、行政法规和国务院的有关政策另有规定的，按有关规定执行。

六、本目录自发布之日起施行。原国家土地管理局颁布的《划拨用地项目目录》同时废止。

国家机关用地和军事用地

（一）党政机关和人民团体用地

1. 办公用地

2. 安全、保密、通讯等特殊专用设施。

（二）军事用地

1. 指挥机关、地面和地下的指挥工程、作战工程。

2. 营区、训练场、试验场。

3. 军用公路、铁路专用线、机场、港口、码头。

4. 军用洞库、仓库、输电、输油、输气管线。

5. 军用通信、通讯线路、侦察、观测台站和测量、导航标志。

6. 国防军品科研、试验设施。

7. 其他军事设施。

城市基础设施用地和公益事业用地

（三）城市基础设施用地

1. 供水设施：包括水源地、取水工程、净水厂、输配水工程、水质检测中心、调度中心、控制中心。

2. 燃气供应设施：包括人工煤气生产设施、液化石油气气化站、液化石油气储配站、天然气输配气设施。

3. 供热设施：包括热电厂、热力网设施。

4. 公共交通设施：包括城市轻轨、地下铁路线路、公共交通车辆停车场、首末站（总站）、调度中心、整流站、车辆保养场。

5. 环境卫生设施：包括雨水处理设施、污水处理厂、垃圾（粪便）处理设施、其他环卫设施。

6. 道路广场：包括市政道路、市政广场。

7. 绿地：包括公共绿地（住宅小区、工程建设项目的配套绿地除外）、防护绿地。

（四）非营利性邮政设施用地

1. 邮件处理中心、邮政支局（所）。

2. 邮政运输、物流配送中心。

3. 邮件转运站。

4. 国际邮件互换局、交换站。

5. 集装容器（邮袋、报皮）维护调配处理场。

（五）非营利性教育设施用地

1. 学校教学、办公、实验、科研及校内文化体育设施。

2. 高等、中等、职业学校的学生宿舍、食堂、教学实习及训练基地。

3. 托儿所、幼儿园的教学、办公、园内活动场地。

4. 特殊教育学校（盲校、聋哑学校、弱智学校）康复、技能训练设施。

（六）公益性科研机构用地

1. 科学研究、调查、观测、实验、试验（站、场、基地）设施。

2. 科研机构办公设施。

（七）非营利性体育设施用地

1. 各类体育运动项目专业比赛和专业训练场（馆）、配套设施（高尔夫球场除外）。

2. 体育信息、科研、兴奋剂检测设施。

3. 全民健身运动设施（住宅小区、企业单位内配套的除外）。

（八）非营利性公共文化设施用地

1. 图书馆。

2. 博物馆。

3. 文化馆。

4. 青少年宫、青少年科技馆、青少年（儿童）活动中心。

（九）非营利性医疗卫生设施用地

1. 医院、门诊部（所）、急救中心（站）、城乡卫生院。

2. 各级政府所属的卫生防疫站（疾病控制中心）、健康教育所、专科疾病防治所（站）。

3. 各级政府所属的妇幼保健所（院、站）、母婴保健机构、儿童保健机构、血站（血液中心、中心血站）。

（十）非营利性社会福利设施用地

1. 福利性住宅。

2. 综合性社会福利设施。

3. 老年人社会福利设施。

4. 儿童社会福利设施。

5. 残疾人社会福利设施。

6. 收容遣送设施。

7. 殡葬设施。

国家重点扶持的能源、交通、水利等基础设施用地

（十一）石油天然气设施用地

1. 油（气、水）井场及作业配套设施。

2. 油（气、汽、水）计量站、转接站、增压站、热采站、处理厂（站）、联合站、注水（气、汽、化学助剂）站、配气（水）站、原油（气）库、海上油气陆上终端。

3. 防腐、防砂、钻井泥浆、三次采油制剂厂（站）、材料配制站（厂、车间）、预制厂（车间）。

4. 油（气）田机械、设备、仪器、管材加工和维修设施。

5. 油、气（汽）、水集输和长输管道、专用交通运输设施。

6. 油（气）田物资仓库（站）、露天货场、废旧料场、成品油（气）库（站）、液化气站。

7. 供排水设施、供配电设施、通讯设施。

8. 环境保护检测、污染治理、废旧料（物）综合处理设施。

9. 消防、安全、保卫设施。

（十二）煤炭设施用地

1. 矿井、露天矿、煤炭加工设施，共伴生矿物开采与加工场地。

2. 矿井通风、抽放瓦斯、煤层气开采、防火灌浆、井下热害防治设施。

3. 采掘场与疏干设施（含控制站）。

4. 自备发电厂、热电站、输变电设施。

5. 矿区内煤炭机电设备、仪器仪表、配件、器材供应与维修设施。

6. 矿区生产供水、供电、燃气、供气、通讯设施。

7. 矿山救护、消防防护设施。

8. 中心试验站。

9. 专用交通、运输设施。

（十三）电力设施用地

1. 发（变）电主厂房设施及配套库房设施。

2. 发（变）电厂（站）的专用交通设施。

3. 配套环保、安全防护设施。

4. 火力发电工程配电装置、网控楼、通信楼、微波塔。

5. 火力发电工程循环水管（沟）、冷却塔（池）、阀门井水工设施。

6. 火力发电工程燃料供应、供热设施，化学楼、输煤综合楼，启动锅炉房、空压机房。

7. 火力发电工程乙炔站、制氢(氧)站,化学水处理设施。

8. 核能发电工程应急给水储存室、循环水泵房、安全用水泵房、循环水进排水口及管沟、加氯间、配电装置。

9. 核能发电工程燃油储运及油处理设施。

10. 核能发电工程制氢站及相应设施。

11. 核能发电工程淡水水源设施,净水设施,污水、废水处理装置。

12. 新能源发电工程电机,厢变、输电(含专用送出工程)、变电站设施,资源观测设施。

13. 输配电线路塔(杆),巡线站、线路工区,线路维护、检修道路。

14. 变(配)电装置,直流输电换流站及接地极。

15. 输变电、配电工程给排水、水处理等水工设施。

16. 输变电工区、高压工区。

(十四)水利设施用地

1. 水利工程用地:包括挡水、泄水建筑物、引水系统、尾水系统、分洪道及其附属建筑物,附属道路、交通设施,供电、供水、供风、供热及制冷设施。

2. 水库淹没区。

3. 堤防工程。

4. 河道治理工程。

5. 水闸、泵站、涵洞、桥梁、道路工程及其管护设施。

6. 蓄滞洪区、防护林带、滩区安全建设工程。

7. 取水系统:包括水闸、堰、进水口、泵站、机电井及其管护设施。

8. 输(排)水设施(含明渠、暗渠、隧道、管道、桥、渡槽、倒虹、调蓄水库、水池渠系建筑物)、加压(抽、排)泵站、水厂。

9. 防汛抗旱通信设施,水文、气象测报设施。

10. 水土保持管理站、科研技术推广所(站)、试验地设施。

(十五)铁路交通设施用地

1. 铁路线路、车站及站场设施。

2. 铁路运输生产及维修、养护设施。

3. 铁路防洪、防冻、防雪、防风沙设施(含苗圃及植被保护带)、生产防疫、环保、水保设施。

4. 铁路给排水、供电、供暖、制冷、节能、专用通信、信号、信息系统设施。

5. 铁路轮渡、码头及相应的防风、防浪堤、护岸、栈桥、渡船整备设施。

6. 铁路专用物资仓储库(场)。

7. 铁路安全守备、消防、战备设施。

(十六)公路交通设施用地

1. 公路线路、桥梁、交叉工程、隧道和渡口。

2. 公路通信、监控、安全设施。

3. 高速公路服务区(区内经营性用地除外)。

4. 公路养护道班(工区)。

5. 公路线路用地界外设置的公路防护、排水、防洪、防雪、防波、防风沙设施及公路环境保护、监测设施。

(十七)水路交通设施用地

1. 码头、栈桥、防波堤、防沙导流堤、引堤、护岸、围堰水工工程。

2. 人工开挖的航道、港池、锚地及停泊区工程。

3. 港口生产作业区。

4. 港口机械设备停放场地及维修设施。

5. 港口专用铁路、公路、管道设施。

6. 港口给排水、供电、供暖、节能、防洪设施。

7. 水上安全监督(包括沿海和内河)、救助打捞、港航消防设施。

8. 通讯导航设施、环境保护设施。

9. 内河航运管理设施、内河航运枢纽工程、通航建筑物及管理维修区。

(十八)民用机场设施用地

1. 机场飞行区。

2. 公共航空运输客、货业务设施:包括航站楼、机场场区内的货运库(站)、特殊货物(危险品)业务仓库。

3. 空中交通管理系统。

4. 航材供应、航空器维修、适航检查及校验设施。

5. 机场地面专用设备、特种车辆保障设施。

6. 油料运输、中转、储油及加油设施。

7. 消防、应急救援、安全检查、机场公用设施。

8. 环境保护设施:包括污水处理、航空垃圾处理、环保监测、防噪声设施。

9. 训练机场、通用航空机场、公共航运机场中的通用航空业务配套设施。

法律、行政法规规定的其他用地

（十九）特殊用地

1. 监狱。

2. 劳教所。

3. 戒毒所、看守所、治安拘留所、收容教育所。

## 四、相关文件规定

**1.《国土资源部关于印发〈规范国有土地租赁若干意见〉的通知》（国土资发〔1999〕222号）**

一、严格依照《中华人民共和国城市房地产管理法》、《中华人民共和国土地管理法》的有关规定，确定国有土地租赁的适用范围。

国有土地租赁是指国家将国有土地出租给使用者使用，由使用者与县级以上人民政府土地行政主管部门签订一定年期的土地租赁合同，并支付租金的行为。国有土地租赁是国有土地有偿使用的一种形式，是出让方式的补充。当前应以完善国有土地出让为主，稳妥地推行国有土地租赁。

对原有建设用地，法律规定可以划拨使用的仍维持划拨，不实行有偿使用，也不实行租赁。对因发生土地转让、场地出租、企业改制和改变土地用途后依法应当有偿使用的，可以实行租赁。对于新增建设用地，重点仍应是推行和完善国有土地出让，租赁只作为出让方式的补充。对于经营性房地产开发用地，无论是利用原有建设用地，还是利用新增建设用地，都必须实行出让，不实行租赁。

二、国有土地租赁，可以采用招标、拍卖或者双方协议的方式，有条件的，必须采取招标、拍卖方式。采用双方协议方式出租国有土地的租金，不得低于出租底价和按国家规定的最低地价折算的最低租金标准，协议出租结果要报上级土地行政主管部门备案，并向社会公开披露，接受上级土地行政主管部门和社会监督。

三、国有土地租赁的租金标准应与地价标准相均衡。承租人取得土地使用权时未支付其它土地费用的，租金标准应按全额地价折算；承租人取得土地使用权时支付了征地、拆迁等土地费用的，租金标准应按扣除有关费用后的地价余额折算。

采用短期租赁的，一般按年度或季度支付租金；采用长期租赁的，应在国有土地租赁合同中明确约定土地租金支付时间、租金调整的时间间隔和调整方式。

四、国有土地租赁可以根据具体情况实行短期租赁和长期租赁。对短期使用或用于修建临时建筑物的土地，应实行短期租赁，短期租赁年限一般不超过5年；对需要进行地上建筑物、构筑物建设后长期使用的土地，应实行长期租赁，具体租赁期限由租赁合同约定，但最长租赁期限不得超过法律规定的同类用途土地出让最高年期。

五、租赁期限六个月以上的国有土地租赁，应当由市、县土地行政主管部门与土地使用者签订租赁合同。租赁合同内容应当包括出租方、承租方、出租宗地的位置、范围、面积、用途、租赁期限、土地使用条件、土地租金标准、支付时间和支付方式、土地租金标准调整的时间和调整幅度、出租方和承租方的权利义务等。

六、国有土地租赁，承租人取得承租土地使用权。承租人在按规定支付土地租金并完成开发建设后，经土地行政主管部门同意或根据租赁合同约定，可将承租土地使用权转租、转让或抵押。承租土地使用权转租、转让或抵押，必须依法登记。

承租人将承租土地转租或分租给第三人的，承租土地使用权仍由原承租人持有，承租人与第三人建立了附加租赁关系，第三人取得土地的他项权利。

承租人转让土地租赁合同的，租赁合同约定的权利义务随之转给第三人，承租土地使用权由第三人取得，租赁合同经更名后继续有效。

地上房屋等建筑物、构筑物依法抵押的，承租土地使用权可随之抵押，但承租土地使用权只能按合同租金与市场租金的差值及租期估价，抵押权实现时土地租赁合同同时转让。

在使用年期内，承租人有优先受让权，租赁土地在办理出让手续后，终止租赁关系。

七、国家对土地使用者依法取得的承租土地使用权，在租赁合同约定的使用年限届满前不收回；因社会公共利益的需要，依照法律程序提前收回的，应对承租人给予合理补偿。

承租土地使用权期满，承租人可申请续期，除根据社会公共利益需要收回该幅土地的，应予以批准。未申请续期或者虽申请续期但未获批准的，承租土地使用权由国家依法无偿收回，并可要求承租人拆除地上建筑物、构筑物，恢复土地原状。

承租人未按合同约定开发建设、未经土地行政主管部门同意转让、转租或不按合同约定按时交纳土地租金的，土地行政主管部门可以解除合同，依法收回承租土地使用权。

八、各级土地行政主管部门要切实加强国有土地租金的征收工作，协助财政部门作好土地租金的使用管理。收取的土地租金应当参照国有土地出让金的管理办法进行管理，按规定纳入当地国有土地有偿使用收入，专项用于城市基础设施建设和土地开发。

九、各省、市在本《意见》下发前对国有土地租赁适用范围已有规定或各地已签订《国有土地租赁合同》的，暂按已有规定及《国有土地租赁合同》的约定执行，并在今后工作中逐步规范；本《意见》下发后实施国有土地租赁的，一律按本《意见》要求规范办理。

**2.《最高人民法院关于土地管理部门出让国有土地使用权之前的拍卖行为以及与之相关的拍卖公告等行为性质的答复》[（2009）行他字第55号]**

四川省高级人民法院：

你院（2009）川行终字第64号《关于土地管理部门出让国有土地使用权以及与之相关的拍卖、拍卖公告等行为性质的请示》收悉。经研究，答复如下：

原则同意你院第二种意见，即土地管理部门出让国有土地使用权之前的拍卖行为以及与之相关的拍卖公告等行为属于行政行为，当事人不服提起行政诉讼的，人民法院应当依法受理。

**第三百四十八条　【建设用地使用权出让合同的内容与形式】**通过招标、拍卖、协议等出让方式设立建设用地使用权的，当事人应当采用书面形式订立建设用地使用权出让合同。

建设用地使用权出让合同一般包括下列条款：

（一）当事人的名称和住所；

（二）土地界址、面积等；

（三）建筑物、构筑物及其附属设施占用的空间；

（四）土地用途、规划条件；

（五）建设用地使用权期限；
（六）出让金等费用及其支付方式；
（七）解决争议的方法。

## 一、相关法律条文

**1.《中华人民共和国城市房地产管理法》（2019年8月26日修正）**

**第十五条** 土地使用权出让，应当签订书面出让合同。

土地使用权出让合同由市、县人民政府土地管理部门与土地使用者签订。

**2.《中华人民共和国城乡规划法》（2019年4月23日修正）**

**第三十八条** 在城市、镇规划区内以出让方式提供国有土地使用权的，在国有土地使用权出让前，城市、县人民政府城乡规划主管部门应当依据控制性详细规划，提出出让地块的位置、使用性质、开发强度等规划条件，作为国有土地使用权出让合同的组成部分。未确定规划条件的地块，不得出让国有土地使用权。

以出让方式取得国有土地使用权的建设项目，建设单位在取得建设项目的批准、核准、备案文件和签订国有土地使用权出让合同后，向城市、县人民政府城乡规划主管部门领取建设用地规划许可证。

城市、县人民政府城乡规划主管部门不得在建设用地规划许可证中，擅自改变作为国有土地使用权出让合同组成部分的规划条件。

**第三十九条** 规划条件未纳入国有土地使用权出让合同的，该国有土地使用权出让合同无效；对未取得建设用地规划许可证的建设单位批准用地的，由县级以上人民政府撤销有关批准文件；占用土地的，应当及时退回；给当事人造成损失的，应当依法给予赔偿。

## 二、相关行政法规

**《中华人民共和国城镇国有土地使用权出让和转让暂行条例》（2020年11月29日修订）**

**第八条** 土地使用权出让是指国家以土地所有者的身份将土地使用权在一定年限内让与土地使用者，并由土地使用者向国家支付土地使用权出让金的行为。

土地使用权出让应当签订出让合同。

**第十一条** 土地使用权出让合同应当按照平等、自愿、有偿的原则，由市、县人民政府土地管理部门（以下简称出让方）与土地使用者签订。

**第十二条**　土地使用权出让最高年限按下列用途确定：

（一）居住用地七十年；

（二）工业用地五十年；

（三）教育、科技、文化、卫生、体育用地五十年；

（四）商业、旅游、娱乐用地四十年；

（五）综合或者其他用地五十年。

**第十五条**　出让方应当按照合同规定，提供出让的土地使用权。未按合同规定提供土地使用权的，土地使用者有权解除合同，并可请求违约赔偿。

**第十六条**　土地使用者在支付全部土地使用权出让金后，应当依照规定办理登记，领取土地使用证，取得土地使用权。

**第十七条**　土地使用者应当按照土地使用权出让合同的规定和城市规划的要求，开发、利用、经营土地。

未按合同规定的期限和条件开发、利用土地的，市、县人民政府土地管理部门应当予以纠正，并根据情节可以给予警告、罚款直至无偿收回土地使用权的处罚。

**第十八条**　土地使用者需要改变土地使用权出让合同规定的土地用途的，应当征得出让方同意并经土地管理部门和城市规划部门批准，依照本章的有关规定重新签订土地使用权出让合同，调整土地使用权出让金，并办理登记。

## 三、相关司法解释

**《最高人民法院关于审理涉及国有土地使用权合同纠纷案件适用法律问题的解释》（法释〔2005〕5号）（2020年12月23日修正）**

**第一条**　本解释所称的土地使用权出让合同，是指市、县人民政府自然资源主管部门作为出让方将国有土地使用权在一定年限内让与受让方，受让方支付土地使用权出让金的合同。

**第二条**　开发区管理委员会作为出让方与受让方订立的土地使用权出让合同，应当认定无效。

本解释实施前，开发区管理委员会作为出让方与受让方订立的土地使用权出让合同，起诉前经市、县人民政府自然资源主管部门追认的，可以认定合同有效。

**第三条** 经市、县人民政府批准同意以协议方式出让的土地使用权,土地使用权出让金低于订立合同时当地政府按照国家规定确定的最低价的,应当认定土地使用权出让合同约定的价格条款无效。

当事人请求按照订立合同时的市场评估价格交纳土地使用权出让金的,应予支持;受让方不同意按照市场评估价格补足,请求解除合同的,应予支持。因此造成的损失,由当事人按照过错承担责任。

**第四条** 土地使用权出让合同的出让方因未办理土地使用权出让批准手续而不能交付土地,受让方请求解除合同的,应予支持。

**第五条** 受让方经出让方和市、县人民政府城市规划行政主管部门同意,改变土地使用权出让合同约定的土地用途,当事人请求按照起诉时同种用途的土地出让金标准调整土地出让金的,应予支持。

**第六条** 受让方擅自改变土地使用权出让合同约定的土地用途,出让方请求解除合同的,应予支持。

## 四、相关文件规定

**最高人民法院印发《关于当前形势下进一步做好房地产纠纷案件审判工作的指导意见》的通知(法发〔2009〕42号)**

一、切实依法维护国有土地使用权出让市场。要依照物权法、合同法、城市房地产管理法等法律及最高人民法院《关于审理涉及国有土地使用权合同纠纷案件适用法律问题的解释》的规定,尽可能维持土地使用权出让合同效力,依法保护守约方的合法权益,促进土地使用权出让市场的平稳发展。

## 五、相关裁判摘要

● **2020年第6期《中华人民共和国最高人民法院公报》**刊登的"**长春泰恒房屋开发有限公司与长春市规划和自然资源局国有土地使用权出让合同纠纷案**"判决认为,因国家法律、法规及政策出台导致当事人签订的合同不能履行,以致一方当事人缔约目的不能实现,该方当事人请求法院判决解除合同的,人民法院应予支持;双方当事人对于合同不能履行及一方当事人缔约目的不能实现均无过错的,仅判决返还已经支付的价款及相应孳息,对一方当事人请求对方当事人赔偿损失的请求不予支持;对于一方当事人为履行合同而支付的契税损失,在双方当事人对于案涉合同的解除均无过错的情况下,可由双方当事人基于公平原则平均分担。相关裁判摘要如下:

（一）关于案涉《国有建设用地使用权出让合同》应否解除的问题

长春市国土局与泰恒公司于2010年11月25日签订的《国有建设用地使用权出让合同》，系双方当事人的真实意思表示，不违反法律、行政法规的效力性强制性规定，合同依法有效。案涉《国有建设用地使用权出让合同》约定，案涉国有建设用地使用权以“毛地”方式出让，地上建筑物未拆迁部分由泰恒公司负责。上述合同签订后的两个月内，国务院于2011年1月21日出台《国有土地上房屋征收与补偿条例》，明确规定市、县级人民政府负责本行政区域的房屋征收与补偿工作。据此，因上述法规的出台，使得泰恒公司无法取得拆迁主体资格，无法按照《国有建设用地使用权出让合同》的约定完成案涉土地的拆迁整理工作。泰恒公司经过逾七年与长春自然资源局的协调，始终无法解决案涉土地的拆迁问题，就此而言，泰恒公司向人民法院起诉解除合同，并未超过解除合同的期限要求。长春自然资源局关于泰恒公司解除合同已经超过期限的抗辩，与本案事实不符，本院不予采信。

泰恒公司受让案涉国有土地使用权的目的系对该土地进行房地产开发，而土地完成拆迁工作是泰恒公司开发案涉土地的必经环节。由于上述法规变化导致泰恒公司无法完成案涉土地的拆迁整理工作，进而无法实现对案涉土地进行开发的合同目的，故泰恒公司请求解除案涉《国有建设用地使用权出让合同》，符合本案其合同目的无法实现的客观实际，原审判决认定本案不存在不利于合同目的的实现的障碍，与事实不符，应予纠正。

（二）关于案涉《国有建设用地使用权出让合同》解除的法律后果问题

《中华人民共和国合同法》第九十七条规定，合同解除后，尚未履行的，终止履行；已经履行的，根据履行情况和合同性质，当事人可以要求恢复原状、采取其他补救措施，并有权要求赔偿损失。因此，合同解除后，包括了恢复原状、采取其他补救措施、赔偿损失的法律后果。而本案泰恒公司请求中包括了恢复原状和赔偿损失两项诉讼请求。对此，本院分析如下：

1. 关于土地出让金的返还问题。根据《中华人民共和国合同法》第九十七条的规定，合同解除后，已经履行的，根据履行情况和合同性质，当事人可以要求恢复原状。据此，泰恒公司在本院判决解除合同的情况下，请求长春自然资源局返还其已经支付的国有土地使用权土地出让金，符合上述法律规定，故长春自然资源局应向泰恒公司返还土地出让金以及占用资金期间的法定孳息。鉴于案涉土地使用权出让金2630万元系分两笔支付，支付时间分别为2010年11月26日和2010年12月25日，故长春自然资源局应向泰恒公司返还土地使用权出让金2630万元及相应法定孳息（其中600万元自2010年11月26日起至实际支付之日，2030万元自2010年12月25日起至实际支付之日，均按照中国人民银行同期同类活期存款利率计算）。

2. 关于赔偿损失的问题。案涉《国有建设用地使用权出让合同》第十六条约定，泰恒公司对于案涉土地的建设项目应于2011年11月25日之前开工，即从2010年12月25日双方签订合同至合同约定的开工日期2011年11月25日之间的期限，系泰恒公司对案涉土地进行拆迁整理的期限。而2011年1月21日国务院出台了《国有土地上房屋征收与补偿条例》，导致拆迁制度发生改变，泰恒公司在合同约定的拆迁期限内，因该拆迁制度变化而无法办理拆迁许可证，亦无法完成对案涉土地进行拆迁整理工作。据此，泰恒公司未能在合同约定的期限内对案涉土地进行拆迁整理工作非因泰恒公司的过错造成，原审判决认定泰恒公司怠于履行合同义务导致无法办理拆迁，与本案事实不符。同样，虽然《国土资源部、住房和城乡建设部关于进一步加强房地产用地和建设管理调控的通知》于2010年9月21日下发，规定不得以"毛地"方式出让土地，且2011年1月21日国务院出台《国有土地上房屋征收与补偿条例》规定市、县级人民政府负责本行政区域的房屋征收与补偿工作，但是《国有土地上房屋征收与补偿条例》第三十五条亦规定，该条例实施前已依法取得房屋拆迁许可证的项目，继续沿用原有的规定办理许可证。故如果泰恒公司在《国有土地上房屋征收与补偿条例》出台前即已取得拆迁许可证，其仍可自行继续对案涉土地进行拆迁整理；而泰恒公司在近两个月的时间内未申请拆迁许可证，进而导致其在上述条例施行后无法继续取得拆迁许可证，对此长春自然资源局亦无过错。在长春自然资源局与泰恒公司对于案涉合同不能履行及泰恒公司合同目的无法实现均无过错的情况下，泰恒公司请求长春自然资源局赔偿损失的诉讼请求，理据不足，本院不予支持。

至于泰恒公司为取得案涉国有土地使用权而支付的1315000元契税，在双方当事人对于案涉合同的解除均无过错的情况下，该部分契税可由双方当事人基于公平原则予以平均分担，长春资源局应补偿泰恒公司 657500 元。

综上,对由于国家法律、法规及政策出台导致当事人签订的合同不能履行,以致一方当事人缔约目的不能实现的,该方当事人请求法院判决解除合同的,本院予以支持;在此情况下,鉴于双方当事人对于合同不能履行及一方当事人缔约目的不能实现均无过错,故本院依据《中华人民共和国合同法》第九十七条关于合同解除后当事人可以要求恢复原状的规定,仅判决长春自然资源局返还泰恒公司所支付的土地出让金及法定孳息;对泰恒公司关于长春自然资源局赔偿损失的诉讼请求,本院不予支持。

● **第 76 号指导案例"萍乡市亚鹏房地产开发有限公司诉萍乡市国土资源局不履行行政协议案"**(最高人民法院审判委员会讨论通过;2016 年 12 月 28 日发布)认为,国有土地使用权出让合同属于行政协议。相关裁判摘要如下:

行政协议是行政机关为实现公共利益或者行政管理目标,在法定职责范围内与公民、法人或者其他组织协商订立的具有行政法上权利义务内容的协议,本案行政协议即是市国土局代表国家与亚鹏公司签订的国有土地使用权出让合同。行政协议强调诚实信用、平等自愿,一经签订,各方当事人必须严格遵守,行政机关无正当理由不得在约定之外附加另一方当事人义务或单方变更解除。本案中,TG－0403 号地块出让时对外公布的土地用途是"开发用地为商住综合用地,冷藏车间维持现状",出让合同中约定为"出让宗地的用途为商住综合用地,冷藏车间维持现状"。但市国土局与亚鹏公司就该约定的理解产生分歧,而萍乡市规划局对原萍乡市肉类联合加工厂复函确认 TG－0403 号国有土地使用权面积 23173.3 平方米(含冷藏车间)的用地性质是商住综合用地。萍乡市规划局的解释与挂牌出让公告明确的用地性质一致,且该解释是萍乡市规划局在职权范围内作出的,符合法律规定和实际情况,有助于树立诚信政府形象,并无重大明显的违法情形,具有法律效力,并对市国土局关于土地使用性质的判断产生约束力。因此,对市国土局提出的冷藏车间占地为工业用地的主张不予支持。亚鹏公司要求市国土局对"萍国用(2006)第 43750 号"土地证(土地使用权面积 8359.1 平方米)地类更正为商住综合用地,具有正当理由,市国土局应予以更正。亚鹏公司作为土地受让方按约支付了全部价款,市国土局要求亚鹏公司如若变更土地用途则应补交土地出让金,缺乏事实依据和法律依据，且有违诚实信用原则。

● **2008年第5期《中华人民共和国最高人民法院公报》**刊登的“**青岛市国土资源和房屋管理局崂山国土资源分局与青岛乾坤木业有限公司土地使用权出让合同纠纷案**”判决认为，双方当事人意思表示真实，约定内容不损害国家、集体和第三人的合法权益，且已经过公证的合同，应认定已经成立。根据合同法的相关规定，依法成立的合同，自成立时生效。法律、行政法规规定应当办理批准、登记等手续生效的，依照其规定。相关裁判摘要如下：

本院认为，本案涉及三个争议焦点：（一）关于《国有土地使用权出让合同》效力的认定；（二）一审认定乾坤公司交纳土地出让金的数额是否正确；（三）崂山国土资源分局是否有权解除合同。

（一）关于《国有土地使用权出让合同》效力的认定问题。本合同虽约定合同须经山东省人民政府批准方可生效，但在合同签订前，合同项下的84亩土地已经山东省人民政府批准，由农业用地转为建设用地，故这部分土地未经审批不影响相应部分的合同效力；合同项下其余部分土地尚未办理农用地转用审批手续，按约定合同尚未生效，依法不得出让。崂山国土资源分局认为合同已经成立但未生效，不应认定部分有效、部分无效。本院认为，涉案合同是双方当事人的真实意思表示，内容不损害国家、集体和第三人的合法权益，且已经过公证，应认定已经成立。我国《合同法》第四十四条规定：“依法成立的合同，自成立时生效。法律、行政法规规定应当办理批准、登记等手续生效的，依照其规定。”《土地管理法》第四十四条规定：“建设占用土地，涉及农用地转为建设用地的，应当办理农用地转用审批手续。”据此认定本案中未经政府批准农转用土地的部分合同无效。根据《合同法》第五十六条的规定，部分合同无效，不影响其他部分效力的，其他部分仍然有效。就本案情况看，认定部分合同无效，不会影响其他部分的效力。因此，应当认定合同中经过政府批准的84亩土地使用权出让有效，未经政府批准的131亩土地使用权出让无效，其他合同条款仍然有效。对于崂山国土资源分局关于涉案合同项下转让的土地是不可分物，不适用量上的部分有效、部分无效的上诉主张，本院不予支持。

（二）关于一审认定乾坤公司交纳土地出让金的数额是否正确的问题。一审认定乾坤公司已向崂山国土资源分局交纳土地出让金788万元，乾坤公司对此不持异议。而崂山国土资源分局只承认收到乾坤公司的土地出让金488万元,且被崂山区人民法院划走3 813 357元,目前仅剩1 066 643元。双方当事人的主要分歧在于2003年3月26日乾坤公司向土地管理所交付的一张300万元的支票应否算作已付土地出让金。鉴于该支票因无出票日期而被认定为无效,凭无效支票不能划转乾坤公司的银行存款。乾坤公司的出票行为应被认定为无效民事行为。尽管土地管理所收到这张支票后出具了收据,但因支票无效,土地管理所出具的收据并不意味着已经或者能够收到300万元土地出让金,事后乾坤公司也未对这张支票进行补正。事实上崂山国土资源分局也未收到此笔款项。由于乾坤公司对这张支票的无效具有过错,不能认定乾坤公司提交这张支票即视为其支付了300万元土地出让金。崂山国土资源分局关于该支票无效的抗辩具有事实和法律依据,本院应予支持。一审认定乾坤公司已向崂山国土资源分局支付土地出让金788万元有误,应予纠正。

为执行(2004)崂执字297号、1162号民事裁定书,崂山区人民法院于2005年3月25日扣划被执行人乾坤公司在北宅街道办事处的出让土地定金907 528元、2 905 829元至该院账户。同月29日,北宅街道办事处致函乾坤公司称,崂山区人民法院强行扣划北宅街道办事处财政款3 813 357元,北宅街道办事处已从乾坤公司交付的土地出让金488万元中支付486.623万元。因此,一审判决认定乾坤公司交纳的土地出让金为488万元是正确的。乾坤公司应交纳的土地出让金应按照合同有效部分的土地出让面积计算,乾坤公司应交纳的土地出让金为5 782 089.6元(84亩×667平方米×103.2元=5 782 089.6元),所付488万元低于应付的土地出让金数额,故应认定乾坤公司未交齐合同有效部分的土地出让金。

(三)崂山国土资源分局是否有权解除合同。解除合同的前提是合同已经生效。涉案《国有土地使用权出让合同》第31条约定,受让人延期支付土地出让金超过6个月的,出让人有权解除合同。该合同未约定行使合同解除权的期限,也未约定出让方在解除合同前要进行催告。鉴于该合同部分有效,乾坤公司应在合同有效部分的范围内履行义务。涉案合同于2003年1月16日签订,截至2003年3月26日,乾坤公司向崂山国土资源分局交付土地出让金488万元,未达到84亩土地的出让金总额。因此,解除合同的条件已经成就。崂山国土资源分局根据《合同法》第九十三条第二款的规定,行使了合同解除权,且已经通知了乾坤公司。其未对乾坤公司进行催告,并不构成违约。对崂山国土资源分局关于乾坤公司没有按期付清合同项下全部土地出让金,其有权解除合同的主张,本院应予支持。对乾坤公司关于解除合同的条件未成就,崂山国土资源分局无权单方解除合同的主张,本院不予支持。

综上,本院认为,根据双方当事人在土地出让合同中的约定,涉案合同经过政府批准的部分有效、未经政府批准的部分无效。对于合同的有效部分,双方当事人均有义务履行。乾坤公司未在合同约定的期限内履行合同有效部分的交纳土地出让金的义务,解除合同的条件已经成就,崂山国土资源分局解除合同的行为有效。合同解除后,崂山国土资源分局不再履行向乾坤公司出让 84 亩土地使用权的义务。崂山国土资源分局的上诉有理,本院予以支持。

• **2008 年第 3 期《中华人民共和国最高人民法院公报》**刊登的“**山西嘉和泰房地产开发有限公司与太原重型机械(集团)有限公司土地使用权转让合同纠纷案**”判决认为,转让方未取得出让土地使用权证书与受让方订立合同转让土地使用权,起诉前转让方已经取得出让土地使用权证书或者有批准权的人民政府同意转让的,应当认定合同有效。当事人在合同中约定由纳税义务人以外的人承担转让土地使用权税费的,并不违反相关法律、法规的强制性规定,应认定为合法有效。相关裁判摘要如下:

本院认为,嘉和泰公司和太重公司对于《协议书》、《补充协议》及《转让合同》的真实性均无异议。综合双方当事人的上诉请求及事实和理由,本案二审争议的焦点问题是:(一)《协议书》、《补充协议》和《转让合同》的效力及相互关系问题;(二)嘉和泰公司已付土地补偿金的数额问题;(三)太重公司关于税金的请求是否成立问题;(四)太重公司关于违约金的请求是否成立问题。

(一)关于《协议书》、《补充协议》和《转让合同》的效力及相互关系问题。

首先,关于《协议书》、《补充协议》的效力,太重公司认为《协议书》、《补充协议》是双方的真实意思表示,不违反国家法律法规,是合法有效的合同。嘉和泰公司认为《协议书》签订时,该宗土地为行政划拨地,根据法律规定,太重公司无权转让该宗土地,应属无效协议。而《补充协议》就税费负担的约定,违反了税法的强制性规定。本院认为,《协议书》、《补充协议》是双方在平等的基础上,自愿协商达成的协议,是双方真实的意思表示。《协议书》不仅详细的约定了所转让土地的面积、价格、付款方式、违约责任，还具体约定了双方权利义务及履行程序。《协议书》签订时，嘉和泰公司及太重公司均知道该宗土地属于划拨用地，所以在《协议书》第三条8约定：由太重公司负责办理土地出让手续；第三条9约定：太重公司土地出让手续办理完毕，即为嘉和泰公司办理土地使用权转让手续。这一缔约行为并没有规避法律损害国家利益，事实上，太重公司和嘉和泰公司正是按照上述约定完成该宗土地转让的。2002年9月24日太重公司与太原市国土资源局签订《出让合同》，取得该宗土地的使用权，嘉和泰公司支付土地出让金；同年12月太重公司与嘉和泰公司签订《转让合同》，嘉和泰公司依据《协议书》向太原市国土资源局支付土地转让款，随后完成土地使用权变更登记；均是双方履行《协议书》的真实行为。根据最高人民法院《关于审理涉及国有土地使用权合同纠纷案件适用法律问题的解释》第九条规定："转让方未取得出让土地使用权证书与受让方订立合同转让土地使用权，起诉前转让方已经取得出让土地使用权证书或者有批准权的人民政府同意转让的，应当认定合同有效。"因此，《协议书》合法有效。《补充协议》是对《协议书》约定转让土地使用权的税费承担所作的补充约定，明确了转让土地使用权的税费如何承担及由谁承担的问题。虽然我国税收管理方面的法律法规对于各种税收的征收均明确规定了纳税义务人，但是并未禁止纳税义务人与合同相对人约定由合同相对人或第三人缴纳税款。税法对于税种、税率、税额的规定是强制性的，而对于实际由谁缴纳税款没有作出强制性或禁止性规定。故《补充协议》关于税费负担的约定并不违反税收管理方面的法律法规的规定，属合法有效协议。嘉和泰公司关于《协议书》签订时，所转让的土地属划拨地，太重公司无权转让及《补充协议》就税费负担的约定违反税法的强制性规定，均属无效协议的主张，没有法律依据，不予支持。一审法院关于《协议书》合法有效及《补充协议》与《协议书》具有相同的法律效力的认定是正确的，应予维持。

其次，关于《转让合同》的效力问题，嘉和泰公司认为，《转让合同》是双方当事人真实意思表示，符合法律规定，并经政府批准，是最终确定双方土地使用权转让关系的合法文件，土地使用权转让价格应以《转让合同》约定为准。太重公司认为，《转让合同》有效，嘉和泰公司应承担《转让合同》约定的支付土地转让金义务。本院认为，太重公司与嘉和泰公司之所以在《协议书》之外又签订《转让合同》，是因为签订《协议书》时，双方当事人均知道所转让的土地属划拨用地，不能直接转让。只有在太重公司办完土地出让手续，取得国有出让土地使用权后，再与嘉和泰公司签订国有出让土地使用权转让合同，并由双方共同到土地管理部门办理登记备案，才能完成该土地使用权转让。因此，《转让合同》对于太重公司及嘉和泰公司来讲就是到土地管理部门办理登记备案手续，以完成《协议书》约定的转让土地使用权行为，而并非为了变更《协议书》的约定条款或者构成双方新的权利义务关系；对于土地管理部门来讲，以《转让合同》登记备案，则表明土地管理部门认可《转让合同》中的价格并据此征收转让税费，办理相关手续。虽然《转让合同》中的价格比双方当事人实际约定的价格低，但土地管理部门给予登记备案的事实表明，土地管理部门认可双方当事人可以此最低价格办理土地使用权转让手续，也表明双方当事人这一做法并不违反土地管理部门的相关规定。事实上，土地管理部门也正是依据该《转让合同》办理了土地权属变更手续。由此可以认定，在本案中《转让合同》仅是双方办理登记备案之用，别无它用，其效力仅及于登记备案。《转让合同》对于合同双方既没有变更《协议书》约定条款，也不构成新的权利义务关系。从嘉和泰公司支付土地补偿金的过程和数额看，也可证明嘉和泰公司在签订《转让合同》后，仍是按《协议书》约定的土地补偿金数额支付的。故嘉和泰公司关于应以《转让合同》中的价格作为本案土地使用权转让价格及太重公司关于以《转让合同》请求另外支付土地转让金的主张，均不符合本案实际情况，没有事实依据，不能成立。

再次，关于《协议书》、《补充协议》与《转让合同》的关系，对于《补充协议》是《协议书》的补充约定双方均无异议，但对于《协议书》与《转让合同》双方争议较大。嘉和泰公司认为，《协议书》已被《转让合同》所取代，《转让合同》是本案唯一有效的合同。太重公司则认为，《协议书》约定的土地补偿金是对拆迁、安置的补偿。《转让合同》约定的土地转让金是土地本身的转让价格，两份合同的约定并不矛盾，也不重复，相互独立，均成立并有效。本院认为，双方当事人签订《转让合同》的目的是为了办理土地使用权转让登记备案手续。《转让合同》没有约定变更或取代《协议书》的条款，并未在双方当事人之间成立新的权利义务关系。从双方当事人实际履行合同的情况看，太重公司转让土地使用权收取土地补偿金、出让金、转让金、太重公司与太原市国土资源局签订《出让合同》及其与嘉和泰公司签订《转让合同》到土地管理部门登记等行为都是在履行《协议书》约定的权利义务。而嘉和泰公司支付土地补偿金、出让金、转让金,取得土地使用权等也是履行《协议书》约定的权利义务。因此,本案中的《转让合同》是双方在土地管理部门办理土地使用权转让手续的备案合同;《协议书》才是双方实际履行的合同。嘉和泰公司关于《转让合同》取代《协议书》,《转让合同》是本案唯一有效合同的主张不能成立。太重公司关于《协议书》和《转让合同》相互独立,均成立有效,并据此要求嘉和泰公司分别支付土地补偿金及土地转让金的主张也不能成立。

综上,本院认为,《协议书》及《补充协议》是合法有效的协议,是确定双方当事人权利义务及违约责任的合同依据。

(二)嘉和泰公司已付土地补偿金的数额问题。

太重公司对于已收到嘉和泰公司以承兑汇票、支票、现金形式支付的土地补偿金总额 4580 万元人民币并无异议。但认为其中 2002 年 4 月 2 日 2000 万元承兑汇票应扣除贴现利息 30.3 万元及 2002 年 8 月 12 日 1000 万元承兑汇票应扣除贴现利息 15.6 万元。本院认为,根据 2002 年 3 月 26 日太重公司与嘉和泰公司签订的《协议书》第四条 1 约定,嘉和泰公司在《协议书》签订十日内,应支付土地补偿金 2000 万元。嘉和泰公司应按约定时间履行付款义务。但嘉和泰公司以 2002 年 9 月到期的 2000 万元承兑汇票支付该笔土地补偿金,导致太重公司不能在约定时间实际收到该款项。太重公司只有支付贴现利息,才能在约定时间取得上述款项。嘉和泰公司这种以远期承兑汇票履行到期付款义务的行为,实际是迟延付款,属于不当履行合同义务的行为。由于嘉和泰公司不当履行合同义务,造成太重公司为此支付 30.3 万元的贴现利息损失,应由嘉和泰公司承担。太重公司关于扣除该贴现利息的上诉请求成立,应予支持。一审判决对此处理不当,应予纠正。关于 2002 年 8 月 12 日 1000 万元承兑汇票,是嘉和泰公司依据《协议书》第三条 8 的约定支付的土地出让金。而太重公司在一审中并未对土地出让金提出诉讼请求,因此太重公司关于该 1000 万元承兑汇票的贴现利息的上诉请求不属于本院二审的审理范围。

嘉和泰公司认为其 2002 年 12 月 31 日向太原市国土资源局支付的 386.72 万元土地出让金应计入已付土地补偿金数额。本院认为,该笔款项是 2002 年 12 月太重公司与嘉和泰公司签订《转让合同》后,由嘉和泰公司直接支付给太原市国土资源局的。依据《协议书》第三条9约定,太重公司土地出让手续办理完毕且嘉和泰公司支付全部土地补偿金后,太重公司即为嘉和泰公司办理土地使用权转让手续,转让费用由嘉和泰公司承担。故该笔款项属于嘉和泰公司应承担的土地转让款,不应计入其已付的土地补偿金数额。一审判决处理适当,应予维持。

综上,一审判决认定嘉和泰公司已付土地补偿金4580万元,尚欠太重公司土地补偿金1478.3万元有误,应予纠正。嘉和泰公司实欠太重公司土地补偿金1508.6万元。

(三)太重公司的税金请求是否成立问题。

根据《补充协议》的约定、除流转税按76%和24%的比例由太重公司和嘉和泰公司分别承担外,其余所有税费均由嘉和泰公司承担。如前所述,《补充协议》关于税费负担的约定并不违反税收管理法律法规的规定,是合法有效协议,双方当事人应按约定履行自己的义务。关于太重公司在没有缴纳税金的情况下是否有权请求嘉和泰公司支付其所承担的税金的问题。本院认为,《补充协议》约定转让土地使用权税费的承担,只是明确了转让土地使用权过程中所发生的相关税费由谁负担的问题。而对于何时缴纳何种税费及缴纳多少税费,《补充协议》没有约定,也无法约定。只有在相关主管部门确定税费种类及额度,太重公司缴纳后,嘉和泰公司才能支付。太重公司在未缴纳税金,也没有相关部门确定纳税数额的情况下,请求嘉和泰公司支付转让土地税金,没有事实依据。一审判决对于太重公司要求嘉和泰公司支付其尚未缴纳的税费的请求不予支持,但提示其在实际缴纳税费后可以向嘉和泰公司另行主张权利的处理,并无不当,应予维持。对太重公司已缴纳的营业税和契税,一审判决只支持太重公司的契税请求而没有支持其关于营业税的请求不当,应予纠正。对于太重公司已缴纳的242.526万元营业税。嘉和泰公司应按24%比例负担58.20624万元。

(四)关于太重公司的违约金请求是否成立问题。

本院认为,《协议书》对于双方当事人具体的权利义务中包括嘉和泰公司付款时间、数额及违约责任均作出了明确约定。太重公司及嘉和泰公司都应按照诚实、信用原则,实际履行合同义务。太重公司按约定办理了土地出让、转让手续并将涉案地块实际交付给嘉和泰公司。嘉和泰公司应按约定履行付款义务,但嘉和泰公司在取得土地使用权后,未按约定时间及数额支付土地补偿金。嘉和泰公司迟延向太重公司支付土地补偿金是引起本案诉讼的主要原因。因此,嘉和泰公司的行为已构成违约,应按合同约定承担违约责任。一审判决认定嘉和泰公司迟延付款构成违约,但对太重公司按照合同约定的日万分之四的比例计算违约金的请求却未予支持,并将双方当事人按照日万分之四的比例计算违约金的约定调整为按银行利率计算利息。根据《中华人民共和国合同法》第一百一十四之规定,人民法院对于当事人在合同中约定的违约金的数额,只有在当事人请求调整,并确实低于或过分高于违约行为给当事人造成的损失时,才能进行调整。一审判决对违约金的调整既违背当事人双方的约定,也缺少法律依据,应予纠正。太重公司关于嘉和泰公司应按合同约定承担违约责任,支付违约金的上诉请求理据充分,应予支持。因为嘉和泰公司最后支付土地补偿金的时间是2005年9月23日,太重公司此前并未要求嘉和泰公司支付违约金。故嘉和泰公司应从2005年9月23日起承担违约责任。

• **2005年第7期《中华人民共和国最高人民法院公报》**刊登的“**桂馨源公司诉全威公司等土地使用权转让合同纠纷案**”判决认为,签订国有土地使用权转让合同时,转让人虽未取得国有土地使用权证,但在诉讼前已经取得该证的,应认定转让合同有效。当事人取得国有土地使用权证后未足额缴纳土地出让金,或对转让土地的投资开发未达到投资总额25%以上的,属转让标的瑕疵,不影响转让合同的效力。相关裁判摘要如下:

本院认为,全威公司、超凡公司与桂馨源公司于2003年9月18日签订的《土地开发合同》约定,全威公司、超凡公司将柳州市柳石路153号土地使用权转让给桂馨源公司,桂馨源公司向全威公司、超凡公司支付2860万元土地转让价款,故本案性质为土地使用权转让合同纠纷。该《土地开发合同》为三方当事人协商一致后作出的真实意思表示,内容亦不违反法律规定。合同签订前,柳州市国土资源局已同意全威公司以出让方式取得讼争土地的使用权,双方订有《国有土地使用权出让合同》。本案一审起诉前全威公司办理了国有土地使用权证,讼争土地具备了进入市场进行依法转让的条件。而土地出让金的交纳问题,属土地出让合同当事人即柳州市国土资源局和全威公司之间的权利义务内容,其是否得到完全履行不影响对本案土地使用权转让合同效力的认定,故超凡公司提出的因《土地开发合同》签订时未取得国有土地使用权证及土地出让金未全部交清违反法律强制性规定应认定该合同无效的上诉主张，本院不予支持。关于投资开发的问题，城市房地产管理法第三十八条关于土地转让时投资应达到开发投资总额25%的规定，是对土地使用权转让合同标的物设定的于物权变动时的限制性条件，转让的土地未达到25%以上的投资，属合同标的物的瑕疵，并不直接影响土地使用权转让合同的效力，城市房地产管理法第三十八条中的该项规定，不是认定土地使用权转让合同效力的法律强制性规定。因此，超凡公司关于《土地开发合同》未达到25%投资开发条件应认定无效的主张，本院亦不予支持。

关于转让土地使用权是否已向抵押权人履行通知义务的问题，中国工商银行柳州分行2004年1月18日向柳州恒茂源房地产有限公司出具的复函、2003年12月2日全威公司、超凡公司与中国工商银行柳州分行商谈银行贷款了结事宜的函件及《土地开发合同》第三条第2款三方当事人关于抵押债务数额及处理方式的约定内容等证据均表明，本案讼争土地的抵押权人中国工商银行柳州分行知道该土地使用权的转让事宜，且未提出异议。超凡公司关于本案土地使用权转让未通知该土地抵押权人导致转让无效的理由与事实不符，不能成立。综上，《土地开发合同》于签订之时虽有瑕疵，但经补正后已不存在违反法律强制性规定的情形，应认定有效。一审法院关于合同效力的认定，适用法律正确，应予维持。当事人各方在有效合同的履行过程中对合同条款的约定内容发生歧义，应依合同法规定的合同解释方法确定发生争议条款的真实意思表示。一审判决根据合同目的、合同条款之间的关系，确认《土地开发合同》第七条约定的应由桂馨源公司提供抵押担保的“未付款项”是指桂馨源公司依合同第三条约定的义务内容代全威公司支付2300万元款项以外的余款2200万元，认定事实并无不当。全威公司要求桂馨源公司先行就全部转让款项提供抵押担保作为其履行合同义务的前置条件，与合同约定不符。同时，因柳州恒茂源房地产有限公司不是履行《土地开发合同》付款义务的债务人，其工商注资问题与认定桂馨源公司是否具有履约能力之间不具有关联性。因此，全威公司在未能提供确切证据证明桂馨源公司于履行期限届至时将不履行或不能履行合同的情形下，其行使合同解除权的条件尚未成就，故全威公司以存在履约风险为由要求解除合同的主张因缺乏事实和法律依据，本院不予支持。

关于办理土地过户手续的问题,《土地开发合同》虽然存在前后条款约定不准确的问题,但从文义表述、交易习惯等方面综合判断,可以认定合同第三条第2款关于"办理完成市政府同意该宗土地转让给桂馨源公司控股的或桂馨源公司法定代表人控股的、在柳州新成立的公司,并给予今年或明年上半年土地开发计划指标"的约定,是指全威公司、超凡公司应履行的义务为办理政府同意将土地使用权转让给合同约定的公司和政府给予土地开发指标的手续。合同第四条则应是全威公司向土地管理部门办理土地使用权变更过户手续的义务。全威公司主张的其已办理的经柳州市发展计划委员会批准的土地变性手续就是履行合同第三条第2款的义务,与合同约定内容不符。一审判决认定全威公司、超凡公司于桂馨源公司支付定金后未能按期履行合同第三条第2款所约定的义务,已构成违约,适用法律未有不妥。至于全威公司、超凡公司履行《土地开发合同》第三条第2款义务的期限,一审判决指定为五个工作日,符合本案的实际情况。

• **2005年第7期《中华人民共和国最高人民法院公报》**刊登的"**时间集团公司诉浙江省玉环县国土局土地使用权出让合同纠纷案**"判决认为,国有土地使用权出让公告属于要约邀请,竞买人在竞买申请中提出报价,并按要约邀请支付保证金的行为,属于要约,双方当事人尚未形成土地使用权出让合同关系。国有土地使用权出让方因出让公告违反法律的禁止性规定,撤销公告后,造成竞买人在缔约阶段发生信赖利益损失的,应对竞买人的实际损失承担缔约过失责任。相关裁判摘要如下:

本院认为,时间公司与国土局之间国有土地使用权出让合同关系是否已成立的问题,是时间公司请求继续履行合同的前提,也是国土局承担合同责任的基础。对这一问题的判定应综合挂牌出让公告的法律性质、本案是否存在承诺、国土局承担责任的法律根据等三方面内容进行确定。关于挂牌出让公告的法律性质是要约邀请还是要约的问题,其区分标准应首先依照法律的规定。合同法第十五条载明拍卖公告和招标公告的法律性质为要约邀请,本案刊登于报纸上的挂牌出让公告与拍卖公告、招标公告相同,亦是向不特定主体发出的以吸引或邀请相对方发出要约为目的的意思表示,其实质是希望竞买人提出价格条款,其性质应认定为要约邀请。时间公司于2002年11月21日所作的报价应为本案要约。时间公司诉称挂牌出让公告即为要约的主张缺乏法律依据，不能成立。合同法对要约邀请的撤回未作条件限制，在发出要约邀请后，要约邀请人撤回要约邀请，只要没有给善意相对人造成信赖利益的损失，要约邀请人一般不承担法律责任。要约邀请不形成合同关系，撤回要约邀请亦不产生合同上的责任。因此，时间公司要求国土局继续挂牌并与之签订国有土地使用权出让合同的主张于法无据，不予支持。关于本案是否存在承诺的问题，2002 年 11 月 22 日，即时间公司与渝汇公司虽已报价但未开始竞价的次日，浙江省国土资源厅以“未经依法批准，擅自挂牌出让国有土地使用权”为由，责令国土局停止挂牌，从而使正在进行中的缔约行为因事实原因的出现而发生中断，此时，挂牌出让程序中的竞价期限尚未届满，国有土地使用权出让合同的主要条款即讼争宗地使用权的价格未能确定，国土局尚未对时间公司的报价作出承诺，双方关系仍停留于缔结合同过程中的要约阶段，因此，本案合同因尚未承诺而没有成立，双方当事人之间没有形成合同关系。时间公司主张存在有效承诺，双方之间已形成合同关系的理由不能成立。因本案合同未成立，故时间公司认为其与国土局之间存在效力待定合同的主张，亦不予支持。关于国土局承担责任的法律根据问题，本案正在进行中的国有土地使用权挂牌交易，不仅于挂牌之时未获审批且至本院二审庭审结束时止该宗国有土地使用权出让仍未获浙江省人民政府批准，从而造成时间公司期待缔结国有土地使用权出让合同的目的不能实现，国土局对此存在过错，应承担相应的缔约过失责任。在缔约阶段所发生的信赖利益的损失，必须通过独立的赔偿请求予以保护。本案二审期间，虽然国土局同意承担缔约过失的赔偿责任，但时间公司直至二审庭审结束前仍坚持要求国土局承担继续履行合同或双倍返还保证金的责任，未就国土局缔约过失致其损失提出赔偿请求，限于当事人的诉讼请求和二审案件的审理范围，对此问题，本院不予审理。鉴于本案当事人之间的合同关系尚未成立，一审判决驳回时间公司要求国土局承担合同责任的诉讼请求，适用法律并无不当。至于《挂牌出让公告》和《挂牌出让须知》所规定的 2000 万元保证金是否为定金的问题，该 2000 万元在本案《挂牌出让公告》中载明为“保证金”，双方并未约定为定金。担保法及担保法若干问题解释中规定了定金和保证金的界定标准，即当事人主张保证金为定金的前提是双方有明确约定。时间公司所引用的台州市政府令第二十九条将保证金作为定金处理的规定，因其既不是双方当事人的约定，又不符合法律的相关规定，该政府令不能作为本案认定2000万元保证金为定金的法律依据。一审判决认定本案2000万元保证金不是定金，适用法律正确。时间公司关于该2000万元保证金应为担保正式订立合同的立约定金，国土局应予以双倍返还的主张，缺乏事实和法律依据，本院不予支持。时间公司在二审期间提出的对渝汇公司的报价单和国土局的底价单的真实性进行重新鉴定，对渝汇公司是否实际交纳2000万元保证金的事实进行调查的请求，因对本院认定双方当事人之间的合同并未成立没有影响，故不予同意。

• **2000年第4期《中华人民共和国最高人民法院公报》**刊登的“**泰丰大酒店有限公司诉大同市土地管理局土地使用权出让纠纷案**”判决认为，土地使用权出让合同是平等主体之间订立的合同，受让人未按合同约定期限内交清土地使用权出让金的，是不履行合同的行为，无权要求出让方返回定金，对于受让方已交纳的土地使用权出让金，出让方无权没收。相关裁判摘要如下：

出让转让暂行条例第十四条没有出让金不予退还的规定。该条例第五十三条规定：“本条例由国家土地管理局负责解释。”因此，山西省实施办法第十一条规定的“不予退还”，既未经行政法规授权，又与行政法规抵触，是无效的。国有土地使用权出让和受让方之间，是平等的民事主体，应当本着公平、等价有偿的原则相处。作为出让方的上诉人土地局没有退还收取的定金，已经是对受让方、被上诉人泰丰公司的违约行为进行了制裁。除此以外，泰丰公司没有对土地局造成其他损害，也没有从土地局获取到任何利益，土地局没有任何理由再继续占有泰丰公司交付的土地使用权出让金。土地局决定不退还泰丰公司交付的土地使用权出让金，理由不能成立。大同市人民政府是土地局的上级主管部门，土地局发给泰丰公司的“国有土地使用证”上，加盖着“大同市人民政府”印章。泰丰公司与土地局发生纠纷后，请求大同市人民政府给予解决，与直接向土地局主张权利具有同等效力。请求重新受让土地与请求退还已付出的土地出让金，二者是非此即彼的关系。泰丰公司主张自己的权利时只能二者必居其一，不可能同时提出这两项请求。因此，泰丰公司只主张重新受让土地，不等于自愿放弃请求退还土地出让金的权利：一旦重新受让土地的请求不能满足时，则退还土地使用权出让金就成为其必然请求。土地局认为泰丰公司起诉时才提出退还土地使用权金的请求，已经超过诉讼时效，理由不能成立。

**第三百四十九条　【建设用地使用权的登记】**设立建设用地使用权的，应当向登记机构申请建设用地使用权登记。建设用地使用权自登记时设立。登记机构应当向建设用地使用权人发放权属证书。

**一、相关法律条文**

**1.《中华人民共和国土地管理法》（2019年8月26日修正）**

**第十二条**　土地的所有权和使用权的登记，依照有关不动产登记的法律、行政法规执行。

依法登记的土地的所有权和使用权受法律保护，任何单位和个人不得侵犯。

**2.《中华人民共和国城市房地产管理法》（2019年8月26日修正）**

**第六十条**　国家实行土地使用权和房屋所有权登记发证制度。

**第六十一条**　以出让或者划拨方式取得土地使用权，应当向县级以上地方人民政府土地管理部门申请登记，经县级以上地方人民政府土地管理部门核实，由同级人民政府颁发土地使用权证书。

在依法取得的房地产开发用地上建成房屋的，应当凭土地使用权证书向县级以上地方人民政府房产管理部门申请登记，由县级以上地方人民政府房产管理部门核实并颁发房屋所有权证书。

房地产转让或者变更时，应当向县级以上地方人民政府房产管理部门申请房产变更登记，并凭变更后的房屋所有权证书向同级人民政府土地管理部门申请土地使用权变更登记，经同级人民政府土地管理部门核实，由同级人民政府更换或者更改土地使用权证书。

法律另有规定的，依照有关法律的规定办理。

**第六十二条**　房地产抵押时，应当向县级以上地方人民政府规定的部门办理抵押登记。

因处分抵押房地产而取得土地使用权和房屋所有权的，应当依照本章规定办理过户登记。

**第六十三条**　经省、自治区、直辖市人民政府确定，县级以上地方人民政府由一个部门统一负责房产管理和土地管理工作的，可以制作、颁发统一的房地产权证书，依照本法第六十一条的规定，将房屋的所有权和该房屋占用范围内的土地使用权的确认和变更，分别载入房地产权证书。

## 二、相关行政法规

**1.《不动产登记暂行条例》(2019年3月24日修订)**

**第五条** 下列不动产权利,依照本条例的规定办理登记:

……

(五)建设用地使用权;

……

**2.《中华人民共和国城镇国有土地使用权出让和转让暂行条例》(2020年11月29日修订)**

**第十六条** 土地使用者在支付全部土地使用权出让金后,应当依照规定办理登记,领取土地使用证,取得土地使用权。

**3.《中华人民共和国土地管理法实施条例》(2014年7月29日修订)**

**第三条** 国家依法实行土地登记发证制度。依法登记的土地所有权和土地使用权受法律保护,任何单位和个人不得侵犯。

土地登记内容和土地权属证书式样由国务院土地行政主管部门统一规定。

土地登记资料可以公开查询。

确认林地、草原的所有权或者使用权,确认水面、滩涂的养殖使用权,分别依照《森林法》、《草原法》和《渔业法》的有关规定办理。

**第五条** 单位和个人依法使用的国有土地,由土地使用者向土地所在地的县级以上人民政府土地行政主管部门提出土地登记申请,由县级以上人民政府登记造册,核发国有土地使用权证书,确认使用权。其中,中央国家机关使用的国有土地的登记发证,由国务院土地行政主管部门负责,具体登记发证办法由国务院土地行政主管部门会同国务院机关事务管理局等有关部门制定。

未确定使用权的国有土地,由县级以上人民政府登记造册,负责保护管理。

## 三、相关部门规章

**《不动产登记暂行条例实施细则》(2019年7月16日修正)**

**第三十三条** 依法取得国有建设用地使用权,可以单独申请国有建设用地使用权登记。

依法利用国有建设用地建造房屋的，可以申请国有建设用地使用权及房屋所有权登记。

**第三十四条** 申请国有建设用地使用权首次登记，应当提交下列材料：

（一）土地权属来源材料；

（二）权籍调查表、宗地图以及宗地界址点坐标；

（三）土地出让价款、土地租金、相关税费等缴纳凭证；

（四）其他必要材料。

前款规定的土地权属来源材料，根据权利取得方式的不同，包括国有建设用地划拨决定书、国有建设用地使用权出让合同、国有建设用地使用权租赁合同以及国有建设用地使用权作价出资（入股）、授权经营批准文件。

申请在地上或者地下单独设立国有建设用地使用权登记的，按照本条规定办理。

**第三十五条** 申请国有建设用地使用权及房屋所有权首次登记的，应当提交下列材料：

（一）不动产权属证书或者土地权属来源材料；

（二）建设工程符合规划的材料；

（三）房屋已经竣工的材料；

（四）房地产调查或者测绘报告；

（五）相关税费缴纳凭证；

（六）其他必要材料。

**第三百五十条 【不得改变土地用途】**建设用地使用权人应当合理利用土地，不得改变土地用途；需要改变土地用途的，应当依法经有关行政主管部门批准。

**一、相关法律条文**

**1.《中华人民共和国土地管理法》（2019 年 8 月 26 日修正）**

**第七条** 任何单位和个人都有遵守土地管理法律、法规的义务，并有权对违反土地管理法律、法规的行为提出检举和控告。

**第五十六条** 建设单位使用国有土地的，应当按照土地使用权出让等有偿使用合同的约定或者土地使用权划拨批准文件的规定使用土地；确需改变该幅土地建设用途的，应当经有关人民政府自然资源主管部门同意，报原批准用地的人民政府批准。其中，在城市规划区内改变土地用途的，在报批前，应当先经有关城市规划行政主管部门同意。

**第五十七条**　建设项目施工和地质勘查需要临时使用国有土地或者农民集体所有的土地的，由县级以上人民政府自然资源主管部门批准。其中，在城市规划区内的临时用地，在报批前，应当先经有关城市规划行政主管部门同意。土地使用者应当根据土地权属，与有关自然资源主管部门或者农村集体经济组织、村民委员会签订临时使用土地合同，并按照合同的约定支付临时使用土地补偿费。

临时使用土地的使用者应当按照临时使用土地合同约定的用途使用土地，并不得修建永久性建筑物。

临时使用土地期限一般不超过二年。

**2.《中华人民共和国城市房地产管理法》(2009 年 8 月 27 日修正)**

**第十八条**　土地使用者需要改变土地使用权出让合同约定的土地用途的，必须取得出让方和市、县人民政府城市规划行政主管部门的同意，签订土地使用权出让合同变更协议或者重新签订土地使用权出让合同，相应调整土地使用权出让金。

**第四十四条**　以出让方式取得土地使用权的，转让房地产后，受让人改变原土地使用权出让合同约定的土地用途的，必须取得原出让方和市、县人民政府城市规划行政主管部门的同意，签订土地使用权出让合同变更协议或者重新签订土地使用权出让合同，相应调整土地使用权出让金。

## 二、相关行政法规

**《中华人民共和国城镇国有土地使用权出让和转让暂行条例》(2020 年 11 月 29 日修订)**

**第十八条**　土地使用者需要改变土地使用权出让合同规定的土地用途的，应当征得出让方同意并经土地管理部门和城市规划部门批准，依照本章的有关规定重新签订土地使用权出让合同，调整土地使用权出让金，并办理登记。

**第二十七条**　土地使用权转让后，需要改变土地使用权出让合同规定的土地用途的，依照本条例第十八条的规定办理。

**三、相关司法解释**

**《最高人民法院关于审理涉及国有土地使用权合同纠纷案件适用法律问题的解释》(法释〔2005〕5号)(2020年12月23日修正)**

**第五条** 受让方经出让方和市、县人民政府城市规划行政主管部门同意,改变土地使用权出让合同约定的土地用途,当事人请求按照起诉时同种用途的土地出让金标准调整土地出让金的,应予支持。

**第六条** 受让方擅自改变土地使用权出让合同约定的土地用途,出让方请求解除合同的,应予支持。

**四、相关文件规定**

**《国土资源部办公厅关于出让土地改变用途有关问题的复函》(国土资厅函〔2010〕104号)**

湖南省国土资源厅:

《关于出让土地使用权改变土地用途如何办理相关手续的请示》(湘国土资〔2010〕3号)收悉。经研究,函复如下:

根据《土地管理法》、《城市房地产管理法》和《协议出让国有土地使用权规范》(国土资发〔2006〕114号)等法律政策规定,出让土地改变土地用途,经出让方和规划管理部门同意,原土地使用权人可以与市、县国土资源管理部门签订变更协议或重新签订出让合同,相应调整土地出让金。原土地使用权人应当按照变更协议或重新签订的出让合同约定,及时补缴出让金,办理土地登记。但出让合同、法律、法规、行政规定等明确必须收回土地使用权重新公开出让的,不得办理协议出让手续。

**第三百五十一条 【支付出让金等费用】** 建设用地使用权人应当依照法律规定以及合同约定支付出让金等费用。

**一、相关法律条文**

**1.《中华人民共和国土地管理法》(2019年8月26日修正)**

**第五十五条** 以出让等有偿使用方式取得国有土地使用权的建设单位,按照国务院规定的标准和办法,缴纳土地使用权出让金等土地有偿使用费和其他费用后,方可使用土地。

自本法施行之日起，新增建设用地的土地有偿使用费，百分之三十上缴中央财政，百分之七十留给有关地方人民政府。具体使用管理办法由国务院财政部门会同有关部门制定，并报国务院批准。

**2.《中华人民共和国城市房地产管理法》（2009 年 8 月 27 日修正）**

**第三条**　国家依法实行国有土地有偿、有限期使用制度。但是，国家在本法规定的范围内划拨国有土地使用权的除外。

**第十六条**　土地使用者必须按照出让合同约定，支付土地使用权出让金；未按照出让合同约定支付土地使用权出让金的，土地管理部门有权解除合同，并可以请求违约赔偿。

**第十七条**　土地使用者按照出让合同约定支付土地使用权出让金的，市、县人民政府土地管理部门必须按照出让合同约定，提供出让的土地；未按照出让合同约定提供出让的土地的，土地使用者有权解除合同，由土地管理部门返还土地使用权出让金，土地使用者并可以请求违约赔偿。

**第十八条**　土地使用者需要改变土地使用权出让合同约定的土地用途的，必须取得出让方和市、县人民政府城市规划行政主管部门的同意，签订土地使用权出让合同变更协议或者重新签订土地使用权出让合同，相应调整土地使用权出让金。

**第十九条**　土地使用权出让金应当全部上缴财政，列入预算，用于城市基础设施建设和土地开发。土地使用权出让金上缴和使用的具体办法由国务院规定。

**第四十条**　以划拨方式取得土地使用权的，转让房地产时，应当按照国务院规定，报有批准权的人民政府审批。有批准权的人民政府准予转让的，应当由受让方办理土地使用权出让手续，并依照国家有关规定缴纳土地使用权出让金。

以划拨方式取得土地使用权的，转让房地产报批时，有批准权的人民政府按照国务院规定决定可以不办理土地使用权出让手续的，转让方应当按照国务院规定将转让房地产所获收益中的土地收益上缴国家或者作其他处理。

**第五十一条**　设定房地产抵押权的土地使用权是以划拨方式取得的，依法拍卖该房地产后，应当从拍卖所得的价款中缴纳相当于应缴纳的土地使用权出让金的款额后,抵押权人方可优先受偿。

**第六十七条** 违反本法第四十条第一款的规定转让房地产的,由县级以上人民政府土地管理部门责令缴纳土地使用权出让金,没收违法所得,可以并处罚款。

## 二、相关行政法规

**《中华人民共和国城镇国有土地使用权出让和转让暂行条例》(2020 年 11 月 29 日修订)**

**第十四条** 土地使用者应当在签订土地使用权出让合同后六十日内,支付全部土地使用权出让金。逾期未全部支付的,出让方有权解除合同,并可请求违约赔偿。

**第十五条** 出让方应当按照合同规定,提供出让的土地使用权。未按合同规定提供土地使用权的,土地使用者有权解除合同,并可请求违约赔偿。

## 三、相关司法解释

**《最高人民法院关于审理涉及国有土地使用权合同纠纷案件适用法律问题的解释》(法释〔2005〕5 号)(2020 年 12 月 23 日修正)**

**第三条** 经市、县人民政府批准同意以协议方式出让的土地使用权,土地使用权出让金低于订立合同时当地政府按照国家规定确定的最低价的,应当认定土地使用权出让合同约定的价格条款无效。

当事人请求按照订立合同时的市场评估价格交纳土地使用权出让金的,应予支持;受让方不同意按照市场评估价格补足,请求解除合同的,应予支持。因此造成的损失,由当事人按照过错承担责任。

## 四、相关文件规定

**1.《国务院关于将部分土地出让金用于农业土地开发有关问题的通知》(国发〔2004〕8 号)**

各省、自治区、直辖市人民政府,国务院各部委、各直属机构:

根据《中华人民共和国城市房地产管理法》和《中华人民共和国土地管理法》有关土地使用权出让金的用途及土地出让金上缴、使用的规定,为切实保护耕地,加强粮食综合生产能力建设,抑制城市盲目扩张,促进城乡协调发展,国务院决定从 2004 年起将部分土地出让金用于农业土地开发。现就有关问题通知如下:

**一、关于土地出让金用于农业土地开发的用途**

按照“取之于土，用之于土”的原则，将部分土地出让金专项用于土地整理复垦、宜农未利用地开发、基本农田建设以及改善农业生产条件的土地开发。

**二、关于土地出让金用于农业土地开发的比例**

土地出让金用于农业土地开发的比例，由各省、自治区、直辖市及计划单列市人民政府根据不同情况，按各市、县不低于土地出让平均纯收益的15%确定。土地出让平均纯收益的具体标准由财政部、国土资源部确定。

**三、关于用于农业土地开发的土地出让金的管理**

用于农业土地开发的土地出让金纳入财政预算，实行专项管理。省（自治区、直辖市）及计划单列市、市（地、州、盟）、县（市、旗）应分别在现有账户中设立专账，分账核算。用于农业土地开发的土地出让金主要留在市、县，专款专用；各地可根据不同情况，将不超过30%的资金集中到省、自治区、直辖市及计划单列市使用。资金使用管理具体办法由财政部会同国土资源部制订。

**四、关于用于农业土地开发的土地出让金的监督**

各省、自治区、直辖市及计划单列市人民政府要加强对用于农业土地开发的土地出让金收缴的监督，保证土地出让金专户资金优先足额划入用于农业土地开发的资金专账；对挪用专账资金的，由省级人民政府负责追缴，并追究有关人员的责任。财政部、国土资源部要会同监察部、审计署等部门加强对用于农业土地开发的土地出让金收缴、使用和管理情况进行监督检查，对检查出的问题要及时采取措施予以纠正。

**2.《国土资源部办公厅关于协议出让土地改变用途补交出让金问题的复函》（国土资厅函〔2004〕271号）**

河北省国土资源厅：

《关于协议出让土地改变用途如何补交出让金问题的请示》（冀国土资地字〔2004〕45号）收悉。经研究，现函复如下：

土地使用者以协议出让方式取得国有土地使用权后，必须严格按照规定的土地用途和条件使用土地。土地使用者需要改变土地使用权出让合同约定的土地用途的，必须取得出让方和市、县人民政府城市规划行政主管部门的同意，签订土地使用权出让合同变更协议或者重新签订土地使用权出让合同，相应调整土地使用权出让金。

经批准改变协议出让土地用途的，应按变更时的土地市场价格，分别计算变更后的土地用途的土地使用权出让金数额和原用途的土地使用权出让金数额，以差额部分计算应当补交的土地使用权出让金。

**3.《国家税务总局关于免征土地出让金出让国有土地使用权征收契税的批复》(国税函〔2005〕436号)**

北京市地方税务局：

你局《关于对政府以零地价方式出让国有土地使用权征收契税问题的请示》(京地税地〔2005〕166号)收悉，批复如下：

根据《中华人民共和国契税暂行条例》及其细则的有关规定，对承受国有土地使用权所应支付的土地出让金，要计征契税。不得因减免土地出让金，而减免契税。

**4.《财政部、国土资源部关于印发〈用于农业土地开发的土地出让金收入管理办法〉的通知》(财综〔2004〕49号)**

**第一条** 根据《国务院关于将部分土地出让金用于农业土地开发有关问题的通知》(国发〔2004〕8号)的规定，从2004年1月1日起，将部分土地出让金用于农业土地开发。为加强对各地用于农业土地开发的土地出让金收入管理情况的检查、监督和考核工作，特制定本办法。

**第二条** 土地出让金用于农业土地开发的比例，由各省、自治区、直辖市及计划单列市人民政府根据不同情况，按各市、县不低于土地出让平均纯收益的15%确定。

从土地出让金划出的农业土地开发资金计算公式为：

从土地出让金划出的农业土地开发资金＝土地出让面积×土地出让平均纯收益征收标准(对应所在地征收等别)×各地规定的土地出让金用于农业土地开发的比例(不低于15%)。

**第三条** 本办法所称土地出让平均纯收益征收标准是指地方人民政府出让土地取得的土地出让纯收益的平均值。由财政部、国土资源部根据全国城镇土地等别、城镇土地级别、基准地价水平、建设用地供求状况、社会经济发展水平等情况制定、联合发布，并根据土地市场价格变动情况适时调整。土地出让平均纯收益征收标准见附件一。

**第四条** 调整现行政府预算收入科目，将"基金预算收入科目"第85类"土地有偿使用收入"下的850101项"土地出让金"取消；增设850103项"用于农业土地开发的土地出让金"，反映从"土地出让金财政专户”中划入的用于农业土地开发的资金;增设850104项“其他土地出让金”,反映从“土地出让金财政专户”中扣除划入农业土地开发资金专账后的土地出让金。

**第五条** 市(地、州、盟)、县(市、旗)国土资源管理部门根据办理的土地出让合同,按季统计土地出让面积送同级财政部门,同时抄报省级国土资源管理部门、财政部门。

**第六条** 市(地、州、盟)、县(市、旗)财政部门根据同级国土资源管理部门提供的土地出让面积、城镇土地级别、土地出让平均纯收益征收标准和各省(自治区、直辖市)及计划单列市人民政府规定的土地出让金用于农业土地开发的比例(不低于15%),计算应从土地出让金中划出的农业土地开发资金,并按照专账管理的原则和土地出让金缴交情况,由财政部门在次月5日前办理土地出让金清算时,按级次分别开具缴款书,办理缴库手续,将属于本市(地、州、盟)、县(市、旗)的用于农业土地开发的土地出让金收入(不低于农业土地开发资金的70%部分)缴入同级国库用于农业土地开发的土地出让金收入专账;将属于各省(自治区、直辖市)及计划单列市集中的用于农业土地开发的土地出让金收入(不高于农业土地开发资金30%的部分)按就地缴库方式缴入省国库用于农业土地开发的土地出让金收入专账。

**第七条** 各省(自治区、直辖市)及计划单列市人民政府要加强对用于农业土地开发的土地出让金收缴的监督,保证土地出让金专户资金优先足额划入用于农业土地开发的资金专账。

**第八条** 财政部和国土资源部要会同监察部、审计署等有关部门,对用于农业土地开发的土地出让金的提取比例、收入征缴情况进行定期或不定期的监督检查。各省(自治区、直辖市)及计划单列市人民政府要定期将用于农业土地开发的土地出让金收入管理情况报财政部、国土资源部。

**第九条** 财政部可授权财政部驻各地财政监察专员办事处对用于农业土地开发的土地出让金的收入管理情况进行监督检查。

**第十条** 各省(自治区、直辖市)及计划单列市人民政府可根据本办法,结合本地实际情况,制定用于农业土地开发的土地出让金收入管理实施细则,并报财政部、国土资源部备案。

**第十一条** 本办法自2004年1月1日起实行。

**5.《最高人民法院行政审判庭关于对人民防空部门出租人防设施，以洞养洞，是否收取土地出让金的答复》（〔1996〕法行字第21号）**

湖南省高级人民法院：

你院〔1996〕湘行请字5号《关于人民防空地下设施改变使用性质是否需要收取土地出让金适用法律的请示》收悉。经研究并征求国务院法制办公室意见，我们认为：人民防空是国防的组成部门，人民防空部门依据平战结合原则，出租人防设施，以洞养洞，不应收取土地出让金。

**第三百五十二条　【房地权属一致的推定规则】**建设用地使用权人建造的建筑物、构筑物及其附属设施的所有权属于建设用地使用权人，但是有相反证据证明的除外。

**一、相关法律条文**

**《中华人民共和国民法典》（2021年1月1日起施行）**

**第二百三十一条**　因合法建造、拆除房屋等事实行为设立或者消灭物权的，自事实行为成就时发生效力。

**二、相关司法解释**

**《最高人民法院关于审理涉及国有土地使用权合同纠纷案件适用法律问题的解释》（法释〔2005〕5号）（2020年12月23日修正）**

**第二十四条**　合作开发房地产合同约定提供土地使用权的当事人不承担经营风险，只收取固定利益的，应当认定为土地使用权转让合同。

**第二十五条**　合作开发房地产合同约定提供资金的当事人不承担经营风险，只分配固定数量房屋的，应当认定为房屋买卖合同。

**第二十六条**　合作开发房地产合同约定提供资金的当事人不承担经营风险，只收取固定数额货币的，应当认定为借款合同。

**第二十七条**　合作开发房地产合同约定提供资金的当事人不承担经营风险，只以租赁或者其他形式使用房屋的，应当认定为房屋租赁合同。

### 三、相关裁判摘要

• **2018 年第 8 期《中华人民共和国最高人民法院公报》**刊登的“**陕西崇立实业发展有限公司与中国信达资产管理股份有限公司陕西省分公司、西安佳佳房地产综合开发有限责任公司案外人执行异议之诉案**”判决就房地权属一致的推定规则进行了分析。相关裁判摘要如下：

第二，崇立公司能否基于合法建造取得案涉房屋所有权。本院认为，首先，《物权法》第一百四十二条规定，建设用地使用权人建造的建筑物、构筑物及其附属设施的所有权属于建设用地使用权人，但有相反证据证明的除外。即建设用地使用权人建造的建筑物、构筑物及其附属设施的所有权一般属于建设用地使用权人。就本案而言，建设用地使用权证载明的权利人为佳佳公司并非崇立公司。其次，虽然《物权法》第三十条规定，因合法建造、拆除房屋等事实行为设立或者消灭物权的，自事实行为成就时发生效力。但合法建造取得物权，应当包括两个前提条件，一是必须有合法的建房手续，完成特定审批，取得合法土地权利，符合规划要求；二是房屋应当建成。根据查明事实，案涉房屋的国有土地使用权证、建筑用地规划许可证、建筑工程规划许可证、施工许可证等记载的权利人均为佳佳公司。即在案涉房屋开发的立项、规划、建设过程中，佳佳公司是相关行政审批机关确定的建设方，崇立公司仅依据其与佳佳公司的联建协议，并不能直接认定其为《物权法》第三十条规定的合法建造人，并因事实行为而当然取得物权。结合《佳家时代广场 B、C 座项目联合开发合同书》约定内容分析，双方联建的佳家时代广场 B、C 座楼位及 B 座以北的地下车库项目，双方共同投资至本项目总价的 25%—30% 时，佳佳公司应无条件的将该项目转让，过户给崇立公司，由崇立公司独自建设、经营、销售，收益归崇立公司所有，转让过户的税费由崇立公司承担。即崇立公司、佳佳公司双方亦明知，双方合作开发，崇立公司仅能依据联建协议参与建成房屋分配，项目转让仍需履行相关审批手续。

**第三百五十三条　【建设用地使用权人处分建设用地使用权的权利】**建设用地使用权人有权将建设用地使用权转让、互换、出资、赠与或者抵押，但是法律另有规定的除外。

## 一、相关法律条文

**1.《中华人民共和国城市房地产管理法》(2019年8月26日修正)**

**第三十七条** 房地产转让,是指房地产权利人通过买卖、赠与或者其他合法方式将其房地产转移给他人的行为。

**第三十八条** 下列房地产,不得转让:

(一)以出让方式取得土地使用权的,不符合本法第三十九条规定的条件的;

(二)司法机关和行政机关依法裁定、决定查封或者以其他形式限制房地产权利的;

(三)依法收回土地使用权的;

(四)共有房地产,未经其他共有人书面同意的;

(五)权属有争议的;

(六)未依法登记领取权属证书的;

(七)法律、行政法规规定禁止转让的其他情形。

**第三十九条** 以出让方式取得土地使用权的,转让房地产时,应当符合下列条件:

(一)按照出让合同约定已经支付全部土地使用权出让金,并取得土地使用权证书;

(二)按照出让合同约定进行投资开发,属于房屋建设工程的,完成开发投资总额的百分之二十五以上,属于成片开发土地的,形成工业用地或者其他建设用地条件。

转让房地产时房屋已经建成的,还应当持有房屋所有权证书。

**第四十条** 以划拨方式取得土地使用权的,转让房地产时,应当按照国务院规定,报有批准权的人民政府审批。有批准权的人民政府准予转让的,应当由受让方办理土地使用权出让手续,并依照国家有关规定缴纳土地使用权出让金。

以划拨方式取得土地使用权的,转让房地产报批时,有批准权的人民政府按照国务院规定决定可以不办理土地使用权出让手续的,转让方应当按照国务院规定将转让房地产所获收益中的土地收益上缴国家或者作其他处理。

**第四十一条** 房地产转让,应当签订书面转让合同,合同中应当载明土地使用权取得的方式。

**第四十二条**　房地产转让时，土地使用权出让合同载明的权利、义务随之转移。

**第四十三条**　以出让方式取得土地使用权的，转让房地产后，其土地使用权的使用年限为原土地使用权出让合同约定的使用年限减去原土地使用者已经使用年限后的剩余年限。

**第四十四条**　以出让方式取得土地使用权的，转让房地产后，受让人改变原土地使用权出让合同约定的土地用途的，必须取得原出让方和市、县人民政府城市规划行政主管部门的同意，签订土地使用权出让合同变更协议或者重新签订土地使用权出让合同，相应调整土地使用权出让金。

**第四十五条**　商品房预售，应当符合下列条件：

（一）已交付全部土地使用权出让金，取得土地使用权证书；

（二）持有建设工程规划许可证；

（三）按提供预售的商品房计算，投入开发建设的资金达到工程建设总投资的百分之二十五以上，并已经确定施工进度和竣工交付日期；

（四）向县级以上人民政府房产管理部门办理预售登记，取得商品房预售许可证明。

商品房预售人应当按照国家有关规定将预售合同报县级以上人民政府房产管理部门和土地管理部门登记备案。

商品房预售所得款项，必须用于有关的工程建设。

**第四十七条**　房地产抵押，是指抵押人以其合法的房地产以不转移占有的方式向抵押权人提供债务履行担保的行为。债务人不履行债务时，抵押权人有权依法以抵押的房地产拍卖所得的价款优先受偿。

**第四十八条**　依法取得的房屋所有权连同该房屋占用范围内的土地使用权，可以设定抵押权。

以出让方式取得的土地使用权，可以设定抵押权。

**2.《中华人民共和国公司法》（2018年10月26日修正）**

**第二十七条**　股东可以用货币出资，也可以用实物、知识产权、土地使用权等可以用货币估价并可以依法转让的非货币财产作价出资；但是，法律、行政法规规定不得作为出资的财产除外。

对作为出资的非货币财产应当评估作价，核实财产，不得高估或者低估作价。法律、行政法规对评估作价有规定的，从其规定。

## 二、相关行政法规

**《中华人民共和国城镇国有土地使用权出让和转让暂行条例》(2020年11月29日修订)**

**第四条** 依照本条例的规定取得土地使用权的土地使用者，其使用权在使用年限内可以转让、出租、抵押或者用于其他经济活动，合法权益受国家法律保护。

**第六条** 县级以上人民政府土地管理部门依法对土地使用权的出让、转让、出租、抵押、终止进行监督检查。

**第七条** 土地使用权出让、转让、出租、抵押、终止及有关的地上建筑物、其他附着物的登记，由政府土地管理部门、房产管理部门依照法律和国务院的有关规定办理。

登记文件可以公开查阅。

**第十九条** 土地使用权转让是指土地使用者将土地使用权再转移的行为，包括出售、交换和赠与。未按土地使用权出让合同规定的期限和条件投资开发、利用土地的，土地使用权不得转让。

**第二十八条** 土地使用权出租是指土地使用者作为出租人将土地使用权随同地上建筑物、其他附着物租赁给承租人使用，由承租人向出租人支付租金的行为。

未按土地使用权出让合同规定的期限和条件投资开发、利用土地的，土地使用权不得出租。

**第三十二条** 土地使用权可以抵押。

**第四十八条** 依照本条例的规定取得土地使用权的个人，其土地使用权可以继承。

## 三、相关司法解释

**《最高人民法院关于审理涉及国有土地使用权合同纠纷案件适用法律问题的解释》(法释〔2005〕5号)(2020年12月23日修正)**

**第七条** 本解释所称的土地使用权转让合同，是指土地使用权人作为转让方将出让土地使用权转让于受让方，受让方支付价款的合同。

**第八条** 土地使用权人作为转让方与受让方订立土地使用权转让合同后，当事人一方以双方之间未办理土地使用权变更登记手续为由，请求确认合同无效的，不予支持。

**第九条** 土地使用权人作为转让方就同一出让土地使用权订立数

个转让合同，在转让合同有效的情况下，受让方均要求履行合同的，按照以下情形分别处理：

（一）已经办理土地使用权变更登记手续的受让方，请求转让方履行交付土地等合同义务的，应予支持；

（二）均未办理土地使用权变更登记手续，已先行合法占有投资开发土地的受让方请求转让方履行土地使用权变更登记等合同义务的，应予支持；

（三）均未办理土地使用权变更登记手续，又未合法占有投资开发土地，先行支付土地转让款的受让方请求转让方履行交付土地和办理土地使用权变更登记等合同义务的，应予支持；

（四）合同均未履行，依法成立在先的合同受让方请求履行合同的，应予支持。

未能取得土地使用权的受让方请求解除合同、赔偿损失的，依照民法典的有关规定处理。

**第十条**　土地使用权人与受让方订立合同转让划拨土地使用权，起诉前经有批准权的人民政府同意转让，并由受让方办理土地使用权出让手续的，土地使用权人与受让方订立的合同可以按照补偿性质的合同处理。

**第十一条**　土地使用权人与受让方订立合同转让划拨土地使用权，起诉前经有批准权的人民政府决定不办理土地使用权出让手续，并将该划拨土地使用权直接划拨给受让方使用的，土地使用权人与受让方订立的合同可以按照补偿性质的合同处理。

**第十二条**　本解释所称的合作开发房地产合同，是指当事人订立的以提供出让土地使用权、资金等作为共同投资，共享利润、共担风险合作开发房地产为基本内容的合同。

**第十三条**　合作开发房地产合同的当事人一方具备房地产开发经营资质的，应当认定合同有效。

当事人双方均不具备房地产开发经营资质的，应当认定合同无效。但起诉前当事人一方已经取得房地产开发经营资质或者已依法合作成立具有房地产开发经营资质的房地产开发企业的，应当认定合同有效。

**第十四条**　投资数额超出合作开发房地产合同的约定，对增加的投资数额的承担比例，当事人协商不成的，按照当事人的违约情况确定；因不可归责于当事人的事由或者当事人的违约情况无法确定的，按照约定的投资比例确定;没有约定投资比例的,按照约定的利润分配比例确定。

**第十五条** 房屋实际建筑面积少于合作开发房地产合同的约定,对房屋实际建筑面积的分配比例,当事人协商不成的,按照当事人的违约情况确定;因不可归责于当事人的事由或者当事人违约情况无法确定的,按照约定的利润分配比例确定。

**第十六条** 在下列情形下,合作开发房地产合同的当事人请求分配房地产项目利益的,不予受理;已经受理的,驳回起诉:

(一)依法需经批准的房地产建设项目未经有批准权的人民政府主管部门批准;

(二)房地产建设项目未取得建设工程规划许可证;

(三)擅自变更建设工程规划。

因当事人隐瞒建设工程规划变更的事实所造成的损失,由当事人按照过错承担。

**第十七条** 房屋实际建筑面积超出规划建筑面积,经有批准权的人民政府主管部门批准后,当事人对超出部分的房屋分配比例协商不成的,按照约定的利润分配比例确定。对增加的投资数额的承担比例,当事人协商不成的,按照约定的投资比例确定;没有约定投资比例的,按照约定的利润分配比例确定。

**第十八条** 当事人违反规划开发建设的房屋,被有批准权的人民政府主管部门认定为违法建筑责令拆除,当事人对损失承担协商不成的,按照当事人过错确定责任;过错无法确定的,按照约定的投资比例确定责任;没有约定投资比例的,按照约定的利润分配比例确定责任。

**第十九条** 合作开发房地产合同约定仅以投资数额确定利润分配比例,当事人未足额交纳出资的,按照当事人的实际投资比例分配利润。

**第二十条** 合作开发房地产合同的当事人要求将房屋预售款充抵投资参与利润分配的,不予支持。

**第二十一条** 合作开发房地产合同约定提供土地使用权的当事人不承担经营风险,只收取固定利益的,应当认定为土地使用权转让合同。

**第二十二条** 合作开发房地产合同约定提供资金的当事人不承担经营风险,只分配固定数量房屋的,应当认定为房屋买卖合同。

**第二十三条** 合作开发房地产合同约定提供资金的当事人不承担经营风险，只收取固定数额货币的，应当认定为借款合同。

**第二十四条** 合作开发房地产合同约定提供资金的当事人不承担经营风险，只以租赁或者其他形式使用房屋的，应当认定为房屋租赁合同。

**四、相关文件规定**

**《最高人民法院关于当前形势下进一步做好房地产纠纷案件审判工作的指导意见》(法发〔2009〕42号)**

二、切实依法维护国有土地使用权转让市场。要正确地产管理法等法律、行政法规关于土地使用权转让条件的规定，准确把握物权效力与合同效力的区分原则，尽可能维持合同效力，促进土地使用权的正常流转。

**第三百五十四条 【处分建设用地使用权的合同】**建设用地使用权转让、互换、出资、赠与或者抵押的，当事人应当采用书面形式订立相应的合同。使用期限由当事人约定，但是不得超过建设用地使用权的剩余期限。

**一、相关法律条文**

**《中华人民共和国城市房地产管理法》(2009年8月27日修正)**

**第四十一条** 房地产转让，应当签订书面转让合同，合同中应当载明土地使用权取得的方式。

**第四十三条** 以出让方式取得土地使用权的，转让房地产后，其土地使用权的使用年限为原土地使用权出让合同约定的使用年限减去原土地使用者已经使用年限后的剩余年限。

**第五十条** 房地产抵押，抵押人和抵押权人应当签订书面抵押合同。

**二、相关行政法规**

**《中华人民共和国城镇国有土地使用权出让和转让暂行条例》(2020年11月29日修订)**

**第二十条** 土地使用权转让应当签订转让合同。

**第二十一条**　土地使用权转让时，土地使用权出让合同和登记文件中所载明的权利、义务随之转移。

**第二十二条**　土地使用者通过转让方式取得的土地使用权，其使用年限为土地使用权出让合同规定的使用年限减去原土地使用者已使用年限后的剩余年限。

**第三百五十五条　【建设用地使用权的转移登记】**建设用地使用权转让、互换、出资或者赠与的，应当向登记机构申请变更登记。

**一、相关法律条文**

**《中华人民共和国城市房地产管理法》（2019年8月26日修正）**

**第六十一条**　以出让或者划拨方式取得土地使用权，应当向县级以上地方人民政府土地管理部门申请登记，经县级以上地方人民政府土地管理部门核实，由同级人民政府颁发土地使用权证书。

在依法取得的房地产开发用地上建成房屋的，应当凭土地使用权证书向县级以上地方人民政府房产管理部门申请登记，由县级以上地方人民政府房产管理部门核实并颁发房屋所有权证书。

房地产转让或者变更时，应当向县级以上地方人民政府房产管理部门申请房产变更登记，并凭变更后的房屋所有权证书向同级人民政府土地管理部门申请土地使用权变更登记，经同级人民政府土地管理部门核实，由同级人民政府更换或者更改土地使用权证书。

法律另有规定的，依照有关法律的规定办理。

**二、相关行政法规**

**1.《中华人民共和国土地管理法实施条例》（2014年7月29日修订）**

**第六条**　依法改变土地所有权、使用权的，因依法转让地上建筑物、构筑物等附着物导致土地使用权转移的，必须向土地所在地的县级以上人民政府土地行政主管部门提出土地变更登记申请，由原土地登记机关依法进行土地所有权、使用权变更登记。土地所有权、使用权的变更，自变更登记之日起生效。

依法改变土地用途的，必须持批准文件，向土地所在地的县级以上人民政府土地行政主管部门提出土地变更登记申请，由原土地登记机关依法进行变更登记。

**2.《中华人民共和国城镇国有土地使用权出让和转让暂行条例》(2020年11月29日修订)**

**第二十五条** 土地使用权和地上建筑物、其他附着物所有权转让，应当依照规定办理过户登记。

土地使用权和地上建筑物、其他附着物所有权分割转让的，应当经市、县人民政府土地管理部门和房产管理部门批准，并依照规定办理过户登记。

## 三、相关部门规章

**《不动产登记暂行条例实施细则》(2019年7月16日修正)**

**第三十七条** 申请国有建设用地使用权及房屋所有权变更登记的，应当根据不同情况，提交下列材料：

(一)不动产权属证书；

(二)发生变更的材料；

(三)有批准权的人民政府或者主管部门的批准文件；

(四)国有建设用地使用权出让合同或者补充协议；

(五)国有建设用地使用权出让价款、税费等缴纳凭证；

(六)其他必要材料。

**第三十八条** 申请国有建设用地使用权及房屋所有权转移登记的，应当根据不同情况，提交下列材料：

(一)不动产权属证书；

(二)买卖、互换、赠与合同；

(三)继承或者受遗赠的材料；

(四)分割、合并协议；

(五)人民法院或者仲裁委员会生效的法律文书；

(六)有批准权的人民政府或者主管部门的批准文件；

(七)相关税费缴纳凭证；

(八)其他必要材料。

不动产买卖合同依法应当备案的，申请人申请登记时须提交经备案的买卖合同。

**第三十九条** 具有独立利用价值的特定空间以及码头、油库等其他建筑物、构筑物所有权的登记,按照本实施细则中房屋所有权登记有关规定办理。

**第三百五十六条 【房随地走】**建设用地使用权转让、互换、出资或者赠与的,附着于该土地上的建筑物、构筑物及其附属设施一并处分。

**一、相关行政法规**

**《中华人民共和国城镇国有土地使用权出让和转让暂行条例》(2020年11月29日修订)**

**第二十三条** 土地使用权转让时,其地上建筑物、其他附着物所有权随之转让。

**二、相关部门规章**

**《不动产登记暂行条例实施细则》(2019年7月16日修正)**

**第二条** 不动产登记应当依照当事人的申请进行,但法律、行政法规以及本实施细则另有规定的除外。

房屋等建筑物、构筑物和森林、林木等定着物应当与其所依附的土地、海域一并登记,保持权利主体一致。

**三、相关文件规定**

**《不动产登记操作规范(试行)》(2016年5月30日起施行)**

1.2.2 一体登记原则

房屋等建筑物、构筑物所有权和森林、林木等定着物所有权登记应当与其所附着的土地、海域一并登记,保持权利主体一致。

土地使用权、海域使用权首次登记、转移登记、抵押登记、查封登记的,该土地、海域范围内符合登记条件的房屋等建筑物、构筑物所有权和森林、林木等定着物所有权应当一并登记。

房屋等建筑物、构筑物所有权和森林、林木等定着物所有权首次登记、转移登记、抵押登记、查封登记的,该房屋等建筑物、构筑物和森林、林木等定着物占用范围内的土地使用权、海域使用权应当一并登记。

**第三百五十七条 【地随房走】**建筑物、构筑物及其附属设施转让、互换、出资或者赠与的，该建筑物、构筑物及其附属设施占用范围内的建设用地使用权一并处分。

**一、相关法律条文**

**《中华人民共和国城市房地产管理法》(2019 年 8 月 26 日修正)**

**第三十二条**　房地产转让、抵押时，房屋的所有权和该房屋占用范围内的土地使用权同时转让、抵押。

**二、相关行政法规**

**1.《中华人民共和国城镇国有土地使用权出让和转让暂行条例》(2020 年 11 月 29 日修订)**

**第二十四条**　地上建筑物、其他附着物的所有人或者共有人，享有该建筑物、附着物使用范围内的土地使用权。

土地使用者转让地上建筑物、其他附着物所有权时，其使用范围内的土地使用权随之转让，但地上建筑物、其他附着物作为动产转让的除外。

**2.《中华人民共和国土地管理法实施条例》(2014 年 7 月 29 日修订)**

**第六条**　依法改变土地所有权、使用权的，因依法转让地上建筑物、构筑物等附着物导致土地使用权转移的，必须向土地所在地的县级以上人民政府土地行政主管部门提出土地变更登记申请，由原土地登记机关依法进行土地所有权、使用权变更登记。土地所有权、使用权的变更，自变更登记之日起生效。

依法改变土地用途的，必须持批准文件，向土地所在地的县级以上人民政府土地行政主管部门提出土地变更登记申请，由原土地登记机关依法进行变更登记。

**三、相关司法解释**

**《最高人民法院关于人民法院民事执行中查封、扣押、冻结财产的规定》(法释〔2004〕15 号)(2020 年 12 月 23 日修正)**

**第二十一条**　查封地上建筑物的效力及于该地上建筑物使用范围内的土地使用权，查封土地使用权的效力及于地上建筑物，但土地使用权与地上建筑物的所有权分属被执行人与他人的除外。

地上建筑物和土地使用权的登记机关不是同一机关的，应当分别办理查封登记。

## 四、相关部门规章

**《不动产登记暂行条例实施细则》(2019年7月16日修正)**

**第二条** 不动产登记应当依照当事人的申请进行，但法律、行政法规以及本实施细则另有规定的除外。

房屋等建筑物、构筑物和森林、林木等定着物应当与其所依附的土地、海域一并登记，保持权利主体一致。

## 五、相关文件规定

**1.《最高人民法院、国土资源部、建设部关于依法规范人民法院执行和国土资源房地产管理部门协助执行若干问题的通知》(法发〔2004〕5号)**

二十三、在变价处理土地使用权、房屋时，土地使用权、房屋所有权同时转移；土地使用权与房屋所有权归属不一致的，受让人继受原权利人的合法权利。

**2.《不动产登记操作规范(试行)》(2016年5月30日发布)**

1.2.2 一体登记原则

房屋等建筑物、构筑物所有权和森林、林木等定着物所有权登记应当与其所附着的土地、海域一并登记，保持权利主体一致。

土地使用权、海域使用权首次登记、转移登记、抵押登记、查封登记的，该土地、海域范围内符合登记条件的房屋等建筑物、构筑物所有权和森林、林木等定着物所有权应当一并登记。

房屋等建筑物、构筑物所有权和森林、林木等定着物所有权首次登记、转移登记、抵押登记、查封登记的，该房屋等建筑物、构筑物和森林、林木等定着物占用范围内的土地使用权、海域使用权应当一并登记。

## 六、相关裁判摘要

- **2009年第12期《中华人民共和国最高人民法院公报》**刊登的“**中国信达资产管理公司西安办事处与陕西省粮油食品进出口公司西安中转冷库、陕西省粮油食品进出口公司借款担保合同纠纷案**”的判决认为，基于房地一致的原则，房屋所有权转让后，受让人不仅取得了房屋所有权，也同时取得了房屋占用范围内的土地使用权，故此其有权请求名义上的土地使用权人办理土地使用权的转移登记。相关裁判摘要如下：

《中华人民共和国城市房地产管理法》第三十一条规定："房地产转让、抵押时，房屋的所有权和该房屋占用范围内的土地使用权同时转让、抵押"，中华人民共和国建设部1997年10月27日颁布的《城市房屋权属登记管理办法》第六条规定："房屋权属登记应当遵循房屋的所有权和该房屋占用范围内的土地使用权权利主体一致的原则"，中华人民共和国土地管理局1992年3月8日颁布的《划拨土地使用权管理暂行办法》第十一条规定："转让、抵押土地使用权，其地上建筑物、其他附着物所有权随之转让、抵押；转让、抵押地上建筑物、其他附着物所有权，其使用范围内的土地使用权随之转让、抵押。但地上建筑物、其他附着物作为动产转让的除外。""地随房走，房随地走"的权利合一原则是我国房地产权属的一贯原则。房产转让人负有将所售房屋占用范围内的土地使用权移转给受让人的义务，受让人享有要求将所购房屋占用范围内土地使用权移转给自己的权利。在土地使用权变更登记完成之前，转让人为登记的名义权利人，但受让人为实质权利人，可以请求将土地使用权变更至自己名下。

陕中营抵字022号《抵押合同》中约定了抵押物名称为"土地、房产"，中转冷库2003年向西安市国土资源和房屋管理局报送的也为《关于同意继续用土地及地面建筑物进行贷款抵押的函》。因此，虽然抵押登记只针对西未国用（2000）字第979号国有土地使用权，但应视为当事人约定土地使用权与地面建筑物所有权一并抵押。然而地上建筑物中职工住宅楼的所有权已经移转给购房职工所有，中转冷库并无权利处分。根据《中华人民共和国合同法》第五十一条之规定："无处分权的人处分他人财产，经权利人追认或者无处分权的人订立合同后取得处分权的，该合同有效"，该抵押合同未经地上建筑物所有权人购房职工追认；且西未国用（2000）字第979号土地使用权证书中已经标明该宗土地上存有地上建筑物，并标明为中转冷库的福利区，地上建筑物中职工住宅楼所有权已经登记移转至购房职工名下，而原债权银行却未查明地上建筑物实际权属即接受抵押，也存在过错，因此抵押合同无效，依据该合同设立的抵押权也相应无效。

**第三百五十八条　【建设用地使用权的提前收回】**建设用地使用

权期限届满前,因公共利益需要提前收回该土地的,应当依据本法第二百四十三条的规定对该土地上的房屋以及其他不动产给予补偿,并退还相应的出让金。

## 一、相关法律条文

**1.《中华人民共和国土地管理法》(2019年8月26日修正)**

**第五十八条** 有下列情形之一的,由有关人民政府自然资源主管部门报经原批准用地的人民政府或者有批准权的人民政府批准,可以收回国有土地使用权:

(一)为实施城市规划进行旧城区改建以及其他公共利益需要,确需使用土地的;

(二)土地出让等有偿使用合同约定的使用期限届满,土地使用者未申请续期或者申请续期未获批准的;

(三)因单位撤销、迁移等原因,停止使用原划拨的国有土地的;

(四)公路、铁路、机场、矿场等经核准报废的。

依照前款第(一)项的规定收回国有土地使用权的,对土地使用权人应当给予适当补偿。

**第六十六条** 有下列情形之一的,农村集体经济组织报经原批准用地的人民政府批准,可以收回土地使用权:

(一)为乡(镇)村公共设施和公益事业建设,需要使用土地的;

(二)不按照批准的用途使用土地的;

(三)因撤销、迁移等原因而停止使用土地的。

依照前款第(一)项规定收回农民集体所有的土地的,对土地使用权人应当给予适当补偿。

收回集体经营性建设用地使用权,依照双方签订的书面合同办理,法律、行政法规另有规定的除外。

**2.《中华人民共和国城市房地产管理法》(2019年8月26日修正)**

**第二十条** 国家对土地使用者依法取得的土地使用权,在出让合同约定的使用年限届满前不收回;在特殊情况下,根据社会公共利益的需要,可以依照法律程序提前收回,并根据土地使用者使用土地的实际年限和开发土地的实际情况给予相应的补偿。

## 二、相关行政法规

**1.《中华人民共和国城镇国有土地使用权出让和转让暂行条例》(2020年11月29日修订)**

**第三十九条**　土地使用权因土地使用权出让合同规定的使用年限届满、提前收回及土地灭失等原因而终止。

**第四十二条**　国家对土地使用者依法取得的土地使用权不提前收回。在特殊情况下,根据社会公共利益的需要,国家可以依照法律程序提前收回,并根据土地使用者已使用的年限和开发、利用土地的实际情况给予相应的补偿。

**2.《国有土地上房屋征收与补偿条例》(2011年1月21日起施行)**

**第十三条**　市、县级人民政府作出房屋征收决定后应当及时公告。公告应当载明征收补偿方案和行政复议、行政诉讼权利等事项。

市、县级人民政府及房屋征收部门应当做好房屋征收与补偿的宣传、解释工作。

房屋被依法征收的,国有土地使用权同时收回。

## 三、相关文件规定

**1.《国家土地管理局印发〈关于认定收回土地使用权行政决定法律性质的意见〉的通知》(〔1997〕国土〔法〕字第153号)**

收回土地使用权是人民政府及其土地管理部门一项重要的行政行为,主要采取行政处理决定和行政处罚决定两种方式进行。《行政处罚法》颁布施行后,除行政处理决定仍旧按照土地管理法律、法规的规定执行外,土地管理的各项行政处罚必须依照《行政处罚法》由土地管理法律、法规或者规章规定,并由行政机关依照《行政处罚法》规定的程序实施。为了进一步贯彻执行《行政处罚法》规定的程序实施。为了进一步贯彻执行《行政处罚法》和土地管理法律、法规、规章,正确区分行政处理决定和行政处罚决定的界限,切实做到依法行政,现对认定收回土地使用权行政决定的法律性质提出如下意见:

一、依照《土地管理法》第十九条现《土地管理法》第58条。的规定,对用地单位已经撤销或者迁移的;未经原批准机关同意,连续二年未使用的;不按批准的用途使用的;公路、铁路、机场、矿场等经核准报废的,土地管理部门报县级以上人民政府批准,依法收回用地单位的国有划拨土地使用权,属于行政处理决定。

人民政府依照该法第十九条的规定收回国有划拨土地使用权，其批准权限应与征用土地的批准权限相同。

二、依照《土地管理法》第三十三条的规定临时使用土地，期满不归还的，或者依照该法第十九条的规定土地使用权被收回，拒不交出土地的，土地管理部门责令交还土地，并处罚款的行为，属于行政处罚决定。

三、依照《城市房地产管理法》第十九条现《城市房地产管理法》第20条。和《城镇国有土地使用权出让和转让暂行条例》第四十二条的规定，在特殊情况下，根据社会公共利益的需要，人民政府或者土地管理部门依照法律程序提前收回出让的国有土地使用权，属于行政处理决定。

四、依照《城市房地产管理法》第二十一条第二款和《城镇国有土地使用权出让和转让暂行条例》第四十条的规定，土地使用权出让合同约定的使用年限届满，土地使用者未申请续期或者虽申请续期依照法律有关规定未获批准的，由人民政府或者土地管理部门依法无偿收回出让的国有土地使用权，属于行政处理决定。

五、依照《城市房地产管理法》第二十五条的规定，超过出让合同约定的动工开发日期满二年未动工开发的，人民政府或者土地管理部门依法无偿收回出让的国有土地使用权，属于行政处罚决定。

六、依照《城镇国有土地使用权出让和转让暂行条例》第十七条的规定，土地使用者未按出让合同规定的期限和条件开发、利用土地的，市、县人民政府土地管理部门无偿收回出让的国有土地使用权，属于行政处罚决定。

七、依照《城镇国有土地使用权出让和转让暂行条例》第四十七条第一款的规定，因迁移、解散、撤销、矿产或者其他原则而停止使用土地，需要依法收回国有划拨土地使用权的，属于行政处理决定。

依照该条例第四十七条第二款的规定，根据城市建设发展需要和城市规划的要求，市、县人民政府无偿收回国有划拨土地使用权的，也应属于行政处理决定。

八、依照《基本农田保护条例》第二十一条的规定，已办理审批手续的开发区和其他非农业建设占用的基本农田保护区内的耕地，未经原批准机关同意，连续二年未使用的，由县级人民政府土地管理部门报本级人民政府批准，收回用地单位土地使用权的，属于行政处理决定。

九、依照《土地复垦规定》第十七条的规定，根据规划设计企业不需要使用的土地或者未经当地土地管理部门同意，复垦后连续二年以上不使用的土地，因当地县级以上人民政府统筹安排则需要收回土地使用权，人民政府或者土地管理部门收回土地使用权的，属于行政处理决定。

本意见自下发之日起，国家土地管理局在此之前发布的规章以及对土地管理法律、行政法规作出的有关规定和解释与本意见不一致的，均以本意见为准。

**2.《国家土地管理局政策法规司关于对收回国有土地使用权批准权限问题的答复》(1991年9月3日起施行)**

黑龙江省土地管理局：

你局黑土呈〔1991〕第80号《关于执行〈中华人民共和国土地管理法〉第十九条有关问题的请示》收悉。经研究，现答复如下：

一、使用国有土地，有《土地管理法》第十九条规定情形之一的，现《土地管理法》第58条。应由市、县土地管理部门逐级呈送上级土地管理部门报原批准用地的人民政府批准收回用地单位的土地使用权。收回土地使用权的决定，可以由市、县土地管理部门依据人民政府的批准文件下达。

二、《土地管理法》第十九条未规定法定机关在行使收回土地使用权权利时承担有偿付费或者返还征地费的义务，应当无偿收回土地使用权。

## 四、相关裁判摘要

● **第41号指导案例“宣懿成等诉浙江省衢州市国土资源局收回国有土地使用权案”**(最高人民法院审判委员会讨论通过；2014年12月25日发布)认为，行政机关作出具体行政行为时未引用具体法律条款，且在诉讼中不能证明该具体行政行为符合法律的具体规定，应当视为该具体行政行为没有法律依据，适用法律错误。相关裁判摘要如下：

被告衢州市国土局作出《通知》时，虽然说明了该通知所依据的法律名称，但并未引用具体法律条款。在庭审过程中，被告辩称系依据《中华人民共和国土地管理法》(以下简称《土地管理法》)第五十八条第一款作出被诉具体行政行为。《土地管理法》第五十八条第一款规定：“有下列情况之一的，由有关人民政府土地行政主管部门报经原批准用地的人民政府或者有批准权的人民政府批准，可以收回国有土地使用权:(一)为公共利益需要使用土地的;(二)为实施城市规划进行旧城区改建,需要调整使用土地的;……”衢州市国土局作为土地行政主管部门,有权依照《土地管理法》对辖区内国有土地的使用权进行管理和调整,但其行使职权时必须具有明确的法律依据。被告在作出《通知》时,仅说明是依据《土地管理法》及浙江省的有关规定作出的,但并未引用具体的法律条款,故其作出的具体行政行为没有明确的法律依据,属于适用法律错误。

本案中,衢州市国土局提供的衢州市发展计划委员会(2002)35号《关于同意扩建营业用房项目建设计划的批复》《建设项目选址意见书审批表》《建设银行衢州分行扩建营业用房建设用地规划红线图》等有关证据,难以证明其作出的《通知》符合《土地管理法》第五十八条第一款规定的“为公共利益需要使用土地”或“实施城市规划进行旧城区改造需要调整使用土地”的情形,主要证据不足,故被告主张其作出的《通知》符合《土地管理法》规定的理由不能成立。根据《中华人民共和国行政诉讼法》及其相关司法解释的规定,在行政诉讼中,被告对其作出的具体行政行为承担举证责任,被告不提供作出具体行政行为时的证据和依据的,应当认定该具体行政行为没有证据和依据。

综上,被告作出的收回国有土地使用权具体行政行为主要证据不足,适用法律错误,应予撤销。

● **2017年第1期《中华人民共和国最高人民法院公报》**刊登的**“山西省安业集团有限公司诉山西省太原市人民政府收回国有土地使用权决定案”**判决认为,有征收必有补偿,无补偿则无征收。征收补偿应当遵循及时补偿原则和公平补偿原则。补偿问题未依法定程序解决前,被征收人有权拒绝交出房屋和土地。相关裁判摘要如下:

本院认为:有征收必有补偿,无补偿则无征收。为了保障国家安全、促进国民经济和社会发展等公共利益的需要,国家可以依法收回国有土地使用权,也可征收国有土地上单位、个人的房屋;但必须对被征收人给予及时公平补偿,而不能只征收不补偿,也不能迟迟不予补偿。通常,征收决定应当包括具体补偿内容,因评估或者双方协商以及其他特殊原因,征收决定未包括补偿内容的,征收机关应当在征收决定生效后的合理时间内,及时通过签订征收补偿协议或者作出征收补偿决定的方式解决补偿问题。征收补偿应当遵循及时补偿原则和公平补偿原则。国家因公共利益需要使用城市市区的土地和房屋的,市、县人民政府一般应按照《国有土地上房屋征收与补偿条例》(以下简称《征补条例》)规定的程序和方式进行,并应根据《国有土地上房屋征收评估办法》和《城镇土地估价规程》等规定精神,由专业的房地产价格评估机构在实地查勘的基础上,根据被征收不动产的区位、用途等影响被征收不动产价值的因素和当地房地产市场状况,综合选择市场法、收益法、成本法、假设开发法等评估方法对被征收不动产价值进行评估,合理确定评估结果,并在此基础上进行补偿。对国有土地上房屋所有权人补偿内容已经包含了国有土地使用权补偿的,对同时收回的国有土地的土地使用权人不再单独给予补偿。对被征收不动产价值评估的时点,一般应当为征收决定公告之日或者征收决定送达被征收人之日。因征收人原因造成征收补偿问题不合理迟延的,且被征收不动产价格明显上涨的,被征收人有权主张以作出征收补偿决定或者签订征收补偿协议时的市场价格作为补偿基准。被征收人对征收补偿决定或者征收补偿协议所确定的补偿金额和其他内容有异议的,可以依法提起行政诉讼。征收机关依法办理相关提存等手续并书面告知被征收人领取补偿款项、使用安置房屋等内容的,被征收人无法定正当理由拒绝领取的,征收机关对诉讼期间被征收财物价格上涨而形成的损失不承担补偿责任。

本案中,因实施道路建设改造工程的需要,太原市政府与相关职能部门可以依法收回国有土地使用权,但应当遵循法定的程序和步骤并应依法及时解决补偿问题。在本案中,太原市政府收回安业公司拥有使用权的749.5平方米土地时,既未听取安业公司的陈述申辩,也未对涉案土地的四至范围作出认定,尤其是至今尚未对安业公司进行任何补偿,不符合《土地管理法》第五十八条、《中华人民共和国物权法》第四十二条第三款、《中华人民共和国城市房地产管理法》第六条以及《征补条例》第八条、第十三条、第二十七条等规定的精神,依法应予以撤销。但考虑到相关道路建设改造工程确属公共利益需要,因此根据《中华人民共和国行政诉讼法》第七十四条第一款第一项规定,对太原市政府以《通告》形式收回安业公司749.5平方米国有土地使用权的行政行为应确认违法。今后如因道路建设改造实际使用安业公司相应土地,安业公司有权主张以实际使用土地时的土地市场价值为基准进行补偿;安业公司也有权要求先补偿后搬迁,在未依法解决补偿问题前,安业公司有权拒绝交出土地。

• **2015年第2期《中华人民共和国最高人民法院公报》**刊登的**“定安城东建筑装修工程公司与海南省定安县人民政府、第三人中国农业银行定安支行收回国有土地使用权及撤销土地证案”**判决认为，行政机关依法收回国有土地使用权的，对土地使用权人应当按照作出收回土地使用权决定时的市场评估价给予补偿。因行政补偿决定违法造成逾期付补偿款的，人民法院可以根据当事人的实际损失等情况，判决其承担逾期支付补偿款期间的同期银行利息损失。相关裁判摘要如下：

本案争议焦点主要有：一是被诉112号通知中收回土地使用权决定的合法性问题；二是被诉112号通知中行政补偿决定的合法性问题；三是150号撤证决定的合法性问题。

（一）关于被诉112号通知中收回土地使用权决定的合法性问题。根据《中华人民共和国土地管理法》第五十八条第一款规定，县政府有偿收回涉案土地使用权，具有法定职权。但县政府在作出被诉112号通知之前，未听取当事人的陈述和申辩意见，事后通知城东公司和定安支行举行听证，违反“先听取意见后作决定”的基本程序规则。国务院国发〔2004〕10号《全面推进依法行政实施纲要》明确要求，行政机关实施行政管理要“程序正当”，“除涉及国家秘密和依法受到保护的商业秘密、个人隐私的外，应当公开，注意听取公民、法人和其他组织的意见；要严格遵循法定程序，依法保障行政管理相对人、利害关系人的知情权、参与权和救济权。”县政府作出112号通知前，未听取当事人意见，违反正当程序原则，本应依法撤销，但考虑到县政府办公楼已经建成并投入使用，撤销112号通知中有偿收回涉案土地使用权决定已无实际意义，且可能会损害公共利益。依据最高人民法院《关于执行〈中华人民共和国行政诉讼法〉若干问题的解释》第五十八条规定，应当依法判决确认该行政行为违法。

（二）关于112号通知中行政补偿内容的合法性问题。根据《中华人民共和国土地管理法》第五十八条第二款规定，因公共利益需要使用土地收回国有土地使用权的，对土地使用权人应当给予适当补偿。县政府根据省政府批准的总体规划要求为建设县政府办公楼需要使用涉案土地，收回城东公司的土地使用权，应当依法给予“适当补偿”。所谓“适当补偿”应当是公平合理的补偿，即按照被收回土地的性质、用途、区位等，以作出收地决定之日的市场评估价予以补偿。县政府按土地原成本价予以补偿于法无据。城东公司以收地决定违法，涉案土地使用权至今仍属于其享有为由，主张应以最终判决时的市场评估价予以补偿，其理由不能成立。本案收地决定属于违反程序，判决确认收地决定违法并未否定其法律效力。根据《中华人民共和国物权法》第二十八条规定，涉案土地使用权自收地决定生效之日已经发生物权转移的效力。考虑到涉案土地登记资料中"土地用途"栏系空白，结合当地土地交易市场情况，对涉案土地以使用年限最长、市场价值最高的"住宅用地"用途进行评估，有利于维护行政相对人的合法权益。鉴于县政府收回土地使用权行为违法，补偿价格明显不公，且收地决定作出后涉案土地升值较大，而当事人因不能以转让土地使用权方式及时偿还银行贷款，存在贷款利息损失，县政府在支付补偿款的同时，还应当支付自决定收回土地使用权之日起至实际支付全部补偿款之日的同期银行贷款利息。

（三）关于150号撤证决定的合法性问题。县政府作出112号通知后，并未要求城东公司持有关证明文件到土地管理部门申请注销土地登记，而是以该公司持有的《国有土地使用证》未按《土地登记规则》第十一条规定载明土地用途，土地管理部门也未按《土地登记规则》第十四条规定全面审核并填写土地登记审批表，造成错误登记发证为由，作出150号撤证决定。当初未填写土地用途，并非城东公司的原因所致，本可以补正方式解决，县政府却以此为由撤销城东公司合法持有的《国有土地使用证》，属于滥用行政职权，依法应予撤销。考虑到涉案土地已经收回并建成办公楼投入使用，根据最高人民法院《关于执行〈中华人民共和国行政诉讼法〉若干问题的解释》第五十八条规定，亦应依法确认该行政行为违法。

综上，112号通知中收地决定行为违反法定程序，被诉150号撤证决定滥用职权，应当依法判决确认违法；112号通知中行政补偿决定适用法律错误、违反法定程序，并显失公正，依法应予纠正。二审判决驳回原告诉讼请求错误，依法应予撤销。一审判决确认112号通知中行政补偿决定违法，并责令县政府对城东公司的损失采取补救措施，判决内容不具体，依法应予撤销和改判。城东公司申请再审理由部分成立，依法应予支持。原审定安支行对抵押物享有优先受偿权的主张成立，县政府在支付补偿款时应依法予以保护。

**第三百五十九条　【建设用地使用权期限届满后的处理】**住宅建

设用地使用权期限届满的,自动续期。续期费用的缴纳或者减免,依照法律、行政法规的规定办理。

非住宅建设用地使用权期限届满后的续期,依照法律规定办理。该土地上的房屋以及其他不动产的归属,有约定的,按照约定;没有约定或者约定不明确的,依照法律、行政法规的规定办理。

## 一、相关法律条文

**《中华人民共和国城市房地产管理法》(2019年8月26日修正)**

**第二十二条** 土地使用权出让合同约定的使用年限届满,土地使用者需要继续使用土地的,应当至迟于届满前一年申请续期,除根据社会公共利益需要收回该幅土地的,应当予以批准。经批准准予续期的,应当重新签订土地使用权出让合同,依照规定支付土地使用权出让金。土地使用权出让合同约定的使用年限届满,土地使用者未申请续期或者虽申请续期但依照前款规定未获批准的,土地使用权由国家无偿收回。

## 二、相关行政法规

**1.《中华人民共和国城镇国有土地使用权出让和转让暂行条例》(2020年11月29日修订)**

**第三十九条** 土地使用权因土地使用权出让合同规定的使用年限届满、提前收回及土地灭失等原因而终止。

**第四十条** 土地使用权期满,土地使用权及其地上建筑物、其他附着物所有权由国家无偿取得。土地使用者应当交还土地使用证,并依照规定办理注销登记。

**第四十一条** 土地使用权期满,土地使用者可以申请续期。需要续期的,应当依照本条例第二章的规定重新签订合同,支付土地使用权出让金,并办理登记。

**2.《中华人民共和国土地管理法实施条例》(2014年7月29日修订)**

**第七条** 依照《土地管理法》的有关规定,收回用地单位的土地使用权的,由原土地登记机关注销土地登记。

土地使用权有偿使用合同约定的使用期限届满,土地使用者未申请续期或者虽申请续期未获批准的,由原土地登记机关注销土地登记。

**三、相关文件规定**

**1.《中共中央、国务院关于完善产权保护制度依法保护产权的意见》(中发〔2016〕28号)**

研究住宅建设用地等土地使用权到期后续期的法律安排,推动形成全社会对公民财产长久受保护的良好和稳定预期。

**2.《国土资源部办公厅关于妥善处理少数住宅建设用地使用权到期问题的复函》(国土资厅函〔2016〕1712号)**

浙江省国土资源厅:

《关于如何处理少数住宅用地使用权到期问题的请示》(浙土资〔2016〕64号)收悉。经认真研究并征得住房和城乡建设部同意,现将有关问题答复如下:

《物权法》第149条规定:"住宅建设用地使用权期间届满的,自动续期"。《中共中央国务院关于完善产权保护制度依法保护产权的意见》(中发〔2016〕28号)提出,"研究住宅建设用地等土地使用权到期后续期的法律安排,推动形成全社会对公民财产长久受保护的良好和稳定预期"。在尚未对住宅建设用地等土地使用权到期后续期作出法律安排前,少数住宅建设用地使用权期间届满的,可按以下过渡性办法处理:

一、不需要提出续期申请。少数住宅建设用地使用权期间届满的,权利人不需要专门提出续期申请。

二、不收取费用。市、县国土资源主管部门不收取相关费用。

三、正常办理交易和登记手续。此类住房发生交易时,正常办理房地产交易和不动产登记手续,涉及"土地使用期限"仍填写该住宅建设用地使用权的原起始日期和到期日期,并注明:"根据《国土资源部办公厅关于妥善处理少数住宅建设用地使用权到期问题的复函》(国土资厅函〔2016〕1712号)办理相关手续"。

**第三百六十条 【建设用地使用权的注销登记】**建设用地使用权消灭的,出让人应当及时办理注销登记。登记机构应当收回权属证书。

**一、相关法律条文**

**《中华人民共和国城市房地产管理法》(2019 年 8 月 26 日修正)**

**第二十一条** 土地使用权因土地灭失而终止。

**二、相关行政法规**

**《中华人民共和国土地管理法实施条例》(2014 年 7 月 29 日修订)**

**第七条** 依照《土地管理法》的有关规定,收回用地单位的土地使用权的,由原土地登记机关注销土地登记。

土地使用权有偿使用合同约定的使用期限届满,土地使用者未申请续期或者虽申请续期未获批准的,由原土地登记机关注销土地登记。

**三、相关部门规章**

**《不动产登记暂行条例实施细则》(2019 年 7 月 16 日修正)**

**第二十八条** 有下列情形之一的,当事人可以申请办理注销登记:

(一)不动产灭失的;

(二)权利人放弃不动产权利的;

(三)不动产被依法没收、征收或者收回的;

(四)人民法院、仲裁委员会的生效法律文书导致不动产权利消灭的;

(五)法律、行政法规规定的其他情形。

不动产上已经设立抵押权、地役权或者已经办理预告登记,所有权人、使用权人因放弃权利申请注销登记的,申请人应当提供抵押权人、地役权人、预告登记权利人同意的书面材料。

**第三百六十一条 【集体建设用地使用权的规范】**集体所有的土地作为建设用地的,应当依照土地管理的法律规定办理。

**一、相关法律条文**

**1.《中华人民共和国城市土地管理法》(2019 年 8 月 26 日修正)**

**第五十九条** 乡镇企业、乡(镇)村公共设施、公益事业、农村村民住宅等乡(镇)村建设,应当按照村庄和集镇规划,合理布局,综合开发,配套建设;建设用地,应当符合乡(镇)土地利用总体规划和土地利用年度计划,并依照本法第四十四条、第六十条、第六十一条、第六十二条的规定办理审批手续。

**第六十条** 农村集体经济组织使用乡(镇)土地利用总体规划确定的建设用地兴办企业或者与其他单位、个人以土地使用权入股、联营等形式共同举办企业的,应当持有关批准文件,向县级以上地方人民政府自然资源主管部门提出申请,按照省、自治区、直辖市规定的批准权限,由县级以上地方人民政府批准;其中,涉及占用农用地的,依照本法第四十四条的规定办理审批手续。

按照前款规定兴办企业的建设用地,必须严格控制。省、自治区、直辖市可以按照乡镇企业的不同行业和经营规模,分别规定用地标准。

**第六十一条** 乡(镇)村公共设施、公益事业建设,需要使用土地的,经乡(镇)人民政府审核,向县级以上地方人民政府自然资源主管部门提出申请,按照省、自治区、直辖市规定的批准权限,由县级以上地方人民政府批准;其中,涉及占用农用地的,依照本法第四十四条的规定办理审批手续。

**第六十三条** 土地利用总体规划、城乡规划确定为工业、商业等经营性用途,并经依法登记的集体经营性建设用地,土地所有权人可以通过出让、出租等方式交由单位或者个人使用,并应当签订书面合同,载明土地界址、面积、动工期限、使用期限、土地用途、规划条件和双方其他权利义务。

前款规定的集体经营性建设用地出让、出租等,应当经本集体经济组织成员的村民会议三分之二以上成员或者三分之二以上村民代表的同意。

通过出让等方式取得的集体经营性建设用地使用权可以转让、互换、出资、赠与或者抵押,但法律、行政法规另有规定或者土地所有权人、土地使用权人签订的书面合同另有约定的除外。

集体经营性建设用地的出租,集体建设用地使用权的出让及其最高年限、转让、互换、出资、赠与、抵押等,参照同类用途的国有建设用地执行。具体办法由国务院制定。

**第六十四条** 集体建设用地的使用者应当严格按照土地利用总体规划、城乡规划确定的用途使用土地。

**第六十六条** 有下列情形之一的,农村集体经济组织报经原批准用地的人民政府批准,可以收回土地使用权:

(一)为乡(镇)村公共设施和公益事业建设,需要使用土地的;

(二)不按照批准的用途使用土地的;

（三）因撤销、迁移等原因而停止使用土地的。

依照前款第（一）项规定收回农民集体所有的土地的，对土地使用权人应当给予适当补偿。

收回集体经营性建设用地使用权，依照双方签订的书面合同办理，法律、行政法规另有规定的除外。

**2.《中华人民共和国慈善法》（2016年9月1日起施行）**

**第三条** 本法所称慈善活动，是指自然人、法人和其他组织以捐赠财产或者提供服务等方式，自愿开展的下列公益活动：

（一）扶贫、济困；

（二）扶老、救孤、恤病、助残、优抚；

（三）救助自然灾害、事故灾难和公共卫生事件等突发事件造成的损害；

（四）促进教育、科学、文化、卫生、体育等事业的发展；

（五）防治污染和其他公害，保护和改善生态环境；

（六）符合本法规定的其他公益活动。

**第八十五条** 慈善组织开展本法第三条第一项、第二项规定的慈善活动需要慈善服务设施用地的，可以依法申请使用国有划拨土地或者农村集体建设用地。慈善服务设施用地非经法定程序不得改变用途。

## 二、相关行政法规

**《中华人民共和国土地管理法实施条例》（2014年7月29日修订）**

**第十九条** 建设占用土地，涉及农用地转为建设用地的，应当符合土地利用总体规划和土地利用年度计划中确定的农用地转用指标；城市和村庄、集镇建设占用土地，涉及农用地转用的，还应当符合城市规划和村庄、集镇规划。不符合规定的，不得批准农用地转为建设用地。

**第二十条** 在土地利用总体规划确定的城市建设用地范围内，为实施城市规划占用土地的，按照下列规定办理：

（一）市、县人民政府按照土地利用年度计划拟订农用地转用方案、补充耕地方案、征收土地方案，分批次逐级上报有批准权的人民政府。

（二）有批准权的人民政府土地行政主管部门对农用地转用方案、补充耕地方案、征收土地方案进行审查，提出审查意见，报有批准权的人民政府批准；其中，补充耕地方案由批准农用地转用方案的人民政府在批准农用地转用方案时一并批准。

(三)农用地转用方案、补充耕地方案、征收土地方案经批准后,由市、县人民政府组织实施,按具体建设项目分别供地。

在土地利用总体规划确定的村庄、集镇建设用地范围内,为实施村庄、集镇规划占用土地的,由市、县人民政府拟订农用地转用方案、补充耕地方案,依照前款规定的程序办理。

## 三、相关部门规章

**《不动产登记暂行条例实施细则》(2019年7月16日修正)**

**第二十五条** 市、县人民政府可以根据情况对本行政区域内未登记的不动产,组织开展集体土地所有权、宅基地使用权、集体建设用地使用权、土地承包经营权的首次登记。

依照前款规定办理首次登记所需的权属来源、调查等登记材料,由人民政府有关部门组织获取。

**第四十四条** 依法取得集体建设用地使用权,可以单独申请集体建设用地使用权登记。

依法利用集体建设用地兴办企业,建设公共设施,从事公益事业等的,可以申请集体建设用地使用权及地上建筑物、构筑物所有权登记。

**第四十五条** 申请集体建设用地使用权及建筑物、构筑物所有权首次登记的,申请人应当根据不同情况,提交下列材料:

(一)有批准权的人民政府批准用地的文件等土地权属来源材料;

(二)建设工程符合规划的材料;

(三)权籍调查表、宗地图、房屋平面图以及宗地界址点坐标等有关不动产界址、面积等材料;

(四)建设工程已竣工的材料;

(五)其他必要材料。

集体建设用地使用权首次登记完成后,申请人申请建筑物、构筑物所有权首次登记的,应当提交享有集体建设用地使用权的不动产权属证书。

**第四十六条** 申请集体建设用地使用权及建筑物、构筑物所有权变更登记、转移登记、注销登记的,申请人应当根据不同情况,提交下列材料:

(一)不动产权属证书;

（二）集体建设用地使用权及建筑物、构筑物所有权变更、转移、消灭的材料；

（三）其他必要材料。

因企业兼并、破产等原因致使集体建设用地使用权及建筑物、构筑物所有权发生转移的，申请人应当持相关协议及有关部门的批准文件等相关材料，申请不动产转移登记。

## 四、相关文件规定

**1.《中共中央、国务院关于抓好“三农”领域重点工作确保如期实现全面小康的意见》（2020年1月2日起施行）**

（二十四）破解乡村发展用地难题。坚守耕地和永久基本农田保护红线。完善乡村产业发展用地政策体系，明确用地类型和供地方式，实行分类管理。将农业种植养殖配建的保鲜冷藏、晾晒存贮、农机库房、分拣包装、废弃物处理、管理看护房等辅助设施用地纳入农用地管理，根据生产实际合理确定辅助设施用地规模上限。农业设施用地可以使用耕地。强化农业设施用地监管，严禁以农业设施用地为名从事非农建设。开展乡村全域土地综合整治试点，优化农村生产、生活、生态空间布局。在符合国土空间规划前提下，通过村庄整治、土地整理等方式节余的农村集体建设用地优先用于发展乡村产业项目。新编县乡级国土空间规划应安排不少于10%的建设用地指标，重点保障乡村产业发展用地。省级制定土地利用年度计划时，应安排至少5%新增建设用地指标保障乡村重点产业和项目用地。农村集体建设用地可以通过入股、租用等方式直接用于发展乡村产业。按照“放管服”改革要求，对农村集体建设用地审批进行全面梳理，简化审批审核程序，下放审批权限。推进乡村建设审批“多审合一、多证合一”改革。抓紧出台支持农村一二三产业融合发展用地的政策意见。

**2.《中共中央、国务院关于建立健全城乡融合发展体制机制和政策体系的意见》（2019年4月15日起施行）**

（八）建立集体经营性建设用地入市制度。加快完成农村集体建设用地使用权确权登记颁证。按照国家统一部署，在符合国土空间规划、用途管制和依法取得前提下，允许农村集体经营性建设用地入市，允许就地入市或异地调整入市；允许村集体在农民自愿前提下，依法把有偿收回的闲置宅基地、废弃的集体公益性建设用地转变为集体经营性建设用地入市;推动城中村、城边村、村级工业园等可连片开发区域土地依法合规整治入市;推进集体经营性建设用地使用权和地上建筑物所有权房地一体、分割转让。完善农村土地征收制度,缩小征地范围,规范征地程序,维护被征地农民和农民集体权益。

**3.《中共中央、国务院关于坚持农业农村优先发展做好"三农"工作的若干意见》(2019 年 1 月 3 日起施行)**

坚持农村土地集体所有、不搞私有化,坚持农地农用、防止非农化,坚持保障农民土地权益、不得以退出承包地和宅基地作为农民进城落户条件,进一步深化农村土地制度改革。在修改相关法律的基础上,完善配套制度,全面推开农村土地征收制度改革和农村集体经营性建设用地入市改革,加快建立城乡统一的建设用地市场。加快推进宅基地使用权确权登记颁证工作,力争 2020 年基本完成。稳慎推进农村宅基地制度改革,拓展改革试点,丰富试点内容,完善制度设计。抓紧制定加强农村宅基地管理指导意见。研究起草农村宅基地使用条例。开展闲置宅基地复垦试点。允许在县域内开展全域乡村闲置校舍、厂房、废弃地等整治,盘活建设用地重点用于支持乡村新产业新业态和返乡下乡创业。严格农业设施用地管理,满足合理需求。巩固"大棚房"问题整治成果。按照"取之于农,主要用之于农"的要求,调整完善土地出让收入使用范围,提高农业农村投入比例,重点用于农村人居环境整治、村庄基础设施建设和高标准农田建设。扎实开展新增耕地指标和城乡建设用地增减挂钩节余指标跨省域调剂使用,调剂收益全部用于巩固脱贫攻坚成果和支持乡村振兴。加快修订土地管理法、物权法等法律法规。

**4.《中共中央、国务院关于实施乡村振兴战略的意见》(2018 年 1 月 2 日起施行)**

(二)深化农村土地制度改革。系统总结农村土地征收、集体经营性建设用地入市、宅基地制度改革试点经验,逐步扩大试点,加快土地管理法修改,完善农村土地利用管理政策体系。扎实推进房地一体的农村集体建设用地和宅基地使用权确权登记颁证。完善农民闲置宅基地和闲置农房政策,探索宅基地所有权、资格权、使用权"三权分置",落实宅基地集体所有权,保障宅基地农户资格权和农民房屋财产权,适度放活宅基地和农民房屋使用权,不得违规违法买卖宅基地,严格实行土地用途管制,严格禁止下乡利用农村宅基地建设别墅大院和私人会馆。在符合土地利用总体规划前提下,允许县级政府通过村土地利用规划,调整优化村庄用地布局,有效利用农村零星分散的存量建设用地;预留部分规划建设用地指标用于单独选址的农业设施和休闲旅游设施等建设。对利用收储农村闲置建设用地发展农村新产业新业态的,给予新增建设用地指标奖励。进一步完善设施农用地政策。

**5.《中共中央、国务院关于全面深化农村改革加快推进农业现代化的若干意见》(中发〔2014〕1号)**

18. 引导和规范农村集体经营性建设用地入市。在符合规划和用途管制的前提下,允许农村集体经营性建设用地出让、租赁、入股,实行与国有土地同等入市、同权同价,加快建立农村集体经营性建设用地产权流转和增值收益分配制度。有关部门要尽快提出具体指导意见,并推动修订相关法律法规。各地要按照中央统一部署,规范有序推进这项工作。

**6.《国务院办公厅关于严格执行有关农村集体建设用地法律和政策的通知》(国办发〔2007〕71号)**

**二、严格规范使用农民集体所有土地进行建设**

当前一些地方在使用农民集体所有土地进行建设的过程中,擅自扩大农民集体所有土地的使用范围,违法提供建设用地的问题比较严重。《中华人民共和国土地管理法》规定,乡镇企业、乡(镇)村公共设施和公益事业建设、农村村民住宅等三类乡(镇)村建设可以使用农民集体所有土地。对这三类用地的范围,法律和政策都有准确界定,必须严格执行。按照《中华人民共和国乡镇企业法》规定,乡镇企业必须是农村集体经济组织或者农民投资为主,在乡镇(包括所辖村)举办的承担支援农业义务的企业。要严禁以兴办"乡镇企业"、"乡(镇)村公共设施和公益事业建设"为名,非法占用(租用)农民集体所有土地进行非农业建设。

按照《中华人民共和国土地管理法》等法律法规的规定,任何建设需要将农用地和未利用地转为建设用地的,都必须依法经过批准。兴办乡镇企业、乡(镇)村公共设施和公益事业建设、村民建住宅需要使用本集体经济组织农民集体所有土地的,必须符合乡(镇)土地利用总体规划和镇规划、乡规划、村庄规划[以下简称乡(镇)、村规划],纳入土地利用年度计划，并依法办理规划建设许可及农用地转用和建设项目用地审批手续。农村集体经济组织使用乡（镇）土地利用总体规划确定的建设用地，兴办企业或与其他单位、个人以土地使用权入股、联营等形式共同兴办企业的，必须符合土地利用总体规划和乡（镇）、村规划，并纳入建设用地年度计划管理；涉及占用农用地的，必须先依法办理农用地转用审批手续，用地规模必须符合有关企业用地标准。

……

其他任何单位和个人进行非农业建设，需要使用土地的，必须依法申请使用国有土地。不符合土地利用总体规划和乡（镇）、村规划，没有土地利用年度计划指标的，不得批准用地。任何单位和个人不得自行与农村集体经济组织或个人签订协议将农用地和未利用地转为建设用地。非法占用耕地改作他用，数量较大，造成耕地大量毁坏的，要依法追究刑事责任。

**三、严格控制农村集体建设用地规模**

一些地方借农民集体所有建设用地使用权流转、土地整理折抵和城乡建设用地增减挂钩等名义，擅自扩大建设用地的规模。地方各级人民政府要依据土地利用总体规划和乡（镇）、村规划，对农村集体建设用地实行总量控制。严禁以各种名义，擅自扩大农村集体建设用地规模，以及通过“村改居”等方式，非法将农民集体所有土地转为国有土地。

严格控制农民集体所有建设用地使用权流转范围。农民集体所有的土地使用权不得出让、转让或者出租用于非农业建设。符合土地利用总体规划并依法取得建设用地的企业发生破产、兼并等情形时，所涉及的农民集体所有建设用地使用权方可依法转移。其他农民集体所有建设用地使用权流转，必须是符合规划、依法取得的建设用地，并不得用于商品住宅开发。

依照《中华人民共和国土地管理法实施条例》，土地整理新增耕地面积只能折抵用于建设占用耕地的补偿，不得折抵为建设用地指标，扩大建设用地规模。城乡建设用地增减挂钩试点，必须严格控制在国家已经批准的试点范围内。试点必须符合土地利用总体规划、城市规划和乡（镇）、村规划，必须确保城乡建设用地总量不增加，农用地和耕地面积不减少。不得以试点为名违背农民意愿大拆大建、强制搬迁，侵害农民权益。

# 第十三章 宅基地使用权

**第三百六十二条 【宅基地使用权的内容】**宅基地使用权人依法对集体所有的土地享有占有和使用的权利,有权依法利用该土地建造住宅及其附属设施。

## 一、相关法律条文

**《中华人民共和国城市土地管理法》(2019 年 8 月 26 日修正)**

**第六十二条** 农村村民一户只能拥有一处宅基地,其宅基地的面积不得超过省、自治区、直辖市规定的标准。

人均土地少、不能保障一户拥有一处宅基地的地区,县级人民政府在充分尊重农村村民意愿的基础上,可以采取措施,按照省、自治区、直辖市规定的标准保障农村村民实现户有所居。

农村村民建住宅,应当符合乡(镇)土地利用总体规划、村庄规划,不得占用永久基本农田,并尽量使用原有的宅基地和村内空闲地。编制乡(镇)土地利用总体规划、村庄规划应当统筹并合理安排宅基地用地,改善农村村民居住环境和条件。

农村村民住宅用地,由乡(镇)人民政府审核批准;其中,涉及占用农用地的,依照本法第四十四条的规定办理审批手续。

农村村民出卖、出租、赠与住宅后,再申请宅基地的,不予批准。

国家允许进城落户的农村村民依法自愿有偿退出宅基地,鼓励农村集体经济组织及其成员盘活利用闲置宅基地和闲置住宅。

国务院农业农村主管部门负责全国农村宅基地改革和管理有关工作。

## 二、相关文件规定

**1.《中共中央、国务院关于抓好“三农”领域重点工作确保如期实现全面小康的意见》(2020 年 1 月 2 日起施行)**

严格农村宅基地管理,加强对乡镇审批宅基地监管,防止土地占用失控。扎实推进宅基地使用权确权登记颁证。以探索宅基地所有权、资格权、使用权“三权分置”为重点,进一步深化农村宅基地制度改革试点。

**2.《中共中央、国务院关于建立健全城乡融合发展体制机制和政策体系的意见》(2019 年 4 月 15 日起施行)**

(七)稳慎改革农村宅基地制度。加快完成房地一体的宅基地使用权确权登记颁证。探索宅基地所有权、资格权、使用权"三权分置",落实宅基地集体所有权,保障宅基地农户资格权和农民房屋财产权,适度放活宅基地和农民房屋使用权。鼓励农村集体经济组织及其成员盘活利用闲置宅基地和闲置房屋。在符合规划、用途管制和尊重农民意愿前提下,允许县级政府优化村庄用地布局,有效利用乡村零星分散存量建设用地。推动各地制定省内统一的宅基地面积标准,探索对增量宅基地实行集约有奖、对存量宅基地实行退出有偿。

**3.《中共中央国务院关于坚持农业农村优先发展做好"三农"工作的若干意见》(2019 年 1 月 3 日起施行)**

加快推进宅基地使用权确权登记颁证工作,力争 2020 年基本完成。稳慎推进农村宅基地制度改革,拓展改革试点,丰富试点内容,完善制度设计。抓紧制定加强农村宅基地管理指导意见。研究起草农村宅基地使用条例。开展闲置宅基地复垦试点。

**4.《中共中央、国务院关于实施乡村振兴战略的意见》(2018 年 1 月 2 日起施行)**

完善农民闲置宅基地和闲置农房政策,探索宅基地所有权、资格权、使用权"三权分置",落实宅基地集体所有权,保障宅基地农户资格权和农民房屋财产权,适度放活宅基地和农民房屋使用权,不得违规违法买卖宅基地,严格实行土地用途管制,严格禁止下乡利用农村宅基地建设别墅大院和私人会馆。

**5.《中共中央、国务院关于全面深化农村改革加快推进农业现代化的若干意见》(中发〔2014〕1 号)**

19. 完善农村宅基地管理制度。改革农村宅基地制度,完善农村宅基地分配政策,在保障农户宅基地用益物权前提下,选择若干试点,慎重稳妥推进农民住房财产权抵押、担保、转让。有关部门要抓紧提出具体试点方案,各地不得自行其是、抢跑越线。完善城乡建设用地增减挂钩试点工作,切实保证耕地数量不减少、质量有提高。加快包括农村宅基地在内的农村地籍调查和农村集体建设用地使用权确权登记颁证工作。

**6.《国务院办公厅关于严格执行有关农村集体建设用地法律和政策的通知》(国办发〔2007〕71号)**

农村住宅用地只能分配给本村村民,城镇居民不得到农村购买宅基地、农民住宅或"小产权房"。单位和个人不得非法租用、占用农民集体所有土地搞房地产开发。农村村民一户只能拥有一处宅基地,其面积不得超过省、自治区、直辖市规定的标准。农村村民出卖、出租住房后,再申请宅基地的,不予批准。

**7.《国务院批转国家土地管理局关于加强农村宅基地管理工作请示的通知》(1990年1月3日起施行)**

**二、切实强化土地管理职能,加强农村宅基地审批管理工作**

强化土地管理职能,当务之急是根据《土地管理法》的有关规定,建立健全土地管理法规,完善土地管理法制建设,使农村宅基地审批有法可依,有章可循。各地区应根据《土地管理法》,结合本地实际制定农村宅基地管理的专项规定或办法,切实把好宅基地审批关。

(一)完善村镇建设规划,严格控制占用耕地。

农村住宅建设必须按先规划后建设的步骤进行。对已经有了规划的地区,要严格按照切实保护耕地和合理利用土地的原则进行修订和完善;还没有制定规划的地区,要在1990年底以前制定完毕。农村住宅的改建、扩建和选址新建,要充分利用原有宅基地、村内空闲地、荒地和坡地。严格控制占用耕地,不允许占用基本农田保护区的土地。对一些用地分散的小村庄和零散住户,应鼓励迁并,并将原址复耕。城市郊区和人多地少经济发达的地区,应鼓励有条件的农户建多层住宅。

(二)加强用地计划指标控制,严格用地标准管理。

各地区要制定农村宅基用地规划、计划和标准,严格实行计划指标和用地标准管理。已经制定了计划、标准的地区,要本着从严的精神加以修订;还没有制定的,要在1990年7月底以前制定完毕。计划指标和用地标准要落实到村,公布于众,乡、村干部要作好具体安排,不得突破。城市郊区宅基地的标准,可参照城镇居民住宅面积标准,作出规定;超过计划生育的人口,不增加宅基用地指标。

(三)严格宅基用地审批手续,实行公开办事制度。

各地应根据实际情况对农村建房的对象、条件、用地标准、审批手续作出明细规定。要建立严格的申请、审核、批准和验收制度。凡是要求建房的,事先必须向所在的乡(镇)政府或县(市)土地管理部门提出用地申请。经审核,对符合申请宅基地兴建自用住宅的,由土地管理部门确定宅基地使用权,丈量用地面积,并依法批准后,方可动工。竣工后,由土地管理部门负责组织验收。对不合理分户超前建房、不符合法定结婚年龄和非农业户口的,不批准宅基用地;对现有住宅有出租、出卖或改为经营场所的,除不再批准新的宅基用地外,还应按其实际占用土地面积,从经营之日起,核收土地使用费;对已经"农转非"的人员,要适时核减宅基地面积。

为便于群众监督,各地应对用地指标、申请宅基地的户数、审批条件和结果等,张榜公告,实行公开办事制度。

(四)加强干部建房用地管理,实行"双重审批"制度。

各级人民政府要尽快组织力量,对《土地管理法》实施以来,干部(含其他在职人员,下同)以各种名义占用农村集体所有的土地兴建私房的,进行一次认真清理。对那些以权谋地、违法占地、非法出租和出卖宅基地的,要依法处罚或给予政纪处分。今后,干部的直系亲属是农村户口,且本人长期与其一起居住的,干部可随其直系亲属申请宅基地建房。其他干部申请使用农村集体所有土地兴建私房的,一般不予批准。少数有特殊情况的要实行"双重审批",即先由个人提出书面申请,说明建房理由、拟建房屋规模、占地面积、资金、建材来源以及用工办法等,经所在单位审查,张榜公布,按干部管理权限报送主管部门或县级以上人民政府批准后,再向土地管理部门申请办理建房用地手续。

**第三百六十三条　【宅基地使用权的法律适用】**宅基地使用权的取得、行使和转让,适用土地管理的法律和国家有关规定。

**第三百六十四条　【宅基地灭失后的重新分配】**宅基地因自然灾害等原因灭失的,宅基地使用权消灭。对失去宅基地的村民,应当依法重新分配宅基地。

**第三百六十五条　【宅基地使用权的登记】**已经登记的宅基地使用权转让或者消灭的,应当及时办理变更登记或者注销登记。

## 一、相关部门规章

**《不动产登记暂行条例实施细则》(2016 年 1 月 1 日起施行)**

**第四十条** 依法取得宅基地使用权,可以单独申请宅基地使用权登记。

依法利用宅基地建造住房及其附属设施的,可以申请宅基地使用权及房屋所有权登记。

**第四十一条** 申请宅基地使用权及房屋所有权首次登记的,应当根据不同情况,提交下列材料:

(一)申请人身份证和户口簿;

(二)不动产权属证书或者有批准权的人民政府批准用地的文件等权属来源材料;

(三)房屋符合规划或者建设的相关材料;

(四)权籍调查表、宗地图、房屋平面图以及宗地界址点坐标等有关不动产界址、面积等材料;

(五)其他必要材料。

**第四十二条** 因依法继承、分家析产、集体经济组织内部互换房屋等导致宅基地使用权及房屋所有权发生转移申请登记的,申请人应当根据不同情况,提交下列材料:

(一)不动产权属证书或者其他权属来源材料;

(二)依法继承的材料;

(三)分家析产的协议或者材料;

(四)集体经济组织内部互换房屋的协议;

(五)其他必要材料。

**第四十三条** 申请宅基地等集体土地上的建筑物区分所有权登记的,参照国有建设用地使用权及建筑物区分所有权的规定办理登记。

## 二、相关文件规定

**1.《自然资源部关于加快宅基地和集体建设用地使用权确权登记工作的通知》(自然资发〔2020〕84 号)**

**一、准确把握工作重点,坚持不变不换**

各地要以未确权登记的宅基地和集体建设用地为工作重点,按照不动产统一登记要求,加快地籍调查,对符合登记条件的办理房地一体不动产登记。坚持不变不换原则,不动产统一登记制度实施前,各历史阶段颁发的宅基地和集体建设用地使用权证书继续有效，对有房地一体不动产登记需求的，完成地上房屋补充调查后办理登记。

**二、因地制宜，加快开展地籍调查**

各地要加快地籍调查，全面查清宅基地和集体建设用地底数，对已调查登记、已调查未登记、应登记未登记、不能登记等情况要清晰掌握。正在开展地籍调查的，要加快推进调查和确权登记工作。尚未开展地籍调查的，要按照《地籍调查规程》《农村不动产权籍调查工作指南》等，因地制宜抓紧开展，形成满足确权登记需要的房地一体地籍调查成果。

各地可采取积极灵活的方式，完成宅基地和集体建设用地权属调查。对权利人因外出等原因无法实地指界的，可采取委托代理人代办、"先承诺、后补签"或网络视频确认等方式进行。要结合本地实际，选取合适的地籍测绘技术方法。有条件或靠近城镇的，可采用解析法。不具备条件的，可利用现势性强的国土三调、农村土地承包经营权登记等形成的航空或高分辨率卫星遥感正射影像图，采用图解法获取界址、面积等信息。对暂不具备解析法和图解法条件的，可由市、县自然资源主管部门会同村委会组织人员，利用"国土调查云"软件结合勘丈法进行地籍测绘。

地籍调查成果通过验收后，应及时纳入不动产登记信息管理基础平台的地籍数据库进行统一管理，支撑不动产登记及相关管理工作。

**三、积极化解疑难问题，依法依规办理登记**

各地要认真落实《国土资源部、中央农村工作领导小组办公室、财政部、农业部关于农村集体土地确权登记发证的若干意见》（国土资发〔2011〕178号）、《国土资源部、财政部、住房和城乡建设部、农业部、国家林业局关于进一步加快推进宅基地和集体建设用地使用权确权登记发证工作的通知》（国土资发〔2014〕101号）、《国土资源部关于进一步加快宅基地和集体建设用地确权登记发证有关问题的通知》（国土资发〔2016〕191号）等文件要求，充分发挥乡村基层组织作用，推动解决宅基地"一户多宅"、缺少权属来源材料、超占面积、权利主体认定等问题，按照房地一体要求，统一确权登记、统一颁发证书，努力提高登记率。市、县自然资源主管部门可会同乡（镇）人民政府、村委会，组织群众以行政村为单位，统一申请登记，实现批量受理、集中办证。

对合法宅基地上房屋没有符合规划或建设相关材料的，地方已出台相关规定，按其规定办理。未出台相关规定，位于原城市、镇规划区内的，出具规划意见后办理登记。位于原城市、镇规划区外且在《城乡规划法》实施前建设的，在办理登记时可不提交符合规划或建设的相关材料；在《城乡规划法》实施后建设的，由村委会公告15天无异议，经乡（镇）人民政府审核后，按照审核结果办理登记。对乱占耕地建房、违反生态保护红线管控要求建房、城镇居民非法购买宅基地、小产权房等，不得办理登记，不得通过登记将违法用地合法化。

**四、充分利用信息系统登记，扎实做好成果入库和整合汇交**

各地要通过不动产登记系统，办理房地一体的宅基地和集体建设用地使用权登记。要充分运用信息化手段规范登记簿填写、审核和校验，确保登记簿内容全面、规范。因已有资料不详、确实无法填写的个别字段可填写斜杠“/”，并在备注栏内注明原因。在完成登簿的同时，将登记结果信息实时上传省级和国家级不动产登记信息管理基础平台。

各地要加快已有宅基地和集体建设用地及房屋登记资料清理整合和汇交入库。对原有数据不规范或不完整的，应尽快开展不动产单元代码补编等规范完善工作。对原有纸质登记资料尚未数字化的，要通过扫描、拍照等方式进行数字化处理。对缺少空间坐标信息的，可利用高分辨率正射影像图，完成图形矢量化，编制地籍图，并将登记信息图形数据和属性数据关联，完善数据库；也可通过“国土调查云”软件勾绘宗地位置，补充界址点坐标等信息，或采取标注“院落中心点”作为宗地位置，录入权利人等属性信息，并在宗地图上注明“此图根据登记资料在正射影像图上标绘形成”。

各省级自然资源主管部门要将完成数据整合的农村地籍调查和不动产登记成果，以县（市、区）为单位，完成一个汇交一个，逐级汇交至国家级不动产登记信息管理基础平台。2021年底前，全国所有县（市、区）要完成汇交工作。

**2.《国土资源部关于进一步加快宅基地和集体建设用地确权登记发证有关问题的通知》（国土资发〔2016〕191号）**

一、颁发统一的不动产权证书。目前全国所有的市、县均已完成不动产统一登记职责机构整合，除西藏的部分市、县外，都已实现不动产登记“发新停旧”。农村宅基地和集体建设用地使用权以及房屋所有权是不动产统一登记的重要内容，各地要按照《不动产登记暂行条例》

《不动产登记暂行条例实施细则》《不动产登记操作规范(试行)》等法规政策规定,颁发统一的不动产权证书。涉及设立抵押权、地役权或者办理预告登记、异议登记的,依法颁发不动产登记证明。

二、因地制宜开展房地一体的权籍调查。各地要开展房地一体的农村权籍调查,将农房等宅基地、集体建设用地上的定着物纳入工作范围。对于已完成农村地籍调查的宅基地、集体建设用地,应进一步核实完善地籍调查成果,补充开展房屋调查,形成满足登记要求的权籍调查成果。对于尚未开展农村地籍调查的宅基地、集体建设用地,应采用总调查的模式,由县级以上地方人民政府统一组织开展房地一体的权籍调查。农村权籍调查不得收费,不得增加农民负担。

农村权籍调查中的房屋调查要执行《农村地籍和房屋调查技术方案(试行)》有关要求。条件不具备的,可采用简便易行的调查方法,通过描述方式调查记录房屋的权利人、建筑结构、层数等内容,实地指界并丈量房屋边长,简易计算房屋占地面积,形成满足登记要求的权籍调查成果。对于新型农村社区或多(高)层多户的,可通过实地丈量房屋边长和核实已有户型图等方式,计算房屋占地面积和建筑面积。

三、规范编制不动产单元代码。宅基地、集体建设用地和房屋等定着物应一并划定不动产单元,编制不动产单元代码。对于已完成宗地统一代码编制的,应以宗地为基础,补充房屋等定着物信息,形成不动产单元代码。对于未开展宗地统一代码编制或宗地统一代码不完备的,可在地籍区(子区)划分成果基础上,充分利用已有的影像图、地形图等数据资料,通过坐落、界址点坐标等信息预判宗地或房屋位置,补充开展权籍调查等方式,编制形成唯一的不动产单元代码。

四、公示权属调查结果。县级以上地方人民政府统一组织的宅基地、集体建设用地和房屋首次登记,权属调查成果要在本集体经济组织范围内公示。开展农村房地一体权籍调查时,不动产登记机构(国土资源主管部门)应将宅基地、集体建设用地和房屋的权属调查结果送达农村集体经济组织,并要求在村民会议或村民代表会议上说明,同时以张贴公告等形式公示权属调查结果。对于外出务工人员较多的地区,可通过电话、微信等方式将权属调查结果告知权利人及利害关系人。

五、结合实际依法处理"一户多宅"问题。宅基地使用权应按照"一户一宅"要求,原则上确权登记到"户"。符合当地分户建房条件未分户,但未经批准另行建房分开居住的,其新建房屋占用的宅基地符合相关规划，经本农民集体同意并公告无异议的，可按规定补办有关用地手续后，依法予以确权登记；未分开居住的，其实际使用的宅基地没有超过分户后建房用地合计面积标准的，依法按照实际使用面积予以确权登记。

六、分阶段依法处理宅基地超面积问题。农民集体成员经过批准建房占用宅基地的，按照批准面积予以确权登记。未履行批准手续建房占用宅基地的，按以下规定处理：1982年《村镇建房用地管理条例》实施前，农民集体成员建房占用的宅基地，范围在《村镇建房用地管理条例》实施后至今未扩大的，无论是否超过其后当地规定面积标准，均按实际使用面积予以确权登记。1982年《村镇建房用地管理条例》实施起至1987年《土地管理法》实施时止，农民集体成员建房占用的宅基地，超过当地规定面积标准的，超过面积按国家和地方有关规定处理的结果予以确权登记。1987年《土地管理法》实施后，农民集体成员建房占用的宅基地，符合规划但超过当地面积标准的，在补办相关用地手续后，依法对标准面积予以确权登记，超占面积在登记簿和权属证书附记栏中注明。

历史上接受转让、赠与房屋占用的宅基地超过当地规定面积标准的，按照转让、赠与行为发生时对宅基地超面积标准的政策规定，予以确权登记。

七、依法确定非本农民集体成员合法取得的宅基地使用权。非本农民集体成员因扶贫搬迁、地质灾害防治、新农村建设、移民安置等按照政府统一规划和批准使用宅基地的，在退出原宅基地并注销登记后，依法确定新建房屋占用的宅基地使用权。

1982年《村镇建房用地管理条例》实施前，非农业户口居民（含华侨）合法取得的宅基地或因合法取得房屋而占用的宅基地，范围在《村镇建房用地管理条例》实施后至今未扩大的，可按实际使用面积予以确权登记。1982年《村镇建房用地管理条例》实施起至1999年《土地管理法》修订实施时止，非农业户口居民（含华侨）合法取得的宅基地或因合法取得房屋而占用的宅基地，按照批准面积予以确权登记，超过批准的面积在登记簿和权属证书附记栏中注明。

八、依法维护农村妇女和进城落户农民的宅基地权益。农村妇女作为家庭成员，其宅基地权益应记载到不动产登记簿及权属证书上。农村妇女因婚嫁离开原农民集体，取得新家庭宅基地使用权的，应依法予以确权登记，同时注销其原宅基地使用权。

农民进城落户后，其原合法取得的宅基地使用权应予以确权登记。

九、分阶段依法确定集体建设用地使用权。1987年《土地管理法》实施前，使用集体土地兴办乡（镇）村公益事业和公共设施，经所在乡（镇）人民政府审核后，可依法确定使用单位集体建设用地使用权。乡镇企业用地和其他经依法批准用于非住宅建设的集体土地，至今仍继续使用的，经所在农民集体同意，报乡（镇）人民政府审核后，依法确定使用单位集体建设用地使用权。1987年《土地管理法》实施后，乡（镇）村公益事业和公共设施用地、乡镇企业用地和其他经依法批准用于非住宅建设的集体土地，应当依据县级以上人民政府批准文件，确定使用单位集体建设用地使用权。

十、规范没有土地权属来源材料的宅基地、集体建设用地确权登记程序。对于没有权属来源材料的宅基地，应当查明土地历史使用情况和现状，由所在农民集体或村委会对宅基地使用权人、面积、四至范围等进行确认后，公告30天无异议，并出具证明，经乡（镇）人民政府审核，报县级人民政府审定，属于合法使用的，予以确权登记。

对于没有权属来源材料的集体建设用地，应当查明土地历史使用情况和现状，认定属于合法使用的，经所在农民集体同意，并公告30天无异议，经乡（镇）人民政府审核，报县级人民政府批准，予以确权登记。

## 第十四章 居 住 权

**第三百六十六条 【居住权的概念】**居住权人有权按照合同约定，对他人的住宅享有占有、使用的用益物权，以满足生活居住的需要。

**第三百六十七条 【居住权合同的形式与内容】**设立居住权，当事人应当采用书面形式订立居住权合同。

居住权合同一般包括下列条款：

（一）当事人的姓名或者名称和住所；

（二）住宅的位置；

（三）居住的条件和要求；

（四）居住权期限；

（五）解决争议的方法。

**第三百六十八条 【居住权的设立】**居住权无偿设立，但是当事人另有约定的除外。设立居住权的，应当向登记机构申请居住权登记。居住权自登记时设立。

**第三百六十九条 【居住权的限制】**居住权不得转让、继承。设立居住权的住宅不得出租，但是当事人另有约定的除外。

**第三百七十条 【居住权的消灭】**居住权期限届满或者居住权人死亡的，居住权消灭。居住权消灭的，应当及时办理注销登记。

**第三百七十一条 【以遗嘱方式设立居住权】**以遗嘱方式设立居住权的，参照适用本章的有关规定。

## 第十五章 地 役 权

**第三百七十二条 【地役权的含义】**地役权人有权按照合同约定，利用他人的不动产，以提高自己的不动产的效益。

前款所称他人的不动产为供役地，自己的不动产为需役地。

**第三百七十三条 【地役权合同】**设立地役权，当事人应当采用书面形式订立地役权合同。

地役权合同一般包括下列条款：

（一）当事人的姓名或者名称和住所；

（二）供役地和需役地的位置；

（三）利用目的和方法；

（四）地役权期限；

（五）费用及其支付方式；

（六）解决争议的方法。

**第三百七十四条 【地役权的登记】**地役权自地役权合同生效时设立。当事人要求登记的，可以向登记机构申请地役权登记；未经登记，不得对抗善意第三人。

**相关部门规章**

**《不动产登记暂行条例实施细则》(2019年7月16日修正)**

**第六十条**　按照约定设定地役权，当事人可以持需役地和供役地的不动产权属证书、地役权合同以及其他必要文件，申请地役权首次登记。

**第六十一条**　经依法登记的地役权发生下列情形之一的，当事人应当持地役权合同、不动产登记证明和证实变更的材料等必要材料，申请地役权变更登记：

(一)地役权当事人的姓名或者名称等发生变化；

(二)共有性质变更的；

(三)需役地或者供役地自然状况发生变化；

(四)地役权内容变更的；

(五)法律、行政法规规定的其他情形。

供役地分割转让办理登记，转让部分涉及地役权的，应当由受让人与地役权人一并申请地役权变更登记。

**第三百七十五条　【供役地权利人的义务】**供役地权利人应当按照合同约定，允许地役权人利用其不动产，不得妨害地役权人行使权利。

**第三百七十六条　【地役权人的权利与义务】**地役权人应当按照合同约定的利用目的和方法利用供役地，尽量减少对供役地权利人物权的限制。

**第三百七十七条　【地役权的期限】**地役权期限由当事人约定；但是，不得超过土地承包经营权、建设用地使用权等用益物权的剩余期限。

**第三百七十八条　【在享有和负担地役权的土地上设立用益物权】**土地所有权人享有地役权或者负担地役权的，设立土地承包经营权、宅基地使用权等用益物权时，该用益物权人继续享有或者负担已经设立的地役权。

**第三百七十九条　【土地所有权人在已设立用益物权的土地上设立地役权】**土地上已经设立土地承包经营权、建设用地使用权、宅基地使用权等用益物权的，未经用益物权人同意，土地所有权人不得设立地役权。

**第三百八十条 【地役权转让上的从属性】**地役权不得单独转让。土地承包经营权、建设用地使用权等转让的，地役权一并转让，但是合同另有约定的除外。

**相关部门规章**

**《不动产登记暂行条例实施细则》(2019年7月16日修正)**

**第六十二条** 已经登记的地役权因土地承包经营权、建设用地使用权转让发生转移的，当事人应当持不动产登记证明、地役权转移合同等必要材料，申请地役权转移登记。

申请需役地转移登记的，或者需役地分割转让，转让部分涉及已登记的地役权的，当事人应当一并申请地役权转移登记，但当事人另有约定的除外。当事人拒绝一并申请地役权转移登记的，应当出具书面材料。不动产登记机构办理转移登记时，应当同时办理地役权注销登记。

**第三百八十一条 【地役权抵押上的从属性】**地役权不得单独抵押。土地经营权、建设用地使用权等抵押的，在实现抵押权时，地役权一并转让。

**第三百八十二条 【需役地及其上用益物权的部分转让与地役权】**需役地以及需役地上的土地承包经营权、建设用地使用权等部分转让时，转让部分涉及地役权的，受让人同时享有地役权。

**相关部门规章**

**《不动产登记暂行条例实施细则》(2019年7月16日修正)**

**第二十七条** 因下列情形导致不动产权利转移的，当事人可以向不动产登记机构申请转移登记：

……

(九)因需役地不动产权利转移引起地役权转移的；

……

**第六十二条** 已经登记的地役权因土地承包经营权、建设用地使用权转让发生转移的，当事人应当持不动产登记证明、地役权转移合同等必要材料，申请地役权转移登记。

申请需役地转移登记的，或者需役地分割转让，转让部分涉及已登记的地役权的，当事人应当一并申请地役权转移登记，但当事人另有约定的除外。当事人拒绝一并申请地役权转移登记的，应当出具书面材料。不动产登记机构办理转移登记时，应当同时办理地役权注销登记。

**第三百八十三条　【供役地及其上用益物权的部分转让与地役权】** 供役地以及供役地上的土地承包经营权、建设用地使用权等部分转让时，转让部分涉及地役权的，地役权对受让人具有法律约束力。

**第三百八十四条　【地役权合同的解除】** 地役权人有下列情形之一的，供役地权利人有权解除地役权合同，地役权消灭：

（一）违反法律规定或者合同约定，滥用地役权；

（二）有偿利用供役地，约定的付款期限届满后在合理期限内经两次催告未支付费用。

**第三百八十五条　【地役权的变更登记或注销登记】** 已经登记的地役权变更、转让或者消灭的，应当及时办理变更登记或者注销登记。

**相关部门规章**

**《不动产登记暂行条例实施细则》（2019 年 7 月 16 日修正）**

**第六十一条**　经依法登记的地役权发生下列情形之一的，当事人应当持地役权合同、不动产登记证明和证实变更的材料等必要材料，申请地役权变更登记：

（一）地役权当事人的姓名或者名称等发生变化；

（二）共有性质变更的；

（三）需役地或者供役地自然状况发生变化；

（四）地役权内容变更的；

（五）法律、行政法规规定的其他情形。

供役地分割转让办理登记，转让部分涉及地役权的，应当由受让人与地役权人一并申请地役权变更登记。

**第六十三条** 已经登记的地役权,有下列情形之一的,当事人可以持不动产登记证明、证实地役权发生消灭的材料等必要材料,申请地役权注销登记:

(一)地役权期限届满;

(二)供役地、需役地归于同一人;

(三)供役地或者需役地灭失;

(四)人民法院、仲裁委员会的生效法律文书导致地役权消灭;

(五)依法解除地役权合同;

(六)其他导致地役权消灭的事由。

**第六十四条** 地役权登记,不动产登记机构应当将登记事项分别记载于需役地和供役地登记簿。

供役地、需役地分属不同不动产登记机构管辖的,当事人应当向供役地所在地的不动产登记机构申请地役权登记。供役地所在地不动产登记机构完成登记后,应当将相关事项通知需役地所在地不动产登记机构,并由其记载于需役地登记簿。

地役权设立后,办理首次登记前发生变更、转移的,当事人应当提交相关材料,就已经变更或者转移的地役权,直接申请首次登记。

# 第四分编 担 保 物 权

## 第十六章 一 般 规 定

**第三百八十六条 【担保物权的含义】**担保物权人在债务人不履行到期债务或者发生当事人约定的实现担保物权的情形,依法享有就担保财产优先受偿的权利,但是法律另有规定的除外。

### 一、相关法律条文

**1.《中华人民共和国民法典》(2021年1月1日起施行)**

**第一百一十四条** 民事主体依法享有物权。

物权是权利人依法对特定的物享有直接支配和排他的权利,包括所有权、用益物权和担保物权。

**2.《中华人民共和国企业破产法》(2007年6月1日起施行)**

**第一百零九条**　对破产人的特定财产享有担保权的权利人，对该特定财产享有优先受偿的权利。

**第一百一十条**　享有本法第一百零九条规定权利的债权人行使优先受偿权利未能完全受偿的，其未受偿的债权作为普通债权；放弃优先受偿权利的，其债权作为普通债权。

**3.《中华人民共和国税收征收管理法》(2015年4月24日修正)**

**第四十五条**　税务机关征收税款，税收优先于无担保债权，法律另有规定的除外；纳税人欠缴的税款发生在纳税人以其财产设定抵押、质押或者纳税人的财产被留置之前的，税收应当先于抵押权、质权、留置权执行。

纳税人欠缴税款，同时又被行政机关决定处以罚款、没收违法所得的，税收优先于罚款、没收违法所得。

税务机关应当对纳税人欠缴税款的情况定期予以公告。

**第四十六条**　纳税人有欠税情形而以其财产设定抵押、质押的，应当向抵押权人、质权人说明其欠税情况。抵押权人、质权人可以请求税务机关提供有关的欠税情况。

## 二、相关行政法规

**《优化营商环境条例》(2020年1月1日起施行)**

**第四十七条**　不动产登记机构应当按照国家有关规定，加强部门协作，实行不动产登记、交易和缴税一窗受理、并行办理，压缩办理时间，降低办理成本。在国家规定的不动产登记时限内，各地区应当确定并公开具体办理时间。

国家推动建立统一的动产和权利担保登记公示系统，逐步实现市场主体在一个平台上办理动产和权利担保登记。纳入统一登记公示系统的动产和权利范围另行规定。

## 三、相关司法解释

**1.《最高人民法院关于适用〈中华人民共和国民事诉讼法〉的解释》(法释〔2015〕5号)(2020年12月23日修正)**

**第五百零八条**　被执行人为公民或者其他组织，在执行程序开始后，被执行人的其他已经取得执行依据的债权人发现被执行人的财产不能清偿所有债权的,可以向人民法院申请参与分配。

对人民法院查封、扣押、冻结的财产有优先权、担保物权的债权人,可以直接申请参与分配,主张优先受偿权。

**第五百零九条** 申请参与分配,申请人应当提交申请书。申请书应当写明参与分配和被执行人不能清偿所有债权的事实、理由,并附有执行依据。

参与分配申请应当在执行程序开始后,被执行人的财产执行终结前提出。

**第五百一十条** 参与分配执行中,执行所得价款扣除执行费用,并清偿应当优先受偿的债权后,对于普通债权,原则上按照其占全部申请参与分配债权数额的比例受偿。清偿后的剩余债务,被执行人应当继续清偿。债权人发现被执行人有其他财产的,可以随时请求人民法院执行。

**第五百一十一条** 多个债权人对执行财产申请参与分配的,执行法院应当制作财产分配方案,并送达各债权人和被执行人。债权人或者被执行人对分配方案有异议的,应当自收到分配方案之日起十五日内向执行法院提出书面异议。

**第五百一十二条** 债权人或者被执行人对分配方案提出书面异议的,执行法院应当通知未提出异议的债权人、被执行人。

未提出异议的债权人、被执行人自收到通知之日起十五日内未提出反对意见的,执行法院依异议人的意见对分配方案审查修正后进行分配;提出反对意见的,应当通知异议人。异议人可以自收到通知之日起十五日内,以提出反对意见的债权人、被执行人为被告,向执行法院提起诉讼;异议人逾期未提起诉讼的,执行法院按照原分配方案进行分配。

诉讼期间进行分配的,执行法院应当提存与争议债权数额相应的款项。

**2.《最高人民法院关于人民法院民事执行中拍卖、变卖财产的规定》(法释〔2004〕16号)(2020年12月23日修正)**

**第二十八条** 拍卖财产上原有的担保物权及其他优先受偿权,因拍卖而消灭,拍卖所得价款,应当优先清偿担保物权人及其他优先受偿权人的债权,但当事人另有约定的除外。

拍卖财产上原有的租赁权及其他用益物权，不因拍卖而消灭，但该权利继续存在于拍卖财产上，对在先的担保物权或者其他优先受偿权的实现有影响的，人民法院应当依法将其除去后进行拍卖。

**3.《最高人民法院关于人民法院执行工作若干问题的规定（试行）》（法释〔1998〕15号）（2020年12月23日修正）**

31. 人民法院对被执行人所有的其他人享有抵押权、质押权或留置权的财产，可以采取查封、扣押措施。财产拍卖、变卖后所得价款，应当在抵押权人、质押权人或留置权人优先受偿后，其余额部分用于清偿申请执行人的债权。

**第三百八十七条　【担保物权的适用范围与反担保】**债权人在借贷、买卖等民事活动中，为保障实现其债权，需要担保的，可以依照本法和其他法律的规定设立担保物权。

第三人为债务人向债权人提供担保的，可以要求债务人提供反担保。反担保适用本法和其他法律的规定。

**一、相关司法解释**

**《最高人民法院关于适用〈中华人民共和国民法典〉有关担保制度的解释》（法释〔2020〕28号）**

**第一条**　因抵押、质押、留置、保证等担保发生的纠纷，适用本解释。所有权保留买卖、融资租赁、保理等涉及担保功能发生的纠纷，适用本解释的有关规定。

**二、相关裁判摘要**

- **2010年第8期《中华人民共和国最高人民法院公报》**刊登的“**广州市仙源房地产股份有限公司与广东中大中鑫投资策划有限公司、广州远兴房产有限公司、中国投资集团国际理财有限公司股权转让纠纷案**”的最高人民法院（2009）民申字第1068号再审裁定书认为，只要是民法上的债，就可以为之设定担保。相关裁判摘要如下：

《中华人民共和国担保法》第二条第一款规定：“在借贷、买卖、货物运输、加工承揽等经济活动中，债权人需要以担保方式保障其债权实现的，可以依照本法规定设定担保。”该条仅列举了适用担保的部分情形，不能根据该款规定得出只能为借贷、买卖、货物运输、加工承揽提供担保的结论。根据《中华人民共和国民法通则》第八十九条，可以为各类债务的履行设定担保。股权（权益）转让合同属于民法上的债，为其履行设定担保符合法律规定。因此，不能根据肖雨田等人为《股权转让及项目合作合同》的履行提供了担保就认定该合同只能是借款合同。

• **2001 年第 5 期《中华人民共和国最高人民法院公报》**刊登的"**中国工商银行哈尔滨市和平支行诉高延民担保合同纠纷案**"的判决明确了被担保的主合同必须是产生民事权利义务关系的合同。相关裁判摘要如下：

民法通则第八十四条规定："债是按照合同的约定或者依照法律的规定，在当事人之间产生的特定的权利和义务关系"。第八十五条规定："合同是当事人之间设立、变更、终止民事关系的协议。依法成立的合同，受法律保护。"《中华人民共和国担保法》第二条规定："在借贷、买卖、货物运输、加工承揽等经济活动中，债权人需要以担保方式保障其债权实现的，可以依照本法规定设定担保。"以上规定明确指出，债是按照合同的约定在当事人之间产生的特定权利和义务。担保合同作为从合同，只是对因借贷、买卖、货物运输、加工承揽等主合同发生的债进行担保。这些主合同约定的当然是民事关系。只有依法成立的合同，才受法律保护。

**第三百八十八条　【担保合同的范围与从属性】**设立担保物权，应当依照本法和其他法律的规定订立担保合同。担保合同包括抵押合同、质押合同和其他具有担保功能的合同。担保合同是主债权债务合同的从合同。主债权债务合同无效的，担保合同无效，但是法律另有规定的除外。

担保合同被确认无效后，债务人、担保人、债权人有过错的，应当根据其过错各自承担相应的民事责任。

## 一、相关法律条文

**《中华人民共和国民法典》（2021 年 1 月 1 日起施行）**

**第一百五十六条**　民事法律行为部分无效，不影响其他部分效力的，其他部分仍然有效。

**第一百五十七条**　民事法律行为无效、被撤销或者确定不发生效力后，行为人因该行为取得的财产，应当予以返还；不能返还或者没有必要返还的，应当折价补偿。有过错的一方应当赔偿对方由此所受到的损失；各方都有过错的，应当各自承担相应的责任。法律另有规定的，依照其规定。

**第六百八十二条**　保证合同是主债权债务合同的从合同。主债权债务合同无效的，保证合同无效，但是法律另有规定的除外。

保证合同被确认无效后，债务人、保证人、债权人有过错的，应当根据其过错各自承担相应的民事责任。

## 二、相关司法解释

**《最高人民法院关于适用〈中华人民共和国民法典〉有关担保制度的解释》（法释〔2020〕28号）**

**第二条**　当事人在担保合同中约定担保合同的效力独立于主合同，或者约定担保人对主合同无效的法律后果承担担保责任，该有关担保独立性的约定无效。主合同有效的，有关担保独立性的约定无效不影响担保合同的效力；主合同无效的，人民法院应当认定担保合同无效，但是法律另有规定的除外。

因金融机构开立的独立保函发生的纠纷，适用《最高人民法院关于审理独立保函纠纷案件若干问题的规定》。

**第三条**　当事人对担保责任的承担约定专门的违约责任，或者约定的担保责任范围超出债务人应当承担的责任范围，担保人主张仅在债务人应当承担的责任范围内承担责任的，人民法院应予支持。

担保人承担的责任超出债务人应当承担的责任范围，担保人向债务人追偿，债务人主张仅在其应当承担的责任范围内承担责任的，人民法院应予支持；担保人请求债权人返还超出部分的，人民法院依法予以支持。

**第四条**　有下列情形之一，当事人将担保物权登记在他人名下，债务人不履行到期债务或者发生当事人约定的实现担保物权的情形，债权人或者其受托人主张就该财产优先受偿的，人民法院依法予以支持：

（一）为债券持有人提供的担保物权登记在债券受托管理人名下；

（二）为委托贷款人提供的担保物权登记在受托人名下；

（三）担保人知道债权人与他人之间存在委托关系的其他情形。

**第五条** 机关法人提供担保的，人民法院应当认定担保合同无效，但是经国务院批准为使用外国政府或者国际经济组织贷款进行转贷的除外。

居民委员会、村民委员会提供担保的，人民法院应当认定担保合同无效，但是依法代行村集体经济组织职能的村民委员会，依照村民委员会组织法规定的讨论决定程序对外提供担保的除外。

**第六条** 以公益为目的的非营利性学校、幼儿园、医疗机构、养老机构等提供担保的，人民法院应当认定担保合同无效，但是有下列情形之一的除外：

（一）在购入或者以融资租赁方式承租教育设施、医疗卫生设施、养老服务设施和其他公益设施时，出卖人、出租人为担保价款或者租金实现而在该公益设施上保留所有权；

（二）以教育设施、医疗卫生设施、养老服务设施和其他公益设施以外的不动产、动产或者财产权利设立担保物权。

登记为营利法人的学校、幼儿园、医疗机构、养老机构等提供担保，当事人以其不具有担保资格为由主张担保合同无效的，人民法院不予支持。

**第七条** 公司的法定代表人违反公司法关于公司对外担保决议程序的规定，超越权限代表公司与相对人订立担保合同，人民法院应当依照民法典第六十一条和第五百零四条等规定处理：

（一）相对人善意的，担保合同对公司发生效力；相对人请求公司承担担保责任的，人民法院应予支持。

（二）相对人非善意的，担保合同对公司不发生效力；相对人请求公司承担赔偿责任的，参照适用本解释第十七条的有关规定。

法定代表人超越权限提供担保造成公司损失，公司请求法定代表人承担赔偿责任的，人民法院应予支持。

第一款所称善意，是指相对人在订立担保合同时不知道且不应当知道法定代表人超越权限。相对人有证据证明已对公司决议进行了合理审查，人民法院应当认定其构成善意，但是公司有证据证明相对人知道或者应当知道决议系伪造、变造的除外。

**第八条** 有下列情形之一，公司以其未依照公司法关于公司对外担保的规定作出决议为由主张不承担担保责任的，人民法院不予支持：

（一）金融机构开立保函或者担保公司提供担保；

（二）公司为其全资子公司开展经营活动提供担保；

（三）担保合同系由单独或者共同持有公司三分之二以上对担保事项有表决权的股东签字同意。

上市公司对外提供担保，不适用前款第二项、第三项的规定。

**第九条**　相对人根据上市公司公开披露的关于担保事项已经董事会或者股东大会决议通过的信息，与上市公司订立担保合同，相对人主张担保合同对上市公司发生效力，并由上市公司承担担保责任的，人民法院应予支持。

相对人未根据上市公司公开披露的关于担保事项已经董事会或者股东大会决议通过的信息，与上市公司订立担保合同，上市公司主张担保合同对其不发生效力，且不承担担保责任或者赔偿责任的，人民法院应予支持。

相对人与上市公司已公开披露的控股子公司订立的担保合同，或者相对人与股票在国务院批准的其他全国性证券交易场所交易的公司订立的担保合同，适用前两款规定。

**第十条**　一人有限责任公司为其股东提供担保，公司以违反公司法关于公司对外担保决议程序的规定为由主张不承担担保责任的，人民法院不予支持。公司因承担担保责任导致无法清偿其他债务，提供担保时的股东不能证明公司财产独立于自己的财产，其他债权人请求该股东承担连带责任的，人民法院应予支持。

**第十一条**　公司的分支机构未经公司股东（大）会或者董事会决议以自己的名义对外提供担保，相对人请求公司或者其分支机构承担担保责任的，人民法院不予支持，但是相对人不知道且不应当知道分支机构对外提供担保未经公司决议程序的除外。

金融机构的分支机构在其营业执照记载的经营范围内开立保函，或者经有权从事担保业务的上级机构授权开立保函，金融机构或者其分支机构以违反公司法关于公司对外担保决议程序的规定为由主张不承担担保责任的，人民法院不予支持。金融机构的分支机构未经金融机构授权提供保函之外的担保，金融机构或者其分支机构主张不承担担保责任的，人民法院应予支持，但是相对人不知道且不应当知道分支机构对外提供担保未经金融机构授权的除外。

担保公司的分支机构未经担保公司授权对外提供担保，担保公司或者其分支机构主张不承担担保责任的，人民法院应予支持，但是相对人不知道且不应当知道分支机构对外提供担保未经担保公司授权的除外。

公司的分支机构对外提供担保，相对人非善意，请求公司承担赔偿责任的，参照本解释第十七条的有关规定处理。

**第十二条** 法定代表人依照民法典第五百五十二条的规定以公司名义加入债务的，人民法院在认定该行为的效力时，可以参照本解释关于公司为他人提供担保的有关规则处理。

**第十三条** 同一债务有两个以上第三人提供担保，担保人之间约定相互追偿及分担份额，承担了担保责任的担保人请求其他担保人按照约定分担份额的，人民法院应予支持；担保人之间约定承担连带共同担保，或者约定相互追偿但是未约定分担份额的，各担保人按照比例分担向债务人不能追偿的部分。

同一债务有两个以上第三人提供担保，担保人之间未对相互追偿作出约定且未约定承担连带共同担保，但是各担保人在同一份合同书上签字、盖章或者按指印，承担了担保责任的担保人请求其他担保人按照比例分担向债务人不能追偿部分的，人民法院应予支持。

除前两款规定的情形外，承担了担保责任的担保人请求其他担保人分担向债务人不能追偿部分的，人民法院不予支持。

**第十四条** 同一债务有两个以上第三人提供担保，担保人受让债权的，人民法院应当认定该行为系承担担保责任。受让债权的担保人作为债权人请求其他担保人承担担保责任的，人民法院不予支持；该担保人请求其他担保人分担相应份额的，依照本解释第十三条的规定处理。

**第十五条** 最高额担保中的最高债权额，是指包括主债权及其利息、违约金、损害赔偿金、保管担保财产的费用、实现债权或者实现担保物权的费用等在内的全部债权，但是当事人另有约定的除外。

登记的最高债权额与当事人约定的最高债权额不一致的，人民法院应当依据登记的最高债权额确定债权人优先受偿的范围。

**第十六条** 主合同当事人协议以新贷偿还旧贷，债权人请求旧贷的担保人承担担保责任的，人民法院不予支持；债权人请求新贷的担保人承担担保责任的，按照下列情形处理：

（一）新贷与旧贷的担保人相同的，人民法院应予支持；

（二）新贷与旧贷的担保人不同，或者旧贷无担保新贷有担保的，人民法院不予支持,但是债权人有证据证明新贷的担保人提供担保时对以新贷偿还旧贷的事实知道或者应当知道的除外。

主合同当事人协议以新贷偿还旧贷,旧贷的物的担保人在登记尚未注销的情形下同意继续为新贷提供担保,在订立新的贷款合同前又以该担保财产为其他债权人设立担保物权,其他债权人主张其担保物权顺位优先于新贷债权人的,人民法院不予支持。

**第十七条** 主合同有效而第三人提供的担保合同无效,人民法院应当区分不同情形确定担保人的赔偿责任:

(一)债权人与担保人均有过错的,担保人承担的赔偿责任不应超过债务人不能清偿部分的二分之一;

(二)担保人有过错而债权人无过错的,担保人对债务人不能清偿的部分承担赔偿责任;

(三)债权人有过错而担保人无过错的,担保人不承担赔偿责任。

主合同无效导致第三人提供的担保合同无效,担保人无过错的,不承担赔偿责任;担保人有过错的,其承担的赔偿责任不应超过债务人不能清偿部分的三分之一。

**第十八条** 承担了担保责任或者赔偿责任的担保人,在其承担责任的范围内向债务人追偿的,人民法院应予支持。

同一债权既有债务人自己提供的物的担保,又有第三人提供的担保,承担了担保责任或者赔偿责任的第三人,主张行使债权人对债务人享有的担保物权的,人民法院应予支持。

**第十九条** 担保合同无效,承担了赔偿责任的担保人按照反担保合同的约定,在其承担赔偿责任的范围内请求反担保人承担担保责任的,人民法院应予支持。

反担保合同无效的,依照本解释第十七条的有关规定处理。当事人仅以担保合同无效为由主张反担保合同无效的,人民法院不予支持。

**第二十条** 人民法院在审理第三人提供的物的担保纠纷案件时,可以适用民法典第六百九十五条第一款、第六百九十六条第一款、第六百九十七条第二款、第六百九十九条、第七百条、第七百零一条、第七百零二条等关于保证合同的规定。

**第二十一条** 主合同或者担保合同约定了仲裁条款的,人民法院对约定仲裁条款的合同当事人之间的纠纷无管辖权。

债权人一并起诉债务人和担保人的，应当根据主合同确定管辖法院。

债权人依法可以单独起诉担保人且仅起诉担保人的，应当根据担保合同确定管辖法院。

**第二十二条** 人民法院受理债务人破产案件后，债权人请求担保人承担担保责任，担保人主张担保债务自人民法院受理破产申请之日起停止计息的，人民法院对担保人的主张应予支持。

**第二十三条** 人民法院受理债务人破产案件，债权人在破产程序中申报债权后又向人民法院提起诉讼，请求担保人承担担保责任的，人民法院依法予以支持。

担保人清偿债权人的全部债权后，可以代替债权人在破产程序中受偿；在债权人的债权未获全部清偿前，担保人不得代替债权人在破产程序中受偿，但是有权就债权人通过破产分配和实现担保债权等方式获得清偿总额中超出债权的部分，在其承担担保责任的范围内请求债权人返还。

债权人在债务人破产程序中未获全部清偿，请求担保人继续承担担保责任的，人民法院应予支持；担保人承担担保责任后，向和解协议或者重整计划执行完毕后的债务人追偿的，人民法院不予支持。

**第二十四条** 债权人知道或者应当知道债务人破产，既未申报债权也未通知担保人，致使担保人不能预先行使追偿权的，担保人就该债权在破产程序中可能受偿的范围内免除担保责任，但是担保人因自身过错未行使追偿权的除外。

## 三、相关文件规定

**《最高人民法院关于印发〈全国法院民商事审判工作会议纪要〉的通知》(法〔2019〕254号)**

(六)关于公司为他人提供担保

关于公司为他人提供担保的合同效力问题，审判实践中裁判尺度不统一，严重影响了司法公信力，有必要予以规范。对此，应当把握以下几点：

17.【违反《公司法》第16条构成越权代表】为防止法定代表人随意代表公司为他人提供担保给公司造成损失，损害中小股东利益，《公司法》第16条对法定代表人的代表权进行了限制。根据该条规定，担保行为不是法定代表人所能单独决定的事项，而必须以公司股东（大）会、董事会等公司机关的决议作为授权的基础和来源。法定代表人未经授权擅自为他人提供担保的，构成越权代表，人民法院应当根据《合同法》第50条关于法定代表人越权代表的规定，区分订立合同时债权人是否善意分别认定合同效力：债权人善意的，合同有效；反之，合同无效。

18.【善意的认定】前条所称的善意，是指债权人不知道或者不应当知道法定代表人超越权限订立担保合同。《公司法》第16条对关联担保和非关联担保的决议机关作出了区别规定，相应地，在善意的判断标准上也应当有所区别。一种情形是，为公司股东或者实际控制人提供关联担保，《公司法》第16条明确规定必须由股东（大）会决议，未经股东（大）会决议，构成越权代表。在此情况下，债权人主张担保合同有效，应当提供证据证明其在订立合同时对股东（大）会决议进行了审查，决议的表决程序符合《公司法》第16条的规定，即在排除被担保股东表决权的情况下，该项表决由出席会议的其他股东所持表决权的过半数通过，签字人员也符合公司章程的规定。另一种情形是，公司为公司股东或者实际控制人以外的人提供非关联担保，根据《公司法》第16条的规定，此时由公司章程规定是由董事会决议还是股东（大）会决议。无论章程是否对决议机关作出规定，也无论章程规定决议机关为董事会还是股东（大）会，根据《民法总则》第61条第3款关于"法人章程或者法人权力机构对法定代表人代表权的限制，不得对抗善意相对人"的规定，只要债权人能够证明其在订立担保合同时对董事会决议或者股东（大）会决议进行了审查，同意决议的人数及签字人员符合公司章程的规定，就应当认定其构成善意，但公司能够证明债权人明知公司章程对决议机关有明确规定的除外。

债权人对公司机关决议内容的审查一般限于形式审查，只要求尽到必要的注意义务即可，标准不宜太过严苛。公司以机关决议系法定代表人伪造或者变造、决议程序违法、签章（名）不实、担保金额超过法定限额等事由抗辩债权人非善意的，人民法院一般不予支持。但是，公司有证据证明债权人明知决议系伪造或者变造的除外。

19.【无须机关决议的例外情况】存在下列情形的，即便债权人知道或者应当知道没有公司机关决议，也应当认定担保合同符合公司的真实意思表示，合同有效：

（1）公司是以为他人提供担保为主营业务的担保公司，或者是开展保函业务的银行或者非银行金融机构；

（2）公司为其直接或者间接控制的公司开展经营活动向债权人提供担保；

（3）公司与主债务人之间存在相互担保等商业合作关系；

（4）担保合同系由单独或者共同持有公司三分之二以上有表决权的股东签字同意。

20.【越权担保的民事责任】依据前述3条规定，担保合同有效，债权人请求公司承担担保责任的，人民法院依法予以支持；担保合同无效，债权人请求公司承担担保责任的，人民法院不予支持，但可以按照担保法及有关司法解释关于担保无效的规定处理。公司举证证明债权人明知法定代表人超越权限或者机关决议系伪造或者变造，债权人请求公司承担合同无效后的民事责任的，人民法院不予支持。

21.【权利救济】法定代表人的越权担保行为给公司造成损失，公司请求法定代表人承担赔偿责任的，人民法院依法予以支持。公司没有提起诉讼，股东依据《公司法》第151条的规定请求法定代表人承担赔偿责任的，人民法院依法予以支持。

22.【上市公司为他人提供担保】债权人根据上市公司公开披露的关于担保事项已经董事会或者股东大会决议通过的信息订立的担保合同，人民法院应当认定有效。

23.【债务加入准用担保规则】法定代表人以公司名义与债务人约定加入债务并通知债权人或者向债权人表示愿意加入债务，该约定的效力问题，参照本纪要关于公司为他人提供担保的有关规则处理。

四、关于担保纠纷案件的审理

会议认为，要注意担保法及其司法解释与物权法对独立担保、混合担保、担保期间等有关制度的不同规定，根据新的规定优于旧的规定的法律适用规则，优先适用物权法的规定。从属性是担保的基本属性，要慎重认定独立担保行为的效力，将其严格限定在法律或者司法解释明确规定的情形。要根据区分原则，准确认定担保合同效力。要坚持物权法定、公示公信原则，区分不动产与动产担保物权在物权变动、效力规则等方面的异同，准确适用法律。要充分发挥担保对缓解融资难融资贵问题的积极作用，不轻易否定新类型担保、非典型担保的合同效力及担保功能。

（一）关于担保的一般规则

54.【独立担保】从属性是担保的基本属性，但由银行或者非银行金融机构开立的独立保函除外。独立保函纠纷案件依据《最高人民法院关于审理独立保函纠纷案件若干问题的规定》处理。需要进一步明确的是：凡是由银行或者非银行金融机构开立的符合该司法解释第1条、第3条规定情形的保函，无论是用于国际商事交易还是用于国内商事交易，均不影响保函的效力。银行或者非银行金融机构之外的当事人开立的独立保函，以及当事人有关排除担保从属性的约定，应当认定无效。但是，根据"无效法律行为的转换"原理，在否定其独立担保效力的同时，应当将其认定为从属性担保。此时，如果主合同有效，则担保合同有效，担保人与主债务人承担连带保证责任。主合同无效，则该所谓的独立担保也随之无效，担保人无过错的，不承担责任；担保人有过错的，其承担民事责任的部分，不应超过债务人不能清偿部分的三分之一。

（四）关于非典型担保

66.【担保关系的认定】当事人订立的具有担保功能的合同，不存在法定无效情形的，应当认定有效。虽然合同约定的权利义务关系不属于物权法规定的典型担保类型，但是其担保功能应予肯定。

67.【约定担保物权的效力】债权人与担保人订立担保合同，约定以法律、行政法规未禁止抵押或者质押的财产设定以登记作为公示方法的担保，因无法定的登记机构而未能进行登记的，不具有物权效力。当事人请求按照担保合同的约定就该财产折价、变卖或者拍卖所得价款等方式清偿债务的，人民法院依法予以支持，但对其他权利人不具有对抗效力和优先性。

68.【保兑仓交易】保兑仓交易作为一种新类型融资担保方式，其基本交易模式是，以银行信用为载体、以银行承兑汇票为结算工具、由银行控制货权、卖方（或者仓储方）受托保管货物并以承兑汇票与保证金之间的差额作为担保。其基本的交易流程是：卖方、买方和银行订立三方合作协议，其中买方向银行缴存一定比例的承兑保证金，银行向买方签发以卖方为收款人的银行承兑汇票，买方将银行承兑汇票交付卖方作为货款，银行根据买方缴纳的保证金的一定比例向卖方签发提货单，卖方根据提货单向买方交付对应金额的货物，买方销售货物后，将货款再缴存为保证金。

在三方协议中，一般来说，银行的主要义务是及时签发承兑汇票并按约定方式将其交给卖方，卖方的主要义务是根据银行签发的提货单发货，并在买方未及时销售或者回赎货物时，就保证金与承兑汇票之间的差额部分承担责任。银行为保障自身利益，往往还会约定卖方要将货物交给由其指定的当事人监管，并设定质押，从而涉及监管协议以及流动质押等问题。实践中，当事人还可能在前述基本交易模式基础上另行作出其他约定，只要不违反法律、行政法规的效力性强制性规定，这些约定应当认定有效。

一方当事人因保兑仓交易纠纷提起诉讼的，人民法院应当以保兑仓交易合同作为审理案件的基本依据，但买卖双方没有真实买卖关系的除外。

69.【无真实贸易背景的保兑仓交易】保兑仓交易以买卖双方有真实买卖关系为前提。双方无真实买卖关系的，该交易属于名为保兑仓交易实为借款合同，保兑仓交易因构成虚伪意思表示而无效，被隐藏的借款合同是当事人的真实意思表示，如不存在其他合同无效情形，应当认定有效。保兑仓交易认定为借款合同关系的，不影响卖方和银行之间担保关系的效力，卖方仍应当承担担保责任。

70.【保兑仓交易的合并审理】当事人就保兑仓交易中的不同法律关系的相对方分别或者同时向同一人民法院起诉的，人民法院可以根据民事诉讼法司法解释第 221 条的规定，合并审理。当事人未起诉某一方当事人的，人民法院可以依职权追加未参加诉讼的当事人为第三人，以便查明相关事实，正确认定责任。

71.【让与担保】债务人或者第三人与债权人订立合同，约定将财产形式上转让至债权人名下，债务人到期清偿债务，债权人将该财产返还给债务人或第三人，债务人到期没有清偿债务，债权人可以对财产拍卖、变卖、折价偿还债权的，人民法院应当认定合同有效。合同如果约定债务人到期没有清偿债务，财产归债权人所有的，人民法院应当认定该部分约定无效，但不影响合同其他部分的效力。

当事人根据上述合同约定，已经完成财产权利变动的公示方式转让至债权人名下，债务人到期没有清偿债务，债权人请求确认财产归其所有的，人民法院不予支持，但债权人请求参照法律关于担保物权的规定对财产拍卖、变卖、折价优先偿还其债权的，人民法院依法予以支持。债务人因到期没有清偿债务，请求对该财产拍卖、变卖、折价偿还所欠债权人合同项下债务的，人民法院亦应依法予以支持。

## 四、相关裁判摘要

• **2014年第6期《中华人民共和国最高人民法院公报》**刊登的"**香港上海汇丰银行有限公司上海分行与景轩大酒店（深圳）有限公司、万轩置业有限公司金融借款合同纠纷案**"判决认为，涉外抵押合同应当经过国家有关主管部门批准或者登记，否则该涉外担保无效。相关裁判摘要如下：

本案所涉担保是景轩公司为万轩置业向汇丰上海分行的借款提供抵押担保，该担保属于《境内机构对外担保管理办法》第二条规定的对外担保。由于景轩公司系外商独资企业，根据国家外汇管理局颁布的《境内机构对外担保管理办法实施细则》第八条第二款规定，外商独资企业可以自行提供对外担保，无需得到外汇局逐笔批准。但《境内机构对外担保管理办法》第十四条第一款明确规定："担保人提供对外担保后，应当到所在地的外汇局办理担保登记手续。"最高人民法院《关于适用〈中华人民共和国担保法〉若干问题的解释》第六条第一项明确规定，未经国家有关主管部门批准或者登记对外担保的，对外担保合同无效。按照上述规定，外商独资企业提供的对外担保虽然不需要逐笔审批，但仍然需要进行登记。未登记的，根据担保法司法解释的相关规定，担保合同仍应认定无效。故上海高院关于"对外担保合同是以批准为生效前提的，而是否办理登记不影响对外担保合同的效力"的观点缺乏法律依据。

• **2009年第1期《中华人民共和国最高人民法院公报》**刊登的"**中国农业银行长沙市先锋支行与湖南金帆投资管理有限公司、长沙金霞开发建设有限公司借款担保合同纠纷案**"判决认为，以贷还贷不加重抵押人担保责任的，抵押人不能免除担保责任。相关裁判摘要如下：

最高人民法院《关于适用〈中华人民共和国担保法〉若干问题的解释》第三十九条的规定，主合同当事人双方协议以新贷偿还旧贷，除保证人知道或者应当知道外，保证人不承担民事责任。新贷与旧贷系同一保证人的，不适用前款的规定。本案中金霞公司就同一抵押物先后为金帆公司的新旧贷款提供抵押担保，金帆公司以新贷偿还旧贷，并未加重金霞公司的担保责任，金霞公司要求免除其担保责任的上诉主张与上述规定不符。金霞公司关于本案利息计算有误的上诉主张，亦没有相应的事实和法律依据,本院不予支持。

• **2007年第2期《中华人民共和国最高人民法院公报》**刊登的“**农银财务有限公司与广东三星企业(集团)公司车桥股份有限公司担保合同纠纷案**”判决对抵押合同无效时,如何认定当事人的过错进行了分析。相关裁判摘要如下:

本案的抵押担保行为发生在《中华人民共和国担保法》施行之后,抵押合同被认定无效后应当适用担保法及本院《关于适用〈中华人民共和国担保法〉若干问题的解释》(以下简称担保法司法解释)的规定来确定当事人各方的责任。

根据担保法司法解释的规定,抵押合同被确认无效后,当事人之间责任的承担应当根据其过错程度来确认。由于我国实行的是外汇管制制度,关于外汇担保的管理办法也是向社会公开的,因此各方当事人都应当知道我国的法律规定。上诉人以批准手续应当由被上诉人办理为由,认为自己没有过错的主张是不成立的。如果仅以批准手续的办理来确定担保合同无效后的责任,则境外债权人就可以不顾我国的外汇管制政策和规定,可以因没有过错而不承担责任,最终将导致虽然抵押担保无效,但是实体处理与有效合同一致的后果。原审法院认为三星车桥公司和农银公司未经内地外汇管理部门批准提供和接受担保,对担保合同的无效均具有过错是正确的。根据担保法司法解释第七条的规定,在主合同有效而担保合同无效的情形下,“债权人和担保人都有过错的,担保人承担民事责任的部分,不应超过债务人不能清偿部分的二分之一”。据此,原审法院判决担保人三星车桥公司应对债务人俊兴公司不能清偿部分的二分之一向债权人农银公司承担赔偿责任并无不当。

• **2004年第2期《中华人民共和国最高人民法院公报》**刊登的“**温州信托公司清算组诉幸福实业公司等债权债务转让合同纠纷案**”判决对担保合同无效时,各方当事人的法律责任进行了如下分析:

依照《中华人民共和国公司法》第六十条关于“董事、经理不得以公司资产为本公司的股东或者其他个人债务提供担保”以及本院《关于适用〈中华人民共和国担保法〉若干问题的解释》第四条关于“董事、经理违反〈中华人民共和国公司法〉第六十条的规定,以公司资产为本公司的股东或者其他个人债务提供担保的,担保合同无效。除债权人知道或者应当知道的外，债务人、担保人应当对债权人的损失承担连带赔偿责任”的规定，集团公司作为当时实业公司的第一大股东，实业公司为其提供的担保应认定为无效。因转让协议中明确规定集团公司到期不能清偿温州国投该笔债务的，由其持有的实业公司的法人股股票折抵债务，故债权人温州国投对实业公司为其股东集团公司提供担保应是明知的，鉴于温州国投和实业公司违反法律禁止性规定签订保证合同，对该担保无效均具有过错，故依照本院《关于适用〈中华人民共和国担保法〉若干问题的解释》第七条关于“主合同有效而担保合同无效，债权人无过错的，担保人与债务人对主合同债权人的经济损失，承担连带赔偿责任；债权人、担保人有过错的，担保人承担民事责任的部分，不应超过债务人不能清偿部分的二分之一”的规定，对担保无效所造成的损失，即债务人集团公司不能清偿债务部分，实业公司应在50%范围内承担赔偿责任，其余损失温州国投应自行承担。

**第三百八十九条　【担保物权的担保范围】**担保物权的担保范围包括主债权及其利息、违约金、损害赔偿金、保管担保财产和实现担保物权的费用。当事人另有约定的，按照其约定。

**一、相关司法解释**

**《最高人民法院关于适用〈中华人民共和国民法典〉有关担保制度的解释》（法释〔2020〕28号）**

**第三条**　当事人对担保责任的承担约定专门的违约责任，或者约定的担保责任范围超出债务人应当承担的责任范围，担保人主张仅在债务人应当承担的责任范围内承担责任的，人民法院应予支持。

担保人承担的责任超出债务人应当承担的责任范围，担保人向债务人追偿，债务人主张仅在其应当承担的责任范围内承担责任的，人民法院应予支持；担保人请求债权人返还超出部分的，人民法院依法予以支持。

**二、相关文件规定**

**《最高人民法院关于印发〈全国法院民商事审判工作会议纪要〉的通知》（法〔2019〕254号）**

55.【担保责任的范围】担保人承担的担保责任范围不应当大于主债务，是担保从属性的必然要求。当事人约定的担保责任的范围大于主债务的，如针对担保责任约定专门的违约责任、担保责任的数额高于主债务、担保责任约定的利息高于主债务利息、担保责任的履行期先于主债务履行期届满，等等，均应当认定大于主债务部分的约定无效，从而使担保责任缩减至主债务的范围。

58.【担保债权的范围】以登记作为公示方式的不动产担保物权的担保范围，一般应当以登记的范围为准。但是，我国目前不动产担保物权登记，不同地区的系统设置及登记规则并不一致，人民法院在审理案件时应当充分注意制度设计上的差别，作出符合实际的判断：一是多数省区市的登记系统未设置“担保范围”栏目，仅有“被担保主债权数额（最高债权数额）”的表述，且只能填写固定数字。而当事人在合同中又往往约定担保物权的担保范围包括主债权及其利息、违约金等附属债权，致使合同约定的担保范围与登记不一致。显然，这种不一致是由于该地区登记系统设置及登记规则造成的该地区的普遍现象。人民法院以合同约定认定担保物权的担保范围，是符合实际的妥当选择。二是一些省区市不动产登记系统设置与登记规则比较规范，担保物权登记范围与合同约定一致在该地区是常态或者普遍现象，人民法院在审理案件时，应当以登记的担保范围为准。

**第三百九十条 【担保物权的物上代位性】** 担保期间，担保财产毁损、灭失或者被征收等，担保物权人可以就获得的保险金、赔偿金或者补偿金等优先受偿。被担保债权的履行期限未届满的，也可以提存该保险金、赔偿金或者补偿金等。

**一、相关司法解释**

**《最高人民法院关于适用〈中华人民共和国民法典〉有关担保制度的解释》（法释〔2020〕28号）**

**第四十二条** 抵押权依法设立后，抵押财产毁损、灭失或者被征收等，抵押权人请求按照原抵押权的顺位就保险金、赔偿金或者补偿金等优先受偿的，人民法院应予支持。

给付义务人已经向抵押人给付了保险金、赔偿金或者补偿金，抵押权人请求给付义务人向其给付保险金、赔偿金或者补偿金的，人民法院不予支持，但是给付义务人接到抵押权人要求向其给付的通知后仍然向抵押人给付的除外。

抵押权人请求给付义务人向其给付保险金、赔偿金或者补偿金的，人民法院可以通知抵押人作为第三人参加诉讼。

## 二、相关文件规定

**《最高人民法院关于已登记的抵押物的善意受让人在抵押物灭失后应否对抵押权人承担赔偿责任的复函》(〔2006〕民立他字第98号)**

山东省高级人民法院：

你院(2005)鲁民监字第335号《关于惠民华润纺织有限公司因抵押合同纠纷申诉一案的法律适用问题的请示报告》收悉。经研究，答复如下：

根据你院请示报告，滨州市滨城区第四油棉厂向惠民华润纺织有限公司(以下简称惠民华润)出卖皮棉57.7吨，并向惠民华润收取了相应的价款，但未告知所出卖的皮棉为已办理登记的抵押物。你院请示报告还称，惠民华润不知也不应知涉案皮棉已抵押，而且惠民华润在抵押权人主张抵押权前已将所购皮棉消耗完毕。因此，根据担保法第五十八条等规定，设立于惠民华润所购的该批皮棉的抵押权消灭，惠民华润不再对抵押权人承担赔偿责任。

## 三、相关裁判摘要

● **2015年第2期《中华人民共和国最高人民法院公报》**刊登的“**定安城东建筑装修工程公司与海南省定安县人民政府、第三人中国农业银行定安支行收回国有土地使用权及撤销土地证案**”判决对于作为抵押财产的土地使用权被收回时，政府没有遵循法定程序并给予公平合理的补偿，从而损害抵押人及抵押权人合法权益的问题进行了分析。相关裁判摘要如下：

本案争议焦点主要有：一是被诉112号通知中收回土地使用权决定的合法性问题；二是被诉112号通知中行政补偿决定的合法性问题；三是150号撤证决定的合法性问题。

（一）关于被诉112号通知中收回土地使用权决定的合法性问题。根据《中华人民共和国土地管理法》第五十八条第一款规定，县政府有偿收回涉案土地使用权，具有法定职权。但县政府在作出被诉112号通知之前，未听取当事人的陈述和申辩意见，事后通知城东公司和定安支行举行听证，违反“先听取意见后作决定”的基本程序规则。国务院国发〔2004〕10号《全面推进依法行政实施纲要》明确要求，行政机关实施行政管理要“程序正当”，“除涉及国家秘密和依法受到保护的商业秘密、个人隐私的外，应当公开，注意听取公民、法人和其他组织的意见；要严格遵循法定程序，依法保障行政管理相对人、利害关系人的知情权、参与权和救济权。”县政府作出112号通知前，未听取当事人意见，违反正当程序原则，本应依法撤销，但考虑到县政府办公楼已经建成并投入使用，撤销112号通知中有偿收回涉案土地使用权决定已无实际意义，且可能会损害公共利益。依据最高人民法院《关于执行〈中华人民共和国行政诉讼法〉若干问题的解释》第五十八条规定，应当依法判决确认该行政行为违法。

（二）关于112号通知中行政补偿内容的合法性问题。根据《中华人民共和国土地管理法》第五十八条第二款规定，因公共利益需要使用土地收回国有土地使用权的，对土地使用权人应当给予适当补偿。县政府根据省政府批准的总体规划要求为建设县政府办公楼需要使用涉案土地，收回城东公司的土地使用权，应当依法给予“适当补偿”。所谓“适当补偿”应当是公平合理的补偿，即按照被收回土地的性质、用途、区位等，以作出收地决定之日的市场评估价予以补偿。县政府按土地原成本价予以补偿于法无据。城东公司以收地决定违法，涉案土地使用权至今仍属于其享有为由，主张应以最终判决时的市场评估价予以补偿，其理由不能成立。本案收地决定属于违反程序，判决确认收地决定违法并未否定其法律效力。根据《中华人民共和国物权法》第二十八条规定，涉案土地使用权自收地决定生效之日已经发生物权转移的效力。考虑到涉案土地登记资料中“土地用途”栏系空白，结合当地土地交易市场情况，对涉案土地以使用年限最长、市场价值最高的“住宅用地”用途进行评估，有利于维护行政相对人的合法权益。鉴于县政府收回土地使用权行为违法，补偿价格明显不公，且收地决定作出后涉案土地升值较大，而当事人因不能以转让土地使用权方式及时偿还银行贷款，存在贷款利息损失，县政府在支付补偿款的同时，还应当支付自决定收回土地使用权之日起至实际支付全部补偿款之日的同期银行贷款利息。

（三）关于150号撤证决定的合法性问题。县政府作出112号通知后，并未要求城东公司持有关证明文件到土地管理部门申请注销土地登记，而是以该公司持有的《国有土地使用证》未按《土地登记规则》第十一条规定载明土地用途，土地管理部门也未按《土地登记规则》第十四条规定全面审核并填写土地登记审批表，造成错误登记发证为由，作出150号撤证决定。当初未填写土地用途，并非城东公司的原因所致，本可以补正方式解决，县政府却以此为由撤销城东公司合法持有的《国有土地使用证》，属于滥用行政职权，依法应予撤销。考虑到涉案土地已经收回并建成办公楼投入使用，根据最高人民法院《关于执行〈中华人民共和国行政诉讼法〉若干问题的解释》第五十八条规定，亦应依法确认该行政行为违法。

综上，112号通知中收地决定行为违反法定程序，被诉150号撤证决定滥用职权，应当依法判决确认违法；112号通知中行政补偿决定适用法律错误、违反法定程序，并显失公正，依法应予纠正。二审判决驳回原告诉讼请求错误，依法应予撤销。一审判决确认112号通知中行政补偿决定违法，并责令县政府对城东公司的损失采取补救措施，判决内容不具体，依法应予撤销和改判。城东公司申请再审理由部分成立，依法应予支持。原审定安支行对抵押物享有优先受偿权的主张成立，县政府在支付补偿款时应依法予以保护。

**第三百九十一条　【债务承担未经物上保证人书面同意时免除担保责任】**第三人提供担保，未经其书面同意，债权人允许债务人转移全部或者部分债务的，担保人不再承担相应的担保责任。

**一、相关法律条文**

**《中华人民共和国民法典》（2021年1月1日起施行）**

**第五百五十一条**　债务人将债务的全部或者部分转移给第三人的，应当经债权人同意。

债务人或者第三人可以催告债权人在合理期限内予以同意，债权人未作表示的，视为不同意。

**第五百五十二条** 第三人与债务人约定加入债务并通知债权人，或者第三人向债权人表示愿意加入债务，债权人未在合理期限内明确拒绝的，债权人可以请求第三人在其愿意承担的债务范围内和债务人承担连带债务。

**第五百五十三条** 债务人转移债务的，新债务人可以主张原债务人对债权人的抗辩；原债务人对债权人享有债权的，新债务人不得向债权人主张抵销。

**第五百五十四条** 债务人转移债务的，新债务人应当承担与主债务有关的从债务，但是该从债务专属于原债务人自身的除外。

**第五百五十五条** 当事人一方经对方同意，可以将自己在合同中的权利和义务一并转让给第三人。

**第五百五十六条** 合同的权利和义务一并转让的，适用债权转让、债务转移的有关规定。

**二、相关司法解释**

**《最高人民法院关于适用〈中华人民共和国民法典〉有关担保制度的解释》(法释〔2020〕28号)**

**第三十九条** 主债权被分割或者部分转让，各债权人主张就其享有的债权份额行使担保物权的，人民法院应予支持，但是法律另有规定或者当事人另有约定的除外。

主债务被分割或者部分转移，债务人自己提供物的担保，债权人请求以该担保财产担保全部债务履行的，人民法院应予支持；第三人提供物的担保，主张对未经其书面同意转移的债务不再承担担保责任的，人民法院应予支持。

**第三百九十二条 【混合共同担保】**被担保的债权既有物的担保又有人的担保的，债务人不履行到期债务或者发生当事人约定的实现担保物权的情形，债权人应当按照约定实现债权；没有约定或者约定不明确，债务人自己提供物的担保的，债权人应当先就该物的担保实现债权；第三人提供物的担保的，债权人可以就物的担保实现债权，也可以请求保证人承担保证责任。提供担保的第三人承担担保责任后，有权向债务人追偿。

## 一、相关法律条文

**1.《中华人民共和国民法典》(2021年1月1日起施行)**

**第七百条**　保证人承担保证责任后,除当事人另有约定外,有权在其承担保证责任的范围内向债务人追偿,享有债权人对债务人的权利,但是不得损害债权人的利益。

**2.《中华人民共和国企业破产法》(2007年6月1日起施行)**

**第五十一条**　债务人的保证人或者其他连带债务人已经代替债务人清偿债务的,以其对债务人的求偿权申报债权。

债务人的保证人或者其他连带债务人尚未代替债务人清偿债务的,以其对债务人的将来求偿权申报债权。但是,债权人已经向管理人申报全部债权的除外。

**第九十二条**　经人民法院裁定批准的重整计划,对债务人和全体债权人均有约束力。

债权人未依照本法规定申报债权的,在重整计划执行期间不得行使权利;在重整计划执行完毕后,可以按照重整计划规定的同类债权的清偿条件行使权利。

债权人对债务人的保证人和其他连带债务人所享有的权利,不受重整计划的影响。

**第一百零一条**　和解债权人对债务人的保证人和其他连带债务人所享有的权利,不受和解协议的影响。

## 二、相关司法解释

**1.《最高人民法院关于适用〈中华人民共和国民法典〉有关担保制度的解释》(法释〔2020〕28号)**

**第十三条**　同一债务有两个以上第三人提供担保,担保人之间约定相互追偿及分担份额,承担了担保责任的担保人请求其他担保人按照约定分担份额的,人民法院应予支持;担保人之间约定承担连带共同担保,或者约定相互追偿但是未约定分担份额的,各担保人按照比例分担向债务人不能追偿的部分。

同一债务有两个以上第三人提供担保,担保人之间未对相互追偿作出约定且未约定承担连带共同担保,但是各担保人在同一份合同书上签字、盖章或者按指印,承担了担保责任的担保人请求其他担保人按照比例分担向债务人不能追偿部分的,人民法院应予支持。

除前两款规定的情形外，承担了担保责任的担保人请求其他担保人分担向债务人不能追偿部分的，人民法院不予支持。

**第十四条** 同一债务有两个以上第三人提供担保，担保人受让债权的，人民法院应当认定该行为系承担担保责任。受让债权的担保人作为债权人请求其他担保人承担担保责任的，人民法院不予支持；该担保人请求其他担保人分担相应份额的，依照本解释第十三条的规定处理。

**2.《最高人民法院关于适用〈中华人民共和国民事诉讼法〉的解释》（法释〔2015〕5号）（2020年12月23日修正）**

**第三百六十五条** 依照民法典第三百九十二条的规定，被担保的债权既有物的担保又有人的担保，当事人对实现担保物权的顺序有约定，实现担保物权的申请违反该约定的，人民法院裁定不予受理；没有约定或者约定不明的，人民法院应当受理。

### 三、相关文件规定

**《最高人民法院关于印发〈全国法院民商事审判工作会议纪要〉的通知》（法〔2019〕254号）**

56.【混合担保中担保人之间的追偿问题】被担保的债权既有保证又有第三人提供的物的担保的，担保法司法解释第38条明确规定，承担了担保责任的担保人可以要求其他担保人清偿其应当分担的份额。但《物权法》第176条并未作出类似规定，根据《物权法》第178条关于"担保法与本法的规定不一致的，适用本法"的规定，承担了担保责任的担保人向其他担保人追偿的，人民法院不予支持，但担保人在担保合同中约定可以相互追偿的除外。

**第三百九十三条 【担保物权的消灭】** 有下列情形之一的，担保物权消灭：

（一）主债权消灭；

（二）担保物权实现；

（三）债权人放弃担保物权；

（四）法律规定担保物权消灭的其他情形。

# 第十七章 抵 押 权

## 第一节 一般抵押权

**第三百九十四条 【抵押权的含义】** 为担保债务的履行，债务人或者第三人不转移财产的占有，将该财产抵押给债权人的，债务人不履行到期债务或者发生当事人约定的实现抵押权的情形，债权人有权就该财产优先受偿。

前款规定的债务人或者第三人为抵押人，债权人为抵押权人，提供担保的财产为抵押财产。

**一、相关司法解释**

**1.《最高人民法院关于适用〈中华人民共和国民法典〉有关担保制度的解释》（法释〔2020〕28号）**

**第四条** 有下列情形之一，当事人将担保物权登记在他人名下，债务人不履行到期债务或者发生当事人约定的实现担保物权的情形，债权人或者其受托人主张就该财产优先受偿的，人民法院依法予以支持：

（一）为债券持有人提供的担保物权登记在债券受托管理人名下；

（二）为委托贷款人提供的担保物权登记在受托人名下；

（三）担保人知道债权人与他人之间存在委托关系的其他情形。

**2.《最高人民法院关于审理建设工程施工合同纠纷案件适用法律问题的解释（一）》（法释〔2020〕25号）**

**第三十六条** 承包人根据民法典第八百零七条规定享有的建设工程价款优先受偿权优于抵押权和其他债权。

**二、相关文件规定**

**《最高人民法院关于〈国土资源部办公厅关于征求为公司债券持有人办理国有土地使用权抵押登记意见函〉的答复》［（2010）民二他字第16号］**

国土资源部办公厅：

国土资厅函［2010］374号《国土资源部办公厅关于征求为公司债

券持有人办理国有土地使用权抵押登记意见函》收悉,经研究,答复如下:

基于公司债券持有人具有分散性、群体性、不易保护自身权利的特点,《公司债券发行试点办法》(以下简称《办法》)规定了公司债券受托管理人制度,以保护全体公司债券持有人的权益。基于此,《办法》第二十五条对公司债券受托管理人的法定职责进行了规定,同时允许当事人约定权利义务范围。

根据《物权法》的规定,函中所述案例的抵押权人为全体公司债券持有人。抵押权的设定有利于保护全体公司债券持有人的利益。在公司债券持有人因其不确定性、群体性而无法申请办理抵押权登记的情形下,认定公司债券受托管理人可以代理办理抵押权登记手续,符合设立公司债券受托管理人制度的目的,也不违反《办法》第二十五条的规定。在法律没有禁止性规定以及当事人之间没有禁止代为办理抵押登记约定的情形下,应认定公司债券受托管理人可代理全体公司债券持有人申请办理土地抵押登记。

以上意见仅供参考。

## 三、相关裁判摘要

• **2008 年第 3 期《中华人民共和国最高人民法院公报》**刊登的“**中国长城资产管理公司济南办事处与中国重汽集团济南卡车股份有限公司、山东小鸭集团有限责任公司借款抵押合同纠纷案**”的最高人民法院(2007)民二终字第 25 号民事判决书对抵押权的法律效力进行了分析。相关裁判摘要如下:

本案所涉各份抵押合同合法有效。合同当事人对相应抵押物办理了抵押登记。故本案所涉各项抵押权均有效成立。该各项抵押权亦随主债权的转移而转移给新的债权人即长城公司。本案各项抵押权设定以后,相关物权登记均未变更。小鸭股份公司是本案抵押担保物权设定时的抵押人,因资产置换和工商登记变更,名称现为重汽济南卡车公司,也因抵押权证上的各项内容均未办理变更登记,故抵押担保法律关系中的抵押人名义上仍应为重汽济南卡车公司。故长城公司关于重汽济南卡车公司是东郊工行抵押权上的抵押人的上诉理由成立,本院予以支持。但是,抵押担保是物的担保,当抵押人不是主债务人的情况下,抵押权人对抵押人只能在抵押财产范围内实现债权。抵押权人可以请求拍卖、变卖抵押财产优先受偿，但不得请求抵押人直接承担债务人的债务。故本院对长城公司关于重汽济南卡车公司直接清偿债务的二审请求，不予支持。长城公司对相应抵押物折价或拍卖、变卖后的价款或征用补偿金在小鸭集团不能清偿相关债务范围内享有优先受偿权。

**第三百九十五条　【可以抵押的财产的范围】**债务人或者第三人有权处分的下列财产可以抵押：

（一）建筑物和其他土地附着物；

（二）建设用地使用权；

（三）海域使用权；

（四）生产设备、原材料、半成品、产品；

（五）正在建造的建筑物、船舶、航空器；

（六）交通运输工具；

（七）法律、行政法规未禁止抵押的其他财产。

抵押人可以将前款所列财产一并抵押。

**一、相关法律条文**

**1.《中华人民共和国城市房地产管理法》（2019年8月26日修正）**

**第四十七条**　房地产抵押，是指抵押人以其合法的房地产以不转移占有的方式向抵押权人提供债务履行担保的行为。债务人不履行债务时，抵押权人有权依法以抵押的房地产拍卖所得的价款优先受偿。

**第四十八条**　依法取得的房屋所有权连同该房屋占用范围内的土地使用权，可以设定抵押权。

以出让方式取得的土地使用权，可以设定抵押权。

**第四十九条**　房地产抵押，应当凭土地使用权证书、房屋所有权证书办理。

**2.《中华人民共和国海商法》（1993年7月1日起施行）**

**第十四条**　建造中的船舶可以设定船舶抵押权。

建造中的船舶办理抵押权登记，还应当向船舶登记机关提交船舶建造合同。

## 二、相关行政法规

**1.《全民所有制工业企业转换经营机制条例》(2011年1月8日修订)**

**第十五条** 企业享有资产处置权。

企业根据生产经营的需要,对一般固定资产,可以自主决定出租、抵押或者有偿转让;对关键设备、成套设备或者重要建筑物可以出租,经政府主管部门批准也可以抵押、有偿转让。法律和行政法规另有规定的除外。

企业处置生产性固定资产所得收入,必须全部用于设备更新和技术改造。

企业处置固定资产,应当依照国家有关规定进行评估。

**2.《中华人民共和国城镇国有土地使用权出让和转让暂行条例》(2020年11月29日修订)**

**第四条** 依照本条例的规定取得土地使用权的土地使用者,其使用权在使用年限内可以转让、出租、抵押或者用于其他经济活动,合法权益受国家法律保护。

## 三、相关部门规章

**1.《城市房地产抵押管理办法》(2001年8月15日修正)**

**第三条** 本办法所称房地产抵押,是指抵押人以其合法的房地产以不转移占有的方式向抵押权人提供债务履行担保的行为。债务人不履行债务时,债权人有权依法以抵押的房地产拍卖所得的价款优先受偿。

本办法所称抵押人,是指将依法取得的房地产提供给抵押权人,作为本人或者第三人履行债务担保的公民、法人或者其他组织。

本办法所称抵押权人,是指接受房地产抵押作为债务人履行债务担保的公民、法人或者其他组织。

本办法所称预购商品房贷款抵押,是指购房人在支付首期规定的房价款后,由贷款银行代其支付其余的购房款,将所购商品房抵押给贷款银行作为偿还贷款履行担保的行为。

本办法所称在建工程抵押,是指抵押人为取得在建工程继续建造资金的贷款,以其合法方式取得的土地使用权连同在建工程的投入资产,以不转移占有的方式抵押给贷款银行作为偿还贷款履行担保的行为。

**2.《中华人民共和国船舶登记办法》(2017年2月10日起施行)**

**第四十八条**　申请办理船舶抵押权登记,应当提交以下材料:

(一)船舶抵押合同及其主合同;

(二)船舶所有权登记证书或者船舶建造合同;

(三)共有船舶的,全体共同共有人或者三分之二以上份额或约定份额的按份共有人同意船舶抵押的证明文件;

(四)已办理光船租赁登记的船舶,承租人同意船舶抵押的证明文件。

申请办理建造中船舶抵押权登记,除提交上述第一至三项材料外,还应当提交抵押人出具的船舶未在其它登记机关办理过抵押权登记并且不存在法律、法规禁止船舶设置抵押权的声明。

**第七十四条**　本办法所称建造中船舶是指船舶处于安放龙骨或者相似建造阶段,或者其后的建造阶段。

**3.《典当管理办法》(2005年4月1日起施行)**

**第三条**　本办法所称典当,是指当户将其动产、财产权利作为当物质押或者将其房地产作为当物抵押给典当行,交付一定比例费用,取得当金,并在约定期限内支付当金利息、偿还当金、赎回当物的行为。

本办法所称典当行,是指依照本办法设立的专门从事典当活动的企业法人,其组织形式与组织机构适用《中华人民共和国公司法》的有关规定。

**第二十五条**　经批准,典当行可以经营下列业务:

(一)动产质押典当业务;

(二)财产权利质押典当业务;

(三)房地产(外省、自治区、直辖市的房地产或者未取得商品房预售许可证的在建工程除外)抵押典当业务;

(四)限额内绝当物品的变卖;

(五)鉴定评估及咨询服务;

(六)商务部依法批准的其他典当业务。

**第二十六条**　典当行不得经营下列业务:

(一)非绝当物品的销售以及旧物收购、寄售;

(二)动产抵押业务;

(三)集资、吸收存款或者变相吸收存款;

(四)发放信用贷款;

(五)未经商务部批准的其他业务。

**第二十七条** 典当行不得收当下列财物:

(一)依法被查封、扣押或者已经被采取其他保全措施的财产;

(二)赃物和来源不明的物品;

(三)易燃、易爆、剧毒、放射性物品及其容器;

(四)管制刀具,枪支、弹药,军、警用标志、制式服装和器械;

(五)国家机关公文、印章及其管理的财物;

(六)国家机关核发的除物权证书以外的证照及有效身份证件;

(七)当户没有所有权或者未能依法取得处分权的财产;

(八)法律、法规及国家有关规定禁止流通的自然资源或者其他财物。

**第二十八条** 典当行不得有下列行为:

(一)从商业银行以外的单位和个人借款;

(二)与其他典当行拆借或者变相拆借资金;

(三)超过规定限额从商业银行贷款;

(四)对外投资。

**第二十九条** 典当行收当国家统收、专营、专卖物品,须经有关部门批准。

**第四十二条** 典当行经营房地产抵押典当业务,应当和当户依法到有关部门先行办理抵押登记,再办理抵押典当手续。

典当行经营机动车质押典当业务,应当到车辆管理部门办理质押登记手续。

典当行经营其他典当业务,有关法律、法规要求登记的,应当依法办理登记手续。

## 四、相关文件规定

**1.《最高人民法院关于〈城市房地产抵押管理办法〉在建工程抵押规定与上位法是否冲突问题的答复》(〔2012〕行他字第8号)**

山东省高级人民法院:

你院鲁高法函〔2012〕3号请示收悉，经征求全国人大常委会法制工作委员会、住房和城乡建设部意见，答复如下：

在建工程属于《担保法》规定的可以抵押的财产范围。法律对在建工程抵押权人的范围没有作出限制性规定，《城市房地产抵押管理办法》第三条第五款有关在建工程抵押的规定，是针对贷款银行作为抵押权人时的特别规定，但并不限制贷款银行以外的主体成为在建工程的抵押权人。

**2.《国家海洋局关于印发〈海域使用权管理规定〉的通知》(国海发〔2006〕27号)**

**第四十一条**　海域使用权出租的，承租人应当按照海域使用权证书确定的面积、年限和用途使用海域。

海域使用权出租、抵押时，其固定附属用海设施随之出租、抵押，固定附属用海设施出租、抵押时，其使用范围内的海域使用权随之出租、抵押。法律法规另有规定的，从其规定。

海域使用权取得时免缴或者减缴海域使用金的，补缴海域使用金后方可出租、抵押。

**第四十二条**　有下列情形之一的，海域使用权不得出租、抵押：

(一)权属不清或者权属有争议的；

(二)未按规定缴纳海域使用金、改变海域用途等违法用海的；

(三)油气及其他海洋矿产资源勘查开采的；

(四)海洋行政主管部门认为不能出租、抵押的。

**第四十三条**　海域使用权出租、抵押的，双方当事人应当到原登记机关办理登记手续。

## 五、相关裁判摘要

• **1998年第2期《中华人民共和国最高人民法院公报》**刊登的"**汇通支行诉富利达公司用益物权抵押合同纠纷案**"判决认为不动产的长期管理权和出租权可以作为抵押权的客体。相关裁判摘要如下：

本案当事人约定的担保合同，其标的是富利达公司对富利达地下商贸城享有的长期管理权、出租权、系用益物权。《中华人民共和国担保法》关于"抵押和抵押物"的规定中，用以抵押的财产一般是抵押人享有所有权的财产。富利达公司不是富利达地下商贸城的所有权人，没有对该不动产的处分权。其抵押给汇通支行的，仅仅是富利达地下商贸城的长期管理权和出租权。但是，该公司对富利达地下商贸城享有的长期管理权和出租权，是能够给权利人带来利益的财产权利，行使权利的结果完全能够达到保证债务履行的目的。将这种用益物权用于抵押，担保法虽然没有明文规定许可，但是也未明文禁止，而且富利达地下商贸城的所有权人对因该抵押引起的用益物权转移表示同意。这种情况与担保法第三十四条关于“依法承担并经发包方同意抵押的荒地使用权”可以抵押的规定相类似。依照《中华人民共和国民法通则》第四条、第七条以及第五十五条的规定，富利达公司与汇通支行在自愿、公平、等价有偿的基础上签订的用益物权抵押合同，意思表示真实，既不违反法律规定，也不损害国家、社会公共利益和其他人的合法权益，应为有效合同。

依照担保法第五十三条的规定，原告汇通支行在被告富利达公司不能按期履行还款义务的情况下，有权以抵押物折价或者以拍卖、变卖该抵押物所得的价款受偿。担保法第四十三条规定：“当事人以其他财产抵押的，可以自愿办理抵押物登记，抵押合同自签订之日起生效。当事人未办理抵押登记的，不得对抗第三人”。本案当事人签订的抵押合同未办抵押物权登记，如果出现其他有抵押权的人要求以同一抵押物受偿时，应当依照担保法第四十三条的规定和第五十四条规定的顺序清偿。

**第三百九十六条 【动产浮动抵押】**企业、个体工商户、农业生产经营者可以将现有的以及将有的生产设备、原材料、半成品、产品抵押，债务人不履行到期债务或者发生当事人约定的实现抵押权的情形，债权人有权就抵押财产确定时的动产优先受偿。

**第三百九十七条 【房地一并抵押】**以建筑物抵押的，该建筑物占用范围内的建设用地使用权一并抵押。以建设用地使用权抵押的，该土地上的建筑物一并抵押。

抵押人未依据前款规定一并抵押的，未抵押的财产视为一并抵押。

**一、相关法律条文**

**《中华人民共和国城市房地产管理法》(2019年8月26日修正)**

**第三十二条** 房地产转让、抵押时，房屋的所有权和该房屋占用范围内的土地使用权同时转让、抵押。

## 二、相关行政法规

**《中华人民共和国城镇国有土地使用权出让和转让暂行条例》(2020年11月29日修订)**

**第三十三条**　土地使用权抵押时，其地上建筑物、其他附着物随之抵押。地上建筑物、其他附着物抵押时，其使用范围内的土地使用权随之抵押。

## 三、相关司法解释

**《最高人民法院关于适用〈中华人民共和国民法典〉有关担保制度的解释》(法释〔2020〕28号)**

**第五十条**　抵押人以划拨建设用地上的建筑物抵押，当事人以该建设用地使用权不能抵押或者未办理批准手续为由主张抵押合同无效或者不生效的，人民法院不予支持。抵押权依法实现时，拍卖、变卖建筑物所得的价款，应当优先用于补缴建设用地使用权出让金。

当事人以划拨方式取得的建设用地使用权抵押，抵押人以未办理批准手续为由主张抵押合同无效或者不生效的，人民法院不予支持。已经依法办理抵押登记，抵押权人主张行使抵押权的，人民法院应予支持。抵押权依法实现时所得的价款，参照前款有关规定处理。

**第五十一条**　当事人仅以建设用地使用权抵押，债权人主张抵押权的效力及于土地上已有的建筑物以及正在建造的建筑物已完成部分的，人民法院应予支持。债权人主张抵押权的效力及于正在建造的建筑物的续建部分以及新增建筑物的，人民法院不予支持。

当事人以正在建造的建筑物抵押，抵押权的效力范围限于已办理抵押登记的部分。当事人按照担保合同的约定，主张抵押权的效力及于续建部分、新增建筑物以及规划中尚未建造的建筑物的，人民法院不予支持。

抵押人将建设用地使用权、土地上的建筑物或者正在建造的建筑物分别抵押给不同债权人的，人民法院应当根据抵押登记的时间先后确定清偿顺序。

## 四、相关部门规章

**1.《城市房地产抵押管理办法》(2001年8月15日修正)**

**第四条**　以依法取得的房屋所有权抵押的，该房屋占用范围内的土地使用权必须同时抵押。

**第十一条** 以在建工程已完工部分抵押的，其土地使用权随之抵押。

**2.《不动产登记暂行条例实施细则》(2019年7月16日修正)**

**第二条** 不动产登记应当依照当事人的申请进行，但法律、行政法规以及本实施细则另有规定的除外。

房屋等建筑物、构筑物和森林、林木等定着物应当与其所依附的土地、海域一并登记，保持权利主体一致。

**五、相关文件规定**

**《最高人民法院关于印发〈全国法院民商事审判工作会议纪要〉的通知》(法〔2019〕254号)**

61.【房地分别抵押】根据《物权法》第182条之规定，仅以建筑物设定抵押的，抵押权的效力及于占用范围内的土地；仅以建设用地使用权抵押的，抵押权的效力亦及于其上的建筑物。在房地分别抵押，即建设用地使用权抵押给一个债权人，而其上的建筑物又抵押给另一个人的情况下，可能产生两个抵押权的冲突问题。基于"房地一体"规则，此时应当将建筑物和建设用地使用权视为同一财产，从而依照《物权法》第199条的规定确定清偿顺序：登记在先的先清偿；同时登记的，按照债权比例清偿。同一天登记的，视为同时登记。应予注意的是，根据《物权法》第200条的规定，建设用地使用权抵押后，该土地上新增的建筑物不属于抵押财产。

**第三百九十八条 【乡镇、村企业的建筑物和建设用地使用权的抵押】** 乡镇、村企业的建设用地使用权不得单独抵押。以乡镇、村企业的厂房等建筑物抵押的，其占用范围内的建设用地使用权一并抵押。

**相关法律条文**

**《中华人民共和国乡镇企业法》(1997年1月1日起施行)**

**第二条** 本法所称乡镇企业，是指农村集体经济组织或者农民投资为主，在乡镇(包括所辖村)举办的承担支援农业义务的各类企业。

前款所称投资为主，是指农村集体经济组织或者农民投资超过百分之五十，或者虽不足百分之五十，但能起到控股或者实际支配作用。
乡镇企业符合企业法人条件的，依法取得企业法人资格。

**第三百九十九条　【禁止抵押的财产】**下列财产不得抵押：

（一）土地所有权；

（二）宅基地、自留地、自留山等集体所有土地的使用民法典，但是法律规定可以抵押的除外；

（三）学校、幼儿园、医疗机构等为公益目的成立的非营利法人的教育设施、医疗卫生设施和其他公益设施；

（四）所有权、使用权不明或者有争议的财产；

（五）依法被查封、扣押、监管的财产；

（六）法律、行政法规规定不得抵押的其他财产。

**一、相关法律条文**

**1.《中华人民共和国民法典》（2021年1月1日起施行）**

**第二百四十二条**　法律规定专属于国家所有的不动产和动产，任何组织或者个人不能取得所有权。

**2.《中华人民共和国文物保护法》（2017年11月4日修正）**

**第二十四条**　国有不可移动文物不得转让、抵押。建立博物馆、保管所或者辟为参观游览场所的国有文物保护单位，不得作为企业资产经营。

**第二十五条**　非国有不可移动文物不得转让、抵押给外国人。

非国有不可移动文物转让、抵押或者改变用途的，应当根据其级别报相应的文物行政部门备案。

**3.《中华人民共和国海关法》（2021年4月29日修正）**

**第三十七条**　海关监管货物，未经海关许可，不得开拆、提取、交付、发运、调换、改装、抵押、质押、留置、转让、更换标记、移作他用或者进行其他处置。

海关加施的封志，任何人不得擅自开启或者损毁。

人民法院判决、裁定或者有关行政执法部门决定处理海关监管货物的，应当责令当事人办结海关手续。

## 二、相关行政法规

**1.《宗教事务条例》(2017年6月14日修订)**

**第五十四条** 宗教活动场所用于宗教活动的房屋、构筑物及其附属的宗教教职人员生活用房不得转让、抵押或者作为实物投资。

**2.《民用爆炸物品安全管理条例》(2014年7月29日修订)**

**第三条** 国家对民用爆炸物品的生产、销售、购买、运输和爆破作业实行许可证制度。

未经许可，任何单位或者个人不得生产、销售、购买、运输民用爆炸物品，不得从事爆破作业。

严禁转让、出借、转借、抵押、赠送、私藏或者非法持有民用爆炸物品。

## 三、相关司法解释

**《最高人民法院关于适用〈中华人民共和国民法典〉有关担保制度的解释》(法释〔2020〕28号)**

**第五条** 机关法人提供担保的，人民法院应当认定担保合同无效，但是经国务院批准为使用外国政府或者国际经济组织贷款进行转贷的除外。

居民委员会、村民委员会提供担保的，人民法院应当认定担保合同无效，但是依法代行村集体经济组织职能的村民委员会，依照村民委员会组织法规定的讨论决定程序对外提供担保的除外。

**第六条** 以公益为目的的非营利性学校、幼儿园、医疗机构、养老机构等提供担保的，人民法院应当认定担保合同无效，但是有下列情形之一的除外：

(一)在购入或者以融资租赁方式承租教育设施、医疗卫生设施、养老服务设施和其他公益设施时，出卖人、出租人为担保价款或者租金实现而在该公益设施上保留所有权；

(二)以教育设施、医疗卫生设施、养老服务设施和其他公益设施以外的不动产、动产或者财产权利设立担保物权。

登记为营利法人的学校、幼儿园、医疗机构、养老机构等提供担保，当事人以其不具有担保资格为由主张担保合同无效的，人民法院不予支持。

**第三十七条**　当事人以所有权、使用权不明或者有争议的财产抵押，经审查构成无权处分的，人民法院应当依照民法典第三百一十一条的规定处理。

当事人以依法被查封或者扣押的财产抵押，抵押权人请求行使抵押权，经审查查封或者扣押措施已经解除的，人民法院应予支持。抵押人以抵押权设立时财产被查封或者扣押为由主张抵押合同无效的，人民法院不予支持。

以依法被监管的财产抵押的，适用前款规定。

**第四十九条**　以违法的建筑物抵押的，抵押合同无效，但是一审法庭辩论终结前已经办理合法手续的除外。抵押合同无效的法律后果，依照本解释第十七条的有关规定处理。

当事人以建设用地使用权依法设立抵押，抵押人以土地上存在违法的建筑物为由主张抵押合同无效的，人民法院不予支持。

**第五十条**　抵押人以划拨建设用地上的建筑物抵押，当事人以该建设用地使用权不能抵押或者未办理批准手续为由主张抵押合同无效或者不生效的，人民法院不予支持。抵押权依法实现时，拍卖、变卖建筑物所得的价款，应当优先用于补缴建设用地使用权出让金。

当事人以划拨方式取得的建设用地使用权抵押，抵押人以未办理批准手续为由主张抵押合同无效或者不生效的，人民法院不予支持。已经依法办理抵押登记，抵押权人主张行使抵押权的，人民法院应予支持。抵押权依法实现时所得的价款，参照前款有关规定处理。

## 四、相关部门规章

**《典当管理办法》(2005年4月1日起施行)**

**第二十七条**　典当行不得收当下列财物：

(一)依法被查封、扣押或者已经被采取其他保全措施的财产；

(二)赃物和来源不明的物品；

(三)易燃、易爆、剧毒、放射性物品及其容器；

(四)管制刀具，枪支、弹药，军、警用标志、制式服装和器械；

(五)国家机关公文、印章及其管理的财物；

(六)国家机关核发的除物权证书以外的证照及有效身份证件；

(七)当户没有所有权或者未能依法取得处分权的财产；

(八)法律、法规及国家有关规定禁止流通的自然资源或者其他财物。

## 五、相关文件规定

**《全国人民代表大会常务委员会法制工作委员会对关于私立学校、幼儿园、医院的教育设施、医疗卫生设施能否抵押的请示的意见》(法工办发〔2009〕231号)**

住房和城乡建设部办公厅：

你部建法函〔2009〕264号来函收悉，经研究，交换意见如下：

同意请示中的第二种意见。

附：《建设部关于私立学校、幼儿园、医院的教育设施、医疗卫生设施能否抵押的请示》(建法函〔2009〕264号)

全国人大常委会法制工作委员会：

《中华人民共和国物权法》第一百八十四条规定，"学校、幼儿园、医院等以公益为目的的事业单位、社会团体的教育设施、医疗卫生设施和其他社会公益设施"不得抵押，在房地产登记工作中，就该条适用问题存在不同意见。一种意见认为，私立学校、幼儿园、医院不属于《物权法》第一百八十四条规定的事业单位、社会团体，私立学校、幼儿园、医院的教育设施、医疗卫生设施也不属于社会公益设施，依法可以抵押。另一种意见认为，私立学校、幼儿园、医院和公办学校、幼儿园、医院，只是投资渠道上的不同，其公益属性是一样的。私立学校、幼儿园、医院中的教育设施、医疗卫生设施也属于社会公益设施，按照《物权法》第一百八十四条规定，不得抵押。

为了正确理解和执行《中华人民共和国物权法》，现就私立学校、幼儿园、医院的教育设施、医疗卫生设施能否抵押问题请示你委，请予答复为盼。

**第四百条 【抵押合同的形式与内容】**设立抵押权，当事人应当采用书面形式订立抵押合同。

抵押合同一般包括下列条款：

(一)被担保债权的种类和数额；

(二)债务人履行债务的期限；

(三)抵押财产的名称、数量等情况；

（四）担保的范围。

**一、相关司法解释**

**《最高人民法院关于适用〈中华人民共和国民法典〉有关担保制度的解释》（法释〔2020〕22号）**

**第四十六条**　不动产抵押合同生效后未办理抵押登记手续，债权人请求抵押人办理抵押登记手续的，人民法院应予支持。

抵押财产因不可归责于抵押人自身的原因灭失或者被征收等导致不能办理抵押登记，债权人请求抵押人在约定的担保范围内承担责任的，人民法院不予支持；但是抵押人已经获得保险金、赔偿金或者补偿金等，债权人请求抵押人在其所获金额范围内承担赔偿责任的，人民法院依法予以支持。

因抵押人转让抵押财产或者其他可归责于抵押人自身的原因导致不能办理抵押登记，债权人请求抵押人在约定的担保范围内承担责任的，人民法院依法予以支持，但是不得超过抵押权能够设立时抵押人应当承担的责任范围。

**第四十七条**　不动产登记簿就抵押财产、被担保的债权范围等所作的记载与抵押合同约定不一致的，人民法院应当根据登记簿的记载确定抵押财产、被担保的债权范围等事项。

**第四十八条**　当事人申请办理抵押登记手续时，因登记机构的过错致使其不能办理抵押登记，当事人请求登记机构承担赔偿责任的，人民法院依法予以支持。

**二、相关文件规定**

**《最高人民法院关于印发〈全国法院民商事审判工作会议纪要〉的通知》（法〔2019〕254号）**

60.【未办理登记的不动产抵押合同的效力】不动产抵押合同依法成立，但未办理抵押登记手续，债权人请求抵押人办理抵押登记手续的，人民法院依法予以支持。因抵押物灭失以及抵押物转让他人等原因不能办理抵押登记，债权人请求抵押人以抵押物的价值为限承担责任的，人民法院依法予以支持，但其范围不得超过抵押权有效设立时抵押人所应当承担的责任。

**第四百零一条　【流押条款的效力】**抵押权人在债务履行期限届

满前，与抵押人约定债务人不履行到期债务时抵押财产归债权人所有的，只能依法就抵押财产优先受偿。

**一、相关司法解释**

**《最高人民法院关于适用〈中华人民共和国民法典〉有关担保制度的解释》（法释〔2020〕22号）**

**第六十八条** 债务人或者第三人与债权人约定将财产形式上转移至债权人名下，债务人不履行到期债务，债权人有权对财产折价或者以拍卖、变卖该财产所得价款偿还债务的，人民法院应当认定该约定有效。当事人已经完成财产权利变动的公示，债务人不履行到期债务，债权人请求参照民法典关于担保物权的有关规定就该财产优先受偿的，人民法院应予支持。

债务人或者第三人与债权人约定将财产形式上转移至债权人名下，债务人不履行到期债务，财产归债权人所有的，人民法院应当认定该约定无效，但是不影响当事人有关提供担保的意思表示的效力。当事人已经完成财产权利变动的公示，债务人不履行到期债务，债权人请求对该财产享有所有权的，人民法院不予支持；债权人请求参照民法典关于担保物权的规定对财产折价或者以拍卖、变卖该财产所得的价款优先受偿的，人民法院应予支持；债务人履行债务后请求返还财产，或者请求对财产折价或者以拍卖、变卖所得的价款清偿债务的，人民法院应予支持。

债务人与债权人约定将财产转移至债权人名下，在一定期间后再由债务人或者其指定的第三人以交易本金加上溢价款回购，债务人到期不履行回购义务，财产归债权人所有的，人民法院应当参照第二款规定处理。回购对象自始不存在的，人民法院应当依照民法典第一百四十六条第二款的规定，按照其实际构成的法律关系处理。

**第六十九条** 股东以将其股权转移至债权人名下的方式为债务履行提供担保，公司或者公司的债权人以股东未履行或者未全面履行出资义务、抽逃出资等为由，请求作为名义股东的债权人与股东承担连带责任的，人民法院不予支持。

## 二、相关文件规定

**《最高人民法院关于印发〈全国法院民商事审判工作会议纪要〉的通知》（法〔2019〕254号）**

71.【让与担保】债务人或者第三人与债权人订立合同，约定将财产形式上转让至债权人名下，债务人到期清偿债务，债权人将该财产返还给债务人或第三人，债务人到期没有清偿债务，债权人可以对财产拍卖、变卖、折价偿还债权的，人民法院应当认定合同有效。合同如果约定债务人到期没有清偿债务，财产归债权人所有的，人民法院应当认定该部分约定无效，但不影响合同其他部分的效力。

当事人根据上述合同约定，已经完成财产权利变动的公示方式转让至债权人名下，债务人到期没有清偿债务，债权人请求确认财产归其所有的，人民法院不予支持，但债权人请求参照法律关于担保物权的规定对财产拍卖、变卖、折价优先偿还其债权的，人民法院依法予以支持。债务人因到期没有清偿债务，请求对该财产拍卖、变卖、折价偿还所欠债权人合同项下债务的，人民法院亦应依法予以支持。

## 三、相关裁判摘要

● **第72号指导案例"汤龙、刘新龙、马忠太、王洪刚诉新疆鄂尔多斯彦海房地产开发有限公司商品房买卖合同纠纷案"**（最高人民法院审判委员会讨论通过；2016年12月28日发布）认为，借款合同双方当事人经协商一致终止借款合同关系，建立商品房买卖合同关系，将借款本金及利息转化为已付购房款并经对账清算的，不属于流押契约。相关裁判摘要如下：

本案争议的商品房买卖合同签订前，彦海公司与汤龙等四人之间确实存在借款合同关系，且为履行借款合同，双方签订了相应的商品房预售合同，并办理了预购商品房预告登记。但双方系争商品房买卖合同是在彦海公司未偿还借款本息的情况下，经重新协商并对账，将借款合同关系转变为商品房买卖合同关系，将借款本息转为已付购房款，并对房屋交付、尾款支付、违约责任等权利义务作出了约定。民事法律关系的产生、变更、消灭，除基于法律特别规定，需要通过法律关系参与主体的意思表示一致形成。民事交易活动中，当事人意思表示发生变化并不鲜见，该意思表示的变化，除为法律特别规定所禁止外，均应予以准许。本案双方经协商一致终止借款合同关系，建立商品房买卖合同关系，并非为双方之间的借款合同履行提供担保，而是借款合同到期彦海公司难以清偿债务时，通过将彦海公司所有的商品房出售给汤龙等四位债权人的方式，实现双方权利义务平衡的一种交易安排。该交易安排并未违反法律、行政法规的强制性规定，不属于《中华人民共和国物权法》第一百八十六条规定禁止的情形，亦不适用《最高人民法院关于审理民间借贷案件适用法律若干问题的规定》第二十四条规定。尊重当事人嗣后形成的变更法律关系性质的一致意思表示，是贯彻合同自由原则的题中应有之意。彦海公司所持本案商品房买卖合同无效的主张，不予采信。

● **2014年第12期《中华人民共和国最高人民法院公报》**刊登的**"朱俊芳与山西嘉和泰房地产开发有限公司商品房买卖合同纠纷案"**的最高人民法院(2011)民提字第344号民事判决书认为，在当事人之间同时成立商品房买卖和民间借贷时，如果借款人不能按期偿还借款。对方当事人要求并通过履行《商品房买卖合同》取得房屋所有权的，不违反法律禁止流押的规定。相关裁判摘要如下：

关于《借款协议》中"如到期不能偿还，或已无力偿还，乙方(嘉和泰公司)将用以上抵押物来抵顶借款，双方互不再支付对方任何款项"的约定是否违反法律的强制性规定问题。《中华人民共和国担保法》第四十条规定："订立抵押合同时，抵押权人和抵押人在合同中不得约定在债务履行期届满抵押权人未受清偿时，抵押物的所有权转移为债权人所有。"《中华人民共和国物权法》第一百八十六条规定："抵押权人在债务履行期届满前，不得与抵押人约定债务人不履行到期债务时抵押财产归债权人所有。"这是法律上禁止流押的规定。禁止流押的立法目的是防止损害抵押人的利益，以免造成对抵押人实质上的不公平。本案《借款协议》中"如到期不能偿还，或已无力偿还，乙方(嘉和泰公司)将用以上抵押物来抵顶借款，双方互不再支付对方任何款项"的约定，并非法律上禁止的流押条款。首先，《借款协议》上述条款并非约定嘉和泰公司到期不能偿还借款，《借款协议》所称抵押物所有权转移为朱俊芳所有。在嘉和泰公司到期未偿还借款时，朱俊芳并不能直接按上述约定取得《借款协议》所称的"抵押物"所有权。朱俊芳要想取得《借款协议》所称的"抵押物"即十四套商铺所有权，只能通过履行案涉十四份《商品房买卖合同》实现。正基于此，朱俊芳在本案一审提出的诉讼请求也是确认十四份《商品房买卖合同》有效，判令荔和泰公司履行商品房买卖合同。其次，案涉十四份《商品房买卖合同》和《借款协议》均为依法成立并生效的合同，双方当事人在《借款协议》中约定以签订商品房买卖合同的形式为《借款协议》提供担保，并为此在《借款协议》中为案涉十四份《商品房买卖合同》附设了解除条件，该约定并不违反法律、行政法规的强制性规定。实际上，双方当事人对于是履行十四份《商品房买卖合同》，还是履行《借款协议》具有选择性，即商品房买卖合同的解除条件成就，就履行《借款协议》；商品房买卖合同的解除条件未成就，就履行十四份《商品房买卖合同》。无论是履行十四份《商品房买卖合同》，还是履行《借款协议》，均符合双方当事人的意思表示，且从合同的选择履行的角度看，嘉和泰公司更具主动性。嘉和泰公司如果认为履行十四份《商品房买卖合同》对其不公平，损害了其利益，其完全可以依据《中华人民共和国合同法》第五十四条第一款第（二）项的规定，请求人民法院撤销案涉十四份《商品房买卖合同》，但嘉和泰公司在法定的除斥期间内并未行使合同撤销权，而是拒绝履行生效合同，其主张不符合诚信原则，不应得到支持。因此，《借款协议》上述关于到期不能偿还，或已无力偿还，嘉和泰公司抵押物来抵顶借款的约定，不符合《中华人民共和国担保法》第四十条和《中华人民共和国物权法》第一百八十六条禁止流押的规定。

**第四百零二条　【不动产抵押登记生效要件主义】**以本法第三百九十五条第一款第一项至第三项规定的财产或者第五项规定的正在建造的建筑物抵押的，应当办理抵押登记。抵押权自登记时设立。

**一、相关法律条文**

**《中华人民共和国城市房地产管理法》（2019 年 8 月 26 日修正）**

**第六十二条**　房地产抵押时，应当向县级以上地方人民政府规定的部门办理抵押登记。

因处分抵押房地产而取得土地使用权和房屋所有权的，应当依照本章规定办理过户登记。

## 二、相关行政法规

**《不动产登记暂行条例》(2019年3月24日修订)**

**第十九条** 属于下列情形之一的,不动产登记机构可以对申请登记的不动产进行实地查看:

(一)房屋等建筑物、构筑物所有权首次登记;

(二)在建建筑物抵押权登记;

(三)因不动产灭失导致的注销登记;

(四)不动产登记机构认为需要实地查看的其他情形。

对可能存在权属争议,或者可能涉及他人利害关系的登记申请,不动产登记机构可以向申请人、利害关系人或者有关单位进行调查。

不动产登记机构进行实地查看或者调查时,申请人、被调查人应当予以配合。

## 三、相关司法解释

**1.《最高人民法院关于适用〈中华人民共和国民法典〉有关担保制度的解释》(法释〔2020〕22号)**

**第四十六条** 不动产抵押合同生效后未办理抵押登记手续,债权人请求抵押人办理抵押登记手续的,人民法院应予支持。

抵押财产因不可归责于抵押人自身的原因灭失或者被征收等导致不能办理抵押登记,债权人请求抵押人在约定的担保范围内承担责任的,人民法院不予支持;但是抵押人已经获得保险金、赔偿金或者补偿金等,债权人请求抵押人在其所获金额范围内承担赔偿责任的,人民法院依法予以支持。

因抵押人转让抵押财产或者其他可归责于抵押人自身的原因导致不能办理抵押登记,债权人请求抵押人在约定的担保范围内承担责任的,人民法院依法予以支持,但是不得超过抵押权能够设立时抵押人应当承担的责任范围。

**第四十七条** 不动产登记簿就抵押财产、被担保的债权范围等所作的记载与抵押合同约定不一致的,人民法院应当根据登记簿的记载确定抵押财产、被担保的债权范围等事项。

**第四十八条** 当事人申请办理抵押登记手续时,因登记机构的过错致使其不能办理抵押登记,当事人请求登记机构承担赔偿责任的,人民法院依法予以支持。

**第六十三条** 债权人与担保人订立担保合同，约定以法律、行政法规尚未规定可以担保的财产权利设立担保，当事人主张合同无效的，人民法院不予支持。当事人未在法定的登记机构依法进行登记，主张该担保具有物权效力的，人民法院不予支持。

**2.《最高人民法院关于房地产管理机关能否撤销错误的注销抵押登记行为问题的批复》(法释〔2003〕17号)**

广西壮族自治区高级人民法院：

你院《关于首长机电设备贸易(香港)有限公司不服柳州市房产局注销抵押登记、吊销(1997)柳房他证字第0410号房屋他项权证并要求发还0410号房屋他项权证上诉一案的请示》收悉。经研究答复如下：

房地产管理机关可以撤销错误的注销抵押登记行为。

## 四、相关部门规章

**《不动产登记暂行条例实施细则》(2019年7月16日修正)**

**第六十五条** 对下列财产进行抵押的，可以申请办理不动产抵押登记：

(一)建设用地使用权；

(二)建筑物和其他土地附着物；

(三)海域使用权；

(四)以招标、拍卖、公开协商等方式取得的荒地等土地承包经营权；

(五)正在建造的建筑物；

(六)法律、行政法规未禁止抵押的其他不动产。

以建设用地使用权、海域使用权抵押的，该土地、海域上的建筑物、构筑物一并抵押；以建筑物、构筑物抵押的，该建筑物、构筑物占用范围内的建设用地使用权、海域使用权一并抵押。

**第六十六条** 自然人、法人或者其他组织为保障其债权的实现，依法以不动产设定抵押的，可以由当事人持不动产权属证书、抵押合同与主债权合同等必要材料，共同申请办理抵押登记。

抵押合同可以是单独订立的书面合同，也可以是主债权合同中的抵押条款。

**第六十七条** 同一不动产上设立多个抵押权的，不动产登记机构应当按照受理时间的先后顺序依次办理登记，并记载于不动产登记簿。

当事人对抵押权顺位另有约定的,从其规定办理登记。

**第六十八条** 有下列情形之一的,当事人应当持不动产权属证书、不动产登记证明、抵押权变更等必要材料,申请抵押权变更登记:

(一)抵押人、抵押权人的姓名或者名称变更的;

(二)被担保的主债权数额变更的;

(三)债务履行期限变更的;

(四)抵押权顺位变更的;

(五)法律、行政法规规定的其他情形。

因被担保债权主债权的种类及数额、担保范围、债务履行期限、抵押权顺位发生变更申请抵押权变更登记时,如果该抵押权的变更将对其他抵押权人产生不利影响的,还应当提交其他抵押权人书面同意的材料与身份证或者户口簿等材料。

**第六十九条** 因主债权转让导致抵押权转让的,当事人可以持不动产权属证书、不动产登记证明、被担保主债权的转让协议、债权人已经通知债务人的材料等相关材料,申请抵押权的转移登记。

**第七十条** 有下列情形之一的,当事人可以持不动产登记证明、抵押权消灭的材料等必要材料,申请抵押权注销登记:

(一)主债权消灭;

(二)抵押权已经实现;

(三)抵押权人放弃抵押权;

(四)法律、行政法规规定抵押权消灭的其他情形。

**第七十一条** 设立最高额抵押权的,当事人应当持不动产权属证书、最高额抵押合同与一定期间内将要连续发生的债权的合同或者其他登记原因材料等必要材料,申请最高额抵押权首次登记。

当事人申请最高额抵押权首次登记时,同意将最高额抵押权设立前已经存在的债权转入最高额抵押担保的债权范围的,还应当提交已存在债权的合同以及当事人同意将该债权纳入最高额抵押权担保范围的书面材料。

**第七十二条** 有下列情形之一的,当事人应当持不动产登记证明、最高额抵押权发生变更的材料等必要材料,申请最高额抵押权变更登记:

(一)抵押人、抵押权人的姓名或者名称变更的;

(二)债权范围变更的;

（三）最高债权额变更的；

（四）债权确定的期间变更的；

（五）抵押权顺位变更的；

（六）法律、行政法规规定的其他情形。

因最高债权额、债权范围、债务履行期限、债权确定的期间发生变更申请最高额抵押权变更登记时，如果该变更将对其他抵押权人产生不利影响的，当事人还应当提交其他抵押权人的书面同意文件与身份证或者户口簿等。

**第七十三条**　当发生导致最高额抵押权担保的债权被确定的事由，从而使最高额抵押权转变为一般抵押权时，当事人应当持不动产登记证明、最高额抵押权担保的债权已确定的材料等必要材料，申请办理确定最高额抵押权的登记。

**第七十四条**　最高额抵押权发生转移的，应当持不动产登记证明、部分债权转移的材料、当事人约定最高额抵押权随同部分债权的转让而转移的材料等必要材料，申请办理最高额抵押权转移登记。

债权人转让部分债权，当事人约定最高额抵押权随同部分债权的转让而转移的，应当分别申请下列登记：

（一）当事人约定原抵押权人与受让人共同享有最高额抵押权的，应当申请最高额抵押权的转移登记；

（二）当事人约定受让人享有一般抵押权、原抵押权人就扣减已转移的债权数额后继续享有最高额抵押权的，应当申请一般抵押权的首次登记以及最高额抵押权的变更登记；

（三）当事人约定原抵押权人不再享有最高额抵押权的，应当一并申请最高额抵押权确定登记以及一般抵押权转移登记。

最高额抵押权担保的债权确定前，债权人转让部分债权的，除当事人另有约定外，不动产登记机构不得办理最高额抵押权转移登记。

**第七十五条**　以建设用地使用权以及全部或者部分在建建筑物设定抵押的，应当一并申请建设用地使用权以及在建建筑物抵押权的首次登记。

当事人申请在建建筑物抵押权首次登记时，抵押财产不包括已经办理预告登记的预购商品房和已经办理预售备案的商品房。

前款规定的在建建筑物，是指正在建造、尚未办理所有权首次登记的房屋等建筑物。

**第七十六条** 申请在建建筑物抵押权首次登记的，当事人应当提交下列材料：

（一）抵押合同与主债权合同；

（二）享有建设用地使用权的不动产权属证书；

（三）建设工程规划许可证；

（四）其他必要材料。

**第七十七条** 在建建筑物抵押权变更、转移或者消灭的，当事人应当提交下列材料，申请变更登记、转移登记、注销登记：

（一）不动产登记证明；

（二）在建建筑物抵押权发生变更、转移或者消灭的材料；

（三）其他必要材料。

在建建筑物竣工，办理建筑物所有权首次登记时，当事人应当申请将在建建筑物抵押权登记转为建筑物抵押权登记。

**第七十八条** 申请预购商品房抵押登记，应当提交下列材料：

（一）抵押合同与主债权合同；

（二）预购商品房预告登记材料；

（三）其他必要材料。

预购商品房办理房屋所有权登记后，当事人应当申请将预购商品房抵押预告登记转为商品房抵押权首次登记。

## 五、相关文件规定

### 1.《最高人民法院关于转发国土资源部〈关于国有划拨土地使用权抵押登记有关问题的通知〉的通知》（法发〔2004〕11号）

各省、自治区、直辖市高级人民法院，解放军军事法院，新疆维吾尔自治区高级人民法院生产建设兵团分院：

国土资源部于2004年1月15日发布了国土资发〔2004〕9号《关于国有划拨土地使用权抵押登记有关问题的通知》。现将该《通知》转发给你们，在《通知》发布之日起，人民法院尚未审结的涉及国有划拨土地使用权抵押经过有审批权限的土地行政管理部门依法办理抵押登记手续的案件，不以国有划拨土地使用权抵押未经批准而认定抵押无效。已经审结的案件不应依据该《通知》提起再审。

**2.《最高人民法院研究室关于抵押权不受抵押登记机关规定的抵押期限影响问题的函》(法[研]明传〔2000〕22 号)**

广东省高级人民法院：

你院〔1999〕粤高法经一请字第 23 号《关于抵押登记机关规定的抵押期限是否有效问题的请示》收悉。经研究，答复如下：

依照《中华人民共和国担保法》第五十二条的规定，抵押权与其担保的债权同时存在，办理抵押物登记的部门规定的抵押期限对抵押权的效力不发生影响。

## 六、相关裁判摘要

• **2008 年第 4 期《中华人民共和国最高人民法院公报》**刊登的“**陆丰市陆丰典当行与陈卫平、陈淑铭、陆丰市康乐奶品有限公司清算小组、第三人张其心土地抵债合同纠纷再审案**”判决认为，当事人以取得土地的合法手续作为抵押向典当行借款的，不违反有关法律的禁止性规定。即使该土地抵押未向有关部门办理抵押登记，也不影响典当协议的合法有效。相关裁判摘要如下：

典当行持有中国人民银行颁发的金融机构法人许可证，其经营范围有为非国有中、小企业和个人办理质押贷款的业务，是经批准合法成立的金融机构。尽管陈卫平向典当行借款是以康奶公司取得土地的合法手续作为抵押，但不违反有关法律的禁止性规定。虽然该土地抵押未向有关部门办理抵押登记，但仅不发生对抗第三人的法律效力，并不为此影响典当行与陈卫平、陈淑铭所签典当协议合法有效。

**第四百零三条　【动产抵押登记对抗要件主义】**以动产抵押的，抵押权自抵押合同生效时设立；未经登记，不得对抗善意第三人。

## 一、相关法律条文

**1.《中华人民共和国民用航空法》(2021 年 4 月 29 日修正)**

**第十六条**　设定民用航空器抵押权，由抵押权人和抵押人共同向国务院民用航空主管部门办理抵押权登记；未经登记的，不得对抗第三人。

**2.《中华人民共和国海商法》(1993 年 7 月 1 日起施行)**

**第十三条**　设定船舶抵押权，由抵押权人和抵押人共同向船舶登记机关办理抵押权登记；未经登记的，不得对抗第三人。

船舶抵押权登记，包括下列主要项目：

（一）船舶抵押权人和抵押人的姓名或者名称、地址；

（二）被抵押船舶的名称、国籍、船舶所有权证书的颁发机关和证书号码；

（三）所担保的债权数额、利息率、受偿期限。

船舶抵押权的登记状况，允许公众查询。

## 二、相关行政法规

### 1.《优化营商环境条例》（2020年1月1日起施行）

**第四十七条** 不动产登记机构应当按照国家有关规定，加强部门协作，实行不动产登记、交易和缴税一窗受理、并行办理，压缩办理时间，降低办理成本。在国家规定的不动产登记时限内，各地区应当确定并公开具体办理时间。

国家推动建立统一的动产和权利担保登记公示系统，逐步实现市场主体在一个平台上办理动产和权利担保登记。纳入统一登记公示系统的动产和权利范围另行规定。

### 2.《中华人民共和国船舶登记条例》（2014年7月29日修订）

**第六条** 船舶抵押权、光船租赁权的设定、转移和消灭，应当向船舶登记机关登记；未经登记的，不得对抗第三人。

**第二十条** 对20总吨以上的船舶设定抵押权时，抵押权人和抵押人应当持下列文件到船籍港船舶登记机关申请办理船舶抵押权登记：

（一）双方签字的书面申请书；

（二）船舶所有权登记证书或者船舶建造合同；

（三）船舶抵押合同。

该船舶设定有其他抵押权的，还应当提供有关证明文件。

船舶共有人就共有船舶设定抵押权时，还应当提供三分之二以上份额或者约定份额的共有人的同意证明文件。

**第二十一条** 对经审查符合本条例规定的，船籍港船舶登记机关应当自收到申请之日起7日内将有关抵押人、抵押权人和船舶抵押情况以及抵押登记日期载入船舶登记簿和船舶所有权登记证书，并向抵押权人核发船舶抵押权登记证书。

**第二十二条** 船舶抵押权登记，包括下列主要事项：

（一）抵押权人和抵押人的姓名或者名称、地址；

（二）被抵押船舶的名称、国籍，船舶所有权登记证书的颁发机关和号码；

（三）所担保的债权数额、利息率、受偿期限。

船舶登记机关应当允许公众查询船舶抵押权的登记状况。

**第二十三条**　船舶抵押权转移时，抵押权人和承转人应当持船舶抵押权转移合同到船籍港船舶登记机关申请办理抵押权转移登记。

对经审查符合本条例规定的，船籍港船舶登记机关应当将承转人作为抵押权人载入船舶登记簿和船舶所有权登记证书，并向承转人核发船舶抵押权登记证书，封存原船舶抵押权登记证书。

办理船舶抵押权转移前，抵押权人应当通知抵押人。

**第二十四条**　同一船舶设定 2 个以上抵押权的，船舶登记机关应当按照抵押权登记申请日期的先后顺序进行登记，并在船舶登记簿上载明登记日期。

登记申请日期为登记日期；同日申请的，登记日期应当相同。

**3.《中华人民共和国民用航空器权利登记条例》（1997 年 10 月 21 日起施行）**

**第四条**　办理民用航空器所有权、占有权或者抵押权登记的，民用航空器权利人应当按照国务院民用航空主管部门的规定，分别填写民用航空器所有权、占有权或者抵押权登记申请书，并向国务院民用航空主管部门提交本条例第五条至第七条规定的相应文件。

办理民用航空器优先权登记的，民用航空器优先权的债权人应当自援救或者保管维护工作终了之日起 3 个月内，按照国务院民用航空主管部门的规定，填写民用航空器优先权登记申请书，并向国务院民用航空主管部门提交足以证明其合法身份的文件和有关债权证明。

**第七条**　办理民用航空器抵押权登记的，民用航空器的抵押权人和抵押人应当提交下列文件或者经核对无误的复印件：

（一）民用航空器国籍登记证书；

（二）民用航空器所有权登记证书或者相应的所有权证明文件；

（三）民用航空器抵押合同；

（四）国务院民用航空主管部门要求提交的其他必要的有关文件。

**第八条**　就两架以上民用航空器设定一项抵押权或者就同一民用航空器设定两项以上抵押权时，民用航空器的抵押权人和抵押人应当就每一架民用航空器或者每一项抵押权分别办理抵押权登记。

**第十二条** 国务院民用航空主管部门向民用航空器抵押权人颁发民用航空器抵押权登记证书时，应当在民用航空器权利登记簿上载明下列事项：

（一）被抵押的民用航空器的国籍、国籍标志和登记标志；

（二）抵押权人和抵押人的姓名或者名称、地址及其法定代表人的姓名；

（三）民用航空器抵押所担保的债权数额、利息率、受偿期限；

（四）民用航空器抵押权登记日期；

（五）国务院民用航空主管部门规定的其他事项。

**第十四条** 同一民用航空器设定两项以上抵押权的，国务院民用航空主管部门应当按照抵押权登记申请日期的先后顺序进行登记。

**4.《中华人民共和国道路交通安全法实施条例》（2017 年 10 月 7 日修订）**

**第四条** 机动车的登记，分为注册登记、变更登记、转移登记、抵押登记和注销登记。

**第八条** 机动车所有人将机动车作为抵押物抵押的，机动车所有人应当向登记该机动车的公安机关交通管理部门申请抵押登记。

## 三、相关司法解释

**《最高人民法院关于适用〈中华人民共和国民法典〉有关担保制度的解释》（法释〔2020〕28 号）**

**第五十三条** 当事人在动产和权利担保合同中对担保财产进行概括描述，该描述能够合理识别担保财产的，人民法院应当认定担保成立。

**第五十四条** 动产抵押合同订立后未办理抵押登记，动产抵押权的效力按照下列情形分别处理：

（一）抵押人转让抵押财产，受让人占有抵押财产后，抵押权人向受让人请求行使抵押权的，人民法院不予支持，但是抵押权人能够举证证明受让人知道或者应当知道已经订立抵押合同的除外；

（二）抵押人将抵押财产出租给他人并移转占有，抵押权人行使抵押权的，租赁关系不受影响，但是抵押权人能够举证证明承租人知道或者应当知道已经订立抵押合同的除外；

(三)抵押人的其他债权人向人民法院申请保全或者执行抵押财产,人民法院已经作出财产保全裁定或者采取执行措施,抵押权人主张对抵押财产优先受偿的,人民法院不予支持;

(四)抵押人破产,抵押权人主张对抵押财产优先受偿的,人民法院不予支持。

## 四、相关部门规章

**《机动车登记规定》(2012年9月12日修正)**

**第二十二条**　机动车所有人将机动车作为抵押物抵押的,应当向登记地车辆管理所申请抵押登记;抵押权消灭的,应当向登记地车辆管理所申请解除抵押登记。

**第二十三条**　申请抵押登记的,机动车所有人应当填写申请表,由机动车所有人和抵押权人共同申请,并提交下列证明、凭证:

(一)机动车所有人和抵押权人的身份证明;

(二)机动车登记证书;

(三)机动车所有人和抵押权人依法订立的主合同和抵押合同。

车辆管理所应当自受理之日起一日内,审查提交的证明、凭证,在机动车登记证书上签注抵押登记的内容和日期。

**第二十四条**　申请解除抵押登记的,机动车所有人应当填写申请表,由机动车所有人和抵押权人共同申请,并提交下列证明、凭证:

(一)机动车所有人和抵押权人的身份证明;

(二)机动车登记证书。

人民法院调解、裁定、判决解除抵押的,机动车所有人或者抵押权人应当填写申请表,提交机动车登记证书、人民法院出具的已经生效的《调解书》、《裁定书》或者《判决书》,以及相应的《协助执行通知书》。

车辆管理所应当自受理之日起一日内,审查提交的证明、凭证,在机动车登记证书上签注解除抵押登记的内容和日期。

**第二十五条**　机动车抵押登记日期、解除抵押登记日期可以供公众查询。

**第二十六条**　有本规定第九条第(一)项、第(七)项、第(八)项、第(九)项或者第二十条第(二)项规定情形之一的,不予办理抵押登记。对机动车所有人提交的证明、凭证无效,或者机动车被人民法院、人民检察院、行政执法部门依法查封、扣押的,不予办理解除抵押登记。

## 五、相关文件规定

**《国务院关于实施动产和权利担保统一登记的决定》(国发〔2020〕18号)**

为贯彻落实党中央、国务院决策部署,进一步提高动产和权利担保融资效率,优化营商环境,促进金融更好服务实体经济,现作出如下决定:

一、自2021年1月1日起,在全国范围内实施动产和权利担保统一登记。

二、纳入动产和权利担保统一登记范围的担保类型包括:

(一)生产设备、原材料、半成品、产品抵押;

(二)应收账款质押;

(三)存款单、仓单、提单质押;

(四)融资租赁;

(五)保理;

(六)所有权保留;

(七)其他可以登记的动产和权利担保,但机动车抵押、船舶抵押、航空器抵押、债券质押、基金份额质押、股权质押、知识产权中的财产权质押除外。

三、纳入统一登记范围的动产和权利担保,由当事人通过中国人民银行征信中心(以下简称征信中心)动产融资统一登记公示系统自主办理登记,并对登记内容的真实性、完整性和合法性负责。登记机构不对登记内容进行实质审查。

四、中国人民银行要加强对征信中心的督促指导。征信中心具体承担服务性登记工作,不得开展事前审批性登记。征信中心要做好系统建设和维护工作,保障系统安全、稳定运行,建立高效运转的服务体系,不断提高服务效率和质量。

五、国家市场监督管理总局不再承担“管理动产抵押物登记”职责。中国人民银行负责制定生产设备、原材料、半成品、产品抵押和应收账款质押统一登记制度,推进登记服务便利化。中国人民银行、国家市场监督管理总局应当明确生产设备、原材料、半成品、产品抵押登记的过渡安排,妥善做好存量信息的查询、变更、注销服务和数据移交工作,确保有关工作的连续性、稳定性、有效性。

**第四百零四条　【动产抵押不得对抗正常经营活动中的买受人】**以动产抵押的，不得对抗正常经营活动中已经支付合理价款并取得抵押财产的买受人。

**相关司法解释**

**《最高人民法院关于适用〈中华人民共和国民法典〉有关担保制度的解释》（法释〔2020〕28号）**

**第五十六条**　买受人在出卖人正常经营活动中通过支付合理对价取得已被设立担保物权的动产，担保物权人请求就该动产优先受偿的，人民法院不予支持，但是有下列情形之一的除外：

（一）购买商品的数量明显超过一般买受人；

（二）购买出卖人的生产设备；

（三）订立买卖合同的目的在于担保出卖人或者第三人履行债务；

（四）买受人与出卖人存在直接或者间接的控制关系；

（五）买受人应当查询抵押登记而未查询的其他情形。

前款所称出卖人正常经营活动，是指出卖人的经营活动属于其营业执照明确记载的经营范围，且出卖人持续销售同类商品。前款所称担保物权人，是指已经办理登记的抵押权人、所有权保留买卖的出卖人、融资租赁合同的出租人。

**第四百零五条　【租赁权与抵押权的关系】**抵押权设立前，抵押财产已经出租并转移占有的，原租赁关系不受该抵押权的影响。

**一、相关法律条文**

**《中华人民共和国民法典》（2021年1月1日起施行）**

**第七百二十五条**　租赁物在承租人按照租赁合同占有期限内发生所有权变动的，不影响租赁合同的效力。

**二、相关司法解释**

**1.《最高人民法院关于人民法院民事执行中拍卖、变卖财产的规定》（法释〔2004〕16号）（2020年12月23日修正）**

**第二十八条**　拍卖财产上原有的担保物权及其他优先受偿权，因拍卖而消灭，拍卖所得价款，应当优先清偿担保物权人及其他优先受偿权人的债权，但当事人另有约定的除外。

拍卖财产上原有的租赁权及其他用益物权，不因拍卖而消灭，但该权利继续存在于拍卖财产上，对在先的担保物权或者其他优先受偿权的实现有影响的，人民法院应当依法将其除去后进行拍卖。

**2.《最高人民法院关于审理城镇房屋租赁合同纠纷案件具体应用法律若干问题的解释》(法释〔2009〕11号)(2020年12月23日修正)**

**第十四条** 租赁房屋在承租人按照租赁合同占有期限内发生所有权变动，承租人请求房屋受让人继续履行原租赁合同的，人民法院应予支持。但租赁房屋具有下列情形或者当事人另有约定的除外：

(一)房屋在出租前已设立抵押权，因抵押权人实现抵押权发生所有权变动的；

(二)房屋在出租前已被人民法院依法查封的。

**第四百零六条 【抵押财产的转让】** 抵押期间，抵押人可以转让抵押财产。当事人另有约定的，按照其约定。抵押财产转让的，抵押权不受影响。

抵押人转让抵押财产的，应当及时通知抵押权人。抵押权人能够证明抵押财产转让可能损害抵押权的，可以请求抵押人将转让所得的价款向抵押权人提前清偿债务或者提存。转让的价款超过债权数额的部分归抵押人所有，不足部分由债务人清偿。

**一、相关法律条文**

**《中华人民共和国民用航空法》(2021年4月29日修正)**

**第十七条** 民用航空器抵押权设定后，未经抵押权人同意，抵押人不得将被抵押民用航空器转让他人。

**二、相关司法解释**

**《最高人民法院关于适用〈中华人民共和国民法典〉有关担保制度的解释》(法释〔2020〕28号)**

**第四十三条** 当事人约定禁止或者限制转让抵押财产但是未将约定登记，抵押人违反约定转让抵押财产，抵押权人请求确认转让合同无效的，人民法院不予支持；抵押财产已经交付或者登记，抵押权人请求确认转让不发生物权效力的，人民法院不予支持，但是抵押权人有证据证明受让人知道的除外；抵押权人请求抵押人承担违约责任的，人民法院依法予以支持。

当事人约定禁止或者限制转让抵押财产且已经将约定登记，抵押人违反约定转让抵押财产，抵押权人请求确认转让合同无效的，人民法院不予支持；抵押财产已经交付或者登记，抵押权人主张转让不发生物权效力的，人民法院应予支持，但是因受让人代替债务人清偿债务导致抵押权消灭的除外。

## 三、相关裁判摘要

• **2009 年第 4 期《中华人民共和国最高人民法院公报》**刊登的“**重庆索特盐化股份有限公司与重庆新万基房地产开发有限公司土地使用权转让合同纠纷案**”判决对转让抵押财产的合同的效力问题进行了分析。相关裁判摘要如下：

根据《担保法》第四十九条的规定，抵押期间抵押人转让抵押物应当通知抵押权人，否则转让行为无效；《物权法》第一百九十一条亦规定抵押期间转让抵押物须经抵押权人同意。其立法目的是为了确保抵押权人的利益不受侵害。但《担保法司法解释》第六十七条和《物权法》第一百九十一条也规定，未经通知或者未经抵押权人同意转让抵押物的，如受让方代为清偿债务消灭抵押权的，转让有效。即受让人通过行使涤除权涤除转让标的物上的抵押权负担的，转让行为有效。上述法律和司法解释的规定体现了相关立法和司法解释的指导思想是要在抵押权人和抵押人、受让抵押标的物的第三人之间实现利益平衡，既充分保障抵押权不受侵害，又不过分妨碍财产的自由流转，充分发挥物的效益。本案双方当事人在《联合开发协议》中约定由索特公司在不影响开发进度的前提下办理解除抵押的相关手续，即以约定的方式将先行解除本案所涉土地上的抵押权负担的义务赋予了索特公司；该约定既保障了抵押权人的利益，也不妨害抵押人和受让土地的第三人的利益，与《担保法》、《物权法》以及《担保法司法解释》保障各方当事人利益平衡的立法精神并不相悖，不违反法律规定。从合同法的角度看，转让方对转让标的负有权利瑕疵担保责任，其主动告知转让土地上的权利负担，并承诺由其在不影响开发进度的前提下先行解除抵押，该承诺构成合同中的负担行为，即承担义务的行为，符合意思自治和合同自由原则，且确保了抵押权人的利益不受侵害，与《担保法》、《物权法》和《担保法司法解释》的立法本意和制度设计不相抵触。因此，应当确认该《联合开发协议》及《补充协议》有效，双方应按照合同诚信履行，索特公司有义务根据双方商定的开发进度清偿银行债务，从而解除该转让土地上的抵押权负担。

其次，根据《物权法》第十五条的规定，当事人之间订立有关设立、变更、转让和消灭不动产物权的合同，除法律另有规定或者合同另有约定外，自合同成立时生效；未办理物权登记的，不影响合同效力。该规定确定了不动产物权变动的原因与结果相区分的原则。物权转让行为不能成就，并不必然导致物权转让的原因即债权合同无效。双方签订的《联合开发协议》及《补充协议》作为讼争土地使用权转让的原因行为，是一种债权形成行为，并非该块土地使用权转让的物权变动行为。相关法律关于未经通知抵押权人而导致物权转让行为无效的规定，其效力不应及于物权变动行为的原因行为。因为当事人可以在合同约定中完善物权转让的条件，使其转让行为符合法律规定。本案即属此种情形。

综上，双方当事人签订的《联合开发协议》未违反法律强制性规定，应为有效合同。

• **2006年第3期《中华人民共和国最高人民法院公报》**刊登的“**百花公司诉浩鑫公司买卖合同纠纷案**”判决对抵押财产的转让进行了分析。相关裁判摘要如下：

担保法第三十三条第一款规定：“本法所称抵押，是指债务人或者第三人不转移对本法第三十四条所列财产的占有，将该财产作为债权的担保。债务人不履行债务时，债权人有权依照本法规定以该财产折价或者以拍卖、变卖该财产的价款优先受偿。”据此可以认为，抵押权是以确保债务清偿为目的设立的物权，是依附于主债权而存在的从权利。主债权消灭，抵押权亦消灭。抵押权设定后，抵押人对抵押物的所有权并未丧失，而所有权中就包括了对物的处分权。抵押人并非不能向他人转让抵押物，只是应当在转让时履行通知抵押权人和告知受让人的义务。抵押人不履行通知、告知义务就转让抵押物，只要在转让后抵押人向抵押权人清偿债务，或者受让人在得知受让物上有抵押权后代抵押人清偿债务，使物上设定的抵押权消灭，转让仍可以有效。现查明，浩鑫公司已经向抵押权人遵义工行代偿了雪清公司的全部债务，从而使抵押权因债权实现而消灭，限制雪清公司向浩鑫公司转让抵押物的权利瑕疵不复存在，因此可以认定，雪清公司与浩鑫公司签订的《资产折换协议书》以及补充协议，未损害他人利益，并已实际履行完毕，应为有效。

关于第四点。一审在查明被上诉人浩鑫公司向抵押权人遵义工行代偿了上诉人雪清公司的全部债务后，认定抵押权因债权实现而消灭。雪清公司上诉认为，抵押权消灭的时间应以诉讼提起的时间为准；在其提起本案诉讼时，浩鑫公司并未代其向遵义工行履行还款义务，抵押权并未消灭，一审这一认定属认定事实错误。法律和司法解释只规定了抵押权可以因担保的债权实现而消灭，没有规定抵押权消灭以何时为准。雪清公司的这一上诉理由没有法律依据，予以驳回。

关于第五点。担保法第一条开宗明义地规定："为促进资金融通和商品流通，保障债权的实现，发展社会主义市场经济，制定本法。"这是担保法的立法目的。该法第四十九条第一款虽然规定抵押人未履行通知、告知义务的转让行为无效，但是第二款、第三款还规定"转让抵押物的价款明显低于其价值的，抵押权人可以要求抵押人提供相应的担保；抵押人不提供的，不得转让抵押物"，"抵押人转让抵押物所得的价款，应当向抵押权人提前清偿所担保的债权或者向与抵押权人约定的第三人提存。超过债权数额的部分，归抵押人所有，不足部分由债务人清偿"。纵观担保法第四十九条可以看出，此条并非剥夺抵押人对抵押物的转让权，而是要保障抵押权人享有的债权能够实现。

法律确立公民、法人和其他组织的权利与义务，建立和规范社会秩序，最终体现的是国家整体利益。公民、法人和其他组织在法律面前一律平等。任何公民、法人和其他组织都享有法律规定的权利，同时必须履行法律规定的义务，都应当从立法本意上去理解和遵守法律，不能断章取义地利用法律。能够援引担保法第四十九条第一款的规定来主张转让行为无效的，应当是合法权益受到损害的抵押权人或者受让人。是否行使这一权利，应当由抵押权人或者受让人决定。在担保法第四十九条中，抵押人只有通知、告知、提供相应担保、清偿担保债权等义务，没有据以起诉抵押权人或者受让人的权利。只要抵押人本着诚信原则，依法履行这些义务，他人合法权益就不会受到侵害，从而也不会发生纠纷。作为抵押人，上诉人雪清公司在转让抵押财产时不履行法定的通知、告知义务，转让抵押财产后，仍然不履行清偿债权的义务，却执意援引担保法第四十九条第一款来主张转让无效，以达到依法不应达到的毁约目的，其行为不是维护法律。只要抵押权能消灭，无论是在消灭前还是消灭后提起本案诉讼，雪清公司的诉讼请求均不应满足。

**第四百零七条 【抵押权的从属性】**抵押权不得与债权分离而单独转让或者作为其他债权的担保。债权转让的，担保该债权的抵押权一并转让，但是法律另有规定或者当事人另有约定的除外。

**一、相关法律条文**

**《中华人民共和国民法典》(2021年1月1日起施行)**

**第四百二十一条** 最高额抵押担保的债权确定前，部分债权转让的，最高额抵押权不得转让，但是当事人另有约定的除外。

**第五百四十七条** 债权人转让债权的，受让人取得与债权有关的从权利，但是该从权利专属于债权人自身的除外。

受让人取得从权利不因该从权利未办理转移登记手续或者未转移占有而受到影响。

**二、相关司法解释**

**《最高人民法院关于适用〈中华人民共和国民法典〉有关担保制度的解释》(法释〔2020〕28号)**

**第三十八条** 主债权未受全部清偿，担保物权人主张就担保财产的全部行使担保物权的，人民法院应予支持，但是留置权人行使留置权的，应当依照民法典第四百五十条的规定处理。

担保财产被分割或者部分转让，担保物权人主张就分割或者转让后的担保财产行使担保物权的，人民法院应予支持，但是法律或者司法解释另有规定的除外。

**第三十九条** 主债权被分割或者部分转让，各债权人主张就其享有的债权份额行使担保物权的，人民法院应予支持，但是法律另有规定或者当事人另有约定的除外。

主债务被分割或者部分转移，债务人自己提供物的担保，债权人请求以该担保财产担保全部债务履行的，人民法院应予支持；第三人提供物的担保,主张对未经其书面同意转移的债务不再承担担保责任的,人民法院应予支持。

**三、相关文件规定**

**《最高人民法院关于印发〈全国法院民商事审判工作会议纪要〉的通知》(法〔2019〕254号)**

62.【抵押权随主债权转让】抵押权是从属于主合同的从权利,根据"从随主"规则,债权转让的,除法律另有规定或者当事人另有约定外,担保该债权的抵押权一并转让。受让人向抵押人主张行使抵押权,抵押人以受让人不是抵押合同的当事人、未办理变更登记等为由提出抗辩的,人民法院不予支持。

**第四百零八条　【抵押权人保全抵押权的权利】**抵押人的行为足以使抵押财产价值减少的,抵押权人有权请求抵押人停止其行为;抵押财产价值减少的,抵押权人有权请求恢复抵押财产的价值,或者提供与减少的价值相应的担保。抵押人不恢复抵押财产的价值,也不提供担保的,抵押权人有权请求债务人提前清偿债务。

**第四百零九条　【抵押权人放弃抵押权、抵押权的顺位和变更抵押权】**抵押权人可以放弃抵押权或者抵押权的顺位。抵押权人与抵押人可以协议变更抵押权顺位以及被担保的债权数额等内容。但是,抵押权的变更未经其他抵押权人书面同意的,不得对其他抵押权人产生不利影响。

债务人以自己的财产设定抵押,抵押权人放弃该抵押权、抵押权顺位或者变更抵押权的,其他担保人在抵押权人丧失优先受偿权益的范围内免除担保责任,但是其他担保人承诺仍然提供担保的除外。

**一、相关行政法规**

**1.《中华人民共和国船舶登记条例》(2014年7月29日修订)**

**第二十四条**　同一船舶设定2个以上抵押权的,船舶登记机关应当按照抵押权登记申请日期的先后顺序进行登记,并在船舶登记簿上载明登记日期。

登记申请日期为登记日期；同日申请的，登记日期应当相同。

**2.《中华人民共和国民用航空器权利登记条例》（1997年10月21日起施行）**

**第十四条** 同一民用航空器设定两项以上抵押权的，国务院民用航空主管部门应当按照抵押权登记申请日期的先后顺序进行登记。

**二、相关司法解释**

**《最高人民法院关于适用〈中华人民共和国民事诉讼法〉的解释》（法释〔2015〕5号）（2020年12月23日修正）**

**第三百六十六条** 同一财产上设立多个担保物权，登记在先的担保物权尚未实现的，不影响后顺位的担保物权人向人民法院申请实现担保物权。

**三、相关部门规章**

**《不动产登记暂行条例实施细则》（2019年7月16日修正）**

**第六十七条** 同一不动产上设立多个抵押权的，不动产登记机构应当按照受理时间的先后顺序依次办理登记，并记载于不动产登记簿。当事人对抵押权顺位另有约定的，从其规定办理登记。

**第四百一十条 【抵押权的实现】** 债务人不履行到期债务或者发生当事人约定的实现抵押权的情形，抵押权人可以与抵押人协议以抵押财产折价或者以拍卖、变卖该抵押财产所得的价款优先受偿。协议损害其他债权人利益的，其他债权人可以请求人民法院撤销该协议。

抵押权人与抵押人未就抵押权实现方式达成协议的，抵押权人可以请求人民法院拍卖、变卖抵押财产。

抵押财产折价或者变卖的，应当参照市场价格。

**一、相关法律条文**

**1.《中华人民共和国民事诉讼法》（2017年6月27日修正）**

**第一百九十六条** 申请实现担保物权，由担保物权人以及其他有权请求实现担保物权的人依照物权法等法律，向担保财产所在地或者担保物权登记地基层人民法院提出。

**第一百九十七条** 人民法院受理申请后,经审查,符合法律规定的,裁定拍卖、变卖担保财产,当事人依据该裁定可以向人民法院申请执行;不符合法律规定的,裁定驳回申请,当事人可以向人民法院提起诉讼。

**2.《中华人民共和国企业破产法》(2007 年 6 月 1 日起施行)**

**第七十五条** 在重整期间,对债务人的特定财产享有的担保权暂停行使。但是,担保物有损坏或者价值明显减少的可能,足以危害担保权人权利的,担保权人可以向人民法院请求恢复行使担保权。

在重整期间,债务人或者管理人为继续营业而借款的,可以为该借款设定担保。

## 二、相关司法解释

**1.《最高人民法院关于适用〈中华人民共和国民事诉讼法〉的解释》(法释〔2015〕5 号)(2020 年 12 月 23 日修正)**

**第三百六十一条** 民事诉讼法第一百九十六条规定的担保物权人,包括抵押权人、质权人、留置权人;其他有权请求实现担保物权的人,包括抵押人、出质人、财产被留置的债务人或者所有权人等。

**第三百六十二条** 实现票据、仓单、提单等有权利凭证的权利质权案件,可以由权利凭证持有人住所地人民法院管辖;无权利凭证的权利质权,由出质登记地人民法院管辖。

**第三百六十三条** 实现担保物权案件属于海事法院等专门人民法院管辖的,由专门人民法院管辖。

**第三百六十四条** 同一债权的担保物有多个且所在地不同,申请人分别向有管辖权的人民法院申请实现担保物权的,人民法院应当依法受理。

**第三百六十五条** 依照民法典第三百九十二条的规定,被担保的债权既有物的担保又有人的担保,当事人对实现担保物权的顺序有约定,实现担保物权的申请违反该约定的,人民法院裁定不予受理;没有约定或者约定不明的,人民法院应当受理。

**第三百六十六条** 同一财产上设立多个担保物权,登记在先的担保物权尚未实现的,不影响后顺位的担保物权人向人民法院申请实现担保物权。

**第三百六十七条** 申请实现担保物权，应当提交下列材料：

（一）申请书。申请书应当记明申请人、被申请人的姓名或者名称、联系方式等基本信息，具体的请求和事实、理由；

（二）证明担保物权存在的材料，包括主合同、担保合同、抵押登记证明或者他项权利证书，权利质权的权利凭证或者质权出质登记证明等；

（三）证明实现担保物权条件成就的材料；

（四）担保财产现状的说明；

（五）人民法院认为需要提交的其他材料。

**第三百六十八条** 人民法院受理申请后，应当在五日内向被申请人送达申请书副本、异议权利告知书等文书。

被申请人有异议的，应当在收到人民法院通知后的五日内向人民法院提出，同时说明理由并提供相应的证据材料。

**第三百六十九条** 实现担保物权案件可以由审判员一人独任审查。担保财产标的额超过基层人民法院管辖范围的，应当组成合议庭进行审查。

**第三百七十条** 人民法院审查实现担保物权案件，可以询问申请人、被申请人、利害关系人，必要时可以依职权调查相关事实。

**第三百七十一条** 人民法院应当就主合同的效力、期限、履行情况，担保物权是否有效设立、担保财产的范围、被担保的债权范围、被担保的债权是否已届清偿期等担保物权实现的条件，以及是否损害他人合法权益等内容进行审查。

被申请人或者利害关系人提出异议的，人民法院应当一并审查。

**第三百七十二条** 人民法院审查后，按下列情形分别处理：

（一）当事人对实现担保物权无实质性争议且实现担保物权条件成就的，裁定准许拍卖、变卖担保财产；

（二）当事人对实现担保物权有部分实质性争议的，可以就无争议部分裁定准许拍卖、变卖担保财产；

（三）当事人对实现担保物权有实质性争议的，裁定驳回申请，并告知申请人向人民法院提起诉讼。

**2.《最高人民法院关于适用〈中华人民共和国民法典〉有关担保制度的解释》（法释〔2020〕28号）**

**第四十五条** 当事人约定当债务人不履行到期债务或者发生当事

人约定的实现担保物权的情形,担保物权人有权将担保财产自行拍卖、变卖并就所得的价款优先受偿的,该约定有效。因担保人的原因导致担保物权人无法自行对担保财产进行拍卖、变卖,担保物权人请求担保人承担因此增加的费用的,人民法院应予支持。

当事人依照民事诉讼法有关“实现担保物权案件”的规定,申请拍卖、变卖担保财产,被申请人以担保合同约定仲裁条款为由主张驳回申请的,人民法院经审查后,应当按照以下情形分别处理:

(一)当事人对担保物权无实质性争议且实现担保物权条件已经成就的,应当裁定准许拍卖、变卖担保财产;

(二)当事人对实现担保物权有部分实质性争议的,可以就无争议的部分裁定准许拍卖、变卖担保财产,并告知可以就有争议的部分申请仲裁;

(三)当事人对实现担保物权有实质性争议的,裁定驳回申请,并告知可以向仲裁机构申请仲裁。

债权人以诉讼方式行使担保物权的,应当以债务人和担保人作为共同被告。

**3.《最高人民法院关于能否将国有土地使用权折价抵偿给抵押权人问题的批复》(法释〔1998〕25号)**

四川省高级人民法院:

你院川高法〔1998〕19号《关于能否将国有土地使用权以国土部门认定的价格抵偿给抵押权人的请示》收悉。经研究,答复如下:

在依法以国有土地使用权作抵押的担保纠纷案件中,债务履行期届满抵押权人未受清偿的,可以通过拍卖的方式将土地使用权变现。如果无法变现,债务人又没有其他可供清偿的财产时,应当对国有土地使用权依法评估。人民法院可以参考政府土地管理部门确认的地价评估结果将土地使用权折价,经抵押权人同意,将折价后的土地使用权抵偿给抵押权人,土地使用权由抵押权人享有。

## 三、相关部门规章

**《典当管理办法》(2005年4月1日起施行)**

**第三十六条**　当物的估价金额及当金数额应当由双方协商确定。

房地产的当金数额经协商不能达成一致的,双方可以委托有资质的房地产价格评估机构进行评估,估价金额可以作为确定当金数额的参考。

典当期限由双方约定，最长不得超过6个月。

**第三十七条** 典当当金利率，按中国人民银行公布的银行机构6个月期法定贷款利率及典当期限折算后执行。

典当当金利息不得预扣。

**第三十八条** 典当综合费用包括各种服务及管理费用。

动产质押典当的月综合费率不得超过当金的42‰。

房地产抵押典当的月综合费率不得超过当金的27‰。

财产权利质押典当的月综合费率不得超过当金的24‰。

当期不足5日的，按5日收取有关费用。

**第三十九条** 典当期内或典当期限届满后5日内，经双方同意可以续当，续当一次的期限最长为6个月。续当期自典当期限或者前一次续当期限届满日起算。续当时，当户应当结清前期利息和当期费用。

**第四十条** 典当期限或者续当期限届满后，当户应当在5日内赎当或者续当。逾期不赎当也不续当的，为绝当。

当户于典当期限或者续当期限届满至绝当前赎当的，除须偿还当金本息、综合费用外，还应当根据中国人民银行规定的银行等金融机构逾期贷款罚息水平、典当行制定的费用标准和逾期天数，补交当金利息和有关费用。

**第四十三条** 典当行应当按照下列规定处理绝当物品：

（一）当物估价金额在3万元以上的，可以按照《中华人民共和国担保法》的有关规定处理，也可以双方事先约定绝当后由典当行委托拍卖行公开拍卖。拍卖收入在扣除拍卖费用及当金本息后，剩余部分应当退还当户，不足部分向当户追索。

（二）绝当物估价金额不足3万元的，典当行可以自行变卖或者折价处理，损溢自负。

（三）对国家限制流通的绝当物，应当根据有关法律、法规，报有关管理部门批准后处理或者交售指定单位。

（四）典当行在营业场所以外设立绝当物品销售点应当报省级商务主管部门备案，并自觉接受当地商务主管部门监督检查。

（五）典当行处分绝当物品中的上市公司股份应当取得当户的同意和配合，典当行不得自行变卖、折价处理或者委托拍卖行公开拍卖绝当物品中的上市公司股份。

**四、相关裁判摘要**

• **2016年第4期《中华人民共和国最高人民法院公报》**刊登的“**李杰与辽宁金鹏房屋开发有限公司金融不良债权追偿纠纷案**”就抵押权人申请实现抵押权的程序问题进行了分析。相关裁判摘要如下：

但李杰在本案关于担保物权的诉讼请求，是建立在涉案债权纠纷可以通过诉讼方式解决的基础之上的。一审法院根据全案事实，认定涉案债权未过诉讼时效，涉案抵押权亦未丧失，是正确的。由于根据《最高人民法院关于当事人对具有强制执行效力的公证债权文书的内容有争议提起诉讼人民法院是否受理问题的批复》的规定，本案仅有部分债权可通过诉讼方式解决，故李杰在本案诉讼中，可就该部分债权行使抵押权。对于其余部分抵押权，《中华人民共和国民事诉讼法》第一百九十六条规定：“申请实现担保物权，由担保物权人以及其他有权请求实现担保物权的人依照物权法等法律，向担保财产所在地或者担保物权登记地基层人民法院提出。”第一百九十七条规定：“人民法院受理申请后，经审查，符合法律规定的，裁定拍卖、变卖担保财产，当事人依据该裁定可以向人民法院申请执行；不符合法律规定的，裁定驳回申请，当事人可以向人民法院提起诉讼。”根据该规定，不通过诉讼，直接提出实现担保物权的申请，应当向担保财产所在地或者担保物权登记地基层人民法院提出。相关申请是否符合法律规定，也应当由该基层人民法院审查，故该问题不属于本案诉讼处理的范畴。

**第四百一十一条 【浮动抵押中抵押财产的确定】**依据本法第三百九十六条规定设定抵押的，抵押财产自下列情形之一发生时确定：

（一）债务履行期限届满，债权未实现；

（二）抵押人被宣告破产或者解散；

（三）当事人约定的实现抵押权的情形；

（四）严重影响债权实现的其他情形。

**相关法律条文**

**1.《中华人民共和国民法典》（2021年1月1日起施行）**

**第六十九条** 有下列情形之一的，法人解散：

（一）法人章程规定的存续期间届满或者法人章程规定的其他解散

事由出现;

(二)法人的权力机构决议解散;

(三)因法人合并或者分立需要解散;

(四)法人依法被吊销营业执照、登记证书,被责令关闭或者被撤销;

(五)法律规定的其他情形。

**第一百零六条** 有下列情形之一的,非法人组织解散:

(一)章程规定的存续期间届满或者章程规定的其他解散事由出现;

(二)出资人或者设立人决定解散;

(三)法律规定的其他情形。

**第一百零七条** 非法人组织解散的,应当依法进行清算。

**2.《中华人民共和国企业破产法》(2007年6月1日起施行)**

**第一百零七条** 人民法院依照本法规定宣告债务人破产的,应当自裁定作出之日起五日内送达债务人和管理人,自裁定作出之日起十日内通知已知债权人,并予以公告。

债务人被宣告破产后,债务人称为破产人,债务人财产称为破产财产,人民法院受理破产申请时对债务人享有的债权称为破产债权。

**第四百一十二条** **【抵押权人收取抵押财产孳息的权利】**债务人不履行到期债务或者发生当事人约定的实现抵押权的情形,致使抵押财产被人民法院依法扣押的,自扣押之日起,抵押权人有权收取该抵押财产的天然孳息或者法定孳息,但是抵押权人未通知应当清偿法定孳息义务人的除外。

前款规定的孳息应当先充抵收取孳息的费用。

**相关司法解释**

**《最高人民法院关于人民法院民事执行中查封、扣押、冻结财产的规定》(法释〔2004〕15号)(2020年12月23日修正)**

**第二十条** 查封、扣押的效力及于查封、扣押物的从物和天然孳息。

**第四百一十三条** **【抵押财产变价价款超过债权数额部分的归属】**抵押财产折价或者拍卖、变卖后,其价款超过债权数额的部分归抵押人所有,不足部分由债务人清偿。

**第四百一十四条　【同一财产上多个抵押权的清偿顺序及和其他担保物权的参照适用】**同一财产向两个以上债权人抵押的，拍卖、变卖抵押财产所得的价款依照下列规定清偿：

（一）抵押权已经登记的，按照登记的时间先后确定清偿顺序；

（二）抵押权已经登记的先于未登记的受偿；

（三）抵押权未登记的，按照债权比例清偿。

其他可以登记的担保物权，清偿顺序参照适用前款规定。

**第四百一十五条　【抵押权与质权的竞存】**同一财产既设立抵押权又设立质权的，拍卖、变卖该财产所得的价款按照登记、交付的时间先后确定清偿顺序。

**相关文件规定**

**《最高人民法院关于印发〈全国法院民商事审判工作会议纪要〉的通知》（法〔2019〕254号）**

65.【动产抵押权与质权竞存】同一动产上同时设立质权和抵押权的，应当参照适用《物权法》第199条的规定，根据是否完成公示以及公示先后情况来确定清偿顺序：质权有效设立、抵押权办理了抵押登记的，按照公示先后确定清偿顺序；顺序相同的，按照债权比例清偿；质权有效设立，抵押权未办理抵押登记的，质权优先于抵押权；质权未有效设立，抵押权未办理抵押登记的，因此时抵押权已经有效设立，故抵押权优先受偿。

根据《物权法》第178条规定的精神，担保法司法解释第79条第1款不再适用。

**第四百一十六条　【价款抵押权】**动产抵押担保的主债权是抵押物的价款，标的物交付后十日内办理抵押登记的，该抵押权人优先于抵押物买受人的其他担保物权人受偿，但是留置权人除外。

**相关司法解释**

**《最高人民法院关于适用〈中华人民共和国民法典〉有关担保制度的解释》（法释〔2020〕28号）**

**第五十七条**　担保人在设立动产浮动抵押并办理抵押登记后又购

入或者以融资租赁方式承租新的动产，下列权利人为担保价款债权或者租金的实现而订立担保合同，并在该动产交付后十日内办理登记，主张其权利优先于在先设立的浮动抵押权的，人民法院应予支持：

（一）在该动产上设立抵押权或者保留所有权的出卖人；

（二）为价款支付提供融资而在该动产上设立抵押权的债权人；

（三）以融资租赁方式出租该动产的出租人。

买受人取得动产但未付清价款或者承租人以融资租赁方式占有租赁物但是未付清全部租金，又以标的物为他人设立担保物权，前款所列权利人为担保价款债权或者租金的实现而订立担保合同，并在该动产交付后十日内办理登记，主张其权利优先于买受人为他人设立的担保物权的，人民法院应予支持。

同一动产上存在多个价款优先权的，人民法院应当按照登记的时间先后确定清偿顺序。

**第四百一十七条 【新增建筑物不属于抵押财产】**建设用地使用权抵押后，该土地上新增的建筑物不属于抵押财产。该建设用地使用权实现抵押权时，应当将该土地上新增的建筑物与建设用地使用权一并处分。但是，新增建筑物所得的价款，抵押权人无权优先受偿。

## 一、相关法律条文

**《中华人民共和国城市房地产管理法》（2019年8月26日修正）**

**第五十二条** 房地产抵押合同签订后，土地上新增的房屋不属于抵押财产。需要拍卖该抵押的房地产时，可以依法将土地上新增的房屋与抵押财产一同拍卖，但对拍卖新增房屋所得，抵押权人无权优先受偿。

## 二、相关司法解释

**《最高人民法院关于适用〈中华人民共和国民法典〉有关担保制度的解释》（法释〔2020〕28号）**

**第五十一条** 当事人仅以建设用地使用权抵押，债权人主张抵押权的效力及于土地上已有的建筑物以及正在建造的建筑物已完成部分的，人民法院应予支持。债权人主张抵押权的效力及于正在建造的建筑物的续建部分以及新增建筑物的，人民法院不予支持。

当事人以正在建造的建筑物抵押，抵押权的效力范围限于已办理抵押登记的部分。当事人按照担保合同的约定，主张抵押权的效力及于续建部分、新增建筑物以及规划中尚未建造的建筑物的，人民法院不予支持。

抵押人将建设用地使用权、土地上的建筑物或者正在建造的建筑物分别抵押给不同债权人的，人民法院应当根据抵押登记的时间先后确定清偿顺序。

**第四百一十八条 【以集体所有土地的使用权抵押时抵押权实现的特别规定】**以集体所有土地的使用权依法抵押的，实现抵押权后，未经法定程序，不得改变土地所有权的性质和土地用途。

**第四百一十九条 【主债权诉讼时效届满与抵押权的存续】**抵押权人应当在主债权诉讼时效期间行使抵押权；未行使的，人民法院不予保护。

**一、相关司法解释**

**《最高人民法院关于适用〈中华人民共和国民法典〉有关担保制度的解释》(法释〔2020〕28号)**

**第四十四条** 主债权诉讼时效期间届满后，抵押权人主张行使抵押权的，人民法院不予支持；抵押人以主债权诉讼时效期间届满为由，主张不承担担保责任的，人民法院应予支持。主债权诉讼时效期间届满前，债权人仅对债务人提起诉讼，经人民法院判决或者调解后未在民事诉讼法规定的申请执行时效期间内对债务人申请强制执行，其向抵押人主张行使抵押权的，人民法院不予支持。

主债权诉讼时效期间届满后，财产被留置的债务人或者对留置财产享有所有权的第三人请求债权人返还留置财产的，人民法院不予支持；债务人或者第三人请求拍卖、变卖留置财产并以所得价款清偿债务的，人民法院应予支持。

主债权诉讼时效期间届满的法律后果，以登记作为公示方式的权利质权，参照适用第一款的规定；动产质权、以交付权利凭证作为公示方式的权利质权，参照适用第二款的规定。

## 二、相关文件规定

**《最高人民法院关于印发〈全国法院民商事审判工作会议纪要〉的通知》(法〔2019〕254号)**

59.【主债权诉讼时效届满的法律后果】抵押权人应当在主债权的诉讼时效期间内行使抵押权。抵押权人在主债权诉讼时效届满前未行使抵押权,抵押人在主债权诉讼时效届满后请求涂销抵押权登记的,人民法院依法予以支持。

以登记作为公示方法的权利质权,参照适用前款规定。

## 三、相关裁判摘要

● **2017年第7期《中华人民共和国最高人民法院公报》**刊登的“**王军诉李睿抵押合同纠纷案**”判决认为,主债权时效届满后,抵押权消灭,抵押人有权请求注销抵押权登记。相关裁判摘要如下:

关于争议焦点三,在主债权已过诉讼时效的前提下,法院认为上诉人李睿的抵押权已消灭,抵押人王军主张解除抵押登记的请求应予支持。然需特别指出的是,由于该争议焦点的本质涉及到对《中华人民共和国物权法》(以下简称物权法)第二百零二条的理解,且与当事人的诉求和抗辩直接相关,故法院以法理为基,以规范为据,对于作出如上认定的理由阐释如下:

物权法第二百零二条规定:“抵押权人应当在主债权诉讼时效期间行使抵押权,未行使的,人民法院不予保护”,该条款中“不予保护”含义的明确依赖于对诉讼时效和抵押权性质的分析。

首先,就诉讼时效而言,其以请求权人怠于行使权利持续至法定期间的状态为规制对象,目的在于让罹于时效的请求权人承受不利益,以起到促其及时行使权利之作用,依民法理论通说,其适用范围限于债权请求权。而就抵押权而言,其属于支配权,并非请求权的范围,更非债权请求权的范围,如将抵押权纳入诉讼时效的规制范围,无疑有违民法原理。

其次,就抵押权而言,其目的在于担保债务的履行,以确保抵押权人对抵押物的价值享有优先受偿的权利。为实现上述目的,抵押权对物之本身必将产生权能上的限制,对物的使用和转让均会发生影响。故,若对抵押权人行使抵押权的期限不进行限制,将使抵押财产的归属长期处于不稳定状态,不仅不利于保护当事人的合法权益,亦不利于物之使用和流通效能的发挥。此外，如果允许抵押权人在任何时候均可行使抵押权，则意味着在主债权经过诉讼时效且债务人因此取得抗辩权之后，债权人依然可从抵押人处获得利益，进而将抵押人和债务人之间的追偿和抗辩置于困境，换言之，也意味着抵押人将长期处于一种不利益的状态，其义务也具有不确定性，若如此，对于抵押人来说未免过于苛刻亦有失公允。

再次，从权利分类角度分析，在数项权利并存时，依据权利的相互依赖关系，有主权利与从权利之分，凡可以独立存在、不依赖于其他权利者，为主权利；必须依附于其他权利、不能独立存在的则为从权利。举例而言，在债权与为担保债的履行的抵押权并存时，债权是主权利，抵押权为从权利。在主权利已经丧失国家强制力保护的状态下，抵押物上所负担的抵押权也应消灭方能更好地发挥物的效用，亦符合物权法之担保物权体系的内在逻辑。故物权法第二百零二条规定抵押权行使期间的重要目的之一当在于促使抵押权人积极地行使抵押权，迅速了结债权债务关系，维系社会经济秩序的稳定。综合上述分析，应当认定在法律已设定行使期限后，抵押权人仍长期怠于行使权利时，法律对之也无特别加以保护的必要，应使抵押权消灭。具体到本案中，因上诉人李睿在主债权诉讼时效期间并未向被上诉人王军主张行使抵押权，故对李睿的抵押权，人民法院不予保护，该抵押权消灭，王军请求解除抵押登记的请求应予支持。

## 第二节　最高额抵押权

**第四百二十条　【最高额抵押权的含义】**为担保债务的履行，债务人或者第三人对一定期间内将要连续发生的债权提供担保财产的，债务人不履行到期债务或者发生当事人约定的实现抵押权的情形，抵押权人有权在最高债权额限度内就该担保财产优先受偿。

最高额抵押权设立前已经存在的债权，经当事人同意，可以转入最高额抵押担保的债权范围。

## 一、相关司法解释

**《最高人民法院关于适用〈中华人民共和国民法典〉有关担保制度的解释》(法释〔2020〕28号)**

**第十五条** 最高额担保中的最高债权额,是指包括主债权及其利息、违约金、损害赔偿金、保管担保财产的费用、实现债权或者实现担保物权的费用等在内的全部债权,但是当事人另有约定的除外。

登记的最高债权额与当事人约定的最高债权额不一致的,人民法院应当依据登记的最高债权额确定债权人优先受偿的范围。

## 二、相关部门规章

**《不动产登记暂行条例实施细则》(2019年7月16日修正)**

**第七十一条** 设立最高额抵押权的,当事人应当持不动产权属证书、最高额抵押合同与一定期间内将要连续发生的债权的合同或者其他登记原因材料等必要材料,申请最高额抵押权首次登记。

当事人申请最高额抵押权首次登记时,同意将最高额抵押权设立前已经存在的债权转入最高额抵押担保的债权范围的,还应当提交已存在债权的合同以及当事人同意将该债权纳入最高额抵押权担保范围的书面材料。

## 三、相关裁判摘要

● **第95号指导案例"中国工商银行股份有限公司宣城龙首支行诉宣城柏冠贸易有限公司、江苏凯盛置业有限公司等金融借款合同纠纷案"**(最高人民法院审判委员会讨论通过;2018年6月20日发布)判决认为,当事人另行达成协议将最高额抵押权设立前已经存在的债权转入该最高额抵押担保的债权范围,只要转入的债权数额仍在该最高额抵押担保的最高债权额限度内,即使未对该最高额抵押权办理变更登记手续,该最高额抵押权的效力仍然及于被转入的债权,但不得对第三人产生不利影响。相关裁判摘要如下:

凯盛公司与工行宣城龙首支行于2012年10月24日签订《最高额抵押合同》,约定凯盛公司自愿以其名下的房产作为抵押物,自2012年10月19日至2015年10月19日期间,在4000万元的最高余额内,为柏冠公司在工行宣城龙首支行所借贷款本息提供最高额抵押担保,并办理了抵押登记,工行宣城龙首支行依法取得涉案房产的抵押权。

2012年11月3日，凯盛公司与工行宣城龙首支行又签订《补充协议》，约定前述最高额抵押合同中述及抵押担保的主债权及于2012年4月20日工行宣城龙首支行与柏冠公司所签《小企业借款合同》项下的债权。该《补充协议》不仅有双方当事人的签字盖章，也与凯盛公司的股东会决议及其出具的房产抵押担保承诺函相印证，故该《补充协议》应系凯盛公司的真实意思表示，且所约定内容符合《中华人民共和国物权法》（以下简称《物权法》）第二百零三条第二款的规定，也不违反法律、行政法规的强制性规定，依法成立并有效，其作为原最高额抵押合同的组成部分，与原最高额抵押合同具有同等法律效力。由此，本案所涉2012年4月20日《小企业借款合同》项下的债权已转入前述最高额抵押权所担保的最高额为4000万元的主债权范围内。就该《补充协议》约定事项，是否需要对前述最高额抵押权办理相应的变更登记手续，《物权法》没有明确规定，应当结合最高额抵押权的特点及相关法律规定来判定。

根据《物权法》第二百零三条第一款的规定，最高额抵押权有两个显著特点：一是最高额抵押权所担保的债权额有一个确定的最高额度限制，但实际发生的债权额是不确定的；二是最高额抵押权是对一定期间内将要连续发生的债权提供担保。由此，最高额抵押权设立时所担保的具体债权一般尚未确定，基于尊重当事人意思自治原则，《物权法》第二百零三条第二款对前款作了但书规定，即允许经当事人同意，将最高额抵押权设立前已经存在的债权转入最高额抵押担保的债权范围，但此并非重新设立最高额抵押权，也非《物权法》第二百零五条规定的最高额抵押权变更的内容。同理，根据《房屋登记办法》第五十三条的规定，当事人将最高额抵押权设立前已存在债权转入最高额抵押担保的债权范围，不是最高抵押权设立登记的他项权利证书及房屋登记簿的必要记载事项，故亦非应当申请最高额抵押权变更登记的法定情形。

本案中，工行宣城龙首支行和凯盛公司仅是通过另行达成补充协议的方式，将上述最高额抵押权设立前已经存在的债权转入该最高额抵押权所担保的债权范围内，转入的涉案债权数额仍在该最高额抵押担保的4000万元最高债权额限度内，该转入的确定债权并非最高抵押权设立登记的他项权利证书及房屋登记簿的必要记载事项，在不会对其他抵押权人产生不利影响的前提下，对于该意思自治行为，应当予以尊重。此外，根据商事交易规则，法无禁止即可为，即在法律规定不明确时，不应强加给市场交易主体准用严格交易规则的义务。况且，就涉案2012年4月20日借款合同项下的债权转入最高额抵押担保的债权范围，凯盛公司不仅形成了股东会决议，出具了房产抵押担保承诺函，且和工行宣城龙首支行达成了《补充协议》，明确将已经存在的涉案借款转入前述最高额抵押权所担保的最高额为4000万元的主债权范围内。现凯盛公司上诉认为该《补充协议》约定事项必须办理最高额抵押权变更登记才能设立抵押权，不仅缺乏法律依据，也有悖诚实信用原则。

综上，工行宣城龙首支行和凯盛公司达成《补充协议》，将涉案2012年4月20日借款合同项下的债权转入前述最高额抵押权所担保的主债权范围内，虽未办理最高额抵押权变更登记，但最高额抵押权的效力仍然及于被转入的涉案借款合同项下的债权。

**第四百二十一条 【最高额抵押权担保的债权的转让】**最高额抵押担保的债权确定前，部分债权转让的，最高额抵押权不得转让，但是当事人另有约定的除外。

**相关部门规章**

**《不动产登记暂行条例实施细则》(2019年7月16日修正)**

**第七十四条** 最高额抵押权发生转移的，应当持不动产登记证明、部分债权转移的材料、当事人约定最高额抵押权随同部分债权的转让而转移的材料等必要材料，申请办理最高额抵押权转移登记。

债权人转让部分债权，当事人约定最高额抵押权随同部分债权的转让而转移的，应当分别申请下列登记：

(一)当事人约定原抵押权人与受让人共同享有最高额抵押权的，应当申请最高额抵押权的转移登记；

(二)当事人约定受让人享有一般抵押权、原抵押权人就扣减已转移的债权数额后继续享有最高额抵押权的，应当申请一般抵押权的首次登记以及最高额抵押权的变更登记；

(三)当事人约定原抵押权人不再享有最高额抵押权的，应当一并申请最高额抵押权确定登记以及一般抵押权转移登记。

最高额抵押权担保的债权确定前，债权人转让部分债权的，除当事人另有约定外，不动产登记机构不得办理最高额抵押权转移登记。

**第四百二十二条　【最高额抵押权的变更】**最高额抵押担保的债权确定前，抵押权人与抵押人可以通过协议变更债权确定的期间、债权范围以及最高债权额。但是，变更的内容不得对其他抵押权人产生不利影响。

**相关部门规章**

**《不动产登记暂行条例实施细则》(2019 年 7 月 16 日修正)**

**第七十二条**　有下列情形之一的，当事人应当持不动产登记证明、最高额抵押权发生变更的材料等必要材料，申请最高额抵押权变更登记：

(一)抵押人、抵押权人的姓名或者名称变更的；

(二)债权范围变更的；

(三)最高债权额变更的；

(四)债权确定的期间变更的；

(五)抵押权顺位变更的；

(六)法律、行政法规规定的其他情形。

因最高债权额、债权范围、债务履行期限、债权确定的期间发生变更申请最高额抵押权变更登记时，如果该变更将对其他抵押权人产生不利影响的，当事人还应当提交其他抵押权人的书面同意文件与身份证或者户口簿等。

**第四百二十三条　【最高额抵押权担保的债权的确定】**有下列情形之一的，抵押权人的债权确定：

(一)约定的债权确定期间届满；

(二)没有约定债权确定期间或者约定不明确，抵押权人或者抵押人自最高额抵押权设立之日起满二年后请求确定债权；

(三)新的债权不可能发生；

(四)抵押权人知道或者应当知道抵押财产被查封、扣押；

(五)债务人、抵押人被宣告破产或者解散；

(六)法律规定债权确定的其他情形。

**一、相关司法解释**

**《最高人民法院关于人民法院民事执行中查封、扣押、冻结财产的规定》(法释〔2004〕15号)(2020年12月23日修正)**

**第二十五条** 人民法院查封、扣押被执行人设定最高额抵押权的抵押物的,应当通知抵押权人。抵押权人受抵押担保的债权数额自收到人民法院通知时起不再增加。

人民法院虽然没有通知抵押权人,但有证据证明抵押权人知道或者应当知道查封、扣押事实的,受抵押担保的债权数额从其知道或者应当知道该事实时起不再增加。

**二、相关部门规章**

**《不动产登记暂行条例实施细则》(2019年7月16日修订)**

**第七十三条** 当发生导致最高额抵押权担保的债权被确定的事由,从而使最高额抵押权转变为一般抵押权时,当事人应当持不动产登记证明、最高额抵押权担保的债权已确定的材料等必要材料,申请办理确定最高额抵押权的登记。

**第四百二十四条 【最高额抵押权适用一般抵押权的规定】**最高额抵押权除适用本节规定外,适用本章第一节的有关规定。

# 第十八章 质　　权

## 第一节 动产质权

**第四百二十五条 【动产质权的含义】**为担保债务的履行,债务人或者第三人将其动产出质给债权人占有的,债务人不履行到期债务或者发生当事人约定的实现质权的情形,债权人有权就该动产优先受偿。

前款规定的债务人或者第三人为出质人,债权人为质权人,交付的动产为质押财产。

## 一、相关司法解释

**《最高人民法院关于适用〈中华人民共和国民法典〉有关担保制度的解释》(法释〔2020〕28号)**

**第五十五条** 债权人、出质人与监管人订立三方协议,出质人以通过一定数量、品种等概括描述能够确定范围的货物为债务的履行提供担保,当事人有证据证明监管人系受债权人的委托监管并实际控制该货物的,人民法院应当认定质权于监管人实际控制货物之日起设立。监管人违反约定向出质人或者其他人放货、因保管不善导致货物毁损灭失,债权人请求监管人承担违约责任的,人民法院依法予以支持。

在前款规定情形下,当事人有证据证明监管人系受出质人委托监管该货物,或者虽然受债权人委托但是未实际履行监管职责,导致货物仍由出质人实际控制的,人民法院应当认定质权未设立。债权人可以基于质押合同的约定请求出质人承担违约责任,但是不得超过质权有效设立时出质人应当承担的责任范围。监管人未履行监管职责,债权人请求监管人承担责任的,人民法院依法予以支持。

**第七十条** 债务人或者第三人为担保债务的履行,设立专门的保证金账户并由债权人实际控制,或者将其资金存入债权人设立的保证金账户,债权人主张就账户内的款项优先受偿的,人民法院应予支持。当事人以保证金账户内的款项浮动为由,主张实际控制该账户的债权人对账户内的款项不享有优先受偿权的,人民法院不予支持。

在银行账户下设立的保证金分户,参照前款规定处理。

当事人约定的保证金并非为担保债务的履行设立,或者不符合前两款规定的情形,债权人主张就保证金优先受偿的,人民法院不予支持,但是不影响当事人依照法律的规定或者按照当事人的约定主张权利。

## 二、相关部门规章

**《典当管理办法》(2005年4月1日起施行)**

**第三条** 本办法所称典当,是指当户将其动产、财产权利作为当物质押或者将其房地产作为当物抵押给典当行,交付一定比例费用,取得当金,并在约定期限内支付当金利息、偿还当金、赎回当物的行为。

本办法所称典当行,是指依照本办法设立的专门从事典当活动的企业法人,其组织形式与组织机构适用《中华人民共和国公司法》的有关规定。

**第二十五条**　经批准,典当行可以经营下列业务:

(一)动产质押典当业务;

(二)财产权利质押典当业务;

(三)房地产(外省、自治区、直辖市的房地产或者未取得商品房预售许可证的在建工程除外)抵押典当业务;

(四)限额内绝当物品的变卖;

(五)鉴定评估及咨询服务;

(六)商务部依法批准的其他典当业务。

**第二十六条**　典当行不得经营下列业务:

(一)非绝当物品的销售以及旧物收购、寄售;

(二)动产抵押业务;

(三)集资、吸收存款或者变相吸收存款;

(四)发放信用贷款;

(五)未经商务部批准的其他业务。

**第二十七条**　典当行不得收当下列财物:

(一)依法被查封、扣押或者已经被采取其他保全措施的财产;

(二)赃物和来源不明的物品;

(三)易燃、易爆、剧毒、放射性物品及其容器;

(四)管制刀具,枪支、弹药,军、警用标志、制式服装和器械;

(五)国家机关公文、印章及其管理的财物;

(六)国家机关核发的除物权证书以外的证照及有效身份证件;

(七)当户没有所有权或者未能依法取得处分权的财产;

(八)法律、法规及国家有关规定禁止流通的自然资源或者其他财物。

**第二十八条**　典当行不得有下列行为:

(一)从商业银行以外的单位和个人借款;

(二)与其他典当行拆借或者变相拆借资金;

(三)超过规定限额从商业银行贷款;

(四)对外投资。

**第二十九条**　典当行收当国家统收、专营、专卖物品,须经有关部门批准。

**第四十二条** 典当行经营房地产抵押典当业务,应当和当户依法到有关部门先行办理抵押登记,再办理抵押典当手续。

典当行经营机动车质押典当业务,应当到车辆管理部门办理质押登记手续。

典当行经营其他典当业务,有关法律、法规要求登记的,应当依法办理登记手续。

## 三、相关裁判摘要

• **2016年第10期《中华人民共和国最高人民法院公报》**刊登的**“大连银行股份有限公司沈阳分行与抚顺市艳丰建材有限公司、郑克旭案外人执行异议之诉案”**就金钱质押的设立及其法律效力进行了详细分析。相关裁判摘要如下:

本案将从大连银行沈阳分行是否对该4000万元享有质权、该权利是否足以排除强制执行等方面进行分析判定。

**一、大连银行沈阳分行对案涉4000万元是否享有质权**

《中华人民共和国物权法》第二百一十条规定:“设立质权,当事人应当采取书面形式订立质权合同。质权合同一般包括下列条款:(一)被担保债权的种类和数额;(二)债务人履行债务的期限;(三)质押财产的名称、数量、质量、状况;(四)担保的范围;(五)质押财产给付的时间。”第二百一十二条规定:“质权自出质人交付质押财产时设立。”《最高人民法院关于适用〈中华人民共和国担保法〉若干问题的解释》第八十五条规定:“债务人或者第三人将其金钱以特户、封金、保证金等形式特定化后,移交债权人占有作为债权的担保,债务人不履行债务时,债权人可以以该金钱优先受偿。”根据上述法律及司法解释的规定,金钱作为一种特殊的动产,具备一定形式要件后,可以用于质押。具体到本案,大连银行沈阳分行对案涉4000万元是否享有质权,应当从大连银行沈阳分行与艳丰公司之间是否存在质押合同关系以及质权是否有效设立两个方面进行审查。

(一)大连银行沈阳分行与艳丰公司之间是否存在质押合同关系。大连银行沈阳分行与艳丰公司签订的《汇票承兑合同》第二条第2.2款约定:艳丰公司于汇票承兑前,在大连银行沈阳分行开立针对合同项下汇票的保证金专用账户(账号为10××23)并存入汇票金额100%的保证金,保证金金额为8000万元。艳丰公司同意将上述保证金及其产生的利息作为履行合同的担保,并授权大连银行沈阳分行在因合同需要时办理上述保证金的冻结、扣划等手续；第五条第5.7款约定：艳丰公司应于合同项下汇票到期日之前将汇票金额足额存入大连银行沈阳分行指定账户。若艳丰公司未能在汇票到期日前足额交付全部汇票金额，则大连银行沈阳分行有权将合同第二条第2.2款的保证金账户和艳丰公司其他存款账户中的款项直接用于支付到期汇票或偿还大连银行沈阳分行对持票人的垫款以及相应利息和手续费，同时对艳丰公司尚未支付的汇票金额按照日万分之五计收罚息。上述约定表明，大连银行沈阳分行与艳丰公司之间协商一致，达成以下合意，即艳丰公司向大连银行沈阳分行缴存100%比例保证金作为案涉承兑汇票业务的担保，如艳丰公司未按期足额交付全部汇票金额，则大连银行沈阳分行有权以该保证金直接支付到期承兑汇票或偿还大连银行沈阳分行对持票人的垫款，也即大连银行沈阳分行对案涉保证金享有优先受偿权。上述合意具备质押合同的一般要件，符合《最高人民法院关于适用〈中华人民共和国担保法〉若干问题的解释》第八十五条关于金钱质押的规定。原审法院仅以双方在《汇票承兑合同》中未有大连银行沈阳分行对该保证金享有优先受偿权的表述即认定双方并无以保证金设立质押的意思表示、保证金不具有金钱质押性质，有所不当，本院予以纠正。

（二）本案质权是否有效设立。根据《中华人民共和国物权法》第二百一十二条“质权自出质人交付质押财产时设立”的规定，交付行为应被视为设立动产质权的生效条件。金钱质押作为特殊的动产质押，依照《最高人民法院关于适用〈中华人民共和国担保法〉若干问题的解释》第八十五条规定，生效条件包括金钱特定化和移交债权人占有两个方面。具体到本案，首先，案涉4000万元资金已经通过存入保证金专用账户的形式予以特定化。保证金特定化的实质意义在于使特定数额金钱从出质人财产中划分出来，成为一种独立的存在，使其不与出质人其他财产相混同，同时使转移占有后的金钱也能独立于质权人的财产，避免特定数额的金钱因占有即所有的特征混同于质权人和出质人的一般财产中。具体到保证金账户的特定化，就是要求该账户区别于出质人的一般结算账户，使该账户资金独立于出质人的其他财产。本案中，双方当事人按照《汇票承兑合同》的约定开立了账号为10×××23的保证金专用账户，用途均与保证金有关，不同于艳丰公司在大连银行沈阳分行开立的账号为10×××25的一般结算账户。艳丰公司按照《汇票承兑合同》约定的额度比例向该账户缴存了保证金，大连银行沈阳分行向艳丰公司出具了《保证金冻结通知书》，对保证金账户进行了冻结。因此，本案符合金钱以保证金形式特定化的要求。其次，大连银行沈阳分行能够对该保证金专用账户进行实际控制和管理，实现了移交占有。本案中，案涉保证金专用账户开立于大连银行沈阳分行的下属支行，艳丰公司在按照《汇票承兑合同》约定存入保证金之后，大连银行沈阳分行对该账户进行了冻结，使得艳丰公司作为保证金专户内资金的所有权人，不能自由使用账户资金，实质上丧失了对保证金账户的控制权和管理权。而大连银行沈阳分行依据《汇票承兑合同》第五条第5.7款规定，在艳丰公司未能在汇票到期日前足额交付全部汇票金额的情况下，有权将保证金账户中的款项直接用于支付到期汇票或者偿还大连银行沈阳分行对持票人的垫款，即大连银行沈阳分行有权直接扣划保证金专用账户内的资金。据此应当认定，大连银行沈阳分行实质上取得了案涉保证金专用账户的控制权，此种控制权移交符合动产交付占有的本质要求。

综合以上分析可以认定，本案金钱质押已经设立，大连银行沈阳分行对案涉4000万元保证金享有质权。大连银行沈阳分行该项再审主张和理由，有事实和法律依据，本院予以支持。原审法院认定本案保证金账户存款性质属于信誉保证，不属于金钱质押，适用法律错误，本院予以纠正。

**二、大连银行沈阳分行对案涉4000万元保证金享有的质权是否足以排除郑克旭与艳丰公司借款案的强制执行**

根据《中华人民共和国物权法》第一百七十条规定，担保物权人在债务人不履行到期债务或者发生当事人约定的实现担保物权的情形，依法享有就担保财产优先受偿的权利；第二百零八条规定，为担保债务的履行，债务人或者第三人将其动产出质给债权人占有的，债务人不履行到期债务或者发生当事人约定的实现质权的情形，债权人有权就该动产优先受偿。因此，大连银行沈阳分行在履行案涉承兑汇票付款义务后，对艳丰公司享有垫款之债权，也即《汇票承兑合同》约定的担保之债权已经发生，为实现该债权，大连银行沈阳分行有权就4000万元保证金主张优先受偿。但本案的特殊之处在于，另案即郑克旭与艳丰公司、明达意航公司借款合同纠纷案判决郑克旭对艳丰公司享有4000万元本金及相应利息的债权，该案执行中，该4000万元作为艳丰公司的资金已被廊坊市中级人民法院予以冻结，因此出现了在同一执行标的即案涉4000万元保证金之上，大连银行沈阳分行主张质权而郑克旭主张债权的冲突问题。大连银行沈阳分行享有的质权能否排除郑克旭案的强制执行，是本案需要解决的终极问题，而该问题取决于物权与债权的关系如何。

从权利属性和分类上来讲，大连银行沈阳分行对艳丰公司享有的质权属于担保物权，因此该权利具备物权的基本特征和法律效力。《中华人民共和国物权法》第二条第三款明确规定："本法所称物权，是指权利人依法对特定的物享有直接支配和排他的权利"，据此，物权相较之债权而言具有优先性，此即意味着当同一标的物之上同时存在债权人主张债权与物权人主张物权相冲突时，物权优先于债权实现。具体到本案，大连银行沈阳分行对案涉4000万元保证金享有担保物权，而郑克旭作为艳丰公司的普通债权人对艳丰公司存款享有的仅是一般债权，两种权利虽都是当事人的合法民事权利，但二者相比较，大连银行沈阳分行享有的物权应当优先于郑克旭的普通债权得以实现。因此可以得出结论，大连银行沈阳分行对执行标的即4000万元保证金享有的质权足以排除郑克旭与艳丰公司借款案的强制执行。大连银行沈阳分行该项再审主张有事实及法律依据，本院予以支持。原审法院认定大连银行沈阳分行对4000万元保证金不享有优先受偿权，适用法律错误，本院予以纠正。

● **第54号指导案例"中国农业发展银行安徽省分行诉张大标、安徽长江融资担保集团有限公司执行异议之诉纠纷案"**（最高人民法院审判委员会讨论通过；2015年11月19日发布）判决认为，当事人依约为出质的金钱开立保证金专门账户，且质权人取得对该专门账户的占有控制权，符合金钱特定化和移交占有的要求，即使该账户内资金余额发生浮动，也不影响该金钱质权的设立。相关裁判摘要如下：

本案二审的争议焦点为农发行安徽分行对案涉账户内的资金是否享有质权。对此应当从农发行安徽分行与长江担保公司之间是否存在质押关系以及质权是否设立两个方面进行审查。

**一、农发行安徽分行与长江担保公司是否存在质押关系**

《中华人民共和国物权法》（以下简称《物权法》）第二百一十条规定："设立质权，当事人应当采取书面形式订立质权合同。质权合同一般包括下列条款：（一）被担保债权的种类和数额；（二）债务人履行债务的期限；（三）质押财产的名称、数量、质量、状况；（四）担保的范围；（五）质押财产交付的时间。"本案中，农发行安徽分行与长江担保公司之间虽没有单独订立带有“质押”字样的合同，但依据该协议第四条、第六条、第八条约定的条款内容，农发行安徽分行与长江担保公司之间协商一致，对以下事项达成合意：长江担保公司为担保业务所缴存的保证金设立担保保证金专户，长江担保公司按照贷款额度的一定比例缴存保证金；农发行安徽分行作为开户行对长江担保公司存入该账户的保证金取得控制权，未经同意，长江担保公司不能自由使用该账户内的资金；长江担保公司未履行保证责任，农发行安徽分行有权从该账户中扣划相应的款项。该合意明确约定了所担保债权的种类和数量、债务履行期限、质物数量和移交时间、担保范围、质权行使条件，具备《物权法》第二百一十条规定的质押合同的一般条款，故应认定农发行安徽分行与长江担保公司之间订立了书面质押合同。

**二、案涉质权是否设立**

《物权法》第二百一十二条规定：“质权自出质人交付质押财产时设立。”《最高人民法院关于适用〈中华人民共和国担保法〉若干问题的解释》第八十五条规定，债务人或者第三人将其金钱以特户、封金、保证金等形式特定化后，移交债权人占有作为债权的担保，债务人不履行债务时，债权人可以以该金钱优先受偿。依照上述法律和司法解释规定，金钱作为一种特殊的动产，可以用于质押。金钱质押作为特殊的动产质押，不同于不动产抵押和权利质押，还应当符合金钱特定化和移交债权人占有两个要件，以使金钱既不与出质人其他财产相混同，又能独立于质权人的财产。

本案中，首先金钱以保证金形式特定化。长江担保公司于2009年4月3日在农发行安徽分行开户，且与《贷款担保业务合作协议》约定的账号一致，即双方当事人已经按照协议约定为出质金钱开立了担保保证金专户。保证金专户开立后，账户内转入的资金为长江担保公司根据每次担保贷款额度的一定比例向该账户缴存保证金；账户内转出的资金为农发行安徽分行对保证金的退还和扣划，该账户未作日常结算使用，故符合《最高人民法院关于适用〈中华人民共和国担保法〉若干问题的解释》第八十五条规定的金钱以特户等形式特定化的要求。其次，特定化金钱已移交债权人占有。占有是指对物进行控制和管理的事实状态。案涉保证金账户开立在农发行安徽分行，长江担保公司作为担保保证金专户内资金的所有权人，本应享有自由支取的权利，但《贷款担保业务合作协议》约定未经农发行安徽分行同意，长江担保公司不得动用担保保证金专户内的资金。同时,《贷款担保业务合作协议》约定在担保的贷款到期未获清偿时,农发行安徽分行有权直接扣划担保保证金专户内的资金,农发行安徽分行作为债权人取得了案涉保证金账户的控制权,实际控制和管理该账户,此种控制权移交符合出质金钱移交债权人占有的要求。据此,应当认定双方当事人已就案涉保证金账户内的资金设立质权。

关于账户资金浮动是否影响金钱特定化的问题。保证金以专门账户形式特定化并不等于固定化。案涉账户在使用过程中,随着担保业务的开展,保证金账户的资金余额是浮动的。担保公司开展新的贷款担保业务时,需要按照约定存入一定比例的保证金,必然导致账户资金的增加;在担保公司担保的贷款到期未获清偿时,扣划保证金账户内的资金,必然导致账户资金的减少。虽然账户内资金根据业务发生情况处于浮动状态,但均与保证金业务相对应,除缴存的保证金外,支出的款项均用于保证金的退还和扣划,未用于非保证金业务的日常结算。即农发行安徽分行可以控制该账户,长江担保公司对该账户内的资金使用受到限制,故该账户资金浮动仍符合金钱作为质权的特定化和移交占有的要求,不影响该金钱质权的设立。

**第四百二十六条 【禁止出质的动产】**法律、行政法规禁止转让的动产不得出质。

## 一、相关法律条文

**1.《中华人民共和国保险法》(2015年4月24日修正)**

**第三十四条** 以死亡为给付保险金条件的合同,未经被保险人同意并认可保险金额的,合同无效。

按照以死亡为给付保险金条件的合同所签发的保险单,未经被保险人书面同意,不得转让或者质押。

父母为其未成年子女投保的人身保险,不受本条第一款规定限制。

**2.《中华人民共和国文物保护法》(2017年11月4日修正)**

**第五十二条** 国家鼓励文物收藏单位以外的公民、法人和其他组织将其收藏的文物捐赠给国有文物收藏单位或者出借给文物收藏单位展览和研究。

国有文物收藏单位应当尊重并按照捐赠人的意愿，对捐赠的文物妥善收藏、保管和展示。

国家禁止出境的文物，不得转让、出租、质押给外国人。

**3.《中华人民共和国海关法》(2021年4月29日修正)**

**第三十七条** 海关监管货物，未经海关许可，不得开拆、提取、交付、发运、调换、改装、抵押、质押、留置、转让、更换标记、移作他用或者进行其他处置。

海关加施的封志，任何人不得擅自开启或者损毁。

人民法院判决、裁定或者有关行政执法部门决定处理海关监管货物的，应当责令当事人办结海关手续。

**二、相关行政法规**

**1.《博物馆条例》(2015年3月20日起施行)**

**第二十五条** 博物馆藏品属于国有文物、非国有文物中的珍贵文物和国家规定禁止出境的其他文物的，不得出境，不得转让、出租、质押给外国人。

国有博物馆藏品属于文物的，不得赠与、出租或者出售给其他单位和个人。

**2.《古生物化石保护条例》(2019年3月2日修订)**

**第二十三条** 国有收藏单位不得将其收藏的重点保护古生物化石转让、交换、赠与给非国有收藏单位或者个人。

任何单位和个人不得将其收藏的重点保护古生物化石转让、交换、赠与、质押给外国人或者外国组织。

**第四百二十七条 【动产质押合同的形式与内容】**设立质权，当事人应当采用书面形式订立质押合同。

质押合同一般包括下列条款：

(一)被担保债权的种类和数额；

(二)债务人履行债务的期限；

(三)质押财产的名称、数量等情况；

(四)担保的范围；

(五)质押财产交付的时间、方式。

**相关司法解释**

**《最高人民法院关于适用〈中华人民共和国民法典〉有关担保制度的解释》(法释〔2020〕28号)**

**第五十三条** 当事人在动产和权利担保合同中对担保财产进行概括描述,该描述能够合理识别担保财产的,人民法院应当认定担保成立。

**第四百二十八条 【流质条款的效力】**质权人在债务履行期限届满前,与出质人约定债务人不履行到期债务时质押财产归债权人所有的,只能依法就质押财产优先受偿。

**第四百二十九条 【动产质押的设立】**质权自出质人交付质押财产时设立。

**一、相关法律条文**

**《中华人民共和国民法典》(2021年1月1日起施行)**

**第二百二十四条** 动产物权的设立和转让,自交付时发生效力,但是法律另有规定的除外。

**第二百二十五条** 船舶、航空器和机动车等的物权的设立、变更、转让和消灭,未经登记,不得对抗善意第三人。

**第二百二十六条** 动产物权设立和转让前,权利人已经占有该动产的,物权自民事法律行为生效时发生效力。

**第二百二十七条** 动产物权设立和转让前,第三人占有该动产的,负有交付义务的人可以通过转让请求第三人返还原物的权利代替交付。

**第二百二十八条** 动产物权转让时,当事人又约定由出让人继续占有该动产的,物权自该约定生效时发生效力。

**二、相关司法解释**

**《最高人民法院关于适用〈中华人民共和国民法典〉有关担保制度的解释》(法释〔2020〕28号)**

**第五十五条** 债权人、出质人与监管人订立三方协议,出质人以通过一定数量、品种等概括描述能够确定范围的货物为债务的履行提供担保,当事人有证据证明监管人系受债权人的委托监管并实际控制该货物的,人民法院应当认定质权于监管人实际控制货物之日起设立。监管人违反约定向出质人或者其他人放货、因保管不善导致货物毁损灭失,债权人请求监管人承担违约责任的,人民法院依法予以支持。

在前款规定情形下,当事人有证据证明监管人系受出质人委托监管该货物,或者虽然受债权人委托但是未实际履行监管职责,导致货物仍由出质人实际控制的,人民法院应当认定质权未设立。债权人可以基于质押合同的约定请求出质人承担违约责任,但是不得超过质权有效设立时出质人应当承担的责任范围。监管人未履行监管职责,债权人请求监管人承担责任的,人民法院依法予以支持。

## 三、相关裁判摘要

• **第54号指导案例“中国农业发展银行安徽省分行诉张大标、安徽长江融资担保集团有限公司执行异议之诉纠纷案”**(最高人民法院审判委员会讨论通过;2015年11月19日发布)对于金钱质押的设立要件进行了分析。相关裁判摘要如下:

《物权法》第二百一十二条规定:“质权自出质人交付质押财产时设立。”《最高人民法院关于适用〈中华人民共和国担保法〉若干问题的解释》第八十五条规定,债务人或者第三人将其金钱以特户、封金、保证金等形式特定化后,移交债权人占有作为债权的担保,债务人不履行债务时,债权人可以以该金钱优先受偿。依照上述法律和司法解释规定,金钱作为一种特殊的动产,可以用于质押。金钱质押作为特殊的动产质押,不同于不动产抵押和权利质押,还应当符合金钱特定化和移交债权人占有两个要件,以使金钱既不与出质人其他财产相混同,又能独立于质权人的财产。

本案中,首先金钱以保证金形式特定化。长江担保公司于2009年4月3日在农发行安徽分行开户,且与《贷款担保业务合作协议》约定的账号一致,即双方当事人已经按照协议约定为出质金钱开立了担保保证金专户。保证金专户开立后,账户内转入的资金为长江担保公司根据每次担保贷款额度的一定比例向该账户缴存保证金;账户内转出的资金为农发行安徽分行对保证金的退还和扣划,该账户未作日常结算使用,故符合《最高人民法院关于适用〈中华人民共和国担保法〉若干问题的解释》第八十五条规定的金钱以特户等形式特定化的要求。其次,特定化金钱已移交债权人占有。占有是指对物进行控制和管理的事实状态。案涉保证金账户开立在农发行安徽分行,长江担保公司作为担保保证金专户内资金的所有权人,本应享有自由支取的权利,但《贷款担保业务合作协议》约定未经农发行安徽分行同意,长江担保公司不得动用担保保证金专户内的资金。同时,《贷款担保业务合作协议》约定在担保的贷款到期未获清偿时,农发行安徽分行有权直接扣划担保保证金专户内的资金,农发行安徽分行作为债权人取得了案涉保证金账户的控制权,实际控制和管理该账户,此种控制权移交符合出质金钱移交债权人占有的要求。据此,应当认定双方当事人已就案涉保证金账户内的资金设立质权。

关于账户资金浮动是否影响金钱特定化的问题。保证金以专门账户形式特定化并不等于固定化。案涉账户在使用过程中,随着担保业务的开展,保证金账户的资金余额是浮动的。担保公司开展新的贷款担保业务时,需要按照约定存入一定比例的保证金,必然导致账户资金的增加;在担保公司担保的贷款到期未获清偿时,扣划保证金账户内的资金,必然导致账户资金的减少。虽然账户内资金根据业务发生情况处于浮动状态,但均与保证金业务相对应,除缴存的保证金外,支出的款项均用于保证金的退还和扣划,未用于非保证金业务的日常结算。即农发行安徽分行可以控制该账户,长江担保公司对该账户内的资金使用受到限制,故该账户资金浮动仍符合金钱作为质权的特定化和移交占有的要求,不影响该金钱质权的设立。

**第四百三十条 【质权人收取孳息权利】** 质权人有权收取质押财产的孳息,但是合同另有约定的除外。

前款规定的孳息应当先充抵收取孳息的费用。

**第四百三十一条 【质权人擅自使用、处分质物的赔偿责任】** 质权人在质权存续期间,未经出质人同意,擅自使用、处分质押财产,造成出质人损害的,应当承担赔偿责任。

**相关部门规章**

**《典当管理办法》(2005 年 4 月 1 日起施行)**

**第四十一条** 典当行在当期内不得出租、质押、抵押和使用当物。

质押当物在典当期内或者续当期内发生遗失或者损毁的,典当行应当按照估价金额进行赔偿。遇有不可抗力导致质押当物损毁的,典当行不承担赔偿责任。

**第四百三十二条　【质权人妥善保管质押财产的义务】**质权人负有妥善保管质押财产的义务；因保管不善致使质押财产毁损、灭失的，应当承担赔偿责任。

质权人的行为可能使质押财产毁损、灭失的，出质人可以请求质权人将质押财产提存，或者请求提前清偿债务并返还质押财产。

**第四百三十三条　【质权人保全质权的权利】**因不可归责于质权人的事由可能使质押财产毁损或者价值明显减少，足以危害质权人权利的，质权人有权请求出质人提供相应的担保；出质人不提供的，质权人可以拍卖、变卖质押财产，并与出质人协议将拍卖、变卖所得的价款提前清偿债务或者提存。

**第四百三十四条　【责任转质】**质权人在质权存续期间，未经出质人同意转质，造成质押财产毁损、灭失的，应当承担赔偿责任。

**第四百三十五条　【质权人放弃质权及其他担保人责任的承担】**质权人可以放弃质权。债务人以自己的财产出质，质权人放弃该质权的，其他担保人在质权人丧失优先受偿权益的范围内免除担保责任，但是其他担保人承诺仍然提供担保的除外。

**第四百三十六条　【质押财产的返还及质权的实现】**债务人履行债务或者出质人提前清偿所担保的债权的，质权人应当返还质押财产。

债务人不履行到期债务或者发生当事人约定的实现质权的情形，质权人可以与出质人协议以质押财产折价，也可以就拍卖、变卖质押财产所得的价款优先受偿。

质押财产折价或者变卖的，应当参照市场价格。

**一、相关法律条文**

**1.《中华人民共和国民事诉讼法》(2017年6月27日修正)**

**第一百九十六条**　申请实现担保物权，由担保物权人以及其他有权请求实现担保物权的人依照物权法等法律，向担保财产所在地或者担保物权登记地基层人民法院提出。

**第一百九十七条**　人民法院受理申请后，经审查，符合法律规定的,裁定拍卖、变卖担保财产,当事人依据该裁定可以向人民法院申请执行;不符合法律规定的,裁定驳回申请,当事人可以向人民法院提起诉讼。

**2.《中华人民共和国企业破产法》(2007年6月1日起施行)**

**第七十五条** 在重整期间,对债务人的特定财产享有的担保权暂停行使。但是,担保物有损坏或者价值明显减少的可能,足以危害担保权人权利的,担保权人可以向人民法院请求恢复行使担保权。

在重整期间,债务人或者管理人为继续营业而借款的,可以为该借款设定担保。

## 二、相关司法解释

**《最高人民法院关于适用〈中华人民共和国民事诉讼法〉的解释》(法释〔2015〕5号)(2020年12月23日修正)**

**第三百六十一条** 民事诉讼法第一百九十六条规定的担保物权人,包括抵押权人、质权人、留置权人;其他有权请求实现担保物权的人,包括抵押人、出质人、财产被留置的债务人或者所有权人等。

**第三百六十二条** 实现票据、仓单、提单等有权利凭证的权利质权案件,可以由权利凭证持有人住所地人民法院管辖;无权利凭证的权利质权,由出质登记地人民法院管辖。

**第三百六十三条** 实现担保物权案件属于海事法院等专门人民法院管辖的,由专门人民法院管辖。

**第三百六十四条** 同一债权的担保物有多个且所在地不同,申请人分别向有管辖权的人民法院申请实现担保物权的,人民法院应当依法受理。

**第三百六十五条** 依照民法典第三百九十二条的规定,被担保的债权既有物的担保又有人的担保,当事人对实现担保物权的顺序有约定,实现担保物权的申请违反该约定的,人民法院裁定不予受理;没有约定或者约定不明的,人民法院应当受理。

**第三百六十六条** 同一财产上设立多个担保物权,登记在先的担保物权尚未实现的,不影响后顺位的担保物权人向人民法院申请实现担保物权。

**第三百六十七条** 申请实现担保物权,应当提交下列材料:

（一）申请书。申请书应当记明申请人、被申请人的姓名或者名称、联系方式等基本信息，具体的请求和事实、理由；

（二）证明担保物权存在的材料，包括主合同、担保合同、抵押登记证明或者他项权利证书，权利质权的权利凭证或者质权出质登记证明等；

（三）证明实现担保物权条件成就的材料；

（四）担保财产现状的说明；

（五）人民法院认为需要提交的其他材料。

**第三百六十八条**　人民法院受理申请后，应当在五日内向被申请人送达申请书副本、异议权利告知书等文书。

被申请人有异议的，应当在收到人民法院通知后的五日内向人民法院提出，同时说明理由并提供相应的证据材料。

**第三百六十九条**　实现担保物权案件可以由审判员一人独任审查。担保财产标的额超过基层人民法院管辖范围的，应当组成合议庭进行审查。

**第三百七十条**　人民法院审查实现担保物权案件，可以询问申请人、被申请人、利害关系人，必要时可以依职权调查相关事实。

**第三百七十一条**　人民法院应当就主合同的效力、期限、履行情况，担保物权是否有效设立、担保财产的范围、被担保的债权范围、被担保的债权是否已届清偿期等担保物权实现的条件，以及是否损害他人合法权益等内容进行审查。

被申请人或者利害关系人提出异议的，人民法院应当一并审查。

**第三百七十二条**　人民法院审查后，按下列情形分别处理：

（一）当事人对实现担保物权无实质性争议且实现担保物权条件成就的，裁定准许拍卖、变卖担保财产；

（二）当事人对实现担保物权有部分实质性争议的，可以就无争议部分裁定准许拍卖、变卖担保财产；

（三）当事人对实现担保物权有实质性争议的，裁定驳回申请，并告知申请人向人民法院提起诉讼。

**第三百七十三条**　人民法院受理申请后，申请人对担保财产提出保全申请的，可以按照民事诉讼法关于诉讼保全的规定办理。

**第三百七十四条**　适用特别程序作出的判决、裁定，当事人、利害关系人认为有错误的，可以向作出该判决、裁定的人民法院提出异议。

人民法院经审查,异议成立或者部分成立的,作出新的判决、裁定撤销或者改变原判决、裁定;异议不成立的,裁定驳回。

对人民法院作出的确认调解协议、准许实现担保物权的裁定,当事人有异议的,应当自收到裁定之日起十五日内提出;利害关系人有异议的,自知道或者应当知道其民事权益受到侵害之日起六个月内提出。

## 三、相关部门规章

**《典当管理办法》(2005年4月1日起施行)**

**第三十六条** 当物的估价金额及当金数额应当由双方协商确定。

房地产的当金数额经协商不能达成一致的,双方可以委托有资质的房地产价格评估机构进行评估,估价金额可以作为确定当金数额的参考。

典当期限由双方约定,最长不得超过6个月。

**第三十七条** 典当当金利率,按中国人民银行公布的银行机构6个月期法定贷款利率及典当期限折算后执行。

典当当金利息不得预扣。

**第三十八条** 典当综合费用包括各种服务及管理费用。

动产质押典当的月综合费率不得超过当金的42‰。

房地产抵押典当的月综合费率不得超过当金的27‰。

财产权利质押典当的月综合费率不得超过当金的24‰。

当期不足5日的,按5日收取有关费用。

**第三十九条** 典当期内或典当期限届满后5日内,经双方同意可以续当,续当一次的期限最长为6个月。续当期自典当期限或者前一次续当期限届满日起算。续当时,当户应当结清前期利息和当期费用。

**第四十条** 典当期限或者续当期限届满后,当户应当在5日内赎当或者续当。逾期不赎当也不续当的,为绝当。

当户于典当期限或者续当期限届满至绝当前赎当的,除须偿还当金本息、综合费用外,还应当根据中国人民银行规定的银行等金融机构逾期贷款罚息水平、典当行制定的费用标准和逾期天数,补交当金利息和有关费用。

**第四十三条** 典当行应当按照下列规定处理绝当物品:

(一)当物估价金额在3万元以上的,可以按照《中华人民共和国担保法》的有关规定处理,也可以双方事先约定绝当后由典当行委托拍卖行公开拍卖。拍卖收入在扣除拍卖费用及当金本息后,剩余部分应当退还当户,不足部分向当户追索。

(二)绝当物估价金额不足3万元的,典当行可以自行变卖或者折价处理,损溢自负。

(三)对国家限制流通的绝当物,应当根据有关法律、法规,报有关管理部门批准后处理或者交售指定单位。

(四)典当行在营业场所以外设立绝当物品销售点应当报省级商务主管部门备案,并自觉接受当地商务主管部门监督检查。

(五)典当行处分绝当物品中的上市公司股份应当取得当户的同意和配合,典当行不得自行变卖、折价处理或者委托拍卖行公开拍卖绝当物品中的上市公司股份。

## 四、相关裁判摘要

• **2006年第1期《中华人民共和国最高人民法院公报》**刊登的"**李金华诉立融典当公司典当纠纷案**"判决认为,绝当后,消灭当户基于典当合同对当物的回赎权,既不违反法律规定,也符合典当行业的惯例和社会公众的一般理解。相关裁判摘要如下:

当,是我国历史上特有的一种通过移转动产占有进行民间融资的制度。新中国成立后,典当行业一度被取缔,改革开放后虽有恢复,但长期没有专门的法律规范,原则上只能适用有关担保的一般法律规定调整典当关系。2001年8月8日,原国家经济贸易委员会制定了《典当行管理办法》,其中第三条规定:"本办法所称典当,是指当户将其动产、财产权利作为当物质押或者将其房地产作为当物抵押给典当行,交付一定比例费用,取得当金,并在约定期限内支付当金利息、偿还当金、赎回当物的行为。"第三十六条规定:"典当期限或者续当期限届满后,当户应当在5日内赎当或者续当,逾期不赎当也不续当的,为绝当。"第四十条还规定了典当行对绝当物品的处理办法。《典当行管理办法》是我国政府有关部门针对典当行业专门作出的行政规章,在目前处理典当纠纷中应当参照适用。

2005年2月9日商务部、公安部发布了《典当管理办法》,《典当行管理办法》已经失效。另外,典当行业也有自己的一些行业习惯,这些行业习惯在不违反现有法律、法规禁止性规定的前提下,也应当作为处理典当纠纷时的参照。

当票，是典当行与当户之间的典当合同，是典当关系存在的书面凭证，也是确定双方权利义务的主要依据。根据本案查明的事实，双方当事人签署当票是双方的真实意思表示，不违反法律、行政法规的禁止性规定，应当认定双方当事人之间的典当合同有效。当票上的约定对双方当事人均具有法律约束力，双方当事人均应当按照当票上的约定享有自己的权利和履行自己的义务。典当合同生效后，典当行与当户之间形成典当关系，基于典当合同，典当行支付当金，占有当物，并在当户赎当时有收取利息和费用的权利；当户在交付当物获得当金的同时，享有对当物的回赎权。在当期内，回赎权系形成权，赎当仅以当户单方意思表示即可发生法律效果。赎当是当户的权利而非义务，典当行不能要求当户赎当、清偿债务。根据《典当行管理办法》的有关规定以及本案当票的约定，当期届满 5 日内，当户可以续当或者赎当。续当，则意味着当期的延长，在新的当期内，当户仍然享有回赎权。如果不续当，那么当期届满后第 5 日即是双方典当合同约定的最后赎当期限。

根据双方提供的证据，当期届满后，被告立融典当公司并未拒绝原告李金华续当，双方曾经协商由李金华付清当期综合费用，立融典当公司为李金华办理续当手续。由于李金华没有履行付清费用的承诺，立融典当公司为维护自身权益，拒绝为李金华办理续当手续并无不当。原告李金华在当期届满后 5 日内既未续当也未赎当。根据《典当行管理办法》第三十六条的规定以及当票的约定，涉案当物已经绝当。对于绝当的事实，双方没有争议。

绝当后，当户能否再单方要求赎回当物？《典当行管理办法》没有做出明确规定，从字面理解，“绝”有断绝，消灭之意，“绝当”即指典当关系断绝，典当关系一旦断绝，附随于典当合同关系的回赎权也就随之消灭。《典当行管理办法》第三十六条规定了“绝当”，第四十条又规定典当行对绝当物品的处理办法，据此应当认为，绝当后当户对当物基于典当合同的回赎权消灭，不能再单方面要求赎当，是《典当行管理办法》所指“绝当”的题中应有之意。这样理解“绝当”一词的含义，也符合典当行业惯例和社会公众的一般理解。

当票第九条约定，绝当后双方也可协议赎当。根据本案查明的事实，只要原告李金华付清当期综合费用，在绝当后被告立融典当公司也愿意为李金华办理续当手续。但是在双方协商续当的过程中，珠宝公司开具的现金支票被银行以“存款不足”为由退回，立融典当公司认为李金华没有续当的诚意，更没有赎当的能力。李金华的代理人在庭审中虽否认开具空头支票系李金华所为，但因李金华为珠宝公司法定代表人，支票金额与李金华所得当金总额应付的费用数额相符并且注明用途为还款，故立融典当公司有理由相信珠宝公司向其开具现金支票系出于李金华的指示，是李金华支付相关费用以办理续当手续的行为。鉴于以上情形，立融典当公司认为李金华没有赎当的诚意和能力，拒绝与李金华协议赎当。因双方不能就绝当后的赎当达成合意，故李金华亦丧失在绝当后通过协议赎回当物的可能。

本案双方当事人虽没有在事先约定绝当后由典当行委托拍卖行公开拍卖，但原告李金华在绝当后书面同意委托万融拍卖公司拍卖绝当物，应视为双方对委托拍卖达成一致意见。这个约定不违反法律和行政规章的相关规定，李金华称该书面委托系在被告立融典当公司逼迫下签订，但没有相关证据予以支持，故不予认定。立融典当公司按照双方约定拍卖绝当物，不构成对李金华权利的侵犯。

**第四百三十七条 【及时行使质权的请求权及怠于行使的责任】**出质人可以请求质权人在债务履行期限届满后及时行使质权；质权人不行使的，出质人可以请求人民法院拍卖、变卖质押财产。

出质人请求质权人及时行使质权，因质权人怠于行使权利造成出质人损害的，由质权人承担赔偿责任。

**第四百三十八条 【质押财产变价款超过债权数额部分的归属】**质押财产折价或者拍卖、变卖后，其价款超过债权数额的部分归出质人所有，不足部分由债务人清偿。

**第四百三十九条 【最高额质权的法律适用】**出质人与质权人可以协议设立最高额质权。

最高额质权除适用本节有关规定外，参照适用本编第十七章第二节的有关规定。

**相关裁判摘要**

● **2017 年第 7 期《中华人民共和国最高人民法院公报》**刊登的“**大连俸旗投资管理有限公司与中国外运辽宁储运公司等借款合同纠纷案**”判决对于动产最高额质权未能设立时的当事人的过错及责任问题进行了分析。相关裁判摘要如下：

（二）大连谷物公司、俸旗公司与辽宁储运公司对涉案质权不能设立所造成的损失均有过错，均应承担责任。

根据《中华人民共和国物权法》第二百一十二条的规定，质权自出质人交付质押财产时设立。本案中，大连谷物公司与俸旗公司签订《最高额动产质押合同》，合同成立并生效，但是大连谷物公司自始没有交付质物 145 400 吨玉米，质权未设立。对因质权未设立给俸旗公司造成的损失，应当根据大连谷物公司、俸旗公司和辽宁储运公司的过错程度，分别承担相应责任。

第一，对大连谷物公司而言。根据《中华人民共和国担保法》第六十三条的规定，大连谷物公司应依法将涉案质押玉米交付俸旗公司。俸旗公司与大连谷物公司签订的《最高额动产质押合同》约定，大连谷物公司自愿以其自有 145 400 吨玉米为涉案债权提供质押担保，大连谷物公司应当按照合同约定于合同签订之日交付质物（包括从物）、相关权利证明及保管所需资料等。俸旗公司、大连谷物公司及辽宁储运公司签订的《动产质押监管协议》第 2.1 条约定，质物即为质押标的，是俸旗公司和大连谷物公司所签质押合同中约定的由大连谷物公司向俸旗公司提供质押担保并交由辽宁储运公司存储监管的货物。第 2.2 条约定，大连谷物公司保证质物的品名、规格型号、生产厂家（产地）、数量、质量、包装、件数和标记等与其和俸旗公司的约定以及向辽宁储运公司申报和交付的一致，并对上述全部事实的真实性承担法律责任。根据上述约定，大连谷物公司应交付俸旗公司、辽宁储运公司质押玉米145 400吨。大连谷物公司法定代表人刘有文因涉嫌合同诈骗罪被羁押，因其刑事案件于一审期间正在长春市中级人民法院（以下简称长春中院）审理，故一审法院委托长春中院提讯刘有文。其在被讯问中自认了大连谷物公司在与俸旗公司签订合同后没有依约提供质押玉米，涉案质物自始不存在的事实。由此，涉案质物实际并未交付，负有交付质物义务的一方大连谷物公司必然对质物自始不存在的事实是明知的。根据最高人民法院《关于适用〈中华人民共和国担保法〉若干问题的解释》第八十六条的规定，债务人或者第三人未按质押合同约定的时间移交质物的，因此给质权人造成损失的，出质人应当根据其过错承担赔偿责任。本案中，大连谷物公司在明知质押玉米没有交付的情况下，依然与俸旗公司一起向辽宁储运公司出具《代出质通知书》，对质押玉米的重量、库存等情况进行确认，主观过错明显。因是否交付质物直接决定质权的设立，没有质物质权一定不能设立，而其实际上并没有交付质物，故其对质物自始不存在而致俸旗公司因质权不能设立所造成的损失，应当承担主要责任。虽然大连谷物公司是涉案质押玉米的出质人，但同时其也是债务人，理应对涉案全部债务承担还款责任，故其作为《最高额动产质押合同》的当事人及《动产质押监管合同》的关联一方所应承担的违约责任与其作为债务人应承担的责任竞合，在此不再赘述。

第二，对俸旗公司而言。首先，涉案《最高额动产质押合同》第6.1条约定，合同项下质押物由大连谷物公司占管，大连谷物公司应于合同签订之日将质物、相关权利证明及保管所需资料交付质权人俸旗公司保管。《动产质押监管协议》开篇约定，俸旗公司与大连谷物公司均同意将质物交由辽宁储运公司监管，辽宁储运公司同意接受俸旗公司的委托并按照俸旗公司的指示监管质物。根据上述合同约定可知，涉案质物是应当首先由大连谷物公司交付俸旗公司，然后再由俸旗公司交由辽宁储运公司监管。在交付辽宁储运公司前，大连谷物公司应按照质押合同的约定将质押监管物交付俸旗公司，由俸旗公司保管。因此，俸旗公司在将质押监管物交付辽宁储运公司监管之前是知道或应当知道涉案质物是否存在的。

其次，根据《中华人民共和国物权法》第二百一十五条规定可知，质权人负有妥善保管质押财产的义务。本案俸旗公司作为质权人，具有审查保管质押财产的义务，应当对债务人大连谷物公司交付的质押财产进行严格审查。但俸旗公司未履行相应义务，而是将该义务通过《动产质押监管合同》全部委托给辽宁储运公司履行。俸旗公司既未对质物实际库存情况进行审查，也不督促辽宁储运公司按照监管合同约定进行审查，即在签订《最高额动产质押合同》当天，向辽宁储运公司出具了盖有其公章及法定代表人名章的《代出质通知书》，该通知书不仅记载了质物名称、产地、重量，而且记载了货物库存情况。该行为一方面表明倖旗公司对质物是否在库是知道或者应当知道的，另一方面也表明其不仅怠于履行其法定质物审查义务，而且对自己债权的实现疏于管理并听任债权不能实现的风险放大。对质物自始不存在致使质权不能设立所造成的损失，倖旗公司本身存在明显过错，也应当承担相应责任。

第三，对辽宁储运公司而言。首先，辽宁储运公司对因质权未设立而给倖旗公司造成损失存在过错。一方面，倖旗公司与大连谷物公司签订《最高额动产质押合同》的时间是 2014 年 6 月 4 日，同日，辽宁储运公司与倖旗公司、大连谷物公司签订《动产质押监管协议》，倖旗公司与大连谷物公司也在当日给辽宁储运公司出具了《代出质通知书》，辽宁储运公司同样在 2014 年 6 月 4 日出具了《收到质物通知书》。涉案质物是玉米 145400 吨，质物数量巨大，实际查验、核对、清点需耗费大量人力、物力和时间。然而，辽宁储运公司在签订监管协议当天就出具了《收到质物通知书》，确认涉案质物已在其占有和监管之下，时间如此之短，显然没有对质物进行清点审核。另一方面，辽宁储运公司的监管员孙家国在被讯问中自认，其经手过倖旗公司的 14 至 15 万吨玉米质物的监管，监管期间，根据领导授意，在明知仓内没有粮食并且不知储粮仓位具体位置的情况下编造的监管日志和明细分类账目，以证明粮食存在并处于监管之中。对于该证言，辽宁储运公司予以认可。大连谷物公司法定代表人刘有文在被讯问中也陈述，辽宁储运公司对质物 145400 吨玉米自始不存在是知道的。孙家国、刘有文分属于不同的单位，且孙家国是辽宁储运公司的员工，他们的证言均证明辽宁储运公司知道涉案质物自始不存在的事实。综上，辽宁储运公司对质物 145400 吨玉米不存在是知道或应当知道的，在此情况下仍提供所谓的监管，其对质权未设立给倖旗公司造成的损失存在明显过错。

其次，辽宁储运公司违反了《动产质押监管协议》中的合同义务。根据《中华人民共和国合同法》第三百六十九条的规定，保管人应当妥善保管保管物。第三百九十九条规定，受托人应当按照委托人的指示处理委托事务。第四百零一条规定，受托人应当按照委托人的要求，报告委托事务的处理情况。涉案《动产质押监管协议》第一条约定，辽宁储运公司对出质人进行监督、对质物进行监控、对出质人对质物的入库、提货等过程进行监督，一旦发现违反本协议约定之行为，辽宁储运公司应及时制止并向倖旗公司报告。质物监控是指对质物的品名、数量等进行查验、核对,及时向俸旗公司报告质物状况。第2.8条约定,如大连谷物公司交予的货物及实际库存与《代出质通知书》记载不一致,辽宁储运公司不得接收货物并签发《收到货物通知书》,并应立即书面通知俸旗公司、大连谷物公司。第4.1条约定,辽宁储运公司派驻监管员在监管场地查验、核对、清点质物,获取和记录质物状况数据;对质物进行监控,发现质物不足或其他异常情况及时报告俸旗公司和大连谷物公司,并要求大连谷物公司采取措施制止、纠正。第4.4条约定,监管期间,因各种原因质物发生短少、毁损、变质、灭失等可能影响俸旗公司权益的情形,辽宁储运公司应当在24小时内通知俸旗公司,并采取适当的应急措施。第4.6条约定,监管期间,辽宁储运公司应接受俸旗公司对质物及相关单证的查询,接受俸旗公司对质物的检查,并给予必要的协助。本案辽宁储运公司作为专业监管人,首先应对涉案质物进行核对和查验,但其无视《动产质押监管协议》的约定,在未经实际审查质物交付情况及实际库存的情况下,于签订监管协议的当日即随意出具《收到质物通知书》,并且未将该情况及时报告、通知俸旗公司。在俸旗公司查验质物时,向俸旗公司出具所谓的台账、仓位图等证明质物存在。辽宁储运公司上述行为明显违反了《动产质押监管协议》约定的义务。由于辽宁储运公司对俸旗公司因质权不能设立所造成的损失存在过错,且这种过错行为违反了《动产质押监管协议》的约定,其对该损失也应当承担相应责任。

综上,由于质押人大连谷物公司、质权人俸旗公司、质物监管人辽宁储运公司对涉案质权不能设立均存在过错,三方均应承担相应的责任,且作为质物交付主体的大连谷物公司为主要责任,本院认为质物监管人辽宁储运公司对涉案质权不能设立给俸旗公司造成的损失应承担的责任份额以不超过30%为宜。

(三)辽宁储运公司承担本案责任的性质及方式。

第一,辽宁储运公司承担责任的性质应为违约责任。所谓违约责任,是指合同当事人一方不履行合同义务或履行合同义务不符合约定所应承担的民事责任。《中华人民共和国合同法》第一百零七条规定,当事人一方不履行合同义务或者履行合同义务不符合约定的,应当承担继续履行、采取补救措施或者赔偿损失等违约责任。本案中,《动产质押监管协议》约定,辽宁储运公司应按照俸旗公司要求核对质物权属和品质证明文件,按照《代出质通知书》列明的内容核查大连谷物公司交付的货物及现有的库存，监管期间，因各种原因质物发生短少、毁损、变质、灭失等可能影响倖旗公司权益的情形，应在24小时内通知倖旗公司，并采取适当的应急措施。但是，辽宁储运公司未按合同约定履行查验、核对、清点质物的义务及报告义务，造成倖旗公司的质权因质物自始不存在而未能设立，对于因质权未设立而给倖旗公司造成的债权不能实现的损失，应当承担相应责任。这种责任因违反合同约定义务而来，性质上属于违约责任。

第二，辽宁储运公司承担责任的方式应为补充赔偿责任。在债权债务及担保法律关系中，债务人是终局性义务人，担保人在替代债务人清偿债权后可以向债务人追偿，属于从义务人，二者依法或依约定而产生，都是债权人的直接义务人。相对于债务人与担保人而言，担保物监管人仅是帮助债权人实现债权的辅助人，而不是债权实现的直接义务人，其责任虽具有一定的独立性，但除因自身原因造成监管担保物灭失外，其责任需依附于债务人与担保人的直接责任，如果直接责任因清偿而消灭，由于债权人因获得清偿而不存在损失，则其监管责任也相应消灭。所以其只可能是前述直接义务人后的辅助性补充性义务人。实践中，在以下两种情况中更应如此。一是债权产生在先并已陷入不能清偿风险。由于这种情况中债权不能清偿风险已在先产生，而担保物监管在后出现，债权并不是因信任担保权的保障及担保物监管人的监管而产生，债权不能实现的首要原因是债务人不能清偿债权，与担保物监管人的后续进入并不存在直接因果关系。二是债权人、担保人对质权不能设立存在过错且过错在先。由于这种情况中债权不能实现的首要原因除债务人不能清偿债权外，主要是债权人、担保人的在先过错导致质权没有设立，所以担保物监管人的后续进入对质权实质上已无法设立并不能产生根本性影响。上述两种情况中，担保物监管人的责任都只应是辅助性的补充性的。

本案中，一方面，涉案原始债权早在2013年5月、9月、12月及2014年5月已形成，且均已超过约定还款期限而未清偿。即使对于受让上述原始债权的倖旗公司而言，其相当一部分债权的受让也发生在涉案《动产质押监管协议》签订时的2014年6月4日之前。涉案债权不能清偿风险发生在《动产质押监管协议》签订前，辽宁储运公司对涉案质物的监管在后出现，涉案债权并不是因信任大连谷物公司提供的质权保障及辽宁储运公司对质物的监管而产生，其不能实现的首要原

> 因是债务人大连谷物公司不能清偿债权，与辽宁储运公司作为质物监管人的后续进入并不存在直接因果关系。另一方面，涉案俸旗公司质权因质物自始不存在而不能设立，首要原因在于在先的债务人大连谷物公司的虚假出质以及债权人俸旗公司对债务人虚假出质的审查存在过错，辽宁储运公司作为质物监管人的后续加入只是将这种虚假出质状态延续下去，而不是因为辽宁储运公司的监管行为直接造成了虚假出质。因此，辽宁储运公司的责任应当排位在债务人大连谷物公司及相关担保人的直接责任之后，责任方式应认定为补充赔偿责任。俸旗公司债权损失的具体数额在人民法院强制执行债务人大连谷物公司及其他担保人之后方可确定，辽宁储运公司应对人民法院对大连谷物公司及其他担保人强制执行并穷尽一切执行措施后仍不能清偿部分，承担补充赔偿责任。

## 第二节　权利质权

**第四百四十条　【可以质押的权利的范围】**债务人或者第三人有权处分的下列权利可以出质：

（一）汇票、本票、支票；

（二）债券、存款单；

（三）仓单、提单；

（四）可以转让的基金份额、股权；

（五）可以转让的注册商标专用权、专利权、著作权等知识产权中的财产权；

（六）现有的以及将有的应收账款；

（七）法律、行政法规规定可以出质的其他财产权利。

> **一、相关法律条文**
>
> **1.《中华人民共和国票据法》（2004年8月28日修正）**
>
> **第二条**　在中华人民共和国境内的票据活动，适用本法。
>
> 本法所称票据，是指汇票、本票和支票。
>
> **第十九条**　汇票是出票人签发的，委托付款人在见票时或者在指

定日期无条件支付确定的金额给收款人或者持票人的票据。

汇票分为银行汇票和商业汇票。

**第七十三条** 本票是出票人签发的，承诺自己在见票时无条件支付确定的金额给收款人或者持票人的票据。

本法所称本票，是指银行本票。

**第八十一条** 支票是出票人签发的，委托办理支票存款业务的银行或者其他金融机构在见票时无条件支付确定的金额给收款人或者持票人的票据。

**2.《中华人民共和国民法典》(2021年1月1日起施行)**

**第九百零八条** 存货人交付仓储物的，保管人应当出具仓单、入库单等凭证。

**第九百零九条** 保管人应当在仓单上签名或者盖章。仓单包括下列事项：

(一)存货人的姓名或者名称和住所；

(二)仓储物的品种、数量、质量、包装及其件数和标记；

(三)仓储物的损耗标准；

(四)储存场所；

(五)储存期限；

(六)仓储费；

(七)仓储物已经办理保险的，其保险金额、期间以及保险人的名称；

(八)填发人、填发地和填发日期。

**第九百一十条** 仓单是提取仓储物的凭证。存货人或者仓单持有人在仓单上背书并经保管人签名或者盖章的，可以转让提取仓储物的权利。

**3.《中华人民共和国海商法》(1993年7月1日起施行)**

**第七十一条** 提单，是指用以证明海上货物运输合同和货物已经由承运人接收或者装船，以及承运人保证据以交付货物的单证。提单中载明的向记名人交付货物，或者按照指示人的指示交付货物，或者向提单持有人交付货物的条款，构成承运人据以交付货物的保证。

**4.《中华人民共和国证券投资基金法》(2015年4月24日修正)**

**第四十五条** 基金的运作方式可以采用封闭式、开放式或者其他方式。

采用封闭式运作方式的基金(以下简称封闭式基金),是指基金份额总额在基金合同期限内固定不变,基金份额持有人不得申请赎回的基金;采用开放式运作方式的基金(以下简称开放式基金),是指基金份额总额不固定,基金份额可以在基金合同约定的时间和场所申购或者赎回的基金。

采用其他运作方式的基金的基金份额发售、交易、申购、赎回的办法,由国务院证券监督管理机构另行规定。

**第四十六条** 基金份额持有人享有下列权利:

(一)分享基金财产收益;

(二)参与分配清算后的剩余基金财产;

(三)依法转让或者申请赎回其持有的基金份额;

(四)按照规定要求召开基金份额持有人大会或者召集基金份额持有人大会;

(五)对基金份额持有人大会审议事项行使表决权;

(六)对基金管理人、基金托管人、基金服务机构损害其合法权益的行为依法提起诉讼;

(七)基金合同约定的其他权利。

公开募集基金的基金份额持有人有权查阅或者复制公开披露的基金信息资料;非公开募集基金的基金份额持有人对涉及自身利益的情况,有权查阅基金的财务会计账簿等财务资料。

**5.《中华人民共和国公司法》(2018年10月26日修正)**

**第三十一条** 有限责任公司成立后,应当向股东签发出资证明书。

出资证明书应当载明下列事项:

(一)公司名称;

(二)公司成立日期;

(三)公司注册资本;

(四)股东的姓名或者名称、缴纳的出资额和出资日期;

(五)出资证明书的编号和核发日期。

出资证明书由公司盖章。

**第一百二十五条** 股份有限公司的资本划分为股份,每一股的金额相等。

公司的股份采取股票的形式。股票是公司签发的证明股东所持股份的凭证。

**第一百二十六条** 股份的发行,实行公平、公正的原则,同种类的每一股份应当具有同等权利。

同次发行的同种类股票,每股的发行条件和价格应当相同;任何单位或者个人所认购的股份,每股应当支付相同价额。

**第一百二十七条** 股票发行价格可以按票面金额,也可以超过票面金额,但不得低于票面金额。

**第一百二十八条** 股票采用纸面形式或者国务院证券监督管理机构规定的其他形式。

股票应当载明下列主要事项:

(一)公司名称;

(二)公司成立日期;

(三)股票种类、票面金额及代表的股份数;

(四)股票的编号。

股票由法定代表人签名,公司盖章。

发起人的股票,应当标明发起人股票字样。

**第一百二十九条** 公司发行的股票,可以为记名股票,也可以为无记名股票。

公司向发起人、法人发行的股票,应当为记名股票,并应当记载该发起人、法人的名称或者姓名,不得另立户名或者以代表人姓名记名。

**第一百三十七条** 股东持有的股份可以依法转让。

**第一百三十八条** 股东转让其股份,应当在依法设立的证券交易场所进行或者按照国务院规定的其他方式进行。

**第一百三十九条** 记名股票,由股东以背书方式或者法律、行政法规规定的其他方式转让;转让后由公司将受让人的姓名或者名称及住所记载于股东名册。

股东大会召开前二十日内或者公司决定分配股利的基准日前五日内,不得进行前款规定的股东名册的变更登记。但是,法律对上市公司股东名册变更登记另有规定的,从其规定。

**第一百四十条** 无记名股票的转让,由股东将该股票交付给受让人后即发生转让的效力。

**第一百四十一条**　发起人持有的本公司股份，自公司成立之日起一年内不得转让。公司公开发行股份前已发行的股份，自公司股票在证券交易所上市交易之日起一年内不得转让。

公司董事、监事、高级管理人员应当向公司申报所持有的本公司的股份及其变动情况，在任职期间每年转让的股份不得超过其所持有本公司股份总数的百分之二十五；所持本公司股份自公司股票上市交易之日起一年内不得转让。上述人员离职后半年内，不得转让其所持有的本公司股份。公司章程可以对公司董事、监事、高级管理人员转让其所持有的本公司股份作出其他限制性规定。

**第一百四十二条**　公司不得收购本公司股份。但是，有下列情形之一的除外：

（一）减少公司注册资本；

（二）与持有本公司股份的其他公司合并；

（三）将股份用于员工持股计划或者股权激励；

（四）股东因对股东大会作出的公司合并、分立决议持异议，要求公司收购其股份；

（五）将股份用于转换上市公司发行的可转换为股票的公司债券；

（六）上市公司为维护公司价值及股东权益所必需。

公司因前款第（一）项、第（二）项规定的情形收购本公司股份的，应当经股东大会决议；公司因前款第（三）项、第（五）项、第（六）项规定的情形收购本公司股份的，可以依照公司章程的规定或者股东大会的授权，经三分之二以上董事出席的董事会会议决议。

公司依照本条第一款规定收购本公司股份后，属于第（一）项情形的，应当自收购之日起十日内注销；属于第（二）项、第（四）项情形的，应当在六个月内转让或者注销；属于第（三）项、第（五）项、第（六）项情形的，公司合计持有的本公司股份数不得超过本公司已发行股份总额的百分之十，并应当在三年内转让或者注销。

上市公司收购本公司股份的，应当依照《中华人民共和国证券法》的规定履行信息披露义务。上市公司因本条第一款第（三）项、第（五）项、第（六）项规定的情形收购本公司股份的，应当通过公开的集中交易方式进行。

公司不得接受本公司的股票作为质押权的标的。

**6.《中华人民共和国证券法》(2019年12月28日修订)**

**第二条** 在中华人民共和国境内,股票、公司债券、存托凭证和国务院依法认定的其他证券的发行和交易,适用本法;本法未规定的,适用《中华人民共和国公司法》和其他法律、行政法规的规定。

政府债券、证券投资基金份额的上市交易,适用本法;其他法律、行政法规另有规定的,适用其规定。

资产支持证券、资产管理产品发行、交易的管理办法,由国务院依照本法的原则规定。

在中华人民共和国境外的证券发行和交易活动,扰乱中华人民共和国境内市场秩序,损害境内投资者合法权益的,依照本法有关规定处理并追究法律责任。

**第三十五条** 证券交易当事人依法买卖的证券,必须是依法发行并交付的证券。

非依法发行的证券,不得买卖。

**第三十六条** 依法发行的证券,《中华人民共和国公司法》和其他法律对其转让期限有限制性规定的,在限定的期限内不得转让。

上市公司持有百分之五以上股份的股东、实际控制人、董事、监事、高级管理人员,以及其他持有发行人首次公开发行前发行的股份或者上市公司向特定对象发行的股份的股东,转让其持有的本公司股份的,不得违反法律、行政法规和国务院证券监督管理机构关于持有期限、卖出时间、卖出数量、卖出方式、信息披露等规定,并应当遵守证券交易所的业务规则。

**第三十七条** 公开发行的证券,应当在依法设立的证券交易所上市交易或者在国务院批准的其他全国性证券交易场所交易。

非公开发行的证券,可以在证券交易所、国务院批准的其他全国性证券交易场所、按照国务院规定设立的区域性股权市场转让。

**第三十八条** 证券在证券交易所上市交易,应当采用公开的集中交易方式或者国务院证券监督管理机构批准的其他方式。

**第三十九条** 证券交易当事人买卖的证券可以采用纸面形式或者国务院证券监督管理机构规定的其他形式。

**第四十条** 证券交易场所、证券公司和证券登记结算机构的从业人员,证券监督管理机构的工作人员以及法律、行政法规规定禁止参与股票交易的其他人员,在任期或者法定限期内,不得直接或者以化名、借他人名义持有、买卖股票或者其他具有股权性质的证券，也不得收受他人赠送的股票或者其他具有股权性质的证券。

任何人在成为前款所列人员时，其原已持有的股票或者其他具有股权性质的证券，必须依法转让。

实施股权激励计划或者员工持股计划的证券公司的从业人员，可以按照国务院证券监督管理机构的规定持有、卖出本公司股票或者其他具有股权性质的证券。

**7.《中华人民共和国著作权法》(2020年11月11日修正)**

**第九条**　著作权人包括：

(一)作者；

(二)其他依照本法享有著作权的自然人、法人或者非法人组织。

**第十条**　著作权包括下列人身权和财产权：

(一)发表权，即决定作品是否公之于众的权利；

(二)署名权，即表明作者身份，在作品上署名的权利；

(三)修改权，即修改或者授权他人修改作品的权利；

(四)保护作品完整权，即保护作品不受歪曲、篡改的权利；

(五)复制权，即以印刷、复印、拓印、录音、录像、翻录、翻拍、数字化等方式将作品制作一份或者多份的权利；

(六)发行权，即以出售或者赠与方式向公众提供作品的原件或者复制件的权利；

(七)出租权，即有偿许可他人临时使用视听作品、计算机软件的原件或者复制件的权利，计算机软件不是出租的主要标的的除外；

(八)展览权，即公开陈列美术作品、摄影作品的原件或者复制件的权利；

(九)表演权，即公开表演作品，以及用各种手段公开播送作品的表演的权利；

(十)放映权，即通过放映机、幻灯机等技术设备公开再现美术、摄影、视听作品等的权利；

(十一)广播权，即以有线或者无线方式公开传播或者转播作品，以及通过扩音器或者其他传送符号、声音、图像的类似工具向公众传播广播的作品的权利，但不包括本款第十二项规定的权利；

（十二）信息网络传播权，即以有线或者无线方式向公众提供，使公众可以在其选定的时间和地点获得作品的权利；

（十三）摄制权，即以摄制视听作品的方法将作品固定在载体上的权利；

（十四）改编权，即改变作品，创作出具有独创性的新作品的权利；

（十五）翻译权，即将作品从一种语言文字转换成另一种语言文字的权利；

（十六）汇编权，即将作品或者作品的片段通过选择或者编排，汇集成新作品的权利；

（十七）应当由著作权人享有的其他权利。

著作权人可以许可他人行使前款第五项至第十七项规定的权利，并依照约定或者本法有关规定获得报酬。

著作权人可以全部或者部分转让本条第一款第五项至第十七项规定的权利，并依照约定或者本法有关规定获得报酬。

**8.《中华人民共和国专利法》(2020年10月17日修正)**

**第十条** 专利申请权和专利权可以转让。

中国单位或者个人向外国人、外国企业或者外国其他组织转让专利申请权或者专利权的，应当依照有关法律、行政法规的规定办理手续。

转让专利申请权或者专利权的，当事人应当订立书面合同，并向国务院专利行政部门登记，由国务院专利行政部门予以公告。专利申请权或者专利权的转让自登记之日起生效。

**9.《中华人民共和国商标法》(2019年4月23日修正)**

**第四条** 自然人、法人或者其他组织在生产经营活动中，对其商品或者服务需要取得商标专用权的，应当向商标局申请商标注册。不以使用为目的的恶意商标注册申请，应当予以驳回。

本法有关商品商标的规定，适用于服务商标。

**第五条** 两个以上的自然人、法人或者其他组织可以共同向商标局申请注册同一商标，共同享有和行使该商标专用权。

**第五十六条** 注册商标的专用权，以核准注册的商标和核定使用的商品为限。

## 二、相关行政法规

**《国务院关于收费公路项目贷款担保问题的批复》(国务院国函〔1999〕28号文批复)**

交通部、人民银行:

你们《关于收费公路项目贷款担保有关问题的请示》(交财发〔1999〕48号)收悉。现批复如下:

公路建设项目法人可以用收费公路的收费权质押方式向国内银行申请抵押贷款,以省级人民政府批准的收费文件作为公路收费权的权力证书,地市级以上交通主管部门作为公路收费权质押的登记部门。质权人可以依法律和行政法规许可的方式取得公路收费权,并实现质押权。

有关公路收费权质押的具体管理办法由交通部、人民银行联合制订。

## 三、相关司法解释

**1.《最高人民法院关于适用〈中华人民共和国担保法〉若干问题的解释》(法释〔2000〕44号)**

**第九十七条** 以公路桥梁、公路隧道或者公路渡口等不动产收益权出质的,按照担保法第七十五条第(四)项的规定处理。

**2.《最高人民法院关于审理出口退税托管账户质押贷款案件有关问题的规定》(法释〔2004〕18号;2008年12月8日修正)**

为正确审理涉及出口退税专用账户质押贷款纠纷案件,维护相关当事人的合法权益,根据《中华人民共和国民法通则》、《中华人民共和国合同法》、《中华人民共和国担保法》等有关规定,结合人民法院审判实践,制定本规定。

**第一条** 本规定适用于审理、执行涉及出口退税专用账户质押贷款的案件。

本规定所称出口退税专用账户质押贷款,是指借款人将出口退税专用账户托管给贷款银行,并承诺以该账户中的退税款作为还款保证的贷款。

**第三条** 出口退税专用账户质押贷款银行,对质押账户内的退税款享有优先受偿权。

**第四条** 人民法院审理和执行案件时，不得对已设质的出口退税专用账户内的款项采取财产保全措施或者执行措施。

**第五条** 借款人进入破产程序时，贷款银行对已经设质的出口退税专用账户内的款项享有优先受偿权，但应以被担保债权尚未受偿的数额为限。

**第六条** 有下列情形之一的，不受本《规定》第三、四、五条规定的限制，人民法院可以采取财产保全或者执行措施：

（一）借款人将非退税款存入出口退税专用账户的；

（二）贷款银行将出口退税专用账户内的退税款扣还其他贷款，且数额已经超出质押贷款金额的；

（三）贷款银行同意税务部门转移出口退税专用账户的；

（四）贷款银行有其他违背退税账户专用性质，损害其他债权人利益行为的。

**第七条** 本规定自公布之日起施行。

## 四、相关裁判摘要

• **第53号指导案例“福建海峡银行股份有限公司福州五一支行诉长乐亚新污水处理有限公司、福州市政工程有限公司金融借款合同纠纷案”**（最高人民法院审判委员会讨论通过；2015年11月19日发布）的判决就污水处理项目特许经营权能否出质的问题进行了分析。相关裁判摘要如下：

污水处理项目特许经营权是对污水处理厂进行运营和维护，并获得相应收益的权利。污水处理厂的运营和维护，属于经营者的义务，而其收益权，则属于经营者的权利。由于对污水处理厂的运营和维护，并不属于可转让的财产权利，故讼争的污水处理项目特许经营权质押，实质上系污水处理项目收益权的质押。

关于污水处理项目等特许经营的收益权能否出质问题，应当考虑以下方面：其一，本案讼争污水处理项目《特许经营权质押担保协议》签订于2005年，尽管当时法律、行政法规及相关司法解释并未规定污水处理项目收益权可质押，但污水处理项目收益权与公路收益权性质上相类似。《最高人民法院关于适用〈中华人民共和国担保法〉若干问题的解释》第九十七条规定，“以公路桥梁、公路隧道或者公路渡口等不动产收益权出质的，按照担保法第七十五条第（四）项的规定处理”，明确公路收益权属于依法可质押的其他权利，与其类似的污水处理收益权亦应允许出质。其二，国务院办公厅2001年9月29日转发的《国务院西部开发办〈关于西部大开发若干政策措施的实施意见〉》(国办发〔2001〕73号)中提出，“对具有一定还贷能力的水利开发项目和城市环保项目(如城市污水处理和垃圾处理等)，探索逐步开办以项目收益权或收费权为质押发放贷款的业务”，首次明确可试行将污水处理项目的收益权进行质押。其三，污水处理项目收益权虽系将来金钱债权，但其行使期间及收益金额均可确定，其属于确定的财产权利。其四，在《中华人民共和国物权法》(以下简称《物权法》)颁布实施后，因污水处理项目收益权系基于提供污水处理服务而产生的将来金钱债权，依其性质亦可纳入依法可出质的“应收账款”的范畴。因此，讼争污水处理项目收益权作为特定化的财产权利，可以允许其出质。

• **2005年第4期《中华人民共和国最高人民法院》**刊登的**“常州新区工行诉康美公司借款合同纠纷案”**判决对出口退税款作为权利质权的标的进行了分析。相关裁判摘要如下：

本案争议焦点是：能否将出口退税账户托管贷款认定为质押贷款？原告对被告的出口退税款能否享有质权？

一种观点认为，将出口退税账户托管贷款认定为质押贷款没有法律依据，故不能认定原告对被告的出口退税款享有质权。理由是：

1. 出口退税账户内的出口退税款，是在符合一定条件的前提下，由税务部门向作为纳税人的出口企业返还的税款。在未经税务部门审查同意并返还给出口企业前，出口企业并不占有这笔款项，只享有主张税务部门给自己退税的权利。因此，出口退税账户内的出口退税款，不是民法上所说的财产，只是该账户户主的一种权利。由于这种权利是指向作为行政机关的税务部门行使的，权利义务双方的法律地位不对等，是一种公法上的权利义务关系，所以这种权利不可转让。质权标的物应当具有财产性和可转让性，出口退税款明显不符合这两个条件。所谓出口退税权利质押，其标的物是行政法上的权利，不是平等主体之间的民事权利。这种权利由于不能转让，因此也不可以进行质押。

2. 最高人民法院在《关于适用〈中华人民共和国担保法〉若干问题的解释》第八十五条规定：“债务人或者第三人将其金钱以特户、封金、保证金等形式特定化后，移交债权人占有作为债权的担保，债务人不履行债务时，债权人可以以该金钱优先受偿。”前已述明，出口退税账户内的出口退税款，只是账户户主的一种权利，不是现实的金钱；在未经税务部门审查同意并返还前，对出口退税账户户主来说，它只是一笔可能会实现、也可能不会实现的期待财产，根本无法将其“特定化”。因此，以出口退税账户托管的形式贷款，不是此条司法解释所指的金钱质押。

3. 目前银行业开展的出口退税账户托管贷款业务，起源于上级银行下发的《关于办理出口退税账户托管贷款业务的通知》。该通知第四条规定：“出口退税账户托管贷款是商业性贷款，由商业银行自主审查、自主决定。商业银行应当与借款人约定：自银行发放贷款之日起至该笔贷款全部清偿完毕之日止，借款人同意由贷款人监控该账户，未经贷款人同意，借款人不得擅自转移该账户内的款项。出口退税专用账户的退税款是出口企业偿还贷款的保证，商业银行应要求企业在退税款到位后归还该项贷款的本息，必要时商业银行可根据贷款风险程度要求出口企业提供其他担保。”这是对出口退税账户托管贷款目的的最完整表述。这个部门规章只提到银行对出口退税账户可以进行托管，并未规定可以进行质押，而且通篇都没有使用质押一词，更未规定银行有优先权，因此不能成为银行行使质押权的依据。将出口退税账户托管贷款认定为质押贷款，没有法律依据。

另一种观点认为，应当将出口退税账户托管贷款认定为质押贷款，原告对被告的出口退税款享有质权。理由是：

1.《中华人民共和国担保法》（以下简称担保法）规定的质押有两种，即动产质押与权利质押。作为权利质押标的物的权利，应当具有财产性和可转让性。财产性，是指该权利可以表现为为人所有的物质财富；可转让性，是指该权利必须能与人交换，具有交换价值。出口退税权利虽然是一种预期利益，但该利益是以一定数额的出口退税款这一形式实现的，这是能为人所有的物质财富；出口退税直接以货币数额来表示，当税款退入出口退税专户后，出口退税权就变现为出口退税款，出口退税权的变现功能使该权利具有了可转让性。既然出口退税是出口企业享有的一种权利，又具有财产性和可转让性，当然可以成为权利质押的标的物。

2. 根据担保法规定的精神，出质人和质权人应当以书面形式订立质押合同，质押合同自质物移交质权人占有时生效；权利质押的，双方应到该权利管理部门办理登记。本案双方当事人之间签订了书面质押合同，明确被告康美公司将其享有的出口退税权利质押给原告新区工行。根据质押合同，康美公司在新区工行设立了出口退税专户，授权新区工行从该退税专户中扣收贷款本息。双方的这一质押关系已经到税务机关登记备案，康美公司的退税账号和退税金额得到税务机关的确认；在贷款全部还清前，未经新区工行同意，税务机关不会为康美公司办理账户转移手续。新区工行通过对出口退税账户实施这种监控，确保康美公司的退税款只能退入该公司这惟一的账户。这种账户"托管"，使新区工行得以占有和控制康美公司的出口退税权利。这种对权利的占有和控制，正是权利质押的本质；而到税务机关登记备案，则是对出口退税权利质权的公示，由此产生了对抗第三人的法律效力。

3. 将出口退税权利用于质押，我国法律目前虽无明确规定，但在实践中已客观存在。这个事实证明，这种担保形式对帮助企业缓解由于出口退税滞后而引起的资金紧张，解决部分外贸出口企业的贷款担保问题，扩大融资渠道，是有益的。确认这种在实践中发展起来的新型担保方式有效，对资金融通和商品流通，对保障交易安全和债权的实现，对稳定社会经济秩序，都有重要意义。如果否定这种担保方式，无疑会削弱其担保功能，使其不具有对抗第三人的效力，也无法借以约束借款人，债权人的债权则难以保障。

常州市中级人民法院认为：

《中华人民共和国合同法》第二百零七条规定："借款人未按照约定的期限返还借款的，应当按照约定或者国家有关规定支付逾期利息。"担保法第六条规定："本法所称保证，是指保证人和债权人约定，当债务人不履行债务时，保证人按照约定履行债务或者承担责任的行为。"第七十五条第（四）项规定，依法可以质押的其他权利可以质押。被告康美公司与原告新区工行签订的借款合同合法有效。该借款合同履行过程中，由于出现了合同约定的贷款方有权提前收回全部借款的情形，新区工行主张提前收回全部借款，康美公司没有异议。康美公司目前尚欠新区工行借款本金6328382.72元，应当归还，并应支付相应利息及逾期利息。被告康美公司与原告新区工行在签订借款合同的同时，还签订了出口退税权利质押合同，约定康美公司将其享有的出口退税权利质押给新区工行，作为康美公司向新区工行借款的担保。根据质押合同，康美公司在新区工行设立了出口退税专用账户，这个账户和康美公司的应退未退税款金额1351万元，均得到常州市国税局的确认。

故康美公司与新区工行之间的出口退税账户托管贷款，构成了出口退税权利质押，新区工行有权在康美公司的出口退税款中优先受偿。被告康盛公司向新区工行出具承诺书，自愿对康美公司的借款承担连带保证责任，该承诺不违反法律规定。新区工行的诉讼请求应予支持。

**第四百四十一条 【以票据等有价证券质权的设立】** 以汇票、本票、支票、债券、存款单、仓单、提单出质的，质权自权利凭证交付质权人时设立；没有权利凭证的，质权自办理出质登记时设立。法律另有规定的，依照其规定。

**一、相关法律条文**

**《中华人民共和国票据法》（2004年8月28日修正）**

**第二十七条** 持票人可以将汇票权利转让给他人或者将一定的汇票权利授予他人行使。

出票人在汇票上记载“不得转让”字样的，汇票不得转让。

持票人行使第一款规定的权利时，应当背书并交付汇票。

背书是指在票据背面或者粘单上记载有关事项并签章的票据行为。

**第三十四条** 背书人在汇票上记载“不得转让”字样，其后手再背书转让的，原背书人对后手的被背书人不承担保证责任。

**第三十五条** 背书记载“委托收款”字样的，被背书人有权代背书人行使被委托的汇票权利。但是，被背书人不得再以背书转让汇票权利。

汇票可以设定质押；质押时应当以背书记载“质押”字样。被背书人依法实现其质权时，可以行使汇票权利。

**二、相关司法解释**

**1.《最高人民法院关于适用〈中华人民共和国民法典〉有关担保制度的解释》（法释〔2020〕28号）**

**第五十八条** 以汇票出质，当事人以背书记载“质押”字样并在汇票上签章，汇票已经交付质权人的，人民法院应当认定质权自汇票交付质权人时设立。

**第五十九条**　存货人或者仓单持有人在仓单上以背书记载“质押”字样，并经保管人签章，仓单已经交付质权人的，人民法院应当认定质权自仓单交付质权人时设立。没有权利凭证的仓单，依法可以办理出质登记的，仓单质权自办理出质登记时设立。

出质人既以仓单出质，又以仓储物设立担保，按照公示的先后确定清偿顺序；难以确定先后的，按照债权比例清偿。

保管人为同一货物签发多份仓单，出质人在多份仓单上设立多个质权，按照公示的先后确定清偿顺序；难以确定先后的，按照债权比例受偿。

存在第二款、第三款规定的情形，债权人举证证明其损失系由出质人与保管人的共同行为所致，请求出质人与保管人承担连带赔偿责任的，人民法院应予支持。

**第六十条**　在跟单信用证交易中，开证行与开证申请人之间约定以提单作为担保的，人民法院应当依照民法典关于质权的有关规定处理。

在跟单信用证交易中，开证行依据其与开证申请人之间的约定或者跟单信用证的惯例持有提单，开证申请人未按照约定付款赎单，开证行主张对提单项下货物优先受偿的，人民法院应予支持；开证行主张对提单项下货物享有所有权的，人民法院不予支持。

在跟单信用证交易中，开证行依据其与开证申请人之间的约定或者跟单信用证的惯例，通过转让提单或者提单项下货物取得价款，开证申请人请求返还超出债权部分的，人民法院应予支持。

前三款规定不影响合法持有提单的开证行以提单持有人身份主张运输合同项下的权利。

**2.《最高人民法院关于审理票据纠纷案件若干问题的规定》(法释〔2000〕32号)(2020年12月23日修正)**

**第四十七条**　因票据质权人以质押票据再行背书质押或者背书转让引起纠纷而提起诉讼的，人民法院应当认定背书行为无效。

**第四十八条**　依照票据法第二十七条的规定，票据的出票人在票据上记载“不得转让”字样，票据持有人背书转让的，背书行为无效。背书转让后的受让人不得享有票据权利，票据的出票人、承兑人对受让人不承担票据责任。

**第五十条** 依照票据法第三十四条和第三十五条的规定，背书人在票据上记载“不得转让”“委托收款”“质押”字样，其后手再背书转让、委托收款或者质押的，原背书人对后手的被背书人不承担票据责任，但不影响出票人、承兑人以及原背书人之前手的票据责任。

**第五十一条** 依照票据法第五十七条第二款的规定，贷款人恶意或者有重大过失从事票据质押贷款的，人民法院应当认定质押行为无效。

**第五十二条** 依照票据法第二十七条的规定，出票人在票据上记载“不得转让”字样，其后手以此票据进行贴现、质押的，通过贴现、质押取得票据的持票人主张票据权利的，人民法院不予支持。

**第五十三条** 依照票据法第三十四条和第三十五条的规定，背书人在票据上记载“不得转让”字样，其后手以此票据进行贴现、质押的，原背书人对后手的被背书人不承担票据责任。

**第五十四条** 依照票据法第三十五条第二款的规定，以汇票设定质押时，出质人在汇票上只记载了“质押”字样未在票据上签章的，或者出质人未在汇票、粘单上记载“质押”字样而另行签订质押合同、质押条款的，不构成票据质押。

**3.《最高人民法院关于审理存单纠纷案件的若干规定》(法释〔1997〕8号)(2020年12月23日修正)**

**第八条** 对存单质押的认定和处理

存单可以质押。存单持有人以伪造、变造的虚假存单质押的，质押合同无效。接受虚假存单质押的当事人如以该存单质押为由起诉金融机构，要求兑付存款优先受偿的，人民法院应当判决驳回其诉讼请求，并告知其可另案起诉出质人。

存单持有人以金融机构开具的、未有实际存款或与实际存款不符的存单进行质押，以骗取或占用他人财产的，该质押关系无效。接受存单质押的人起诉的，该存单持有人与开具存单的金融机构为共同被告。利用存单骗取或占用他人财产的存单持有人对侵犯他人财产权承担赔偿责任，开具存单的金融机构因其过错致他人财产权受损，对所造成的损失承担连带赔偿责任。接受存单质押的人在审查存单的真实性上有重大过失的，开具存单的金融机构仅对所造成的损失承担补充赔偿责任。明知存单虚假而接受存单质押的，开具存单的金融机构不承担民事赔偿责任。

以金融机构核押的存单出质的，即便存单系伪造、变造、虚开，质押合同均为有效，金融机构应当依法向质权人兑付存单所记载的款项。

## 三、相关部门规章

**1.《个人定期存单质押贷款办法》(2007年7月3日起施行)**

**第一条**　为加强个人定期存单质押贷款管理，根据《中华人民共和国商业银行法》、《中华人民共和国担保法》及其他有关法律、行政法规，制定本办法。

**第二条**　个人定期存单质押贷款(以下统称存单质押贷款)是指借款人以未到期的个人定期存单作质押，从商业银行(以下简称贷款人)取得一定金额的人民币贷款，到期由借款人偿还本息的贷款业务。

**第三条**　本办法所称借款人，是指中华人民共和国境内具有相应民事行为能力的自然人、法人和其他组织。

外国人、无国籍人以及港、澳、台居民为借款人的，应在中华人民共和国境内居住满一年并有固定居所和职业。

**第四条**　作为质押品的定期存单包括未到期的整存整取、存本取息和外币定期储蓄存款存单等具有定期存款性质的权利凭证。

所有权有争议、已作担保、挂失、失效或被依法止付的存单不得作为质押品。

**第五条**　借款人以本人名下定期存单作质押的小额贷款(以下统称小额存单质押贷款)，存单开户银行可授权办理储蓄业务的营业网点直接受理并发放。

各商业银行总行可根据本行实际，确定前款小额存单质押贷款额度。

**第六条**　以第三人存单作质押的，贷款人应制定严格的内部程序，认真审查存单的真实性、合法性和有效性，防止发生权利瑕疵的情形。对于借款人以公开向不特定的自然人、法人和其他组织募集的存单申请质押贷款的，贷款人不得向其发放贷款。

**第七条**　存单质押担保的范围包括贷款本金和利息、罚息、损害赔偿金、违约金和实现质权的费用。

存单质押贷款金额原则上不超过存单本金的90%(外币存款按当日公布的外汇(钞)买入价折成人民币计算)。各行也可以根据存单质押担保的范围合理确定贷款金额，但存单金额应能覆盖贷款本息。

**第八条** 存单质押贷款期限不得超过质押存单的到期日。若为多张存单质押，以距离到期日时间最近者确定贷款期限，分笔发放的贷款除外。

**第九条** 存单质押贷款利率按国家利率管理规定执行，计、结息方式由借贷双方协商确定。

**第十条** 在贷款到期日前，借款人可申请展期。贷款人办理展期应当根据借款人资信状况和生产经营实际需要，按审慎管理原则，合理确定贷款展期期限，但累计贷款期限不得超过质押存单的到期日。

**第十一条** 质押存单存期内按正常存款利率计息。存本取息定期存款存单用于质押时，停止取息。

**第十二条** 凭预留印鉴或密码支取的存单作为质押时，出质人须向发放贷款的银行提供印鉴或密码；以凭有效身份证明支取的存单作为质押时，出质人应转为凭印鉴或密码支取，否则银行有权拒绝发放贷款。

以存单作质押申请贷款时，出质人应委托贷款行申请办理存单确认和登记止付手续。

**第十三条** 办理存单质押贷款，贷款人和出质人应当订立书面质押合同，或者贷款人、借款人和出质人在借款合同中订立符合本办法规定的质押条款。

**第十四条** 质押合同应当载明下列内容：

（一）出质人、借款人和质权人姓名（名称）、住址或营业场所；

（二）被担保的贷款的种类、数额、期限、利率、贷款用途以及贷款合同号；

（三）定期存单号码及所载存款的种类、户名、开立机构、数额、期限、利率；

（四）质押担保的范围；

（五）定期存单确认情况；

（六）定期存单的保管责任；

（七）质权的实现方式；

（八）违约责任；

（九）争议的解决方式；

（十）当事人认为需要约定的其他事项。

**第十五条** 质押存续期间，除法律另有规定外，任何人不得擅自动用质押存单。

**第十六条** 出质人和贷款人可以在质押合同中约定，当借款人没有依法履行合同的，贷款人可直接将存单兑现以实现质权。存单到期日后于借款到期日的，贷款人可继续保管质押存单，在存单到期日兑现以实现质权。

**第十七条** 存单开户行（以下简称存款行）应根据出质人的申请及质押合同办理存单确认和登记止付手续，并妥善保管有关文件和资料。

**第十八条** 贷款人应妥善管理质押存单及出质人提供的预留印签或密码。因保管不善造成丢失、损坏，由贷款人承担责任。

用于质押的定期存单在质押期间丢失、毁损的，贷款人应立即通知借款人和出质人，并与出质人共同向存款开户行申请挂失、补办。补办的存单仍应继续作为质物。

质押存单的挂失申请应采用书面形式。在特殊情况下，可以用口头或函电形式，但必须在五个工作日内补办书面挂失手续。

申请挂失时，除出质人应按规定提交的申请资料外，贷款人应提交营业执照复印件、质押合同副本。

挂失生效，原定期存单所载的金额及利息应继续作为出质资产。

质押期间，未经贷款人同意，存款行不得受理存款人提出的挂失申请。

**第十九条** 质押存续期间如出质人死亡，其合法继承人依法办理存款过户和继承手续，并继续履行原出质人签订的质押合同。

**第二十条** 贷款期满借款人履行债务的，或者借款人提前偿还质押贷款的，贷款人应当及时将质押的定期存单退还出质人，并及时到存单开户行办理登记注销手续。

**第二十一条** 借款人按贷款合同约定还清贷款本息后，出质人凭存单保管收据取回质押存单。若出质人将存单保管收据丢失，由出质人、借款人共同出具书面证明，并凭合法身份证明到贷款行取回质押存单。

**第二十二条** 有下列情形之一的，贷款人可依第十六条的约定方式或其他法定方式处分质押的定期存单：

（一）质押贷款合同期满，借款人未按期归还贷款本金和利息的；

（二）借款人或出质人违约，贷款人需依法提前收回贷款的；

（三）借款人或出质人被宣告破产的；

（四）借款人或出质人死亡而无继承人履行合同的。

**第二十三条** 质押合同、贷款合同发生纠纷时,各方当事人均可按协议向仲裁机构申请调解或仲裁,或者向人民法院起诉。

**第二十四条** 存款行出具虚假的个人定期储蓄存单或个人定期储蓄存单确认书的,依照《金融违法行为处罚办法》第十三条的规定予以处罚。

**第二十五条** 存款行不按本办法规定对质物进行确认,或者贷款行接受未经确认的个人定期储蓄存单质押的,由中国银行业监督管理委员会给予警告,并处三万元以下的罚款,并责令对其主要负责人和直接责任人员依法给予行政处分。

**第二十六条** 借款人已履行合同,贷款人不按规定及时向出质人退回个人定期储蓄存单或在质押存续期间,未经贷款人同意,存款行受理存款人提出的挂失申请并挂失的,由中国银行业监督管理委员会给予警告,并处三万元以下罚款。构成犯罪的,由司法机关依法追究刑事责任。

**第二十七条** 各商业银行总行可根据本办法制定实施细则,并报中国银业监督管理委员会或其派出机构备案。

**第二十八条** 城市信用社、农村信用社、村镇银行、贷款公司、农村资金互助社办理个人存单质押贷款业务适用本办法。

**第二十九条** 本办法由中国银行业监督管理委员会负责解释和修改。

**第三十条** 本办法自公布之日起施行,本办法施行之前有关规定与本办法相抵触的,以本办法为准。

**2.《单位定期存单质押贷款管理规定》(2007年7月3日起施行)**

**第一章 总 则**

**第一条** 为加强单位定期存单质押贷款管理,根据《中华人民共和国银行业监督管法》、《中华人民共和国商业银行法》、《中华人民共和国物权法》及其他有关法律、行政法规,制定本规定。

**第二条** 在中华人民共和国境内从事单位定期存单质押贷款活动适用本规定。

本规定所称单位包括企业、事业单位、社会团体以及其他组织。

**第三条** 本规定所称单位定期存单是指借款人为办理质押贷款而

委托贷款人依据开户证实书向接受存款的金融机构(以下简称存款行)申请开具的人民币定期存款权利凭证。

单位定期存单只能以质押贷款为目的开立和使用。

单位在金融机构办理定期存款时,金融机构为其开具的《单位定期存款开户证实书》不得作为质押的权利凭证。

金融机构应制定相应的管理制度,加强对开具《单位定期存款开户证实书》和开立、使用单位定期存单的管理。

**第四条**　单位定期存单质押贷款活动应当遵守国家法律、行政法规,遵循平等、自愿、诚实信用的原则。

## 第二章　单位定期存单的开立与确认

**第五条**　借款人办理单位定期存单质押贷款,除按其他有关规定提交文件、资料外,还应向贷款人提交下列文件、资料:

(一)开户证实书,包括借款人所有的或第三人所有而向借款人提供的开户证实书;

(二)存款人委托贷款人向存款行申请开具单位定期存单的委托书;

(三)存款人在存款行的预留印鉴或密码。

开户证实书为第三人向借款人提供的,应同时提交第三人同意由借款人为质押贷款目的而使用其开户证实书的协议书。

**第六条**　贷款人经审查同意借款人的贷款申请的,应将开户证实书和开具单位定期存单的委托书一并提交给存款行,向存款行申请开具单位定期存单和确认书。

贷款人经审查不同意借款人的贷款申请的,应将开户证实书和委托书及时退还给借款人。

**第七条**　存款行收到贷款人提交的有关材料后,应认真审查开户证实书是否真实,存款人与本行是否存在真实的存款关系,以及开具单位定期存单的申请书上的预留印鉴或提供的密码是否和存款人在存款时预留的印鉴或密码一致。必要时,存款行可以向存款人核实有关情况。

**第八条**　存款行经过审查认为开户证实书证明的存款属实的,应保留开户证实书及第三人同意由借款人使用其开户证实书的协议书,并在收到贷款人的有关材料后3个工作日内开具单位定期存单。

存款行不得开具没有存款关系的虚假单位定期存单或与真实存款情况不一致的单位定期存单。

**第九条** 存款行在开具单位定期存单的同时，应对单位定期存单进行确认，确认后认为存单内容真实的，应出具单位定期存单确认书。确认书应由存款行的负责人签字并加盖单位公章，与单位定期存单一并递交给贷款人。

**第十条** 存款行对单位定期存单进行确认的内容包括：

（一）单位定期存单所载开立机构、户名、账号、存款数额、存单号码、期限、利率等是否真实准确；

（二）借款人提供的预留印鉴或密码是否一致；

（三）需要确认的其他事项。

**第十一条** 存款行经过审查，发现开户证实书所载事项与账户记载不符的，不得开具单位定期存单，并及时告知贷款人，认为有犯罪嫌疑的，应及时向司法机关报案。

**第十二条** 经确认后的单位定期存单用于贷款质押时，其质押的贷款数额一般不超过确认数额的90%。各行也可以根据存单质押担保的范围合理确定贷款金额，但存单金额应能覆盖贷款本息。

**第十三条** 贷款人不得接受未经确认的单位定期存单作为贷款的担保。

**第十四条** 贷款人对质押的单位定期存单及借款人或第三人提供的预留印鉴和密码等应妥善保管，因保管不善造成其丢失、毁损或泄密的，由贷款人承担责任。

## 第三章 质押合同

**第十五条** 办理单位定期存单质押贷款，贷款人和出质人应当订立书面质押合同。在借款合同中订立质押条款的，质押条款应符合本章的规定。

**第十六条** 质押合同应当载明下列内容：

（一）出质人、借款人和质权人名称、住址或营业场所；

（二）被担保的贷款的种类、数额、期限、利率、贷款用途以及贷款合同号；

（三）单位定期存单号码及所载存款的种类、户名、账户、开立机构、数额、期限、利率；

（四）质押担保的范围；
（五）存款行是否对单位定期存单进行了确认；
（六）单位定期存单的保管责任；
（七）质权的实现方式；
（八）违约责任；
（九）争议的解决方式；
（十）当事人认为需要约定的其他事项。

**第十七条** 质押合同应当由出质人和贷款人签章。签章为其法定代表人、经法定代表人授权的代理人或主要负责人的签字并加盖单位公章。

**第十八条** 质押期间，除法律另有规定外，任何人不得擅自动用质押款项。

**第十九条** 出质人和贷款人可以在质押合同中约定，当借款人没有依约履行合同的，贷款人可直接将存单兑现以实现质权。

**第二十条** 存款行应对其开具并经过确认的单位定期存单进行登记备查，并妥善保管有关文件和材料。质押的单位定期存单被退回时，也应及时登记注销。

## 第四章 质权的实现

**第二十一条** 单位定期存单质押担保的范围包括贷款本金和利息、罚息、损害赔偿金、违约金和实现质权的费用。质押合同另有约定的，按照约定执行。

**第二十二条** 贷款期满借款人履行债务的，或者借款人提前偿还所担保的贷款的，贷款人应当及时将质押的单位定期存单退还存款行。存款行收到退回的单位定期存单后，应将开户证实书退还贷款人并由贷款人退还借款人。

**第二十三条** 有下列情形之一的，贷款人可依法定方式处分单位定期存单：
（一）质押贷款合同期满，借款人未按期归还贷款本金和利息的；
（二）借款人或出质人违约，贷款人需依法提前收回贷款的；
（三）借款人或出质人被宣告破产或解散的。

**第二十四条** 有第二十三条所列情形之一的，贷款人和出质人可以协议以单位定期存单兑现或以法律规定的其他方式处分单位定期存单。以单位定期存单兑现时，贷款人应向存款行提交单位定期存单和其与出质人的协议。

单位定期存单处分所得不足偿付第二十一条规定的款项的，贷款人应当向借款人另行追偿；偿还第二十一条规定的款项后有剩余的，其超出部分应当退还出质人。

**第二十五条** 质押存单期限先于贷款期限届满的，贷款人可以提前兑现存单，并与出质人协议将兑现的款项提前清偿借款或向与出质人约定的第三人提存，质押合同另有约定的，从其约定。提存的具体办法由各当事人自行协商确定。

贷款期限先于质押的单位定期存单期限届满，借款人未履行其债务的，贷款人可以继续保管定期存单，在存单期限届满时兑现用于抵偿贷款本息。

**第二十六条** 经与出质人协商一致，贷款人提前兑现或提前支取的，应向存款行提供单位定期存单、质押合同、需要提前兑现或提前支取的有关协议。

**第二十七条** 用于质押的单位定期存单项下的款项在质押期间被司法机关或法律规定的其他机关采取冻结、扣划等强制措施的，贷款人应当在处分此定期存款时优先受偿。

**第二十八条** 用于质押的单位定期存单在质押期间丢失，贷款人应立即通知借款人和出质人，并申请挂失；单位定期存单毁损的，贷款人应持有关证明申请补办。

质押期间，存款行不得受理存款人提出的挂失申请。

**第二十九条** 贷款人申请挂失时，应向存款行提交挂失申请书，并提供贷款人的营业执照复印件、质押合同副本。

挂失申请应采用书面形式。在特殊情况下，可以用口头或函电形式，但必须在五个工作日内补办书面挂失手续。

挂失生效，原单位定期存单所载的金额及利息应继续作为出质资产。

**第三十条** 出质人合并、分立或债权债务发生变更时，贷款人仍然拥有单位定期存单所代表的质权。

## 第五章 罚 则

**第三十一条** 存款行出具虚假的单位定期存单或单位定期存单确认书的，依照《金融违法行为处罚办法》第十三条的规定对存款行及相关责任人予以处罚。

**第三十二条**　存款行不按本规定对质物进行确认或贷款行接受未经确认的单位定期存单质押的，由中国银行业监督管理委员会给予警告，并处以三万元以下的罚款，并责令对其主要负责人和直接责任人员依法给予行政处分。

**第三十三条**　贷款人不按规定及时向存款行退回单位定期存单的，由中国银行业监督管理委员会给予警告，并处以三万元以下罚款。给存款人造成损失的，依法承担相应的民事责任。构成犯罪的，由司法机关依法追究刑事责任。

### 第六章　附　　则

**第三十四条**　个人定期储蓄存款存单质押贷款不适用本规定。

**第三十五条**　中华人民共和国境内的国际结算和融资活动中需用单位定期存单作质押担保的，参照本规定执行。

**第三十六条**　本规定由中国银行业监督管理委员会负责解释和修改。

**第三十七条**　本规定自公布之日起施行。本规定公布施行前的有关规定与本规定有抵触的，以本规定为准。

## 四、相关文件规定

**1.《中国人民银行、财政部关于印发〈储蓄国债（电子式）质押管理暂行办法〉的通知》（银发〔2006〕291号）**

**第一条**　为满足储蓄国债（电子式）（以下简称储蓄国债）投资者的融资需求，规范储蓄国债质押贷款业务，维护借贷双方的合法权益，防范金融风险，促进国债市场的稳健发展，制定本办法。

**第二条**　本办法所称的储蓄国债指财政部在中华人民共和国境内发行，通过试点商业银行（以下简称试点银行）面向个人投资者销售的、以电子方式记录债权的不可流通人民币债券。

**第三条**　本办法所称试点银行是指经批准办理储蓄国债代销试点业务的商业银行。

**第四条**　借款人以储蓄国债为质押品向试点银行取得人民币贷款适用本办法。

**第五条**　以储蓄国债为质押品取得贷款仅限在试点银行开办储蓄国债业务的网点（同一城市内应包括所有网点）办理。各试点银行办理以储蓄国债为质押品的贷款时，其质押品应为本系统售出的储蓄国债。

借款人申请办理质押贷款业务时，应向原购买银行提出申请。经审核批准后，由借贷双方签订质押贷款合同，作为质押的储蓄国债的债权由贷款人予以冻结，贷款人同时向借款人出具债权冻结证明。

**第六条** 作为质押贷款质押品的储蓄国债应是未到期的合格储蓄国债。凡所有权有争议、已作挂失或被依法止付的储蓄国债不得作为质押品。

**第七条** 借款人申请办理储蓄国债质押贷款业务时，本人名下必须拥有足额储蓄国债债权，并向贷款人提供本人有效身份证件。代他人办理质押业务的，应有债权人的书面委托证明，同时需持有债权人和代办人的有效身份证件。

**第八条** 储蓄国债质押贷款期限不得超过储蓄国债的最后到期日。若用多种期限储蓄国债作质押，以距离到期日最近者确定贷款期限。

**第九条** 以储蓄国债为质押品申请贷款额度的起点为5000元，每笔贷款额由贷款人根据被质押的储蓄国债预期收益、贷款利率、贷款期限等因素自行确定，但应不超过其作为质押品的储蓄国债面额的100%。

**第十条** 储蓄国债质押贷款利率水平及计息方式按照中国人民银行利率管理规定执行。

**第十一条** 储蓄国债质押贷款应按期归还。逾期贷款罚息利率、罚息方式按中国人民银行的有关利率管理规定执行。如需执行尚未到期的储蓄国债，贷款人可按提前兑取的正常程序办理兑付，提前兑取可进行一定的利益扣除，并按兑付本金的一定比例收取由借款人承担的手续费，在抵偿了贷款本息及罚息后，应将剩余款项退还借款人。

**第十二条** 借款人按质押贷款合同约定还清贷款本息后，凭债权冻结证明要求贷款人对储蓄国债予以解冻。若借款人将债权冻结证明丢失，可向贷款人申请挂失。

**第十三条** 储蓄国债在质押期间所产生的利息随本金一起质押。

**第十四条** 贷款人以储蓄国债为质押品申请贷款时，须及时办理储蓄国债债权冻结与解冻，因债权处理失误给借款人造成的损失，由贷款人承担相应的责任。

**第十五条** 如借款人死亡，其合法继承人可依据《中华人民共和国继承法》及其他有关法律规定，办理有关债务的过户和继承手续，并继续履行原借款人签订的质押贷款合同。若无继承人履行合同，贷款人有权处理质押的储蓄国债，抵偿贷款本息。

**第十六条**　中国人民银行、财政部以及人民银行分支机构、各地财政厅局可以根据需要，会同有关部门对试点银行办理储蓄国债质押贷款业务资格、网点范围、业务流程等情况进行监督检查。

**第十七条**　试点银行及其分支机构须将办理储蓄国债质押贷款业务情况，定期向中国人民银行当地分支机构和当地财政部门报送。

**第十八条**　试点银行应根据本办法制定实施细则并报中国人民银行和财政部备案。

**第十九条**　试点银行在办理储蓄国债质押贷款业务时应严格遵守本办法。

**第二十条**　本办法由中国人民银行、财政部负责解释。

**第二十一条**　本办法自发布之日起执行。

**2.《凭证式国债质押贷款办法》(银发〔1999〕231号)**

**第一条**　为了满足凭证式国债投资者的融资需求，促进国债市场发展，特制定本办法。

**第二条**　本办法所称的凭证式国债，是指1999年后(含1999年)财政部发行，各承销银行以“中华人民共和国凭证式国债收款凭证”方式销售的国债(以下简称“凭证式国债”)，不包括1999年以前发行的凭证式国债。

**第三条**　凭证式国债质押贷款，是指借款人以未到期的凭证式国债作质押，从商业银行取得人民币贷款，到期归还贷款本息的一种贷款业务。

**第四条**　经中国人民银行批准，允许办理个人定期储蓄存款存单小额抵押贷款业务，并承担凭证式国债发行业务的商业银行，均可以办理凭证式国债质押贷款业务。

**第五条**　作为质押贷款质押品的凭证式国债，就应是未到期的凭证式国债。凡所有权有争议、已作挂失或被依法止付的凭证式国债，不得作为质押品。

**第六条**　借款人申请办理质押贷款业务时，应向其原认购国债银行提出申请，经对申请人的债权进行确认并审核批准后，由借贷双方签订质押贷款合同。作为质押品的凭证式国债交贷款机构保管，由贷款机构出具保管收据。保管收据是借款人办理凭证式国债质押贷款的凭据,不准转让、出借和再抵押。各商业银行之间不得跨系统办理凭证式国债质押贷款业务。不承办凭证式国债发行业务的商业银行,不得受理此项业务。

**第七条** 借款人申请办理凭证式国债质押贷款业务时,必须持本人名下的凭证式国债和能证明本人身份的有效证件。使用第三人的凭证式国债办理质押业务的,需以书面形式征得第三人同意,并同时出示本人和第三人的有效身份证件。

**第八条** 凭证式国债质押贷款期限由贷款机构与借款人自行商定,但最长不得超过凭证式国债的到期日。若用不同期限的多张凭证式国债作质押,以距离到期日最近者确定贷款期限。

**第九条** 凭证式国债质押贷款额度起点为5000元,每笔贷款应不超过质押品面额的90%。

**第十条** 凭证式国债质押贷款利率,按照同期同档次法定贷款利率(含浮动)和有关规定执行。贷款期限不足6个月的,按6个月的法定贷款利率确定。如借款人提前还贷,贷款利率按合同利率和实际借款天数计算。凭证式国债质押贷款实行利随本清。在贷款期限内如遇利率调整,贷款利率不变。

**第十一条** 凭证式国债质押贷款应按期归还。逾期1个月以内(含1个月)的,自逾期之日起,贷款机构按法定罚息利率向借款人计收罚息。逾期超过1个月,贷款机构有权处理质押的凭证式国债,抵偿贷款本息。贷款机构在处理逾期的凭证式国债质押贷款时,如凭证式国债尚未到期,贷款机构可按提前兑付的正常程序办理兑付(提前兑取时,银行按国债票面值收取千分之二的手续费,手续费由借款人承担),在抵偿了贷款本息及罚息后,应将剩余款项退还借款人。

**第十二条** 借款人按质押贷款合同约定还清贷款本息后,凭保管收据取回质押的凭证式国债。若借款人将保管收据丢失,可向贷款机构申请补办。

**第十三条** 贷款机构应妥善保管质押品。因保管不善如丢失、损坏等造成的损失,由贷款机构承担相应的责任。贷款机构要建立健全保管收据的开具、收回、补办等制度,做好保管收据的管理工作。

**第十四条** 质押贷款履行期间,如借款人死亡,可依据《中华人民共和国继承法》及其他有关法律规定,处理有关债务继承问题。

**第十五条**　质押贷款合同发生纠纷时,任何一方均可向仲裁机构申请仲裁,也可向人民法院起诉。

**第十六条**　各商业银行应根据本办法制定实施细则并报中国人民银行总行和财政部备案。

**第十七条**　商业银行所属机构在办理凭证式国债质押贷款业务时应严格遵守本办法。如有违反本办法的行为,人民银行将根据《金融违法行为处罚办法》的有关规定予以处罚。

**第十八条**　本办法由中国人民银行负责解释。

**第十九条**　本办法自发布之日起执行。

## 五、相关裁判摘要

• **第111号指导案例"中国建设银行股份有限公司广州荔湾支行诉广东蓝粤能源发展有限公司等信用证开证纠纷案"**(最高人民法院审判委员会讨论通过;2019年2月25日发布)认为,开证行对信用证项下单据中的提单以及提单项下的货物享有质权的,开证行行使提单质权的方式与行使提单项下货物动产质权的方式相同,即对提单项下货物折价、变卖、拍卖后所得价款享有优先受偿权。相关裁判摘要如下:

最高人民法院认为,提单具有债权凭证和所有权凭证的双重属性,但并不意味着谁持有提单谁就当然对提单项下货物享有所有权。对于提单持有人而言,其能否取得物权以及取得何种类型的物权,取决于当事人之间的合同约定。建行广州荔湾支行履行了开证及付款义务并取得信用证项下的提单,但是由于当事人之间没有移转货物所有权的意思表示,故不能认为建行广州荔湾支行取得提单即取得提单项下货物的所有权。虽然《信托收据》约定建行广州荔湾支行取得货物的所有权,并委托蓝粤能源公司处置提单项下的货物,但根据物权法定原则,该约定因构成让与担保而不能发生物权效力。然而,让与担保的约定虽不能发生物权效力,但该约定仍具有合同效力,且《关于开立信用证的特别约定》约定蓝粤能源公司违约时,建行广州荔湾支行有权处分信用证项下单据及货物,因此根据合同整体解释以及信用证交易的特点,表明当事人真实意思表示是通过提单的流转而设立提单质押。本案符合权利质押设立所须具备的书面质押合同和物权公示两项要件,建行广州荔湾支行作为提单持有人,享有提单权利质权。建行广州荔湾支行的提单权利质权如果与其他债权人对提单项下货物所可能享有的留置权、动产质权等权利产生冲突的，可在执行分配程序中依法予以解决。

• **2004年第11期《中华人民共和国最高人民法院公报》**刊登的**“滕州市城郊信用社诉建行枣庄市薛城区支行票据纠纷案”**判决对汇票质押的设立问题进行了分析。相关裁判摘要如下：

关于城郊信用社与洗煤厂之间是否形成有效的质押关系，既应适用票据法、担保法，也应适用最高人民法院《关于适用〈中华人民共和国担保法〉若干问题的解释》和最高人民法院《关于审理票据纠纷案件若干问题的规定》。票据法第三十五条第二款规定，汇票质押时应当以背书记载“质押”字样。但并未规定如果未记载“质押”字样的，质押不生效或无效。担保法第七十六条规定：“以汇票、支票、本票、债券、存款单、仓单、提单出质的，应当在合同约定的期限内将权利凭证交付质权人。质押合同自权利凭证交付之日起生效。”因此，背书质押不是设定票据质权的惟一方式，订立质押合同、交付票据也可以设定票据质权。票据法第三十一条第一款规定：“以背书转让的汇票，背书应当连续。持票人以背书的连续，证明其汇票权利；非经背书转让，而以其他合法方式取得汇票的，依法举证，证明其汇票权利。”以票据出质的，质押背书是表明票据持有人享有票据质权的直接证据，如果无质押背书，书面的质押合同就是票据持有人证明其享有票据质权的合法证据。在票据持有人持有票据，并有书面质押合同的情况下，应当认定持有人享有票据质权。最高人民法院《关于适用〈中华人民共和国担保法〉若干问题的解释》第九十八条规定：“以汇票、支票、本票出质，出质人与质权人没有背书记载‘质押’字样，以票据出质对抗善意第三人的，人民法院不予支持。”由此，背书“质押”字样不是票据质权的取得要件，仅是票据质权的对抗要件。虽然最高人民法院《关于审理票据纠纷案件若干问题的规定》第五十五条规定，“依照票据法第三十五条第二款的规定，以汇票设定质押时……或者出质人未在汇票、粘单上记载‘质押’字样而另行签订质押合同、质押条款的，不构成票据质押”，但因该规定的颁布时间早于最高人民法院《关于适用〈中华人民共和国担保法〉若干问题的解释》，故对本案应适用《关于适用〈中华人民共和国担保法〉若干问题的解释》中的规定。综上，本案城郊信用社与洗煤厂间订有质押合同、洗煤厂将银行汇票交付城郊信用社占有，双方在8号银行汇票上成立了有效的票据质押关系，城郊信用社取得票据质权。

• **1998年第2期《中华人民共和国最高人民法院公报》**刊登的**“安阳汽车运输总公司诉南庄分社、临淇信用合作社质押存单兑付纠纷案”**判决就银行职工伪造存单并用于质押的，该存单上是否成立权利质权的问题进行了分析。相关裁判摘要如下：

本案涉及的存单，格式及单位印章都是真实的，对外能产生法律约束力。由于存单的形式要件完备，被上诉人运输公司有足够的理由相信存单的真实性，故运输公司已经尽了合理注意的义务，是善意行为人。

贾文庆是原审被告南庄分社的工作人员，依照《中华人民共和国民法通则》第四十三条的规定，南庄分社应当承担其工作人员职务行为所引起的民事责任。运输公司持有的存单已经到期，南庄分社应当兑付该存单本息。南庄分社是被上诉人信用社的分支机构，故信用社依法应当作为本案的当事人参加诉讼，并在南庄分社不能承担清偿责任时，直接承担债务清偿责任。信用社称刘连福、贾文庆伪造存单已由司法机关处理，我社不应承担该假存单的民事责任的上述理由，不能成立。

• **1997年第1期《中华人民共和国最高人民法院公报》**刊登的**“中国投资银行天津分行诉天津市轻工业对外贸易公司票据质押纠纷案”**判决认为，票据质押并非票据权利的转让，因此票面记载的“不得转让”字样不影响当事人之间票据质押合同的合法有效性。相关裁判摘要如下：

原告投资银行在取得票据时已向信用证议付行承兑付款，支付了对价，是该票据的善意持有人。被告轻工公司向投资银行申请开立信用证并委托其向国外付款，投资银行完成这些委托后，双方当事人之间形成新的债权债务关系。参照《中华人民共和国担保法》第75条、第76条的规定，轻工公司为保证其付款义务的履行，有权通过质押背书，将6张以其为收款人、标明“不得转让”字样的银行承兑汇票交付给投资银行，形成权利质押。由于质押仅能使质权人占有质物，并未形成所有权的转移，因此，票面记载的“不得转让”字样不影响双方当事人之间设定质押合同的合法有效性。参照担保法第76条的规定，质押合同自权利凭证交付之日起生效。投资银行通过质押占有票据，并通过向信用证议付行承兑付款为取得票据权利支付了对价，成为该票据的善意持有人。参照担保法第81条和第63条的规定，在轻工公司已经不能履行其债务时,投资银行有权行使票据权利,并优先受偿。"不得转让"的约定以及轻工公司同案外人之间发生的合同纠纷,对通过质押占有票据的投资银行来说,是票据的原因关系。票据的原因关系不能对抗通过合法的渠道取得票据并为此支付了对价的善意持票人。

**第四百四十二条 【质权人行使票据等证券质权的特殊情形】**汇票、本票、支票、债券、存款单、仓单、提单的兑现日期或者提货日期先于主债权到期的,质权人可以兑现或者提货,并与出质人协议将兑现的价款或者提取的货物提前清偿债务或者提存。

**第四百四十三条 【基金份额、股权质权的设立】**以基金份额、股权出质的,质权自办理出质登记时设立。

基金份额、股权出质后,不得转让,但是出质人与质权人协商同意的除外。出质人转让基金份额、股权所得的价款,应当向质权人提前清偿债务或者提存。

**相关文件规定**

**1.《最高人民法院执行工作办公室关于上市公司发起人股份质押合同及红利抵债协议效力问题请示案的复函》(〔2002〕执他字第22号)**

江苏省高级人民法院:

你院《关于上市公司发起人以其持有的法人股在法定不得转让期内设质押担保在可转让时清偿期届满的债权其质押合同效力如何确认等两个问题的请示报告》收悉。经研究,答复如下:

一、关于本案发起人股份质押合同效力的问题,基本同意你院的第二种意见。《公司法》第147条规定对发起人股份转让的期间限制,应当理解为是对股权实际转让的时间的限制,而不是对达成股权转让协议的时间的限制。本案质押的股份不得转让期截止到2002年3月3日,而质押权行使期至2005年9月25日才可开始,在质押权人有权行使质押权时,该质押的股份已经没有转让期间的限制,因此不应以该股份在设定质押时依法尚不得转让为由确认质押合同无效。

二、关于本案中三方当事人达成的以股份所产生的红利抵债的协议(简称三方抵债协议),我们认为:首先,该协议性质上属于三方当事人之间的连环债务的协议抵消关系。在协议抵消的情况下,抵消的条件、标的物、范围,均由当事人自主约定。《合同法》第100条关于双方当事人协议抵消的规定,并不排除本案中三方当事人协议抵消的做法。其次,该协议属于预定抵消合同。根据这种合同,当事人之间将来发生可以抵消的债务时,无须另行作出抵消的意思表示,而当然发生抵消债务的效果。这种协议并不违反法律的强制性规定,应予以认可。本案中吴江工艺织造厂(以下简称织造厂)在中国服装股份有限公司(以下简称服装公司)中的预期红利收益处于不确定状态,符合这种预定抵消合同的特点。

三、关于股份质押协议与三方抵债协议的关系问题,因本案股份质押权的行使附有期限,故质押的效力只能及于质押权行使期到来(即2005年9月25日)之后该股份产生的红利,质押权人中国银行吴江支行(以下简称吴江支行)不能对此前的红利行使质押权。因此,对于织造厂于2001年6月9日从服装公司分得的该期红利,吴江支行不能以股份质押合同有效而对抗服装公司依据三方抵债协议所为的抵消。

四、织造厂在服装公司的红利一旦产生,按照三方抵债协议的约定,服装公司给付织造厂的红利即时自动抵消面料厂对服装公司的债务,不需要实际支付。因此,在宜兴市人民法院向服装公司送达协助执行通知时,被执行人织造厂在服装公司的红利债权已经消灭,不再有可供执行的债权。宜兴市人民法院从服装公司划拨红利的执行是错误的,应予纠正。

**2.《最高人民法院关于涉外股权质押未经登记在执行中质押权人是否享有优先受偿权问题的复函》(〔2003〕执他字第6号)**

江苏省高级人民法院:

你院(2002)苏执监字第114号报告收悉,经研究,答复如下:

同意你院审判委员会第一种意见。(香港)越信隆财务有限公司(以下简称越信隆)与香港千帆投资有限公司(以下简称香港千帆)于1995年7月13日签订的《抵押契约》所涉及的质押物,是香港千帆在南京千帆房地产开发有限公司(以下简称南京千帆)持有的65%股权。虽然我国法律对涉外动产物权的法律适用没有明确的规定,但根据《民法通则》第142条第3款规定的精神,本案可参照世界各国目前普遍采用的物之所在地法原则。因南京千帆系在中华人民共和国注册成立的有限责任公司,故该公司股权的质押是否有效,应根据中华人民共和国的法律法规来认定。上述《抵押契约》订立时,《中华人民共和国担保法》已经全国人大常委会通过并颁布,且于1995年10月1日实施。《担保法》实施后,越信隆应当按照该法第78条第3款的规定,将香港千帆在南京千帆持有的65%股权在内地办理股份出质记载手续,但越信隆未办理股份出质登记。因此,其抵押权不具有对抗第三人的效力。鉴于香港千帆所持南京千帆65%股权已经南京有关行政主管部门批准转让,非经法定程序不得撤销。

**3.《财政部关于上市公司国有股质押有关问题的通知》(财企〔2001〕651号)**

为了加强上市公司国有股质押的管理,规范国有股东行为,根据《国务院关于印发〈减持国有股筹集社会保障资金管理暂行办法〉的通知》和国家有关法律、法规的规定,现就上市公司国有股质押有关问题通知如下:

一、国有股东授权代表单位将其持有的国有股用于银行贷款和发行企业债券质押,应当遵守《中华人民共和国公司法》、《中华人民共和国担保法》及有关国有股权管理等法律法规的规定,并制定严格的内部管理制度和责任追究制度。

二、公司发起人持有的国有股,在法律限制转让期限内不得用于质押。

三、国有股东授权代表单位持有的国有股只限于为本单位及其全资或控股子公司提供质押。

四、国有股东授权代表单位用于质押的国有股数量不得超过其所持该上市公司国有股总额的50%。

五、国有股东授权代表单位以国有股进行质押,必须事先进行充分的可行性论证,明确资金用途,制订还款计划,并经董事会(不设董事会的由总经理办公会)审议决定。

六、国有股东授权代表单位以国有股质押所获贷款资金,应当按照规定的用途使用,不得用于买卖股票。

七、以国有股质押的,国有股东授权代表单位在质押协议签订后,按照财务隶属关系报省级以上主管财政机关备案,并根据省级以上主管财政机关出具的《上市公司国有股质押备案表》,按照规定到证券登记结算公司办理国有股质押登记手续。

(一)国有股东授权代表单位办理国有股质押备案应当向省级以上主管财政机关提交如下文件:

1. 国有股东授权代表单位持有上市公司国有股证明文件;

2. 质押的可行性报告及公司董事会(或总经理办公会)决议;

3. 质押协议副本;

4. 资金使用及还款计划;

5. 关于国有股质押的法律意见书。

(二)各省、自治区、直辖市、计划单列市财政厅(局)应于每年1月31日前,将本地区上年度上市公司国有股质押情况上报财政部。具体内容包括:

1. 国有股质押总量;

2. 各国有股东授权代表单位国有股质押情况;

3. 各国有股东授权代表单位国有股解除质押情况;

4. 各国有股东授权代表单位国有股因质押被人民法院冻结、拍卖情况。

八、国有股东授权代表单位将其持有的国有股用于银行贷款和发行企业债权质押,应当按照证券市场监管和国有股权管理的有关规定履行信息披露的义务。

九、国有股用于质押后,国有股东授权代表单位应当按时清偿债务。若国有股东授权代表单位不能按时清偿债务的,应当通过法律、法规规定的方式和程序将国有股变现后清偿,不得将国有股直接过户到债权人名下。

十、国有股变现清偿时,涉及国有股协议转让的,应按规定报财政部核准;导致上市公司实际控制权发生变化的,质押权人应当同时遵循有关上市公司收购的规定。

十一、本通知自印发之日起执行。

**4.《证券公司股票质押贷款管理办法》(银发〔2004〕256号)**

## 第一章　总　　则

**第一条**　为规范股票质押贷款业务,维护借贷双方的合法权益,防范金融风险,促进我国资本市场的稳健发展,根据《中华人民共和国中国人民银行法》、《中华人民共和国银行业监督管理法》、《中华人民共和国商业银行法》、《中华人民共和国证券法》、《中华人民共和国担保法》的有关规定，特制定本办法。

**第二条** 本办法所称股票质押贷款，是指证券公司以自营的股票、证券投资基金券和上市公司可转换债券作质押，从商业银行获得资金的一种贷款方式。

**第三条** 本办法所称质物，是指在证券交易所上市流通的、证券公司自营的人民币普通股票（A股）、证券投资基金券和上市公司可转换债券（以下统称股票）。

**第四条** 本办法所称借款人为依法设立并经中国证券监督管理委员会批准可经营证券自营业务的证券公司（指法人总部，下同），贷款人为依法设立并经中国银行业监督管理委员会批准可经营股票质押贷款业务的商业银行（以下统称商业银行）。证券登记结算机构为本办法所指质物的法定登记结算机构。

**第五条** 商业银行授权其分支机构办理股票质押贷款业务须报中国银行业监督管理委员会备案。

**第六条** 借款人通过股票质押贷款所得资金的用途，必须符合《中华人民共和国证券法》的有关规定，用于弥补流动资金的不足。

**第七条** 中国人民银行、中国银行业监督管理委员会依法对股票质押贷款业务实施监督管理。

## 第二章 贷款人、借款人

**第八条** 申请开办股票质押贷款业务的贷款人，应具备以下条件：

（一）资本充足率等监管指标符合中国银行业监督管理委员会的有关规定；

（二）内控机制健全，制定和实施了统一授信制度；

（三）制定了与办理股票质押贷款业务相关的风险控制措施和业务操作流程；

（四）有专职部门和人员负责经营和管理股票质押贷款业务；

（五）有专门的业务管理信息系统，能同步了解股票市场行情以及上市公司有关重要信息，具备对分类股票分析、研究和确定质押率的能力；

（六）中国银行业监督管理委员会认为应具备的其他条件。

**第九条** 借款人应具备以下条件：

（一）资产具有充足的流动性，且具备还本付息能力；

（二）其自营业务符合中国证券监督管理委员会规定的有关风险控制比率；

（三）已按中国证券监督管理委员会规定提取足额的交易风险准备金；

（四）已按中国证券监督管理委员会规定定期披露资产负债表、净资本计算表、利润表及利润分配表等信息；

（五）最近一年经营中未出现中国证券监督管理委员会认定的重大违规违纪行为或特别风险事项，现任高级管理人员和主要业务人员无中国证券监督管理委员会认定的重大不良记录；

（六）客户交易结算资金经中国证券监督管理委员会认定已实现有效独立存管，未挪用客户交易结算资金；

（七）贷款人要求的其他条件。

## 第三章　贷款的期限、利率、质押率

**第十条**　股票质押贷款期限由借贷双方协商确定，但最长为一年。借款合同到期后，不得展期，新发生的质押贷款按本办法规定重新审查办理。借款人提前还款，须经贷款人同意。

**第十一条**　股票质押贷款利率水平及计结息方式按照中国人民银行利率管理规定执行。

**第十二条**　用于质押贷款的股票应业绩优良、流通股本规模适度、流动性较好。贷款人不得接受以下几种股票作为质物：

（一）上一年度亏损的上市公司股票；

（二）前六个月内股票价格的波动幅度（最高价/最低价）超过200%的股票；

（三）可流通股股份过度集中的股票；

（四）证券交易所停牌或除牌的股票；

（五）证券交易所特别处理的股票；

（六）证券公司持有一家上市公司已发行股份的5%以上的，该证券公司不得以该种股票质押；但是，证券公司因包销购入售后剩余股票而持有5%以上股份的，不受此限。

**第十三条**　股票质押率由贷款人依据被质押的股票质量及借款人的财务和资信状况与借款人商定，但股票质押率最高不能超过60%。

质押率上限的调整由中国人民银行和中国银行业监督管理委员会决定。

质押率的计算公式：

质押率=(贷款本金/质押股票市值)×100%

质押股票市值=质押股票数量×前七个交易日股票平均收盘价。

## 第四章 贷款程序

**第十四条** 借款人申请质押贷款时，必须向贷款人提供以下材料：

(一)企业法人营业执照、法人代码证、法定代表人证明文件；

(二)中国人民银行颁发的贷款卡(证)；

(三)上月的资产负债表、损益表和净资本计算表及经会计(审计)师事务所审计的上一年度的财务报表(含附注)；

(四)由证券登记结算机构出具的质物的权利证明文件；

(五)用作质物的股票上市公司的基本情况；

(六)贷款人要求的其它材料。

**第十五条** 贷款人收到借款人的借款申请后，对借款人的借款用途、资信状况、偿还能力、资料的真实性，以及用作质物的股票的基本情况进行调查核实，并及时对借款人给予答复。

**第十六条** 贷款人在贷款前，应审慎分析借款人信贷风险和财务承担能力，根据统一授信管理办法，核定借款人的贷款限额。

**第十七条** 贷款人对借款人的借款申请审查同意后，根据有关法律、法规与借款人签订借款合同。

**第十八条** 借款人和贷款人签订借款合同后，双方应共同在证券登记结算机构办理出质登记。证券登记结算机构应向贷款人出具股票质押登记的证明文件。

**第十九条** 贷款人在发放股票质押贷款前，应在证券交易所开设股票质押贷款业务特别席位，专门保管和处分作为质物的股票。贷款人应在贷款发放后，将股票质押贷款的有关信息及时录入信贷登记咨询系统。

**第二十条** 借款人应按借款合同的约定偿还贷款本息。在借款人清偿贷款后，借款合同自行终止。贷款人应在借款合同终止的同时办理质押登记注销手续，并将股票质押登记的证明文件退还给借款人。

## 第五章 贷款风险控制

**第二十一条** 贷款人发放的股票质押贷款余额，不得超过其资本净额的15%；贷款人对一家证券公司发放的股票质押贷款余额，不得超过贷款人资本净额的5%。

**第二十二条** 借款人出现下列情形之一时，应当及时通知贷款人：

（一）预计到期难以偿付贷款利息或本金；

（二）减资、合并、分立、解散及申请破产；

（三）股权变更；

（四）借款合同中约定的其他情形。

**第二十三条** 一家商业银行及其分支机构接受的用于质押的一家上市公司股票，不得高于该上市公司全部流通股票的10%。一家证券公司用于质押的一家上市公司股票，不得高于该上市公司全部流通股票的10%，并且不得高于该上市公司已发行股份的5%。被质押的一家上市公司股票不得高于该上市公司全部流通股票的20%。上述比率由证券登记结算机构负责监控，对超过规定比率的股票，证券登记结算机构不得进行出质登记。中国人民银行和中国银行业监督管理委员会可根据需要适时调整上述比率。

**第二十四条** 贷款人有权向证券登记结算机构核实质物的真实性、合法性，证券登记结算机构应根据贷款人的要求，及时真实地提供有关情况。

**第二十五条** 贷款人应随时分析每只股票的风险和价值，选择适合本行质押贷款的股票，并根据其价格、盈利性、流动性和上市公司的经营情况、财务指标以及股票市场的总体情况等，制定本行可接受质押的股票及其质押率的清单。

**第二十六条** 贷款人应随时对持有的质押股票市值进行跟踪，并在每个交易日至少评估一次每个借款人出质股票的总市值。

**第二十七条** 为控制因股票价格波动带来的风险，特设立警戒线和平仓线。警戒线比例（质押股票市值/贷款本金×100%）最低为135%，平仓线比例（质押股票市值/贷款本金×100%）最低为120%。在质押股票市值与贷款本金之比降至警戒线时，贷款人应要求借款人即时补足因证券价格下跌造成的质押价值缺口。在质押股票市值与贷款本金之比降至平仓线时，贷款人应及时出售质押股票，所得款项用于还本付息，余款清退给借款人，不足部分由借款人清偿。

## 第六章 质物的保管和处分

**第二十八条** 贷款人应在证券交易所开设股票质押特别席位(以下简称特别席位),用于质物的存放和处分;在证券登记结算机构开设特别资金结算账户(以下简称资金账户),用于相关的资金结算。借款合同存续期间,存放在特别席位下的股票,借款人不得转让,但本办法第三十三条规定以及借款人和贷款人协商同意的情形除外。

**第二十九条** 证券登记结算机构应根据出质人及贷款人的申请将出质股票足额、及时转移至贷款人特别席位下存放。

**第三十条** 借款人可向贷款人提出申请,经贷款人同意后,双方重新签订合同,进行部分(或全部)质物的置换,经贷款人同意后,由双方共同向证券登记结算机构办理质押变更登记。质押变更后,证券登记结算机构应向贷款人重新出具股票质物登记证明。

**第三十一条** 在质押合同期内,借款人可向贷款人申请,贷款人同意后,按借款人的指令,由贷款人进行部分(或全部)质物的卖出,卖出资金必须进入贷款人资金账户存放,该资金用于全部(或部分)提前归还贷款,多余款项退借款人。

**第三十二条** 出现以下情况之一,贷款人应通知借款人,并要求借款人立即追加质物、置换质物或增加在贷款人资金账户存放资金:

(一)质物的市值处于本办法第二十七条规定的警戒线以下;

(二)质物出现本办法第十二条中的情形之一。

**第三十三条** 用于质押股票的市值处于本办法第二十七条规定的平仓线以下(含平仓线)的,贷款人有权无条件处分该质押股票,所得的价款直接用于清偿所担保的贷款人债权。

**第三十四条** 借款合同期满,借款人履行还款义务的,贷款人应将质物归还借款人;借款合同期满,借款人没有履行还款义务的,贷款人有权依照合同约定通过特别席位卖出质押股票,所得的价款直接用于清偿所担保的贷款人债权。

**第三十五条** 质物在质押期间所产生的孳息(包括送股、分红、派息等)随质物一起质押。

质物在质押期间发生配股时,出质人应当购买并随质物一起质押。出质人不购买而出现质物价值缺口的,出质人应当及时补足。

## 第七章　罚　　则

**第三十六条**　贷款人有下列行为之一的,由中国银行业监督管理委员会依法给予警告。情节严重的,暂停或取消其办理股票质押贷款业务资格,并追究有关人员的责任:

(一)未经中国银行业监督管理委员会批准从事股票质押贷款业务;

(二)对不具备本办法规定资格的证券公司发放股票质押贷款;

(三)发放股票质押贷款的期限超过一年;

(四)接受本办法禁止质押的股票为质物;

(五)质押率和其它贷款额度控制比率超过本办法规定的比率;

(六)未按统一授信制度和审慎原则等规定发放股票质押贷款;

(七)泄露与股票质押贷款相关的重要信息和借款人商业秘密。

**第三十七条**　借款人有下列行为之一的,由中国证券监督管理委员会视情节轻重,给予警告、通报,并追究有关人员的责任:

(一)用非自营股票办理股票质押贷款;

(二)未按合同约定的用途使用贷款;

(三)拒绝或阻挠贷款人监督检查贷款使用情况;

(四)未按本办法第九条第(四)项之规定履行信息披露义务。

**第三十八条**　证券登记结算机构有下列行为之一的,由其主管机关视情节轻重,给予警告、通报,并追究有关人员的责任:

(一)未按贷款人要求核实股票的真实性与合法性;

(二)未按贷款人要求及时办理质押股票的冻结和解冻;

(三)为超过本办法第二十三条规定比率的股票办理质押登记;

(四)为借款人虚增质物数量或出具虚假质押证明。

**第三十九条**　中国人民银行及其分支机构可以建议中国银行业监督管理委员会、中国证券监督管理委员会及上述两个机构的派出机构对违反本办法规定的行为进行监督检查。监管机关对上述行为的查处结果应及时抄送中国人民银行或其分支机构。

## 第八章　附　　则

**第四十条**　证券登记结算机构应按照本办法制定有关实施细则。

**第四十一条** 商业银行从事股票质押贷款业务,应根据本办法制定实施细则,以及相应的业务操作流程和管理制度,并报中国人民银行和中国银行业监督管理委员会备案。

**第四十二条** 贷款人办理股票质押业务中所发生的相关费用由借贷双方协商解决。

**第四十三条** 本办法由中国人民银行会同中国银行业监督管理委员会和中国证券监督管理委员会解释。

**第四十四条** 本办法自发布之日起执行,2000年2月2日由中国人民银行和中国证券监督管理委员会颁布的《证券公司股票质押贷款管理办法》同时废止。

## 二、相关裁判摘要

● **2020年第2期《中华人民共和国最高人民法院公报》**刊登的“**深圳市奕之帆贸易有限公司、侯庆宾与深圳兆邦基集团有限公司、深圳市康诺富信息咨询有限公司、深圳市鲤鱼门投资发展有限公司、第三人广东立兆电子科技有限公司合同纠纷案**”判决对于股权让与担保的性质与效力等问题进行了分析。相关裁判摘要如下:

本院认为,综合各方当事人的诉辩意见,本案二审争议焦点为:1.案涉8.26《协议书》的性质与效力应如何认定。2.案涉4.25《股权担保协议》是否符合解除条件。

**一、关于案涉8.26《协议书》的性质与效力应如何认定的问题**

8.26《协议书》系本案当事人从事案涉交易过程中所签订的一份协议,认定该《协议书》的性质需系统审查整个交易安排亦即先后签署的四份协议书的内容。4.2《项目合作协议》主要涉及奕之帆公司将其持有的鲤鱼门公司70%的股权出让给兆邦基公司。在对鲤鱼门公司债务进行披露的同时,奕之帆公司、侯庆宾明确对其中黑建诉讼负责处理并承担责任,奕之帆公司亦承诺以其在鲤鱼门公司剩余的30%股权及对应的未分配权益,作为上述债务履行的担保。上述约定并未涉及30%股权转让或让与担保问题。4.25《股权担保协议》开宗明义,为确保奕之帆公司能够承担债务偿还和后续资金的支付义务,该公司愿意将其持有的鲤鱼门公司30%股权以过户的方式抵押给奕之帆公司与兆邦基公司共同持股的康诺富公司。该协议将奕之帆公司及鲤鱼门公司等对案外债权人的债务以及奕之帆公司对兆邦基公司2.5亿元的或然借款债务纳入担保范围。综合考虑奕之帆公司将30%股权过户给康诺富公司的目的并非出让股权，而是担保相关债务的履行，即奕之帆公司如完全履行了偿还和支付义务则可要求归还30%股权，如未能履行义务或由兆邦基公司代偿则兆邦基公司可以该30%股权所对应的权益份额来抵偿，可认定4.25《股权担保协议》实质上系设立让与担保的协议，一审判决认定该协议体现了让与担保的特征并无不当。8.26《协议书》在首部的“鉴于”部分简要陈述4.2《项目合作协议》及4.25《股权担保协议》的签订情况及主要内容后明确提出，由于奕之帆公司及侯庆宾原因，其未能按约清理和偿还的债务有三笔，已经披露但尚未到期的债务有两笔，且经过对整个项目的市场评估，各方均认可奕之帆公司在鲤鱼门公司中所享有的权益份额已不足偿还上述债务。鉴此，该协议书约定，奕之帆公司放弃已过户到康诺富公司名下的30%股权，该股权归兆邦基公司所有，同时上述五笔债务由兆邦基公司和鲤鱼门公司在总额4.06亿元范围内负责解决。此后的《补充协议》则进一步确认了兆邦基公司按照8.26《协议书》的约定在4.06亿元范围内履行上述五笔债务的具体情况。由此可见，8.26《协议书》与此前两份协议具有承继关系，其虽不涉及30%股权的担保即奕之帆公司亦不再保留4.25《股权担保协议》所设定的在满足一定条件取回案涉30%股权的权利等问题，但该协议正是在4.25《股权担保协议》设立让与担保权利的基础上，就兆邦基公司作为让与担保权利人如何具体实现该权利的问题作出约定。一审判决割裂上述协议间的关系，以30%的股权已由让与担保标的物转变为4.06亿元款项对价，以及4.25《股权担保协议》设定的让与担保关系已被8.26《协议书》终止等理由，认定8.26《协议书》系股权转让协议确有不妥，本院予以纠正。奕之帆公司、侯庆宾有关8.26《协议书》及前后四份协议实际系关于30%股权让与担保的系列整体协议的主张成立，本院予以采纳。

奕之帆公司、侯庆宾主张，8.26《协议书》具有让与担保的性质，并以该协议签订时尚有部分债务未届清偿期、案涉30%股权未依约评估清算，以及兆邦基公司利用债权人缔约优势地位强行要求奕之帆公司放弃30%股权而抵偿4.06亿元对外负债为由，主张8.26《协议书》无效。本院认为奕之帆公司、侯庆宾的主张亦不能成立，具体理由如下：

首先，关于部分债务未届清偿期的问题。本案中，奕之帆公司系以对案外金钱债权人履行包括上述五笔债务在内的相关债务，作为其对兆邦基公司的合同义务。就该合同义务的履行,奕之帆公司与兆邦基公司而非案外金钱债权人之间成立让与担保关系。所谓部分债务未届清偿期,系指奕之帆公司等对案外人的两笔借款债务尚未到期。让与担保通常系在债务履行期届满之前签订协议并转移标的物所有权等权利,否则其就不成为一种担保方式,而只是一种债务履行方式。本案当事人在部分债务未届清偿期时签订4.25《股权担保协议》并办理过户登记以设立让与担保的权利,符合上述要求。让与担保的设立应在债务履行期届满之前,但就让与担保的实现问题,参照《中华人民共和国物权法》第一百七十条的规定则需要满足债务人不履行到期债务或者发生当事人约定的实现权利的情形等条件。4.25《股权担保协议》约定,在目标项目全面竣工验收、初始登记并具备分割办理产权登记条件时,为奕之帆公司各项偿还和支付义务的最后结算期;但在项目建设期间,如评估显示奕之帆公司对目标项目30%的权益不足以清偿相关债务并履行支付义务的,则奕之帆公司应向兆邦基公司转让其所持股权,并由后者代为清偿相应数额债务。由此可见,根据4.25《股权担保协议》的约定,奕之帆公司30%股权对应的权益不足以清偿相关债务,即成为兆邦基公司行使让与担保权利的约定条件。事实上,双方也是在该约定条件成就之时,签订8.26《协议书》具体实现了案涉让与担保权利。故,奕之帆公司等对案外人两笔借款债务未到期的事实,并不妨碍奕之帆公司与兆邦基公司签订的具体实现让与担保权利之8.26《协议书》的效力。

其次,关于实现让与担保的清算问题。在让与担保的设定中,标的物的所有权通常已经转移于债权人。为保护债务人的利益,防止出现债权人取得标的物评价额(即标的物价值)与债权额之间差额等类似于流质、流押的情形,让与担保权利的实现应对当事人课以清算义务。本案当事人在4.25《股权担保协议》亦明确约定了清算条款,即经结算如奕之帆公司完全履行了偿还和支付义务,则奕之帆公司可要求归还30%股权;如未能履行偿还和支付义务或由兆邦基公司代偿,兆邦基公司可要求以奕之帆公司在鲤鱼门公司中所占的30%股权所对应的权益份额(即依股权比例可分得的房地产物业)来抵偿,具体抵偿方式为评估所得的市场销售价格的90%。清算需就标的物评价额(即标的物价值)与债权额进行比较,通常涉及让与担保标的物评价额(即标的物价值)的确定,但也会涉及债权数额的确定。首先,关于让与担保标的物价值的确定。虽然4.25《股权担保协议》要求以专业评估机构的评估结果为准，但根据此后签订的8.26《协议书》，当事人显然已经改变了原有约定，而就让与担保标的物价值4.06亿元达成合意。该4.06亿元的数额是协议各方共同商定的结果，体现了各方当事人的意思自治。奕之帆公司与侯庆宾并未提交证据证明案涉协议的签订存在违反意思自治原则的情形。故本案以各方合意的4.06亿元确定让与担保标的物的价值并无不当。其次，关于债权数额的确定。8.26《协议书》明确兆邦基公司等需在总额4.06亿元范围内负责解决前述五笔债务，并就该五笔总计4.06亿元债务的具体数额作出分配，据此可认定让与担保标的物价值与债务总额已初步确定且数额等同。但考虑到奕之帆公司等对案外人的债务数额可能发生变化，当事人就此又约定了在对债务数额据实结算基础上的清算义务。如8.26《协议书》约定兆邦基公司和鲤鱼门公司据实与各债权人清结；《补充协议》则更为明确地约定，关于用于高英灿案件1.2亿元部分以该案审理结束时实际发生的数额为准，向债权人实际清偿的债务不足原定债务数额的余额部分归侯庆宾所实际控制的信诺电讯公司（奕之帆公司的关联方）所有。事实上，就其中建邦公司的5000万元债务，兆邦基公司在向建邦公司支付4800万元清偿该笔债务后，相关案外人亦根据兆邦基公司的委托将200万元余额支付给信诺电讯公司。由此可见，本案中经当事人合意让与担保标的物价值已经确定，但因债务数额可能发生变化，当事人的清算义务主要体现在根据最终据实结算的债务数额，向让与担保义务人即奕之帆公司一方返还该债务数额与标的物价值之间的差额。案涉当事人不仅约定而且实际履行了清算义务，奕之帆公司等有关案涉让与担保未经清算的主张，本院不予支持。

• **2020年第1期《中华人民共和国最高人民法院公报》**刊登的**“黑龙江闽成投资集团有限公司与西林钢铁集团有限公司、第三人刘志平民间借贷纠纷案”**对股权让与担保的效力进行了分析。相关裁判摘要如下：

**三、闽成公司是否有权就翠宏山公司64%股权优先受偿**

2014年6月20日，西钢公司为甲方、刘志平为乙方签订《协议书》，约定：“甲方向乙方借款用于银行短期倒贷，本息合计723606136.82元（股权比例计算说明见附件一）。现由于甲方无力偿还，西钢公司同意将其持有翠宏山公司64%股权转让给刘志平，乙方。现甲乙双方经协商一致，就未尽事宜达成协议如下：……二、甲乙双方签订的股权转让协议的目的是以股权转让的形式保证乙方债权的实现，督促甲方按本协议的约定偿还乙方的借款。本协议约定的还款期限为：2014 年 6 月 21 日至 2015 年 6 月 20 日。……四、在本协议约定的还款期限内，甲乙双方应保证：1. 甲方应积极筹措资金偿还乙方借款，每偿还一笔借款，按还款数额相应核减乙方的持股比例。当投入逊克县翠宏山矿业有限公司的借款本息 723606136.82 元、投入西钢集团哈尔滨龙郡房地产开发有限公司借款 490753923.74 元、西林钢铁集团有限公司借款 100000000.00 元全部还清时，乙方应将受让的逊克县翠宏山矿业有限公司的股权份额全部转回甲方或甲方指定的公司，并配合甲方办理工商变更登记手续。……五、如甲方在本协议约定的还款期限内未能偿还乙方的借款时：……利息按原借款合同约定的税后年息 18% 计算，按月支付。"为履行上述约定内容，2014 年 6 月 13 日，翠宏山公司股东会决议同意西钢公司将其所持有的翠宏山公司 64% 股权转让给刘志平，其他股东放弃优先购买权。西钢公司与翠宏山公司在工商部门办理了翠宏山公司股东变更登记。

2015 年 8 月 13 日，西钢公司为甲方、刘志平为乙方，签订《补充协议书》，约定："甲、乙双方于 2014 年 6 月 20 日签订逊克县翠宏山矿业有限公司股权转让协议书，甲方将持有的翠宏山矿业公司 64% 的股权未按对价原则阶段性转让给乙方，以保证乙方债权的安全和实现。鉴于现阶段甲方尚无力偿付对乙方的债务并回购翠宏山矿业公司 64% 的股权，且乙方也没有实质持有翠宏山矿业公司股权的意愿，为此，甲、乙双方基于实际考虑，经协商一致，达成补充协议如下：……二、甲乙双方 1 年内引进战略投资商投资翠宏山时，战略投资商用于购买乙方阶段性持有的翠宏山矿业公司股权的价款，首先用于偿还甲方对乙方的借款本息，乙方按还款比例相应减持 64% 股权比例，同时对已偿还借款停止计息。……四、若从补充协议签订之日起，1 年内甲方不能全部还清债务，乙方有权对外出售翠宏山矿业公司股权，出售价格以评估价格为基础下浮不超过 10%；出售股权比例变现的额度，不得超过未清偿借款本息和。同等条件甲方有优先回购权。五、截至 2015 年 6 月 20 日，甲方向乙方借款本息合计 849232648.54 元。若 6 个月内清偿，按年税后利率 12% 付息；若还款期限超过 6 个月部分，按年税后利率 18% 付息。利息一年一结算。六、乙方在哈尔滨龙郡房地产有限公司债权未清偿部分转入翠宏山矿业公司64%股权中,在翠宏山矿业公司股权变卖所得价款中清偿。”

本院认为,西钢公司与刘志平签订的《协议书》约定,“双方签订的股权转让协议的目的是以股权转让的形式保证乙方债权的实现,督促甲方按本协议的约定偿还乙方的借款。”“甲方应积极筹措资金偿还乙方借款,每偿还一笔借款,按还款数额相应核减乙方的持股比例。”“……全部还清时,乙方应将受让的逊克县翠宏山矿业有限公司的股权份额全部转回甲方或甲方指定的公司,并配合甲方办理工商变更登记手续”。《补充协议书》再次明确,该股权转让是为了“保证乙方债权的安全和实现”,且双方确认“乙方也没有实质持有翠宏山矿业公司股权的意愿”。可见,双方签订股权转让协议的目的是以股权转让形式保证刘志平债权的实现,担保西钢公司按协议约定偿还借款。上述《协议书》《补充协议书》约定将西钢公司名下翠宏山公司64%股权变更至刘志平名下,与前述以龙郡公司100%股权提供担保为同一性质的担保,并非真正的股权转让,而是将翠宏山公司64%股权作为对刘志平债权实现的非典型担保,即让与担保。对此,各方不持异议。如前所述,有关让与担保的约定内容真实、自愿、合法,不具有合同无效情形,应为有效合同。一审判决认定,双方于2014年6月13日签订《协议书》、2015年8月13日签订《补充协议书》的真实目的并非真正实现股权转让,而是为了对案涉债务提供担保,符合本案当事人在相关系列合同中作出的连贯的、一致的真实意思表示,本院予以确认。西钢公司主张,上述《协议书》《补充协议书》系本案各方通谋虚伪意思表示,依据《民法总则》第一百四十六条规定和《破产法》相关规定,应属无效。对西钢公司提出的该项诉请,不予支持。

本院认为,与认定以龙郡公司100%股权设立让与担保的约定有效同理,亦应认定以翠宏山公司64%股权设立的让与担保约定有效。《民法总则》第一百四十六条规定,行为人与相对人以虚假的意思表示实施的民事法律行为无效。以虚假的意思表示隐藏的民事法律行为的效力,依照有关法律规定处理。是否为“以虚假的意思表示实施的民事法律行为”,应当结合当事人在主合同即借款合同和从合同即让与担保合同中作出的真实意思表示,统筹作出判断。约定将债务人或第三人股权转让给债权人的合同目的是设立担保,翠宏山公司64%股权转让至闽成公司代持股人刘志平名下是为西钢公司向闽成公司的巨额借款提供担保,而非设立股权转让民事关系。对此,债权人、债务人明知。从这一角度看,债权人、债务人的真实意思是以向债权人转让翠宏山公司股权的形式为债权实现提供担保,“显现的”是转让股权,“隐藏的”是为借款提供担保而非股权转让,均为让与担保既有法律特征的有机组成部分,均是债权人、债务人的真实意思,该意思表示不存在不真实或不一致的瑕疵,也未违反法律、行政法规的效力性强制性规定。

西钢公司上诉主张,以翠宏山公司股权设定的让与担保违反物权法定及物权公示原则,违反法律禁止流押流质的规定。本院认为,首先,根据物权和债权区分原则,物权法定原则并不能否定上述合同的效力,即使股权让与担保不具有物权效力,股权让与担保合同也不必然无效。其次,让与担保虽非《物权法》等法律规定的有名担保,但属在法理及司法实践中得到广泛确认的非典型担保。本院认为,《物权法》第一百八十六条规定,抵押权人在债务履行期届满前,不得与抵押人约定债务人不履行到期债务时抵押财产归债权人所有;第二百一十一条规定,质权人在债务履行期届满前,不得与出质人约定债务人不履行到期债务时质押财产归债权人所有。前述《物权法》禁止流押、禁止流质之规定,旨在避免债权人乘债务人之危而滥用其优势地位,压低担保物价值,谋取不当利益。如约定担保权人负有清算义务,当债务人不履行债务时,担保权人并非当然取得担保物所有权时,并不存在流押、流质的问题。本案中,西钢公司与刘志平2015年8月13日签订的《补充协议书》约定,如西钢公司不能还清债务,“乙方有权对外出售翠宏山矿业公司股权,出售价格以评估价格为基础下浮不超过10%;出售股权比例变现的额度,不得超过未清偿借款本息。”可见,西钢公司与刘志平就以翠宏山公司64%股权设定的让与担保,股权出售价格应以“评估价格为基础下浮不超过10%”的清算方式变现。本院认为,上述约定不违反禁止流质流押的法律规定,应当认定上述约定有效。

闽成公司上诉主张,让与担保是已为《民间借贷规定》所认可的非典型担保,设定担保的目的在于债权人就担保标的物优先受偿。案涉翠宏山公司64%股权已在工商部门变更登记至刘志平名下,具有物权公示作用及对抗第三人效力,能够限制该股权转让或其他处分。故,闽成公司就翠宏山公司64%股权具有排除第三人的优先物权效力。西钢公司主张,依据物权法定原则,只有法律明确规定的物权种类,才具有法律认可和保护的物权效力,让与担保并非法律明确规定的物权种类,仅具有债权效力，不具有与法定物权同样的物权效力，不能对抗第三人，无法取得优先于其他债权人的受偿权；从合同内容看，本案就以该股权设定让与担保的《协议书》《补充协议书》均未约定刘志平享有优先受偿权。本院认为，闽成公司与西钢公司上述主张，实质争议焦点在于：以翠宏山公司64%股权设定的让与担保是否具有物权效力，让与担保权人是否可因此取得就该股权价值优先受偿的权利。最高人民法院《关于进一步加强金融审判工作的若干意见》第3条规定，依法认定新类型担保的法律效力，拓宽中小微企业的融资担保方式。除符合合同法第五十二条规定的合同无效情形外，应当依法认定新类型担保合同有效；符合物权法有关担保物权规定的，还应当依法认定其物权效力。对于前述股权让与担保是否具有物权效力，应以是否已按照物权公示原则进行公示，作为核心判断标准。本案诉争让与担保中，担保标的物为翠宏山公司64%股权。《中华人民共和国公司法》第三十二条第二款规定，公司应当将股东的姓名或者名称向公司登记机关登记；登记事项发生变更的，应当办理变更登记。未经登记或者变更登记的，不得对抗第三人。可见，公司登记机关变更登记为公司股权变更的公示方式。《物权法》第二百零八条第一款、第二百二十六条第一款及第二百二十九条规定，在股权质押中，质权人可就已办理出质登记的股权优先受偿。举轻以明重，在已将作为担保财产的股权变更登记到担保权人名下的股权让与担保中，担保权人形式上已经是作为担保标的物的股份的持有者，其就作为担保的股权享有优先受偿的权利，更应受到保护，原则上具有对抗第三人的物权效力。这也正是股权让与担保的核心价值所在。本案中，西钢公司与刘志平于2014年6月就签订《协议书》以翠宏山公司64%股权设定让与担保，债权人闽成公司代持股人刘志平和债务人西钢公司协调配合已依约办妥公司股东变更登记，形式上刘志平成为该股权的受让人。因此，刘志平依约享有的担保物权优于一般债权，具有对抗西钢公司其他一般债权人的物权效力。闽成公司主张，刘志平享有就翠宏山公司64%股权优先受偿的权利，本院予以支持。西钢公司以让与担保非法定物权，以合同当事人未约定刘志平有优先受偿权为由，否定其优先受偿主张，本院不予支持。一审判决认定该让与担保不具有物权效力和对抗第三人的效力有误，本院予以纠正。

闽成公司主张，一审判决以《破产法》第十六条有关禁止个别清偿之规定为由不予支持其就翠宏山公司64%股权优先受偿，属适用法律错误,应根据《破产法》第一百零九条规定认定其享有优先受偿的权利。西钢公司主张,只有《物权法》《担保法》规定的法定担保物权人,才可依《破产法》第一百零九条规定在破产程序中享有优先受偿权;如判定刘志平享有对翠宏山公司64%股权的优先受偿权,将损害其他债权人利益,对西钢公司等四十家公司破产重整造成不利影响。本院认为,认定刘志平对讼争股权享有优先受偿权,不构成《破产法》第十六条规定所指的个别清偿行为。《破产法》第十六条之所以规定人民法院受理破产申请后的个别清偿行为无效,一是,因为此种个别清偿行为减少破产财产总额;二是,因为此类个别清偿行为违反公平清偿原则。在当事人以股权设定让与担保并办理相应股权变更登记,且让与担保人进入破产程序时,认定让与担保权人就已设定让与担保的股权享有优先受偿权利,是让与担保法律制度的既有功能,是设立让与担保合同的目的。

本案中,翠宏山公司64%股权已经变更登记至刘志平名下,刘志平就该股权享有优先受偿权利。根据在案证据,尽管案涉一系列借款合同、抹账协议、以翠宏山公司股权设定让与担保的协议及补充协议均以刘志平名义与西钢公司等签订,但银行转账记录等相关证据显示,除关文吉与卢志国提供的借款外,其他借款均由闽成公司或其关联公司(铭祺公司、闽龙公司)账户汇出,关文吉、卢志国先后将其债权转让给刘志平,刘志平本人亦承认真正的权利人为闽成公司,其名下翠宏山公司的股份只是为闽成公司代持。鉴此,在闽成公司与西钢公司之间存在真实的债权债务关系、闽成公司与刘志平之间对于股权代持关系并无争议的情况下,闽成公司主张就翠宏山公司64%股权优先受偿,应予支持。

本案二审中,各方当事人确认,经刘志平同意,案涉翠宏山公司64%股权已为西钢公司对案外人民生银行大连分行金融借款设定股权质押。民生银行大连分行诉西钢公司、伊春市百佳实业有限公司、刘志平、四川省达州钢铁集团有限责任公司、翠宏山公司金融借款合同纠纷案,2017年10月17日,辽宁省高级人民法院作出(2017)辽民初44号一审民事判决,该判决现已发生法律效力。民生银行大连分行对刘志平持有的翠宏山公司64%股权在债权本金5亿元及相应利息、逾期利息、复利和实现债权费用范围内就质押财产享有优先受偿权。本院认为,闽成公司对翠宏山公司64%股权享有优先受偿权。基于本案各方确认并经刘志平同意,将为担保闽成公司债权已设立让与担保的股权又出质给西钢公司债权银行,民生银行大连分行对翠宏山公司64%股权应优先于刘志平(闽成公司)受偿。

**第四百四十四条　【知识产权质权】**以注册商标专用权、专利权、著作权等知识产权中的财产权出质的，质权自办理出质登记时设立。

知识产权中的财产权出质后，出质人不得转让或者许可他人使用，但是出质人与质权人协商同意的除外。出质人转让或者许可他人使用出质的知识产权中的财产权所得的价款，应当向质权人提前清偿债务或者提存。

**一、相关部门规章**

**1.《专利权质押登记办法》(2010年10月1日起施行)**

**第一条**　为了促进专利权的运用和资金融通，保障债权的实现，规范专利权质押登记，根据《中华人民共和国物权法》、《中华人民共和国担保法》、《中华人民共和国专利法》及有关规定，制定本办法。

**第二条**　国家知识产权局负责专利权质押登记工作。

**第三条**　以专利权出质的，出质人与质权人应当订立书面质押合同。

质押合同可以是单独订立的合同，也可以是主合同中的担保条款。

**第四条**　以共有的专利权出质的，除全体共有人另有约定的以外，应当取得其他共有人的同意。

**第五条**　在中国没有经常居所或者营业所的外国人、外国企业或者外国其他组织办理专利权质押登记手续的，应当委托依法设立的专利代理机构办理。

中国单位或者个人办理专利权质押登记手续的，可以委托依法设立的专利代理机构办理。

**第六条**　当事人可以通过邮寄、直接送交等方式办理专利权质押登记相关手续。

**第七条**　申请专利权质押登记的，当事人应当向国家知识产权局提交下列文件：

(一)出质人和质权人共同签字或者盖章的专利权质押登记申请表；

(二)专利权质押合同；

(三)双方当事人的身份证明；

(四)委托代理的，注明委托权限的委托书；

(五)其他需要提供的材料。

专利权经过资产评估的，当事人还应当提交资产评估报告。

除身份证明外，当事人提交的其他各种文件应当使用中文。身份证明是外文的，当事人应当附送中文译文；未附送的，视为未提交。

对于本条第一款和第二款规定的文件，当事人可以提交电子扫描件。

**第八条** 国家知识产权局收到当事人提交的质押登记申请文件后，应当通知申请人。

**第九条** 当事人提交的专利权质押合同应当包括以下与质押登记相关的内容：

（一）当事人的姓名或者名称、地址；

（二）被担保债权的种类和数额；

（三）债务人履行债务的期限；

（四）专利权项数以及每项专利权的名称、专利号、申请日、授权公告日；

（五）质押担保的范围。

**第十条** 除本办法第九条规定的事项外，当事人可以在专利权质押合同中约定下列事项：

（一）质押期间专利权年费的缴纳；

（二）质押期间专利权的转让、实施许可；

（三）质押期间专利权被宣告无效或者专利权归属发生变更时的处理；

（四）实现质权时，相关技术资料的交付。

**第十一条** 国家知识产权局自收到专利权质押登记申请文件之日起7个工作日内进行审查并决定是否予以登记。

**第十二条** 专利权质押登记申请经审查合格的，国家知识产权局在专利登记簿上予以登记，并向当事人发送《专利权质押登记通知书》。质权自国家知识产权局登记时设立。

经审查发现有下列情形之一的，国家知识产权局作出不予登记的决定，并向当事人发送《专利权质押不予登记通知书》：

（一）出质人与专利登记簿记载的专利权人不一致的；

（二）专利权已终止或者已被宣告无效的；

（三）专利申请尚未被授予专利权的；

（四）专利权处于年费缴纳滞纳期的；

（五）专利权已被启动无效宣告程序的；

（六）因专利权的归属发生纠纷或者人民法院裁定对专利权采取保全措施，专利权的质押手续被暂停办理的；

（七）债务人履行债务的期限超过专利权有效期的；

（八）质押合同约定在债务履行期届满质权人未受清偿时，专利权归质权人所有的；

（九）质押合同不符合本办法第九条规定的；

（十）以共有专利权出质但未取得全体共有人同意的；

（十一）专利权已被申请质押登记且处于质押期间的；

（十二）其他应当不予登记的情形。

**第十三条**　专利权质押期间，国家知识产权局发现质押登记存在本办法第十二条第二款所列情形并且尚未消除的，或者发现其他应当撤销专利权质押登记的情形的，应当撤销专利权质押登记，并向当事人发出《专利权质押登记撤销通知书》。

专利权质押登记被撤销的，质押登记的效力自始无效。

**第十四条**　国家知识产权局在专利公报上公告专利权质押登记的下列内容：出质人、质权人、主分类号、专利号、授权公告日、质押登记日等。

专利权质押登记后变更、注销的，国家知识产权局予以登记和公告。

**第十五条**　专利权质押期间，出质人未提交质权人同意其放弃该专利权的证明材料的，国家知识产权局不予办理专利权放弃手续。

**第十六条**　专利权质押期间，出质人未提交质权人同意转让或者许可实施该专利权的证明材料的，国家知识产权局不予办理专利权转让登记手续或者专利实施合同备案手续。

出质人转让或者许可他人实施出质的专利权的，出质人所得的转让费、许可费应当向质权人提前清偿债务或者提存。

**第十七条**　专利权质押期间，当事人的姓名或者名称、地址、被担保的主债权种类及数额或者质押担保的范围发生变更的，当事人应当自变更之日起30日内持变更协议、原《专利权质押登记通知书》和其他有关文件，向国家知识产权局办理专利权质押登记变更手续。

**第十八条**　有下列情形之一的，当事人应当持《专利权质押登记通知书》以及相关证明文件，向国家知识产权局办理质押登记注销手续：

（一）债务人按期履行债务或者出质人提前清偿所担保的债务的；

(二)质权已经实现的;

(三)质权人放弃质权的;

(四)因主合同无效、被撤销致使质押合同无效、被撤销的;

(五)法律规定质权消灭的其他情形。

国家知识产权局收到注销登记申请后,经审核,向当事人发出《专利权质押登记注销通知书》。专利权质押登记的效力自注销之日起终止。

**第十九条** 专利权在质押期间被宣告无效或者终止的,国家知识产权局应当通知质权人。

**第二十条** 专利权人没有按照规定缴纳已经质押的专利权的年费的,国家知识产权局应当在向专利权人发出缴费通知书的同时通知质权人。

**第二十一条** 本办法由国家知识产权局负责解释。

**第二十二条** 本办法自2010年10月1日起施行。1996年9月19日中华人民共和国专利局令第八号发布的《专利权质押合同登记管理暂行办法》同时废止。

**2.《著作权质权登记办法》(2011年1月1日起施行)**

**第一条** 为规范著作权出质行为,保护债权人合法权益,维护著作权交易秩序,根据《中华人民共和国物权法》、《中华人民共和国担保法》和《中华人民共和国著作权法》的有关规定,制定本办法。

**第二条** 国家版权局负责著作权质权登记工作。

**第三条** 《中华人民共和国著作权法》规定的著作权以及与著作权有关权利(以下统称"著作权")中的财产权可以出质。

以共有的著作权出质的,除另有约定外,应当取得全体共有人的同意。

**第四条** 以著作权出质的,出质人和质权人应当订立书面质权合同,并由双方共同向登记机构办理著作权质权登记。

出质人和质权人可以自行办理,也可以委托代理人办理。

**第五条** 著作权质权的设立、变更、转让和消灭,自记载于《著作权质权登记簿》时发生效力。

**第六条** 申请著作权质权登记的,应提交下列文件:

(一)著作权质权登记申请表;

(二)出质人和质权人的身份证明;

（三）主合同和著作权质权合同；

（四）委托代理人办理的，提交委托书和受托人的身份证明；

（五）以共有的著作权出质的，提交共有人同意出质的书面文件；

（六）出质前授权他人使用的，提交授权合同；

（七）出质的著作权经过价值评估的、质权人要求价值评估的或相关法律法规要求价值评估的，提交有效的价值评估报告；

（八）其他需要提供的材料。

提交的文件是外文的，需同时附送中文译本。

**第七条**　著作权质权合同一般包括以下内容：

（一）出质人和质权人的基本信息；

（二）被担保债权的种类和数额；

（三）债务人履行债务的期限；

（四）出质著作权的内容和保护期；

（五）质权担保的范围和期限；

（六）当事人约定的其他事项。

**第八条**　申请人提交材料齐全的，登记机构应当予以受理。提交的材料不齐全的，登记机构不予受理。

**第九条**　经审查符合要求的，登记机构应当自受理之日起 10 日内予以登记，并向出质人和质权人发放《著作权质权登记证书》。

**第十条**　经审查不符合要求的，登记机构应当自受理之日起 10 日内通知申请人补正。补正通知书应载明补正事项和合理的补正期限。无正当理由逾期不补正的，视为撤回申请。

**第十一条**　《著作权质权登记证书》的内容包括：

（一）出质人和质权人的基本信息；

（二）出质著作权的基本信息；

（三）著作权质权登记号；

（四）登记日期。

《著作权质权登记证书》应当标明：著作权质权自登记之日起设立。

**第十二条**　有下列情形之一的，登记机构不予登记：

（一）出质人不是著作权人的；

（二）合同违反法律法规强制性规定的；

（三）出质著作权的保护期届满的；

（四）债务人履行债务的期限超过著作权保护期的；

（五）出质著作权存在权属争议的；

（六）其他不符合出质条件的。

**第十三条** 登记机构办理著作权质权登记前，申请人可以撤回登记申请。

**第十四条** 著作权出质期间，未经质权人同意，出质人不得转让或者许可他人使用已经出质的权利。

出质人转让或者许可他人使用出质的权利所得的价款，应当向质权人提前清偿债务或者提存。

**第十五条** 有下列情形之一的，登记机构应当撤销质权登记：

（一）登记后发现有第十二条所列情形的；

（二）根据司法机关、仲裁机关或行政管理机关作出的影响质权效力的生效裁决或行政处罚决定书应当撤销的；

（三）著作权质权合同无效或者被撤销的；

（四）申请人提供虚假文件或者以其他手段骗取著作权质权登记的；

（五）其他应当撤销的。

**第十六条** 著作权出质期间，申请人的基本信息、著作权的基本信息、担保的债权种类及数额、或者担保的范围等事项发生变更的，申请人持变更协议、原《著作权质权登记证书》和其他相关材料向登记机构申请变更登记。

**第十七条** 申请变更登记的，登记机构自受理之日起10日内完成审查。经审查符合要求的，对变更事项予以登记。

变更事项涉及证书内容变更的，应交回原登记证书，由登记机构发放新的证书。

**第十八条** 有下列情形之一的，申请人应当申请注销质权登记：

（一）出质人和质权人协商一致同意注销的；

（二）主合同履行完毕的；

（三）质权实现的；

（四）质权人放弃质权的；

（五）其他导致质权消灭的。

**第十九条** 申请注销质权登记的，应当提交注销登记申请书、注销登记证明、申请人身份证明等材料，并交回原《著作权质权登记证书》。

登记机构应当自受理之日起10日内办理完毕，并发放注销登记通知书。

**第二十条** 登记机构应当设立《著作权质权登记簿》,记载著作权质权登记的相关信息,供社会公众查询。

《著作权质权登记证书》的内容应当与《著作权质权登记簿》的内容一致。记载不一致的,除有证据证明《著作权质权登记簿》确有错误外,以《著作权质权登记簿》为准。

**第二十一条** 《著作权质权登记簿》应当包括以下内容:

(一)出质人和质权人的基本信息;

(二)著作权质权合同的主要内容;

(三)著作权质权登记号;

(四)登记日期;

(五)登记撤销情况;

(六)登记变更情况;

(七)登记注销情况;

(八)其他需要记载的内容。

**第二十二条** 《著作权质权登记证书》灭失或者毁损的,可以向登记机构申请补发或换发。登记机构应自收到申请之日起5日内予以补发或换发。

**第二十三条** 登记机构应当通过国家版权局官方网站公布著作权质权登记的基本信息。

**第二十四条** 本办法由国家版权局负责解释。

**第二十五条** 本办法自2011年1月1日起施行。1996年9月23日国家版权局发布的《著作权质押合同登记办法》同时废止。

## 二、相关文件规定

**《注册商标专用权质押登记程序规定》(2020年5月1日起施行)**

**第一条** 为充分发挥注册商标专用权无形资产的价值,促进经济发展,根据《物权法》、《担保法》、《商标法》和《商标法实施条例》的有关规定,制定本规定。

国家知识产权局负责办理注册商标专用权质权登记。

**第二条** 自然人、法人或者其他组织以其注册商标专用权出质的,出质人与质权人应当订立书面合同,并向国家知识产权局办理质权登记。

质权登记申请应由质权人和出质人共同提出。质权人和出质人可以直接向国家知识产权局申请，也可以委托商标代理机构代理办理。在中国没有经常居所或者营业所的外国人或者外国企业应当委托代理机构办理。

**第三条** 办理注册商标专用权质权登记，出质人应当将在相同或者类似商品/服务上注册的相同或者近似商标一并办理质权登记。质权合同和质权登记申请书中应当载明出质的商标注册号。

共有商标办理质权登记的，除全体共有人另有约定的以外，应当取得其他共有人的同意。

**第四条** 申请注册商标专用权质权登记的，应提交下列文件：

（一）申请人签字或者盖章的《商标专用权质权登记申请书》；

（二）主合同和注册商标专用权质权合同；

（三）申请人签署的承诺书；

（四）委托商标代理机构办理的，还应当提交商标代理委托书。

上述文件为外文的，应当同时提交其中文译文。中文译文应当由翻译单位和翻译人员签字盖章确认。

**第五条** 注册商标专用权质权合同一般包括以下内容：

（一）出质人、质权人的姓名（名称）及住址；

（二）被担保的债权种类、数额；

（三）债务人履行债务的期限；

（四）出质注册商标的清单（列明注册商标的注册号、类别及专用期）；

（五）担保的范围；

（六）当事人约定的其他事项。

**第六条** 申请登记书件齐备、符合规定的，国家知识产权局予以受理并登记。质权自登记之日起设立。国家知识产权局自登记之日起2个工作日内向双方当事人发放《商标专用权质权登记证》。

《商标专用权质权登记证》应当载明下列内容：出质人和质权人的名称（姓名）、出质商标注册号、被担保的债权数额、质权登记期限、质权登记日期。

**第七条** 质权登记申请不符合本办法第二条、第三条、第四条、第五条规定的，国家知识产权局应当通知申请人，并允许其在30日内补正。申请人逾期不补正或者补正不符合要求的，视为其放弃该质权登记申请，国家知识产权局应当通知申请人。

**第八条**　有下列情形之一的，国家知识产权局不予登记：

（一）出质人名称与国家知识产权局档案所记载的名称不一致，且不能提供相关证明证实其为注册商标权利人的；

（二）合同的签订违反法律法规强制性规定的；

（三）注册商标专用权已经被撤销、被注销或者有效期满未续展的；

（四）注册商标专用权已被人民法院查封、冻结的；

（五）其他不符合出质条件的。

不予登记的，国家知识产权局应当通知当事人，并说明理由。

**第九条**　质权登记后，有下列情形之一的，国家知识产权局应当撤销登记：

（一）发现有属于本办法第八条所列情形之一的；

（二）质权合同无效或者被撤销；

（三）出质的注册商标因法定程序丧失专用权的；

（四）提交虚假证明文件或者以其他欺骗手段取得注册商标专用权质权登记的。

撤销登记的，国家知识产权局应当通知当事人。

**第十条**　质权人或出质人的名称（姓名）更改，以及质权合同担保的主债权数额变更的，当事人可以凭下列文件申请办理变更登记：

（一）申请人签字或者盖章的《商标专用权质权登记事项变更申请书》；

（二）主债权数额变更的，双方签订的有关的补充或变更协议；

（三）申请人签署的相关承诺书；

（四）委托商标代理机构办理的，还应当提交商标代理委托书。

出质人名称（姓名）发生变更的，还应按照《商标法》及《商标法实施条例》的相关规定在国家知识产权局办理变更注册人名义申请。

**第十一条**　因被担保的主合同履行期限延长、主债权未能按期实现等原因需要延长质权登记期限的，质权人和出质人双方应当在质权登记期限到期前，持以下文件申请办理延期登记：

（一）申请人签字或者盖章的《商标专用权质权登记期限延期申请书》；

（二）当事人双方签署的延期协议；

（三）申请人签署的相关承诺书；

（四）委托商标代理机构办理的，还应当提交商标代理委托书。

主债权未能按期实现，双方又未能达成有关延期协议的，质权人可以出具相关书面保证函，说明债权未能实现的相关情况，申请延期。国家知识产权局予以延期登记的，应当通知出质人。

**第十二条** 办理质权登记事项变更申请或者质权登记期限延期申请后，由国家知识产权局在2个工作日内重新核发《商标专用权质权登记证》。

**第十三条** 注册商标专用权质权登记需要注销的，质权人和出质人双方可以持下列文件办理注销申请：

（一）申请人签字或者盖章的《商标专用权质权登记注销申请书》；

（二）申请人签署的相关承诺书；

（三）委托商标代理机构办理的，还应当提交商标代理委托书。

注销登记的，国家知识产权局应当在2个工作日内通知当事人。

质权登记期限届满后，该质权登记自动失效。

**第十四条** 《商标专用权质权登记证》遗失的，可以向国家知识产权局申请补发。

**第十五条** 国家知识产权局对注册商标质权登记的相关信息进行公告。

**第十六条** 反担保及最高额质权适用本规定。

**第十七条** 本规定自2020年5月1日起施行，原《注册商标专用权质权登记程序规定》（工商标字〔2009〕182号）同日起不再执行。

**第四百四十五条 【应收账款质权】**以应收账款出质的，质权自办理出质登记时设立。

应收账款出质后，不得转让，但是出质人与质权人协商同意的除外。出质人转让应收账款所得的价款，应当向质权人提前清偿债务或者提存。

**一、相关司法解释**

**《最高人民法院关于适用〈中华人民共和国民法典〉有关担保制度的解释》（法释〔2020〕28号）**

**第六十一条** 以现有的应收账款出质，应收账款债务人向质权人确认应收账款的真实性后，又以应收账款不存在或者已经消灭为由主张不承担责任的,人民法院不予支持。

以现有的应收账款出质,应收账款债务人未确认应收账款的真实性,质权人以应收账款债务人为被告,请求就应收账款优先受偿,能够举证证明办理出质登记时应收账款真实存在的,人民法院应予支持;质权人不能举证证明办理出质登记时应收账款真实存在,仅以已经办理出质登记为由,请求就应收账款优先受偿的,人民法院不予支持。

以现有的应收账款出质,应收账款债务人已经向应收账款债权人履行了债务,质权人请求应收账款债务人履行债务的,人民法院不予支持,但是应收账款债务人接到质权人要求向其履行的通知后,仍然向应收账款债权人履行的除外。

以基础设施和公用事业项目收益权、提供服务或者劳务产生的债权以及其他将有的应收账款出质,当事人为应收账款设立特定账户,发生法定或者约定的质权实现事由时,质权人请求就该特定账户内的款项优先受偿的,人民法院应予支持;特定账户内的款项不足以清偿债务或者未设立特定账户,质权人请求折价或者拍卖、变卖项目收益权等将有的应收账款,并以所得的价款优先受偿的,人民法院依法予以支持。

## 二、相关部门规章

### 《应收账款质押登记办法》(2020 年 1 月 1 日起施行)

#### 第一章 总 则

**第一条** 为规范应收账款质押登记,保护质押当事人和利害关系人的合法权益,根据《中华人民共和国物权法》等相关法律规定,制定本办法。

**第二条** 本办法所称应收账款是指权利人因提供一定的货物、服务或设施而获得的要求义务人付款的权利以及依法享有的其他付款请求权,包括现有的和未来的金钱债权,但不包括因票据或其他有价证券而产生的付款请求权,以及法律、行政法规禁止转让的付款请求权。

本办法所称的应收账款包括下列权利:

(一)销售、出租产生的债权,包括销售货物,供应水、电、气、暖,知识产权的许可使用,出租动产或不动产等;

(二)提供医疗、教育、旅游等服务或劳务产生的债权;

(三)能源、交通运输、水利、环境保护、市政工程等基础设施和公用事业项目收益权;

（四）提供贷款或其他信用活动产生的债权；

（五）其他以合同为基础的具有金钱给付内容的债权。

**第三条** 本办法所称应收账款质押是指《中华人民共和国物权法》第二百二十三条规定的应收账款出质，具体是指为担保债务的履行，债务人或者第三人将其合法拥有的应收账款出质给债权人，债务人不履行到期债务或者发生当事人约定的实现质权的情形，债权人有权就该应收账款及其收益优先受偿。

前款规定的债务人或者第三人为出质人，债权人为质权人。

**第四条** 中国人民银行征信中心（以下简称征信中心）是应收账款质押的登记机构。

征信中心建立基于互联网的登记公示系统（以下简称登记公示系统），办理应收账款质押登记，并为社会公众提供查询服务。

**第五条** 中国人民银行对征信中心办理应收账款质押登记有关活动进行管理。

**第六条** 在同一应收账款上设立多个权利的，质权人按照登记的先后顺序行使质权。

## 第二章 登记与查询

**第七条** 应收账款质押登记通过登记公示系统办理。

**第八条** 应收账款质押登记由质权人办理。质权人办理质押登记的，应当与出质人就登记内容达成一致。

质权人也可以委托他人办理登记。委托他人办理登记的，适用本办法关于质权人办理登记的规定。

**第九条** 质权人办理应收账款质押登记时，应当注册为登记公示系统的用户。

**第十条** 登记内容包括质权人和出质人的基本信息、应收账款的描述、登记期限。

出质人或质权人为单位的，应当填写单位的法定注册名称、住所、法定代表人或负责人姓名、组织机构代码或金融机构编码、工商注册号、法人和其他组织统一社会信用代码、全球法人机构识别编码等机构代码或编码。

出质人或质权人为个人的，应当填写有效身份证件号码、有效身份证件载明的地址等信息。

质权人可以与出质人约定将主债权金额等项目作为登记内容。

**第十一条**　质权人应当将填写完毕的登记内容提交登记公示系统。登记公示系统记录提交时间并分配登记编号，生成应收账款质押登记初始登记证明和修改码提供给质权人。

**第十二条**　质权人应当根据主债权履行期限合理确定登记期限。登记期限最短1个月，最长不超过30年。

**第十三条**　在登记期限届满前90日内，质权人可以申请展期。

质权人可以多次展期，展期期限最短1个月，每次不得超过30年。

**第十四条**　登记内容存在遗漏、错误等情形或登记内容发生变化的，质权人应当办理变更登记。

质权人在原质押登记中增加新的应收账款出质的，新增加的部分视为新的质押登记。

**第十五条**　质权人办理登记时所填写的出质人法定注册名称或有效身份证件号码变更的，质权人应当在变更之日起4个月内办理变更登记。

**第十六条**　质权人办理展期、变更登记的，应当与出质人就展期、变更事项达成一致。

**第十七条**　有下列情形之一的，质权人应当自该情形产生之日起10个工作日内办理注销登记：

（一）主债权消灭；

（二）质权实现；

（三）质权人放弃登记载明的应收账款之上的全部质权；

（四）其他导致所登记权利消灭的情形。

质权人迟延办理注销登记，给他人造成损害的，应当承担相应的法律责任。

**第十八条**　质权人凭修改码办理展期、变更登记、注销登记。

**第十九条**　出质人或其他利害关系人认为登记内容错误的，可以要求质权人变更登记或注销登记。质权人不同意变更或注销的，出质人或其他利害关系人可以办理异议登记。

办理异议登记的出质人或其他利害关系人可以自行注销异议登记。

**第二十条**　出质人或其他利害关系人应当在异议登记办理完毕之日起7日内通知质权人。

**第二十一条** 出质人或其他利害关系人自异议登记之日起30日内,未将争议起诉或提请仲裁并在登记公示系统提交案件受理通知的,征信中心撤销异议登记。

**第二十二条** 应出质人或其他利害关系人、质权人的申请,征信中心根据对出质人或其他利害关系人、质权人生效的法院判决、裁定或仲裁机构裁决撤销应收账款质押登记或异议登记。

**第二十三条** 质权人办理变更登记和注销登记、出质人或其他利害关系人办理异议登记后,登记公示系统记录登记时间、分配登记编号,并生成变更登记、注销登记或异议登记证明。

**第二十四条** 质权人开展应收账款质押融资业务时,应当严格审核确认应收账款的真实性,并在登记公示系统中查询应收账款的权利负担状况。

**第二十五条** 质权人、出质人和其他利害关系人应当按照登记公示系统提示项目如实登记,并对登记内容的真实性、完整性和合法性负责。办理登记时,存在提供虚假材料等行为给他人造成损害的,应当承担相应的法律责任。

**第二十六条** 任何单位和个人均可以在注册为登记公示系统的用户后,查询应收账款质押登记信息。

**第二十七条** 出质人为单位的,查询人以出质人的法定注册名称进行查询。

出质人为个人的,查询人以出质人的身份证件号码进行查询。

**第二十八条** 征信中心根据查询人的申请,提供查询证明。

**第二十九条** 质权人、出质人或其他利害关系人、查询人可以通过证明编号在登记公示系统对登记证明和查询证明进行验证。

## 第三章 征信中心的职责

**第三十条** 征信中心应当采取技术措施和其他必要措施,维护登记公示系统安全、正常运行,防止登记信息泄露、丢失。

**第三十一条** 征信中心应当制定登记操作规则和内部管理制度,并报中国人民银行备案。

**第三十二条** 登记注销或登记期限届满后,征信中心应当对登记记录进行电子化离线保存,保存期限为15年。

## 第四章 附 则

**第三十三条** 征信中心按照国务院价格主管部门批准的收费标准收取应收账款登记服务费用。

**第三十四条** 权利人在登记公示系统办理以融资为目的的应收账款转让登记,参照本办法的规定。

**第三十五条** 权利人在登记公示系统办理其他动产和权利担保登记的,参照本办法的规定执行。

本办法所称动产和权利担保包括当事人通过约定在动产和权利上设定的、为偿付债务或以其他方式履行债务提供的、具有担保性质的各类交易形式,包括但不限于融资租赁、保证金质押、存货和仓单质押等,法律法规另有规定的除外。

**第三十六条** 本办法由中国人民银行负责解释。

**第三十七条** 本办法自2020年1月1日起施行。《应收账款质押登记办法》(中国人民银行令[2017]第3号发布)同时废止。

## 三、相关裁判摘要

- **第53号指导案例"福建海峡银行股份有限公司福州五一支行诉长乐亚新污水处理有限公司、福州市政工程有限公司金融借款合同纠纷案"**(最高人民法院审判委员会讨论通过;2015年11月19日发布)就污水处理项目特许经营权质押的公示以及质权的实现问题进行了分析。相关裁判摘要如下:

对于污水处理项目收益权的质权公示问题,在《物权法》自2007年10月1日起施行后,因收益权已纳入该法第二百二十三条第六项的"应收账款"范畴,故应当在中国人民银行征信中心的应收账款质押登记公示系统进行出质登记,质权才能依法成立。由于本案的质押担保协议签订于2005年,在《物权法》施行之前,故不适用《物权法》关于应收账款的统一登记制度。因当时并未有统一的登记公示的规定,故参照当时公路收费权质押登记的规定,由其主管部门进行备案登记,有关利害关系人可通过其主管部门了解该收益权是否存在质押之情况,该权利即具备物权公示的效果。

本案中,长乐市建设局在《特许经营权质押担保协议》上盖章,且协议第七条明确约定"长乐市建设局同意为原告和福州市政公司办理质押登记出质登记手续”,故可认定讼争污水处理项目的主管部门已知晓并认可该权利质押情况,有关利害关系人亦可通过长乐市建设局查询了解讼争污水处理厂的有关权利质押的情况。因此,本案讼争的权利质押已具备公示之要件,质权已设立。

……

我国担保法和物权法均未具体规定权利质权的具体实现方式,仅就质权的实现作出一般性的规定,即质权人在行使质权时,可与出质人协议以质押财产折价,或就拍卖、变卖质押财产所得的价款优先受偿。但污水处理项目收益权属于将来金钱债权,质权人可请求法院判令其直接向出质人的债务人收取金钱并对该金钱行使优先受偿权,故无需采取折价或拍卖、变卖之方式。况且收益权均附有一定之负担,且其经营主体具有特定性,故依其性质亦不宜拍卖、变卖。因此,原告请求将《特许经营权质押担保协议》项下的质物予以拍卖、变卖并行使优先受偿权,不予支持。

根据协议约定,原告海峡银行五一支行有权直接向长乐市建设局收取污水处理服务费,并对所收取的污水处理服务费行使优先受偿权。由于被告仍应依约对污水处理厂进行正常运营和维护,若无法正常运营,则将影响到长乐市城区污水的处理,亦将影响原告对污水处理费的收取,故原告在向长乐市建设局收取污水处理服务费时,应当合理行使权利,为被告预留经营污水处理厂的必要合理费用。

● **2005年第12期《中华人民共和国最高人民法院公报》**刊登的“**佛山市顺德区太保投资管理有限公司与广东中鼎集团有限公司债权转让合同纠纷案**”的最高人民法院(2004)民二终字第212号民事判决书就债权人转让权利未通知债务人不影响债权转让人与受让人之间债权转让协议的效力以及质押的债权的转让问题进行了分析。相关裁判摘要如下:

关于太保公司提出的中鼎公司签约时没有取得本案债权的上诉理由,本院认为,太保公司提出该项上诉理由的主要依据是中鼎公司与东方公司广州办事处未能依照双方签订的《债权转让协议》的约定,向借款人及担保人发出有关标的债权质押的通知函,未满足协议生效的条件。根据本案查明的事实,中鼎公司与东方公司广州办事处签订《债权转让协议》的当日,双方当事人又签订了先决条件约定的《管理服务商及资金帐户监管协议》、《债权质押合同》、《连带责任保证合同》、《服务及协助协议》、《优先权及回购期权协议》。尔后,中鼎公司依约支付了首期转让价款165683698.8元。上述事实表明,双方当事人约定的主要生效条件已经满足。虽然中鼎公司与东方公司广州办事处未能及时向借款人和担保人发出有关标的债权质押的通知函,但是根据东方公司广州办事处事后发出的《债权转让及质押通知书》的内容看,标的债权质押的前提,是东方公司广州办事处将标的债权转让给中鼎公司,中鼎公司以标的债权作为质物向东方公司广州办事处提供质押担保。可以看出,中鼎公司与东方公司广州办事处在协议中约定的债权质押的通知义务,与债权转让的通知义务具有同等的法律意义。故原审法院认定,向债务人发出债权转让通知并非债权转让协议的生效要件,东方公司广州办事处没有及时向债务人和担保人发出债权转让通知并不影响其与中鼎公司签订的《债权转让协议》的效力,也不能因此认为中鼎公司未取得本案债权。原审判决上述认定正确,太保公司的该项上诉理由不能成立,本院不予采纳。

关于太保公司提出的东方公司广州办事处并未放弃质押权、标的债权不可转让的上诉理由,本院认为,太保公司提出该项上诉理由的主要依据是东方公司广州办事处2004年2月5日向借款人及担保人发出的通知函中,明示了标的债权已质押,而东方公司广州办事处也向借款人及担保人主张质押权。故东方公司广州办事处2004年4月30日的函件中所谓放弃质押权不符合事实。本案查明的事实表明,东方公司广州办事处向借款人及担保人发出的《债权转让及质押通知书》,仅仅是对借款人及担保人就债权质押予以通知,并不能得出其向借款人及担保人主张质押权的结论。中鼎公司与东方公司广州办事处在《债权转让协议》中约定了债权质押和债权再行转让的条款,其中对债权的再行转让东方公司广州办事处享有优先购买权。中鼎公司向太保公司转让的债权,仅是其从东方公司广州办事处受让的债权的一部分。中鼎公司向太保公司转让该部分债权之前,向东方公司广州办事处发出《优先购买通知》,东方公司广州办事处在约定的期限内未行使优先购买权,也未对中鼎公司将该部分债权转让给太保公司提出异议,该转让行为不违反当事人的约定,也不违反法律法规的强制性规定,且东方公司广州办事处在2004年4月30日的函件中对“在上述债权转让时即解除该等债权的质押担保,对该等债权不再享有质押权”的事实予以确认。故原审法院认定东方公司广州办事处对中鼎公司转让该部分债权已经放弃了质押权，中鼎公司有权转让本案债权，其与太保公司签订的《债权转让协议》的效力不因该债权的出质而受影响。原审判决上述认定正确，太保公司的该项上诉理由不能成立，本院不予采纳。

**第四百四十六条 【权利质权的法律适用】**权利质权除适用本节规定外，适用本章第一节的有关规定。

## 第十九章 留 置 权

**第四百四十七条 【留置权的含义】**债务人不履行到期债务，债权人可以留置已经合法占有的债务人的动产，并有权就该动产优先受偿。

前款规定的债权人为留置权人，占有的动产为留置财产。

### 一、相关法律条文

**《中华人民共和国民法典》（2021年1月1日起施行）**

**第四百一十六条** 动产抵押担保的主债权是抵押物的价款，标的物交付后十日内办理抵押登记的，该抵押权人优先于抵押物买受人的其他担保物权人受偿，但是留置权人除外。

**第七百八十三条** 定作人未向承揽人支付报酬或者材料费等价款的，承揽人对完成的工作成果享有留置权或者有权拒绝交付，但是当事人另有约定的除外。

**第八百三十六条** 托运人或者收货人不支付运费、保管费或者其他费用的，承运人对相应的运输货物享有留置权，但是当事人另有约定的除外。

**第九百零三条** 寄存人未按照约定支付保管费或者其他费用的，保管人对保管物享有留置权，但是当事人另有约定的除外。

**第九百五十九条** 行纪人完成或者部分完成委托事务的，委托人应当向其支付相应的报酬。委托人逾期不支付报酬的，行纪人对委托物享有留置权，但是当事人另有约定的除外。

## 二、相关司法解释

**《最高人民法院关于适用〈中华人民共和国民法典〉有关担保制度的解释》(法释〔2020〕28号)**

**第六十二条**　债务人不履行到期债务，债权人因同一法律关系留置合法占有的第三人的动产，并主张就该留置财产优先受偿的，人民法院应予支持。第三人以该留置财产并非债务人的财产为由请求返还的，人民法院不予支持。

企业之间留置的动产与债权并非同一法律关系，债务人以该债权不属于企业持续经营中发生的债权为由请求债权人返还留置财产的，人民法院应予支持。

企业之间留置的动产与债权并非同一法律关系，债权人留置第三人的财产，第三人请求债权人返还留置财产的，人民法院应予支持。

## 三、相关部门规章

**《提存公证规则》(1995年6月2日起施行)**

**第二十五条**　除当事人另有约定外，提存费用由提存受领人承担。

提存费用包括：提存公证费、公告费、邮电费、保管费、评估鉴定费、代管费、拍卖变卖费、保险费，以及为保管、处理、运输提存标的物所支出的其他费用。

提存受领人未支付提存费用前，公证处有权留置价值相当的提存标的物。

**第二十六条**　提存人可以凭人民法院生效的判决、裁定或提存之债已经清偿的公证证明取回提存物。

提存受领人以书面形式向公证处表示抛弃提存受领权的，提存人得取回提存物。

提存人取回提存物的，视为未提存。因此产生的费用由提存人承担。提存人未支付提存费用前，公证处有权留置价值相当的提存标的。

## 四、相关文件规定

**《最高人民法院关于国内水路货物运输纠纷案件法律问题的指导意见》(法发〔2012〕28号)**

7. 国内水路货物运输合同履行完毕，托运人或者收货人没有按照约定支付运费、保管费或者其他运输费用，依照合同法第三百一十五条的规定，承运人对相应的运输货物享有留置权。人民法院在审查承运人的留置权时，应当重点审查承运人留置货物的数量是否是在合理的限度之内，以及承运人留置的货物是否是其合法占有的货物。债务人对留置货物是否具有所有权并不必然影响承运人留置权的行使，除非运输合同当事人对承运人的留置权另有特殊约定。

**第四百四十八条　【被留置的动产与债权的关系】**债权人留置的动产，应当与债权属于同一法律关系，但是企业之间留置的除外。

**一、相关司法解释**

**《最高人民法院关于适用〈中华人民共和国民法典〉有关担保制度的解释》（法释〔2020〕28号）**

**第六十二条**　债务人不履行到期债务，债权人因同一法律关系留置合法占有的第三人的动产，并主张就该留置财产优先受偿的，人民法院应予支持。第三人以该留置财产并非债务人的财产为由请求返还的，人民法院不予支持。

企业之间留置的动产与债权并非同一法律关系，债务人以该债权不属于企业持续经营中发生的债权为由请求债权人返还留置财产的，人民法院应予支持。

企业之间留置的动产与债权并非同一法律关系，债权人留置第三人的财产，第三人请求债权人返还留置财产的，人民法院应予支持。

**二、相关裁判摘要**

● **2017年第1期《中华人民共和国最高人民法院公报》**刊登的“**长三角商品交易所有限公司诉卢海云返还原物纠纷案**”判决认为，劳动者以用人单位拖欠劳动报酬为由，主张对用人单位供其使用的工具、物品等动产行使留置权，因此类动产不是劳动合同关系的标的物，故与劳动债权不属于同一法律关系。相关裁判摘要如下：

留置权是平等主体之间实现债权的担保方式；除企业之间留置的以外，债权人留置的动产，应当与债权属于同一法律关系。劳动关系主体双方在履行劳动合同过程中处于管理与被管理的不平等关系。劳动者以用人单位拖欠劳动报酬为由，主张对用人单位供其使用的工具、物品等动产行使留置权,因此类动产不是劳动合同关系的标的物,与劳动债权不属于同一法律关系,故该主张与法律规定相悖。上诉人长三角公司的上诉理由成立,应予采纳。理由如下:

1. 基于劳动关系产生的债权不能行使留置权。《物权法》第 230 条规定"债务人不履行到期债务,债权人可以留置已经合法占有的债务人的动产,并有权就该动产优先受偿";第 231 条规定"债权人留置的动产,应当与债权属于同一法律关系,但企业之间留置的除外"。根据法律规定及法律体系的架构,留置权的行使要件之一应为存在平等主体间的债权债务关系。留置权是担保物权之一,规定在我国的《民法通则》、《担保法》、《物权法》等民法体系中,其调整对象应是平等主体间的民事担保关系,排除因管理行为产生的债权债务对担保法的运用。留置权在性质上是平等主体间实现债权的一种方式,其平等性表现在债权人可通过留置债务人的动产对抗债务人,督促其履行债务,并可通过对留置物进行变价优先受偿来保护债权。而劳动关系一方为用人单位,另一方为劳动者,与一般的民事关系相比,双方在履行劳动合同过程中处于管理和被管理的不平等关系,劳动者不能基于劳动管理关系而对所占有的用人单位的财产适用留置,否则将导致劳动管理秩序的紊乱。我国的劳动法及劳动合同法已经对劳动者的合法权利设置了倾斜性保护条款,劳动者完全可以通过法定的正当途径保护自己的劳动债权,如再使用私力救济方式保护劳动债权,不仅影响劳动生产和管理秩序,还将造成债权债务保护的不公平性。另外,由于留置权具有优先受偿性,不仅优于一般债权人,还优先于享有抵押权、质押权人的其他债权人,而劳资纠纷产生于用人单位与劳动者之间,本质上系经济组织的内部纠纷,从用人单位与劳动者共担经营风险的角度而言,也不应通过行使留置权而优先于外部债权人受偿。

2. 被上诉人卢海云所扣留的苏 B×××××轿车,不是双方劳动合同关系的标的物,不符合"同一法律关系"的构成要件。除企业间留置外,留置的动产应与债权属于同一法律关系。这实际上对留置的动产范围作了严格限定。所谓同一法律关系,是指债权人占有动产是基于与其债权发生的同一法律关系发生,动产与债权发生具有紧密联系性。劳动合同的基本法律关系为劳动者承担向用人单位提供劳动和接受用人单位管理的义务,并有权要求用人单位依约支付劳动报酬。本案中,卢海云被上诉人长三角公司安排在管理岗位,分管行政事务、财务以及人事工作，因此卢海云所扣留的苏B×××××轿车，仅仅是长三角公司为公司高管出行提供的便利，并非是双方建立的劳动关系的标的物，长三角公司可以随时收回车辆也并不影响原有劳动关系的履行，长三角公司是基于所有权而不是基于劳动关系要求卢海云返还车辆，因此卢海云占有苏B×××××轿车与其主张的工资、社保金等劳动债权并非基于同一法律关系。

3. 双方劳动关系已经解除，被上诉人卢海云丧失合法占有苏B×××××轿车的基础。作为上诉人长三角公司高管所享受的便利，卢海云合法占有苏B×××××轿车是有时间限制和条件限制的，在双方劳动关系解除后，卢海云合法占有苏B×××××轿车的条件已不存在，理应向长三角公司返还苏B×××××轿车。

**第四百四十九条　【不得留置的动产】**法律规定或者当事人约定不得留置的动产，不得留置。

**相关法律条文**

**《中华人民共和国海关法》(2021年4月29日修正)**

**第三十七条**　海关监管货物，未经海关许可，不得开拆、提取、交付、发运、调换、改装、抵押、质押、留置、转让、更换标记、移作他用或者进行其他处置。

海关加施的封志，任何人不得擅自开启或者损毁。

人民法院判决、裁定或者有关行政执法部门决定处理海关监管货物的，应当责令当事人办结海关手续。

**第四百五十条　【留置权不可分性的限制】**留置财产为可分物的，留置财产的价值应当相当于债务的金额。

**第四百五十一条　【留置权人妥善保管留置财产的义务】**留置权人负有妥善保管留置财产的义务；因保管不善致使留置财产毁损、灭失的，应当承担赔偿责任。

**第四百五十二条　【留置权人收取孳息的权利】**留置权人有权收取留置财产的孳息。

前款规定的孳息应当先充抵收取孳息的费用。

**第四百五十三条　【留置权的实现程序】**留置权人与债务人应当约定留置财产后的债务履行期限；没有约定或者约定不明确的，留置权人应当给债务人六十日以上履行债务的期限，但是鲜活易腐等不易保管的动产除外。债务人逾期未履行的，留置权人可以与债务人协议以留置财产折价，也可以就拍卖、变卖留置财产所得的价款优先受偿。

留置财产折价或者变卖的，应当参照市场价格。

**第四百五十四条　【债务人请求留置权人行使权利的请求权】**债务人可以请求留置权人在债务履行期限届满后行使留置权；留置权人不行使的，债务人可以请求人民法院拍卖、变卖留置财产。

**第四百五十五条　【留置财产变价价款超过债权数额部分的归属】**留置财产折价或者拍卖、变卖后，其价款超过债权数额的部分归债务人所有，不足部分由债务人清偿。

**第四百五十六条　【留置权优先于抵押权和质权】**同一动产上已经设立抵押权或者质权，该动产又被留置的，留置权人优先受偿。

**相关法律条文**

**1.《中华人民共和国民法典》(2021年1月1日起施行)**

**第四百一十六条**　动产抵押担保的主债权是抵押物的价款，标的物交付后十日内办理抵押登记的，该抵押权人优先于抵押物买受人的其他担保物权人受偿，但是留置权人除外。

**2.《中华人民共和国海商法》(1993年7月1日起施行)**

**第二十五条**　船舶优先权先于船舶留置权受偿，船舶抵押权后于船舶留置权受偿。

前款所称船舶留置权，是指造船人、修船人在合同另一方未履行合同时，可以留置所占有的船舶，以保证造船费用或者修船费用得以偿还的权利。船舶留置权在造船人、修船人不再占有所造或者所修的船舶时消灭。

**第四百五十七条　【留置权的消灭】**留置权人对留置财产丧失占有或者留置权人接受债务人另行提供担保的，留置权消灭。

**相关司法解释**

**1.《最高人民法院关于人民法院民事执行中查封、扣押、冻结财产的规定》(法释〔2004〕15号)(2020年12月23日修正)**

**第十一条**　查封、扣押、冻结担保物权人占有的担保财产，一般应当指定该担保物权人作为保管人；该财产由人民法院保管的，质权、留置权不因转移占有而消灭。

**2.《最高人民法院关于适用〈中华人民共和国民事诉讼法〉的解释》(法释〔2015〕5号)(2020年12月23日修正)**

**第一百五十四条**　人民法院在财产保全中采取查封、扣押、冻结财产措施时，应当妥善保管被查封、扣押、冻结的财产。不宜由人民法院保管的，人民法院可以指定被保全人负责保管；不宜由被保全人保管的，可以委托他人或者申请保全人保管。

查封、扣押、冻结担保物权人占有的担保财产，一般由担保物权人保管；由人民法院保管的，质权、留置权不因采取保全措施而消灭。

**3.《最高人民法院关于适用〈中华人民共和国企业破产法〉若干问题的规定(二)》(法释〔2013〕22号)(2020年12月23日修正)**

**第二十五条**　管理人拟通过清偿债务或者提供担保取回质物、留置物，或者与质权人、留置权人协议以质物、留置物折价清偿债务等方式，进行对债权人利益有重大影响的财产处分行为的，应当及时报告债权人委员会。未设立债权人委员会的，管理人应当及时报告人民法院。

# 第五分编　占　　有

## 第二十章　占　　有

**第四百五十八条　【有权占有的规则适用】**基于合同关系等产生的占有，有关不动产或者动产的使用、收益、违约责任等，按照合同约定；合同没有约定或者约定不明确的，依照有关法律规定。

**第四百五十九条　【恶意占有人使用占有物的损害赔偿责任】**占有人因使用占有的不动产或者动产，致使该不动产或者动产受到损害的，恶意占有人应当承担赔偿责任。

**第四百六十条　【无权占有人的返还义务与善意占有人的必要费用请求权】**不动产或者动产被占有人占有的，权利人可以请求返还原物及其孳息；但是，应当支付善意占有人因维护该不动产或者动产支出的必要费用。

**第四百六十一条　【占有物毁损、灭失的赔偿责任】**占有的不动产或者动产毁损、灭失，该不动产或者动产的权利人请求赔偿的，占有人应当将因毁损、灭失取得的保险金、赔偿金或者补偿金等返还给权利人；权利人的损害未得到足够弥补的，恶意占有人还应当赔偿损失。

**第四百六十二条　【占有保护请求权】**占有的不动产或者动产被侵占的，占有人有权请求返还原物；对妨害占有的行为，占有人有权请求排除妨害或者消除危险；因侵占或者妨害造成损害的，占有人有权依法请求损害赔偿。

占有人返还原物的请求权，自侵占发生之日起一年内未行使的，该请求权消灭。

**相关法律条文**

**《中华人民共和国民法典》(2021 年 1 月 1 日起施行)**

**第一百九十六条**　下列请求权不适用诉讼时效的规定：

(一)请求停止侵害、排除妨碍、消除危险；

(二)不动产物权和登记的动产物权的权利人请求返还财产；

(三)请求支付抚养费、赡养费或者扶养费；

(四)依法不适用诉讼时效的其他请求权。